泸州年鉴 2017

LU ZHOU YEARBOOK

泸州市人民政府 主办
泸州市地方志办公室 编纂

方志出版社
Publishing House of Local Records

图书在版编目（CIP）数据

泸州年鉴.2017/泸州市地方志办公室编. -- 北京：方志出版社，2017.11
ISBN 978-7-5144-2638-0

Ⅰ.①泸… Ⅱ.①泸… Ⅲ.①泸州—2017—年鉴
Ⅳ.①Z527.13

中国版本图书馆CIP数据核字（2017）第266402号

泸州年鉴（2017）

编　　者：泸州市地方志办公室
责任编辑：罗　滔
出 版 人：冀祥德
出 版 者：方志出版社
　　地址　北京市朝阳区潘家园东里9号（国家方志馆4层）
　　邮编　100021
　　网址　http://ww.fzph.org
发　　行：方志出版社图书经销中心
　　电话（010）67110500
经　　销：各地新华书店
印　　刷：成都新千年印制有限公司
开　　本：889×1194　1/16
印　　张：31.25
字　　数：694千字
版　　次：2017年11月第1版　2017年11月第1次印刷
印　　数：0001～1000册

ISBN 978-7-5144-2638-0　定价：260.00元

泸州市行政区划图

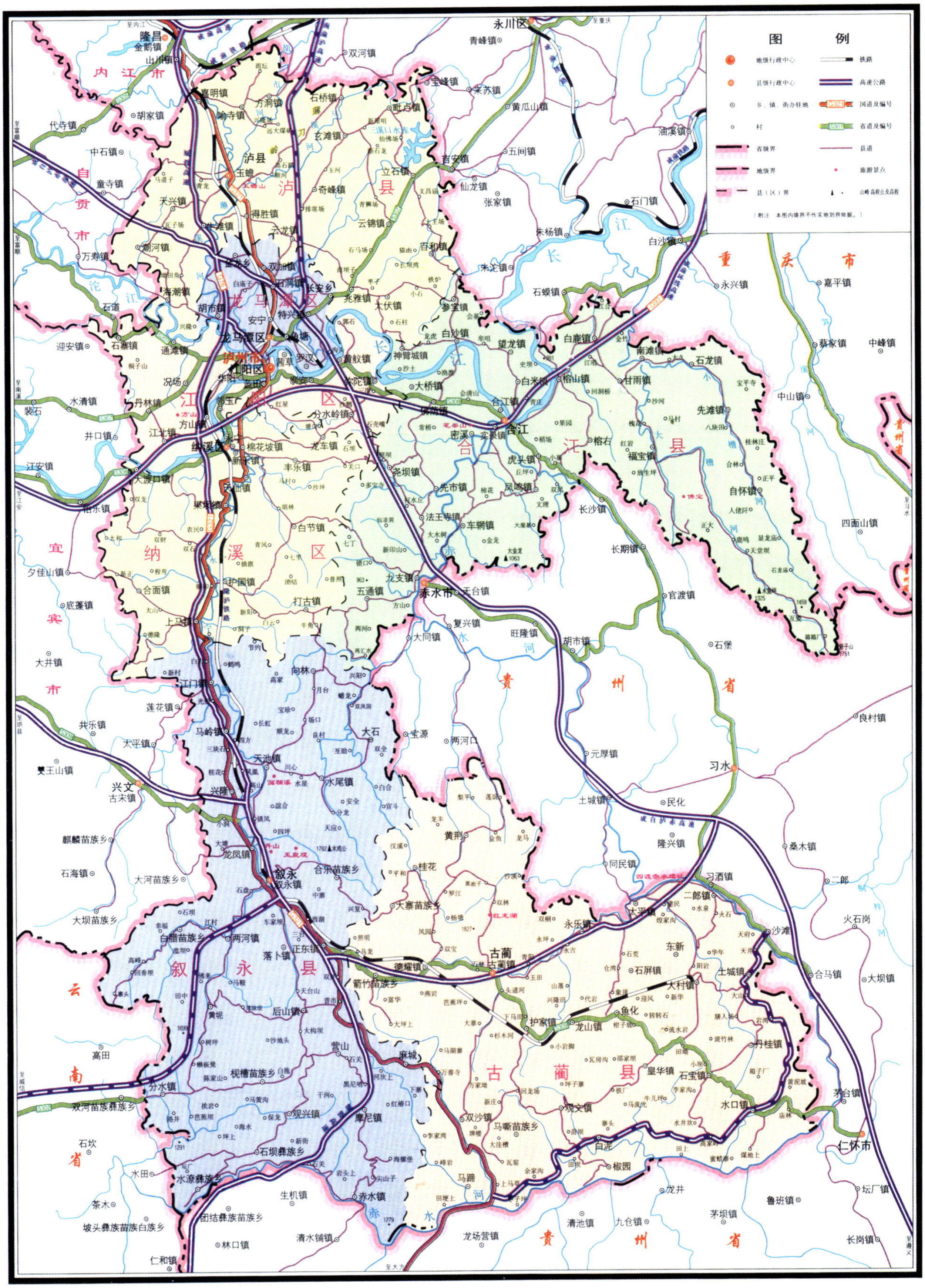

图例
地级行政中心
县级行政中心
乡、镇、街办驻地
村
省级界
地级界
县（区）界
铁路
高速公路
国道及编号
省道及编号
县道
旅游景点
山峰 高程点及高程
（附注　本图内境界不作实地划界依据。）
泸县
龙马潭区
江阳区
纳溪区
合江县
叙永县
古蔺县
泸州市
赤水市
仁怀市
习水
永川区
隆昌
内江市
自贡市
宜宾市
云南省
重庆市
贵州省
长江
沱江
赤水河
玉蟾
福宝

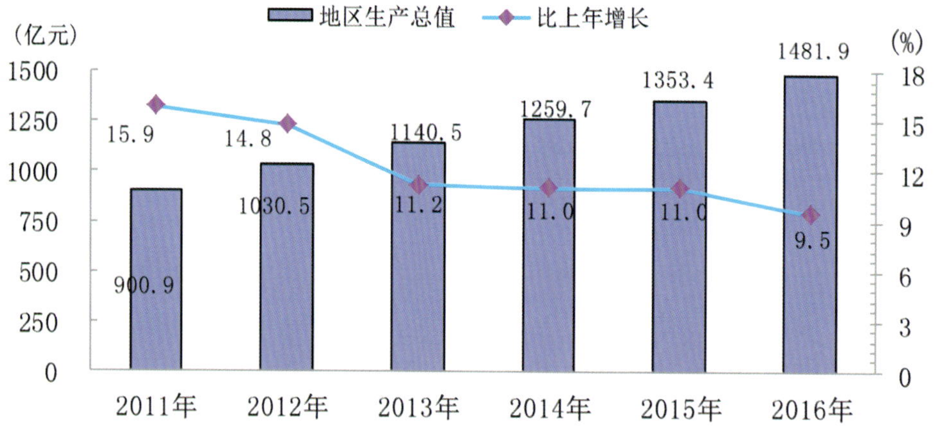

2011—2016年泸州市地区生产总值及增速示意图

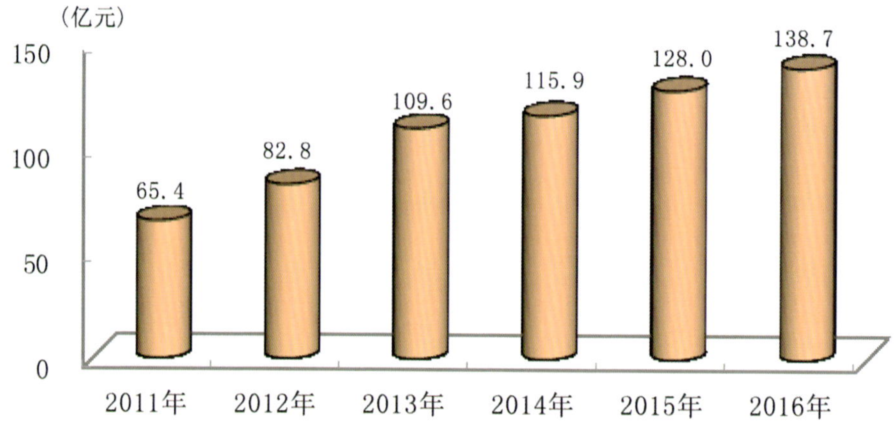

2011—2016年泸州市地方财政一般公共预算收入示意图

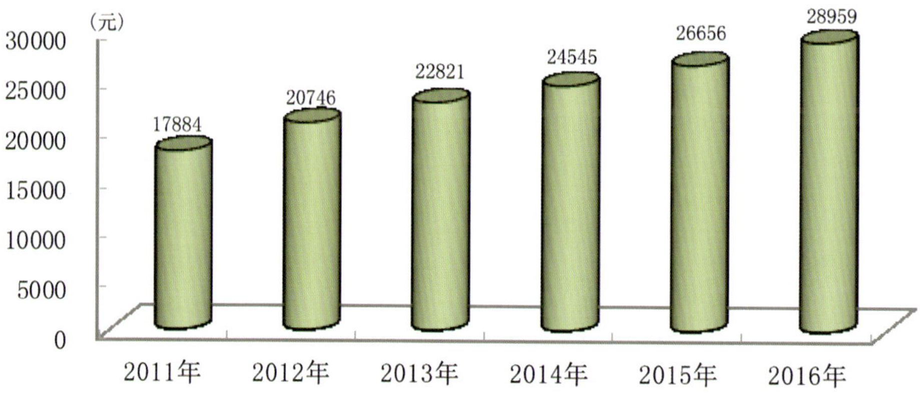

2011—2016年泸州市城镇居民人均可支配收入示意图

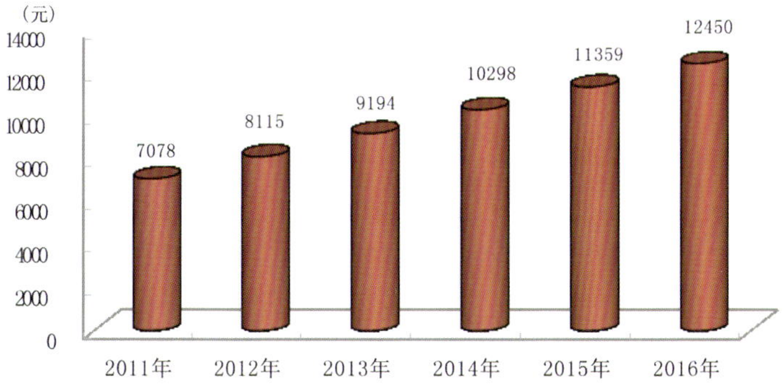

2011—2016 年泸州市农村居民人均可支配收入示意图

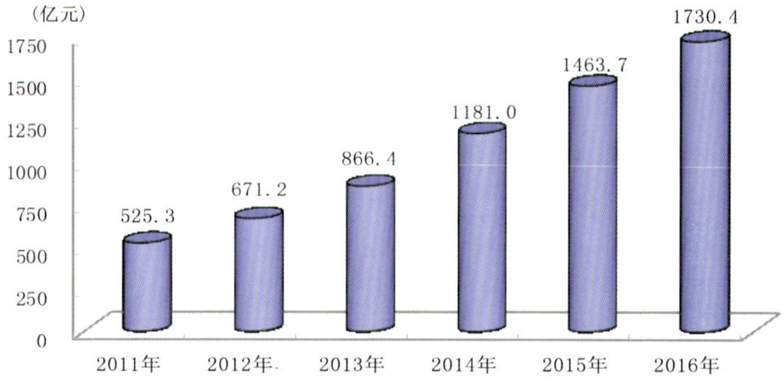

2011—2016 年泸州市全社会固定资产投资示意图

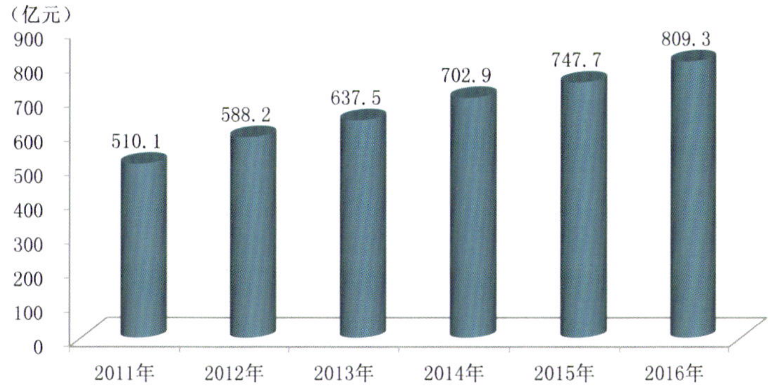

2011—2016 年泸州市全部工业增加值示意图

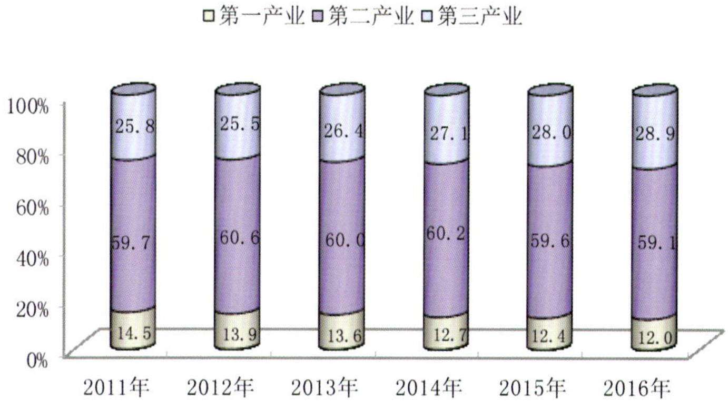

2011—2016 年泸州市三次产业增加值占 GDP 比重示意图

12月19日，全国政协副主席、致公党中央主席、科技部部长万钢（中）在合江县法王寺村慰问困难群众

3月19日，2016中国国际酒业博览会开幕现场，全国政协副主席刘晓峰宣布开幕

3月24日，省委书记王东明（中）在泸州电商产业园区调研

3月19日，酒博会期间省委副书记、省长尹力（前排右二）一行到各企业的展台前参观了解企业新产品上市情况

10月19日，国家人口和计划生育委员会原主任张维庆（前左一）在叙永县叙永镇卫生院调研

2月18日，中华全国总工会副主席、书记处书记焦开河（中）到红星街道天立社区实地调研基层工会工作

11月11日，国家开发银行党委书记董事长胡怀邦（前排中）深入定点扶贫县古蔺县了解国家开发银行下派驻村帮扶队工作开展情况和出资帮助项目建设情况，副省长朱鹤新（左四）陪同调研

11月15日，公安部党委委员、部长助理王俭（左一）慰问参加“先锋2016”全国公安应急保障演练民警

9月26日，国土资源部党组成员、副部长王广华（左二）一行莅临泸州，调研指导宅基地制度改革和不动产统一登记工作

1月13日，国土资源部党组成员、副部长张德霖（前排右一）在叙永县水尾镇西溪村调研扶贫工作

7月12日，农业部党组副书记、副部长余欣荣（中）到泸州专题调研现代农业示范区建设及农业信息化工作

11月16日，国家卫生和计划生育委员会副主任王培安（中）在叙永县水尾镇卫生院调研

5 月 24 日，国务院安委会委员王德学（中）莅临泸州，参观安全体验中心

8 月 25 日，省政协副主席、省总工会主席李登菊（前排右二）看望慰问泸州劳动者

12 月 5 日，省委常委黄新初（前排左二）调研酒业园区

7 月 25 日，省委常委、组织部部长范锐平（左三）在纳溪区大渡口镇平桥村调研基层组织建设

6月1日，省委常委、统战部部长崔保华（左三）莅临泸州高新区考察调研

4月12日，省委常委、省纪委书记王雁飞（左二）在泸州港国际集装箱码头调研

4月21日，省人大常委会副主任曾省权（中）在古蔺调研扶贫

6月27日，副省长王铭晖（前排左二）率省财政、住建、农业和扶贫等部门赴叙永调研脱贫攻坚

6月1日，副省长刘捷（左二）、省检察院检察长邓川（左三）调研督导中海金象15万吨/年润滑油加氢项目

10月14日，省政协副主席、农工党省委主委王正荣（左四）在泸州专题听取农工党泸州市委会工作汇报

9月10日，省政协副主席罗布江村在南苑会议中心听取泸州市现代物流业发展情况汇报

5月31日，省高级人民法院党组书记、院长王海萍院长到古蔺县二郎法庭调研三型法庭建设

11月23日，中国共产党泸州市第八次代表大会在泸州巨洋会议中心开幕

中国共产党泸州市第八次代表大会主席团

市委书记蒋辅义在中国共产党第八次代表大会上作报告

市委副书记、市长刘强在中国共产党泸州市第八次代表大会上发言

2月1—4日，泸州市第七届人大第六次会议召开

市委书记蒋辅义在市七届人大第六次会议分组讨论上发言

市委副书记、市长刘强在市七届人大第六次会议上作政府工作报告

市人大主任陈雁在市七届人大第六次会议上作报告

1月31日，政协泸州市委员会第七届委员会第五次会议在巨洋会议中心隆重召开

2月3日，市政协主席喻双在市政协七届第五次会议上讲话

2月2日，市委书记蒋辅义（右二）、市长刘强（右一）参加市政协七届第五次全会联组讨论，与界别代表面对面协商议政

11 月 9 日，泸州市召开创建全国文明城市工作攻坚会

7 月 26 日，省委全委会与会领导莅临泸州佳乐世纪城考察国家新型城镇化综合试点

11 月 1 日，长安—特兴环线公交通车仪式在长安镇长春村举行，标志着龙马潭区城镇公交一体化正式开通

城镇化

12 月 28 日，泸合产城大道通车

6 月 30 日，泸州城区至泸县港城大道通车

城区国窖长江大桥夜景

泸州市城东污水处理厂

泸州市垃圾焚烧发电厂

泸州市龙马潭区玉带河安置房

2月29日，泸州市人民政府与中国建筑股份有限公司在北京签订合作协议框架

江阳区分水岭场镇

服务业

11 月 4 日，省委副书记、省长尹力（左二）在西博会现场考察泸州老窖展品

2 月 18 日，副省长刘捷（左二）、省人民检察院检察长邓川（前排右二）考察泸州电商产业园

10 月 12 日，昆明市人民政府、泸州市人民政府、昭通市人民政府在昆明市签订港口物流发展合作协议

5 月 18 日，华为泸州“政务云”上线仪式暨“西南云海”建设推进会现场

7 月 8 日，泸州市智慧城市和信息产业众创协会成立大会暨泸州市数据资源中心成立大会

9月8日，2016第四届中国（泸州）西南商品博览会开幕式

5月19日，纳溪区花田酒地景区花田酒地2016漂流摇滚音乐旅游节表演现场

8月28日，中国500强企业之一——永辉超市泸州万象汇店开业

11月1日，泸州—郑州空中航线首航

6月15日，泸州老窖铁路专列进港线开通泸州港至石家庄石南站

AAAA级旅游景区——古蔺县太平古镇

改革开放

8月21—22日，国家发改委国际合作中心总规划师袁崇法（前排右四）一行对泸州市开展国家新型城镇化综合试点工作推进情况第三方（中期）评估

11月3日下午，市委书记蒋辅义（右五），市委副书记、市长刘强（右四）在成都世纪城会议中心，会见意大利前国家众议院议长、意大利对华友好协会主席艾琳·皮维蒂（中）一行

12月19日，市委副书记、市长刘强（左二）陪同几内亚总统阿尔法·孔戴（中）一行在泸州特装馆参观

6月18日，市委书记蒋辅义（中）会见英国来宾

11月19日，泸州国家高新区与美中硅谷协会、美中硅谷投资有限公司、美国倍赛达公司合作协议签约仪式在南苑会议中心举行

10月21日，西部竹产业创新发展联盟会议在纳溪白节召开成立大会

3月22日，召开2016中国国际酒业博览会四川白酒类新产品发布会

4月22日，泸州市召开“营改增”新闻发布会

10月13—16日，重庆渝交会—泸州市特色产品专场推介会活动现场

6月29日，中国酒城·泸州——广州推介会，市委副书记、市长刘强向投资者介绍泸州情况

8月5日，泸州市在南京举办中国酒城·泸州——南京投资推介会

农业

4月28日，四川首届蔬菜品赏会在泸州市江阳区董允坝国家现代农业示范园区开幕，市委书记蒋辅义（右四）出席开幕式

11月25—27日，2016北京（国际）有机食品和绿色食品展览会在北京展览馆召开，市委常委、副市长许先春（左二）出席泸州特色产品推介会

古蔺县甜橙采摘农户喜获丰收

古蔺县马蹄果园

科技大棚番茄

郎多多肉牛养殖厂

泸县狮子山村土地整治推动农业产业发展

泸州市合江县大桥镇土地整治项目推动农业产业发展

叙永县白腊苗族乡高峰村“8·17”洪灾农民避险搬迁安置

普照山茶叶基地

水产品丰收景象

古蔺县金星乡土地整治项目带动烟草农业发展

古蔺县双沙镇稻田美景

投资拉动

1月21日，31个重点城建项目在长江滨江路柏木溪段集中开工

3月21日，四川省2016年一季度重大项目集中开工仪式泸州分会场

7月29日，泸州市2016年第二季度重大项目集中开工

5月28日，古蔺叙永农村扶贫公路开工

6月16日，四川泸州步长生物制药有限公司生物制药基地及新药产业化基地项目开工

11 月 21 日，泸州长江二桥及连接线工程在茜草街道开工

12 月 23 日，泸州高新江麓容大自动变速器（CVT）项目开工仪式在泸州高新区举行

10 月 15 日，西南医科大学科技大楼暨教学科研配套基础设施项目开工

7 月 19 日，泸州老窖酿酒工程技改项目开工

制造业

8月16日，泸州国家高新区与国轩高科、康盛股份10亿安时新能源汽车动力电池西南产业基地项目签约仪式在南苑会议中心举行

3月，举办中国泸州第十四届中国工程机械发展高层论坛

10月31日，许继电气股份有限公司、泸州市高新投资集团有限公司泸州北辰电力有限公司签约设立泸州华恒智能电力科技有限公司

四川发展纯粮原酒股权投资基金揭牌仪式举行

3月18日，和润集团泸州粮油物流及深加工项目签约仪式在泸州巨洋会议中心举行

1月22日，全市工业发展大会召开

冬日的观沙煤业公司

泸州老窖营销网络指挥中心

四川煤气化公司

全球规模最大露天陶坛酒库古蔺郎酒天宝峰储酒库

泸州老窖天然储酒洞库

7月11日，国家爱卫办副主任张勇（左三）、世界卫生组织驻华代表处专家姜晓明（左二）到叙永县调研全民预防保健和健康城市建设工作

12月28日，省教育厅厅长朱世宏（右三），市委副书记、市长刘强（右一）在江阳区梓橦路学校考察教育综合改革工作

10月25日，四川省青少年毒品预防教育工作现场会在叙永县召开。省禁毒办主任王雄（右一）翻阅学校禁毒资料

6月29日，全国体育政策法规规划工作会在泸州召开

9月25日，市政府与昊阳国际控股集团举行四川城建职业学院建设项目签约仪式

4月23日，四川省2016年“书香天府·全民阅读”暨泸州市全民阅读活动启动仪式在江阳公园举行

2017年5月17日，张坝艺术区大师工作室举行开馆仪式

5月10日，泸州本土原创精品话剧《蒋兆和》第三轮巡演

6月14日，泸州市献血领导小组办公室、市卫生计生委、市中心血站在西南医科大学附属中医医院城北院区门诊大楼前举办第十三个世界献血者日暨公务人员无偿献血活动

江阳区北城街道城垣社区文化院坝群众文化活动

11月20日，“中国酒城·醉美泸州”国际绿色马拉松赛在张坝桂圆林风景区开赛

5月16日，全市打击传销创建“无传销城市”暨投资理财类公司风险防范工作会议在酒城宾馆召开

12月7日，泸州市检察院举行首批员额检察官宣誓仪式

7月，四川省首部反家暴公益微电影《不再沉默》在泸州首发

9月26日，位于泸州市教育实践基地的人民防空体验馆正式开馆

普法进社区

6月16日，“首届四川十大最美人民警察颁奖仪式”在四川警察学院礼堂隆重举行

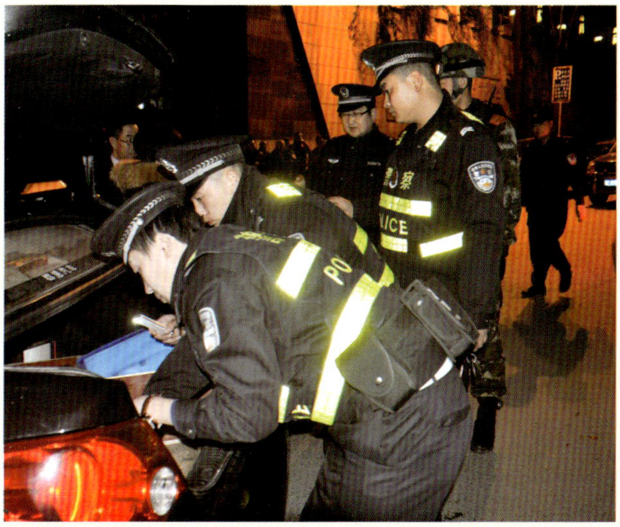

社会治安大清查

街面巡逻

8月30日，省检察院检察长邓川（右二）一行在古蔺督导调研扶贫工作，省地方志工作办公室主任马小彬（左二）陪同

10月31日，中央党史研究室《红军川南游击纵队》课题组在纳溪调研

12月7日，中央文献研究室副主任陈晋（左五）在中央红军长征“鸡鸣三省”会议陈列馆调研

11月5日，全国政协常委、中央文献研究室原常务副主任、全国重大历史题材影视创作领导小组成员杨胜群（右二）在泸州朱德旧居陈列馆调研

9月29日，市委常委、副市长许先春（左）带队在成都泸州办事处采访老市长肖天任（右），回顾发掘整理“鸡鸣三省”会议有关史实

10月14日，《中央红军长征过泸州》连环画赠书仪式在泸州市忠山小学举行

11月2日，市委常委、副市长许先春（左）带队在成都泸州办事处采访老市长唐宁（右），回顾发掘整理“鸡鸣三省”会议有关史实

10月21日，市人大常委会副主任邵晓强带队检查贯彻实施地方志工作两个“条例”情况

1月6日，中共泸州市委在西南医科大学忠山校区举行泸州市中共党史教育基地授牌仪式

1月6日，《泸州市检察志》评审会召开

3月2日，《泸州市城乡建设志》评审会召开

3月14日，2016年泸州市史志工作会和泸州市史志学会第一届第一次会员代表大会召开

4月11日，泸州市2016年度部门志编修培训会在南苑会议中心召开

9月2日，《中国共产党泸县历史（1921—1949）》评审会召开

8月4日，纪念护国战争100周年·“一战成名——朱德与护国战争”学术研讨会在云南省昆明市召开

9 月 22 日，《泸州农业志（1997—2011）》评审会召开

9 月 30 日，《中国共产党合江历史（第三卷）》评审会召开

10 月，泸州市委党史研究室与泸州日报社联合开展“重走长征路，走向新未来”活动

《泸州年鉴（2017）》编辑委员会

顾　　问　蒋辅义　刘　强　曹建国　田亚东

主　　任　许先春　马宗慧

副 主 任　张立新　佘克明　邱　俊

委　　员　张　伟　熊华跃　葛洪亮　包　蓉　粟　辉

《泸州年鉴（2017）》编辑部

主　　编　邱　俊

副 主 编　官　燕　李　军

编　　辑　邓开明　唐　慧　高　虎

彩页设计　李多胜

封面题字　余安中

编辑说明

《泸州年鉴（2017）》的编纂坚持以马克思列宁主义、毛泽东思想、邓小平理论、“三个代表”重要思想和科学发展观、习近平新时代中国特色社会主义思想为指导，贯彻落实习近平总书记系列重要讲话精神和治国理政新理念新思想新战略；坚持辩证唯物主义和历史唯物主义的立场、观点和方法，坚持思想性、科学性和历史性的有机统一，如实记述市境内各条战线的新实践、新变化、新发展、新经验、新成就、新问题，为泸州市科学发展、又好又快发展服务。

《泸州年鉴（2017）》收录2016年1月1日至2016年12月31日的资料。篇目设置类目、分目、子分目、条目4个层次。条目为记述内容的主要形式。设大事记、市情、政治、经济、文化、社会、区情县情和附录8个部类。全书共收条目1262条。

本年鉴所有统计资料源于泸州市统计局，正文中数据由供稿单位提供。

《泸州年鉴（2017）》
供稿单位、责任人、撰稿人一览表

（排名不分先后）

供稿单位	责任人	撰稿人
中国共产党泸州市委员会办公室	郭　庆	张　毅　杨列健
中国共产党泸州市纪律检查委员会 泸州市监察局	李建彬	邹宏亮
中国共产党泸州市委员会组织部	宋　勇	孙　林
中国共产党泸州市委员会宣传部	唐　一	周顺锋
中国共产党泸州市委员会统战部	韩俊平	孙　薪
中国共产党泸州市委员会政法委员会	郑　理	罗　朋
中国共产党泸州市委员会政策研究室	樊朝华	宋燕美
中国共产党泸州市委员会台湾工作办公室	谢先海	江　涛
中国共产党泸州市委员会农村工作委员会	何　平	李长江
中国共产党泸州市委员会机构编制委员会办公室	李春艳	罗婧宇
中国共产党泸州市直属机关工作委员会	张　兵	徐瑞兰
泸州市国家保密局	张　伟	冯友平　杨静梅
中国共产党泸州市委员会党校	袁小宏	陈明开
中国共产党泸州市委员会党史研究室 泸州市地方志编纂委员会办公室	邱　俊	佟德茹
中国共产党泸州市委员会老干部局	肖天云	张文良
中国共产党泸州市委员会群众工作局	张明顺	李剑春
泸州市机关事务管理局	韦光永	阮　勇
泸州市人民代表大会常务委员会办公室	罗章海	周　勋
泸州市人民政府办公室	刘志勇	张　红
泸州市人民政府法制办公室	李振蛟	张　义
泸州市人民政府口岸办公室	杨　岭	杨　岭

续上表

供稿单位	责任人	撰稿人
泸州市人民政府应急管理办公室	陈光明	杨　昆
泸州市政务服务中心	罗永平	王春艳
泸州市扶贫和移民工作局	李小平	王　宇
泸州市仲裁委员会	王　敏	邓　静
泸州市人力资源和社会保障局	周　毅	吴成虎
泸州市民政局	黄月桂	郝玲敏
泸州市老龄工作委员会办公室	袁　红	陈　静
泸州市卫生和计划生育委员会	涂曲平	岑龙柱
泸州市民族宗教事务局	熊华跃	范正莲　朱　梅
泸州市外事侨务旅游局	兰　均	刘世琼
泸州市档案局	粟　辉	韦佳利
中国人民政治协商会议泸州市委员会办公室	刘鹏飞	欧正聪　施崇亮　杨丽娟
中国国民党革命委员会泸州市委员会	熊　丽	厉建永
中国民主同盟泸州市委员会	杨静喜	王珈英
中国民主建国会泸州市委员会	谢　华	蓝　松
中国农工民主党泸州市委员会	卢赐恩	曾曼姝
中国致公党泸州市委员会	张永志	李　力
九三学社泸州市委员会	吴　源	邓明聪
泸州市工商业联合会	王　华	朱富林
泸州市总工会	赵蜀兰	龙　潜
中国共产主义青年团泸州市委员会	卢启刚	吴　霞
泸州市妇女联合会	刘　瑶	李亚平
泸州市残疾人联合会	邹　勇	王　娟
泸州市红十字会	李家秀	袁红梅
泸州市文学艺术界联合会	虞　潜	李　琴
中国人民解放军四川省泸州军分区	汪国荣	周　练
中国人民武装警察部队泸州市支队	郑　治	唐朝波
泸州市人民防空办公室	付　希	黄筱棠

续上表

供 稿 单 位	责 任 人	撰 稿 人
泸州市公安消防支队	邹登全	王 鹏
泸州市公安局	何绍明	李成建
泸州市人民检察院	陶 琦	雷长彬
泸州市中级人民法院	吴洪汛	陈家法
泸州市司法局	王亚强	张 林
泸州市发展和改革委员会	吴雪松	李 昊
泸州市工商行政管理局	沈怀荣	范 雨
泸州市统计局	包 蓉	赵世伟
泸州市审计局	古 刚	先春平
长江航运公安局泸州分局	刘开林	刘钰璇
国家统计局泸州调查队	罗 拥	刘 星
泸州市质量技术监督局	徐 林	邱 勇
泸州出入境检验检疫局	李 跃	傅羚锐
成都海关驻泸州办事处	付现民	屈成刚
泸州市国土资源局	丁跃萍	郭登春
泸州市食品药品监督管理局	曾 平	明 俊
泸州市投资促进局	雷文强	罗章伟
泸州市安全生产监督管理局	胡 宁	刘 洋
泸州市商务局	林小勇	陈羽翼
泸州经济和信息化委员会	袁晓彬	彭 丞
泸州国家高新区管理委员会	张元平	陈美丽
泸州长江经济开发区管理委员会	周正超	张婧逸
国网四川省电力公司泸州供电公司	王 涛	赵亮宇
川南发电公司	姜 波	陈 瑾
泸州市两江新城建设管理委员会	尹德良	施崇欢 艾李健
泸州老窖集团有限公司	吴 平	谢 静
泸州市工业投资集团	潘建华	肖 锋
泸州市兴泸投资集团	代志伟	彭 颖

续上表

供稿单位	责任人	撰稿人
泸州市交通投资集团有限责任公司	王洪禹	赵曼辰
四川长江工程起重机有限责任公司	李明富	岳小娅
四川邦立重机有限责任公司	蔡　禹	石兆群
四川长江液压件有限责任公司	肖　涌	缪艳梅
泸州老窖股份有限公司	沈才洪	赵明利
四川郎酒股份有限责任公司	张　继	胡基权
青岛啤酒（泸州）有限公司	栾忠先	朱冠勇
中国白酒金三角酒业园区管理委员会	刘淑兰	刘舰壕
泸天化集团公司	吴冬萍	朱官忠
泸州北方化学工业有限公司	杨　林	谭文静
中海沥青（四川）有限公司	陈　利	周　礼
泸州市农业局	常　敏	周通海
泸州市林业局	李秋霖	罗　茹
泸州市水务局	周洪华	梁　静
泸州市气象局	叶大友	王　翔
泸州市交通运输局	曾兴宇	胡　蝶
泸州市航务管理局	刘　冰	李　娜
长江泸州航道局	段原昌	周　菠
川铁（泸州）铁路有限责任公司	张　庆	许小翠
泸州市民航管理局	漆会强	唐　琪
泸州市邮政管理局	虞卫国	王　芹
四川邮政公司泸州市分公司	钱洪斌	赵维丽
中国电信股份有限公司泸州分公司	陈　鸿	刘　川
中国移动通信集团四川有限公司泸州分公司	吴　超	冯　创
中国联合网络通信有限公司泸州市分公司	彭仁锋	钟夏夏
泸州市住房和城乡建设局	王晓谦	康　熙
泸州市城乡规划管理局	陈　军	杨其江
泸州市城市管理行政执法局	何自慧	李　雪

续上表

供　稿　单　位	责　任　人	撰　稿　人
泸州市环境保护局	郭　华	张井平
泸州市烟草专卖局	牟利平	刘　蓉　杨忠辉
泸州市供销社	陈晓荣	李光凤
泸州市国有资产管理委员会	喻志强	李文生
泸州市财政局	杨晓慧	王　毅
泸州市地方税务局	简　锐	李　芳　龙玉娇
泸州市国家税务局	刘毅巍	陈　爽　税　宇
泸州市金融办公室	温水源	舒　敏
中国银行业监督管理委员会泸州监管分局	曾安全	任泳龙
中国人民银行泸州市中心支行	鲁剑雄	刘艺涵
中国农业发展银行泸州市分行	张晓峰	王秋梅
中国农业银行股份有限公司泸州分行	武亚波	武亚波
中国工商银行股份有限公司泸州分行	杜一兵	陈江浩
中国建设银行股份有限公司泸州分行	代建勇	杨家金
中国银行股份有限公司泸州分行	康　宇	蒋　兰
交通银行股份有限公司泸州分行	刘远宏	宋华军
招商银行股份有限公司泸州分行	张德平	余龙泉
中国邮政储蓄银行股份有限公司泸州市分行	牟　聪	牟　聪
泸州市商业银行	刘仕荣	曾　诚
四川省农村信用社联合社泸州办事处	唐一平	任玉琦
中国人民财产保险股份有限公司泸州市分公司	王　敏	张　然
中国人寿保险股份有限公司泸州市分公司	杨　淼	晏　伟
中国平安财产保险股份有限公司泸州中心支公司	曹　阳	王盐红
中国平安人寿保险股份有限公司泸州中心支公司	张桂琼	吴　平
中国太平洋财产保险股份有限公司泸州中心支公司	张　骏	骆　宁
中国太平洋人寿保险股份有限公司泸州中心支公司	陈彦锦	蒋志敏
泸州市科学技术和知识产权局	邹　维	李燕梅
泸州市科学技术协会	王志刚	许毅华

续上表

供稿单位	责任人	撰稿人
泸州市社会科学界联合会	黄　华	胡德明
泸州市教育局	黄　辉	张流斌　张瑞波
西南医科大学	何延政	林　洁
四川警察学院	张光华	李春凤
泸州市职业技术学校	陈熙华	曾　艳
泸州职业技术学院	熊　剑	胡　蒙
四川化工职业技术学院	芦　忠	吕松洋
泸州广播电视大学	刘潮江	方国联
泸州高中	李渝江	古帮伦
泸州老窖天府中学	张如栩	杨太源
泸州市文化体育新闻出版广电局	王　毅	张　鉴
泸州日报社	彭祖平	杨基德
泸州市人民广播电台	储超峰	肖义兰
泸州市电视台	韩本能	张万平
西南医科大学附属医院	陈昌洪	梁　婷
西南医科大学附属中医医院	杨思进	陈孟利　谢艳玲
西南医科大学附属口腔医院	古　元	邓　婕
泸州市人民医院	卢　苇	郭　云
泸州市中医医院	郑海三	杨　华
江阳区人民政府办公室	王天全	何雨晋
龙马潭区人民政府办公室	张　宇	刘俊宏
纳溪区人民政府办公室	秦　礼	周　燕　徐东梅
泸县人民政府办公室	殷洪勇	熊　敏
合江县人民政府办公室	邓清霞	伍家华　王大琼
叙永县人民政府办公室	韦　超	黄永红
古蔺县人民政府办公室	刘义勇	曾凡艳

除以上单位为本年鉴提供图文外，还有市政府电子政务办、吴良春、刘林、牟科、陈浩平等单位和摄影爱好者提供了图片资料

目　录

政　治

经　济

文 化

社　会

区情县情

附 录

索　引

彩页目录

干在实处　走在前列
为决胜全面小康、建成区域中心而努力奋斗
——在中国共产党泸州市第八次代表大会上的报告

（2016 年 11 月 23 日）

市委书记　蒋辅义

中国共产党泸州市第七次代表大会以来的五年，是泸州发展进程中极不平凡、极为重要的五年。五年来特别是党的十八大以来，我们认真贯彻落实中央、省委部署和要求，着力“三抓三主动”，扎实推进“六个突破”，实现经济社会平稳较快发展。全市地区生产总值连跨五个百亿元台阶，从全省第 9 位进到第 6 位；全社会固定资产投资从全省第 10 位进到第 2 位；地方公共财政收入从全省第 5 位进到第 2 位；这三项指标和规模以上工业增加值、社会消费品零售总额增速均居全省前列；城乡居民人均可支配收入实现翻番。

过去五年，我们聚焦产业发展主题，加快形成结构更优、效益更好的产业体系。白酒、化工、能源、机械等传统产业转型升级成效明显，泸州老窖、郎酒等重点酒类企业实现恢复性增长，泸天化改革脱困取得阶段性成效，“三长”完成退城入园。大力招引培育现代医药、高端装备制造、新能源新材料、智能电网、大数据等新兴产业，西南智能电网产业园、步长生物制药基地、华为大数据中心加快建设。按照“一区多园、一园多点”模式，建成泸州国家高新区、长江经济开发区、中国白酒金三角酒业园区三大园区，空港产业园、军民融合产业园起步建设。大力发展现代服务业，商贸、物流、金融、旅游等增长势头强劲。加快发展现代农业，优质稻、果蔬茶、畜禽、林竹、烤烟等特色农业不断发展壮大，建成一批国家级、

省级农业产业化基地。

过去五年，我们扭住投资拉动主引擎，加快形成大抓项目、抓大项目的浓厚氛围。五年累计实施重点项目1359个、完成投资4140亿元，一批打基础、利长远的重大项目取得突破性进展。建成纳黔、宜泸渝、成自泸赤、宜叙、叙古5条高速公路，通车里程435千米、居全省第3位；长江航道泸渝段Ⅲ升Ⅱ工程加快推进，泸州港建成保税物流中心，集装箱吞吐量持续增长；川南城际铁路自贡至泸州段开工建设，渝昆高铁有望尽快开工，成泸遵高铁、城市轨道交通等项目前期工作有序推进；机场航线达到18条，旅客吞吐量居全省第3位。

过去五年，我们围绕推进新型城镇化，加快形成中心带动、梯次发展的城镇体系。列入国家新型城镇化综合试点城市，进入国家“双两百”规划。全市城镇化率达到47.5%，中心城区建成区面积达到135平方千米、人口达到135万人，老城区改造提升稳步推进，“两江新城”加快建设。城市桥梁、路网、停车场等基础设施不断完善，建成93千米绕城高速环线、8个进出口通道及其连接线，打造高品质的城市滨江路、公园绿地，建成西南商贸城、华润万象汇等新商圈和大型商超，形成泸州金融商业中心、酒城乐园等新地标和特色街区。创建成为国家园林城市，巩固国家卫生城市工作取得显著成效。泸县、合江、叙永、古蔺县城面貌焕然一新，一批试点镇、特色镇、重点乡村快速发展。

过去五年，我们深化改革扩大开放，加快形成活力迸发、合作共赢的发展格局。推进国企国资、农业农村、政务服务、党的建设等12个领域180余项改革事项，全民预防保健、全国养老服务业综合改革试点、不动产统一登记、农村土地制度改革三项试点等走在前列，投融资体制改革、行政审批制度改革、国企国资改革、全面创新改革等取得明显进展。全方位多领域扩大开放合作，市外国内到位资金年均增长18%，一批央企、大型国企、知名民企落户泸州，与周边城市、国内先进地区、“一带一路”国家（地区）开展交流合作；积极举办和参与各类会展、投资促进活动，倾力打造中国国际酒业博览会、西南商品博览会、农产品交易博览会三大品牌。

过去五年，我们着力保障和改善民生，加快形成人民幸福、社会安定的良好局面。全力推进脱贫攻坚，在全省率先实行医疗扶贫“4个100%”和低保线、脱贫线两线合一，贫困地区面貌得到改善，困难群众生活水平明显提高。扎实抓好“十项民生工程”“20件民生实事”，民生支出占财政支出比重保持在70%以上。加快发展教育事业，各级各类教育质量稳步提升，义务教育均衡发展取得明显成效，泸州医学院成功更名西南医科大学，医教园区初具规模。加快发展医疗卫生事业，各级医疗机构提档升级，基层医疗服务能力进一步增强。加快发展文体事业，文化惠民工程实现全覆盖，全力推进全国文明城市创建工作。加强生态环境保护，主要污染物减排完成省定目标，完成全国水生态文明城市建设试点。全面推进依法治市，依法执政、依法行政、公正司法、社会法治、法治宣传取得新进展，安全生产、信访维稳、社会治安综合治理、食品药品监管、城乡规划建设管理等法治化水平明显提升。

过去五年，我们落实全面从严治党要求，加快形成风清气正、干事创业的政治生态。实行党建季度述职、常委联系县区、市委专项督查等制度，层层传导压力，落实管党治党责任。扎实开展党的群众路线教育实践活动、“三严三实”专题教育、“两学一做”学习教育，加强领导班子思想政治建设，引导党员干部坚定理想信念。按照好干部标准选人用人，一批优秀干部受到提拔重用；加强对干部的激励和约束，出台激励基层干部干事创业的措施办法，制定实施教育规范在前、约谈提醒在前、纪律处理在前“三个在前”机制。加强基层党组织建设，全面推进村级党群服务中心建设，大力发展村级集体经济，基层工作经费以2013年村8万元、社区10万元为基数每年递增15%。加强党风廉政建设和反腐败斗争，贯彻中央“八项规定”精神，驰而不息正风肃纪，旗帜鲜明惩治腐败，从严查处一批典型案件和“四风”问题，党风政风、社会风气持续好转。加强民主政治建设，人大及其常委会依法履职水平进一步提升，地方立法和监督工作取得明显成效；人民政协参政议政作用进一步发挥，协商民主水平不断提高；统一战线发展壮大，群团、民族、宗教、外事、侨务、对台、党管武装等工作取得新进展。

回首五年历程，我们深切体会到：

良好的势头是坚持不懈抓出来的。我们保持专注发展定力，围绕“着力六个突破、实现两个率先”，一以贯之、持续用力抓经济建设，主要经济指标增速名列全省前茅。这说明，抓发展要有定力，要有实现既定目标的韧劲。只有不分心、不走神，久久为功，才能走在前列。

工作的成效是实实在在干出来的。我们对重点工作，坚持排出时间表、明确任务书、挂出作战图，集中发力、督导问效，干成了一件又一件事关未来发展的大事，干成了一件又一件看似不可能的难事。这说明，只要带着责任把工作抓实抓细抓具体，就没有过不了的坎，就没有干不成的事。

大好的机遇是主动作为争出来的。我们强化机遇意识，主动向上使力、主动向外借力、主动向下发力，得到有关方面支持，争取到一系列国省层面的政策、项目和资金。这说明，机遇历来垂青有准备的人。只有敢于争取、善于争取，才能赢得先机、占据主动、奠定优势。

优良的作风是一级一级带出来的。市委常委带头联系指导县区，各级领导干部带头联系重点工作、重点项目、重点企业，广大党员干部冲锋在前、干在一线，形成一级带着一级干、一级做给一级看的良好局面。这说明，作风既要靠抓，更要靠带。以上率下、上行下效，才是强化作风建设的关键。

当然，我市经济总量不大、人均较低，发展不够、发展不足的问题仍然突出；脱贫攻坚任务艰巨繁重，就业、住房、教育、医疗等民生事业与群众期盼还有不小差距；一些深层次矛盾和问题逐步显现，社会治理面临新挑战，法治建设需要进一步加强；全面从严治党任重道远，一些基层党组织战斗堡垒作用发挥不够，有的党员干部甚至党员领导干部党性修养、能力素质、工作作风不适应新的要求、新的任务，等等。这些问题，我们要采取有力措施切实加以解决。

同志们！成绩属于过去，奋斗创造未来。进入全面建成小康社会的关键阶段，我们必须一张蓝图绘到底，一届接着一届干，把宏伟事业不断推向前进。今后五年，是全面建成小康社会决战决胜的五年，是推动“十三五”规划落地见效的五年，是开创经济社会发展崭新局面的五年。站在新起点、面对新形势，泸州一定大有作为，也必须大有作为。从使命和要求看，2020 年全面建成小康社会，是党中央做出的庄严承诺，是我们必须完成的目标任务；建成成渝城市群南部区域中心和“双两百”城市，是国家规划做出的战略部署；实现“两个率先”和经济总量跨入 2000 亿元，是省委对泸州提出的明确要求。这就决定，我们必须率先突破、走在前列。从基础和条件看，我市经济社会连续多年保持平稳较快发展，交通枢纽建设、园区建设、城镇建设等取得明显成效，经济动力和活力不断增强，前期争取的一系列政策、平台、载体持续释放叠加效应，发展的有利因素不断汇聚。这就决定，我们必须厚植优势、高位求进。从周边和全省看，重庆、贵州等地发展迅猛、势头强劲，带动引领作用明显增强；全省各市州鼓足干劲、调高目标，竞相发展、态势逼人。逆水行舟，不进则退，慢进也是退。这就决定，我们必须超常付出、勇往直前。现在，决战的路线图、时间点已经敲定，冲锋的号角已经吹响。全市上下要真抓实干，奋战五年，确保实现决胜全面小康、建成区域中心的宏伟目标。

——决胜全面小康、建成区域中心，必须立足发展的阶段性特征和趋势，奋发有为地确定工作要求和目标任务，努力实现平稳健康较快发展。

今后五年工作的总体要求是：高举中国特色社会主义伟大旗帜，坚持以马克思列宁主义、毛泽东思想、邓小平理论、“三个代表”重要思想、科学发展观为指导，全面贯彻党的十八大和十八届三中、四中、五中、六中全会精神，深入学习贯彻习近平总书记系列重要讲话精神，紧紧围绕“五位一体”总体布局和“四个全面”战略布局，牢固树立“五大发展理念”，认真落实省委治蜀兴川方略，坚持稳中求进、进中求好、好中求快，攻坚克难抓发展、聚精会神抓党建、扎扎实实抓法治，主动向上使力、主动向外借力、主动向下发力，坚定不移推进产业发展、项目投资、城镇建设、改革开放、县域经济、精准脱贫“六个突破”，努力开创经济持续健康发展、人民生活不断改善、社会大局和谐稳定、政治生态风清气正的崭新局面。

今后五年的主要任务是：

经济增长走在前列。地区生产总值年均增长9%以上，力争2020年达到2000亿元，地方公共财政收入达到200亿元；规模以上工业增加值年均增长11%以上，社会消费品零售总额年均增长12%以上。

城市发展走在前列。到2020年，中心城区建成区面积达到200平方千米，人口达到200万人，城市规模、形象、功能、品质以及服务能力在川滇黔渝结合部形成优势，建成成渝城市群南部区域中心城市。

项目投资走在前列。全社会固定资产投资年均增长16%以上，突出抓好产业、基础设施、生态和民生项目，五年累计实施重点项目1500个、完成投资1万亿元以上。

产业发展水平显著提升。产业迈上中高端，传统产业转型升级，新兴产业形成支柱，到2021年，工业对经济增长的贡献率达到58%，服务业比重提高5个百分点，三次产业结构调整为10∶55∶35。

改革开放水平显著提升。全面完成中央、省委部署的改革事项，力争一批改革试点工作走在全国全省前列。市外国内到位资金年均增长15%以上，招引一批大企业大集团落户泸州，与一批城市建立友好合作关系。

人民生活水平显著提升。力争城镇居民人均可支配收入年均增长10%以上，农村居民人均可支配收入年均增长11%以上。2019年完成脱贫攻坚任务，国贫县叙永、古蔺和省贫县合江摘帽，324个贫困村全部退出。就业、社保、教育、医卫、文化等社会事业加快发展。

上述任务中，三个走在前列，横向着眼川滇黔渝结合部和全省发展态势，是区域竞相发展下奋勇争先的抉择；三个显著提升，纵向着眼我市良好基础和条件，是新阶段、新要求下加压奋进的抉择，两者统一于决胜全面小康、建成区域中心的总目标。实现这一目标，绝不是轻松的事情，需要全市上下跳起摸高，加倍努力。只要我们把握快的节奏，能快则快、加快发展；确立高的目标，敢与强的比、敢与高的攀；坚持实的举措，细化任务，盯着抓、反复抓，就能牢牢掌握主动权，目标任务就会一步一步变为现实。

——决胜全面小康、建成区域中心，必须突出工作重点，狠抓关键环节，全力推进“六个突破”取得新的成效。

要坚定不移推进产业发展、项目投资、城镇建设、改革开放、县域经济、精准脱贫“六个突破”，以重点工作带动全局发展。

在产业发展突破上，要加快转型升级、构建现代产业体系。坚持工业为大、工业为重、工业为先，着力提高工业经济的质量和效益。要突出传统优势产业的基础地位和支撑作用，扎实抓好技改扩能、产品创新、市场拓展，切实增强白酒、化工、机械、能源等传统产业核心竞争力。要加快新兴产业崛起步伐，坚持高点起步、项目带动、招大引强，重点发展现代医药、高端装备制造（通用航空）、新能源新材料、智能电网、信息技术（大数据）产业，力争新兴产业增加值占规模以上工业增加值比重达到25%以上。要做大做强产业园区，打造泸州国家高新区、长江经济开发区、中国白酒金三角酒业园区三个千亿园区，加快建设空港产业园、军民融合产业园，促进园区集中连片发展，进一步优化产业布局、完善功能配套、集聚要素资源，形成产业发展走廊。要大力发展商贸、物流、旅游、会展、金融等服务业，推动生产性服务业向专业化和高端化拓展、生活性服务业向精细化和高品质提升，扩大规模和品牌效应，提升服务和集聚能力。

在项目投资突破上，要突出“四个一批”、强化重点带动。项目投资是经济增长最直接、最有力、最有效的手段，必须保持攻坚势头，增强发展后劲。要围绕竣工投产一批、加快建设一批、集中开工一批、生成储备一批，加大向上争取力度，强化向外精准对接，创新向下服务举措，力争更多项目进入国省规划、得到各方支持，在最短时间内实现最大进展、发挥最大效益。要紧紧抓住重点项目这一“牛鼻子”，突出抓好交通建设大会战，抓紧推进高铁和城市轨道交通建设，加快建成川滇黔航运物流中心、区域航空运输中心，完善高等级公路网络，完成渡改桥建设任务，推进综合运输服务示范城市建设，打造全国重要综合交通枢纽。特别强调，2017 年为项目投资攻坚年，要高规格、高强度、高质量推进项目建设，为五年奋战开好头、起好步。实现项目投资突破，必须充分激发民间投资活力。要着力创新和完善促进民间投资的体制机制，努力打造审批事项最少、审批速度最快、办事效率最高、投资环境最优的市，让民间投资成为拉动经济增长的重要力量。

在城镇建设突破上，要建强中心城区、统筹城乡发展。建成区域中心，城市发展是重头戏。要坚持“山水绿色、宜居宜业、区域中心、中国酒城”的定位，着力强化规划引领，拓展城市发展空间，增强综合承载能力和区域服务能力，加快智慧城市建设，让城市功能更加完备、环境更加优美、特色更加鲜明。中心城区是重中之重，要推进新城、老城和园区有机统一、互动发展。新城要加快建设“两江新城”，始终围绕以人为本这个核心，围绕区域中心这个目标，在基础设施、公共服务、人居环境、特色风貌等方面坚持高标准、追求高品质，打造城市建设新标杆。老城要突出综合治理，完善功能、方便市民，加大危旧房、棚户区和城中村改造力度，不断完善基础设施、配套服务。同时，注重打造特色街区，保护文物古迹，传承历史记忆。要着力加强城市管理，加快和完善城市立法工作，健全城市管理体制机制。要围绕构建层次清晰、功能互补、相融共促的新型城镇体系，积极推进泸县撤县设泸川区和合江、古蔺撤县设市工作，做大做强县城，尽快实现泸县融入主城区，合江、叙永、古蔺三个县城发展迈上新的台阶，培育一批重点特色镇，建设一批幸福美丽新村。我们坚信，通过不懈努力，在重庆、成都、昆明、贵阳之间，在长江、沱江、赤水河交汇处，在成渝城市群之南一定会崛起一座“双两百”大城市——泸州。

在改革开放突破上，要敢于啃硬骨头、增强发展的动力活力。要不折不扣地贯彻落实中央、省委改革部署，立足实际谋划实施一批改革事项，到 2020 年基本完成各领域改革任务。要把推进供给侧结构性改革作为经济发展和经济工作的主线，着力提高生产要素配置效率，打造新引擎、构建新支撑。要做强做优国有企业，做实做大政府投融资平台公司。要加快实施创新驱动发展战略，把人力资源开发摆在优先位置，加强本土人才培养使用，大力引进各类高端人才及其团队，提供优惠的政策、优良的环境、优厚的待遇以及干事创业平台，引导和激励各类人才创新、创业、创造，促进科技成果转化。要进一步解放思想、开明开放，深化区域合作，加强国内合作，拓展国际市场，坚持“三为主”，强化“三主动”，提高招大引强、招才引智的实效。要高规格建设中国（四川）自由贸易试验区泸州片区，着力打造政策环境最优、开放程度最高、集聚能力最强的新口岸新平台，推动泸州更高层次承接产业转移、更大范围扩大开放合作、更宽领域实现共赢发展。

在县域经济突破上，要做强支撑、夯实基础、竞相跨越。做强支撑，重点是毫不动摇地鼓励、支持民营经济发展，加强对本地企业家及企业技术人才的培养，党员干部要坦荡真诚地同民营企业、民营企业家接触交往，着力构建“亲”“清”新型政商关系。要推进政银企合作，营造良好金融生态环境，支持优势企业扩大规模、增强实力，通过过桥、贴息、托底等多种方式扶持困难企业渡过难关、走出困境，稳住企业、稳住企业家、稳住员工队伍、稳住增长势头。夯实基础，重点是抓好“三农”工作，大力发展现代农业，培育和招引国家级龙头企业，构建新型经营主体，推进特色农业规模化、专业化、品牌化发展，建强基地、建好新村，促进农民增收、农业增效、农村繁荣。竞相跨越，重点是发挥县区优势，推进梯次发展，努力实现中高速增长。江阳区要力争进入全省县域经济综合实力前10强，龙马潭区要力争进入前15强，其他县区要对标先进、争先进位，努力走在全省同类型地区前列。

在精准脱贫突破上，要聚焦目标任务、强化工作举措。要把脱贫攻坚作为头等大事，按照五年集中攻坚、提前一年脱贫总体安排，全面落实“六个精准”要求，深化完善“四个一批”举措，确保建档立卡贫困户实现“两不愁、三保障”和“四个好”目标。要加快推进易地扶贫搬迁，扎实抓好住房建设，确保按期完成搬迁任务；要加大生产和就业扶持力度，因地制宜培育特色产业，促进贫困群众就地就近就业增收；要深化医疗扶贫“4个100%”，强化对贫困患者的精准救助、跟踪服务，从根本上解决因病致贫返贫问题；要全面实施低保线、脱贫线两线合一，筑牢贫困对象兜底救助网。打赢脱贫攻坚硬仗，必须层层立下军令状，严格落实脱贫攻坚责任制，强化督导、落实考核。要压紧压实党政主体责任、部门帮扶责任，发动社会各界参与，引导群众自力更生、艰苦奋斗，用勤劳双手改变贫困现状、创造美好生活。

——决胜全面小康、建成区域中心，必须把增进民生福祉作为出发点和落脚点，大力发展社会事业，不断提高全市人民的生活质量和水平。

社会事业发展，与全市人民的获得感、幸福感息息相关，也是建成区域中心的重要内涵。

要大力发展教育事业，加快建成区域教育培训中心。百年大计，教育为本。要推进各级各类教育协调发展，更好满足群众对优质教育的需求。要加快发展学前教育，大力兴办公办幼儿园、普惠性民办幼儿园，切实解决入园难、入园贵问题。要推进义务教育均衡发展，加大老城区学校改（扩）建力度，优先保障新城区学校规划建设，引导优质教育资源向基层流动。要推进高中教育优质发展，创建一批省级示范性普通高中，进一步提高教育教学质量。要推进职业教育和高等教育提升发展，支持西南医科大学建成全国一流的医科大学，推动市内职业院校提档升级，围绕城市建设、卫生护理、健康养老、航空产业、酒业发展等领域新建一批中等、高等职业技术院校。要加强教育交流合作，引进知名教育机构来泸办学，支持市内有实力的教育机构走出去做大做强。

要大力发展医疗卫生事业，加快建成区域医疗健康中心。医疗卫生资源是我市的优势所在，长期以来直接服务泸州及周边群众。要依托优势资源，大力提升医疗卫生服务水平，加快建成健康城市。要支持现有三甲医院建设分院或专科医院；依托西南医投集团和西南医科大学助推四个县人民医院创建成为三甲医院；支持西南医科大学到藏区、彝区以及省内外其他地区开展合作、扩大服务。要推进基层医疗卫生机构提档升级，建成一批高标准中心镇卫生院、中心村卫生室，加强基层医疗卫生队伍建设。要深化医药卫生体制改革，完善分级诊疗制度，深入推进全民预防保健和远程诊疗，让广大群众享受更便捷、更省钱、更优质的医疗卫生服务。要积极推进医养结合，促进健康养老产业加快发展。

要大力发展文化事业，加快建成独具特色魅力的文化强市。泸州地处西部欠发达地区，决胜全面小康、建成区域中心，需要一种后发追赶、勇于争先的精神，需要先进的文化去支撑和推动。泸州历史悠久、人杰地灵、文化厚重，孕育出底蕴深厚的白酒文化、源远流长的长江文化、激昂奋进的红色文化、特色鲜明的民俗文化。要在传承和弘扬优秀文化中坚定自信，进一步增强泸州文化的感召力和影响力，凝练城市精神，扩大城市知名度。要以创建全国文明城市为契机，大力培育和践行社会主义核心价值观，提升社会文明程度和市民文明素质。要着力健全现代公共文化服务体系，深入实施文化惠民工程，大力发展群众性文化活动，积极发展文化创意、文旅体验、影视传媒等文化产业。要着力丰富群众精神文化生活，统筹发展好广播电视、新兴媒体、全民健身等事业。

要大力实施民生工程，让群众更多更好地共享改革发展成果。要持续加大民生投入，尽力办好民生实事，统筹制定惠民政策，着力健全就业创业、基本住房、养老保险、医疗保险、社会救助等保障制度。要着力改善基层发展条件，统筹推进供水、供电、供气、通信、道路等基础设施改造提升，让群众生活更殷实、更便捷、更安全。2017年，要全面完成农村电网改造升级，江阳、龙马潭、纳溪三个区和泸县要实现村通公交，合江、叙永、古蔺三个县要实现村通客运；2018年，要实现城镇、重点乡村生活污水垃圾处理设施全覆盖。良好生态环境是最普惠的民生福祉。要坚持生态优先、绿色发展，打好大气、水、土壤污染防治攻坚战，着力构建长江上游绿色走廊和生态屏障，让泸州天更蓝、山更绿、水更清、生态环境更美好。

——决胜全面小康、建成区域中心，必须加强民主法治建设，充分调动人民群众的积极性、主动性、创造性，营造凝心聚力、共谋发展的良好环境。

团结凝聚力量，实干成就梦想。越是目标宏伟、任务艰巨，越要统一思想、形成共识，动员全市上下、方方面面共同努力为之奋斗。

要尊重人民主体地位、保证人民当家做主，大力发展社会主义民主政治。各级党委要总揽全局、协调各方，围绕“把方向、管大局、作决策、保落实”职能，进一步完善党委领导方式和工作方法，支持和保证各级人大依法履行职能，使立法、监督、决定、任免等各项工作更好地贯彻党委决策部署、更好地体现全市人民意志、更好地服务大局。要坚持和完善中国共产党领导的多党合作和政治协商制度，支持各级政协组织围绕团结和民主两大主题履行职能，不断提高协商民主制度化、规范化、程序化水平，多聚发展之力、多建睿智之言、多献务实之策。要健全和完善基层党组织领导的基层群众自治机制，充分发挥“两代表一委员”的作用，实现基层治理与基层民主相互促进。

要全面推进依法治市、加快建设法治泸州，促进治理体系和治理能力现代化。法治化是治理体系和治理能力现代化的重要内涵和核心要求。只有发挥好法治的引领、规范和保障作用，才能推动经济社会平稳健康可持续发展。要坚持依法执政，在宪法和法律范围内开展工作，有序推进地方立法，保证党和人民共同意志的实现。要全面推进依法行政，加快建设法治政府，着力优化政务服务环境，让人民群众办事更加便捷。要切实保障社会公平正义，加强对权力的监督制约，推进公正司法，不断提高司法公信力。要加强法治宣传，抓住领导干部这个“关键少数”，抓牢全民守法这个基础，共同营造法治良序。要着力营造良好社会环境，狠抓社会治安综合治理，依法打击黑恶势力、“黄赌毒”、“两抢一盗”、诈骗等各类刑事犯罪活动；狠抓经济发展环境治理，依法打击各类破坏市场经济秩序的犯罪行为；狠抓信访环境治理，在组织和法律体系内化解矛盾、解决问题；狠抓城乡建设环境治理，重拳整治违法建设等行为；狠抓安全生产工作，坚决打击煤矿、非煤矿山、交通运输等领域的非法违法生产经营建设行为；狠抓食品药品安全，实行最严格的监管、最严厉的处罚、最严肃的问责，为经济社会发展、人民安居乐业保驾护航。

要调动一切积极因素、凝聚一切智慧力量，创造事业蓬勃发展的有利条件。要牢牢掌握统一战线这一重要法宝，完善同民主党派合作共事机制，支持民主党派和无党派人士更好履行参政议政、民主监督职能，充分发挥工商联作为党和政府联系非公有制经济人士的桥梁纽带作用，加强党外代表人士队伍建设，进一步做好民族、宗教、侨务和对台工作，最大限度地凝聚人心、凝聚智慧、凝聚力量。要始终把群团事业作为党的事业的重要组成部分，加强和改进党对群团工作的领导，更好发挥工会、共青团、妇联、科协、残联、侨联、文联等群团组织作用，保障群众合法权益，维护和发展群众利益，最广泛把群众组织起来、动员起来、团结起来。要坚持党管武装，深化双拥共建，推动军民融合发展。

——决胜全面小康、建成区域中心，必须落实全面从严治党要求，进一步巩固良好政治生态，提供强有力的组织和纪律保障。

事业成败，关键在党、关键在人。要加强党的建设，以党章为根本遵循，全面贯彻党的政治路线、思想路线、组织路线、群众路线，切实把各级党组织建设成为坚强领导核心，把党员干部队伍打造成为干事创业先锋。

要加强思想政治建设，坚定为党奋斗的理想信念。思想是行动的先导，任何时候都不能放松；对马克思主义的信仰、对社会主义和共产主义的信念是我们的毕生追求，任何时候都不能动摇。要认真贯彻《关于新形势下党内政治生活的若干准则》，加强党员干部理想信念教育，不断解决好世界观、人生观、价值观这个“总开关”问题，自觉成为共产主义远大理想和中国特色社会主义共同理想的坚定信仰者和忠实实践者，坚定对中国特色社会主义的道路自信、理论自信、制度自信、文化自信。要贯彻执行党的基本路线，毫不动摇坚持以经济建设为中心，毫不动摇坚持四项基本原则，毫不动摇坚持改革开放，把坚持党的思想路线贯穿于执行党的基本路线全过程。一个国家、一个政党，领导核心至关重要。要强化“四个意识”特别是核心意识、看齐意识，坚决维护以习近平同志为核心的党中央权威和党中央集中统一领导，始终做到党中央提倡的坚决响应、党中央决定的坚决执行、党中央禁止的坚决不做。

信念的坚定，来源于理论上的清醒，不认真学习，就不会有过硬的党性修养，也就不可能有坚定的政治信仰。要坚持不懈抓好理论武装，以党委（党组）中心组学习为主要抓手完善党内学习制度，认真学习中国特色社会主义理论，尤其要把学习贯彻习近平总书记系列重要讲话精神作为一项必须长期坚持的政治任务，不断深化对党的十八大以来党中央治国理政新理念新思想新战略的理解和把握，用马克思主义中国化的最新成果武装头脑、指导实践、推动工作。

要加强干部队伍建设，锻造干事创业的中坚力量。事业发展，离不开高素质的党员干部队伍。选好、用好、管好干部是一件艰巨而紧迫的任务。对干部的选拔任用导向要更加鲜明，坚持信念坚定、为民服务、勤政务实、敢于担当、清正廉洁的好干部标准，突出脱贫攻坚一线、项目建设一线、产业发展一线、农村基层一线、依法治理和信访维稳一线，让忠诚干净担当、想干事会干事干成事的干部得到褒奖和重用。对干部的引导激励要更加到位，把干部在推进改革中因缺乏经验、先行先试出现的失误和错误，同明知故犯的违纪违法行为区分开来；把上级尚未明确限制的探索性试验中的失误和错误，同上级明令禁止后依然我行我素的违纪违法行为区分开来；把为推动发展的无意过失，同为谋取私利的违纪违法行为区分开来，建立健全鼓励探索、允许失误、宽容失败、有错必改的制度机制，理直气壮地支持干部在政策之内放心干、放手干、放胆干，在政策之外探索干、改革干、创新干，让广大干部卸下包袱、消除顾虑、轻装干事。要完善激励措施，在政治上、思想上、工作上、生活上真诚关爱，最大限度调动干部的积极性、主动性、创造性。对干部的问责处理要更加严格，重点惩治不作为慢作为乱作为、不具体不负责不落实等问题，让阳奉阴违、阿谀奉承、弄虚作假、不干实事、不称职的干部没市场、受惩戒。

抓干部队伍建设，关键要抓领导班子，核心要抓党组织书记。各级领导班子尤其是党组织书记要牢记权力就是责任，责任就要担当。要时时处处以身作则、扛起责任，应该做的事情不管有多大困难、不管有多大压力都必须努力克服、努力干成、努力干好。

要加强基层组织建设，筑牢坚强有力的战斗堡垒。决胜全面小康、建成区域中心，要靠党的基层组织去推动、去完成。要站在强基固本的高度，深入推进农村、社区、机关、学校、非公有制经济和社会组织党建工作，创新推进国有企业、园区党的建设，扩大党的组织和党的工作有效覆盖。要强化基层党组织的政治功能，加强对基层各种组织的统一领导，着力健全“一核多元、合作共治”的新型治理体系。要着力提升基层党组织的服务水平，以村（社区）党群服务中心为载体，完善硬件设施，强化软件配套，进一步打通联系服务群众最后一千米、最后一步路。要完善“一改三化”模式，增强基层党组织领导村集体经济发展的能力。要抓好村（社区）两委换届选举，选好配强村（社区）两委干部，加强对第一书记的培养和管理，加大农村后备人才培养力度，高质量做好农村党员发展工作，创新流动党员教育管理服务，全面提升农村党员干部队伍素质。

要加强党风廉政建设，保持反腐倡廉的高压态势。作风建设永远在路上。要认真贯彻落实《中国共产党廉洁自律准则》《中国共产党纪律处分条例》以及中央“八项规定”精神，持之以恒正风肃纪，保持惩治腐败高压态势，不断强化不敢腐、不能腐、不想腐的效应。不敢腐，就是要坚持有腐必反、有贪必肃，坚持无禁区、全覆盖、零容忍，大力整治侵害群众利益的不正之风和腐败问题，让腐败分子无处藏身。不能腐，就是要把纪律和规矩挺在前面，严肃党内监督，严格执行《中国共产党党内监督条例》，加强巡察工作，切实用好监督执纪“四种形态”，同时完善“三个在前”“三早三卡”机制，健全权力运行制约和监督机制，把权力关进制度笼子。不想腐，就是要强化廉政警示教育，让党员领导干部树立正确的权力观，保持高尚精神追求，讲修养、讲道德、讲诚信、讲廉耻，注重家庭、家教、家风，教育管理好亲属和身边工作人员，严以律己、防微杜渐，永葆共产党人拒腐蚀、永不沾的政治本色。

全面从严治党，重在全面从严落实责任。全市各级党组织要牢固树立“抓好党建就是最大政绩”的理念，切实履行好主体责任，坚持党建工作和中心工作一起谋划、一起部署、一起考核。各级党组织书记要切实履行好第一责任，亲自抓、亲自管，真抓真管、严抓严管，层层传导责任和压力。各级纪检监察机关要切实履行好监督责任，聚焦主业、敢于“亮剑”，从严执纪监督问责。各级党的工作部门要切实履行好具体工作责任，上下联动、齐抓共管，把全面从严治党各项要求落到实处。

在2016年全市工业发展大会上的讲话（摘要）

（2016年1月22日）

市委副书记、市长　刘　强

一、简要回顾2015年工业经济工作

2015年，面对经济下行压力持续加大的严峻形势，我们在市委的坚强领导下，突出“产业转型发展年”的工作主题，主动适应新常态、主动作为稳增长，工业经济保持平稳较快发展的良好势头。全年规模以上工业增加值增长14%，增速高于上年1.7个百分点，高于全省平均水平6.1个百分点，居全省第2；完成工业投资533亿元、增长2.9%，其中，技改投资490亿元、增长10.7%；工业投资、技改投资总量均居全省第2。规模以上企业实现主营业务收入1434亿元、增长5.9%；实现利润总额90.6亿元、增长4.5%。

（一）工业经济稳增长成效明显

一是综合施策稳增长。认真贯彻落实中央和省上稳增长工作部署，连续第三年以市委、市政府1号文件形式，制定工业转型升级实施意见，配套制定化工、机械装备、能源、医药等相关产业发展方案。深入实施稳增长30条、工业率先突破27条等系列政策措施，研究制定促进工业经济稳增长10条措施。同时，各区县、园区、重点企业积极作为、主动发力。江阳区设立了5000万元的工业发展专项资金，包括500万元的项目贴息资金、2000万元的应急转贷资金；纳溪区突出“围着企业转，帮着企业办”，强化企业服务，实施精准帮扶；泸县实施工业企业扶优做强“411”工程，计划五年内培育骨干企业40户、销售收入达到100亿元、纳税10亿元；合江县制定了民营经济发展的政策意见和奖励办法，大力支持民营企业发展。工业经济的平稳发展，有力带动了全市经济增长。2015年6月，国务院稳增长督查组莅临泸州督查指导，对我市稳增长工作给予了高度肯定。

二是投资拉动稳增长。突出抓好146个重点工业项目建设（投资5000万元以上），全年完成投资128亿元，15万吨/年润滑油加氢、金田纸业（一期）等52个项目竣工投产；众邦制药等40余个项目加快推进；中科玻璃技改、东方农化技改等20个项目开工建设。2015年12月2日，我市以集中开工的形式，推出了聚碳酸酯项目（总投资109亿元）、南瑞集团西部产业基地（总投资50亿元）、华为四川大数据中心（总投资20亿元）等26个重点项目，总投资超260亿元；12月25日，在“全省2015年底重大项目集中开工仪式”上，又集中开工10个工业项目，总投资66.6亿元，为工业经济发展增添了强大动力。

三是要素保障稳增长。严格执行市领导、市级部门联系重点项目、重点企业制度，认真落实企业帮扶机制。充分发挥20亿元工业发展引导资金杠杆作用，设立了30亿元四川发展纯粮原酒股权投资基金、18亿元规模的企业应急转贷资金、2000万元的工业稳增长专项资金，争取工业用地指标

3360亩，有效解决企业融资和用地难问题。2015年，全市享受直购电企业由上年的3户增加至13户，消纳富余电量企业由7户增加至20户；武骏玻璃、郎酒浓香、中海金象、青岛啤酒等企业获批2.03亿立方米/年直供气指标，中科玻璃、宝晶玻璃享受0.1元/立方米的用气优惠政策，泸天化享受可中断价格用气政策。

（二）传统产业转型加快

白酒产业方面。大力发展纯粮固态酿造，引导酒类企业整合重组、优化产品结构。中国酒镇•酒庄、郎酒浓香基地等项目加快推进。成功举办“2015中国国际酒业博览会”，签约金额达498.4亿元。老窖集团实现利润54.8亿元、增长52.7%，股份公司预计实现利润14亿元、增长60%左右；郎酒集团实现利润7.5亿元、增长1.4%。2015年，白酒产业规模以上工业增加值增长13%。

化工产业方面。认真落实“稳、改、转”总体思路，加快泸天化资产重组和转型升级。煤气化（一期）进入试车阶段，泸天化经营形势总体改善，集团减亏7.9亿元，股份公司扭亏为盈，预计实现利润1200万元。2015年，化工产业规模以上工业增加值增长9%。

机械产业方面。长起、邦立、长机等“退城入园”加快推进，航天泸州工业园开工建设。成功列入全省“互联网+制造”区域试点城市。大力实施“走出去”战略，长起、邦立等企业产品远销东南亚、中东、欧洲等地区。2015年，机械产业规模以上工业增加值增长18.8%。

能源产业方面。古蔺观文煤矿加快建设，纳溪垃圾焚烧发电厂投入试运行。页岩气开发利用有序推进，累计完成投资11亿元，产气1.8亿立方米。2015年，能源产业规模以上工业增加值增长7.1%。

（三）新兴产业发展壮大

新能源新材料产业方面。抢抓全国新能源汽车推广应用示范城市机遇，加快新能源汽车推广应用和产业发展。累计推广应用新能源汽车597台，建成快速充电点位5个，投用交直流充电桩173个。四川省绿色建材产业化示范基地加快建设，川南电镀集中区（功能区）纳入全省布局，东方雨虹新型防水材料项目开工建设。

高端装备制造产业方面。国家机器人医药食品类研发中心建成投运，高端节能环保装备产业基地、机器人与智能化装备公司加快建设，长机智能工厂试点示范工作有序推进。

医药产业方面。生物制药、现代中药、化学药品和医疗器械等产业加快发展。雷普科技医药中间体等3个项目竣工投用；投资40亿元的步长生物制药，以及新药产业化基地等4个项目顺利开工。成功承办“2015年中国医药企业家年会”，签约项目9个，总投资51.8亿元。2015年，医药产业实现主营业务收入27.4亿元。

智能电网产业方面。编制完成《泸州市智能电网产业规划》，北辰电力产业园建成投产，南瑞集团西部产业基地项目启动建设。

大数据产业方面。成功获批国家智慧城市试点，建成全国第一个“全光网大城市”。云计算、大数据中心等48个项目加快推进。互联网主干网出口带宽扩容到640G，成为全省第二大带宽城市。

（四）园区集聚能力有效提升

高新区创建为国家级高新区、长江经济带转型升级示范开发区，纳入省“园保贷”首批试点，引进华为、南瑞、步长等知名企业，开工建设四川大数据中心项目、四川省信用联社异地灾备大数据中心项目等，园区主营业务收入增长30.5%。

长江经济开发区创建为省级经济开发区，荣获“四川最具投资价值产业园区”称号，成功纳入省“园保贷”首批试点。四川（泸州）海工装备产业园暨西南出海口基地、军民融合产业园规划建设加快推进，泸州港保税物流中心（B型）通过验收，园区主营业务收入增长22.6%。

白酒产业园区突出扩区扩能和品质提升，大力发展原粮种植、生态加工、研发体验、定制酿造等，白酒生态产业链逐步成型。积极争创省级经济开发区，国家酒类包材质检中心投入运行，园区主营业务收入增长20.1%。

（五）开放合作不断深化

一是强化招商引资。认真研究全市招商引资重大项目管理办法、园区共建共享实施办法等，加强对重大项目的全市统筹、评审和落户，引导重大产业向园区集聚，优秀人才向重点领域集聚。主动对接重点目标企业，全年新履约工业项目434个，新签约5亿元以上工业项目20个、10亿元以上项目6个，到位资金503.9亿元。与电子科大、上海市商务委等签订合作协议，在智慧城市、产业发展、人才交流等方面开展全面合作。

二是强化市场拓展。组织企业参加中博会、西博会、珠洽会、APEC技展会、中国西部进口商品展、俄罗斯国际工程机械展、“一带一路”新疆国际工程机械展、北京工程机械展等重要经贸洽谈会，达成意向合作协议20项，签约订单约20亿元，长起、邦立等企业产品远销南亚、东南亚、中东、欧洲等地区，“泸州制造”品牌效应不断扩大。邦立、长液等65户企业、近百个产品成功录入《2015四川名优产品目录》，成为四川省重点工程、重大项目近距离采购目标企业和目标产品。

（六）安全生产形势持续稳定

一是强化责任落实。严格实行“党政同责、一岗双责、失职追责”，市委、市政府领导带头对联系区县和分管领域进行安全检查。坚持安全生产例会制度，专题召开工业生产领域安全工作会，层层签订目标责任书。各企业认真落实安全生产主体责任，强化生产一线、车间班组的安全责任，进一步筑牢了基层基础。

二是强化隐患排查。积极开展民爆、危化品、电力、无线电等重点领域安全生产专项整治，对成品油销售、食品农产品加工、医药化工、冶金建材等企业展开定期不定期的突击检查。开展重点行业企业开展“打非治违”专项行动，针对重大节假日、重要时段、特殊气候，扎实开展安全生产隐患“大排查大整治”专项行动。

三是强化安全教育。扎实开展“安全生产月”活动，大力宣传安全生产法律法规、政策和安全生产技能知识，党政、企业的安全生产意识和能力进一步提高。2015年8月、12月，国务院安委会综合督查组先后两次到我市检查督导，对我市的安全工作给予了充分肯定。

过去的一年，在大家的共同努力下，全市工业经济取得了明显成绩，较好地完成了各项目标任务，实现了“十二五”胜利收官。“十二五”期间，全市规模以上工业增加值年均增长16.1%，工业占国民经济的比重由52.8%提升至55.2%。在总结成绩的同时，我们也要清醒地看到，当前宏观经济形势仍然严峻，自身还存在许多不足。一是工业增长后劲不足。工业投资增速从2010年的46.6%，回落至2015年的2.9%；竣工投产项目由2014年的66个，下降到2015年的52个，2016年预计还会下降15个。二是企业生产经营困难加大。市场有效需求不足问题突出，PPI已连续46个月负增长，2015年12月制造业PMI为49.7%，仍在50%的荣枯线下低位徘徊。三是融资难融资贵问题仍然存在。2015年年末，全市工业贷款同比增长1.9%，增速较上年同期下降3.8个百分点；新增中小企业融资贷款担保额56亿元，同比下降5%。四是国企业改革任务艰巨。泸天化整体仍处于亏损状态，企业资产负债率达86.6%。面对这些困难和压力，我们要始终坚定发展信心、保持发展定力，真抓实干、主动作为，推动工业经济健康稳定发展。

二、关于2016年工业经济工作

2016年，是“十三五”的开局之年，也是推进结构性改革的攻坚之年。抓好今年的工业经济工作，必须突出“产业创新发展年”的工作主题，坚持“工业为重、工业为大、工业为先、工业为快”，坚持增量与存量并重、速度与质效并举，按照“1+7”的工作思路（即1个工业经济发展实施意见，7个专项实施方案），全力以赴稳增长，坚定不移促转型。

2016年，全市工业经济的预期目标是：规模以上工业增加值增长11%以上（力争13%左右）；

实现规模以上工业利润100亿元左右；完成工业投资560亿元，其中，技术改造投资515亿元。

重点是要在六个方面着力：

（一）着力推动工业创新发展

一是科学编制产业发展规划。目前，“十三五”规划纲要已基本形成，专项规划要加快进度、抓紧编制，包括园区发展规划、工业发展规划、酒业发展规划、《中国制造2025泸州行动方案》等。规划要具体，要形成年度实施方案，把规划落在地项目上，项目落在地块上，最终落实在企业上。

二是加快工业转型升级。大力改造提升传统优势产业，加快培育新兴产业。白酒产业方面。大力实施“原酒战略”，推进原酒标准化及泸酒质量追溯体系建设，打造“泸州酿”产区品牌。加快中国酒镇·酒庄、郎酒浓香基地等重点项目建设。不断优化产品结构，推动酒企整合提升，巩固和拓展销售市场。着力建设国家浓香型白酒标准化酿造示范区、“中国酱香酒谷”核心区。力争白酒产业规模以上工业增加值增长12.5%。化工产业方面。积极推动化工产业向煤化工、精细化工、石油化工、高端化肥方向转型，加快泸天化改革脱困，推动煤气化项目（一期）尽快满负荷生产，加快建设60万吨/年聚碳酸酯项目（一期）。促成北方公司乙基纤维素技改项目早日开工，推动15万吨/年润滑油加氢、合盛硅业扩能技改项目投产达效。力争化工产业增加值增长9%。机械产业方面。完成长起、邦立、长机退城入园，形成年产起重机1000台、大中型挖掘机800台、高性能液压件62万件的生产能力，新增产值50亿元。加快推进航天泸州工业园等重大项目建设。力争机械产业规模以上工业增加值增长14%。能源产业方面。推进观文煤矿建设，开工建设叙永2×350MW低热值煤发电项目、纳溪生物质制木炭项目开工建设，确保叙永浩睿安洪3万吨油库项目建成投运。大力开发利用页岩气，开采页岩气1亿立方米。力争能源产业规模以上工业增加值增长5%。高端装备制造产业方面。加快国家机器人医药食品类研发中心、四川临港装备产业园等项目建设，大力发展海洋工程装备制造、智能立体停车设备产业。智能电网产业方面。加快西南电网智能产业园建设，积极筹建智能电网研究院，力争建成为全省第六大高端成长型产业。医药产业方面。加快推进医药产业园区建设，扎实抓好步长、维思达、四川西蜀九锦、合江医药化工产业园等项目建设，加快构建中药、化学药、生物制药、医疗器械产业链。新能源新材料产业方面。加快推广应用新能源出租车、公交车和物流车，建设新能源汽车大数据库及信息监管平台。大力引进新能源整车及关联制造企业。加快东方雨虹新型防水材料项目建设，推动特种基础材料项目落地实施。大数据产业方面。加快智慧城市建设，网络出口带宽扩容到1200G。推进华为四川大数据中心、省信用联社灾备中心等项目建设。积极实施四川工业云试点。

三是着力夯实园区平台。以“三大园区”为载体，推动产业集聚和产业链延伸，重点打造8大特色产业基地（西南智能电网产业园、医药产业园、大数据产业园、海工装备产业园暨西南出海口基地、绿色建材产业园、军民融合产业园、静脉产业园、新材料及环保产业园），新增1个以上省级新型工业化产业示范基地，或省级特色产业基地。加快高新区众创中心、长开区科技企业孵化器、白酒产业园区科技企业孵化器建设，确保高新区科技企业孵化器建成投运，新增孵化器面积17.7万平方米。高新区创建为全国创新型特色产业园区，长开区创建为国家级经济开发区，白酒园区创建为省级经济开发区。

四是推进产业融合发展。军民融合方面。以北方公司、川南机械厂等企业为重点，深化与军工央企的战略合作，力争引进有机硅军品科研、智能高端完井装备制造等项目，延伸军、民用产品产业链。积极创建军民融合产业示范区。化医融合方面。以长开区新材料及环保产业园、泸县临港经济园区为平台，推进传统化工向医药化工转型。重点发展中高端医药中间体、化学原料药、化学药品和药物制剂，建设完整的化学制药产业链。两化融合方面。推进长机智能工厂、高新区机器人研发基地、酒类医药企业智能化改造工程、工程机械智能制造等项目建设，推广示范一批智能产品，开发应用一批智能技术。

（二）着力推进项目建设

一是抓好重点工业项目。全年实施重点工业项目100个以上，完成年度投资100亿元。强力推进中海金象（二期）、合盛有机硅等20个重点项目建设（总投资50亿元以上）；加快推进华为、步长、中国酒镇·酒庄、二郎名酒名镇等30余个重点项目建设；促成煤气化（一期）、国机重工、邦立异地技改、长机智能工厂、北方公司1000吨/年乙基纤维素等近40个重点项目竣工投产，新增销售收入120亿元。

二是强化要素保障。用好各项土地政策，优先保障重点产业园区、新兴产业项目等用地需求。用好省级“园保贷”资金，发挥好市级应急转贷资金作用。全力争取用气指标，帮助企业争取直购电、消纳富余电量、直供气等优惠政策，争取将泸州纳入中石油改革西南试验区，力争纳入园区直购电试点。积极推进水价改革，加快信息通信行业提速降费，减轻企业负担。

三是狠抓项目推进。坚持工业项目流动现场会制度，今年至少举行1次工业项目集中开工。完善项目监督管理体制机制，强化项目资金动态监管，充分发挥财政专项资金引导和放大作用。完善工业发展考核办法和目标体系，优化工业发展绩效评价办法、重点工业企业考评办法，形成市、区县、园区、企业齐抓共管的发展格局。

（三）着力扶持壮大工业企业

一是切实加大政策扶持。继续推行市领导、市级部门联系重点企业制度。发挥好工业发展引导资金，和各类产业发展基金的放大效应。主动对接国家、省设立的产业发展基金，争取对泸州的支持。积极筹建高新生物医药产业创投基金、泸州市产业发展基金、泸州产业发展投资基金、泸州大数据产业发展基金等。各区县、园区要配套制定工业发展的政策措施，发挥政策叠加效应，形成工作合力。用抓重点项目的思维抓基金发展，明确市级部门、区县、园区的责任目标，统筹实施、加强指导、分类推进。

二是梯次培育工业企业。鼓励泸州老窖、郎酒、泸天化、中海沥青、北方化工等大企业、大集团依托产业链，建立产业联盟，带动关联中小企业发展壮大，形成产业集群。以北辰电力、长江液压、黑马数码为重点，培育一批重点骨干企业，带动形成产值20亿元的智能电网产业、10亿元的液压元器件产业、50亿元的信息技术产业。深入实施“小巨人”“成长型”企业培育工程，重点培育川南航天能源科技、海科机械、银鸽竹浆纸业、卓峰新能源、古蔺肝苏药业等一批中小企业；推动鑫霸实业等20户企业，主营业务收入跃上亿元台阶。用好用活资本市场，推进科瑞德、议中管业、金鼎印务等企业挂牌上市，全年新增上市企业6家。力争新增规模以上工业企业30户。

三是鼓励企业技术攻关。支持企业加大技术研发，推进新药研发创制、核心基础零部件、新能源新材料、宽带移动通信等重点领域技术攻关。实施重大科技成果转化项目10个，发明专利申请总量增长18%。探索推行企业研发费用加计扣除政策，扩大固定资产折旧实施范围。大力支持企业技术改造，不断提高产品技术、工艺装备、能效环保等水平。

（四）着力深化开放合作

一是积极招大引强。坚持“三为主”招商模式，围绕生物医药、电子信息、智能产品、新能源新材料、海工重装、节能环保等领域，实施定向招商、精准招商。继续对接许继电气、华润医药、杭州西子、大洋泊车、新筑通工等知名企业。力争新招引亿元以上项目20个，10亿元以上项目3个。

二是积极招才引智。要加强与知名高校、科研院所的合作，积极引进专家团队，共建院士工作站、重点（工程）实验室、博士后流动站、博士服务站、技能大师工作室，积极争创国家级、省级产业技术创新战略联盟、企业技术中心、工程技术研究中心。要研究和完善人才引进、培养、流动机制，实施更开放的人才引进政策。我们的企业家队伍、党政干部都要善于创新、勇于创业，拿出亮剑和拼搏精神，在推动工业经济发展中主动作为。

三是积极开拓市场。组织开展产销对接活动，扩大产品市场占有率。支持有条件的生产企业，建立直销或加盟的分销渠道，鼓励中小企业抱团营销。加快泸州电子商务中心建设，有效拓展销售渠道。探索酒类移动电商营销模式，鼓励泸州老窖、郎酒等白酒企业开发网络定制产品。抢抓国际产能和装备制造合作的机遇，帮助企业开拓欧盟、北美、亚洲等国外市场，扩大“泸州造”品牌效应。

（五）着力推动绿色发展

一是加快淘汰落后产能。要坚持结构调整，分步骤、分层次淘汰“三高一低”的企业（生产线或设备），推进高耗低效企业转型升级或关停淘汰。全年力争淘汰水泥20万吨、造纸1万吨、制砖3亿匹，全面淘汰30蒸吨/小时及以下的燃煤锅炉。

二是推进企业节能减排。要抓好重点企业节能降耗、节水减排，积极开展烟粉尘、水污染防治。引导企业开展清洁生产审核，鼓励企业开展技术装备更新，重点推进钢铁、水泥、石化、化工等行业企业改造，促进资源综合高效利用。

三是大力发展循环经济。鼓励企业实施绿色标准、绿色生产和绿色管理，提升能源、水资源循环利用率。推行企业循环式生产、产业循环式组合、园区循环式改造，全面节约和高效利用资源。

（六）着力抓好“开门红”工作

今年的工业经济目标、“开门红”目标、考核办法等已经下达，并印发大家（其中，“开门红”目标是确保工业增加值增长13%，力争增长14%）。大家要按照市委、市政府的目标要求，全面压实责任，加强督促考核，重点抓好以下工作。

一是落实工作责任。市级各部门、区县、园区，要尽快分解落实责任，细化目标任务，把全年工业经济目标、“开门红”目标逐一分解，提出具体的任务数、时间表和落实的责任人。

二是强化企业运行监测。加大对重点企业的扶持力度，认真落实“一企一策”帮扶机制，及时解决企业生产经营中的困难和问题。抓好元旦春节期间，油、气、运、土地、资金等要素保障，确保企业开足马力生产。

三是加快项目建设。要坚持“一个重点项目、一名领导、一个工作班子、一套工作方案”，倒排工期、顺排工序，全力推动项目攻坚。要指导业主科学施工，抓好重点工业项目施工调度，确保项目“安全、优质、高效”。

四是抓好安全生产。要严格按照“五级五覆盖”“五落实五到位”的要求，强化党政监管责任和企业主体责任，着力夯实安全生产基层基础。要深入开展春节前后安全生产大检查，重点对民爆、化工、电力、机械等领域进行检查；同时，高度注重食品安全，彻底排除重大安全隐患，着力营造安全稳定的社会环境。

大事记

DA SHI JI

1月

1日 困难残疾人开始领取生活补贴，按每人每月60元执行。重度残疾人领取护理补贴，一级重度残疾人每人每月不低于80元，二级重度残疾每人每月50元。

是日 泸州市成立文化研究中心。

6日 在四川省早期社会主义青年团泸县支部成立旧址——西南医科大学忠山校区山顶忠山亭，举行首批泸州市中共党史教育基地授牌仪式。全市第一批党史教育基地有中国工农红军四渡赤水太平渡陈列馆、龙透关泸州起义纪念地、况场朱德旧居陈列馆、泸州市烈士陵园、忠山亭、“鸡鸣三省”会议旧址。

8日 2016中国酒城·泸州迎春购物月活动在西南商贸城拉开帷幕。

是日 重庆燃气集团股份有限公司、泸州华润兴泸燃气有限公司、凯添能源控股股份有限公司在泸州举行合江LNG（液化燃气）综合利用项目合作框架协议签字仪式。三家公司投资3.5亿元在合江榕山码头修建LNG综合利用项目。

13日 国土资源部党组成员、副部长、国家土地副总督察张德霖莅临泸州，开展脱贫攻坚调研并走访慰问贫困户。

18日 市政府与上海商务委经贸合作协议签约仪式暨泸州投资推介会在上海举行，共签约深远世宁西南无人机中心等9个项目，投资总额达74.6亿元。

21日 泸州市在江阳区大山坪街道三道桥举行城市建设项目集中开工仪式。长江六桥及连线工程等31个城市建设项目集中开工，总投资185亿元。

22日 举行“质量示范品牌泸州”中国泸州质量追溯体系建设启动仪式。

23日 首批20余家台湾一线品牌在泸县龙城怡康生活广场签约，并成立台湾泸州联合品牌加盟中心。

26日 国家发改委、住建部等部门下发《关于将天津静海县等61个地区确定为国家循环经济示范市（县）建设地区的通知》，明确泸州为国家循环经济示范市建设地区。

31日至2月3日 召开中国人民政治协商会议泸州市第七届委员会第五次会议。

2月

1—4日 召开泸州市七届人大六次会议。

4日 市七届人大六次会议第三次全体会议表决通过《泸州市地方立法条例》，泸州市首部地方性法规。

17日 副省长杨兴平率省医改领导小组赴泸州调研医药卫生体制改革工作。

18日 2016年全国工会就业创业援助月活动启动仪式在泸州市奥体中心举行。为全国总工会首次在省会以外城市举办启动仪式，全国总工会副主席、书记处书记焦开河宣布活动启动。省委副秘书长、省委办公厅主任马波参加仪式，市委书记蒋辅义致辞。

18—19日 副省长刘捷、省检察院检察长邓川率督导组对泸州贯彻落实中央、省委经济工作重大部署情况进行调研督导。

23日 全国爱国卫生委员会发文，重新确认全国96个城市（区）为国家卫生城市（区），泸州再次获得国家卫生城市荣誉称号，荣获国家卫生城市“六连冠”。

是日 叙永县川煤集团芙蓉公司矿工项平入围“第三届感动中国矿工”百名人选。

26日 市委城市工作会在南苑会议中心召开。提出泸州城市发展初步定位为：“山水绿色、宜居宜业、区域中心、中国酒城”。

26—27日 由省政协副主席、省工商联主席陈放带领的省政协调研组莅临泸州，调研泸州市加强教育领域科普工作、助推创业创新工作开展情况。

27日 “中国特早茶之乡·四川第四届茶叶开采活动周”开幕式在纳溪区护国镇梅岭茶文化广场举行。中国农科院、省农业厅等部门领导和专家应邀出席开幕式。

3月

1日 叙永县首届电子商务交易博览会在叙永县城鱼凫公园开幕。来自泸州各区县和自贡市的200余家电商企业4000多种产品现身展会。

是日 泸州市首家“反家暴中心和反家暴临时庇护所”在纳溪区法院江宁法庭揭牌成立。

5日 学习雷锋纪念日，2016年四川省职工志愿服务展示活动在泸州启动。

8日 泸州市曹兰、武万琼、商晓媛获四川省“三八红旗手”殊荣；江阳区民政局婚姻登记处、泸州市博物馆获四川省“三八红旗集体”称号。

9日 泸州国家高新区、固态酿造工程技术研究中心分别入选科技部公布第二批科技服务试点名单。

10日 四川·泸县第四届雨坛彩龙民俗文化活动在泸县方洞镇雨坛中心举行。本次活动开展“龙展、龙舞、龙游”等系列丰富多彩的现场展示活动。

11日 在龙马潭区石洞镇机场快速路，市住建局、市林业局等82家单位的3500多人，开展以“绿化城乡环境、共建生态泸州”为主题的义务植树活动。

13—16日 泸州市本土原创的大型音舞诗话剧《天赐泸州》（2016升华版）在中国酒城大剧院演出。

14日 “四川省2016年贫困县就业援助暨春风行动现场招聘会”在合江县荔枝文化广场举行。招聘现场提供就业岗位近万个。

15日 淘宝网“泸州市专场”正式上线。

17日 泸州市第一家融资租赁公司——四川汇鑫融资租赁有限公司挂牌开业，实现全市融资租赁业零的突破。

18日 和润集团泸州粮油物流及深加工项目签约仪式举行。

19日 在泸州国际会展中心举行2016中国国际酒业博览会开幕式暨国际酒业发展论坛。

是日 省委副书记、省长尹力在南苑宾馆先后会见出席2016年中国国际酒业博览会的国内外来宾。副省长甘霖，市委书记蒋辅义，市委副书记、市长刘强参加会见。

是日 2016川酒新品发布会在泸州国际会展中心品牌馆举行，五粮液、泸州老窖、郎酒等18家白酒企业的67个新产品进行集中发布。省委副书记、省长尹力，副省长甘霖出席发布会；市委书记蒋辅义致辞。

是日 市委书记蒋辅义在南苑宾馆会见美国麦

王集团副总裁、麦王环境公司（上海）总裁张平一行，省外侨办主任慕新海，市委常委、市国资委党委书记陈文，副市长丁湘参加会见。

是日 2016中国国际酒业博览会召开之际，川南经济区投资贸易推荐会在中国大剧院举行。市委副书记、市长刘强推介100个泸州项目，总投资1147.7亿元，涉及9大产业。

是日 2016中国国际酒业博览会"非遗"展演在国际会议中心举行。演出以雨坛彩龙为元素创作的民俗舞蹈《龙狮献瑞闹酒城》、纳溪民歌《这山没得那山高》、古蔺花灯《灯闹古蔺》等。

是日 2016郎酒·红花郎巨星演唱会在奥体中心唱响，羽泉、陈慧琳、张宇等明星依次登场真情演唱。

20日 酒类质量安全联合研究基地揭牌仪式在泸州国际会展中心举行，标志着酒类质量安全联合研究基地正式落户泸州。

21日 全省2016年一季度重大项目举行集中开工仪式，主会场在成都，在泸州等市州设分会场。科技创新企业孵化器项目、合盛硅业（泸州）西南基地项目等60个重大项目在长江经济开发区集中开工。市委书记蒋辅义宣布开工。

22—24日 省委书记王东明到叙永县水尾镇卫生院和西溪村、古蔺县肝苏药业公司、纳溪区泸天化集团公司煤气化项目建设现场、龙马潭区电商产业园区等，实地考察精准扶贫、县域经济发展、重大项目建设、国有企业改革等工作。

24—26日 泸州30余家酒类企业组团参加在成都举行的第94届全国糖酒商品交易会，意向成交1.5亿元，现场成交2000余万元。

28日 《泸州白酒产业园区"多规合一"概念性总体规划》通过评审，按照规划，到2020年，泸州将打造国家级产城融合先行示范区。浙江省委原常委、杭州市委原书记王国平，市委书记蒋辅义，市委副书记、市长刘强参加评审会。

29日 第十四届中国工程机械发展高层论坛在泸州举行。泸州市3家工程机械企业（四川长江工程起重机有限责任公司、四川长江液压件有限责任公司、四川邦立重机有限责任公司）亮相分论坛。

是月 泸州市采用全国首只停车场项目收益债券——泸州城市停车场建设项目收益专项债券建设的白招牌停车场、龙驰路停车场、龙马广场停车场、陶然路停车场和纳溪紫阳社区停车场竣工通过验收，2400余个停车位投入使用。

是月 11日起，"醉美泸州·酒城百年——王跃奎中国画作品展"在市博物馆展出1个月。

4月

2日 泸州至武汉航线通航。

6日 四川省交投集团董事长、党委书记朱以庄莅临泸州，专题调研泸州市高速公路建设情况。市委书记蒋辅义陪同。

7日 市委全面深化改革第十四次领导小组会议召开，市委书记蒋辅义主持，市委副书记、市长刘强出席。会议专题研究如何加快推进泸州国家新型城镇化综合试点工作。

12日 省委常委、省纪委书记王雁飞一行莅临泸州，调研泸州市经济社会发展、党风廉政建设和反腐败工作情况。

是日 纳溪区凤凰湖湿地公园挂牌，为泸州市首个国家湿地公园。

13—15日 四川省第31届老年人网球比赛在泸州奥体公园网球管理中心举行。

19日 中国第十五批赴黎巴嫩和多功能工兵分队在泸州组建完毕。

20日 西南医科大学附属医院"智能药房"正式投入使用，门诊配药平均速度从以往的1分多钟缩短到最快只需8秒钟，而且出错率几乎为零。

22—23日 2016年长江校长论坛在泸州举行，来自川滇黔渝四省市的近600名专家校长齐聚酒城泸州，共话教育改革均衡发展。

23日 四川省2016年"书香天府·全民阅读"暨泸州市全民阅读活动在泸州市江阳公园启动，这是四川省全民阅读日活动启动仪式首次在成都以外的市（州）举行。省政协副主席王正荣、国家新闻出版广电总局政策法制司司长王自强出席并讲话。省新闻出版广电局局长邹吉祥出席启动仪式；市委书记蒋辅义致辞。

是日 四川省人大常委会副主任曾省权率执法检查组到泸州市，就《四川省农村扶贫开发条例》贯彻落实情况开展检查。

25日 泸州市组织长起公司、邦立公司、长液公司3家企业的机械产品集中亮相第31届德国国际工程机械博览会，初步达成合作意向20余单。

25—26日 省政协“长江上游四川段生态环境保护”视察组莅临泸州，调研泸州市生态环境保护工作，认为：泸州生态环境保护阶段性成效明显。

26日 泸州海吉星农产品商贸物流园开工，该物流园作为泸州市农产品交易博览会的永久会址，与“酒博会”和“商博会”会址形成三足鼎立之势，夯实全市会展经济基础。

27日 国家发改委联合住房城乡建设部正式印发《成渝城市群发展规划》，明确把泸州打造成为沿长江城市带的区域中心城市，到2020年中心城市人口达到200万人，城市建设用地达200平方千米。

28日至5月8日 四川省首届蔬菜品赏会在江阳区董允坝国家现代农业示范园举行，这是四川省第一次以蔬菜品赏为主题的盛会。国家蔬菜产业技术体系首席科学家杜永臣，国务院发展研究中心市场经济研究所综合研究室主任刘卫民，省政府副秘书长杨新元，省人大常委会农委主任李清禾，省农业厅厅长任永昌，山东寿光蔬菜产业集团董事长丁俊洋，市领导蒋辅义、刘强、陈雁、喻双出席开幕式。

是月 “泸州河”川剧分别在重庆、成都、贵州毕节、宜宾演出。

是月起 全市低保清零重新核定，7月1日起，按照重新审批的低保对象和新的保障标准发放低保金。

5月

5日至12月31日 江阳区开展创建全国文明城市治理城市突出问题专项整治攻坚行动，重点就违法建设、车辆乱停、市容乱象三方面进行专项整治。

10日 来自加拿大、美国、意大利、挪威以及国内区域经济发展、航运物流领域内的30多位专家学者莅临泸州，出席泸州建设川滇黔航运物流中心国际高峰对话，为泸州建设区域性的航运物流中心出谋划策。

12日 泸州市防灾减灾体验馆开馆。

是日 西南云海泸州大数据产业园推介会在北京举行，泸州国家高新区与北京亚信数据有限公司等10家企业签约。

是日 市政府在北京分别与北京信托、平安银行现代物流金融事业部签署战略合作协议。

13日 泸州市在北京举行投资推介会，共签订14个投资协议，总额138.95亿元。中国铝业集团公司董事长葛红林，省委副秘书长、省政府副秘书长、省政府驻北京办事处主任陈华贵，市委书记蒋辅义，市委副书记、市长刘强出席活动。

16日 “泸州东艺展览馆”开馆暨“林绍基先生中国画展”开幕仪式在东门城楼下举行。至22日，市民可免费参观林绍基先生中国画展。

18日 市政府与天津银行成都分行签订政银企战略合作协议。天津银行成都分行年内拟投30亿元助力泸州项目建设。

18—19日 省委常委、省政协副主席、省总工会主席李登菊到合江县督查调研脱贫攻坚工作。市领导蒋辅义、刘强、喻双陪同。

20日 川南页岩气勘查开发试验区建设正式启动。

24—25日 国务院安委会成员、专家咨询委员会主任王德学率队督查泸州全国安全社区建设情况。

25日 四川省安全社会教学实践与社会服务协同创新基地签约仪式在巨洋会议中心举行。根据协议，四川省安监局将与四川师范大学、共青团四川省委采用多种合作方式，共同搭建优势资源互补的安全社区建设跨界合作平台——“四川省安全社区教学实践与社会服务协同创新基地”。

28日 古蔺叙永农村扶贫公路开工仪式在古蔺县水口镇中坪村举行。市委书记蒋辅义，市委副书记、市长刘强参加仪式。

30日 由市机关工委、市教育局、市委老干局、市精神文明办、团市委和市关心下一代基金会联合共同主办的“朝阳工程”启动。品学兼优的贫困学生可领1500元助学金。

31日 全省法院网络司法拍卖工作现场推进会在泸州召开，省高级人民法院院长王海萍出席会议并讲话，市委书记蒋辅义致辞。

31日至6月1日 省委常委、统战部部长崔保华率队检查泸州市贯彻落实中央、省委关于统一战线一系列重大决策部署情况。

是月 泸州市推出34个政府投资的智慧城市与信息化建设项目，总投资6.5亿元。

是月 叙永县成为全省利用PPP模式试点县。

是月 泸州市列入省级海绵城市试点城市。

是月 古蔺、叙永矿区煤层气勘探开发项目获得国家专项建设基金1.04亿元资金支持。

6月

1日 泸州市“食品流通许可证”“餐饮服务许可证”合并为“食品经营许可证”。

1—3日 副省长刘捷、省检察院检察长邓川率省调研督导组莅临泸州，专项督导泸州市稳增长和脱贫攻坚工作。

2日 2016年泸州购房补贴新政策出台，商业住房单项最高补贴达400元/平方米。

7日 泸州市建设国家知识产权试点城市动员大会在南苑会议中心召开。标志着泸州市正式启动国家知识产权试点城市建设工作，力争通过3年时间创建成为国家知识产权示范城市。

16日 首届四川十大最美人民警察颁奖仪式在四川警察学院举行。仪式对在2015年四川首届“寻找最美人民警察”宣传推选活动中事迹突出、社会影响力大、群众认同度高的10名民警授予“最美人民警察”称号，为20名民警颁发“最美人民警察”特别奖。其中，泸州市一名民警被评为四川“最美人民警察”，另一名民警获四川“最美人民警察”特别奖。副省长、省公安厅厅长邓勇，市委书记蒋辅义出席颁奖仪式。

17日 川南“7+1”市政协工作联系会在泸州召开。泸州、自贡、内江、乐山、宜宾、眉山、资阳及南充政协有关负责同志齐聚一堂，围绕“赤水河流域脱贫致富”主题积极建言献策。省政协副主席高烽出席会议并讲话；市委书记蒋辅义在会上致辞；市委副书记、市长刘强出席会议。

18—19日 泸州市普遍出现大雨到暴雨，部分地方大暴雨，致全市3万多名群众一度受困，多处道路中断。市委书记蒋辅义及市委副书记、市长刘强第一时间作出重要指示，要求各部门、各区县认真落实以行政首长为核心的防汛责任制，切实做好预警预报、值班值守、应急处置各项准备工作。全市各级各部门在市委、市政府统一领导下，第一时间安全转移群众，同时有序开展其他抢险救援工作。

18日 市委书记蒋辅义，市委副书记、市长刘强会见英国比尔城堡家族集团有限公司欧斯曼子爵一行，双方就如何帮助泸州老窖拓展欧洲白酒市场进行座谈。

22日 永辉超市进驻万象汇签约仪式暨新闻发布会在佳乐世纪城展示中心举行。市委书记蒋辅义出席并讲话。

23日 泸州国家高新区管委会、泸州市高新投资集团与中国十九冶集团举行签约仪式，双方将开展地下管廊及配套产业方面进行合作。

25—26日 第十一届中国医师协会神经外科医师年会在泸州举行，来自全国各地的4000余名顶级神经外科专家、学者参加会议。泸州市两名神经外科医生侯黎明、雷水刚获得“2016年度优秀基层神经外科医师”奖。

27—28日 四川省乌蒙山区脱贫攻坚现场推进会在泸州、宜宾召开。会议对乌蒙山区2016年脱贫攻坚目标任务完成情况和需摘帽贫困村情况进行实地检查；听取乌蒙山区各地完成2016年脱贫攻坚目标任务情况汇报，交流经验做法，研究部署贫困村摘帽和贫困人口脱贫工作。副省长王铭晖率队现场考察并讲话。市委书记蒋辅义出席会议并作经验交流。

29日 全国体育政策法规规划工作会议在泸州召开。国家体育总局副局长高志丹出席会议并讲话，市委书记蒋辅义致辞。

是日 中国酒城·泸州—广州投资推介会在广州举行。泸州市签约14个项目，总投资47.45亿元。

是日 宜宾至叙永高速公路通车，全长114千米。

是日 泸州市与北京首都公路发展集团有限公司合作框架协议签约仪式在南苑会议中心举行。根据协议，双方将采取PPP模式或其他模式，在城市建设和产业发展等方面开展深度合作。

是日 泸州市港城大道正式通车。

是月 泸州市以常住人口为基础在全市全面推开全民预防保健工作。全市500万在家居民将享受全民免费健康体检。

是月 泸州国家高新区成功申报国家发改委确定的长江经济带国家转型升级示范开发区。

是月 全国百家"高级卒中中心"之一落户西南医科大学附属医院，担负起川南及川滇黔渝结合部地区脑卒中救治及防控的重任。

是月 《泸州晚报》正式更名为《川江都市报》。

是月 全市开展主题为"强化安全发展观念，提升全民安全素质"的"安全生产月"活动。

7月

3日 川滇黔交界处的鸡鸣三省大桥在叙永县水潦彝族乡岔河村正式开工建设。

7日 全国爱国卫生工作会议在成都召开。会议通报2015年第六次国卫复审结果，泸州再获国家卫生城市"金牌"，蝉联"六连冠"。国家卫生计生委副主任、国家中医药管理局局长王国强等领导为包括泸州在内的国家卫生城市授牌。

8日 2016年中国技能大赛——四川省泸州市第十一届职工创业创新技能大赛总决赛正式拉开帷幕。

11日 泸州市健康城市建设推进会在南苑会议中心召开。会议总结泸州市第六次国家卫生城市复审工作，安排健康城市建设和重大传染病防控工作。国家卫生计生委疾控局副局长、全国爱卫办副主任张勇等到会指导。市委书记蒋辅义出席会议并讲话。

12日 农业部副部长余欣荣一行莅临泸州，专题调研泸州市农业信息化工作。余欣荣强调，农业要实现"弯道超车"，信息化是一个巨大的机遇，泸州要在巩固推进实体农业的同时，大力发展"互联网+"农业，带动生产、服务、经营方式变革，推进现代农业产供销一体化，从而推动全市现代农业高标准、高质量、高效益发展。

15日 泸州市在二环路（纳溪段）项目现场举行2016年第二季度重大项目集中开工仪式。

25日 省委常委、组织部部长范锐平到泸州指导换届工作。他强调，换届工作只许"全胜"，不能"言胜"，各级党委主要负责人和分管人员，要以高度的政治责任感和过细的工作，确保换届工作圆满完成。

是月 叙永县获世界银行1亿元资金支持，用于助推该县产业扶贫。

是月起 全市城乡居民最低生活保障标准提高，城市居民每人每月450元，农村居民每人每年3200元。

8月

1日 泸州市创建国家食品安全城市动员会召开。会议提出，泸州市将用2年时间创建国家食品安全城市。

5日 中国酒城·泸州—南京投资推介会在江苏省南京市举办。本次活动签约包括江苏港峰科技（泸州）生产基地项目、泸州医药产业园与苏州工业园区自主创新医疗器械联盟协会战略合作项目、沱江液压件有限公司（泸州）液压件生产线项目、江苏迪盛四联新能源产业泸州示范园项目和南京联控电控（泸州）智能电网及分布式能源项目在内的17个项目，总投资25.4亿元。

是日 泸州国家高新区重大招商引资项目签约仪式在江苏省南京市举行，分别与贵州中航转向系统有限公司和穗阳旅游投资有限公司签订投资合作协议，共同推动泸州汽车制造、信息服务等相关产业加快发展。

10日 全省全民预防保健工作现场培训会在泸州市召开，会议学习推广“泸州模式、叙永经验”，安排部署全省全民预防保健工作。

10—11日 泸州市加快推进易地扶贫搬迁现场会召开。会议分两段进行。首先，与会人员实地参观考察叙永县、古蔺县、合江县和泸县易地扶贫搬迁集中安置点规划建设情况，听取各县工作情况汇报。随后召开会议，安排部署全市下阶段易地扶贫搬迁工作。市委书记蒋辅义出席会议并讲话，市委副书记、市长刘强主持会议。

16日 泸州国家高新区管委会与合肥国轩高科动力能源有限公司、浙江康盛股份有限公司在南苑会议中心签订投资合作协议。根据协议，国轩高科和康盛股份将在泸州国家高新区建设总产能为10亿安时的新能源汽车动力电池西南产业基地项目。

24—25日 省政协副主席、省总工会主席李登菊在泸州蹲点督导合江县脱贫攻坚工作并看望慰问一线劳动者。

26日 和润集团（泸州）粮食物流产业园奠基暨泸州市2016年第三季度重大项目开工仪式在泸州长江经济开发区举行，涉及项目97个，总投资573.08亿元。省政协副主席、省总工会主席李登菊宣布项目开工；和润集团有限公司董事长虞松波、市委书记蒋辅义分别致辞。

是日 农业部长江流域渔政监督管理办公室、泸州市政府在成都签订《长江流域赤水河四川段捕捞渔民转产转业合作框架协议》，协议要求2016年年底前完成该河段全部捕捞渔民转产转业工作，2017年赤水河全面禁渔。

是日 泸州市与和润集团有限公司港口物流合作签约仪式在南苑宾馆举行。

30日 泸州市人民政府与中国空域产业集团在北京钓鱼台国宾馆签署战略合作框架协议。四川省政府副省长刘捷，泸州市委书记蒋辅义，中国空域产业集团总裁张友生，泸州市委副书记、市长刘强，及有关负责同志出席签约仪式。根据战略合作框架协议，中国空域产业集团与泸州市拟在泸州空港产业园区建设“A-225”大型运输机生产基地、航空物流基地、航空技术学院等。

30日至9月1日 副省长刘捷率督导组前往叙永县开展脱贫攻坚蹲点督导。刘捷强调，要把脱贫攻坚作为当前最大的政治任务和最大的民生工程。

是月 泸州城北公交枢纽站全面完工，该公交枢纽站是川南建筑面积最大的公交枢纽站。

是月 泸县被列为省级海绵城市建设试点城市。

9月

8日 2016第四届中国（泸州）西南商品博览会正式开幕，415家参展企业到会进行展示交易、合作洽谈。

22日 四川省2016年9月重大产业项目举行集中开工仪式，在成都市金堂县设主会场，在泸州等14个市（州）设分会场。涉及白酒、化工、现代医药、新能源新材料领域的22个重大工业和信息化项目在泸州中国白酒金三角酒业园区集中开工，总投资101亿元。

是日 川南区域联合治超联席会第一次会议在巨洋会议中心召开。来自自贡、内江、乐山、宜宾、泸州市道安办相关负责人共同签署《合作协议》，并移交合作印章，率先在四川开辟货车治超、区域联运新模式。

23日 中共泸县第十三届委员会第一次全体会议举行，会议选举产生新一届县委常委会，薛学深当选为县委书记，肖刚、张学彬当选为县委副书记。

是日 中共合江县第十三届委员会第一次全体会议举行，会议选举产生新一届县委常委会，张季頫当选为县委书记，胥兴贵、王一米（女）当选为县委副书记。

是日 中共古蔺县第十二届委员会第一次全体会议举行，会议选举产生新一届县委常委会，李万忠当选为县委书记，陈廷俊、曾永刚当选为县委副书记。

24日 中共叙永县第十三届委员会第一次全体会议举行。会议选举产生新一届县委常委会，陈景强当选为县委书记，唐杰、曹阳当选为县委副书记。

是日 泸州市政府与上海浦东发展银行成都分行举行泸州浦发扶贫投资发展基金合作协议签约仪式。其基金总规模拟定为150亿元，重点支持贫困地区的交通、水利、电力、能源、生态环境建设等。

25日 泸州市政府与昊阳国际控股集团在南苑宾馆举行四川城建职业学院建设项目暨四川健康卫生护理职业技术学院建设项目签约仪式。

26日 国土资源部党组成员、副部长王广华一行莅临泸州，调研指导宅基地制度改革和不动产统一登记工作。

是日 叙古高速正东至古蔺县城段通车。这标志着泸州市结束最后一个县不通高速公路的历史，进入全域高速时代。

是日 泸州市政府与中国平安人寿保险股份有限公司签订战略合作协议，平安人寿拟向泸州增加投资200亿元用于政府基础设施建设、旧城改造等。

27日 中共泸州市纳溪区第十三届委员会第一次全体会议举行。会议选举产生新一届区委常委会，徐利当选为区委书记，谭荣兵、李仁军当选为区委副书记。

28日 中共龙马潭区第五届委员会第一次全体会议举行。会议选举产生新一届区委常委会，刘光明当选为区委书记，靳地胜、任晓波当选为区委副书记。

29日 泸州市在江阳艺术宫举行醉美泸州·最美警察（警队）颁奖仪式。分别表彰20个“醉美警队”和20名“醉美警察”。

是日 全市产业扶贫现场推进会在叙永县召开，专题研究贫困地区产业扶贫工作。与会代表先后到叙永县落卜镇、石坝彝族乡，古蔺县马蹄乡等示范点参观考察。

是日 泸州市在山东省青岛市市南区举行中国酒城·泸州—山东投资推介会。

30日 泸州市2016年烈士公祭活动在市烈士陵园举行。

是月 2015年资源枯竭城市转型绩效考核中，泸州评为全国优秀档第一，将获转移支付资金4.2亿元。

是月 张坝水利风景区成功创建国家水利风景区。

10月

9—10日 省政协副主席罗布江村率省政府重点产业工作推进小组莅临泸州，专题调研泸州市现代物流业发展情况。

11日 工业和信息化部、财政部等20家部委联合发布通知，公布第三批PPP示范项目，泸州市沱江新城整体城镇化市政道路及综合管廊建设PPP项目、二环路（纳溪段）PPP项目中选，总投资近60亿元。

12日 昆明市政府、泸州市政府、昭通市政府港口物流发展合作协议在昆明市签订。三市联手打造西部物流大通道。

13日 2016第四届中国（重庆）商品展示交易会在重庆国际博览中心开幕。泸州市组织泸州老窖、郎酒等29家企业参展，并举行泸州特色产品专场推介会。

是日 国土资源部历史遗留工矿废弃地复垦利用培训会在中国酒城大剧院召开。来自国土资源部、青海、广西、江西、宁夏、湖北、重庆、四川等 11 个省市的 100 多名专家和企事业单位代表参加培训。

15 日 泸州市医教园区基础设施项目开工，项目总投资 14 亿元，市委书记蒋辅义出席开工仪式并宣布开工。

17 日 全市“扶贫日”活动募捐资金 7926 万元。

18 日 西部竹产业创新发展联盟成立大会在纳溪区举行，高等院校、科研院所等科研机构和企业人员聚集一起，共同研讨竹子升值问题。

19—20 日 国家人口和计划生育委员会原主任张维庆莅临泸州调研指导全民预防保健工作。张维庆强调，要处理好政府、医院、企业、基层、群众之间的利益关系，建立全民预防保健工作长效机制，让群众得到更多实惠。

20 日 国家煤矿安全监察局煤矿安全生产专题调研组莅临泸州开展专题调研。

24—25 日 四川省人大法制工作会议在泸州召开。

25 日 全省检察机关司法警察技能比武川南片区活动在四川警察学院开幕，来自自贡、泸州、内江、宜宾 4 市检察机关的司法警察代表展开技能考核比拼较量。

是日 全省青少年毒品预防教育工作“6·27”工程现场会在泸州市叙永县举行。

25—26 日 全省发展农村集体经济助推脱贫攻坚现场推进会在泸州召开。会议的主要任务是学习贯彻中央、省委关于深化农村改革发展的有关要求，研究部署如何发展农村集体经济，加快助推贫困地区脱贫攻坚。省委常委、组织部部长范锐平主持会议并讲话；省委常委、农工委主任曲木史哈安排部署工作；市委书记蒋辅义在会上作经验交流发言。

26 日 合江县尧坝镇易地扶贫搬迁安置示范点项目集中现场办公会召开。

是日 四川省第二十一届职工网球比赛在泸州市奥林匹克体育公园开幕。

是日 全省实施建筑业企业“走出去”发展推进会在泸州召开，全省 21 个市（州）的主管部门和部分企业代表参会。

27 日 全省“传家风、立家规、树新风”现场交流会在泸州召开。会议强调要让家规家风落地生根。

31 日 四川省举行 2016 年第四季度重大项目集中开工仪式。本次开工仪式在成都设主会场，在泸州等 20 个市（州）设分会场。其中，141 个重大项目在泸州国家高新区医药产业园集中开工，计划总投资 506.5 亿元，2016 年计划投资 86.65 亿元。

是日 全市易地扶贫搬迁现场会在泸县召开。市委书记蒋辅义在会上强调，要确保 2016 年脱贫攻坚年度考核和易地扶贫搬迁任务全面完成。市委副书记、市长刘强主持会议。

是月 泸州市 4 个集体的 7 名个人获省“岗位学雷锋”先进称号。

是月 合江县、古蔺县和叙永县 6624 户易地扶贫搬迁户农房开工建设，涉及集中安置点 97 个 2186 户、分散户 4438 户。

是月 从是月开始，泸州市机关事业单位的退休人员将全部从社保机构领取养老待遇。

是月 2017 年泸州城乡居民医保缴费标准出炉，一档每人每年 150 元，二档每人每年 300 元。

是月 “西南医科大学司法鉴定中心”正式成为通过国家级认证认可的司法鉴定机构。

是月 从是月开始筹备至 2017 年 10 月申报创建验收，泸州市创建省级农产品质量安全监管示范市。

11 月

1 日 泸州—郑州直达空中航线开通，泸州市航空运营航线达到 18 条。

2日 泸州借力第十六届中国西部国际博览会，在成都环球中心洲际酒店举行“四川航运首港·投资热土泸州”投资说明会。会上共签约项目29个，签约金额250亿元。

3日 以“中国西部·世界机遇”为主题的第十六届中国西部国际博览会在成都开幕。市委书记蒋辅义，市委副书记、市长刘强等在主会场参加开幕式。

是日 市委书记蒋辅义，市委副书记、市长刘强在成都世纪城会议中心，会见到华出席第十六届西博会的嘉宾——意大利前国家众议院议长、意大利对华友好协会主席艾琳·皮维蒂一行，双方就意大利酒类企业组团参加2017年中国国际酒业博览会相关事宜进行深入交流。

是日 市政府与中铁十一局集团有限公司在成都正式签署合作框架协议。根据协议，中铁十一局集团有限公司拟于协议签订后5年内，在泸州基础设施建设方面投资300亿元，并将泸州城市轨道交通项目作为2017年首个启动的重点投资项目。

是日 市政府与中国五冶集团有限公司在成都正式签署合作框架协议。根据协议，中国五冶拟在泸州主城区、两江新城等区域投投入PPP项目资金150亿元参与泸州产业项目建设、运营。

是日 市委副书记、市长刘强陪同几内亚总统阿尔法·孔戴参观西博会泸州特装馆。

4日 省委副书记、省长尹力，副省长朱鹤新巡视西博会泸州特装馆，市委副书记、市长刘强陪同巡视并介绍相关情况。

5日 纪念护国战争100周年暨朱德诞辰130周年大会在纳溪区麒麟文化广场举行，主题是传承护国文化，弘扬护国精神。

5—6日 省全民健身乒乓球公开赛决赛在泸州举行，泸州市18名选手参赛。

6日 全国爱卫办宣布首批38个全国健康城市试点市的名单，四川成都市、泸州市入选。

8日 川南城际铁路泸县段开始实质性施工。

9日 首届“酒城工匠”评选揭晓，分别是：中国航天集团川南机械厂特级钳工技师杨尹渝、分水油纸伞制作技艺国家级传承人毕六福、泸州市建设工程公司钢筋工罗敏、川南木雕非物质文化传承人陈裕荣、泸州北方化学工业有限公司高级焊接技师游余、王氏大酒店高级技师桑治均、泸州长江机械有限公司机电工程师敖宗萍、泸州老窖股份有限公司酿酒师黄勇、蜀南气矿工艺研究所仪表电工苏昌义、泸天化股份有限公司技师黄政。西南医科大学附属中医医院中药房组长刘贤石等各条战线的20名技能型人才成为泸州市首届“酒城工匠”入围者。

是日 全国政协提案委副主任、水利部科技委主任胡四一率水利部长江控制性水利水电工程多目标联合调度调研组到泸州，调研组认为泸州城市现状防洪能力显著增强。

10日 泸州市创建全国文明城市工作攻坚会在南苑会议中心召开。会议的主要任务是总结剖析泸州市创建全国文明城市工作，安排部署2016年创建全国文明城市迎检测评冲刺工作。蒋辅义上就创建全国文明城市攻坚工作提出三点要求：要落实攻坚责任。要落实攻坚举措。要落实攻坚保障。市委副书记、市长、市创建全国文明城市指挥部指挥长刘强安排部署相关工作。在攻坚会上，江阳区、龙马潭区、纳溪区党政主要负责同志分别与市委书记蒋辅义，市委副书记、市长刘强现场签订目标责任书。

11日 国家开发银行董事长胡怀邦一行到古蔺县，调研指导该县脱贫攻坚工作。胡怀邦表示，国家开发银行将按照“易地扶贫搬迁到省、基础设施到县、产业发展到村（户）、教育资助到户（人）”的思路，着力把古蔺县打造成为脱贫攻坚样板县。副省长朱鹤新随同调研。

16日 国家卫计委副主任王培安一行莅临泸州，调研泸州市卫计、健康扶贫工作。

18日 泸（州）昭（通）高速公路叙永至威信段在叙永县正东镇普市村开工。该项目全长36.1千米，估算总投资49.5亿元。

19日 泸州国家高新区在南苑宾馆举行重大招商引资项目签约仪式，分别与美中硅谷协会签署战略合作协议、与美中硅谷投资有限公司签署委托招商协议、与美国倍赛达公司签署投资合作协议。

是日 泸州农村商业银行股份有限公司创立。

20日 市政府与中车青岛四方机车车辆股份有限公司、中车成都机车车辆有限公司在南苑会议中心签署《轨道交通项目合作框架协议》和《泸州市城市轨道交通示范线及空港产业园轨道交通产业配套设施PPP项目合作框架协议》。

是日 泸州国际绿色马拉松赛成功举行，来自不同国际、不同肤色、不同年龄的8000多名参赛选手参跑，这是泸州市举办的第一场国际马拉松赛事。来自埃塞俄比亚的Haftu获得男子组冠军，来自肯尼亚的Agness Jeruto Barsosio获得女子组冠军。

22日 四川省首单扶贫基金在泸州投放，泸州市古蔺县、叙永县和合江县的10个扶贫项目共获20亿元支持。

23日 中国共产党泸州市第八次代表大会在巨洋会议中心开幕。市委书记蒋辅义代表中国共产党泸州市第七届委员会向大会作题为《干在实处、走在前列，为决胜全面小康、建成区域中心而努力奋斗》的工作报告。会议于25日胜利闭幕。

25日 中国共产党泸州市第八次代表大会选举产生的中共泸州市第八届委员会举行第一次全体会议。会议选举产生新一届市委领导班子：蒋辅义当选为市委书记，刘强、谭红杰当选为市委副书记，曹俊杰、鞠丽、刘云、杨晓、徐斌、封安、张文军当选为市委常委；批准市纪委领导机构的选举结果；审议2017年全市重点项目。

是日 市政府与中国核工业建设集团在南苑宾馆签署基础设施项目合作框架协议。根据协议，双方拟在城市基础设施、公共服务设施的投资建设及其他相关领域建立全面合作关系，其中中国核建拟在泸州投资60亿元以上。

29日 中国酒城·泸州—深圳投资推介会在深圳市举行。推介会上泸州市与华大基因精准医学和现代农业项目等14个项目在深圳签署战略合作协议。

29—30日 省政协副主席、党组副书记，省总工会主席李登菊一行莅临泸州专题督查调研合江县脱贫攻坚工作。

是月 泸州市一环路二环路的命名工作完成，一环路全长15.4千米，二环路全长52.5千米。

是月 兴泸集团成功发起募集泸州市扶贫投资发展基金。该基金是全省首只扶贫基金，规模150亿元。

是月起 在江阳区、龙马潭区、纳溪区、泸县、合江县、叙永县6个区县试点开展新生儿遗传代谢病救助项目启动，6个项目区县5000名新生儿可享受免费新生儿遗传代谢病检测。

12月

1日 “四川（国家）重装站泸州计量检测中心”成立大会在泸州国家高新区管委会授牌成立。

是日 四川省举行污染防治“三大战役”重大项目集中开工仪式，总投资逾28亿元的8个项目在泸州开工，涉及城镇环保基础设施建设、农村面源污染治理、土壤生态修复、湿地生态保护等领域。

2日 2016年全国盐业工作座谈会在巨洋会议中心召开。会议的主要任务是总结交流2016年全国各地盐业管理与体制改革工作，研究部署下阶段有关工作。工业和信息化部消费品工业司司长高延敏、国家发展改革委经济体制综合改革司巡视员王强出席会议，市委副书记、市长刘强在会上致辞。

5—6日 省委常委黄新初率队调研泸州全面创新改革和生态文明建设工作。

7日 第32届泸州市青少年科技创新大赛在泸州广播电视大学（泸州市教育实践基地）举行。大赛分设青少年科技创新大赛选手答辩、现场少年儿童科学幻想绘画团体赛、现场制作纸桥承重团体赛、现场六足机器人团体赛、现场小学生国际数棋团体赛和科普文艺节目竞赛6项内容。

10日 泸州市举行2016年创建全国文明城市誓师大会。

11日 国家档案局副局长付华到泸州调研泸州市档案工作。

12日 碧桂园高端综合体“桂圆里”项目奠基仪式在张坝桂圆林景区举行。泸州市将打造30万平方米泸州新高端城市综合体，建设260米高的超五星级酒店。

16日 川南经济区工作座谈会在泸州市南苑会议中心召开。副省长刘捷出席并讲话。泸州、自贡、内江、宜宾代表就2016年各地经济社会发展情况作汇报。

17日 副省长刘捷带队到叙永县水尾镇西溪村调研脱贫攻坚工作，宣讲中共十八届六中全会精神。刘捷强调，各级各部门要坚持帮扶贫困地区不松懈，增强贫困户“造血功能”，保持贫困地区可持续发展。

18—19日 全国政协副主席、致公党中央主席、科技部部长万钢莅临泸州考察，实施脱贫攻坚民主监督，调研指导科技创新、“致泸合作”有关工作。省政协副主席、省工商联主席陈放等陪同。

22日 泸州市2016年度县（区）、园区、新城年终现场流动考查正式启动，首站走进泸县，玉蟾温泉二期及特色商业街等13个项目“迎考”。市委书记蒋辅义，市委副书记、市长刘强，市政协主席喻双等参加考查。

23日 中华人民共和国泸州海事局挂牌成立。交通运输部长江航务管理局党委书记、局长唐冠军，省政府副秘书长黄小平，市委副书记、市长刘强参加揭牌仪式。

24日 2016中国医院竞争力论坛（泸州专场）在泸州市举行，10多名省内外知名专家和300多名医务人员参加，聚焦深度改革。

24—25日 泸州市年终现场流动考查走进古蔺、叙永。两县15个重大项目“迎考”，市委书记蒋辅义，市委副书记、市长刘强参加考查。

26日 “酒城宫杯”泸州市第七届运动会开幕式在奥林匹克体育中心举行。

29日 泸州市年终现场流动考查走进高新区、酒业园区和江阳区。21个产业类和基础设施建设类项目接受考查。市委书记蒋辅义参加考查。

30日 泸州市年终现场流动考查走进龙马潭区和长开区，郎酒集团泸州基地等9个重大项目迎年度“大考”。市委书记蒋辅义、市政协主席喻双参加考查。

是日 中国（泸州）首届农产品交易博览会暨全国百县百品产销对接促进行动启动会，在泸州海吉星农产品物流园开幕。商务部原副部长、全国政协经济委员会原副主任、中国商业联合会理事会会长张志刚宣布开幕；商务部流通产业促进中心主任路政闽在开幕式上讲话；市委书记蒋辅义致辞。全国城市农贸中心联合会会长马增俊、市政协主席喻双等出席开幕式。

是月 古蔺县丹桂镇普安村等75个村全部按标准退出贫困村序列。

是月 泸县龙桥文化生态园成功创建国家AAAA级旅游景区。

是月 泸县立石镇玉龙村等13个村落入选中国传统村落。至此，泸州市入选中国传统村落达到26个。

是月 《泸州市城市快速轨道交通线网规划（2015—2030年）》通过审定。泸州将建设五条轨道交通，全长约200千米，其中中心城区约140千米。2020年前，泸州市将开工建设城市轨道交通1号线和2号线，共计约42千米。

是月 龙马潭区通过脱贫攻坚省级验收考核。

市情
SHI QING

地理位置

【行政地理位置】 泸州位于四川省东南，东与重庆市和贵州省接壤，南与贵州省连界，西与云南省和四川省宜宾市、自贡市相连，北接四川省内江市和重庆市。

1983年3月3日，国务院批准成立省辖泸州市，下辖市中区和泸县、纳溪县、合江县。1985年6月4日，国务院决定将叙永县、古蔺县划归泸州市管辖。1996年7月1日，泸州市行政区划调整，设江阳区、龙马潭区、纳溪区和泸县、合江县、叙永县、古蔺县，市政府驻泸州市江阳区大山坪。全市辖区面积1.22万平方千米。至2016年年底，全市有15个乡、108个镇、21个街道办事处。在15个乡中，少数民族乡8个，其中苗族乡6个、彝族乡2个。

【自然地理位置】 泸州为川南要冲，巴蜀门户，处于川、滇、黔、渝4省市结合部“金三角”地带，地理上控扼两江（长江、沱江）、“两河”（赤水河、永宁河），自古以来就为锁钥一方的关隘重地；依托其自然地理，泸州人民繁衍生息2000多年，使泸州成为国家版图中兼具自然个性、文化个性地区。

泸州地形地貌总体北低南高，境内大部分为1000米以下低山，少数中山，全市最高海拔1902米、最低处仅203米。主要山脉有叙永丹山等14条。全市喀斯特地貌发达，面积2439平方千米，占全市辖区面积20%。

泸州河流湖泊众多。长江由西从纳溪区大渡口镇进入泸州，流经泸州纳溪区、江阳区、龙马潭区、泸县至合江县望龙镇入重庆市，横穿全市133千米，江面宽600～1300米。境内汇入长江主要支流有永宁河、沱江、龙溪河、赤水河。湖泊主要有海潮湖、玉龙湖、凤凰湖、红龙湖等。水资源总量大，但分布不均，开发较难。

【交通地理位置】 泸州历来是川、滇、黔、渝地域结合部的经济枢纽，今日泸州更具水陆空交通区位优势，成为长江“黄金水道”和西南出海南通道上的璀璨亮点。向南可以通过川黔高速公路、川黔铁路到达广西、广东；向东可以通过黄金水道和泸渝高速公路，把东部地区联系起来，到达沿海地区。泸州是交通运输部确定的二级枢纽站和长江主枢纽港城市。

气候特征

2016年，泸州市气温偏高，降水偏多，日照正常略偏多，全年光、温、水充足，属农业气象年景正常偏好年。年内高温、干旱、连阴雨、风雹、雷暴等气象灾害较常年偏轻；强降温过程次数和强度与常年基本持平；暴雨、洪涝发生次数多，是2016年的主要气象灾害。

【温度】 2016年全市年平均气温18.1℃～18.9℃，相比历年平均值偏高0.5℃～0.9℃。全年除2月、9月平均气温偏低外，其余各月平均气温以正常到偏高为主，尤其是3月、7月、10月、12月平均气温显著偏高1.5℃以上。年极端最高气温突破40℃的日数较常年偏少，仅合江、古蔺仅有1天，叙永2天。年极端最高气温40.7℃（古蔺8月25日），极端最低气温-1.7℃（泸县1月25日）。年内冷空气活动相似与常年，共出现强降温6次，3月7日晚至10日受强冷空气影响出现12.1℃～14.0℃降温过程，为2016年最大幅度降温过程。

【降水】 2016年全市总降水量1435.4～1706.3毫米（古蔺867.4毫米），比历年平均偏多116.3～582.1毫米，偏多幅度15%～54%，泸县、叙永偏多50%以上，属异常偏多年份，合江、泸县、叙永均创下气象记录以来最大年降水量，分别为1560.7毫米、1567.5毫米、1706.3毫米。年内无冬干、春旱、夏旱和伏旱，主要气象灾害是暴雨洪涝，共发生“5•12”“6•9”“6•18”“6•23”“7•18”“8•11”6次区域性暴雨、大暴雨，影响最大的是“6•18”“6•23”“7•18”3次暴雨洪涝。1月21—24日发生20年一遇的降雪天气过程，雨雪量和积雪厚度有气象记录以来罕见。秋季连阴雨较常年出现得早，开始于9月上旬，强度和常年持平，但秋季后期强度弱于常年。全市年内≥0.1毫米的雨日数151～189天，和常年基本持平。

【日照】 2016年全市日照时数1138.3～1286.5小时，与历年平均相比，除古蔺正常略偏少外（偏少4%），其他区县为正常略偏多，偏多幅度1成左右。全年日照充足的是3月、7月、10月，受连阴雨天气影响，9月日照显著偏少。

水文河流

【河流】 泸州境内地质构造复杂，地形地貌多样化，大、中、小江河溪流众多，但小溪河源径流短。境内河流同属长江水系，以长江为主干，成树枝状分布，由南向北和由北向南汇入长江。主要河流有长江干流、沱江、赤水河、古蔺河、永宁河、塘河、濑溪河、东门河等。集雨面积50平方千米以上河流有61条，其中集雨面积50～100平方千米30条、100～400平方千米20条、400平方千米以上11条。泸州河流属于亚热带季风气候控制下季风型河流，即暖季河流，径流靠夏季降水补给，夏季最大，冬季最小。

【水资源】 全市水资源总量为66.57亿立方米/年。地下水藏量丰富，达10.65亿立方米/年，以南部叙永、古蔺两县熔岩底中山区最富，长江以南构造裂隙水较丰，长江以北风化带裂隙水贫乏，地下水开采3.25亿立方米/年。

【水能】 境内除沱江外，其余各中、小河流河床较陡，落差集中，加之雨量充沛，多年平均径流总量66.57亿立方米，为修建水电站提供丰富的水能资源。泸州境内水能理论蕴藏量有63万千瓦。赤水河与永宁河流域，占全市水能3/4；赤水河可开发容量，占全市可开发量1/2多。

生物资源

【野生动物】 泸州境内有野生动物214种，分属25目65科。属国家一级保护动物有2种：豹（别名金钱豹、豹子、文豹，猫科），合江、叙永、古蔺等地曾有发现。云豹（猫科）古蔺、叙永曾有发现，属国家二级保护动物有28种。

【野生植物】 泸州境内有高等植物520科、813属、5950种，其中国家一级保护植物6种，二级保护植物24种。一级保护树种有：水杉，杉科，自1960年引种以来，全市各区县均有栽培。珙桐，珙桐科，在泸州数量少，主要分布在合江县福宝林区，古蔺黄荆林区亦有分布。南方红豆杉，红豆杉科，分布于合江、叙永和古蔺山区。银杏，又称白果、鸭脚，银杏科，泸州各区县均有栽培。台湾苏铁，又称铁树，苏铁科，泸州移植引进作为园林观赏绿化植物。水松杉科，主要分布在合江、古蔺。

【鱼类生物】 泸州境内河流深切，河谷陡峭。长江自西向东横贯境内，沱江、永宁河、赤水河、濑溪河、龙溪河等交织成网，其间蕴藏着十分丰厚的鱼类生物资源。辖区天然水域中有各种水生动植物近500种，其中淡水鱼类品种169种。长江上游特有鱼类有32种，国家级Ⅰ级保护品种有3种：中华鲟、达氏鲟、白鲟。国家级Ⅱ级保护品种有4种，省级重点保护品种有12种。泸州长江段133千米及一级支流沱江、永宁河、赤水河为长江珍稀特有鱼类国家级自然保护区。

【森林资源】 全市森林面积857万亩，林木总蓄积2926万立方米，森林覆盖率49.7%。珍稀植物珙桐、水杉、桫椤、篦子三尖杉、连香树、香果树等46种。中药材天麻、五倍子、佛手、黄檗、杜仲、安息香等1444种。飘溢“王者香”的佛兰、四季兰（三星蝶、荷瓣、梅兰、梅瓣）、双鼻双舌、多瓣多鼻等兰草为珍稀名品。

矿产资源

泸州地质构造复杂，地层以各种沉积岩为主，因而矿产资源丰富，矿种繁多。已探明矿种有煤、石油、天然气、硫铁矿、铁、铜、金、耐火黏土、溶剂白云岩、水泥用石灰石、高岭土、磷、玻璃用砂、石膏、大理石、方解石等20余种。其中，尤以煤、硫铁矿、天然气储量丰富。境内已探明有大型矿床17处，中型矿床11处，小型矿床24处，矿点44处。

【金属矿类】 分4亚类9种。其中黑色金属矿有菱铁矿、赤铁矿、褐铁矿3种。有色金属类有铜、铅、铝土矿3种。贵重金属类有黄金1种。放射性、稀散元素矿产有铀、镓2种。

【非金属矿类】 其中化工非金属矿类有硫铁矿、磷块岩、岩盐、长石砂岩、含钾砂岩5种，冶金非金属矿类有耐火黏土、铸型砂岩2种，建材非金属矿亚类有石灰岩、大理岩、白云岩、方解石、石膏、高岭土、膨润土、水泥黏土、石英砂岩、粉石英10种，宝石非金属矿亚类有玛瑙、玉石、白宝石、彩石、空心石5种。

【能源矿产类】 其中煤矿亚类有烟煤、无烟煤2种，石油亚类有原油1种，天然气亚类有天然气1种。

历史沿革

泸州市为中国历史文化名城，历史悠久。夏、商时属梁州之域。周代属巴国辖地。周慎靓王五年（前316年）春，秦惠文王派张仪和司马错灭巴、蜀，同年设置巴郡，辖有包括江阳在内的大片土地。西汉景帝六年（前151年）封苏嘉为江阳侯，在长江与沱江交汇处（今泸州市江阳区）设置江阳县。汉武帝建元六年（前135年），开发西南少数民族地区，置犍为郡，领江阳县。东汉献帝建安十八年（213年）置江阳郡。西晋仍置江阳郡。南朝刘宋、南齐置东江阳郡。梁武帝萧衍大同年间（535—546年）建置泸州。隋炀帝大业三年（607年）改泸州为泸川郡，仁寿中升为泸州总管府。唐高祖武德元年（618年）复置为泸州，三年（620年）置总管府，四年（621年）升为都督府。北宋泸州泸川郡置泸川军节度。南宋孝宗乾道六年（1170年）升本路安抚司。宋、元之际，蒙古军入蜀，泸州城先后迁治于合江榕山、江安三江碛、合江安乐山，最终筑城于合江神臂崖，坚持抗战34年。元属重庆路。明太祖洪武六年（1373年）泸州直隶四川行中书省，九年（1376年）直隶四川布政使司。清嘉庆七年（1802年）泸州置川南永宁道（1908年改名下川南道）。民国2年（1913年）改泸州为泸县，置永宁道，民国24年（1935年）设置第七行政督察区专员公署。1949年12月5日，成立泸县人民解放委员会。15日，成立泸县军事管制委员会。16日，成立泸县人民政府。1950年7月31日，川南行署令成立泸州市政工作办公处。8月1日，市政工作办公处公告设置城区、蓝田、小市、瓦窑坝4个区人民政府。1950年8月15日，成立泸州市人民政府，直隶川南行署。1950 年 12 月 7 日，经中央人民政府内务部批准，泸州市为川南行署直辖市。1951 年 11 月 9 日，泸县专区迁隆昌县办公。次年 1 月 18 日，改为隆昌专区。1952 年 9 月 24 日，迁回泸州市。1952 年 12 月 20 日，恢复四川省建制。泸州市由隆昌专区代管。同日，隆昌专区更名为泸州专区。1953 年 5 月 13 日，中央人民政府政务院批准，泸州、内江、合川、宜宾、五通桥、万县、南充 7 市改为省辖市，由所在专署代管，因种种原因未宣布执行。1960 年 7 月 8 日，国务院批准撤销泸州专区，所辖市县划归宜宾专区管理。1983 年 3 月 3 日，国务院批准从宜宾地区划出泸州市、泸县、合江、纳溪县，成立省辖泸州市（地级）。

民族人口

2016 年年末全市公安户籍登记总户数 153.78 万户，户籍总人口 508.27 万人，其中城镇人口 192.48 万人、乡村人口 315.79 万人。年末全市常住人口 430.64 万人，其中城镇常住人口 204.55 万人、乡村常住人口 226.09 万人。城镇化率 47.5%，比 2015 年提高 1.42 个百分点。泸州是四川省少数民族散杂居工作重点市。到 2016 年年底，全市共有 48 个少数民族成分，少数民族人口 13.1 万人。全市有 2 个少数民族地区待遇县、8 个民族乡、342 个民族村寨。

泸州精神

2013 年起，“醉美大气、文明进取”成为新时期“泸州精神”表述语。

市花市树

1986 年 10 月 10 日泸州市第一届人民代表大会常务委员会第二十一次会议决议通过泸州市市花为桂花，市树为桂圆树。象征泸州良好的生态文明精神。

泸州城市名片

【国家历史文化名城】 国务院 1994 年 1 月 4 日命名。

【全国双拥模范城】 民政部、中国人民解放军总政治部 1994 年 7 月命名。1997 年 1 月第二次命名，2000 年 1 月 12 日第三次命名。2002 年 7 月第四次命名，2004 年 1 月 7 日第五次命名。2012 年 2 月 27 日第六次命名。

【国家卫生城市】 全国爱国卫生运动委员会 1995 年 12 月命名（全国爱国卫生运动委员会第三批命名国家卫生城市）。2000 年 4 月第四次命名。2005 年第五次命名。2007 年 2 月，全国爱卫会发出《关于对 2006 年国家卫生城市（区、镇）复审工作的通报》，泸州市等 43 个市被重新确认为“国家卫生城市”。2016 年 7 月 7 日，在全国爱国卫生工作会议上，泸州再获国家卫生城市“金牌”，喜夺“六连冠”，泸州还是四川唯一获得国家卫生城市优秀城市的城市。

【中国优秀旅游城市】 国家旅游局 2005 年 12 月 22 日命名。

【国家森林城市】 全国绿化委员会、国家林业局 2011 年 6 月 18 日命名。

【中国酒城】 2012 年 12 月，经中国文物学会、中国名城委共同审议，一致赞成泸州市冠名“中国酒城”。

【国家园林城市】 2014 年 9 月，由住房城乡建设部命名。

【联合国人居奖·良好范例】 2001 年 7 月 11 日，联合国人居委员会中心将“2000 年联合国（迪拜）国际改善居住环境最佳范例奖”的良好范例称号授予泸州市滨江路环境综合整治工程。

风景名胜

泸州历史源远流长，文化积淀深厚，民族风情浓郁，旅游资源富集，形成以名酒文化、生态文化、红色文化、历史文化、长江文化为代表的五大特色旅游资源。区域内有国家级自然保护区2个：叙永县画稿溪自然保护区、长江合江—雷波段珍惜鱼类自然保护区；国家级森林公园1个：合江县佛宝森林公园；全国红色旅游经典景区3个：泸州市泸顺起义旧址、古蔺县红军四渡赤水太平渡陈列馆、叙永县鸡鸣三省石厢子会议旧址；省级旅游度假区2个，省级风景名胜区8个，国家A级景区28个（其中，AAAA级9个、AAA级8个、AAA级11个），2016年新创建国家AAAA级旅游景区3个（云溪温泉、龙桥文化生态园、尧坝古镇）、AAA级景区4个、AA级景区3个。全国休闲农业与乡村旅游示范（区）点5个，省级乡村旅游示范区2个，省级旅游示范乡镇15个，省级旅游示范村29个，省级乡村旅游示范品牌9个。2016年，创建省级乡村旅游特色乡镇1个、精品村寨4个。

国家级文物保护单位

截至2016年年底，泸州市有国家级文物保护单位共16处，分别是：明代泸州大曲老窖池、明代泸县龙脑桥、宋代泸县宋墓、清代叙永春秋祠、清代况场朱德故居、泸州老窖窖池群及酿酒作坊（江阳区、龙马潭区）、南宋报恩塔（江阳区）、玉蟾山摩崖造像（泸县）、泸县龙桥群、罗盘嘴墓群（泸县）、泸县屈氏庄园、神臂城遗址（合江）、合江崖墓群、尧坝镇古建筑群（合江）、清凉洞摩崖造像（叙永）、古蔺县红军四渡赤水战役遗址、茶马古道（泸州段）。泸州市国家级文物保护单位总共归类为16处，数量上居全省第二位。

非物质文化遗产

2006年6月，泸州老窖酒酿制技艺、泸州雨坛彩龙入选首批国家级非物质文化遗产名录；2008年6月，古蔺郎酒传统酿造技艺、分水油纸伞制作技艺入选第二批国家级非物质文化遗产名录。2014年12月3日，古蔺花灯和合江县的先市酱油酿造技艺正式入选第四批国家级非物质文化遗产代表性项目名录。截至2016年12月，泸州市级以上非物质文化遗产150项。其中国家级非物质文化遗产6项、省级非物质文化遗产46项，在全省各市（州）中名列前茅，位居川南第一。

政治
ZHENG ZHI

中国共产党泸州市委员会

市委工作综述

【贯彻落实中央、省委决策部署】 学习贯彻中共中央总书记习近平系列重要讲话精神和治国理政新理念新思想新战略，贯彻落实中央、省委重要决策部署，确立“决胜全面小康、建成区域中心”目标任务，坚持“三抓三主动”（即攻坚克难抓发展、聚精会神抓党建、扎扎实实抓法治，主动向上使力、主动向外借力、主动向下发力），推进“六个突破”（即“产业发展”“项目投资”“城镇建设”“改革开放”“县域经济”“精准脱贫和社会事务民生”六个突破），奋力“干在实处、走在前列”。围绕“四个全面”战略布局、“两学一做”学习教育等内容，市领导带头开展中共十八届六中全会精神宣讲41场（次），开展市委中心组学习研讨26次，市委中心组学习组织工作连续11年获全省先进。把握中央、省委发展新理念、全面从严治党战略部署，坚决维护以习近平同志为核心的党中央权威和党中央集中统一领导，市委七届十二次全会通过《中共泸州市委关于贯彻省委绿色发展决定的实施意见》和《中共泸州市委、泸州市人民政府关于加快城市发展的决定》，市委七届十三次全会通过《中共泸州市委关于加强和规范党内政治生活严格党内监督巩固发展良好政治生态的意见》。

【产业发展】 制定实施《进一步落实涉企政策稳定经济增长20条措施》，构建“亲”“清”新型政商关系，稳住企业、稳住企业家、稳住员工队伍、稳住增长势头。坚持工业为大、工业为重、工业为先，推动白酒、化工、机械、能源等传统产业转型升级取得明显成效，泸州老窖酿酒工程技改项目开工建设，郎酒浓香型白酒基地等项目投产，全市酒业产业增加值增长10.7%，实现恢复性增长，泸天化改革脱困取得阶段性成效，“三长”（即长起公司、长挖公司、长液公司）完成退城入园，全市规模以上工业增加值增长11.7%。加快发展现代医药、高端装备制造、新能源新材料、智能电网、信息技术（大数据）、通用航空等新兴产业，西南智能电网产业园、步长生物制药基地、华为大数据中心加快建设，规划建设军民融合产业园、空港产业园。大力发展现代服务业，全年服务业增加值428亿元、同比增长10%；商贸、物流、金融、旅游等发展态势良好。加快发展现代农业，引进深圳农产品公司、山东寿光等龙头企业，建成江阳区董允坝国家现代农业示范区、合江长江村现代农业示范园等农业产业化基地。

【城镇建设】 争取到泸州进入国家成渝城市群“双两百”规划，确立“山水绿色、宜居宜业、区域中心、中国酒城”的城市发展定位，初步形成中心城区、县城、重点特色镇和重点乡村梯次发展、功能互补的新型城镇体系。老城区改造提升稳步推进，“两江新城”加快建设，一批城市交通基础设施项目、功能项目、公益项目加快实施，城市规模、功能、品质迈上新台阶，规划、建设、治理水平实现新提升。2016年中心城区建成区面积达到135平方千米、人口达到136万人；四个县城提档升级，泸县撤县设泸川区和合江、古蔺撤县设市有序推进；一批试点镇、特色镇、重点乡村快速发展。

【项目投资】 落实省委“项目年”部署，分6批集中开工300个重点项目、总投资1600亿元。创新成立市项目推进中心，明确政府和社会资本合作采取“3+1”模式，对重点项目统一包装生成、并联申报审批、统筹实施推进；每季度召开一次项目建设流动现场会，营造大抓项目、抓大项目的浓厚氛围。全市481个重点项目完成投资1200亿元，一批产业、基础设施、生态和民生项目加快建设，其中，叙古高速公路通车至古蔺县城、太平镇，机场迁建工程、叙大铁路、川南城际铁路等重大项目加快建设，渝昆高铁有望尽快开工。

【深化改革和开放合作】 实施53项国省试点改革和145项年度改革事项，全民预防保健、全国养老服务业综合改革试点、不动产统一登记、农村土地制度改革三项试点等走在全省前列，投融资体制改革、行政审批制度改革、国企国资改革、全面创新改革等取得明显进展。同时，全方位扩大开放合作，全年到位市外国内资金1085.4亿元、增长16.8%，新履约投资5亿元以上重大项目36个；成功举办2016中国国际酒业博览会、西南商品博览会、中国（泸州）首届农产品交易博览会；争取泸州国家高新区纳入中国（四川）自由贸易试验区川南临港片区；泸州港升格国家一类口岸获国务院审批。

【脱贫攻坚和改善民生】 围绕实现“两不愁、三保障”和“四个好”目标，扎实抓好精准脱贫。深化完善“四个一批”举措，在全省率先实行医疗扶贫“4个100%”和低保线、脱贫线两线合一，贫困人口在县域内医疗费用实现“零自付”，建档立卡贫困户中低保人群全部由政府提前兜底解决；加快推进易地扶贫搬迁，住房建设开工7814户，占省定目标任务的179%；投入教育助学专项资金2.5亿元，对贫困家庭适龄幼儿减免保教费，免除中职和普高贫困学子学费。全年退出贫困村75个、脱贫66878人，超额完成省上下达的目标任务。扎实抓好10项民生工程、20件民生大事，民生支出占财政支出比重保持在70%以上。围绕用电、饮水、通行、教育、医疗卫生等群众关注的切身利益问题，加快推进农村电网改造、交通扶贫三年攻坚

2016年，泸州市中心城区建成区面积增加到135.6平方千米，人口增加到136.2万人

行动、教育培训中心建设、县医院和基层医疗卫生机构提档升级等重大民生工程，全面开工建设46座渡改桥工程，叙威高速、古蔺至习水的高速、叙永至古蔺农村公路改造提升工程、叙永至云南镇雄鸡鸣三省大桥等项目加快推进。发展教育事业，各级各类教育质量稳步提升，医教园区初具规模并入驻3所高校，启动建设四川建筑职业学院。大力发展医疗卫生事业，西南医疗康健中心一期工程竣工，市人民医院搬迁、市中医医院纳溪分院等项目加快建设，完成141个乡镇（街道）卫生机构“一站一馆三区”建设，基层医疗服务能力进一步增强。发展文体广电和新闻出版事业，市民中心主体工程完工，文化惠民工程实现全覆盖，体育生态园加快建设，推进全国文明城市创建工作，全国双拥模范城创建实现“七连冠”。

【生态环境】 贯彻省委十届八次全会精神，出台绿色发展决定实施意见，坚持生态优先、绿色发展，推进国土空间开发、绿色产业、现代城镇、环境污染防治、生态恢复治理、城乡绿化美化、生态文明制度七大体系建设，扎实推进大气、水、土壤污染防治，完成全国水生态文明城市建设试点，环境质量和总量减排完成省定目标，长江上游绿色走廊和生态屏障加快构筑。

泸州市城市功能不断提升，城市基础设施不断完善

【支持和保证人大依法履行职能】 全年，市人大及其常委会审议地方性法规3项，依法作出决议决定22项，听取和审议“一府两院”专项工作报告26项，开展执法检查3项、专题询问2项、专题视察5次，组织专题调研43项，提出建议意见196条，促进市委决策的实施和“一府两院”依法行政、公正司法。

【加强和改善人民政协工作】 全年，市政协组织主席会议成员视察4次、专委会视察26次、委员分组视察13次，开展专题协商4次、专题议政3次、重点课题调研10个，形成视察调研报告22个，征集委员提案并立案314件，收集社情民意1167条，在推动发展、改善民生、促进和谐中发挥重要作用。

【依法治市】 强化系统推进，统筹抓好依法执政、依法行政、公正司法、社会法治、法治宣传工作。强化地方立法，制定实施首部地方性法规《泸州市地方立法条例》，加快出台《泸州市物业管理条例（草案）》《泸州市违法建设预防和查处条例（草案）》。强化环境治理，安全生产监管、信访维稳、社会治安综合治理、食品药品监管、城市规划建设管理等法治化水平明显提升，落实安全生产责任制，安全生产形势持续好转。

【基层党组织建设】 开展“两学一做”学习教育，干部队伍政治意识、大局意识、核心意识、看齐意识“四个意识”进一步增强。分类推进各领域基层党建，制发农村党建、园区党建“1+3”、社会组织党建等意见。强化基层基础保障，选派423名优秀干部到发展重点村、贫困村、后进村等任“第一书记”；全市村（社区）党群服务中心建设全面提升，建成贯通市、县、乡、村的“云视泸州”高清视频会议系统，提前实现基层“互联网+党建”全覆盖；村、社区工作经费提高至10.6万元、13.2万元，较上年递增15%；推行“一改三化”模式发展壮大村级集体经济，全市村均集体经济收入达到9.2万元，有11个村集体经济收入突破百万元，全面消除“空壳村”。

【干部队伍建设】 从严抓好换届工作，召开中国共产党泸州市第八次代表大会，全面完成市和县（区）换届工作，全市各级领导班子换届风清气正，领导班子结构进一步优化。加强干部培养和实践锻炼，市县乡互派交流任职干部20名，选派21名干部到省级以上机关挂职、112名干部人才援助藏区彝区。加强对干部的激励和约束，出台激励基层干部干事创业的措施办法，建立容错纠错机制；实施教育规范在前、约谈提醒在前、纪律处理在前“三个在前”机制，干部自觉在监督下工作的习惯逐步养成。

【党风廉政建设】 研究制定《关于2016年党风廉政建设和反腐败工作的意见》，将46项任务细化分解落实到33名市级领导和7个县（区）、83个市级部门，层层压紧压实“两个责任”。坚持有贪必肃、有腐必反，严肃查办顶风违纪问题特别是发生在群众身边、侵害群众利益的腐败问题，全市共立案679件、处分525人，其中县处级7人、乡科级63人。坚决抓好巡视整改，省委第八巡视组巡视反馈的4个方面13个问题和巡视“回头看”反馈的6个问题已全部整改到位。落实市、县党委巡察制度，设立市委巡察办和4个巡察组，已对4个单位开展首轮巡察。（张　毅　杨列健）

市委重要会议
（不含市委常委会议）

【市委重要工作会议】

1月6日，市委中心组“三严三实”专题教育学习会在市委一会议室召开。市委书记蒋辅义主持会议并作重要讲话。

1月14日，全市县（区）委书记和园区党工委书记2015年度党建工作述职测评会召开。省委党建办秘书处处长文春雷到会指导，并代表省委组织部作点评讲话。市委书记、市委党建工作领导小组组长蒋辅义对进一步加强党建工作提出要求。

1月21日，市党风廉政建设责任制领导小组工作会议在市纪委会议室召开。市委书记、市党风廉政建设责任制领导小组组长蒋辅义出席会议并讲话。

2月3日，全市组织、宣传、统战、政法工作会议在巨洋会议中心召开。

2月4日，七届市纪委第六次全体会议在巨洋会议中心举行。

2月15日，2016年全市金融财税工作座谈会在南苑会议中心召开。市委书记蒋辅义，市委副书记、市长刘强出席会议并讲话。

2月16日，市委农村工作暨农村基础设施建设工作会议召开。市委书记蒋辅义出席会议并讲话，对做好全市“三农”工作提出“六个务求突破”要求。会议由市委副书记、市长刘强主持。

2月24日，泸州市机关党的建设工作会在南苑会议中心召开。会议全面总结2015年度全市市直机关党建工作，安排部署2016年度工作。市委书记蒋辅义出席会议并讲话。会议由市委副书记曹建国主持。

2月26日，市委城市工作会议在南苑会议中心召开。市委书记蒋辅义主持会议并讲话。市委副书记、市长刘强安排部署工作。市人大常委会主任陈雁、市政协主席喻双出席会议。

3月23日，全国禁毒工作电视电话会议暨全省禁毒工作电视电话会议召开。市委副书记曹建国在泸州分会场参加会议并作经验交流发言。

3月25日，泸州军分区党委七届六次全体（扩大）会议在军分区会议室举行。市委书记、泸州军分区党委第一书记蒋辅义讲话，市委常委、泸州军分区司令员王宗明出席，会议由泸州军分区政委李峥阳主持。

4月7日，市委全面深化改革第十四次领导小组会议在市委一会议室召开，专题研究如何加快推进泸州国家新型城镇化综合试点工作。

4月8日，市委中心组学习（扩大）会暨县处级主要领导干部读书班在南苑会议中心举行。市委书记蒋辅义主持会议并讲话。市委副书记、市长刘强，市人大常委会主任陈雁，市政协主席喻双出席会议。

4月14日，泸州市“两学一做”学习教育工作座谈会在南苑会议中心召开。会议以电视电话会议形式开到各县（区）、乡镇（街道）。市委书记蒋辅义出席会议并作重要讲话。

4月25日，市委中心组学习（扩大）会议在南苑会议中心召开，会议邀请武警指挥学院原副院长、周恩来总理秘书纪东少将作《弘扬周总理精神风范、争做新时期合格党员——在周总理身边工作八年的感悟》专题报告。会议由市委书记蒋辅义主持。

4月28日，泸州市创建全国文明城市暨城市突出问题专项治理工作会在南苑会议中心召开。市委书记蒋辅义出席会议并讲话。会议由市委副书记、市长刘强主持。

5月30日，市委中心组学习（扩大）会议召开。会议分两阶段进行：上午在南苑会议中心听取同济大学马克思主义学院教授李占才作题为《法比天大》的专题报告；下午在市委一会议室召开市委“两学一做”学习教育专题学习研讨暨市级领导工作联席会。市委书记蒋辅义主持会议，并就做好“两学一做”学习教育提出“五个带头”的要求。

6月6日，泸州各民主党派、工商联新老班子集体座谈会在南苑会议中心召开。市委书记蒋辅义出席会议并讲话。

6月8日，泸县融入主城区工作推进会在泸县召开。市委书记蒋辅义主持会议并讲话，要求泸县要围绕“五统筹、五突出”，抓紧完善方案，科学实施，加快撤县设区、融入主城区。市委副书记、市长刘强，市人大常委会主任陈雁，市政协主席喻双出席会议。

6月30日，泸州市庆祝中国共产党成立95周年大会在南苑会议中心召开，会议以电视电话会议形式开到各县（区）、乡镇（街道）。市委书记蒋辅义出席会议并讲话。会议由市委副书记、市长刘强主持。

7月2日，泸州籍在外企业家代表座谈会在酒城宾馆召开，会议以“聚乡友力量、建美好家园”为主题。市委书记蒋辅义出席会议并讲话。市委常委、常务副市长曹俊杰作项目推介。会议由市委副书记曹建国主持。

7月11日，泸州市健康城市建设推进会在南苑会议中心召开。会议总结泸州市第六次国家卫生城市复审工作，安排健康城市建设和重大传染病防控工作。国家卫生计生委疾控局副局长、全国爱卫办副主任张勇等到会指导。市委书记蒋辅义出席会议并讲话。会有由市委常委、常务副市长曹俊杰主持。

是日，市委中心组学习（扩大）会议在南苑会议中心召开。市委书记蒋辅义主持会议并导学习近平总书记“七一”重要讲话精神。

7月18日，省委第八巡视组巡视泸州市“回头看”工作汇报会在南苑会议中心召开。省委第八巡视组组长周国庆出席会议并讲话。市委书记蒋辅义汇报巡视整改工作情况。会议由市委副书记、市长刘强主持。市人大常委会主任陈雁、市政协主席喻双出席会议。

是日，全市党校工作会议在南苑会议中心召开。

7月28日，市委议军会在南苑宾馆召开。市委书记、泸州军分区党委第一书记蒋辅义主持会议并讲话。市委副书记、市长刘强，市人大常委会主任陈雁，市政协主席喻双出席会议。

8月8日，全市工业工作专题会在南苑会议中心召开。市委书记蒋辅义出席会议并讲话。会议由市委副书记、市长刘强主持。

8月9日，全市国有企业改革发展座谈会在南苑会议中心召开。市委书记蒋辅义，市委副书记、市长刘强出席会议并讲话。市人大常委会主任陈雁，市政协主席喻双出席会议。

是日，全市建筑业发展座谈会在南苑会议中心召开。市委书记蒋辅义，市委副书记、市长刘强出席会议并讲话。

8月10日至11日，泸州市加快推进易地扶贫搬迁现场会召开。会议分两段进行：实地参观考察叙永县、古蔺县、合江县和泸县易地扶贫搬迁集中安置点规划建设情况；召开会议安排部署全市下阶段易地扶贫搬迁工作。市委书记蒋辅义出席会议并讲话。会议由市委副书记、市长刘强主持。

8月15日，市委中心组学习（扩大）会在南苑会议中心召开，邀请省委“学习贯彻省委十届八次全会精神”宣讲团成员、省环保厅副厅长李岳东作“学习贯彻省委十届八次全会精神”宣讲报告。市委副书记、市长刘强主持会议并讲话。市人大常委会主任陈雁、市政协主席喻双出席会议。

9月20日，全市脱贫攻坚工作会议在南苑会议中心召开。会议以电视电话会议形式召开到县（区）、乡镇、村一级。市委书记蒋辅义出席会议并讲话。会议由市委副书记、市长刘强主持。

9月29日，全市“城乡统筹、全域发展”工作会在江阳区召开。市委书记蒋辅义出席会议，并强调全覆盖的内涵是“城乡统筹、全域发展、全面小康”，具体要做好全域规划、全面建设、全力治理三个方面工作。

10月10日，全市关心下一代工作会议在南苑会议中心召开。市委书记蒋辅义出席会议，并强调要强化思想认识、强化举措创新、强化齐抓共管，不断开创全市关心下一代工作新局面。

10月24日，泸州市“推进全面从严治党、巩固发展良好政治生态”宣讲会暨市委中心组学习（扩大）会在中国酒城大剧院召开。省纪委第九宣讲组组长、省纪委常委张冬云作宣讲报告；市委书记蒋辅义主持宣讲会并作表态发言。

10月31日，全市易地扶贫搬迁现场会在泸县召开。市委书记蒋辅义出席会议并讲话。会议由市委副书记、市长刘强主持。

11月1日，市委中心组学习（扩大）会议在南苑会议中心召开，专题学习传达中共十八届六中全会精神，研究部署全市学习贯彻工作。市委书记蒋辅义主持会议并讲话。市委副书记、市长刘强，市人大常委会主任陈雁出席会议。

11月10日，泸州市创建全国文明城市工作攻坚会在南苑会议中心召开。市委书记、市创建全国文明城市指挥部总指挥长蒋辅义出席会议并讲话；市委副书记、市长、市创建全国文明城市指挥部指挥长刘强安排部署相关工作。会议由市委常委、宣传部部长鞠丽主持。

2016年11月9日，泸州市召开创建全国文明城市工作攻坚会

12月5日，学习贯彻中共十八届六中全会和省委十届九次全会精神省委宣讲团报告会暨市委中心组学习（扩大）会在南苑会议中心举行。省委宣讲团成员、省委组织部常务副部长黄建发作专题宣讲报告。市委书记蒋辅义主持会议并讲话；市委副书记、市长刘强，市人大常委会主任陈雁，市政协主席喻双出席会议。

12月8日，市委中心组学习（扩大）会在南苑会议中心召开。中央文献研究室副主任陈晋作题为《毛泽东的战略领导智慧和决策风格》的专题报告。市委书记蒋辅义出席会议并讲话。会议由市委副书记谭红杰主持。

12月21日，全市“化解信访矛盾、规范信访秩序”专项治理活动动员电视电话会议在市委四会议室召开。会议以视频形式召开到县（区）、乡镇（街道）、村（社区）。市委书记蒋辅义出席会议并讲话。市委常委、政法委书记封安安排部署“化解信访矛盾、规范信访秩序”专项治理活动。会议由市委副书记、市长刘强主持。

【市第八次党代会】 11 月 23 日，中国共产党泸州市第八次代表大会在巨洋会议中心开幕。大会主席团全体成员在主席台就座。大会由刘强主持。蒋辅义代表中国共产党泸州市第七届委员会向大会作题为《干在实处、走在前列，为决胜全面小康、建成区域中心而努力奋斗》的工作报告。大会的主题是：高举中国特色社会主义伟大旗帜，全面贯彻中央、省委战略决策，动员全市广大党员、干部、群众干在实处、走在前列，为决胜全面小康、建成区域中心而努力奋斗。中国共产党泸州市第七届纪律检查委员会工作报告以书面形式提请大会审议。

【市委全会】 7 月 29 日，中共泸州市委七届十二次全体会议在南苑会议中心举行。全会由市委常委会主持。市委书记蒋辅义作重要讲话。会议贯彻落实省委十届八次全会精神，审议通过《中共泸州市委关于贯彻省委绿色发展决定的实施意见》《中共泸州市委、泸州市人民政府关于加快城市发展的决定》等事项。

11 月 21 日，中共泸州市委七届十三次全体会议在南苑会议中心举行。全会由市委常委会主持。市委书记蒋辅义作重要讲话。会议传达学习了省委十届九次全会精神，审议通过《七届泸州市委工作报告》《七届泸州市纪委工作报告》《中共泸州市委关于加强和规范党内政治生活严格党内监督巩固发展良好政治生态的意见》，酝酿八届泸州市委委员、候补委员和市纪委委员候选人预备人选，确定泸州市第八次党代会有关事项。

11 月 25 日，中共泸州市委八届一次全体会议在南苑会议中心举行。全会由市委常委会主持。市委书记蒋辅义作重要讲话。会议选举产生新一届市委领导班子，批准市纪委领导机构的选举结果，审议通过“2017 年重点项目”。

重大决策及重要活动

1 月 11 日，在成都召开 2016 中国国际酒业博览会新闻发布会。酒博会以“举杯中国，品味世界”为主题，拟于 3 月 19 日至 21 日在泸州国际会展中心举行。中国酒业协会秘书长宋书玉，四川省商务厅副厅长李维民，四川博览事务局副局长王冕，泸州市委副书记、市长、酒博会筹备领导小组组长刘强，副市长曹勇出席发布会。

1 月 13 日，国土资源部党组成员、副部长、国家土地副总督察张德霖莅临泸州，开展脱贫攻坚调研，走访慰问贫困户，并在南苑会议中心召开座谈会。省委常委、农工委主任李昌平参加调研。市委书记蒋辅义全程陪同，并主持座谈会；市委副书记、市长刘强参加座谈会，并汇报泸州工作情况。

1 月 18 日，泸州市人民政府与上海商务委经贸合作协议签约仪式暨泸州投资推介会在上海举行，共签约深远世宁西南无人机中心等 9 个项目，投资总额达 74.6 亿元。上海市商务委员会主任尚玉英、四川省政府驻上海办事处副主任徐群出席并讲话。市委书记蒋辅义作推介讲话。会议由市委副书记、市长刘强主持。

1 月 20 日，市委书记蒋辅义率泸州党政代表团赴重庆考察学习，并召开座谈会。市委书记蒋辅义表示，泸州将在通道建设、产业发展、平台建设和生态建设上融入重庆、服务重庆。

1 月 21 日，甘孜州委书记刘成鸣率党政考察团到泸州市考察。市委书记蒋辅义，市委副书记、市长刘强陪同。

1 月 24 日，市委书记蒋辅义，市委副书记、市长刘强率泸州市部分领导干部，前往设在成都市锦江监狱的省法纪教育基地参观，接受警示教育。

1 月 26 日，国家发改委、住建部等部门联合发布《关于将天津静海县等 61 个地区确定为国家循环经济示范市（县）建设地区的通知》，明确泸州为国家循环经济示范市建设地区。

2 月 18 日，2016 年全国工会就业创业援助月活动启动仪式暨推动长江经济带绿色发展大型招聘招商洽谈会在市奥体中心举行。全国总工会副主席、书记处书记焦开河宣布活动启动。省委副秘书长、办公厅主任马波和市委书记蒋辅义分别致辞。

2月18日至19日，副省长刘捷、省检察院检察长邓川率督导组对泸州贯彻落实中央、省委经济工作重大部署情况进行调研督导。市委书记蒋辅义，市委副书记、市长刘强陪同。

3月18日，和润集团泸州粮油物流及深加工项目签约仪式在巨洋会议中心举行。浙江和润集团有限公司董事局主席虞松波、市委书记蒋辅义、市人大常委会主任陈雁等出席签约仪式。

3月19—21日，2016中国国际酒业博览会开幕式暨国际酒业发展论坛在泸州国际会展中心举行。全国政协副主席刘晓峰宣布开幕。省委副书记、省长尹力讲话；副省长甘霖主持开幕式；省政协副主席王正荣出席；中国酒业协会理事长王延才、格鲁吉亚国家葡萄酒局局长乔治·撒玛尼什维利致辞；市委书记蒋辅义致欢迎辞；市委副书记、市长刘强，中国酒业协会秘书长宋书玉，欧盟葡萄酒协会秘书长伊格纳西奥·瑞卡特，保乐力加亚洲大中华区董事总经理危永标在论坛上发表演讲。

是日，2016川酒新品发布会在泸州国际会展中心品牌馆举行，五粮液、泸州老窖、郎酒等18家白酒企业的67个新产品进行集中发布。省委副书记、省长尹力，副省长甘霖出席发布会；市委书记蒋辅义致辞。

3月21日，全省2016年一季度重大项目泸州分会场集中开工仪式在泸州长开区举行。涉及科技创新企业孵化器项目、合盛硅业（泸州）西南基地项目等60个重大项目集中开工。市委书记蒋辅义宣布开工。

3月22日至24日，省委书记王东明赴川南经济区的宜宾市、泸州市调研，检查指导贯彻落实中央和省委决策部署，专注发展转型发展和精准扶贫精准脱贫等工作。

3月26日，《泸州市白酒产业园区“多规合一”概念性总体规划》（以下简称《规划》）评审会在酒城宾馆召开，《规划》顺利通过评审。

4月9日，市委书记蒋辅义，市委副书记、市长刘强率队前往泸州市西南医科大学、四川警察学院、四川三河职业学院等高校调研，专题研究如何推进高校加快发展相关事宜。

4月10日，广元市委书记王菲，广元市委副书记、市长邹自景率广元市党政代表团到泸州考察。

4月26日，泸州海吉星农产品商贸物流园开工暨泸州首届农产品交易博览会启动仪式在泸州长开区举行。市委书记蒋辅义宣布开工。

4月28日，首届长江文化带发展论坛学术研讨会开幕式在泸州巨洋会议中心举行。

是日，四川首届蔬菜品赏会在江阳区董允坝国家现代农业示范园开幕。

5月2日至10日，市委书记蒋辅义率泸州代表团出访英国、俄罗斯、韩国，推动泸天化（集团）有限责任公司、四川贝尔化工集团有限公司和俄罗斯Renova集团签署《“中俄草甘膦及天然气化工合作项目”合作方案会谈备忘录》，与韩国酒类

2016年4月19日，市委书记蒋辅义（中）、市长刘强（前排右三）在沱江二桥加宽改造项目现场调研

产业协会签署《泸州市人民政府—韩国酒类产业协会合作框架协议》，促成泸州老窖集团和英国比尔城堡家族文化公司签订《泸州老窖集团—比尔城堡合作意向备忘录》。

5月12日，西南云海泸州大数据产业园推介会在北京举行。市委书记蒋辅义、工信部信软司副巡视员沈美丽等出席。市委副书记、市长刘强作主题推介。

5月13日，“中国酒城·泸州——北京投资推介会”在北京举行。会议由泸州市人民政府、省政府驻京办与北京央企投资协会共同主办。本次活动共签订14个协议，总额达138.95亿元。

5月18日，华为泸州“政务云”上线仪式暨“西南云海”建设推进会在泸州巨洋会议中心召开。

是日，泸州市人民政府与天津银行成都分行政银企战略合作签约仪式在泸州巨洋会议中心举行。同时，也标志着该行在川内开设的第一家二级分行——天津银行泸州分行正式开业。市委书记蒋辅义，天津银行成都分行党委书记、行长史亮等出席签约仪式并致辞。

5月23日，2016年四川省重大招商引资项目泸州分会场集中开工仪式在泸州国家高新区举行。涉及机械制造、化工、新材料、现代旅游、商贸物流领域共8个重大项目，总投资107.5亿元。市委书记蒋辅义宣布开工。

5月28日，市委书记蒋辅义，市委副书记、市长刘强率队到古蔺县参加古蔺、叙永农村扶贫公路开工仪式，并调研农村电网改造、易地扶贫搬迁和水口镇酱酒产业园工作。市委书记蒋辅义宣布开工。

6月16日，由省公安厅、省精神文明建设办公室联合举办的首届四川十大最美人民警察颁奖仪式在四川警察学院举行。对2015年四川首届“寻找最美人民警察”宣传推选活动中事迹突出、社会影响力大、群众认同度高的10名民警授予“最美人民警察”称号，为20名民警颁发“最美人民警察”特别奖。

6月18日，市委书记蒋辅义，市委副书记、市长刘强在南苑宾馆会见英国比尔城堡家族集团有限公司欧斯曼子爵一行，双方就如何帮助泸州老窖拓展欧洲白酒市场进行座谈。

6月22日，永辉超市·华润万象汇·佳乐世纪城签约仪式暨新闻发布会在佳乐世纪城展示中心举行，永辉超市正式签约进驻泸州金融商业中心。

6月27日至28日，四川省乌蒙山区脱贫攻坚（贫困村摘帽）现场推进会在泸州、宜宾召开。副省长王铭晖率队现场考察并讲话。市委书记蒋辅义出席会议并作经验交流。

6月29日，宜叙高速公路通车暨慰问建设者活动在蜀南竹海服务区举行。省交通运输厅厅长汪洋，泸州市委书记蒋辅义，宜宾市委书记刘中伯，宜宾市委副书记、市长杜紫平参加。

6月30日，泸州市人民政府与北京首都公路发展集团有限公司合作框架协议签约仪式在南苑会议中心举行。市委书记蒋辅义出席签约仪式。市委副书记、市长刘强和北京首都公路发展集团有限公司总经理张恒利分别代表双方签订合作框架协议。

是日，泸州市港城大道通车暨慰问建设者活动在港城大道玉蟾山隧道举行。市委书记蒋辅义，市委副书记、市长刘强，市政协主席喻双出席活动。

是日，西部现代服务业研究院揭牌仪式在酒城宾馆举行，标志着西部现代服务业研究院在泸州正式成立。

是月，泸州国家高新区成功申报国家发改委确定的长江经济带国家转型升级示范开发区。

7月3日，川滇黔交界处的鸡鸣三省大桥在叙永县水潦彝族乡岔河村正式开工建设。市委副书记、市长刘强讲话，市委书记蒋辅义宣布开工。省铁投集团董事长孙云出席开工仪式。

7月7日，全国爱国卫生工作会议在成都召开。会议通报2015年第六次国卫复审结果，泸州再获国家卫生城市“金牌”，蝉联“六连冠”。

7月12日，农业部副部长余欣荣一行莅临泸州，专题调研泸州市农业信息化工作。省农业厅厅长任永昌、市委书记蒋辅义陪同调研。

7月15日，泸州市2016年第二季度重大项目集中开工仪式在二环路（纳溪段）项目现场举行。市委副书记、市长刘强主持开工仪式，市委书记蒋辅义宣布开工。市人大常委会主任陈雁、市政协主席喻双、中国十九冶集团有限公司董事长田野等出席。

8月3日，自贡市委书记李刚率市委中心组成员到泸参观考察。泸州市委书记蒋辅义、市政协主席喻双陪同。

8月5日，中国酒城·泸州—南京投资推介会在江苏省南京市举办。共签约项目17个，总投资25.4亿元。南京市副市长黄澜在会上讲话。市委书记蒋辅义致辞。会议由市委副书记、市长刘强主持。

8月14日，宜宾市委书记刘中伯率党政代表团到泸州参观考察，宜宾市委副书记、市长杜紫平，市人大常委会主任陆振华，市政协主席葛燎原等参加考察。泸州市委书记蒋辅义，市委副书记、市长刘强，市政协主席喻双等陪同。

8月18日至19日，市委书记蒋辅义率泸州市党政代表团赴贵州省六盘水市，考察学习易地扶贫搬迁、农村集体经济发展等工作。六盘水市委书记李再勇，市委副书记、市长周荣陪同。

8月26日至28日，市委书记蒋辅义率队赴凉山州盐源县和普格县对接对口帮扶工作。凉山州委副书记、州长罗凉清陪同。

8月26日，和润集团（泸州）粮食物流产业园奠基暨泸州市2016年第三季度重大项目开工仪式在泸州长开区举行，开工项目97个，总投资573.08亿元。和润集团有限公司董事长虞松波、市委书记蒋辅义分别致辞。省政协副主席、省总工会主席李登菊宣布项目开工。仪式由市委常委、常务副市长曹俊杰主持。

是日，泸州市人民政府与和润集团有限公司港口物流合作签约仪式在南苑宾馆举行。和润集团有限公司董事长虞松波、市委书记蒋辅义、市人大常委会主任陈雁、市政协主席喻双出席签约仪式。

8月30日，泸州市人民政府与中国空域产业集团在北京钓鱼台国宾馆签署战略合作框架协议。泸州市委书记蒋辅义致辞。中国空域产业集团总裁张友生和泸州市委副书记、市长刘强分别代表双方在协议上签字。四川省政府副省长刘捷、四川省经信委副主任李红军、泸州市人大常委会主任陈雁、泸州市政协主席喻双等出席。

9月8日，2016第四届中国（泸州）西南商品博览会开幕，415家参展企业将到会进行展示交易、合作洽谈。

9月22日，四川省2016年9月重大产业项目泸州分会场集中开工仪式在中国白酒金三角酒业园区举行。涉及白酒、化工、现代医药、新能源新材料领域的22个重大工业和信息化项目集中开工，总投资101亿元。市委书记蒋辅义讲话并宣布项目开工。

是日，遂宁市委书记赵世勇率党政代表团到泸州参观考察。遂宁市委副书记、市长杨自力，市人大常委会主任刘云，市政协主席刘德福等参加考察。泸州市委书记蒋辅义、市人大常委会主任陈雁等陪同。

9月24日，泸州市人民政府和上海浦东发展银行成都分行举行泸州浦发扶贫投资发展基金合作协议签约仪式。基金总规模拟定为150亿元，重点支持贫困地区的交通、水利、电力、能源、生态环境建设等。市委书记蒋辅义致辞；市委副书记、市长刘强，上海浦东发展银行成都分行党委书记、行长李卫星分别代表双方签订合作协议；签约仪式由市委常委、常务副市长曹俊杰主持。

9月25日，泸州市人民政府与昊阳国际控股集团在南苑宾馆举行四川城建职业学院建设项目暨四川健康卫生护理职业技术学院建设项目签约仪式。市委书记蒋辅义、昊阳国际控股集团董事长吴世其分别在签约仪式上致辞；市委副书记、市长刘强出席签约仪式。

9月26日，叙古高速正东至古蔺县城段通车暨慰问建设者活动举行。标志着泸州市正式实现“县县通高速”。市委书记蒋辅义、省铁投集团副总经理陈大智、四川路桥集团董事长熊国斌等出席活动。

是日，泸州市人民政府与中国平安人寿保险股份有限公司战略合作协议签约仪式在南苑宾馆月桂厅举行。市委书记蒋辅义，市委副书记、市长刘强，市人大常委会主任陈雁，平安人寿董事长兼CEO丁当出席签约仪式。

9月30日，泸州市2016年烈士公祭活动在市烈士陵园举行。

10月12日，昆明市人民政府、泸州市人民政府、昭通市人民政府港口物流发展合作协议在昆明市签订。

10月15日，泸州市医教园区基础设施项目——西南医科大学科技大楼暨教学科研配套基础设施项目开工仪式举行，项目总投资约14亿元。市委书记蒋辅义出席开工仪式并宣布开工。

10月16日至18日，市委书记、市对口支援藏区工作领导小组组长蒋辅义一行赴甘孜州稻城县、乡城县对接援藏工作，看望慰问泸州市援藏干部人才。甘孜州委副书记李江陪同调研。

10月19日至20日，国家人口和计划生育委员会原主任张维庆莅临泸州调研指导全民预防保健工作，市委书记蒋辅义陪同。

10月25日至26日，全省发展农村集体经济助推脱贫攻坚现场推进会在泸州召开。省委常委、组织部部长范锐平主持会议并讲话；省委常委、农工委主任曲木史哈安排部署工作；市委书记蒋辅义参加会议并作经验交流发言。

10月31日，四川省2016年第四季度重大项目泸州分会场集中开工仪式在泸州国家高新区医药产业园举行。涉及141个重大项目，计划总投资506.5亿元，当年计划投资86.65亿元。市委副书记、市长刘强出席并讲话。市委书记蒋辅义宣布项目开工。

11月3日，泸州市人民政府与中铁十一局集团有限公司在成都正式签署合作框架协议。市委书记蒋辅义，市委副书记、市长刘强，中铁十一局常务副总经理刘华军出席签约仪式。

是日，泸州市人民政府与中国五冶集团有限公司在成都正式签署合作框架协议。市委书记蒋辅义，市委副书记、市长刘强，中冶集团总经理张兆祥等出席签约仪式。

11月17日，泸州市人民政府与中冶建工集团有限公司合作框架协议签约仪式在南苑会议中心举行。市委书记蒋辅义、中冶建工集团董事长姚晋川分别致辞。签约仪式由副市长陈日主持。

11月18日，泸（州）昭（通）高速公路叙永至威信段在叙永县正东镇普市村开工。市委书记蒋辅义讲话并宣布项目开工。

11月20日，泸州市人民政府与中车青岛四方机车车辆股份有限公司、中车成都机车车辆有限公司在南苑会议中心签署《轨道交通项目合作框架协议》和《泸州市城市轨道交通示范线及空港产业园轨道交通产业配套设施PPP项目合作框架协议》。市委书记蒋辅义，中车青岛四方机车车辆股份有限公司总经理、中车成都机车车辆有限公司董事长马云双分别致辞。市委副书记、市长刘强，市人大常委会主任陈雁，市政协主席喻双出席签约仪式。

11月21日，长江二桥及连接线项目开工仪式在张坝桂圆林公园江边举行。市委副书记、市长刘强致辞。市委书记蒋辅义出席并宣布开工。

11月25日，泸州市人民政府与中国核工业建设集团在南苑宾馆签署基础设施项目合作框架协议。市委书记蒋辅义，市委副书记、市长刘强，中国核工业建设集团股份公司总裁李定成出席签约仪式。

是月，全国爱卫办公布首批38个全国健康城市试点市名单，泸州市成功入选。

12月5日至6日，省委常委黄新初率队调研泸州全面创新改革和生态文明建设工作。市委书记蒋辅义，市委副书记、市长刘强陪同调研。

12月12日，碧桂园高端综合体“桂圆里”项目奠基仪式在张坝桂圆林公园举行。

12月16日，川南经济区工作座谈会在泸州市南苑会议中心召开。会议总结川南四市2016年经济社会发展情况，分析当前形势，研究部署川南四市代表2017年主要任务和重点工作。副省长刘捷出席并讲话。泸州、自贡、内江、宜宾四市就

2016年经济社会发展情况做了汇报。市委书记蒋辅义，市委副书记、市长刘强，市委常委、组织部部长徐斌等参加会议。

12月18日至19日，全国政协副主席、致公党中央主席、科技部部长万钢莅临泸州考察，实施脱贫攻坚民主监督，调研指导科技创新、"致泸合作"有关工作。省政协副主席、省工商联主席陈放，泸州市委书记蒋辅义，泸州市委副书记、市长刘强等陪同。

12月18日，市委书记蒋辅义率泸州党政代表团前往宜宾市，参加以"绿色发展"为主题的2016中国（宜宾）白酒文化节，并巡视泸州市企业参展情况。

12月30日，中国（泸州）首届农产品交易博览会暨全国百县百品产销对接促进行动启动会在泸州海吉星农产品物流园开幕。商务部原副部长、全国政协经济委员会原副主任、中国商业联合会理事会会长张志刚宣布开幕。商务部流通产业促进中心主任路政闽出席并讲话。市委书记蒋辅义出席并致辞。

（张　毅　杨列健）

中国共产党泸州市纪律检查委员会（泸州市监察局）

【中共泸州市纪委七届六次全会】 2016年2月4日，中国共产党泸州市第七届纪律检查委员会第六次全体会议召开。全会学习贯彻十八届中央纪委第六次全会、省纪委十届五次全会精神，认真学习讨论市委书记蒋辅义同志的讲话，审议通过田亚东代表市纪委常委会所做的《忠诚履行职责把纪律挺在前面深入推进党风廉政建设和反腐败斗争》工作报告。

【中共泸州市纪委七届七次全会】 2016年11月21日，中国共产党泸州市第七届纪律检查委员会第七次全体会议召开。会议讨论并通过《中国共产党泸州市第七届纪律检查委员会工作报告》（讨论稿），表决通过中共泸州市第七届纪律检查委员会第七次全体会议关于向市八次党代会所作工作报告的决议。

【中共泸州市纪委八届一次全会】 2016年11月25日，中国共产党泸州市第八届纪律检查委员会第一次全体会议召开。全会选举杨晓、徐海、吴伟、任中榕、徐其虎、李建彬、代鸿宾、邓修贵、余映梅为中共泸州市第八届纪律检查委员会常务委员会委员，选举杨晓为中共泸州市纪律检查委员会书记，徐海、吴伟、任中榕为副书记。

【管党治党责任全面落实】 市委常委会17次研究党风廉政建设和反腐败工作。市委主要领导认真履行第一责任人责任，与市委常委、各县（区）委书记签订主体责任书。龙马潭区和泸县试点设立"主体办"，创新开展落实主体责任工作。坚持"一案双查"，查处落实"两个责任"不力问题36起，问责处理38人。全面启动巡察工作。成立市委巡察办和4个市委巡察组，并对市国土资源局、市住建局、市卫生计生委、泸天化集团4个单位开展第一轮巡察。全面办结省委巡视组交办信访件2268件，完善制度机制246项。

【监督检查】 开展专项监督检查54次，明察暗访549次，督导整改问题201个。聚焦脱贫攻坚强化监督检查，重点查处基层滥用职权、优亲厚友，截留挪用、贪污侵占扶贫资金等突出问题，查处问题76件121人，给予党政纪处分95人。扎实开展换届风气监督，对2053名领导干部进行党风廉洁情况审查，"叫停"拟提拔或继任干部8名。

【正风肃纪】 全市查处违反中央"八项规定"精神和涉及"四风"问题398件，党政纪处分395人，通报曝光273件（次）。围绕群众反映强烈、涉及群众切身利益的突出问题，选派144名市级单位、中央和省驻泸州单位纪检组织负责人，"一对一"督导乡镇（街道），发现问题线索1446条，立案审查140件，推动各类问题有效解决。在泸州电视台新闻综合频道直播首期泸州《阳光问政》节目，近千名群众通过热线电话、网络、微信、微博等方式参与互动。

【惩治腐败】 全市纪检监察机关共处置反映问题线索1805条，立案880件，给予党政纪处分

853人。严肃查处重点领域和关键行业违规违纪案件，对教育系统立案62件，卫生系统立案61件，国土系统立案22件。认真落实重大案件“五个一”制度，通报重大案件12次，召开专题民主生活会20次，全市回访中共十八大后受处分人员2121人，复议复查案件19件。市、县区派驻纪检监察机构立案176件，全市乡镇（街道）实现纪律审查“全覆盖”。

2016年9月29日，《阳光问政》全媒体直播现场

【挺纪在前】 教育规范在前。对全市3.5万余名党员干部，前往省、市法纪教育中心组织参观，进行警示教育。在市交通运输局、市国土资源局、市公安局、市安监局开展“积极预防、系统治理”。全市各级主责部门共建立健全改进工作作风、防止权力滥用等方面的制度规定30余项。约谈提醒在前。分层分类开展“常规约谈”“重点约谈”和“专项约谈”，共约谈科级以上干部8100余人（次）。纪律处理在前。实践监督执纪“四种形态”，全年运用谈话函询等第一种形态约谈提醒干部2985人（次）；运用党纪轻处分等第二种形态处理干部765人；运用党纪重处分等第三种形态处理干部206人；运用开除党籍、开除公职并移送司法机关等第四种形态处理干部14人。（邹宏亮）

组织工作

【“两学一做”学习教育】 以上率下抓推动。市委坚持把抓好“两学一做”学习教育作为全年党建工作的龙头任务，落实党建领导小组牵头抓、组织部门具体抓，市委常委会先后9次专题研究部署“两学一做”学习教育工作，市委书记蒋辅义31次作批示、提要求。分行业分领域细化制定“1+8+1”实施方案，抽调38名经验丰富的同志成立学习教育办公室和3个巡回督导组，每月对下级党组织进行全覆盖集中督导。突出主题抓学习。组织开展“两重温两对照”主题党日活动8000多场（次）、“三个专题”学习研讨2.6万多场（次）、讲专题党课1.6万场（次）。创新开展党章党规“两巡一测试”活动，组织“送党章党纪下基层”巡讲1600多场（次）、“以案释纪漫画”巡展140多场，近10万名党员参与《准则》《条例》在线测试。聚焦问题抓整改。扎实开展三项整改“回头看”，各级党组织形成自查报告3000多个、制定整改措施5000多条，已整改落实90%以上。扎实开展“机关干部不抓落实、基层干部吃拿卡要、农村党员大操大办”等五类突出问题整治，创新开展“市管非领导职务干部不正常上班问题”专项整治，干在实处、走在前列成为全市党员干部的价值取向和自觉追求。

【市县乡换届】 率先完成乡镇党委换届。6月底在全省率先提前完成123个乡镇党委换届，换届后乡镇党委班子成员平均年龄比上届下降2.5岁，具有2年以上乡镇工作经历的比上届提高2.4%，136名“四类人员”进入乡镇领导班子，抓党建工作的副书记、组织委员全部配齐配强。圆满完成县（区）党委换届。坚持把精准识人选人用人、优化领导班子整体功能、提高执政能力水平作为“决胜全面小康、建成区域中心”的战略性工程，深入

开展换届调研，精心制定政策方案，严密组织换届考察，强化风气督查督导，组织提名人选全部全票或高票当选。换届后班子成员大学以上占比比上届高7.9%，45.5%的党政班子成员具有3年以上乡镇（街道）或企事业单位领导工作经历。县（区）党政班子共配备40岁左右年轻干部36名，占班子总数32.1%，高出政策规定12.1%。女干部、少数民族干部和党外干部配备均符合政策规定。顺利完成市委班子换届。11月22—25日，市第八次党代会胜利召开，48名市委委员、9名候补委员、35名市纪委委员，均满票或高票当选。市委八届一次全体会议顺利选举产生10名市委常委以及市委书记、副书记，市纪委八届一次全体会议顺利选举产生9名市纪委常委以及市纪委书记、副书记。始终保持严肃换届纪律高压态势。坚决贯彻落实中央和省委"九严禁""九个一律""六个凡必""六个坚决查处"等要求，全市印发换届纪律明白卡4万余份、换届资料2.4万份，组织观看警示教育片《镜鉴》《警钟》3.2万人（次），开展专题谈心谈话1.2万人（次），1.5万人（次）签订严肃换届纪律承诺书。市、县（区）两级组建43个换届风气督导组，累计开展督导270余次。

【干部队伍建设】 围绕发展选好干部、配强班子。突出"好干部"标准，落实省委"三重"导向，全年调整县（区）党政主要领导6名、市级部门"一把手"27名。全年新提拔副县级领导干部75人，新提拔正县级34人，平级交流干部117人（次）。加大年轻干部培养锻炼力度。认真落实"三抓三主动"要求，选派162名干部到中央国家机关和省级部门上挂锻炼，在全市遴选20名优秀年轻干部到贫困县和市级部门双向挂职交流，选派112名干部人才援藏援彝，市、县（区）累计递进培养优秀年轻干部人才1807名，交流提拔465人。完成省委组织部选调的10名急需紧缺专业选调生安置工作，组织招录选调生22名。着力提升干队伍能力素养。深入开展习近平总书记系列重要讲话、中央省市委重大决策部署学习培训，举办县级主要领导干部读书班，调训县级领导干部800余人（次）。举办"产业转型升级"等8个专题培训班，调训干部480人（次）。优化市委党校主体班班次设置，调训干部人才400余人。依托清华大学远程教育平台，调训各级干部1万多人（次）。

【干部监督管理】 狠抓干部选任监督。严格执行《关于防止干部"带病提拔"的十二项规定》，对2015年"带病提拔"的10名乡科级领导干部进行了专项倒查。强化干部激励约束。研究出台《泸州市推进领导干部能上能下实施细则（试行）》，调整副科级以上领导干部360人，其中问责处理7

2016年10月25—26日，全省发展农村集体经济助推脱贫攻坚现场推进会在泸州召开

人、不适宜担任现职调整58人、违纪违法免职19人。抓好个人有关事项查核。认真开展领导干部个人有关事项报告及抽查核实相关工作，对436名拟提拔的市管干部考察对象、拟列入后备干部人选对象、县（区）换届拟继续提名人选的个人有关事项报告进行了重点核查。强化干部日常管理。加大提醒、函询、诫勉力度，对81名干部进行提醒，对17名干部进行函询，对2名科级以下干部进行诫勉。全面升级“12380”信访举报管理系统，全年处理涉干信访件32件。

【基层组织建设】 统筹抓好各领域基层党建。持续抓好“三分类三升级”，全市97个软弱涣散村（社区）党组织全部实现转化升级。954个机关党组织2.7万名在职党员到社区报到，带动5000多万元党建资金投向社区。出台加强国有企业、高校党建工作意见，将泸州市新经济组织和新社会组织党的工作委员会更名为市委非公有制经济组织和社会组织工作委员会，全市单独建立非公企业党组织783家，联合组建党组织484家；单独建立社会组织基层党组织378个，联合组建党组织629个，党的工作覆盖100%。非公有制经济党建“泸州模式”在全国工商系统推广。落实基层党建重点任务。全面开展党代会代表和党员违纪违法未给予相应处理情况排查清理，终止代表资格人数191人，停止执行代表职务人数15人。督促60个未按期换届基层党组织完成整改。庆祝建党95周年评选优秀驻村“第一书记”10名、优秀共产党员99名、优秀基层党组织书记100名、先进基层党组织100个。抓好基层党员教育培训。开展“智慧党建”和“云视泸州”平台建设，全市所有乡镇（街道）和村（社区）远教站点连通20兆宽带，完善配备输出设备，市第八次党代会开幕式直播到村（社区）。“农民夜校”全面开课，参训人员达12.8万人（次）。市、县（区）举办基层党组织书记、新党员和入党积极分子、贫困村党员干部和农村致富带头人、党员创业就业技能培训等示范培训200多期，培训人员达9.1万人（次）。市、县（区）均建立不少于100人的党员教育师资库，编发各类教材50余套，建立示范基地80多个，命名市级示范基地12个。抓好党建促脱贫攻坚。选派驻村“第一书记”324名，在全省率先出台《第一书记管理办法》，开展专题示范培训6期1800人（次），37名优秀“第一书记”进入乡镇领导班子。推广“一改三化”（深化农村集体产权制度改革，公司化运营、股份化改造、多元化发展）发展壮大村级集体经济，2016年村均收入9.2万元，11个村集体经济收入突破百万元，集体经济“空壳村”全面消除，全省农村集体经济发展现场会在泸州市召开。关心关爱基层干部。制定出台《激励基层干部奋发有为二十条措施》，每个乡镇均建有机关食堂和周转房，3043名基层干部晋升职级待遇。出台《泸州市村（社区）党群服务中心布置规范》，投资5500余万元，新改建高标准党群服务中心101个。加大基层党建投入保障。市财政划拨基层党建专项资金2000万元、村（社区）党群服务中心建设专项资金2000万元、党内关爱帮扶基金500万元。党组织工作经费、村干部基本报酬每年递增15%，村、社区工作经费分别提高到10.6万元、13.2万元，村干部年人均报酬达2.83万元、社区干部年人均报酬4.51万元。

【人才工作】 引进高端人才和团队。制定《泸州市“十三五”人才发展规划》《关于设立高层次人才专项编制的意见》设立1亿元专项资金用于西南医科大学引进高端人才和团队，引进陈孝平等高端学术团队10个，高层次领军人才20余人，讲座和课程教授100余人。引进香港中文大学曹之宪团队给予600万元一次性资助，兑现全日制博士安家补助和岗位激励324万元。推进人才创新创业平台建设。全市建成院士（专家）工作站9家，累计引进两院院士10人，为企业培养创新人才219人，承担国家、省、市级重大科研项目34项，获立项支持经费3510万元，国家专利72项。积极推进技能大师工作室、重点实验室等创新创业平台建设，全市累计建成国家级创新创业平台11个，省级49个。组织1000余名专业技术人才赴贫困地区开展帮扶，促进人才作用发挥。营造关爱人才良好氛围。投资7.1亿元，在园区和市本级启动建设1400套人才公寓建设，市本级投资2700万元购买30套人才公寓，园区建设人才公寓600余套。评选市拔尖人才28人、学术和技术带头人20人。科瑞德制药总经理陈刚入选国家“万人计划”，升华药业有限公司总经理邱友春入选省“千人计划”。协调解决引进高层次人才配偶随迁、子女入学等实际困难20多件。（孙　林）

宣传工作

【概况】 市委宣传部2016年获省及以上表彰表扬39次，其中，市委宣传部机关被省委宣传部、省人社厅等联合表彰为“全省宣传系统先进集体”，部机关党委被省委表彰为“全省先进基层党组织”（全省宣传文化系统唯一获此殊荣的单位）。市委中心组学习、文明城市创建等8项工作经验在全省作经验交流。

【理论武装】 组织市委中心组专题学习26次，居全省第一；理论学习经验在全省交流1次，市委中心组学习组织工作连续11年获全省先进。网络学习平台在全省率先实现市县乡三级覆盖。标准化打造“两坛一堂·人生导航”品牌；酒城讲坛邀请朱和平等专家学者莅临泸州讲座420余场，坝坝讲坛开展宣讲1.2万余场，累计受众100万人（次）。成立除成都市外全省市级首家独立社科院——泸州市社科院，建立泸州市文化研究中心，举办首届“长江文化带发展论坛”，开展古代南方丝绸之路第二阶段考察，地名文化等5项课题形成成果，推出第一批《泸州全书》。

【舆论引导】 组织重大集中采访19次，推出重大主题宣传22个，刊发稿件12.6万余篇（次）。中宣部、全国记协先后组织《人民日报》、新华社等百余家主流媒体到泸州采访。推出7大系列36个重大外宣选题，在省级以上主流媒体刊发（播）稿件34982件，比2016年同期增加28%。在中央人民广播电台发稿量全省第一，在四川电台、四川电视台发稿量均居全省第三。连续五年在央视、凤凰卫视等投放城市形象宣传短片；在央视《新闻30分》播出泸州城市天气预报，在北京地铁1号线天安门站、英国广播公司（BBC）专题片《中国新年》展示泸州元素。与清华大学签约合作，实施泸州城市品牌塑造与传播项目。加快媒体融合。《泸州晚报》经国家新闻出版广电总局批准更名为《川江都市报》，在川、滇、黔、渝结合部9个城市发行。

【网络治理】 加强依法治理，建强台账管理、月度通报、年度考核、联席会议和现场会推进5项机制，建立4项制度，完善6本台账。开展专项整治7次、约谈网站负责人13人（次），处置有害信息132条，依法关闭未备案网站37家。泸州新闻网获国家一类新闻网站资质。实施网军“百千万”工程，制定《关于加强网评队伍建设和管理工作的实施意见》等管理办法。承办全省社会舆情信息工作会。“有话请您说”网络问政平台受理网民问政12486件，同比增长35.73%，办结率98.3%，满意度97.1%；被中宣部、省委宣传部采用舆情信息515条，中央领导批示68次。

【社会主义核心价值观建设】 实施“看得见”工程，建成核心价值观主题公园16个，主题院落26个，主题街区14个，命名基层示范点15个，打造“一年四季·泸州好人”示范展示街3条、好人主题公园5个。实施“记得牢”工程，召开全市社会主义核心价值观暨“新四礼”建设现场推进会，推出“四礼新风进万家”系列丛书、原创MTV。承办全省“传家风、立家规、树新风”现场交流会。泸州作为全省唯一市州参加全国“培育良好家风　践行核心价值”现场会。新“四礼”创新案例入选中宣部案例教材（全省唯一1篇，全国共15篇），《四川日报》先后2次整版刊发泸州市经验。实施“践行好”工程，评选“泸州好人”20名，入选“四川好人榜”19人，入选“中国好人榜”1人，命名表扬泸州市首届“新乡贤”10名；11人（单位）获省级“岗位学雷锋”表扬，数量全省第一；4人获四川省美德少年称号。承办2017年全国少儿春晚泸州专场，少儿节目《闹花灯》

《曹冲称象》分别获全国二、三等奖。

【文明创建】 强化统筹协调，充分发挥“1+9+6”工作体系作用，建立9大工作推进组“周通气、月汇报、季推进”联席会议制度。实施“三治一提升”专项攻坚和三大文明行动。全年共处理违章车辆2856辆（次），拆除违法建筑32352处，新增斑马线、交通标识等1824处。全面推行包保联创责任制，99个市级部门、172个区级部门与社区结对联创。承办全省创建全国文明城市现场会。强力督查督导，坚持“天天督查、天天通报、天天整改”，组织开展全国文明城市创建模拟测评，整改问题153个，通报单位43个，约谈相关责任人8人；开展专项督查136次，通报整改问题1989个；处置市民志愿巡访有效投诉578件，处置市民热线电话231件，办结率和满意度均为100%。

2016年9月12日，泸师附小城西学校举行“开笔礼”活动

【文化发展】 做实文化民生，按照“4331”模式，标准化建设“幸福美丽新村（社区）文化院坝”示范点165个。建成图书馆“一卡通”基层站点1378个。全市实现县有“两馆一院”、乡有“两站一院”、村有“4331”。连续6年举办群众文化旅游艺术活动，推出原创作品200余件。举办“中国酒城·醉美泸州”国际绿色马拉松赛等活动。引进中央芭蕾舞团《红色娘子军》等经典剧目到泸州演出37场（次）。促进文艺创作。推动出台《关于繁荣发展社会主义文艺的实施意见》等。举办首届文化创意展、中国香港·泸州文化创意产业发展高峰论坛等重大活动。投入4000万元拍摄电视剧《铁血护国之青年朱德》，拟在中央电视台综合频道黄金时段播出。做强文化产业，组建泸州市文化旅游发展投资有限责任公司；强力推进“一园四区”建设，文化创意产业孵化园入驻企业（大学生工作室）26家，张坝艺术区招引大师6名。2016年，全市文化产业实现营业收入211.2亿元，同比增长17.7%；实现入库税金8.8亿元，同比增长16.7%。

【基层基础】 全面落实意识形态工作责任制，在全省率先出台《党委（党组）意识形态工作责任制实施意见》等，全年市委常委会专题研究意识形态工作4次，向省委报告意识形态工作2次，全市意识形态领域总体平稳，未发生涉意识形态领域的案（事）件。加强基层队伍建设，对基层宣传文化干部配备情况实施台账管理、每月通报。举办“学习习近平关于宣传思想文化工作系列重要讲话精神读书班”等培训13期，培训近1500人（次）。建立“四个一批”人才库，分层次建立文艺人才名录库。建成镇街、社区文联8个，镇街社科联（工作站）42个，镇街、社区作协2个。强化基础工作保障，推动市委、市政府在全省率先出台《加强农村精神文明建设实施意见》，实施“酒城文化名家培养工程”，建立“酒城文化名家工作室”。（周顺锋）

统一战线工作

【多党合作事业】 制发《中共泸州市委办公室

关于印发〈关于加强政党协商的实施意见〉的通知》，制订《2016年市委与各民主党派政治协商年度计划》并加强实施，开展9次协商。全市6个民主党派市委中，民革、民盟、民建、农工党、致公党均于2016年5月底圆满完成换届工作。深化民主党派“五比五看”活动，推动民主党派形成“比学赶超、争先创优”的良好态势。在纳溪区率先试点基础上，江阳区、龙马潭区、泸县先后建立民主党派工作中心。组织160余名民主党派成员参加中央社会主义学院、北京大学、长江上游川滇黔航运物流中心高峰对话，同心讲堂等。组织市级各民主党派领导班子成员赴广安市武胜县、重庆江津等地开展考察学习。

【非公有制经济统战工作】 7月2日，市委、市政府召开以“聚乡友力量、建美好家园”为主题的泸州籍在外企业家代表座谈会，邀请部分泸州籍在外企业家代表共话发展，向重庆、深圳、金华三个“泸州市驻外人才工作站”授牌。指导市工商联完成换届，非公有制经济代表人士1人任工商联主席（总商会会长），17人任副主席、19人任副会长。指导新组建异地商会3个、行业商会4个，新发展会员1290人。将非公有制经济人士特别是年轻一代的教育培养列入全市人才培养的整体规划，全年组织选派63名青年企业家代表到国家行政学院集中培训，在泸州举办“创新驱动与转型升级发展”专题培训班，邀请领导、学者和企业家到泸州作专题讲座4场，累计培训非公有制企业经营管理人才1200余人（次）。2016年，全市非公有制经济增加值882.49亿元、增长9.5%，增速居全省第一位；非公有制经济占GDP的比重59.6%，对GDP的贡献率59.6%，拉动经济增长5.7个百分点。

【党外代表人士队伍建设】 在换届工作启动前即明确各县区党外领导干部按照“1+1+3”模式配备，即党外干部配备至少要实现人大领导班子、政府领导班子中各1名，政协领导班子中有3名。制发《关于政协第八届泸州市委员会委员推荐协商提名工作的实施意见》，牵头完成全市政协委员推荐协商提名工作和党外市人大代表的推荐考察工作。举办全市第七期统战干部培训班，在省社会主义学院举办第八期党外干部培训班，首次针对党外知识分子和新的社会阶层人士举办专题班次。对供给关系在企事业单位的厅级退休党外领导干部进行生日慰问、生病住院看望、年度健康体检、家庭重大变故慰问等关怀。

【党外知识分子和新社会阶层统战工作】 2016年召开联席会议、工作会议各一次。同时，联合网信办、民政局等相关部门联合开展专题调研，基本掌握全市新的社会阶层人士各方面群体的规模数量、具体分布、主要特征、思想状况和愿望诉求，建立代表性人物名单60名。建立泸州市党外知识分子联谊会，广泛吸纳全市各界代表性强、社会影响大、专业水平高的无党派知识分子加入党外知识分子联谊会。各区县相继成立知联会分会，加强对党外知识分子中优秀人才的联系和队

2016年5月6日，东艺展览馆开馆暨林绍基先生书画展

伍建设。对泸州市高校统战工作，国有企业、科研院所统战工作，新的社会阶层人士统战工作，泸州知联会组织建设工作等四个方面的情况进行摸底调研。2016年，重点开辟泸州市党外知识分子专题网站。

【民族宗教工作】 市委出台《关于加强新形势下民族工作的意见》，抓好中央宗教工作会议精神的学习贯彻。会同市民宗局召开市级宗教界代表人士专题学习会；借助“法律七进”“和谐寺观创建”“乱建滥塑治理”等载体，提升宗教事务管理法治化水平。落实宗教团体办公经费补助和宗教界代表人士生活补助，建立宗教重大事项和宗教场所安全情况报告制度，全市宗教领域实现大事不出、小事可控的目标。

【对口援藏工作】 泸州市第一轮五年（2012—2016年）对口支援甘孜州乡城县、稻城县，向受援县派遣3批干部人才228名（另派短期援藏人才120名）；按上年度地方一般公共财政预算收入的0.5%比例，5年共援助财政资金25098万元全部到位。在受援县共实施援建项目22个（完工20个，在建2个）。泸州市继续实施第二轮对口帮扶藏区贫困县工作，泸州市第四批61名（乡城县32名、稻城县29名）干部人才，于2016年9月7日到达受援县开展工作。年内，市委书记蒋辅义、市委副书记谭红杰先后率队前往受援县对接工作，初步商定第二轮援建项目共21个，其中乡城县12个、稻城县9个。（孙　薪）

政　法

【维护社会稳定】 全市共汇总分析、研判预警各类情报信息15431条，多次预警预防各类涉稳事件。注重维稳平台工作能力整体提升，对全市184个乡镇（街道）维稳工作平台信息员进行统一培训。建立稳评工作专家库，整合各行业、各部门业务骨干与专家资源，参与稳定风险的评审把关，全年展社会稳定风险评估2586件，比2015年增长近6倍。坚持乡镇街（村社）每半月、县区每月排查一次矛盾纠纷和不稳定因素制度。在全市组织7次“拉网式”集中排查化解活动，分类建立台账；梳理出涉军、民师等8大领域11个突出利益诉求群体，实施项目化管理动态追踪，制定《全市突出不稳定因素一览表》，实施挂图作战。加强边际卡口建设，严防暴恐分子借道出（入）境造成危害。不断强化“一分钟”快速反应执勤点建设，提升快速反应与处突水平。加大缉枪治暴力度，强化对危爆物品、枪支弹药尤其是仿制枪、射钉枪等重点物品管控，落实寄递物流“三个100%”制度，严防违禁危险物品流入暴恐极端分子手中。重视重大活动和特殊敏感时期维稳工作，建立常态市领导牵头的3个督查组，不定期开展检查督导。

【社会治安防控体系建设】 构建“街面巡防、社区防控、内部单位防控、治安管控、电子监控、治安卡点盘查”等“六张网”防控格局，消除治安死角和盲区。各县（区）组建50名公安民警为主、辅警为补的专业巡防队伍，强化巡防管控力度，增强快速应对和处突能力。推进“一村（社区）双警”、多警支撑的警务模式。扎实推进“天网”工程建设，投入2.57亿元建设“天网”五期工程，实现城区重点区域视频监控全覆盖，并逐步向农村延伸。强化群防群治队伍建设，按照不少于辖区人口总数2%的比例组建“红袖标”队伍，吸纳村（社区）干部、物业保安、环卫工人、居民小组长等人员进入“红袖标”队伍，形成横向到边、纵向到底的情报信息网。加大“大调解”体系建设，全年，全市受理矛盾纠纷调解22753件，调解成功22321件。

【社会治安整治】 深入开展“打侵财、压发案、治毒品”专项整治行动，重点打击黑恶势力、涉枪涉爆、“两抢一盗”、制贩毒品等违法犯罪活动，取得明显效果。全市共立刑事案件13193件，下降18.1%；共破获刑事案件4782件，同比下降19%。其中八类暴力违法犯罪案立案499件，同比下降24.7%，破获247件，下降25.4%。毒品案件立案434件，同比上升7.4%，破获408件，破案上升6.8%；共立多发性侵财案件10661件，同

2016年6月7日，全省禁毒巡演泸州站演出

比下降20.5%，破获多发性侵财案件2912件，同比下降21.8%。共发现14311起治安案件，查处13057件。

【寄递物流清理整顿】 全市快递经营业务必须在市邮政管理局申报许可及备案，并向所在地工商行政管理局办理注册登记，未经许可的快递网点一经发现一律予以取缔，责令停止经营，情况严重的依法追究其隶属上级公司的法律责任。2016年，全市开展专项检查65次，检查快递分拣处理中心14个，快递营业网点98个，邮政普遍服务营业网点37个，发放寄递物流安全手册4万余册。建立危爆物品寄递物流基本台账。邮管部门分别向各企业制作发放统一印章，要求各企业严格按照规定编号制作和使用印章，建立印章使用管理台账。

【网格化服务管理工作】 稳步推进网格员实名制管理，全市网格员2309人基本信息全部录入网格化服务管理系统。发挥网格员作用，对流动人口动态信息、出租屋动态信息、严重精神病患者基本情况、社区服刑人员动态信息、刑释人员动态信息、吸毒人员基本情况、重大治安隐患信息“7个100%”掌握。全市网格员共协助职能部门核查吸毒人员9447人（次）、严重精神障碍患者7786人（次）、社区服刑人员1350人（次）、刑释人员2204人（次）。办结特殊人群服务管理事项3880件、办结民生服务事项84802件、化解矛盾纠纷8470件、参与治安防控21042件。

【“三无院落”整治及“无盗小区”创建活动】 全年全市计划整治124个“三无院落”。2016年，全市“三无院落”安装高清视频监控摄像头1200个。着力打造“无盗小区（院落）”“平安小区（院落）”品牌，对江阳区南城街道国窖花园小区等30个小区（院落）挂牌命名为2015年度“无盗小区（院落）”，对江阳区南城街道学苑居院落等45个小区（院落）挂牌命名为2015年度“平安小区（院落）”。

【防范工作】 2016年，全市查处各类邪教案件22件。坚持“依法教转、科学教转、和谐教转”，教育转化98人，继续保持和实现“三零”目标和“三无”工作要求。加强基层反邪教工作。将反邪教工作纳入社会治安综合治理和网格化管理体系，对邪教人员实行分级、分类管控。深化邪教人员数据管理库应用，实施动态管控。

【禁毒工作】 编写修订完成《全省党校行政学院领导干部禁毒教育读本》《禁毒一堂课分阶读本》，覆盖小学、初中、高中、大学四个阶段。顺利完成全省学校毒品预防教育工作现场会在泸州召开。积极推进社区戒毒社区康复“8·13”工程。在全市143个乡镇（街道）成立社区戒毒社区康复领导小组和办公室，落实专职管理人员21名，兼职人员185名。印发《全市社区戒毒社区康复工作实用手册》。2016 年，全市破获毒品刑事案件 404 件，对犯罪嫌疑人 545 人采取刑事强制措施，其中 286 人移送起诉；查处吸毒人员 1618 人，强制隔离戒毒 709 人，责令社区戒毒（社区康复）314 人；缴获毒品 60 公斤，手枪 6 支，子弹 2000 余发。

【司法责任制改革】 推动全市法官检察官入额遴选工作，市委政法委对市中级人民法院、市人民检察院上报法官检察官入额遴选工作方案、考试方案进行审核，并对“两院”员额分配依据、入额人数等提出意见和建议。全市 375 名法官、259 名检察官参加入额笔试考试。在涉案财物管理方面，全市共清理出款项 14109.36 万元，清理出物品 24797 件，能与案件对应的款项 14084.77 万元，能与案件对应的物品 24767 件。在涉案财物保管场所方面，市县两级刑事诉讼涉案财物管理处置分中心实现功能分区，提档升级。推进刑事庭审实质化改革。印发《刑事庭审实质化改革实施方案》，通过江阳区、合江县作为第一批区县进行试点探索。同时，推进以审判为中心的庭审改革，促进案件繁简分流，缩短办案期限，提高办案效率。推进涉法涉诉信访改革。以两办名义印发《泸州市关于处理涉法涉诉信访问题的实施办法》，全市依法强制带离在党政要害机关恶意上访、缠访闹访人员 40 人，治安处罚 40 人。其中，行政拘留 17 人、警告处罚 23 人。深入推进律师参与化解和代理涉法涉诉信访案件工作。拟定《泸州市律师参与化解和代理涉法涉诉信访案件实施办法（试行）》，遴选 58 名律师组成市级律师服务团成员库，建立常态化接访制度。（罗　朋）

对台工作

【概况】 2016 年，全市新签约台商投资项目协议 6 个，新注册台资企业 5 家，新引进台商投资 3100 万美元，两家台资企业增资 250 万美元。全年开展两岸经贸活动 4 次，邀请台商到泸州考察 150 人（次）。组织因公赴台考察团组 8 个 63 人（次），涉及经贸考察、文化社会类考察等。7 月 8 日，市政府与（台湾）中国梦促进会签订《全面合作框架协议》。

【对台交流交往】 9 月 28 日至 10 月 7 日，台湾台北市林夜士商圈会到泸州举办“首届台湾美食嘉年华活动”。11 月 7 日，台泥公益项目“士敏学堂”在叙永县正东镇中心校揭幕。

2016 年 4 月 21—27 日，市长刘强（右四）带队赴台湾考察亚洲首座创意口罩观光工厂

【服务台胞台属台企】 开展“服务台商大走访”活动，帮助台资企业解决办证、用地、环保、劳资等纠纷 6 起，协调处理 2 件海协会转送信访件，维护台商的合法权益。市委台办协助台泥赛德水泥公司协调解决生产经营过程中的困难和问题的案例，作为服务台资企业的典型案例，在中央电视台《海峡两岸》栏目专题报道；帮助多名在泸州台胞解决入学、升学以及困难学生就学问

题等。泸县台办积极协助处理台胞参加港澳台联招并顺利考取暨南大学。纳溪区台办协调解决泸州化工工程职业技术学校申请新建教学楼和综合楼城市建设配套费减免和项目验收事宜，减免配套费12万元。6月6日，中央电视台《海峡两岸》栏目到泸州采访报道泸州开展台胞权益保护工作专题节目“泸州市横向联动解决台泥公司入驻四川难题”。

【涉台宣传教育】 3篇优秀稿件分别被国台办《台湾工作通讯》和国台办网站采用；6月，市委台办主任韩俊平就服务台资企业接受了到中央电视台《海峡两岸》栏目的专访；在党校主体培训班等开展台海形势报告会8次，开展赴台考察人员行前涉台知识教育8次。完成调研文章2篇，编发《对台工作简报》21期，在各类媒体刊物上发表信息100余篇，在新媒体上推送涉台新闻信息，向到泸州投资考察的台商宣传招商引资政策。《泸台经贸合作现状及对策研究》被评为2014—2015年度全省对台优秀调研文章。（江　涛）

市直机关工委工作

【政治思想建设】 深入学习贯彻习近平总书记系列重要讲话，中共十八届四中、五中、六中全会精神和省委“三大战略、两大跨越”、市委“决胜全面小康、建成区域中心”等重大战略决策部署，结合“两学一做”学习教育工作要求。购买党内法规和学习教育读本5.7万余册、印制《“两学一做”学习笔记本》2万余本分发到各机关党组织，组织市直机关全体党员干部学习《习近平谈治国理政》《习近平系列讲话读本（2016版）》等理论书籍，开展“坚定理想信念、明确政治方向”“坚持根本宗旨、敢于担当作为”“坚守纪律底线、树立清风正气”专题讨论，撰写学习笔记和心得体会；举办“党旗在我心中”主题演讲比赛，选送优秀选手参加全省机关“树立新理念　服务‘十三五’”演讲比赛，组织开展“党旗在我心中”征文活动，评选通报优秀征文32篇；举办“学习中共十八届六中全会精神、省委十届九次全会精神和泸州市第八次党代会精神”“心理健康”“红军长征”等辅导报告讲座，培训机关党员干部1200余人（次）。切实加强对各部门党组（党委）中心组的学习指导，通过派员列席中心组学习指导、抽查中心组学习档案、培训中心组学习秘书等形式，督促市直部门党组（党委）中心组带头深入学习贯彻习近平总书记系列重要讲话精神和中共十八届四中、五中、六中全会，带头贯彻执行党的基本路线方针政策，引导机关干部主动服务中心。

【“全民阅读进机关”活动】 开展全民阅读进机关集中宣传展示，组织市民政局等11个单位在天益广场和时代商都车站，制作“读书明理，走出文明”等主题宣传展板17块，宣传横幅10幅，展示机关读书成果10项，印制各类传单1.15万份，免费向市民发放书籍300余册，分别对机关和学校全民阅读活动进行督导，引导市直机关党员干部将社会主义核心价值观内化于心、外化于行。

【法律进机关活动】 印发《泸州市营造依法治市浓厚氛围的工作方案》《市直部门“法律进机关”考核办法》，对市直部门法治宣传和“法律进机关”工作进行量化考核。开展依法治市示范单位和法律进机关示范点创建，与市法治办、市司法局联合验收依法治市示范单位和法律进机关示范点9个，培训各部门依法治市分管领导和具体经办人160名。

【机关党建理论研讨】 开展“关于提高机关党组织履职能力研究”“关于加强机关党员队伍建设研究”等课题研讨，征集机关党建调研文章80余篇，评选表彰优秀调研文章60篇。撰写《“一把手”抓党建　筑牢发展根基》被省直机关工委《时代先锋》采用。

【领导班子建设】 认真学习贯彻《中共泸州市委坚持思想建党与制度治党紧密结合全面推进从严治党实施意见》和《中共泸州市委关于加强领导班子思想政治建设实施意见》，落实《泸州市直机关贯彻落实全面从严治党要求实施方案》。深化部门领导班子创“四好”活动，参加66个部门领导班子民主生活会，检查考核市直机关72个部门（单位）领导班子创“四好”活动。

【基层组织建设】 落实党建工作责任制。抓好《党章》《中国共产党党和国家机关基层组织工作条例》、省委《实施细则》、市委《实施意见》的学习贯彻，明确部门“一把手”抓基层党建的第一责任和机关党组织书记的推进落实责任。认真执行机关党组织书记年度述职测评、专职党组织书记任前谈话等制度，下发《2016年度市直机关党组织书记述职评议考核工作方案》，召开市直部门机关党组织书记述职测评会，对测评结果进行通报。加强对区县机关工委的工作指导，对区县工委工作进行考核和排名。

2016年1月12日，泸州市直机关“党旗在我心中”主题演讲比赛

【基层组织管理】 下发《关于做好机关党组织按期换届选举工作的通知》，对基层党组织按期换届工作作出安排布置。全年新建基层党组织40个，撤销党组织25个，党组织更名17个，清理转出直属党组织4个，到期换届改选机关党组织19个。规范机关党委专职正副书记的选配管理，调整机关党委书记17名、专职副书记16名，培训党务干部1200余人（次）；贯彻落实发展党员工作要求，培训新党员156名、入党积极分子206人，发展党员123人、预备党员转正168人；印发《关于进一步加强党费收缴管理的规定》，重申党费收缴管理使用相关制度要求，印制“党费证”1万余本发至每名机关党员，开展党费收缴专项检查，市直机关481个基层党支全部完成清理和补交党费工作。

【党员教育管理】 落实“三会一课”和领导干部双重组织生活制度，印发《市直机关建立副县级以上党员领导干部联系机关基层党支部工作制度》《泸州市直机关规范化基层党组织建设标准》和《支部工作手册》，采取专题学习讨论、固定党日、讲党课等形式开展组织生活，在全市机关开展“领导干部带头讲党课、专家学者巡回讲党课、支部书记结合讲党课、普通党员上台讲微型党课”活动，各部门组织领导讲党课600余场（次），邀请市委党校“两学一做”讲师团专家教授讲党课80余场（次），各基层党支部书记结合讲党课、普通党员上台讲“微型党课”达8500余人（次），参加听课党员4万多人（次）。清理出失联党员19名，其中已按程序进行退党或除名处理3名；开展党员档案清理规范工作，建立“一册一卡一表”（党员名册、党员基本信息登记卡、党员日常管理纪实表），推进党员标准化信息化管理。

【创先争优活动】 完成市直机关533个基层党组织新一轮分类升级工作，325个先进基层党组织继续巩固并落实帮带任务，185个一般党组织和23个后进党组织制定转化升级措施。开展标杆机关建设和党员“三亮三比三评”示范行动，向机关党员干部发放党徽1万余枚，让机关党员主动亮身份。通报表彰2015年度市直机关党建工作一等单位64个、二等单位12个。向省委、市委推荐表彰先进基层党组织10个、优秀共产党员7名、优秀党组织书记6名，推荐市委命名党员示范单位1个、党员示范团队 3 个、党员示范岗 10 个。

【党内关怀激励】 开展元旦、春节、“七一”慰问及帮扶工作，慰问机关、社区、村贫困党员、新中国成立前离退休老党员、党务干部 150 人，送去慰问金 8.8 万元，落实党员帮扶基金 50 万元，帮扶困难党员 90 余名。

【机关党代表选举】 对市直机关党代表所应具备的条件、构成和产生办法进行明确，各部门产生出席市直机关党代表会议代表 321 名。工委召开市直机关党代表会议，采取直接差额选举的办法，成功选举出符合市委要求的泸州市第八次党代表大会代表 78 名。

【服务基层】 制发《关于明确县（区）和市级部门（单位）县级领导干部联系贫困村的通知》《关于在干部驻村帮扶工作中深入开展“两学一做”学习教育深化党建扶贫工作的通知》《关于进一步加强干部驻村帮扶管理工作的通知》《2016 年干部驻村帮扶工作要点》等文件，结合年初党建工作会、党务干部培训会、干部驻村帮扶工作推进会，先后 4 次对脱贫攻坚和驻村帮扶政策进行培训讲解，明确“五个一”帮扶力量职责，落实工作责任；加强对帮扶单位和驻村工作组成员的管理，设计制作《泸州市干部驻村帮扶工作台账》《泸州市驻村干部考勤工作台账》《泸州市驻村干部工作日志》3 万余册下发到每个贫困村和每名驻村帮扶干部，翔实记录“五个一”帮扶人员到村帮扶工作情况；加强督促检查，组织各帮扶部门对 324 个贫困村进行日常交叉检查，帮助发现问题，对全市 96 个预脱贫村组织交叉检查考核，对未按要求开展驻村工作的单位进行通报；扎实抓好工委联系点叙永县后山镇三斗米村的帮扶工作，工委主要领导 11 次带领有关人员进村入户调研指导，帮助该村完成公路、水利设施和村支部活动室建设，成立并运营富邦专业合作社，促进集体经济发展和农民增收。

【“走基层、送温暖”工作】 对市级领导和区县“走基层、送温暖”活动进行安排，加强对县区“走基层、送温暖”专项工作督导，要求区县对摸排出的建档立卡贫困户和 7 类特殊困难群体 15.32 万户，每户送棉被 1 床、棉衣 1 件，于 11 月 30 日前全部发放到位，并组织市直机关各部门（单位）对 117 个市级帮扶贫困村“走基层、送温暖”工作相互进行交叉检查。

【党风廉政建设和反腐败工作】 组织机关党员干部学习党纪条规，学习和观看正反典型专题电教片、书籍，赠阅《廉政瞭望》杂志 2000 余册，邀请专家教授为泸州市直机关专门解读《中国共产党廉洁自律准则》《中国共产党纪律处分条例》，培训党务干部、专兼职纪检干部 200 余人。

举办市直机关“清廉家风伴我行”主题演讲比赛，组织 7 个区县和 5 个市直部门 12 名选手参赛；开展“传家风、立家规、树新风”活动，市直各部门普遍开展讲家风故事、创家训格言、写家书手札、拍家教短片等活动，工委评选表彰家风故事 20 篇、家书手札 20 篇、市直机关领导班子成员和普通党员干部家训格言各 30 则、家风微电影 3 部；开展“市直机关廉洁文化进机关示范点”申报验收工作，对 30 个单位申报“市直机关廉洁文化进机关示范点”进行验收，命名“市直机关廉洁文化进机关示范点”27 个，向市纪委推荐 5 个市级部门“市级廉洁文化进机关示范点”。

【正风肃纪工作】 包括 35 名地厅级党员干部在内的 9664 名机关干部签订《不违规收送礼金承诺书》。制作机关干部纪律提醒卡，要求机关干部职工进行签字承诺。狠抓机关作风治理，分别于 1 月 20 日、6 月 2 日，对市直机关部分单位机关纪律作风情况进行暗访，并下发《关于对市直机关纪律作风暗访情况的通报》《关于对市直机关纪律作风第二次暗访情况的通报》，对红十字会等个别单位管理不规范、少数机关干部违纪情况进行通报；多次派员对机关正副调研员和享受待遇非领导遵守上班纪律情况进行督查；中秋、国庆期间，派员对部分单位机关工会活动备案情况、违规收送礼金专项整治工作等进行督查，有效防止“四风”反弹；派员专项督查机关党员干部酒驾、醉驾情况，对发现的 53 件违纪线索移送了市纪委。

【整治不正之风】 深入纳溪区天仙镇9个村社，聚焦执纪问责主业，开展"'两学一做'作表率执纪为民到基层"活动。4—9月共走访干部群众250余人，宣讲25次，发现11个问题，其中现场解决6个，移交反馈处理4个；收集群众诉求16件，其中现场解决3件、移交反馈处理13件；督促立案处理2件违纪案件。

【查办违纪案件和回访】 办理上级交办信访2件2人，查处各类违纪案件5件涉及5人，其中滥用职权2件2人，违反工作纪律2件2人，贪污贿赂1件1人，给予警告处分2人，留党察看一年1人，留党察看两年1人，开除党籍1人。开展违纪党员回访，对市直机关12个单位的违纪党员16人开展回访，掌握了解违纪党员的思想、学习、工作及生活情况。对拟推荐出席市第八次党代会的49名市直机关基层一线代表和到期复查的39个市级文明单位进行廉政把关。

【群团和文化建设】 规范改选工会组织23个、团组织7个，新建工会组织3个。开展"送温暖"助困活动，向40名困难职工发放助困金4万元。推荐表彰省级五四红旗团委2个、五四红旗团（总）支部2个，市级五四红旗团委3个、五四红旗团（总）支部2个，市级优秀共青团员2个、优秀共青团干部各2个，"泸州青年五四奖章"优秀个人1个；推荐表彰妇联系统先进集体3个、先进个人4个，"泸州市三八红旗手"2个、"泸州市三八红旗集体"2个，命名"泸州市巾帼文明岗"3个。

【文明城市创建】 组织市直各部门通过宣传栏、橱窗、报纸、电视、广播、网络等载体开设专栏专版，全方位、多形式、多样化宣传"24字"核心价值观等创文知识，开展"诵读中华经典美丽我的酒城——传统诗词创作大赛"等文化活动。印制成《机关文明驾乘安全手册》2万余册，发放到机关干部职工人手一册；在机关党员干部中大力推行"5321"安全礼让行车规范，组织50名机关驾驶员、20台公务车参加"礼让斑马线、排队上下车、果皮纸屑不乱扔"集中行动。深化城乡环境整治"进机关"活动，开展违法违章建筑清查整改和停车秩序整治。

【志愿服务行动】 开展党员志愿服务行动，以"弘扬雷锋精神，共建文明泸州"系列主题活动为载体，深入基层开展参与结对帮扶、社区建设、扶危济困、便民利民等党员志愿服务活动。开展巾帼志愿服务活动和最美家庭活动，推荐评选出泸州市"最美志愿服务组织"1个、"最美志愿者"1人、"最美家庭"9户、"安全贤内助"5名、优秀安全家书9篇，推荐选送《疼爱》《摇滚之家》《宗亲会》等作品荣获2016年度四川省"我的最美家庭"优秀家庭题材作品奖。

【文体活动】 举办第13届机关职工篮球赛，组织31个市直部门（单位）组建30支代表队，进行136场（次）比赛。组织市直机关干部职工20人组成象棋、乒乓球、羽毛球机关代表队参加泸州市第七届运动会。组织机关245名青年参加2016年泸州青年国际MINI马拉松活动。

【文明单位创建】 开展精神文明创建活动，全年有6个省级文明单位、36个文明单位、3个市级文明示范窗口通过复查验收。 （徐瑞兰）

群众和信访工作

【概况】 2016年，市本级各类信访受理平台受理群众来件76051件（次），其中群众来访2462批（次），同比上升26%；纸质来信1404件（次），同比上升7.3%；网上信访2821件（次），同比上升6.3%；市长热线来件69150件，视频来访214件。

【信访源头治理】 全年排查化解矛盾纠纷3571件，化解率89.6%。严格执行重大事项事前风险评估，重点对泸州长江二桥及连接线工程等多起重大项目开展社会稳定风险评估，没有引发大规模集体上访和群体性事件。

【信访渠道畅通】 实现市级部门、区县、乡镇和区县部门的信访系统全覆盖、信访信息全录入、基础业务全流转、统计数据全生成和办理过程全公开。整合电话信访和市长热线，组建市长热线科，下设“12345”市长热线受理中心，通过“政府采购、服务外包”模式，拓宽电话受理平台。建成覆盖7个区县、70多个乡镇的视频接访系统，实现市、区县、乡镇三级视频联动接访。大力推进网上投诉平台建设，升级改版互联网门户网站，建立市长热线门户网站，开通市长热线微信公众号、微博以及手机APP应用服务等。全市形成“信、访、网、电、屏”五位一体的诉求表达渠道。

2016年7月7日，省委副秘书长、省信访局局长邵革军（右三）到泸州市基层调研信访工作

【领导接访下访】 出台《领导接访规程》，形成领导接访下访包案的新常态，全年县级以上领导干部550人（次）参与接访，接访群众804批2146人（次），解决信访问题536件；共有2370人（次）干部参与下访，带案下访信访问题937件，化解490件。市委、市政府领导到市群众工作中心接待群众来访21批71人（次），包案化解信访问题97件，深入联系区县带案督导94件。

【信访积案化解】 化解信访积案112件，其中省信访局交办泸州市的97件信访积案办结率为100%，息诉息访率为85.4%，息诉息访率排名全省前列。

【信访业务规范】 全年初信初访化解率达95%。复查信访事项45件，复核信访事项9件。制定依法处理涉法涉诉信访问题实施办法，移交涉法涉诉信访事项42件。扎实开展“无进京非访、无进京越级访、无到省集体访”创建活动，全市确定21个重点乡镇（街道）开展依法治理，有12个乡镇达到创建目标。

【信访秩序治理】 组织集中宣传10余次，发放宣传资料8万余份；健全市委、市政府大院集访处置办法，制定违法上访处置机制，开展为期半年的进京非访和到市集访专项治理活动，全年处置到市集访276批（次），依法处置违法上访人员109人，进京非正常上访同比下降20.3%，到市集体访同比批（次）和人（次）分别下降22.16%和39.28%。

【机制制度建设】 有选择性地开展满意度评价27件，群众满意率达90%。探索建立信访第三方评价机制，抽选27名具有专业知识的专家和丰富实践经验的群众代表组建第三方评价专家库，分别对毛某、姜某等10件信访事项开展信访评价，息诉息访8件。完善律师参与接访机制，有22名律师为178批（次）来访群众提供法律咨询服务。

（李剑春）

机构编制

【产业园区及重点项目】 园区体制。长开区管委会报批为正县级机构；泸州白酒产业园区管理委员会更名为中国白酒金三角酒业园区管理委员会。机构保障。围绕打造川滇黔渝区域性中心城市目标，整合沱江新城、长江湿地新城管理服务机构，设立两江新城建设管理中心；张坝方山景区管委会成功报批为副县级机构；撤销交通局路桥收费管理处，设立长江经济研究中心，合理设置市委巡察办和巡察组，为建立完善全市巡察体系提供体制机制保障。

【服务社会经济发展】 多方位提供体制机制保障。组建社会科学研究、低收入保障、健康城市建设、公共信用建设、现代服务业发展、志愿服务、科技展览等9个促进泸州社会事业发展新机构；充实政府应急指挥、交通应急、环保应急、安全监控、工程质量监管、防汛抗旱等系统人员编制，加强安全生产和应急队伍建设；设立泸州市志愿服务中心，为市委宣传部下属公益一类事业单位。服务人才引进工程。加快构建川滇黔渝结合部区域性人才高地，出台《关于设立高层次人才专项编制的意见》，建立人才专项编制使用制度，设立高层次人才专项编制，专门用于市本级党政群机关、事业单位引进高层次人才。脱贫攻坚工作。设立市扶贫移民服务中心，核定事业编制。在3个贫困县整合机构，单设扶贫移民局，设立扶贫移民工作中心。加强乡镇扶贫移民管理服务机构建设，全市为“脱贫攻坚”新增行政、事业编制262名。

【民生领域机构编制建设】 教育体制机制。建立“跨区域调整、区域内动态调整、多校任教、购买服务”的教育资源配置机制，有效缓解城镇化加速推进带来的城区学校教职工编制不足、农村学校薄弱等矛盾。社会公共服务。加强农村社会管理和公共服务，编制重点向基层一线倾斜，在乡镇设置经济发展、社会事务、公共安全、农业技术等综合机构，提高基层公共管理服务水平。卫生系统。探索乡镇卫生院“一站一馆三区”模式，完成区县妇幼保健与计生服务资源的整合，乡镇计生服务站与卫生院的整合，为14个社区卫生服务中心核定事业编制562名。设立泸州市健康城市建设指导中心，制定《疾病预防控制机构编制标准实施意见》。

【政府职能转变】 优化调整部门职能职责。市动监所、农机监理所、市农业行政执法支队整合，组建综合执法机构。市县两级编制并公布政府部门责任清单。加强责任清单公布和实施的督促指导，确保全市责任清单动态调整和公布工作落实到位。

【重点领域改革】 相对集中行政许可权试点。指导龙马潭区、合江县两个试点区县制定改革推进方案，探索推进“一枚印章管审批”。综合行政执法改革试点。推行“一支队伍管执法”的监管体制，调整城管执法队伍隶属关系；将市农业行政执法支队、市动物卫生监督所、市农机监理所等多支执法队伍整合为一支农业综合行政执法队伍。国家新型城镇化试点。出台《关于深化新型城镇化试点镇机构改革的指导意见》，明确试点镇发展的管理体制和运行机制。事业单位法人治理结构与绩效评估试点。2016年，江阳职业高中完成法人治理结构试点，市妇幼保健院试点工作有序推进。探索建立事业单位绩效考评体系，在叙永县开展试点，把考评结果作为确定事业单位预算、负责人奖惩、收入分配的重要依据。事业单位分类改革。完成2404个事业单位的分类批复工作，整合撤销事业单位53个。加强承担行政职能事业单位清理，清理出市本级承担行政职能60余项。

【机构编制规范管理】 完善长效机制。出台《关于进一步规范机构编制管理的通知》。加强监督检查力度。修订完善《泸州市机构编制监督检查协调配合制度》，建立“四个纳入”机制，将机构编制执行情况纳入党委巡察内容、纳入经济责任审计内容、纳入选人用人检查内容和纳入干部监督内容。推进机构编制实名制管理。印发《关于统一实名制系统部分数据项目维护规则的通知》，实现“四清两对应”，即“机构清、编制清、领导职数清、实有人员清，实现具体机构设置与按规定审批的机构相对应、实际配备人员和财政供养人员与批准的编制和职数相对应”。

【事业单位登记管理】 市级机关群团单位赋码颁证率达66%，超过省上的目标要求36%；事业单位年度报告书公示率达94%，超过省上的目标要求4%；新版“事业单位法人证书”新证换发率已达67%，超上省上的目标要求17%。（罗婧宇）

政策研究

【文稿起草】 全年，形成有分量调研报告6篇，其中《强化小区治理 提升城市品质——加强城市小区治理的调研报告》得到市委书记蒋辅义肯定和签批，《新时期加强村干部队伍建设的调研报告》得到市委秘书长郭庆肯定性签批。完成《省委关于推进绿色发展建设美丽四川的决定（征求意见稿）》征求意见汇总梳理材料上报，撰写完成泸州市参与“5+3”市州经济运行情况座谈会的第一、二季度经济运行分析发言材料，泸州市《贯彻落实〈中共四川省委关于全面创新改革驱动转型发展的决定〉责任分工方案》《贯彻落实省委经济工作暨城市工作会议部署责任分工方案》。参与市委八次党代会报告、川南经济区“十三五”发展规划调研、国务院第三次大督查迎检资料准备工作等。

【深化改革】 年初，制发《市委全面深化改革领导小组2016年工作要点》。印发专项改革方案49个，45项市县基层改革探索成效明显，全市43项国家、省级层面部署的改革试点工作有序推进，145项改革事项进展顺利。全年，泸州市改革工作信息被中央改革办《改革情况与交流》采用1篇，被省委改革办《四川改革动态》采用7篇，居全省第三位；泸州市辅警制度改革、中国“白酒金三角”酒业园区创新发展等改革案例入围“四川十大改革发展案例”评选，科瑞德集团董事长陈刚、泸州老窖股份有限公司副总经理沈才洪入围评选“2016年四川十大科技创新改革人物”；省委改革办对泸州医疗扶贫“四百工程”、渡改桥等民生改革工作开展调研，两个专题调研报告均得到省委书记王东明和省长尹力等多位领导的签批和肯定；9月，市委书记蒋辅义作为3个市州代表之一，在省委全面深化改革领导小组第15次会议上作改革经验交流发言。

（宋燕美）

保密工作

【保密指导管理】 市保密局与各区县、市级各部门签订保密工作责任书。向全市县处级以上领导干部发放“泸州市党政领导干部保密工作责任制领导责任提醒卡”700余份；将保密工作责任制落实情况纳入机关单位领导班子和领导干部年度述职考评内容，对责任不落实、履职不到位、问题较多的部门负责人进行保密约谈。印发《泸州市党政机关工作秘密指导意见》。形成《党政机关保密事项一览表》。指导协助市纪委顺利完成涉密网络测评，四川长江液压件有限公司获得国防军工二级保密资质，金通科技信息有限公司和泸州信达科技有限公司获得涉密信息系统集成（运维）乙级资质，就华为云计算和大数据中心建设保密管理事项为市经信委提供技术咨询和服务4次。10月，召开第四届在泸州军工协作组联席会议。全市确定涉密人员2858人。

【保密宣教培训】 开展保密法制宣讲进机关、进院校、进课堂、进园区、进企业、进社区“六进”行动。2016年4月，组织市、县（区）两级130个部门单位、280余名机关干部在28个宣传点，采取散发宣传资料、保密知识竞猜、悬挂保密知识挂图等形式广泛开展群众性保密普法宣传活动，先后向社会群众散发宣传资料传单2万余份，悬挂保密法律宣传挂图360余幅，开展有奖保密法律知识竞猜1450余人（次），滚动播放保密法制宣传片12盘，广播巡回宣讲近4个小时，现场接待群众保密知识咨询2870余人（次）。2016年，全市各级机关单位开展保密常识培训学习180余场（次）。8月，邀请省国家保密局信息通联专家开展保密通联工作专题培训；9月，依托四川大学国家保密学院，组织全市重要党政机关及涉密单位保密专兼职干部60余人，开展为期一周的专题培训。10月，修订完善保密基础知识题库300题。主动到市委组织部、市纪委、市委统战部、市财政局等保密重点单位开展保密“两识”教育培训30余次。精心挑选典型案例，邀请专业人员编排成《警钟长鸣》等案例警示小品，在全市机关单位累计播放100余次。全市征订《保密工作》、《红色往事》等书籍4258份，加入保密观微信18000余人。贯

2016 年 4 月 15 日，市保密局开展保密法制宣传活动

彻落实中央《关于加强全国干部保密教育培训的通知》精神，依托泸州职业技术学院，加快推进建设泸州保密教育培训中心和警示教育基地，保密教育培训中心实训平台落实资金 600 余万元，进入建设施工阶段。

【保密技术防护】 完成“涉密计算机及移动存储介质保密管理系统”平台建设。投入 200 余万元建立涉密计算机及移动存储介质管理系统（三合一），形成涉密计算机数据库，所有涉密计算机实行注册式管理，统一张贴新版涉密电子设备注册标识，明确设备密级、责任人、管理部门、存放部位。印发《泸州市涉密计算机保密管理规定》，落实涉密计算机使用“两个必须”的基本要求。全市 1136 台涉密计算机全部完成安装，实现 100%全覆盖。2016 年，搜索政府门户网站信息 4.2 万余条，重要出口信息 5.6 万余条，发现敏感文件 87 份，违纪违规行为 61 起，向市级机关单位发放《情况核查表》77 份。主动到市委、市政府要害部门部位和重要涉密场所开展反窃听、反窃照等异常信号检测服务 4 次，为全市性涉密会议活动提供技术保障服务 3 次，指导试卷保密室规范化建设 2 次，组织销毁涉密硬盘、优盘、光盘等声、光、电、磁介质 954 个（张），纸质载体 6 吨。加强保密技术装备推广应用，投入近 60 万元，对非涉密文件监控系统进行升级完善，并配备手机木马检查检测和非线性节点探测工具。

【保密监督检查】 对市、县近 310 个机关单位进行专项督查。开展各类专项检查。全年在全市开展高考、成考和自考专项检查，涉密活动专项保密检查、重要军事设施周边环境安全检查、涉密资质单位随机抽查、公安系统联合保密督导检查、涉密地理信息测绘专项检查 8 次大型专项检查，检查涉及 63 个市级机关单位、32 个县区部门和 21 个乡镇，以及 32 家企业和 15 家涉密地理图纸使用管理单位。10—11 月，结合保密工作目标考核组织开展全市保密工作大检查。严肃查处泄密和严重违规案件。每月随机抽取 2 个区县和 3 个市级部门进行实地督查，2016 年发放整改纠错卡 3 份，督办查处卡 2 份。

（冯友平　杨静梅）

党校教育

【干部培训】 全年培训各级各类干部 56 个班，4098 人。其中组织部调训的培训班 22 个 414 人，清华远程教育班 10 个 1644 人，中国西部远程教育班 17 个 1321 人；人社局调训的公务员初任班 6 个 682 人；统战部调训的统战班 1 个 37 人。干部培训突出“主业主课”、地方特色、优质师资、方式创新和学员管理，学员对培训质量的满意度达 95%，中国西部远程培训、清华远程培训分别再次获得“中国西部开发远程学习网优秀学习中心”“清华大学教育扶贫优秀教学站”荣誉称号。

【理论宣讲】 市委讲师团是全市理论宣讲的主体，市委党校专兼职教师是全市理论宣讲的主力军。2 名教师入选市委依法治市宣讲师资库，7 名教师入选十八届五中全会精神宣讲师资库，10名教师入选“两学一做”宣讲团，1名教师入选全市精准扶贫宣讲团，4名教师入选全市“道德讲堂”讲师，9名教师入选十八届六中全会宣讲团。全校专兼职教师深入全市各地、各单位开展理论宣讲200余场，受众近1.2万人（次）。

【科研资政】 全年编印《江阳论坛》6期，决策咨询内刊《市情与发展研究专报》8期。申报立项、结项省委党校、省行政学院重大研究项目市州定向委托项目1个、2016年度调研项目2个，实现立项率、结项率、优秀率100%；申报立项省委党校承担的《四川蓝皮书——四川区域发展报告（2016）》创研项目课题2个、市哲学社会科学研究规划2016年度课题5个。全市党校系统科研课题立项25个，已结项15个（含2个2015年度科研课题）。发表各类论文20篇，出版个人专著1部。《泸州酒业新常态下需摈弃七大误区》获得市领导肯定性批示，《基层社会治理体制创新研究》在四川省法学会主办的第三届四川省“治蜀兴川”法治论坛（自贡）征文活动中荣获优秀奖。

2016年11月16日，市委党校秋季主体班开学典礼

【学历教育】 省委党校在职研究生班泸州教学点全年新招2015级经济管理专业研究生33人。省干函院泸州分院直属站招生166人，其中东财网院泸州学习中心直属招生111人，完成计划任务的185%。学历教育纪律严明，管理有序，分别被省委党校评为“2016年在职研究生综合目标管理先进单位和在职研究生招生工作先进单位”，被省干函院评为“先进分院”，东财网院泸州学习中心获“成长进步奖”。

（陈明开）

党史工作

【党史基本著作编写】《中共泸州市委执政实录》（2014）、（2015）正式出版发行。各区、县也出版发行相应的《执政实录》。《中国共产党泸州市纳溪区历史（第一卷）》和《中国共产党泸县历史（第一卷）》出版发行。完成《中国共产党泸州历史》（第二卷、第三卷）审读稿。《中国共产党合江历史》（第一卷、第二卷、第三卷）通过评审。

【党史专题研究】 完成中央党史研究室课题《中国工农红军川滇黔边区游击纵队资料汇编集》《三线建设在泸州》《泸州白酒产业与地方经济社会发展》和省级课题《红军长征在四川图志（泸州部分）》《红一方面军在泸州行军及作战示意图、行军里程、贡献》《强渡大渡河：中央红军与太平天国石达开比较研究》。撰写《扶贫搬迁中红色遗址遗迹保护的报告》，呈报全国政协常委、中央文献研究室原常务副主任杨胜群，作为2017年全国政协会提案素材。《“鸡鸣三省”会议召开地》课题被中央文献研究室立项并开展部分工作，形成《“鸡鸣三省”会议资料专辑》和《长征“鸡鸣三省”会议在石厢子召开的考述》等成果。组织市史志学会会员参加全国纪念朱德同志诞辰130周年学术研讨会（5篇论文入选）、“第三届全国党史文化论坛”（2篇论文入选）、“一战成名——朱德与护国战争”学术研讨会（7篇论文入选）、“朱德与中华民族的伟大复兴”研讨会、“中国工农红军滇黔桂边革命斗争史学术研讨会”研讨会（1篇论文入选）征文活动。《中央红军长征过泸州》连环画出版发行并广受好评。编辑完成《图说红军长征在泸州》大型画册初稿，收录近600幅画作。四川省委党研室出版的《四川革命烈士诗文赏析》一书主要由市委党史研究室总撰和修改，收录市委党史研究室撰写的25篇赏析文章。由四川省纪委、省委党研室、省志办共同编辑出版的《四川清风廉政人物汇编》，收录市委党史研究室提供10篇文章。进一步修改完善《穆青传》和《傅钟传》。古蔺县委党史研究室历时8个月，在全县开展“红军长征四渡赤水转战古蔺路线调查工作”，并将调查成果编撰成《古蔺图说长征》一书。

【党史资政工作】 4月，《关于加强我市红色资源保护和利用的报告》荣获全省优秀党史资政成果的一等奖。9月，《泸州白酒产业与地方经济社会发展》和《强渡大渡河：中央红军和太平天国石达开比较研究》2篇资政论文获得市委书记、市委副书记、分管市委常委的批示。各区县均撰写资政报告1篇及以上。

【党史宣传教育】 利用重要时间节点开展6次大型活动：6月21—22日，“寻访朱德与护国战争遗迹”活动在泸州市开展。10月14日，市委党史研究室、市教育局、市财政局在忠山小学举行《中央红军长征过泸州》连环画赠书仪式，向10所中小学校的青少年赠送2000本画册。11月5日，参与纪念护国战争胜利100周年大会。陪同全国政协常委、中央文献研究室原常务副主任杨胜群等考察调研泸州革命遗址遗迹。为纪念红军长征胜利80周年，10—12月，市委党史研究室与泸州日报社在古蔺县和叙永县开展“重走长征路，走向新未来”活动。活动通过重走长征路段、采访红军后代和知情老同志、专家现场讲述长征故事、媒体着力宣传报道等形式进行。中共中央文献研究室副主任、研究员陈晋，中央党史研究室研究员李蓉、叶晖南，中央文献研究室第二编研部副主任费虹寰，中央党校研究馆员叶成林，市委常委、副市长许先春等领导以不同形式先后参与该活动。活动后编辑形成《“重走长征路，走向新未来”——纪念红军长征胜利80周年特别报道》成果。全年，泸州日报》《泸州晚报》刊载报道40余条，“泸州史志网”刊登信息200余条，编辑出版《泸州史志》刊物4期，编发《泸州史志工作动态》简报12期。市委党史研究室与市委宣传部联合开展“酒城百年　红色泸州人”公益宣传活动，提供制作展板所需的泸州党史30余名红色人物图片、简历；联合泸州新闻网开展“百年泸州　红色人物”专题宣传；为泸州晚报提供七一专题报道的素材。江阳区开展“新起点、新长征、新江阳”纪念活动，纳溪区开展纪念护国战争胜利100周年主题书画展、改造升级护国公园

2016年6月3日，《中国共产党纳溪历史（1921—1949）》第一卷评审会召开

等活动。叙永县开展“红色记忆——优良传统代代传”征文活动，拍摄制作《丰碑》专题片，成立县红色文化研究会。古蔺县开展“重走长征路，缅怀革命先烈”、拍摄电影《北纬二十八度》和《难忘1935》及专题片《四渡赤水》等纪念红军长征胜利80周年系列活动。抓好党史教育基地和革命遗址遗迹。“叙永县鸡鸣三省石厢子会议旧址”“泸顺起义旧址”和“古蔺县红军四渡赤水太平渡陈列馆”3个景点列入国家14个部委联合公布的“全国红色旅游经典景区名录”；“况场朱德旧居陈列馆”等5个红色旅游景点收录进《四川省红色旅游指南》。11月，泸州市在起义遗址地龙透关正式动工修建“泸顺起义纪念馆”。党史成果屡获殊荣。《红色泸州》荣获全国党史部门党史优秀成果奖影视音像作品类三等奖，为泸州市党史成果首次获得全国性奖项。泸州市3项成果被评为“四川省第十七次党史学科优秀成果”。（佟德茹）

老干部工作

【概况】 截至2016年12月底，泸州市有担任过厅级实职的离退休干部46人，离休和县级以上退休干部1936人，其中离休干部365人。有离退休党支部96个，其中离休支部2个、退休支部32个、离退休合建支部59个、联合党支部3个。

【离退休干部党建】 7月，以网络答题、知识测试等形式举办全市离退休干部党员“党纪党规印我心”知识竞赛活动；结合红军长征胜利80周年纪念活动，开展“长征精神耀四川　全面小康做贡献”全市离退休干部纪念长征胜利80周年演讲比赛。9月，依托浙江大学教学资源举办市本级离退休干部党支部书记培训班。年内，加强离退休干部党组织建设。制定《关于进一步加强和改进离退休干部党组织建设工作的实施意见》，离退休干部党支部上缴党费从2016年起全额返还，给予离退休干部党组织书记、委员每月100元至300元工作补贴。

【落实离退休干部待遇】 1月、9月、12月组织召开厅级实职离退休干部情况通报会3场（次），分别由市委书记蒋辅义，市委副书记、市长刘强，市委常委、组织部部长徐斌向老领导通报经济社会事业发展、换届人事安排情况，并认真征求他们的意见建议；5月，组织厅级实职离退休干部到江阳区分水镇董允坝现代农业示范园区、国家非物质文化遗产——分水油纸伞生产基地参观考察。市委先后4次邀请厅级实职离退休干部代表参加市委第八届党代会《工作报告》征求意见建议座谈会等重要会议。市委、市政府聘请林海云为第二届市委、市政府决策咨询委员会主任，李小端、万举修、陈万春为副主任，厅级实职离退休干部担任市决策咨询委员会主任、副主任。全市各级党组织召开离退休干部情况通报会368场（次），元旦、春节期间，上门看望慰问离退休干部1626人（次）。落实好生活待遇。保障“两费”和生活补贴按时足额发放。继续抓好中央、省委有关提高部分离休干部待遇政策的落实，彭纯远等6名离休干部提高享受副厅级工资、医疗待遇。完善和创新离退休干部服务管理工作。深化老干部工作进社区，在主城区建立老干部志愿服务联系点8个，设立离退休干部学习活动室46个。10—11月，派出3个组代表市委、市政府对安置在江苏、山东、陕西、重庆等地离休干部进行走访慰问。依托《酒城讲坛》举办健康讲座3期，组织1350名离退休干部参加一年一度的健康体检。加强高龄失能、空巢独居等有特殊困难离退休干部的服务工作，全市各级党组织走访慰问市本级困难离退休干部312名，为210名困难老干部提供帮扶资金106万元，提供志愿服务410人（次）。

【老干部活动阵地建设】 合江县老干部活动中心被省委组织部、省委老干部局命名为“老干部学习活动阵地规范化建设达标单位”。强化市老干部活动中心规范化建设。5月25日、12月10日，省关工委名誉主任、省委原书记谢世杰，省关工委常务副主任曾清华，先后到市老干部活动中心考察对泸州市老干部学习活动阵地建设给予充分肯定。

【老干部发挥作用】 建言献策。以“我看泸州新变化”“我为泸州决胜全面小康、建成区域中心献计策”主题活动为载体，引导老同志为党委政府工作点赞加油、建言献策。全年收集好文稿好建议63篇，择优编入《老干之声》文集供市领导和有关部门参阅。深化老干部志愿服务活动。利用红军“四渡赤水”等红色资源，组建老干部“红色宣讲团”进乡村、学校、社区和机关单位讲红色革命史、党的优良作风和从严治党要求等。全年，42名红色宣讲团成员编写宣讲资料13份，举办讲座和图片资料展21场（次）。组建由退休教师、法律工作者为主要力量的心理疏导队22支，深入学校为学生开展咨询860次；筹集关爱基金200万元，实施“朝阳工程”项目资助困难学生1000名。（张文良）

机关事务管理

【接待工作】2016年，完成接待任务756批10233人（次），其中一级任务2次、二级任务6次，省部级接待任务48批（次），各类督导组、巡视组、考察组等上级工作组18批（次），党政代表团6批（次），圆满完成酒博会、川南经济区发展座谈会、乌蒙山区脱贫攻坚现场推进会、商博会等25批（次）大型活动和重要会议的接待任务，被省接待办授予“2016年‘1001’任务”先进集体和“全省政务接待工作优秀集体”荣誉称号。

【公务用车管理】推进公务用车制度改革，全市核定保留车辆（含执法执勤用车）2093台，取消车辆1495台，其中市本级取消车辆555台。成立市公务用车集中管理平台、过渡性车辆服务平台，出台《泸州市市级机关公务出行保障试行办法》《泸州市公务用车集中管理平台车辆使用管理试行办法》《泸州市过渡性车辆服务中心车辆租赁管理试行办法》等配套管理制度，有效保障车改后紧急、重要、特殊公务出行。以车改为契机，出台《泸州市市级机关保留公务用车使用管理试行办法》《泸州市公务用车使用管理督查工作方案》等管理制度，强化保留车辆使用管理和监督，实现“公务出行便捷合理、交通费用节约可控、车辆管理规范透明、监督问责科学有效”的改革目标。

【办公用房管理】再次对市级党政机关办公用房使用情况进行全面清理、登记，摸清家底、健全台账，腾退办公用房面积820平方米，调配给市政府法制办等部门使用。出台《市级机关办公用房管理办法》，努力推动办公用房实现统一规划建设、统一调配使用、统一维修管理、统一权属登记。

【公共机构节能管理】推广运用新能源、新技术、新产品，倡导全社会节能意识、环保意识和低碳意识。2016年，全市公共机构超额完成省上下达的人均综合能耗、水耗及单位建筑面积能耗等目标任务。

【后勤改革与综合管理】完成市委、市政府“两个大院”物业管理服务、保安服务及市委、市政府机关食堂劳务服务“三项服务”采购工作。修订完善《市委、市政府机关食堂劳务服务考评办法》等多项管理制度，严格考评、考核“三项服务”。

【会议管理与服务】倾力服务全市各类重要会议、重大活动，突出重点抓南苑会议中心服务管理。按规定采购社会化会议服务，制定《会议服务考评实施办法》等制度，强化与电力、消防等部门的协调配合，确保市第八次党代会等近300场（次）会议的顺利召开。（阮　勇）

泸州市人民代表大会常务委员会

【概况】全年，泸州市人大常委会制定、审议地方性法规3件，听取和审议“一府两院”专项工作报告14项，开展执法检查和专题询问6项，组织集中视察和专题调研29次，作出决议决定26项，任免国家机关工作人员80人（次）。

【市第七届人民代表大会第六次会议】2月1日在泸州市巨洋国际会议中心举行泸州市第七届人民代表大会第六次会议，会议议程10项，会期3.5天。会议听取和审议泸州市人民政府工作报告；审查和批准泸州市国民经济和社会发展第十三个五年规划纲要、泸州市2015年国民经济和社会发展计划执行情况及2016年国民经济和社会发展计划；审查泸州市2015年财政预算执行情况和2016年财政预算草案的报告，批准2015年市本级财政预算执行情况和2016年市本级财政预算；听取和审查泸州市人大常委会工作报告、泸州市中级人民法院工作报告、泸州市人民检察院工作报告；会议还审议并表决通过关于设置泸州市第七届人民代表大会法制委员会的决定和市七届人大部分专门委员会组成人员人选名单，以及《泸州市地方立法条例》；听取题为“关于加强公众聚集场所消防安全工作的建议”“关于加快我市学前教育发展的建议”和“关于加强乡镇生活污水处理厂建设运行管理工作的建议”三个方面的代表发言。会议通过泸州市第七届人民代表大会第六次会议《关于政府工作报告的决议》《关于泸州市国民经济和社会发展第十三个五年规划纲要的决议》《关于泸州市2015年国民经济和社会发展计划执行情况及2016年计划的决议》《关于泸州市2015年财政预算执行情况和2016年财政预算的决议》《关于泸州市人民代表大会常务委员会工作报告的决议》《关于泸州市中级人民法院工作报告的决议》《关于泸州市人民检察院工作报告的决议》。

【市七届人大常委会36～48次会议】 2016年1月6日，泸州市第七届人民代表大会常务委员会举行第三十六次会议。会议审议并通过泸州市人大常委会关于召开泸州市第七届人民代表大会第六次会议的决定。

2016年1月19日，市第七届人民代表大会常务委员会举行第三十七次会议。会议听取并审议市人民政府关于《中华人民共和国大气污染防治法》贯彻实施情况的报告和市人大常委会关于我市贯彻实施《中华人民共和国大气污染防治法》情况的检查报告，听取关于市七届人大六次会议筹备工作情况的报告，审查市七届人大六次会议有关文件，审议市人大常委会工作报告（草案）和关于提请审议《泸州市地方立法条例（草案）》的议案（草案）、泸州市地方立法条例（草案），审议并表决通过市七届人大常委会代表资格审查委员会关于个别代表资格的审查报告（书面）。会议通过有关人事任免。

2016年3月11日，市第七届人民代表大会常务委员会举行第三十八次会议。会议审议通过《泸州市宪法宣誓制度实施办法》和《泸州市人民代表大会常务委员会关于规章和规范性文件备案审查的规定》；会议审议并通过有关任免案。

2016年10月23—25日，全省人大法制工作会议在泸州召开

2016年5月6日，市第七届人民代表大会常务委员会举行第三十九次会议。会议听取和审议市人民政府有关工作事项的报告。

2016年5月26日，市第七届人民代表大会常务委员会举行第四十次会议。会议审议市人民政府关于深入贯彻实施《四川省农村扶贫开发条例》大力推进精准扶贫工作情况的报告、市中级人民法院关于2012年以来行政审判工作情况的报告；审议市人民政府关于提请审议撤销泸县设立泸州市泸川区有关事宜的报告等；会议还审议通过《泸州市人大常委会专题询问办法》，审议并表决通过有关任免案。

2016年6月23日，第七届人民代表大会常务委员会举行第四十一次会议。会议听取市人大常委会人代工委关于做好全市市、县、乡人大换届选举工作的报告；审议并表决通过《泸州市人民代表大会常务委员会关于市、县、乡人民代表大会换届时间的决定》《泸州市人民代表大会常务委员会关于设立泸州市人大常委会选举工作办公室的决定》。会议决定：泸州市人民代表大会于2017年1月底前依法完成换届；泸州市县、乡两级人民代表大会于2016年12月31日前依法完成换届，县、乡两级人民代表大会代表选举按照同步的原则进行。

2016年7月27日，市第七届人民代表大会常务委员会举行第四十二次会议。会议审议《泸州市违法建设预防和查处条例（草案）》，表决通过《泸州市违法建设预防和查处条例（草案）》的必要性和可行性；会议听取并审议市政府《关于社会治安专项整治评议意见整改情况的报告》《关于推进国家水生态文明城市建设试点工作情况的报告》等。对“一府两院”提交的有关审议意见办理情况报告进行审议。会议通过了有关人事任免。

2016年8月29日，市第七届人民代表大会常务委员会举行第四十三次会议。会议听取和审议《市政府关于2016年1—6月泸州市国民经济和社会发展计划执行情况的报告》《市政府关于泸州市2015年财政决算和2016年1—6月预算执行情况的报告》《市政府关于泸州市2015年度市级预算执行和其他财政收支的审计工作报告》《市人大财经委关于泸州市2015年财政决算审查结果的报告》等；审议并表决通过市人大常委会《关于接受秦臻辞去泸州市第七届人民代表大会常务委员会委员职务的决定》《关于批准泸州市2015年市级财政决算的决议》等相关决议及有关任免案。会议听取和审议《市政府关于食品安全长效机制建设情况报告》，并就食品安全长效机制建设情况向市政府和相关市级部门开展专题询问。

2016年9月29—30日，市第七届人民代表大会常务委员会举行第四十四次会议。会议审议《市政府关于〈大气污染防治法〉贯彻实施情况的报告》，并对市政府贯彻实施《大气污染防治法》的情况进行专题询问。会议审议《市政府关于〈泸州市城市总体规划（2010—2030）〉实施评估的报告》《市检察院关于未成年人检察工作情况的报告》和《泸州市违法建设治理条例（草案）（二次审议稿）》等。会议通过有关人事任免。

2016年10月28日，市第七届人民代表大会常务委员会举行第四十五次会议。会议审议市政府《关于开展“六五”普法工作情况及今后普法工作安排的报告》等报告。

2016年11月18日，市第七届人民代表大会常务委员会举行第四十六次会议。会议听取市人大法制委关于《泸州市违法建设治理条例（草案）》审议结果的报告，审议《泸州市违法建设治理条例（草案）》（三次审议稿），表决通过《泸州市违法建设治理条例》。会议听取和审议市政府有关工作报告。会议听取和审议市政府关于泸州市第七届人民代表大会第六次会议代表建议、批评和意见办理情况的报告。会议通过有关人事任免。

2016年11月18日下午，市第七届人民代表大会常务委员会举行第四十七次会议。会议审议并表决通过《市人大常委会关于推选吴洪汛同志代理泸州市中级人民法院院长职务的决定》和有关任免案。

2016年12月30日，市第七届人民代表大会常务委员会举行第四十八次会议。会议审议《泸州市物业管理条例（草案）》并表决通过该（草案）的必要性和可行性，并将条例（草案）和有关说明向社会公开征求意见；审议并表决通过《泸州市人大常委会关于接受谢华同志辞去泸州市第七届人民代表大会常务委员会委员职务请求的决定》和有关任免案。会议审议《泸州市第七届人民代表大会常务委员会代表资格审查委员会关于泸州市第八届人民代表大会代表资格的审查报告（书面）》，审议《市政府关于泸州市2015年度市级预算执行和其他财政收支审计查出问题整改情况的报告》等有关工作报告。

【换届工作】 2016年6月21日，市七届人大常委会第四十一次会议表决通过《泸州市人民代表大会常务委员会关于市、县、乡人民代表大会换届时间的决定》。会议决定：泸州市人民代表大会于2017年1月底前依法完成换届；泸州市县、乡两级人民代表大会于2016年12月31日前依法完成换届，县、乡两级人民代表大会代表选举按照同步的原则进行。并决定成立市人大常委会选举工作办公室。7月4日，市人大常委会办公室会同市委组织部、市委宣传部、市委统战部举办全市市、县、乡人大换届选举工作学习班，10月19日，市人大常委会召开严肃换届纪律专题学习会。12月，7个县（区）共选举产生市八届人民代表大会代表420名，缺额2名。12月26日，市七届人大常委会代表资格审查委员会审查决定，市八届人民代表大会代表418名，缺额4名。

【代表工作】 市七届人大六次会议期间，代表提出对各方面工作的建议107件，闭会期间18件，主任接待日活动收到代表建议、批评和意见11件，全部建议、批评和意见按时办理完毕。市七届人大常委会第四十六次会议上对7件重点督办件办理情况开展满意度测评，测评结果通过媒体向社会公开，接受人民群众监督。3月，市七届人大常委会第三十八次会议通过《泸州市宪法宣誓制度实施办法》。开展代表培训。2016年3月26日至31日和5月9日至15日，在深圳人大干部培训中心和北京全国人大会议中心各举办一期全市人大代表和人大干部培训班，共培训385人。积极开展“脱贫攻坚——人大代表再行动”活动，5月30日，在叙永县召开泸州市人大代表助力脱贫攻坚推进会暨全市人事代表工作会，会上通报表扬5个代表小组、10名助力扶贫攻坚优秀代表、7名履职行权表现突出的市人大代表。认真组织代表视察和专题调研：组织全国、省人大代表就古蔺县经济社会发展和脱贫攻坚工作情况开展专题调研，就泸州市脱贫攻坚工作推进情况开展集中视察。2016年1月25—29日，省人大代表泸州代表团出席省十二届四次人代会。3月5—15日，泸州市全国人大代表赴京参加十二届全国人大四次会议。

【人事任免工作】 2016年1—12月，泸州市第七届人民代表大会常务委员会任免国家机关工作人员80人（次），接受辞职6人。其中任职35人（次），免职35人（次），批准任职7人，批准辞职3人。

【人大制度宣传工作】 2016年5月，市人大常委会办公室组织开展泸州市第十七届暨2015年度宣传人民代表大会制度好新闻评选，20件作品分获一、二、三等奖。其中新闻作品《走下基层 走进群众当中——泸州市人大常委会将代表接待室搬到代表驻地》上报参评获第25届四川人大新闻奖评选三等奖。

【来信来访受理工作】 2016年受理群众来信272件/次，来访群众518人（次）。来信来访均交办、转办、督办完结，信访工作在全省21个市州中的排位显著提升。

【内务司法委员会工作】 组织内司委部分委员和部分市人大代表对全市《社区矫正实施办法》《四川省社区矫正实施细则》贯彻落实情况，养老服务业发展政策工作落实情况，残疾人保障措施落实情况，经济犯罪侦查工作情况，监管场所建设管理情况进行视察调研。连续三年协助市人大常委会通过专题调研、工作评议、跟踪问效整改情况等方式，持续加强对社会治安工作的监督，督促相关部门加大对“盗、抢、骗、黄、赌、毒”和黑恶势力的打击力度。督办常委会交办的代表建议21件，其中重点建议2件，督办件已全部按期办结并书面答复代表，代表满意率100%。协助省人大开展《四川省社区建设与治理情况》调研；开展“两院”半年工作及司法改革情况调研；配合全国人大和省人大及其常委会做好《四川省多元化解纠纷促进条例（草案征求意见稿）》等条例和法律法规草案的征求意见和立法调研工作。

【财政经济委员会工作】 7月赴合江县调研预算审查监督工作，并对重点项目——合江长江大桥建设推进情况进行调研。对“营改增”后对全市财税收入影响情况、权市酒业发展情况、大气污染防治法贯彻落实情况、产业投资项目建设情况、民营经济发展情况、古蔺县省级专项资金审计查出问题整改落实情况、全市民营经济发展情况、全市经济开发园区建设情况等开展专题调研。完成常委会转交的《泸州市人民政府关于进一步加强煤矿安全生产工作的实施意见》《泸州市人民政府关于贯彻实施城乡义务教育经费保障机制的意见》《泸州市科技型企业认定管理办法》《泸州市人民政府办公室关于加强国有公房管理的实施意见》《泸州市公务员工伤保险试行办法》《泸州市企业应急转贷资金管理暂行办法》《泸州市公积金个人住房贴息贷款暂行办法》《泸州市政府投资工程建设项目工程变更管理实施意见》等12个规范性文件的备案审查工作，对上述规范性文件中存在引用法律条文、操作程序不适合的地方提出明确的、有利于改进的审查意见。全年完成省人大有关专门委员会交办的《四川省辐射污染防治条例（草案）》《四川省燃气管理条例（修订草案）》《四川省国家投资工程建设项目招标投标条例（修订草案）》《四川省散装水泥应用条例（草案）》《四川省就业创业促进条例（草案）》等法律法规的征求意见工作。1月，组织预算审查专业人员对2016年市本级预算草案及36个市级部门预算草案进行初审。7月下旬，组织预算审查监督员对2015年市本级及20个市级部门决算草案进行集中初审。7月下旬，组织市发改委、市经信委、市财政局、市商务局、市统计局、市金融办的相关负责人及市人大财经委委员，召开全市经济形势分析座谈会。10月25日，市七届人大常委会第七十八次主任会议专题听取市人大财经委《关于审查政府融资等议案有关情况的报告》，报告近几年审查政府融资议案等有关情况，指出违规出具相关决议的风险。10月26日，市人大财经委代市人大常委会向市委提交《关于审查政府融资等议案有关情况的报告》，并指出出具此类决议决定违法违规的问题，提出解决问题的思路和办法。12月中旬，组织预算审查专业人员开展2017年市本级及20个市级部门预算草案初审工作。

2016年12月7日，泸州市人大常委会视察国家食品安全城市创建工作汇报会

【教育科学文化卫生委员会工作】 4月，泸州市接受省人大常委会对食品安全法的执法检查。协助市七届人大常委会第四十三次会议听取和审议泸州市人民政府《关于食品安全长效机制建设情况报告》，并对食品安全长效机制建设工作进行专题询问。询问中，市人大常委会组成人员和市人大代表共提出12个问题，市政府及政府相关部门负责人一一作回答。组织视察。12月，市人大常委会部分组成人员、市人大教科文卫委员会组成人员和部分市人大代表对全国文明城市创建工作进行视察，相关部门就“牛皮癣广告”、露天烧烤等问题出台通告，加大整治力度，成效明显。同月，对国家食品安全城市创建进行视察。针对存在问题，视察组提出“要提高对创建国家食品安全示范城市工作重要性的认识；要在建立健全长效机制上下功夫，从源头上加强监管，建立市场准入和可溯源机制，强化部门联动，发挥好抽检、快检作用，坚持问题导向，加大打击力度”等建议。开展调查研究。对

《地方志工作条例》及《四川省地方志工作条例》贯彻实施情况，院士专家工作站、教育精准扶贫、医疗精准扶贫、学前教育等工作进行调研。对《中华人民共和国促进科技成果转化法》贯彻实施情况进行自查。对《四川省食品小作坊、小经营店及摊贩管理条例（草案）》《四川省非物质文化遗产条例（草案）》等广泛的意见征求。召开全市人大教科文卫工作座谈会。对《关于加快我市学前教育发展的建议》《尽快启动依托泸州职业技术学院，在古蔺、叙永两地应届高中毕业生中招收定向村小的本土师范生的培养计划》进行督办。

【农业与农村工作委员会工作】 5月，市人大常委会会议听取和审议“市政府关于贯彻实施《四川省农村扶贫开发条例》，大力推进精准扶贫的情况报告”，审议前，市人大常委会领导分别带领两个调研组到叙永、古蔺开展调研，对合江县《四川省农村扶贫开发条例》贯彻实施情况开展执法检查。7月，市人大常委会会议听取和审议市政府关于“推进国家水生态文明城市建设试点工作的情况报告”。事前，市人大农委先后到江阳区、纳溪区、泸县、叙永县开展调研，并召开专题座谈会，听取市水务局等八个水生态文明城市试点建设成员单位的情况汇报。3月，深入泸县、叙永县和江阳区部分乡镇、村社，重点了解泸州市春耕农资物资储备及供应情况；5月开展产业扶贫调研工作，到叙永赤水镇专题调研赤水河流域经果林发展现状；6月，到市不动产登记中心和古蔺县开展“不动产统一登记”调研工作；8月，到叙永县、古蔺县开展“农业新型经济组织及产业化龙头企业在精准扶贫中发挥作用”调研工作。9月，开展竹资源开发及利用调研工作。10月，到泸县、纳溪区调研泸州市农村电子商务发展情况。11月，到合江县、叙永县开展粮食适度规模经营风险体系建设调研工作。年内，调研、考察。配合省人大常委会《四川省农村扶贫开发条例》执法检查组到叙永、古蔺开展检查活动；组织各县区人大分管领导和农委同志到毕节市、六盘水市、攀枝花市、凉山州考察乌蒙山片区扶贫开发及现代农业发展，并撰写考察报告呈送市领导。完成《四川省水利工程管理条例（修订草案）》《四川省大中型水利水电工程移民工作条例（草案）》等法律法规修改意见的意见征求工作。

【城乡建设环境资源保护委员会工作】 立法工作。2016年，城环资委对提请常委会审议的2部法规，牵头组织条例一审前调研、起草、修改和论证工作。组织起草单位、有关部门先后在市内3区4县、省内外9个有立法权的城市开展立法调研；召开市级部门、有关专家、人大代表、政协委员、基层群众等立法座谈会30余次，充分吸收各方意见；《泸州市违法建设治理条例（草案）》提请市人大常委会会议三审，并报省人大常委会审批。《泸州市物业管理条例（草案）》于12月提请常委会一审。监督工作。一是连续第三年开展《中华人民共和国大气污染防治法》贯彻实施情况执法检查。二是扎实开展“两法一条例”执法检查。市人大“两法一条例”执法检查组于7月开展《环境保护法》《中华人民共和国大气污染防治法》《四川省城乡环境综合治理条例》执法检查。会后，检查组就检查情况形成书面报告报省人大常委会办公厅。三是协助常委会听取和审议《泸州市城市总体规划（2010—2030）》实施评估的报告。四是12月，市人大常委会主任陈雁、市人大常委会党组书记曹建国率部分市人大常委会组成人员、部分市人大代表视察2016年市政府工作报告中部分城建重点项目。围绕热点难点抓调研。对区县乡镇污水处理厂建设与管理运营情况，土地储备、使用管理情况开展调研工作，分别形成调研报告，对其现状、存在问题进行深入剖析，并提出可行性建议供市政府参考。抓好有关工作的办理落实。一是督促办理市七届人大六次会议代表提出的涉及城环资工作建议22件。重点督办《关于着力治理我市城市规划区内违法建筑的再建议》和《关于加强乡镇生活污水处理厂建设运营管理工作的建议》，办理结果得到代表认可。二是组织参加全省人大城环资工作座谈会。

【外事侨务民族宗教委员会工作】 助推少数民族地区脱贫攻坚工作。对古蔺、叙永地区的少数民族乡实地调研走访，详细解其产业结构和收入来源，提出可行性意见，助推脱贫攻坚工作开展。调研宗教场所安全状况。对宗教场所安全状况开展调研，通过实地察看普照山寺庙等宗教场所，提出意见建议，推动宗教活动场所安全建设。营造泸州市外资、台资投资创业的良好环境。对泸州最大的台资企业——叙永赛德水泥有限公司进行调研；召开座谈会听取企业发展情况介绍和全市“贯彻落实五项制度，保护台胞合法权益”工作情况。调研泸州市民航事业发展。通过视察机场建设工地、查看规划图、听取施工介绍，了解云龙机场相关建设情况。同时实地视察泸州蓝田机场，了解机场建设、运营、发展情况，并提出相关建议意见。

【法制委员会工作】 编制立法计划。编制2016年立法计划，包括程序性法规《泸州市地方立法条例》和实体性法规《泸州市违法建设治理条例》《泸州市物业管理条例》。加强立法制度建设。制定《泸州市地方立法条例》《泸州市地方性法规立项办法（暂行）》《泸州市地方性法规审议流程（试行）》《泸州市地方立法咨询专家库管理办法（试行）》《泸州市人民代表大会常务委员会关于规范性文件备案审查的规定》等程序性规定。开展审议工作。逐条审议《泸州市地方立法条例》《泸州市违法建设治理条例》《泸州市物业管理条例》，《泸州市地方立法条例》已公布施行；《泸州市违法建设治理条例》经市人大常委会表决通过，并报省人大常委会批准；《泸州市物业管理条例》通过市人大常委会一审。组建立法专家库。设立泸州市立法咨询专家库，共聘请专家43名，既有长期从事科研、教学的高等院校教授，也有长期从事法律实务的基层工作者；既有城乡建设和管理、环境保护、历史文物保护等领域的专业人员，也有语言文字和逻辑学方面的专家学者。（周　勋）

泸州市人民政府

市政府办公室工作

【文稿服务】 完成2016年《政府工作报告》起草。组织起草《泸州市稳增长30条措施》等重要文件。总结提炼泸州工作经验，起草的廉洁政府建设、全民预防保健、民营经济发展等工作经验在全省大会上进行交流，《探索以治病为中心向以健康为中心转变的新路径——泸州市全民预防保健服务体系建设工作情况报告》得到李克强总理、汪洋副总理的肯定性批示。紧紧抓住泸州经济社会发展迫切需要国家重点支持解决的热点难点问题，起草《关于加快建设渝昆铁路的建议》《关于规划建设蓉贵高铁新通道的建议》等全国人代会的建议议案。围绕全市经济社会发展中的重点、难点和热点问题，深入开展专项对策调研和重点课题调研，积极为领导决策提供参谋建议。开展古蔺、叙永易地扶

2016年5月10日，市委副书记、市长刘强（右二），市委副书记曹建国（右一）调研江阳区工业产业

贫搬迁、农村人口市民化、全民预防保健等重点课题调研工作，形成《新型城镇化问题研究》《全面深化改革视域下成渝城市群一体化发展研究》等调研成果。

【办文办会】 推广使用市政府OA办公系统。全年，市政府及市政府办公室共收文5556件，发文1500件。实行会务工作“项目经理负责制”，成功承办国土资源部莅临泸州调研考察、副省长刘捷和省检察院检察长邓川莅临泸州开展脱贫攻坚、稳增长专项督导，乌蒙山脱贫攻坚（贫困村摘帽）现场推进会、华为泸州“政务云”上线仪式暨“西南云海”建设推进会、2016中国国际酒业博览会、中国工程机械企业家年会、全民预防保健工作现场培训会、2016第四届中国（泸州）西南商品博览会等70余次重大活动和会议。

【脱贫攻坚】 实施区域扶贫，以三个贫困县为主战场，实施连片扶贫开发，推进“七大扶贫攻坚行动”，集中力量破解基础设施、产业发展等难题，从根本上解决稳定脱贫和可持续发展问题。坚持“因户施策”“因人施策”，统筹解决好“插花式”贫困问题。全年，整合投入资金193亿元，实施重点扶贫项目179个，实现75个贫困村退出、66688名贫困人口脱贫。扎实抓好精准扶贫，严格实施“一村一计、一户一策”，确保项目到村、扶贫到户。扎实推进教育扶贫、医疗扶贫、文化扶贫、旅游扶贫、电商扶贫，多措并举帮助贫困地区脱贫致富。切实抓好易地扶贫搬迁，确保搬得出、稳得住、能致富，切实解决一方水土养不活一方人的问题。加强扶贫开发与农村低保、救济救助政策的有机衔接，兜底保障特殊贫困群体基本生活。健全扶贫工作机制。进一步完善扶贫资金使用、督查考核、驻村帮扶等机制。注重“输血与造血”相结合，充分发挥扶贫资金撬动作用、合作组织纽带作用、贫困群众主体作用，确保扶贫工作取得实效。持续推进“定点扶贫”“扶贫结对网络行”“百企联百村”活动，进一步凝聚脱贫攻坚力量。做好联系区县脱贫攻坚督导工作，深入古蔺县26个乡镇、77个村，走访贫困户2356户、9945人，对22个村多次督查，对个别困难贫困户多次重点走访，帮助其解决实际困难。古蔺县脱贫攻坚工作顺利通过省委省政府的考核和第三方评估，结果反映良好。到定点联系贫困村古蔺县大寨苗乡富民村开展慰问帮扶10余次，送去棉衣棉被等物资合计5万余元。

【安全生产督查督办】 深入商贸企业、城镇燃气、道路交通、煤矿、危化企业等重点领域开展安全生产督查40余次。召集市目督办和相关部门对市上重大安全生产部署进行督查安排10余次，做好安全生产督查督办的协调和保障工作。

【应急管理工作】 成立市应急指挥信息中心，推行《泸州市应急预案管理办法》和《预案评审指南》，修订12个专项指挥部流程图，完善应急会商制度，在全省率先出台《泸州市高速公路突发事件应急预案》。有效处置“1·13”龙马潭区罐车爆炸事故，“6·18”“7·18”暴雨洪涝灾害，“10·1”泸县太伏镇长安车失控撞塌民房等突发事件。

【法治政府建设】 健全常务会学法用法制度，市政府常务会会前学法7次。加强法治政府建设，以市委、市政府名义出台《泸州市法治政府建设实施方案（2017—2020年）》。健全重大行政决策制度，出台《关于印发泸州市重大行政决策程序规定的通知》《泸州市重大行政决策年度目录管理办法》。建立完善政府立法体制机制，出台《泸州市市政府草拟法规草案和制定规章程序规定》。推行建立法律顾问制度，聘请市委、市政府法律顾问25名。深化行政执法体制改革，推进规划建设、城市管理、农业系统等综合行政执法体制改革试点工作。严格行政执法人员资格管理和持证上岗制度，组织全市1342人名行政执法人员进行行政执法通用法律知识考试。建立完善党组、中心组和科室工作会会前学法制度，大力开展法治宣传教育，充分利用重大纪念日和宣传日，开展综治、信访、普法等宣传活动，组织人员先后参加全市“11·9”消防日、“6·26”国际禁毒日、“12·4”法制宣传日等宣传活动，向群众发放各种普法、禁毒、综治等宣传材料800多份。

【政务服务环境优化】 继续推进行政审批、投

2017年1月18日，泸州市政府与上海商务委经贸合作协议签约仪式暨泸州投资推介会在上海举行，共签约深远世宁西南无人机中心等9个项目，投资总额74.6亿元

资审批、职业资格、收费清理、商事制度等重要领域改革，分两批对应取消69项中央指定地方实施行政审批事项，取消市、县初审审批事项24项，取消许可限额的市级行政许可项目目录10项、取消许可限额的县级行政许可项目8项。深入推进“双随机”工作，印发《泸州市推广双随机抽查规范事中事后监管实施方案》《关于做好随机抽查事项清单有关工作的通知》《关于加快推进“双随机一公开”监管工作的通知》等系列配套文件。全市33个市级部门、231项随机抽查事项清单制定完毕，33个市级部门、193个区县部门建立执法检查人员名录库、市场主体名录库和抽查细则。

【争取上级指导】 积极争取省政府办公厅领导莅临泸州调研指导。全年省政府办公厅秘书长罗强，副秘书长罗治平、滕中平、曹代学等总计到泸州30余次。积极争取政策支持。全年陪同领导到国家部委、省级相关部门对接汇报300余次，争取各级政策和项目支持事项100余项，主动到对口部门汇报沟通70余次。加快推进泸州水运口岸开放工作，泸州开放口岸成功列入《国家口岸发展“十三五”规划》。积极争取项目资金。全年争取到省级物流发展项目资金2080万元，超额完成市委、市政府下达的2040万元的目标任务。积极争取与上级机关的干部交流。全年，向国家部委相关部门争取干部到泸州市挂职5人，选派干部到国家部委局、省级厅委局学习锻炼6人。

【争取招商引资】 认真研究全市招商引资重大项目管理办法、园区共建共享实施办法等，引导重大产业向园区集聚、优秀人才向重点领域集聚。参与并组织协调市领导外出招商活动30余次，协调组织招商推介会7次。成功邀请中天城投、中铝国际等250余家大型企业到泸州考察。协助做好央企专题投资推介会，邀请中国航天科技集团、中国电子科技集团、中国石油天然气集团公司等30余家央企参会。市政府驻成都办事处、驻北京联络处分别超额完成5亿元的招商引资项目任务。

【帮扶基层发展】 加大对泸州老窖、郎酒两大龙头企业的支持帮扶力度，全年，完成“60·80”版及其他酒类销量410万元，居全市94个部门第七位。结对帮扶四川泸窖酒业有限公司，帮助企业解决办证、融资等问题。认真落实对口联系项目制度，协助市领导联系重点项目75个，研究解决项目推进中的问题80多个。做好领导下基层调研工作，2016年协助市领导下基层调研500余次，协助领导解决基层群众困难。全年，选派干部到乡镇挂职锻炼2人，接收区县上挂学习干部1人。

（张　红）

表 1

七届政府第 74 次至 100 次常务会议议题一览表

1 月 21 日	学习《党政主要领导干部和国有企业领导人员经济责任审计规定实施细则》和《中华人民共和国大气污染防治法》。
	审议《泸州市人民政府工作报告》
2 月 19 日	审议《关于禁止在南寿山殡葬区燃放烟花爆竹的通告》
	学习《四川省社会稳定风险评估条例（草案代拟稿）》
3 月 7 日	审议《关于建设泸州市数据资源管理服务平台的请示》
	学习《中华人民共和国残疾人保障法》
	审议《进一步扩大住房公积金制度覆盖面的实施意见》
	审议《关于支持农民工和农民企业家返乡创业的实施意见》
	审议《泸州市竹产业发展总体规划》等 5 个规划
	审议《实行"先照后证"改革加强市场主体后续监管的意见》
	审议《泸州市人民政府关于建立开放透明市场规划的意见》
	审议《〈水污染防治行动计划〉泸州市工作方案》
4 月 8 日	审议《关于切实做好机动车污染防治工作的通知》及《关于全市公务用车先行开展环保监测的通告》
4 月 19 日	研究人事任免
	学习《健全落实社会治安综合治理领导责任制规定》
	审议《泸州市人民政府拟定地方性法规草案和制定规章程序规定》
	审议《泸州市重大行政决策程序规定》《泸州市重大行政决策目录管理试行办法》
	审议《关于提高全市城乡居民最低生活保障标准的通知》
	研究《泸州市建设国家知识产权试点城市实施方案》《泸州市推进国家知识产权试点城市建设若干政策》
5 月 19 日	审议《泸州市无偿献血表扬办法》
5 月 31 日	研究人事任免
	学习《中华人民共和国反恐怖主义法》
	审议《泸州市健康城市建设工作方案（2016—2017）》
	审议《泸州市人民政府关于 2015 年度科学技术奖励决定的通知》
	审议《泸州市居住证管理办法（试行）》
6 月 19 日	研究人事任免

续表 1

7 月 1 日	研究主汛期安全度汛工作
7 月 25 日	研究人事任免
	学习《中华人民共和国人口与计划生育法》和《四川省人口与计划生育条例》
	审议《泸州市“十三五”金融业发展规划》
	审议《关于印发中国制造 2025 泸州行动方案的通知》
	审议《泸州市体育发展规划（2016—2020 年）》
	听取《关于全市今年上半年安全生产工作情况暨贯彻落实全国全省安全生产电视电话会议精神和下半年安全生产工作建议的汇报》
	审议《关于进一步促进建筑业健康发展的实施细则》
8 月 12 日	审议《泸州市创建国家食品安全城市工作方案》
	学习贯彻王东明同志有关脱贫攻坚指示精神
	审议《泸州市机关事业单位工作人员生育保险试行办法》
	审议《泸州市公务员工伤保险试行办法》
	审议《泸州市电梯维保监督管理办法》
8 月 25 日	审议《泸州市“十三五”标准化体系建设发展（2016—2020）》
	学习《王东明同志在凉山州和喜德县脱贫攻坚座谈会上的讲话》
9 月 8 日	学习《中共四川省委办公厅　四川省人民政府办公厅关于印发〈四川省领导干部干预司法活动、插手具体案件处理的记录、通报和责任追究实施办法〉的通知》
9 月 21 日	研究人事任免事项
	学习《王东明同志在南充市和广安市脱贫攻坚工作座谈会上的讲话》及《王东明同志在省脱贫攻坚领导小组第三次会议上的讲话》
	审议《泸州市生态环境保护“十三五”规划》
	审议《泸州市生态文明体制改革方案》
10 月 28 日	审议《泸州市地方志事业第十三个五年发展规划（2016—2020 年）》
	学习《中华人民共和国慈善法》
11 月 10 日	审议《泸州市全民参保登记计划试点工作实施方案》
	学习《脱贫攻坚责任制实施办法》《关于建立健全国家“十三五”规划纲要实施机制的意见》《信访工作责任制实施办法》
11 月 15 日	审议《泸州市物业管理条例（草案）》
11 月 17 日	研究人事任免事项

续表 1

12 月 7 日	研究人事任免事项
	学习《尹力省长在全国安全生产电视电话会议四川分会场的讲话》
12 月 19 日	学习《法治政府建设实施纲要（2015—2020 年）》《四川省法治政府建设实施方案（2016—2020 年）》及尹力省长法治政府建设重要批示精神
	学习《中华人民共和国环境影响评价法》《中华人民共和国动物防疫法》
	审议《泸州市人民政府工作报告》
	审议《泸州市现代物流发展规划》
	审议《关于调整重特大疾病支付困难补充医疗救助实施方案》
	审议《泸州市文化产业发展规划（2016—2020）》

（张　红）

外事工作

【因公出国（境）管理】 办理因公出国（境）35 批 129 人，其中党政机关（含参公）51 人，重要经贸团组出访 8 个。

【外宾接待】 邀请并接待外国领馆团、美国麦王集团等 16 个外宾高访团组 142 人来泸访问。重点做好 2016 中国国际酒业博览会（酒博会）、G20 财长和央行行长会议、第五届中法地方政府合作高层论坛等重大会议的相关准备和联络服务工作。酒博会期间，完成来自格鲁吉亚、英国、匈牙利、缅甸、意大利、澳大利亚等多个国家 200 余名重要嘉宾的接待，完成现场翻译和 10 余万字资料翻译、礼宾礼仪培训指导、省市领导会见等各项服务工作。

【对外交往】 利用国际酒博会、西博会等重要平台，宣传推介泸州重点发展项目。来自 20 多个国家和地区的政府官员、参展商到泸州参会。酒博会期间，全市签约项目 266 个，签约金额达 503.7 亿元。促成《成立四川中德培训学院的合作协议》《泸天化集团—津巴布韦西巴绍兰省合作协议》《泸天化与麦王集团投资合作初步意向》等多个框架性协议的签订。充分利用省外侨办、美中硅谷协会等海内外资源平台，助推美国倍赛达公司入驻中国（西部）泸州美中硅谷产业园，成为园区第一家硅谷企业；促成四川泸天化环保科技股份有限公司和麦王环境技术股份有限公司成立中外合资公司；协助泸州市经贸团组拜访美国山景城等近 20 个市政府、日本振兴贸易机构等 10 余个协会组织、美国特斯拉汽车公司等数十家企业，助推签订《“中俄草甘膦及天然气化工合作项目”合作方案会谈备忘录》等 10 余个合作协议。

【友城缔结】 深化与韩国平昌郡和德国雷姆沙伊德市经贸、旅游、教育和文化方面合作，为实现泸州国际友好城市零的突破打下重要基础；与诺丁汉市政府达成共同促进诺丁汉大学医学院与西南医科大学合作办学、诺丁汉特伦特大学来泸建立分校、两地中小学师生互访等三个方面的共识，为两市建立国际友好城市奠定基础；依托海外专业机构，打造海外合作平台，与美中硅谷协会和比尔城堡公司分别签订《委托建立友好城市协议》，委托两个单位作为泸州在硅谷地区和英国的友城对接代表，为泸州建设友好城市搭建平台。

【重点出访团组】 5 月 2—11 日，市委书记蒋辅义率团出访英国、俄罗斯、韩国。推动泸天化

（集团）有限责任公司、四川贝尔化工集团有限公司和俄罗斯 Renova 集团签署《“中俄草甘膦及天然气化工合作项目”合作方案会谈备忘录》；促成泸州老窖集团—比尔城堡《合作意向备忘录》和《泸州市人民政府—韩国酒类产业协会合作框架协议》的签订。10 月 17—26 日，市委副书记、市长刘强率团出访美国、日本和韩国，拜会美国山景城市政府、韩国全罗南道道厅企划部、日本振兴贸易机构；对接了旧金山虚拟现实企业辛加公司、圣荷西贝圣安德公司等 10 余家企业；分别与日本振兴贸易机构和韩国医疗器械协会达成开展商品贸易、医疗设备生产技术等领域合作的意向；促成了泸州市政府与美中硅谷协会签订《合作框架性协议》。12 月 7—16 日，市委常委、副市长曹俊杰率团访问英国、德国、瑞士，开展一系列经贸、教育等领域务实交流，与德国索林根、英国诺丁汉达成初步合作意向，与德国电子汽车技术中心、德国索林根梅滕斯厨具公司、瑞士申克公司、杜伊斯堡港等企业达成合作意向。5 月 26 日至 6 月 4 日，市委常委、市总工会主席刘云出访瑞士、丹麦，与瑞士吉士德大药厂、佛制药公司、利奥制药等企业达成人才交流、科研项目合作、科技成果转化、产业环保等方面合作意向。5 月 31 日至 6 月 9 日，副市长丁湘率团出访巴西、阿根廷、智利，与阿根廷阿维侠内达等市政府达成开展旅游、人才培养等领域合作的意向；与圣保罗商会、阿根廷东亚商会达成在贸易、旅游等领域的合作意向。

2016 年 10 月，刘强（第二排右一）出席第五届中法论坛

【重要外事接待和会见】 3 月 19 日，省委副书记、省长尹力在泸州南苑宾馆会见格鲁吉亚葡萄酒局局长乔治。撒玛尼什维利、欧盟葡萄酒酒业协会秘书长伊格纳西奥·桑切斯·瑞卡特、澳大利亚驻成都总领事馆总领事郭南希等重要外宾。副省长甘霖，市委书记蒋辅义，市委副书记、市长刘强等参加会见。3 月 19 日，市委书记蒋辅义会见美国麦王集团副总裁、麦王环境公司（上海）总裁张平一行。3 月 31 日至 4 月 1 日，美国驻成都总领事馆总领事谷立言一行五人到泸州考察访问。在副市长张文军、市政府副秘书长兰均、市外事侨务旅游局局长蒲俐陪同下，考察泸州老窖国宝窖池、泸州港集装箱码头、张坝桂圆林等地，了解泸州市市情及相关产业发展情况。5 月 26—28 日，津巴布韦西巴绍兰省省长法贝尔一行 11 人访问泸州，代表团参观考察泸天化股份公司、四川煤气化有限责任公司等，并与泸天化集团签订战略框架合作协议，拟开展化肥销售、化肥生产等方面的合作。6 月 18—21 日，爱尔兰贵族、比尔城堡家族集团有限公司负责人欧斯曼子爵一行 3 人到泸州进行回访，考察国宝窖池、高新技术产业园区、城市规划馆、张坝桂圆林等。市外侨旅游局与比尔公司签订《委托建立友好城市协议》。11 月 19 日，邀请并接待美中硅谷协会、倍赛达公司，优质高效的服务助推美中硅谷协会、倍塞达公司与泸州国家高新区等部门签订《战略合作协议》《人才合作协议》《投资合作协议》等多个合作协议。11 月 24—25 日，四川省人民对外友好协会会长赵平一行 3 人莅临泸州调研考察拟推荐参加 2017 年春节

在香港举办的“四川欢乐春节文化庙会”活动的对外文化宣传项目。（刘世琼）

侨务工作

【服务经济】结合产业发展，对接姜和博士到泸州落实精准医疗项目。依托侨界知名人士，促成澳门大学和西南医科大学建立战略合作关系，共同成立精准医学研究中心；推动长江机械厂海外兼并、泸州港保税物流中心设立德国馆。围绕酒博会、侨商泸州行等活动，组织近100名侨商到泸州开展经贸交流，促进中国远东集团与泸州建筑企业开展合作；邀请14名中国侨联特聘专家莅临泸州考察并座谈。组织参加第14届东盟华商会、2016海科会。7月，成立泸州市侨商会。西南医科大学邀请海外多所大学的专家教授前来交流讲学10多次，其附属医院全职聘用两名德国教授。

【侨务扶贫】年初，中国侨联组织人事部部长李杰到古蔺县永乐镇西华村开展“送温暖、献爱心”活动；省侨联主席刘以勤、副主席赵建中、秘书长邱广华先后10余次莅临泸州开展调研和帮扶工作。世界越柬寮团体联合会等多个海外侨团莅临泸州开展公益慈善探访活动。争取省外侨办精准扶贫资金11万元，撬动社会资本300万元。全年向全市困难归侨侨眷及其他困难群众200多名发放慰问金、慰问品（折价）合计26万余元，其中，为特困侨眷鄢一帆解决扶助资金4万元。

【依法护侨】发放宣传资料2000多份，接受群众咨询200多次，提升侨法的知晓率。妥善解决张应宁相关信访问题。江阳区侨联组织镇、街分管领导和侨界代表40余人开展涉侨政策和法律知识专题讲座。完成华侨回国定居审批办事指南的制定。开展侨心工程（江苏）回访活动，达成捐方将长期对口资助泸州市的意向协议；全年，接收侨界爱心人士捐资32.86万元，资助贫困学生454人（次）。

【海外联谊】深入践行“两个拓展”，推行侨务工作者联系侨界群众制度。邀请北京市侨界企业家代表团莅临泸州开展“新侨汇西部行”；组织召开2016年度侨界人士“庆中秋·迎国庆”茶话会，四大班子领导以及相关单位、归侨侨眷、侨界人士70余人共聚一堂。开通“泸州侨”微信公众号。参加四川省海外交流协会第三届理事大会暨第四届四川华侨华人社团联谊大会；赴重庆市江津区开展侨联友好单位回访；市侨联专职副主席罗华陪同市长刘强一行出访美、日、韩，联络当地侨界知名人士，涵养海外侨务资源。

【参政议政】引导归侨侨眷开展政治参与，依法参与管理国家和社会事务。推举综合素质高、在侨界影响力强的侨界人士担任各级人大代表、政协委员，提出议案和提案10多条，其中市侨联主席郭湘润撰写的《关于向我市高龄老年人发放高龄补

2016年1月24日，四川省侨联、古蔺县人民政府共同承办主题为“侨爱暖千家，情系众乡亲——亲情中华”慰问演出

贴的建议》提案被市政府采纳。

【文化外宣】 配合省侨联、古蔺县人民政府共同承办主题为“侨爱暖千家，情系众乡亲——亲情中华”慰问演出，当地千余群众前往观看。西南医科大学组织院校归侨侨眷、留学归国人员开展“纪念红军长征胜利80周年”系列活动；邀请香港大学与香港中文大学医学生代表团、澳门科技大学访问团莅西南医科大学交流访问，传播中医文化精髓。全年，通过省侨网、中侨网刊载全市涉侨信息35条。

【参与社会事务】 会同相关部门，指导区县深入推进街道（乡镇）群团工作中心建设，解决基层侨联工作存在的人员、经费、阵地等短板问题。结合社区侨务工作，支持区县在11个乡镇（街道）群团工作中心建设中加强侨联基础工作，调剂行政经费3万元，对其中机制健全、活动丰富的6个中心给予补助。纳溪区创新在社区成立侨务工作领导小组。龙马潭区建立“侨之家”群团公益项目，纳溪区组织归侨侨眷、侨资企业家参加助残日、文明城市创建等活动。西南医科大组织留学归国人员赴纳溪区建陶社区、合江县虎头镇开展义诊和健康宣传活动，探讨校地合作。（刘世琼）

政务服务

【概况】 2016年，市政务服务中心窗口办件量129.03万件，办理提速93.09%，保持按时办结率、现场办结率、群众满意率均为100%，无超时件，无有效投诉，收到办事群众给各窗口送来锦旗共计27面，树立窗口良好的社会形象。

【调整审批事项】 2016年，取消市级行政审批事项67项。深入推进“两集中、三到位、一杜绝”，完善以窗口为主导的行政审批运行机制。按照“应进必进”的原则，市本级涉及企业、群众的所有行政审批和公共服务事项全部纳入政务服务中心集中受理办理，进驻单位50个，人员300余人。

【深化并联审批】 深化建设项目并联审批。政务大厅设置市投资建设项目服务中心，为重大项目实施全程免费代办服务。全年代办项目5个，投资额总计3.5亿元，接受项目审批等相关咨询105余人（次），组织现场踏勘112次，召开联审会议151次，帮助业主加快项目建设进度，节约开支。推行“五证合一”登记制度改革。实施“一照一码”登记模式，以“一窗受理、一表申请、一套资料、发放一证”，使企业办照时限缩短至3个工作日。全年办理“五证合一”统一社会信用代码580件。

【三级联动审批】 督促涉及本次联审项目调整的市级部门做好与省级部门、县级部门的沟通、联系和协调。在省、市、县三级联动审批的基础上，探索更便民高效的为民服务机制，以叙永县为试点，延伸开展县、乡（镇）两级联动审批，实现省、市、县、乡（镇）“四层级”纵向联动，切实方便基层和群众办事。10月，组织召开全市政务服务工作现场推进会，开展“三级联审”政策规定及办理流程现场培训。

【政务服务体系】 泸州市、县均设置政务服务中心，并对场地进行拓展升级，将行政审批、公共服务事项集中对外服务办理。全市142个乡镇均设置便民服务中心，其中71个为大厅集中办公式便民服务中心，1769个村（社区）全面建成便民服务室（代办站、代办点），免费为群众提供计划生育、居家养老、健身娱乐、治安防卫、卫生管理、证件办理代理等便民服务。

【公共资源交易】 整合公共资源交易一体化平台，市、县（区）分别整合分散设立的国家投资工程建设项目招标投标、土地使用权和矿业权出让、国有产权交易、政府采购平台，全市7个县（区）公共资源交易平台全部整合为泸州市公共资源交易平台的分支机构，市公共资源交易中心负责对分支机构进行业务指导。推进“互联网+政府采购”及交易流程化管理。泸州市网上竞价系统于2016年6月上线运行。2016年，市本级共开展网上竞价项目282批（次）；完成国家投资工程建设招标694项，成交金额94.21亿元，节约资金14.22亿元，资金节约率12.89%。一般政府采购368项，成交金额75.75亿元，节约资金0.97亿元，资金节约率1.26%；PPP项目政府采购8项，预算（投资）金额150.58亿元。土地矿产交易29批（次），成交金额80.92亿元。资产处置2批（次），成交金额0.28亿元。（王春艳）

物流和口岸工作

【口岸功能】11月23日，经国务院同意，海关总署印发《国家口岸发展“十三五”规划》，四川省泸州港成功获批列入国家口岸发展“十三五”规划；2016年，泸州港国家进境粮食指定口岸已有来自澳大利亚、泰国、柬埔寨的高粱等粮食类产约8.5万吨抵港清关放行；泸州港保税物流中心（B型）完成进出口报关单183票，进出口货物吞吐量7746吨，货值达3065万美元；泸州港已具备进口木材检验能力，正在加快建设3000平方米的泸州港动植物查验处理区。

【多式联运】5月，由成都国际陆港公司和泸州港务公司共同申报的四川成都国际铁路港集装箱铁公水多式联运示范工程，成功入选国家首批多式联运示范工程项目。新增泸州港至德阳、汉旺、孝泉站集装箱铁水联运双向班列。

【区域合作】7月1日，成都市、泸州市签署《关于对成都—泸州公水联运通道给予补贴的合作协议》，成泸高速公路集装箱运输车通行费实现全免。8月31日，四川省人民政府口岸与物流办公室、泸州市人民政府主办的四川省物流服务联盟发展大会在泸州市成功举行。10月12日，昆明市、昭通市、泸州市签订港口物流发展合作协议。12月9日，川渝泸大通关合作第九次联席会议在泸州举行，三地将探索建立长江经济带“单一窗口”，构建长江大通关体系。

【物流主体培育】9家物流企业成功申报全省重点物流联系企业；泸州诚通物流有限公司被商务部确定为全国60家智慧物流配送示范企业之一；四川省宏图物流股份有限公司商务部确定为第二批商贸物流标准化专项行动重点推进企业；宏图物流园第四次荣获年度“优秀物流园区”称号；泸州永昌港埠物流有限责任公司成功由2A企业升级为3A企业，全市A级物流企业21家。

【物流项目】泸州酒业园区第三方仓储中转配送中心建设项目、伏龙货运集散中心、叙永县新隆物流信息化平台建设项目、叙永县城乡物资共同配送成功申报为省级物流重点项目。（杨　岭）

自然灾害和抗灾救灾工作

【应急管理体制建设】对12个专项指挥部流程图进行修订，加强对请机巡检和点名工作，将应急办承担的防震减灾职能移交市国土资源局。应急机构进一步完善。2月，市委编办设置市政府应急指挥信息中心，增加必要的事业编制。同时，各区县政府应急办配备3名以上专职人员。应急指挥平台顺利推进。

【应急演练】推行《泸州市应急预案管理办法》和《预案评审指南》，规范预案编制、修订、演练等工作。在全省率先出台《泸州市高速公路突发事件应急预案》。与周边市（地、州）签订应急管理合作协议，县级以上行政区域也分别与相邻的行政区域建立应急合作关系。与自贡、宜宾、乐山等11个市州制定联合应急预案。进一步强化应急演练工作，开展防汛抢险、地质灾害救援、卫生应急、医疗器械事故、消防灭火等5次市级专项应急演练，全国公安“先锋—2016”应急保障演练11月15日在泸州市举行。

【预警防范工作】健全预警信息发布机制。利用移动网络短信发布平台发布暴雨、洪涝、雷电、大雾等各类预警信息数万余条次。加大隐患排查整治力度。会同安监、国土、水务等部门开展安全督查、值班检查等20余次。

【突发事件应急处置】强化综合应急救援支队建设，下设17个专业救援大队、专业救援力量1145人，配备专业装备1万余件。有效处置“1·13”龙马潭区罐车爆炸事故，“6·18”、“7·18”暴雨洪涝灾害，“10·1”泸县太伏镇长安车失控撞塌民房等一系列突发事件。

【值班值守工作】 完善突发事件分类通报制度、分级报告制度和快速审签制度。加强与“110”、“120”、“12345”、网络舆情中心等单位联动。常态值周更加规范。在市委、市政府领导带班值周的基础上，在汛期和特殊敏感时期实行办公室科级以上干部大轮班与值班室专业值班相结合的值班制度，切实做到双人双岗24小时值守，全年未发生脱岗、漏岗情况，有效处置频繁的突发事件。加强信息报送工作。全年，市政府值班室接报突发事件信息250余起，向市领导报告信息600余条，编辑应急动态25期，向省政府总值班室报送《突发事件信息专报》16期，没有发生信息迟报、漏报、瞒报、谎报等现象。收转公文728份，接报公务来电3500多次，通知会议300余个，安排会议室1000余次。政务值班未出现明显失误。

叙永县白腊苗族乡高峰村村民“8·17”洪灾避险搬迁安置房

【防震减灾】 完成地震烈度速报和预警台站勘选。通过区县自选、防震减灾办（应急办）现场比选、省地震局专家考评，顺利完成40个台站的勘选任务。其中基准站5个、基本站14个、一般站21个，遍布全市4县3区。10月，泸州市防震减灾办公室机构编制调整到市国土资源局，在市国土资源局地质环境科增挂泸州市防震减灾办公室牌子，防震减灾工作职责随之划到市国土资源局。

（杨　昆）

扶贫移民工作

【精准扶贫】 住房保障精准到人。全年易地扶贫搬迁开工建设7983户30023人，竣工7534户28321人，搬迁入住5392户20524人。实施贫困户危房改造10308户，竣工10081户，入住10081户。实施地灾避险安置140户，竣工140户，入住140户。产业扶持精准到人。坚持长短结合产业扶贫模式，投入资金25亿元，新发展精品水果、特色养殖、高效林竹等八大主导产业种植基地17.66万亩，养殖畜禽76万头（只）。投入生产扶持资金2.9亿元，实施“米柜子”“菜篮子”“果园子”到户产业扶持项目，扶持生产发展6.66万人。规划投入资金239亿元，在乌蒙山片区，建设综合产业扶贫示范片3个，旅游扶贫新村20个，实施旅游扶贫项目170个。在贫困村设立30万元的产业扶持基金，建立集体管理、滚动周转的规范机制，专项用于贫困村体和贫困户发展增收产业。医疗救助精准到人。落实医疗扶贫“4个100%”，即全民预防保健100%、基本医疗保险100%、商业附加险100%、特殊医疗救助100%，实现贫困户县域内医疗机构住院治疗“零自付”、孕产妇住院分娩“零自付”、门诊医疗费用“零自付”。全市贫困户县域内住院治疗6.5万人（次），报销费用18722万元。低保兜底精准到人。出台《泸州市建档立卡贫困户低保兜底实施细则（试行）》，开展低保对象清理，将低保线由2500元/人·年调整为3200元/人·年，实现“两线合一”（低保线和脱贫线）。教育助学精准到人。发放助学资助金4.4亿元，落实中小学、中职和普高困难学生资助6179万元，减免非民族地区贫困户幼儿保教费和民族地区贫困户幼儿保教费2612万元，免除中等职业学生学费6608万元，惠及全市108万人（次）各级各类学生，确保适龄儿童不因家庭经济困难而失学。金融扶贫精准到人。鼓励金融机构加大对贫困县、贫困村基础设施建设和产业发展信贷投入。引进浦发银行重点支持贫困县脱贫攻坚项目建设，规划实施重点项目10个，第一期信贷计划资金20亿元。深入开展扶贫小额信贷，落实分险基金10683万元，向32494贫困户发放贷款5.8亿元。社会帮扶精准到人。组织571个市县机关企事业单位帮扶324个贫困村，组织150余家民营企业（商会）帮扶100个贫困村。组织开展“10•17”扶贫日系列活动，全市共计募集捐赠资金7996.82万元。区域发展覆盖到村。建成通村扶贫公路256.6千米，解决2.36万户群众用电难问题，建设农村综合文化室132个，完成145个“村村响”项目建设。驻村帮扶覆盖到村。落实“五个一”(一名联系县级领导、一个帮扶单位、一名第一书记、一名农技员、一个帮扶工作队）全覆盖，市县定点帮扶部门（单位）达450个，驻村帮扶干部1280人，其中第一书记324人。

【产业扶贫】 实施18个扶贫专项年度计划，全面改造提升274千米的叙永至古蔺农村公路及贫困村通村公路建设，完成“渡改桥”建设9座。打造富民旅游新村、富强苗族新村、海涯彝家新寨等66个扶贫新村。实施工业、农业扶贫项目54个，新发展农业产业基地17.66万亩，优质生猪、肉牛、肉羊及特色小家禽76万羽。完成贫困家庭技能培训13182人，其中培训建档立卡贫困户劳动者5552人，实现就业1000余人。开发村级公益性岗位5500余个，帮助2600余户贫困家庭实现就业。实施村级学校、村甲级卫生室等公共服务项目建设200余个。实施土地整治项目26个，完成高标准基本农田建设8.5万亩，完成营造林32.19万亩，巩固退耕还林61.5万亩。培训第一书记324人，建成党员精准扶贫示范项目324个，培育党员脱贫示范户1610户，新建党群服务中心101个，落实第一书记工作经费648万元。

【移民工作】 完成4座在建水库建设征地补偿移民安置资金清理。全年累计争取上级拨入各类移民后扶资金4782万元（其中：直发直补资金1205万元、项目资金3542万元，其他资金35万元）。

【审计稽查】 建立健全泸州市扶贫项目资金监管制度。大力推进扶贫开发责任、权力、资金、任务“四到县”。坚持“三专管理”，即专户存储、专人管理、专款专用，严格实行使用报批制、公示公告制、专账核算制、县级报账制、专项审计制、检查验收制等制度，构建起专项资金“安全网”。推行资金预拨、预留制。实行“三步结算”，即第一步移交结论、第二步归集票据、第三步报账支付。

【督查工作】 制发《泸州市2016年度区县和市级部门脱贫攻坚工作目标考核办法》，将脱贫成效纳入对县区和市级相关部门的目标考核范畴，实行“一票否决”。市委专门成立第六督导组，对脱贫攻坚工作进行常态化督查。出台《脱贫攻坚专项督查方案》。开展3次脱贫攻坚专项督导、1次区县交叉督查和多次常规督查。市委书记、市长亲自带队督导贫困县和贫困村；7名联系县区的常委，分别督导联系县区和帮扶村；其他市领导、121个市级部门，逐一到联系帮扶贫困村督导；各县区党政班子成员分片包干开展督导。全市参与督导的干部达1000多人，督导贫困村脱贫村共324个，走访贫困户2000多户。

（王　宇）

中国人民政治协商会议泸州市委员会

【组织机构】 政协泸州市第七届委员会由30个界别组成。委员399名，其中常委会组成人员77名。内设办公室、研究室和提案、财经、农业、人口资源环境、教科文卫体、社会法制、学习文史、民族宗教港澳台侨外事、（新成立）地方政协和委员联络委等9个专门委员会。

【市政协七届五次会议】 1月31日至2月3日，政协泸州市第七届委员会第五次会议召开。会议听取和审议《政协泸州市第七届委员会常务委员会工作报告》《政协泸州市第七届委员会常务委员会提案工作情况的报告》。列席泸州市七届人大六次会议，听取并协商讨论《泸州市人民政府工作报告》《泸州市中级人民法院工作报告》《泸州市人民检察院工作报告》，协商讨论《泸州市国民经济和社会发展第十三个五年规划纲要（草案）的报告》《泸州市2015年国民经济和社会发展计划执行情况及2016年计划（草案）的报告》《泸州市2015年财政预算执行情况和2016年财政预算（草案）的报告》。中共泸州市委书记蒋辅义作重要讲话。会议期间，通过整体协商，围绕全市经济、政治、文化、社会和生态文明建设中的重大问题，开展小组讨论34场，组织大会发言14个，撰写委员提案307件，整理建议意见52条，通过联组讨论向党政集中反映重点意见16条。

【市政协常委会议】 1月21日，市政协七届二十次常委会议召开。会议审议通过市政协常委会工作报告；通过市政协提案工作情况的报告；通过关于召开市政协七届五次全委会的有关事项；审议通过有关人事事项。2月3日，市政协七届二十一次常委会议召开。会议听取市政协七届五次会议小组讨论综合情况汇报；审议通过市政协七届五次会议提案审查情况的报告（草案）；通过市政协七届五次会议决议（草案）。6月2日，市政协七届二十二次常委会议召开。会议听取市政府关于泸州市环境保护工作情况的通报；审议市政协人资环委提交的《关于我市环境保护工作的调研报告》；审议通过有关人事事项。9月19日，市政协七届二十三次常委会议召开。会议听取市政府关于全市脱贫攻坚工作情况的通报；审议市政协农业委《关于我市脱贫攻坚工作情况的调研报告》；审议通过设立市政协地联委的有关事项；审议通过有关人事事项。11月16日，市政协七届二十四次常委会议召开。会议学习中共十八届六中全会精神；听取市政府关于政协委员提案办理工作情况的通报；听取市纪委、市监察局关于泸州市党风廉政建设情况的通报；听取市政府关于泸州市区域性中心城市建设情况的通报；审议市政协财经委《关于推进区域性中心城市建设几个问题的建议》。12月21日，市政协七届二十五次常委会议召开。会议听取关于市政协八届一次全委会筹备工作情况的说明；听取市委统战部作关于八届市政协委员名单（草案）的说明；审议通过八届市政协委员名单；审议召开市政协八届一次全委会的有关事项；审议通过七届市政协常委会工作报告和提案工作情况的报告；审议通过《委员管理办法》。

【政协主席会议成员视察】 5月5日，市政协主席会议成员视察泸州市“菜篮子”工程建设情况，形成《关于我市“菜篮子”工程建设情况的视察报告》。6月28日，市政协主席会议成员视察泸州市环境保护工作情况，形成《关于我市环境保护工作的调研报告》。7月26日，市政协主席会议成员视察泸州市公共文化建设情况，形成《关于我市公共文化服务体系建设管理情况的视察报告》。

【政协委员集体视察】 组织全体市政协委员，由市政协主席、副主席或委托区县的市政协委员小组长带队，围绕泸州市电子商务发展、“双创”工作、古迹古街保护、全国食品安全示范市创建等问题深入基层、深入一线，形成《关于我市环境保护工作的调研报告》《关于缓解市民打的难的视察报告》等视察报告。

【专题调研工作】 不动产统一登记工作推进情况调研。新型农业经营主体发展情况调研。泸州市建筑业发展状况调研。泸州市征地拆迁及农房安置情况调研。精准扶贫工作中的困难与问题调研。新形势下依法做好信访工作调研。区域中心城市建设调研。废旧电池对土地污染及回收处理情况调研。白酒产业发展现状调研。形成《关于白酒产业发展专题调研报告》《关于我市建筑业发展情况的调研报告》《关于我市不动产统一登记工作推进情况的调研报告》等调研报告，得到市委、市政府领导的签批。配合省政协完成“服务全面创新改革”“赤水河流域扶贫攻坚”等10余项调研任务；

【专题协商工作】 发挥协商民主重要渠道作用，围绕重大战略及决策开展专题协商。3月，针对“区域中心城市建设”开展专题协商，从规划布局、功能完善、品质内涵等方面提出协商意见。4月，围绕泸州市环境保护开展专题协商，提出“大力推进水污染防治、建立垃圾处理新机制、加强环境监察队伍建设”等12条具体建议。6月，围绕泸州市民营医疗机构生存和发展状况，提出“统筹规划、促进发展、创造条件、优化环境”等10条具体建议。6月，围绕主城区大中型停车场建设，提出“强化规划引领、区分轻重缓急、强化治理力度”等9条建议。7月，围绕泸州市产业布局暨泸县融入主城区开展专题协商，形成“产业布局应拥江布局、组团发展，泸县融入主城区应在通道建设上加快建设新路口长江大桥”等协商意见。9月，围绕《泸州市违法建设预防和查处条例（草案）》开展立法协商，提出“增强程序性、强化操作性”等16条建议。承办川南“7+1”政协工作联系会议，围绕赤水河流域贫困地区脱贫致富建言献策。

【提案与提案办理】 政协七届五次会议期间及会后一年来，征集并通过提案委员会的审查，立案提案314件。其中，大会提案307件，平时提案6件；市级各民主党派、工商联、各区县委员小组提案59件，委员个人或联名提案255件。截至2016年年底，所有提案均办复完毕，办结率为100%。解决或采纳的153件，占49%；列入计划实施的138件，占44%；因条件限制暂不能解决的23件，占7%，承办单位均认真做了说明。

【信息和文史资料选集编辑】 全年，市政协共向市委、市政府报送《社情民意专报》24期；向市级有关部门转送《社情民意信息》11期；向全国政协报送社情民意信息98篇，被采用8篇，被评为全国政协办公厅反映社情民意信息工作先进单位；向省政协报送109篇，被采用45篇，获省政协反映社情民意信息工作一等奖，连续第十年在21个市州政协中排名第一。修编完善《泸州抗战回忆录》等文史资料。（欧正聪　施崇亮　杨丽娟）

民主党派

中国国民党革命委员会泸州市委员会

【概况】 中国国民党革命委员会泸州市委员会到2016年12月31日止，有党员466人，平均年龄48岁。有高级职称党员39人，有中级职称的党员297人，党员中有省人大代表1人，市人大常委1人、代表12人。县级政协副主席1人、常委2人、代表12人。有省政协常委1人、委员1人，市政协常委7人、委员30人，县级政协常委7人、委员19人。基层组织10个：纳溪区基层委员会（辖纳溪支部，泸天化支部、气矿支部），市属一、二、三支部，泸医支部、江阳区支部，龙马潭区支部，泸县支部。

【参政议政】 全国政协副主席、民革中央常务副主席齐续春2015年10月莅临泸州调研形成的调研报告《关于建立赤水河流域生态文明示范区，推动区域经济社会可持续发展的建议》在2016年5月15日分别得到国务院副总理张高丽、汪洋的签批，并要求国家发改委、环保部、农业部、国家扶贫办研究办理。在2016年省政协全会上，主委张方正提交的提案《推进出租汽车整批管理体制改革的建议》、副主委宋远平提交的提案《关于进一步加强我省学前教育工作的建议》、副主委刘旭晴提交的《关于四川省食品安全监管存在的问题与建议》受到多家媒体关注。在市两会上，提交集体提案7件，个人提案42件。其中，集体提案《我市中小学生校外托管机构存在安全监管空白亟须引起高度重视》作为市政协大会发言引起市领导高度重视，交与商务局牵头办理。在市政协确定的8件重点督办件中，民革提交的两件集体提案——《我市城区义务教育发展存在的问题及对策建议》《关于加强我市乡镇饮用水安全的建议》被确定为重点督办件。11 月 3 日，市委在南苑会议中心召开泸州各民主党派工商联建言献策会，民革泸州市委在会上对泸州市公益性农贸市场建设和长江经济开发区建设问题提出意见建议。

【反映社情民意信息工作】 2016 年民革泸州市委上报的社情民意 100 余篇，采用数量名列各单位前茅，其中《对加强和规范司法活动法律监督、社会监督的建议》《关于进一步加大对原国民党抗战老兵优抚力度的建议》《关于公办学前教育资源匮乏的问题》被全国政协采用。另有 5 篇社情民意信息被省政协采用。泸州民革被评为全省社情民意反映工作考核一等奖第一名。

【服务经济】 主动服务基层和党员。2016 年市委会共 25 次到基层参与组织生活和课题调研。开展牵手行动，着重对老领导、老党员和困难党员开展慰问。2 月，民革原中央副主席钮小明应邀到泸州考察全市的职业教育发展情况。3 月，四川省委会副主委何一立率队到叙永落实双联工作。4 月，民革中央社会服务部边部长一行到泸州调研。8 月，民革中央副主席、民革四川省委主委刘家强受市委书记蒋辅义邀请莅临泸州，就泸州如何尽快融入长江经济带进行调研。主动对外争取招商引资项目和资金。在民革市委及有关支部党员的积极协调争取下，2016 年浙江客商投资泸州市美缇商贸有限公司项目履约。该项目总投资 5000 万元，预计新增销售收入 6000 万元，新增利润 600 万元，新增税收 300 万元，解决就业人数 30 人。富顺陈肇强泸州诚鼎鑫贸易有限公司电子产品等销售项目也履约。该项目投资约 4000 万元，预计可实现年利润 500 万元，上缴税金 200 余万元。民革党员黄吉宽引进泸州市高博塑业有限公司，并成功落户纳溪白节镇。该公司由江苏企业参与投资 2000 万元，建成后形成产出近 2 亿元，年贡献税收约 1500 万元。泸县支部积极协调并引起建筑材料经营业主郑小英到泸县天心镇田坝村投入资金 120 万元，成立金丰收家庭农场 1 个，拉动政府投入项目资金 100 万元，流转土地 150 亩，发展 PIC 父母代能繁母猪 100 头，种植无花果 50 亩，维修鱼塘 20 亩，修建泥结石公路 3 公路。无偿为泸县金丰收家庭农场送去化肥（尿素）3 吨，价值 6000 多元。

【社会服务】 做好关爱抗战老兵。积极开展抗战老兵寻找慰问，截至年底，寻找到幸存的原国民党抗战老兵 122 人，人数仅次于成都。市委会先后申请获得关爱抗战老兵网、北京铁血公益、深圳龙越集团、四川省城乡统筹发展基金会支助四川抗日老兵救助会等社会公益力量对全市老兵的关爱救助。截至年底，市委会共为泸州抗战老兵争取资金和物资共计 50 余万元。11 月 18 日，北京志远基金会向泸州的八位远征军代表每人捐赠 8000 元， 共 6.4 万 元。 市委会和基层支部多次组织党员看望慰问老兵共计 70 余人。与泸州电视台、泸州新闻网、酒城新报、四川在线等媒体开展关爱老兵系列活动，营造良好的社会氛围。与红十字会、关爱老兵志愿者服务队、艾瑞医院一起联合开展“关爱老兵健康

2016 年 9 月 10 日，泸州市原创歌曲大赛决赛

行动”，对部分老兵进行体检，对患有白内障的老兵进行免费手术治疗，10名老兵接受手术重见光明。开展“三下乡”活动。到弥陀镇敬老院为70余名老人开展健康知识讲座和义诊活动，筹资近万元给每一位老人赠送收音机。开展关爱未成年人健康行动，向弥陀学校赠送图书和体育器材价值总计6000余元。为弥陀镇学校现代教育技术的提档升级争取资金20万元。做好定点扶贫工作。1月，到二郎镇华年小学开展“圆梦行动，你我同行”活动，出资近万元为华年小学购置教学音响设备和体育器材。9月，到华年村开展牵手困难学生活动，分别向该村家庭困难、品学兼优的学生捐款5000元。与市财政局、交通局、扶贫办、民宗局协调，为该村通村公路争取资金10万元。

【组织建设】 将理论学习与开展坚持和发展中国特色社会主义实践活动和“薪火相传，圆多党合作之梦”教育活动相结合。全年，市委会举办首届理论研究暨孙中山理论研究文章评选活动，征集论文20余篇。5月，组织支部主委到广东，走中山故里，寻革命足迹，温民革历史，在接受革命传统教育的同时，坚定班子成员继承和发扬民革优良传统，走中国特色社会主义政治发展道路的信心和决心。10月，主办“中国梦、民革情”——坚持和发展中国特色社会主义做合格民革党员的主题演讲比赛。在全市基层组织中开展“34544”标准支部达标创建活动，规范支部组织建设。纳溪基层委员会被市委统战部推荐为全国学习教育活动先进单位。加大后备干部队伍的建设力度，重点抓好选拔、培养、推荐三个环节，把真心、热心、用心、关心民革工作的高层次、高素质的党员纳入到后备干部队伍，实现后备干部队伍的分类、分层管理，建立电子档案，及时向各县区党委、组织部门、统战部门推荐。积极选派年轻骨干党员100余人（次）参加中央、省、市举办的各种培训班。10月21日成立泸州民革青年联合会。年内共发展新党员21人，市委会先后与自贡、宜宾、内江、雅安、乐山、资阳、广安等市级组织开展学习交流活动。

【祖统工作】 全年祖统工作的重点是做好抗战老兵的寻找慰问。9月5日，祖统委部分成员分别到龙马潭区、江阳区和纳溪区慰问部分困难抗战老兵，参观纳溪乐道子的抗战小学。选派党员参加市台办组织的泸州赴台学习交流党政考察团。与台办就“泸州—武汉—台湾”集装箱快班服务开展调研。

（厉建永）

中国民主同盟泸州市委员会

【政治交接】 5月29日，盟市委召开中国民主同盟泸州市委员会第十四次代表大会，周亚琼、杜旭林、黄修华、熊建辉、杨静喜、杨辉、陈兵、赵永忠、熊鹰等9位盟员当选为民盟泸州市第十二届委员会常务委员。周亚琼当选为主任委员，杜旭林、黄修华、熊建辉、杨静喜当选为副主任委员。会议任命杨静喜为秘书长。

【组织建设】 年内，泸州市发展新盟员29人，平均年龄36.4岁，全市盟员总数达到640人。新盟员中本科以上学历23人，其中硕士3人、学士10人，继续保持盟员发展的高学历和年轻化。在高校及中学发展盟员12人，科技医卫界发展盟员5人。2016年2名盟员被提拔为副县级干部。盟市委与各市级民主党派联合举办新盟员培训班。8月顺利举办骨干盟员培训班，邀请市政协、市教育局等部门的专家对盟员进行系统培训。盟员任晓雷由中国电子信息产业发展研究院主办的“2016大数据技术与应用推进大会”授予“大数据领军人物奖”，其投资创办的企业——四川黑马数码科技有限公司被大会授予“大数据领军企业奖”和“大数据优秀解决方案奖”。盟员杜旭林被四川省教育厅、四川省教育报刊社联合表彰为“四川教育宣传先进个人”。盟员冯骏被评为“四川省最美维权人物”。盟员徐富贤主编的学术专著《杂交中稻蓄留再生稻高产理论与调控途径》由中国农业科学技术出版社出版发行，发表相关论文80余篇，先后获得四川省科技进步二等奖1项、三等奖3项，重庆市科技进步一等奖1项。盟员丁国祥为主编，盟员刘天朋为副主编的学术专著《四川高粱研究与利用》由中国农业科学技术出版社出版发行。盟员董慎伦作词、作曲的歌曲《让梦想尽情飞翔》《酒城滨江夜色美》，在“唱响中国——2016年首届大型音乐展演盛典”活动中，分别被授予“中国歌曲创作最佳校园歌曲金牌作品”“中国歌曲创作十佳（词曲）银牌作品”荣誉称号。盟员邹静波荣获四川省高校后勤协会“2014—2015年度高校后勤服务工作和管理工作先进个人”两项表彰。盟员黄祖胜成功入选第四届泸州市宣传文化系统“四个一批”人才。至年底民盟西南医科大学一支部有在研课题14项，2016年发表科研论文8篇。

【参政议政】 2016年民盟市委在市“两会”上，提交《合理规划构建智慧城市，打造宜居宜业宜游泸州》等集体提案5件，大会发言1件，个人提案21件，人大代表建议3件，有3件提案被市政协列为重点督办提案。2016年民盟泸州市委顺利结题12个调研课题，并为盟省委提供9个调研报告。2016年盟市委组织上报122篇社情民意信息，被省委统战部录用7条，被盟中央录用12条，盟省委录用68条，《农村低保政策不完善值得重视》等3条社情民意被全国政协采用，《加大对限定性农药超范围使用的监管力度》等21条社情民意被省政协采用。2016年年初，盟市委被表彰为盟省委反映社情民意信息工作先进集体一等奖。

【社会服务】 盟市委依托“泸州民盟支教行动”及“科技助农”，联合各基层委员会及基层支部，顺利实现盟市委社会服务工作向主动服务、专业平台服务的转变。民盟泸州市委、泸州市红十字会及古蔺县粮食局联合开展新春送温暖活动，为古蔺县二郎镇雷家沟村37户精准扶贫贫困户送去约4万元的米、油、棉衣棉被及慰问金。盟员杜旭林率队前往古蔺县二郎镇开展教育扶贫调研工作。盟员徐浩一同前往调研，并免费帮助上述两所学校培训美术科教师。盟员杜旭林率队前往合江县望龙镇梧桐小学开展系列教育精准帮扶行动，杜开君为该校教师上了一堂教学观摩课。盟员杜旭林率队两次前往泸州市纳溪区最偏远的乡镇合面，为相关学校送去法律讲座，并积极协调解决投资约20万元的新厕建设问题，向纳溪区合面镇马桥小学捐赠12万元资金，用于马桥小学新建水冲厕所的周边配套设施及马桥小学图书室购买新书。由民盟泸州市委协调资金建设的古蔺县雷家沟村小学操场改造工程完工，师生教学环境得到极大提高。由民盟泸州市委协调在古蔺县雷家沟村投资20万余元建立的400亩花生产业基地迎来丰收，种植花生的村民收入较传统作物提升一倍。民盟四川化工职业技术学院支部部分盟员到国家级贫困县——泸州市叙永县摩尼镇金榜村开展精准扶贫活动，为每户贫困家庭送去大米、食用油和慰问金。民盟四川省农科院水稻高粱研究所（泸州）支部的农业专家来到民盟泸州市委对口扶贫村——古蔺县二郎镇雷家沟村进行考察调研。民盟水稻所支部当即捐赠5000元，解决贫困户家庭子女就读大学购买必要学习用具的费用问题。民盟泸县委员会联合泸县牛滩镇多个部门，在牛滩场镇组织开展文化、科技、卫生“三下乡”暨学雷锋集中宣传服务活动，并到对口联系学校——泸县奇峰镇春木小学，向孩子送上生活用品，为学校送去1000元慰问金。民盟江阳区委员会与古蔺大寨苗族乡中学签署“盟校合作”协议，合作协议明确，民盟江阳区委将用3～5年的时间，由民盟江阳区委派遣盟员中的学校领导和骨干教师定期到大寨中学，帮助完善学校管理制度、传授管理经验和上示范课；帮助大寨初中学校培养骨干教师，促进教师专业发展。协议还确定由民盟江阳区委每年向大寨学校颁发6000元的助学金，帮助大寨学校品学兼优的贫困学生完成学业。1盟员赵永忠率领部分从事法律工作的盟员，为护国中学200余名高一新生奉献一堂法律知识专题讲座。1民盟泸县委员会联合泸县统计局到泸县牛滩镇坳田村开展扶贫帮扶活动，为全村86户贫困户免费送去鸭苗3400余只，价值4万余元。1盟员任晓雷响应“我为扶贫攻坚做件事”行动号召，捐款捐物数万元，对龙马潭区长安镇长春村农业和种养殖业情况进行实地调研，帮助该村搭建农村电商平台，让农产品走出去，实现产业扶贫。

【对接工作】 9月27日，全国政协常委、民盟中央副主席、国家“863”计划节能与新能源汽车重大项目总体专家组组长、清华大学教授、博士生导师欧阳明高在北京接见中共泸州市委书记蒋辅义和中共泸州市委常委、常务副市长曹俊杰一行，并就泸州发展新能源汽车产业有关问题进行深入座谈。11月17日，民盟中央2016年社会服务工作会议在贵州省黔西南州兴义市召开。民盟泸州市委主委周亚琼率民盟市委机关部分同志参会并先后向民盟中央副主席龙庄伟、民盟中央社会服务部副部长段海溪、民盟中央社会服务部教育处处长王强汇报民盟泸州市委明年的重点工作打算，以及恳请民盟中央给予支持的有关具体事项。12月7日，全国人大常委、中国科学院副院长、中国科学院大学校长、民盟中央副主席丁仲礼与中共泸州市委书记蒋辅义一行就泸州教育科研发展进行深入座谈。丁仲礼提出中国科学院大学可以与泸州政府部门、学校、企业开展科学服务互助的思路。（王珈英）

中国民主建国会泸州市委员会

【参政议政】 在各级“两会”期间，民建市委、区（县）基层组织和会员中的83名人大代表、政协委员提交建议和提案122件。市委会集体提案《关于加快区域中心城市建设的几点建议》被市政协七届五次全体会议选为大会首个发言。市委会集体提案《关于让历史文化元素融入泸州文明城市建设的建议》《关于加强主城区小区物业管理工作水平的建议》，会员江梅提交的《城市街道的命名要有泸州特色》和会员雷兵能提交的《城区电动车、摩托车管理应长期坚持不懈》4件提案被列为市政协重点督办案。

【调研工作】 组织参政议政骨干会员围绕“营改增”实施、培育赛事经济等课题深入部门、企业以及绵阳市、宁波市、丽水市调研，形成调研报告12篇，其中《主城区农贸市场建设急需完善》被民建省委主委陈文华签批。申报的社科联课题《民主党派参政议政制度建设的意义、任务和制度框架》获得立项。

【民主监督】 参加各种协商会、通报会、座谈会、征求意见会等40余次，表达意见和建议50多条（次），提出的部分意见建议被采纳。会员31人（次）担任市级、县（区）级相关部门各类特约、特邀人员，积极参与行风政风评议、阳光政务等工作。

【社情民意信息】 全年收到各基层组织和会员提交的信息和社情民意130余条，被全国政协采用2条，民建中央、省政协采用5条，省委会采用18条，市政协采用30条。

【组织建设】 全年发展新会员29人，平均年龄37.7岁，大专以上学历占100%，中高级职称占37.9%。截至12月底，有会员477名，平均年龄53.5岁，大专以上学历占76.5%，经济界占76.9%，中高级职称占48.0%。全年发展率为6.5%，净增率为5.6%。指导基层组织顺利完成换届工作；召开民建泸州市第十二次代表大会，选举产生民建泸州市第十二届委员会，成立包括组织建设在内的7个专门委员会，圆满完成换届任务。成立泸州市第一个经济园区支部——民建龙马潭区基层委员会四川泸州长江经济开发区支部。市委会与民进丽水市委、民建纳溪区基层委员会与民建乌海市乌达支部分别缔结为友好市委会和支部，在组织建设、制度建设、参政议政、项目对接等方面达成共促共进协议。全年新发展会员29名。举办“庆祝中国共产党成立90周年趣味运动会”“三八节健康环保绿色行”家庭养花讲座、“健健康康过重阳，幸福生活在酒城”重阳节慰问座谈、春节慰问等活动。会员34人（次）获得各类表彰，其中，李强被市人大常委会聘为首届地方立法专家组成员；陈刚作为四川医药行业唯一代表（泸州地区的唯一代表）入选国家第二批“万人计划”科技创业领军人才名单，会员企业四川科瑞德制药股份有限公司在加快推进四川民营经济发展大会上被授予“优秀民营企业”称号。市委会荣获民建中央社会服务工作先进集体称号，在民建省委对各市州组织2016年度的考评中，再次囊括全部奖项，其中会务工作综合评比以及七个单项中的组织工作、宣传工作、参政议政工作、社会服务工作和对外宣传工作位列全省第一。

【脱贫攻坚】 主动对接国家扶贫办，邀请国家扶贫办、中国扶贫开发服务有限公司、中国老区建设促进会领导多次莅临泸州考察，促成叙永县“鸡鸣三省”大峡谷旅游开发项目纳入国家旅游扶贫开发战略，叙永县水潦乡海涯彝寨列入国家乡村旅游扶贫整村推进试点项目备选地（全国共10个）。中国扶贫开发服务有限公司实施的国家旅游扶贫示范项目（全国共3个）——乡村精品民俗酒店落地叙永县水尾镇，首期投资1000多万元。开展“我为扶贫攻坚做件事”活动，成立民建市委“思源·扶贫济困基金”，会员和会员企业全年累计捐款达164.75万元。帮助石榴村完成包括村办公室、幼儿园、卫生室、群众文体活动场所在内的阵地建设。新建标准化泥结碎石路8.4千米。引进泸州市益康生态牧业公司，成立二郎镇狮子头养殖专合社。

【社会服务】 主动对接中华思源工程扶贫基金会“思源救护”项目，为古蔺县妇幼保健院落实思源救护车1台。为叙永县人民医院、叙永县妇幼保健院成功争取到2016年首次启动的“思源救护”子项目——“移动互联网医疗服务平台”项目，项目将无偿为两家医院各提供定制“移动互联网医疗服务平台”1套，包括iHIS+就诊服务平台、生活服务平台、医疗服务平台、线上药房平台和大数据分析平台，公益公允价值40万元。引进天津外促会企业团队投资2亿元打造叙永县红洞桥AAAA景区。邀请2批（次）共计20多名企业家到纳溪考察包括石龙岩码头在内的重点建设项目和旅游项目，深化民建市委与纳溪区政府的务实合作。在泸州市古蔺县马嘶苗族乡启动泸州民建思源“扶贫济困基金”项目，向该乡困难群众及贫困学生捐赠首笔善款6.65万元。邀请民建无锡市委、民进丽水市委率50多名会员企业家参观泸州高新区、保税港码头、酒业集中发展区等地，并与市投促局进行项目对接。主动牵线上海市浦东新区科经委，与泸州市投促局共同前往拜访，就产业转移、项目合作、技术交流进行深度交流。纳溪区基层委员会成功牵线纳溪区政府与广东非思智能科技股份有限公司签约现代高新科技开发项目2个。2016年，中国民主建国会泸州市委员会共计引进项目11个，引入资金达35亿元。 （蓝 松）

中国农工民主党泸州市委员会

【参政议政】 2016年“两会”期间，基层组织和党员中的各级人大代表、政协委员提交提案、建议58件。市委会向市政协提交集体提案6件，在大会上作《关于加快推进现代职业教育改革的建议》的书面发言。市委会《关于进一步加强精准扶贫工作的建议》和《关于加强农村污染防治的建议》、董斌《关于规范我市跨江桥梁名称的建议》被评为市政协七届五次会议重点提案。市委会《关于对泸州城垣妥善保护和合理利用的建议》、巫骏川《关于认真落实国家疾病应急救助制度切实解决困难群众的急救保障》、赵印《关于推行全市客运公交一体化的建议》被市政协评为2013—2016年度优秀提案。唐敏《关于做好“七五”普法工作的建议》得到副省长邓勇签批。发挥特色优势，围绕“十三五”规划制定、中医药产业发展、统筹城乡发展、生态环保等，积极建言献策。配合农工党省委开展健康扶贫、加快推进四川绿色发展、出生人口缺陷的现状与对策等课题调研，形成《关于做好健康扶贫工作的建议》《关于加快推进四川绿色发展的建议》《关于做好出生人口缺陷预防工作的建议》等调研报告10篇，多篇报告被省委采用。向农工党四川省委、市政协报送社情民意信息76篇。其中，《关于扶持西部社区卫生服务体系建设的建议》《修改〈关于加强和改进机动车检验工作的意见〉中“车辆年检规定”的建议》2篇信息被农工党中央采用，《关于修改〈中华人民共和国反家庭暴力法（草案）〉的建议》、《药用玻璃瓶的监督管理亟待进一步完善》等5篇信息被省政协采用，11篇信息被农工党省委采用，20篇信息被市政协采用。

【组织建设】 5月28日，召开农工党泸州市第二次代表大会，选举产生农工党泸州市第二届委员会。何延政当选为农工党泸州市第二届委员会主任委员，唐敏、雷文彩、卢赐恩当选为农工党泸州市第二届委员会副主任委员。开展江阳区支部、纳溪区支部等6个基层组织的换届工作，新成立泸县支部。联合举办泸州市民主党派骨干成员沈阳社会主义学院培训班，组织13名党员参加培训学习。推荐2名骨干党员参加农工党省委举办的江苏省社会主义学院培训班学习。推荐3名党员参加省委统战部党外干部培训班学习。举办党史教育、参政议政、党内监督工作培训会。邀请农工党省委会委员、德阳市喻晓钢为党员进行党史、参政议政工作专题培训，副主委唐敏、党员巫远开分别以《中共从严治党给予我们的启示》和《如何做好社情民意信息工作》为题作专题讲座。9月18—20日，组织市委委员、基层支部负责人、部分骨干党员等20余人赴广安、武胜、重庆考察学习。11月23日，农工党泸州市委与农工党江津区工委在南苑会议中心举行合作共建签约仪式，建立两地互访合作机制。全年，发展党员17名。其中医卫界8人，占47%；人资环领域4人，占23.5%；文教界1人，占6%；其他界别4人，占23.5%；本科学历10人，占59%；硕士以上学历2人，占12%；平均年龄33岁。

【社会服务】 开展助学支教、送医送药、法律宣传与援助援建等社会服务工作，取得良好的社会效益。相继开展“三下乡”“第九届中国环境与健康宣传周”“第28届中国国际科学与和平周”“农业科普知识宣传”等活动。纳溪区支部开展“3·11关爱留守儿童春风行动”“九九重阳节敬老爱老活动”和“关爱留守儿童暖冬行动”，龙马潭区支部开展“学雷锋志愿活动”，西南医科大学支部赴纳溪区建陶沟社区开展送医送药义诊活动。资助帮扶村活动室及卫生站标准化建设、文化站建设，为该村募集到建设资金17.5万元。在基层组织和广大党员中开展“扶贫日”捐赠活动，募集到资金3万元捐赠给旺龙村，用于该村的基础设施建设。在党员中深入开展精准扶贫“123X”结亲帮扶活动（即落实一个支部，两名联系人，从健康、教育、产业三个方面进行扶持，实行医疗服务、捐款捐物、爱心助学、引入项目等多种措施）。

【思想建设】 以培育和践行社会主义核心价值观为主题，开展征文、考察等系列活动。其中党员肖玉梅撰写的《向阳花开——纪念农工党创始人邓演达》在《四川统一战线》刊载。承办农工党中央践行社会主义核心价值观百场主题宣讲川南片区报告会。拍摄纪念市委会成立六周年专题片《点滴为民生　大事谋作为》，编辑出版《参政议政六年锦集》《风雨同行　六载集影》《弘扬传统　同心同行》等专刊。市委会在《前进论坛》、农工党中央网站、《四川政协报》、农工党省委网站等省级以上报刊网站刊登信息101条。　（曾曼姝）

中国致公党泸州市委员会

【思想建设】 市委会加强开展中共十八届五中全会和中央统战工作会精神学习，深刻领会“四个全面”“五大发展理念”等重要思想和重要观点，把“五比五看”活动与政治交接活动结合起来，研究部署各种活动30余次。组织选派骨干党员参加致公党中央参政议政干部培训班，省委统战部举办的全省民主党派中青年干部培训班，省委会举办的2016年度省人大代表、政协委员暨骨干党员培训班，参加省委会组织的精准扶贫培训，市委统战部举办的保密工作培训，市民主党派联合举办的骨干成员培训班，市委会开展的“纪念长征胜利80周年、走中国特色社会主义道路”学习实践活动。“三八”节组织50名女党员，参观泸州市妇联的精准扶贫项目“伊针伊线”工艺品展示。江阳支部调研董允坝、分水油纸伞、长江水资源保护，并对新一届人大代表和政协委员进行培训；泸县支部新支委规范建立各项规章制度；教育支部组织调研泸州城北医教园区泸州职业技术学院新校区；医科大支部组织党员学习讨论大学发展规划；直属支部、医卫支部开展组织生活贯彻

"五比五看"活动精神；纳溪总支、龙马潭总支、江阳支部、泸县支部相互联谊，开展统战知识竞答、党派知识竞猜、党史知识普及、了解泸州老窖历史及酒文化等系列活动。

【组织建设】 中国致公党泸州市第五次代表大会顺利召开。副省长、致公党四川省委主委杨兴平出席开幕式并作重要讲话，中共泸州市委书记蒋辅义到会祝贺并发表重要讲话。大会审议并通过致公党泸州市第四届委员会工作报告；选举产生致公党泸州市第五届委员会，圆满完成各项议程。马宗慧当选为第五届委员会主任委员，张永志、卢世伦、叶勇当选为第五届委员会副主任委员。

江阳支部、南城支部、泸县支部、医科大支部、教育支部（原化专支部）完成换届工作；南城支部、化专支部完成更名工作。南城支部更名为致公党泸州市直属支部。四川化工职业技术学院支部更名为致公党泸州市教育支部。江阳支部选举刘中宪为主任委员，杨多、刘代贵为副主任委员，李涛、谢勇、赵利华为委员。直属支部选举黄茜为支部主任委员，梁昭仪、杨铁梅、邹婕为支部副主任委员，谢世才、肖刚、杨东升为委员。泸县支部选举罗冠英为主任委员，段绪利、钟文、邱宗文为副主任委员，刘秀、张清为委员。医科大支部选举谢惠波为主任委员，游小红、孙晓强为副主任委员，李雷激、毛惠为委员。教育支部选举程琴为支部主委，孙晓曦、计涛为支部副主委。

考察联系 20 人，组织 18 名入党积极分子参加市级党派入党积极分子培训会。市委会组织选派基层负责人、党员骨干、机关干部 13 人（次）参加致公党省委浙江大学基层负责人培训班以及其他各类培训班学习。市委会班子成员参加"坚持和发展中国特色社会主义学习实践"、"三严三实"各阶段学习教育等活动；注重后备干部建设，坚持下基层宣讲、听取支部意见建议 11 次；机关干部开展调研活动 5 次。

【参政议政】 市委会专题召开参政议政工作会部署工作。2016 年的省、市"两会"上，致公党泸州市委的代表委员围绕泸州经济社会发展和改革发展大局，提交建议、提案 77 件。致公党泸州市委作大会发言《关于加强我市法律援助工作的建议》，致公党泸州市委提交的《关于加强我市文化遗产工作的建议》，主委马宗慧提交的《长江上游沿江城市融入长江经济带发展的建议》、市人大常委徐志兰提交的《进一步完善社会救助体系的建议》等建议得到广泛关注。为建言泸州市高铁建设，市委会赴泸州市合江县、四川宜宾市、云南昭通市水富县调研渝昆高铁前期工作情况，与宜宾市发改委铁建办进行深入交流。市委会根据省委会 PPP 项目课题实地调研沱二桥加宽改造项目、长江六桥及连接线项目、白招牌停车场项目，并与市政府办、市发改委、市住建局、市财政局、项目推进中心及施工单位展开座谈。在省委会立项的 31 个课题中，《关于 PPP 项目建设的问题及建

2016 年 12 月 19 日，全国政协副主席、致公党中央主席、科技部部长万钢莅临泸州考察，出席"致泸合作"工作汇报会

议》入选重点调研课题，《当前基层人口工作的挑战和对策探讨》等入选一般调研课题。徐志兰的《致泸合作的实践与启示》入选中央社会主义学院2016年优秀论文集。

【致泸合作】全国政协副主席、致公党中央主席、科技部部长万钢率致公党中央、科技部一行莅临泸州考察，调研“致泸合作”和脱贫攻坚工作。致公党中央副主席曹鸿鸣、四川省政协副主席、省工商联主席陈放，中共泸州市委书记蒋辅义，省委统战部副部长刘建军等陪同。万钢表示将继续支持“致泸合作”，帮助泸州发展。致公党北京市委特邀全国知名专家北京阜外医院王巍、吴永健到泸州市开展“致泸合作”名医讲座。致公党泸州市委与南京市委、杭州市委分别签署结对帮扶协议。杭州市委在叙永县麻城中学组织开展“牵手阅读伙伴·心系西部地区”暨叙永县麻城中学杭州致公图书角授牌仪式，向麻城中学捐献价值约20万元的图书。联系致公党中央、上海市委、四川省委出资20万元在泸州建设科普活动中心。促成台商游象庆先生向法王寺村再次捐赠100万元。

【社会服务】市委会多次到帮扶村麻城乡寨和村为当地村小孩子和困难群众送去慰问品及慰问金、古树维修款计6万元，并协助解决校园文化墙、电教室、饮水困难等问题。带领纳溪总支赴省级贫困村龙车镇古楼村开展精准扶贫帮扶活动。泸县支部在太伏镇开展1期有针对性的农村养殖技能培训班，培训100人。致公党四川省委举办致泸合作“十百千”工程社区建设培训活动，市委会组织泸州市十一个社区共21人参加。联系省内各地方基层组织来到“十百千”工程社区开展慰问。协办致公党四川省委主办的致公圆梦大讲堂“致泸合作十百千”技能培训班，300余人（次）参加培训。积极开展“三下乡”、社区帮扶活动，市委会组织来自四川医科大、王氏骨科的两位大夫为群众问诊、开方，将药品免费发放到群众手中。纳溪总支为特教学生开展爱心捐赠。致公党江阳支部坚持关爱未成年人，开展“漂亮宝贝”捐资助学、家乐牙科结对扶助等活动。党员王开信向特教学校赠送1万余元的校服及用品。

【宣传联谊】2016年以来，向《团结报》、《中国致公》、省委会、市政协、市委统战部报送宣传信息77条，采用54条。市委会领导赴三区一县看望慰问致公党归侨侨眷、病重党员及老党员30多名，送去慰问和慰问品。春节期间向海外亲友发送贺卡、信件或电话联系50余次。同致公党沈阳市委开展交流联谊。（李　力）

九三学社泸州市委员会

【概况】截至2016年年底泸州市有2个九三学社基层委员会、18个支社，2016年新发展34名成员，社员总数达到516人，平均年龄53.6岁，其中离退休人员180人，占34.88%；高级职称262人，占50.78%。社员薛颖被评为四川省爱国卫生先进个人；敖宗华主持申请的四川白酒酿造产业技术研究院被省科技厅认定为第二批省级产业技术产研院，解决了行业科技成果转化“最后一千米”的难题。

【思想建设】社市委组织社员深入学习中共十八届四中、五中、六中全会精神、总书记习近平系列重要讲话和中央统战会议精神；韩启德主席在九三学社第十三届中央常务委员会第十五次会议闭幕会上的讲话精神；中共四川省委十届九次全会、泸州市委七届十一次全体会议精神和国务院、省政府第四次廉政工作会议及全省依法治市电视电话会议、社省委等有关会议精神。

【组织建设】组织支社和社市委专委会负责人到中国民主党派历史陈列馆、九三学社成立纪念碑、井冈山等地开展学习教育活动。以“社员之家”创建活动为载体，开展丰富多彩的基层组织活动，倡导“活力九三、健康生活”。吸收34名新社员。其中：中级职称20人，高级职称3人。表彰2016年度“五比五看”评比活动先进集体、优秀社员、参政议政先进个人和优秀社务工作者。开展主题活动：先后组织第106个“三八”妇女节庆祝活动、“纪念长征胜利80周年暨九三学社泸州市委成立30周年活动”及重阳节座谈会。九三学社贵州省毕节市、赤水市和九三学社四川省资阳市、内江市、凉山州委、攀枝花市委等市（州）在泸州开展组织建设、参政议政、社会服务工作交流会。邀请社中央宣讲团成员、九三学社中央常委许进莅临泸州宣讲，为全市成员作《我对九三学社的几点认识》专题报告。

【参政议政】 在市政协七届五次会上提交《整合泸州优势资源，打造医药产业新增长》《关于把我市地方土特产进行工业化开发的建议》等5件集体提案，其中《城建土石弃渣处置隐患多，亟待重视》等3篇被列为重点提案；社市委秘书长吴源在政协联组会议上题为《打造泸州中医药产业 形成新的经济增长点和富民兴奋点》的发言被市政协列为重点建议报市政府；社员中的市人大代表、政协委员提交26件议案（提案）；省“两会”期间，省人大代表、政协委员提交2件提案或建议。《关于加强我市污水治理和截污管建设的建议》评为优秀集体提案，《关于加强对药店销售抗生素等处方药监管的建议》《关于打造泸州红色旅游强市的建议》《关于在智慧城市建设中加强智慧小区安防体系建设的建议》等获评优秀个人提案。2016年，社市委分别向市政协、社省委报送信息135条，撰写的《创新机制 拓面延伸 助推信息工作再上台阶》，被社中央采纳为全国基层组织信息推广范文；被社中央采用4条，省政协、省委统战部采用12条，被社省委和市政协采用60多条。

【社会服务】 开展“三下乡”活动。组织医疗卫生、农业、法律、书法等方面的专家到龙马潭区长安镇长春村为广大群众义诊、书写春联、法律和农业科技咨询，为群众测血压、看X光片、看报告、把脉问诊。活动义诊群众200余人，发放年画300张，书写春联100余幅，发放农业科技书籍200余本。组织开展科普“三进”活动。组织西南医科大名老专家20余人到叙永县江门镇开展义诊和健康宣传活动，为当地村民测BP、血糖；免费各专科常规检查，活动义诊200余患者；组织西南医科大学附属医院、市人民医院的内科、外科、儿科、中医科、全科等专家、教授前往古蔺县石屏镇开展义诊活动。共义诊群众200余人，发放法律、医疗卫生、农业种养殖方面的资料500余份；邀请西南医科大附院全科主任张志红教授对镇村两级卫生医务人员共100余名开展全科医生培训；社市委为古蔺县长岭村先天性心脏病女孩陆莎莎带去温暖和慰问。开展“六一”捐资助学活动。社市委到古蔺县石屏乡茅坝村茅坝小学开展“六一”捐资助学活动，向茅坝小学送去教辅学习资料和课外读物500余册，价值3000元，向10名品学兼优的贫困学生捐助爱心款2000元、书包10个；纳溪区基层委到龙车镇金龙小学开展“我们在一起慰问”服务活动，向学校捐赠乒乓桌、球拍、400多册书籍，为31名学生购买价值近1.4万元的慰问品；社市委组织西科大委员会到叙永县旺龙村小学捐赠现金1万元和价值4000多元的图书和体育用品。泸县支社于12月中旬与农村留守学生占90%以上的泸州市电子机械学校合作，开展“关爱留守学生的教育实践活动”，赠送价值6000余元乒乓台2台；九三学社泸县支社与雅龙水稻专合社签订为期三年的“九雅定点联系帮扶协议”，每年为雅龙水稻专合社提供2000元～3000元的经费补助，并开展定期和不定期的科技培训。

【扶贫工作】 捐建“同心书屋”。社市委从退休教职工手中购买一套四室住房约100平方米捐建给茅坝村作为“同心书屋”，并赠送几万本图书，价值4.8万元左右；组织市畜牧、农业方面的专家到茅坝村举办“科学养殖和畜病防治知识”“农业科技种养殖”等知识讲座，为茅坝村农业种养殖业进行近期和远期规划，帮助村民脱贫致富。在政策方面，积极协调相关部门给予资金支持，16户移民安置已列入规划；积极为茅坝村争取太阳能光伏提灌站项目，解决该村用水用电问题。开展“同心·智力行”活动。积极响应社中央关于开展“同心·智力行”活动，促成贵州威宁县羊街中学与成都七中实验学校的教学交流活动，羊街中学10余名教师赴成都七中实验学校开展为期3天的教学交流活动。社市委组织西南医科大学和泸州职业技术学院的教授到羊街中学开展第28届“国际科学与和平周”活动，向全校师生作《为留守儿童守住一片天》和《学会自强　学会感恩》的专题报告。

【对接工作】 经社省委、社市委多次协调沟通，就组建重庆畜科院泸州分院达成共识，重庆市畜牧科学院、四川田园乐食品有限公司、社泸州市委签订共建重庆市畜牧科学院泸州分院的框架协议，分院落地工作进行中。邀请到社中央课题组九三学社上海市委专家团队莅临泸州调研长江航运和泸州港相关事宜，为泸州港口建设发展把脉。（邓明聪）

群众团体

泸州市总工会

【思想引领】 深入基层开展“两学一做”学习教育等宣讲7场。组织开展职工“二十四字核心价值观”教育活动，印发《创建文明城市—致全市职工一封信》3000余份。开展发现“酒城工匠”活动，提名30名技艺精湛的各行业优秀职工为“酒城工匠”候选人、通过网络、微信投票和专家评审，最终选出10名“酒城工匠”。

【职工志愿服务】 承办全省职工志愿服务集中展示活动启动仪式，开展志愿者活动50余次。杨尹渝技能大师工作室推荐为中宣部“学雷锋活动示范点”，泸州市职工志愿服务支队被省总工会推荐为“四川省十佳志愿服务组织”，“5·1”女职工玫瑰志愿服务团被评为全市最美志愿服务组织，职工志愿服务大队志愿者周继怀被评为全市最美志愿者。

【群众性经济技术活动】 开展劳动竞赛。举办第十一届职工职业技能大赛，集中开展测绘、维修电工等14个项目创业创新技能比赛，参与职工10万余人（次）。组织职工参加全国烹饪大赛、省级数控车工和汽车维修工竞赛、川南经济区焊工等市级以上比赛，2名职工获得全国金奖，1名职工获得川南四市比赛一等奖。开展素质提升工程。深入开展“三个十万”行动，开展技术培训2.85万人（次），职工练兵12万人（次）。采取购买、委托和联办等形式，承接政府转移培训2次。在全市范围内开展“我为节能减排低碳做贡献”专项劳动竞赛活动和“我为节能减排献一策”合理化建议活动，企业参与面达80%以上，全市职工提合理化建议32500条，实施率达26%。开展就业创业促进工作。承办2016年全国工会就业创业援助月启动仪式，依托启动仪式举办大型招聘活动，进场人数2.2万人，达成就业意向6775人。联合市人社局、市妇联等单位组织开展“春风行动”，1500余家用工单位提供用工岗位1.2万余个，帮助2620名求职者洽谈择业。开展劳模（技师）创新工作室创建和示范劳模创新工作室创建活动，命名劳模（技师）创新工作室创建5个，示范劳模创新工作室4个。开展困难职工和农民工创业小额贷款贴息9.05万元，支持36名农民工和困难职工创业。服务关爱劳模。命名江阳区人民政府华阳街道办事处等10个集体“泸州市五一劳动奖状”、四川省古蔺郎酒厂有限公司酒体设计师彭毅等10名个人“泸州市五一劳动奖章”、泸州客运中心站车辆安全例检班等20个班组“泸州市工人先锋号”。市级以上劳模春节慰问金发放实现全覆盖，省部级及以上劳模免费体检实现全覆盖，组织105人参加劳模疗休养活动。

【职工维权】 加大源头参与力度。积极参与全市最低工资标准调整和企业工资增长指导线调整等与职工切身利益密切相关的政策制定、修改，当好职工“代言人”。推动做实政府和群团联席会议、劳动关系三方协调会议等机制，完善部门联动维权机制。加大依法维权力度。深入推进工资集体协商，创建示范单位20家；深化厂务公开，国有、集体及其控股企业职代会建制率100%，建会非公有制企业建制率达91.8%。完善劳动争议预防、预警、调处、援助一体化机制，基层劳动争议调解组织和劳动法律监督组织组建率达90%。全

2016年7月，泸州市第十一届职工创业创新技能大赛总决赛

市各级工会办理维权案件73件，涉案金额1256万元。加大安全生产监督。专家进行专项督查63次，参加伤亡事故调查处理7次。开展安康杯竞赛，全市参与企业1401家，参与职工14.6万人，市总工会连续两年获“全国优秀组织单位”称号，被评为2016年全市安全生产目标考核一等奖。深化职业病防治提质扩面工作，全市规模以上企业专项合同签订全覆盖。加大工会普法宣传。成功创建学法用法示范机关，大力推动“法律七进”和普法工作，联合开展法律进民企活动，举办法律讲堂50多场（次）。

【困难职工帮扶】 切实健全帮扶体系。全市所有乡镇（街道）全部建立困难职工帮扶站，239个社区（村）设立帮扶点，多方联动的惠民帮扶格局基本建立。结合全市群团工作中心建设，加快基层帮扶中心（站点）提档升级，全面完成困难职工档案集中清理工作。切实深化项目帮扶。大力推进工会帮扶项目化，实施各类帮扶救助项目21个。认真开展“四季送”活动，累计投入资金739万元，帮扶和服务职工5万余人（次）。推进女职工“一屋（妈咪宝贝屋）一站（心灵驿站）”建设，建成妈咪宝贝屋省级示范点3个，市级示范点4个。切实加大困难职工救助。对6307人（次）建档困难职工实施帮扶救助，帮助1658名下岗失业人员实现再就业，资助1819名家庭困难职工子女上学，组织415名困难女职工（女农民工）免费“两癌”筛查。开展“健康泸州·光明助困”行动，免费为1000多名建档困难职工、困难劳模中的白内障患者进行检查，实施复明手术105例。切实做好联系村帮扶工作。在回洞桥村设立20万元奖励基金支持村民回乡创业，开展“星级文明户”创建活动，引导群众转变生活习惯，促进“四好”村建设。争取项目资金2000余万元，帮助型家村发展优质小龙虾、生猪等主导产业，完成安全饮水工程主管网和增压站建设，建成出村主要公路“长五路”。依托秋季助学行动，为两个村31名考上大学的困难群众子女发放助学金11.6万元。

【组织建设】 协调推进乡镇（街道）群团工作中心建设，着力构建“大群团”工作格局，得到国家副主席李源潮莅的充分肯定。深化“三化一评价”成果，打造全国首家基层工会综合服务标准体系，通过国家标准委组织的现场考核评估。全市建会企业数9196个，工会组建率98.99%，规范化率达到85%以上；全市工会入会率97.39%，各类法人单位建会率、入会率动态保持在90%以上；全市“双亮”工程实施面达85%；“六有”建设面达到70%以上。7个乡镇（街道）、社区工会被评为省级示范工会。开展“职工之家”建设活动，命名泸州市模范职工之家38个，基层工会职工之家建设达标率85%以上。 （龙 潜）

共青团泸州市委员会

【“汇青春、智扶贫”活动】 截至2016年年底已发动81个团组织、34个青年企业家企业、17个社会公益组织、33个高校志愿服务队、1000余个青年家庭、300余名青年教师参与志愿扶贫结对帮扶，在贫困村建立“流动青少年宫”“青年志愿者集结点”“青少年户外活动营地”等青年活动阵地18个，开展各项主题活动50余场。开展“2016泸州青年国际MINI马拉松”“青企协会员区县行”等活动，募集扶贫资金70余万元，用于贫困地区产业发展和困难青少年帮扶。抓好叙永县枧槽乡观音桥村的对口联系帮扶工作。

【青年安全生产示范岗创建工作】 推报四川天华股份有限公司合成车间入选“2015年度全国青年安全生产示范岗”。充分发挥团属宣传阵地优势，利用微信、微博等媒体宣传安全生产理念。扎实开展2016年“安全生产月”集中宣传咨询日活动，发放各类宣传资料1万余份。

【青年就业创业】 启动2016年度“四川青年创业促进计划”(SYE）申报工作，重点扶持互联网+、农业、民生等类别的创业项目， 8个项目获得150万元免息免担保贷款。联合农商行、邮储银行推出低率青年小额信用贷款，发放贷款3300余万元，扶持创业青年470余人。依托青年创业园基地，开展“青年创业经验交流座谈会”“与青年企业家面对面”“小微企业财税服务沙龙”“企业人力资源服务管理”等培训交流活动，惠及青年1万余人。以财政资金为担保，联合银行、担保公司等大力实施泸州青年创客小额贷款行动，青年创业贷款担保规模达3000万元。

2016年5月，泸州市“最美家庭”特别主题活动

【志愿服务】 完善“小桂花”志愿服务体系，注册的“小桂花”志愿者达9.4万名。围绕中国酒业博览会、文明城市创建、全国机械工程企业家年会、酒城国际马拉松等党政中心工作以及大型赛事，着力开展文明礼仪、现场讲解、站点咨询、文明劝导等志愿服务，开展各类志愿服务100余场(次)，服务来宾和市民超26万人(次)。

【青少年思想引领】 开展“中国梦和社会主义核心价值观”主题教育活动。以“中国梦—童心飞扬未来星”泸州市青少年迎新文艺会演系列活动、“诵读中华经典·美丽我的酒城”全民阅读系列活动、“弘扬中华文化·传承中华美德”广场系列展演、“红领巾相约中国梦——听党的话，做好少年”、全市青少年法治教育暨“庆六一”游园活动、“感恩、奋进最美学生”评选活动等为载体进行形式多样的主题教育。大力选树优秀青年典型，开展“两红两优”评选活动，表彰54名市级先进个人和39个市级先进集体。充分利用团属新媒体平台，发挥共青团网络评论员、舆情员的作用，形成广大青年网络评论员、舆情员在互联网上弘扬主旋律、传播正能量的强大声势。举办泸州市少先队说课比赛，推动辅导员责任提升。成功举办第十七届“忠山之秋”校园文化活动节，参赛队伍达到17支，参赛师生突破1万人，创历史新高。积极推进以共青团、少先队为主题的泸州市青少年爱国主义教育基地建设工作。

【青少年权益维护】 组织市预青、未保成员单位开展“青少年法制宣传月”活动；组建泸州市青少年维权志愿服务队，在“泸州青年”微信平台开设自护微课堂。全年开展各类宣传活动20次、自护微课堂11期，印发宣传资料2万余份，惠及青少年3万余人。建成泸州市未成年人心理成长中心“12355”青少年服务台，重点围绕青少年发展需求，向全市青少年提供人工在线心理咨询、法律援助、就业创业等服务。

【服务青少年成长成才】 实施“童伴计划”项目，合江县、叙永县成功申报全省“童伴计划”首批试点县，落实20个项目试点村，确保每村建设1个“童伴之家”和设有1名“童伴妈妈”，有效解决留守学生监护人缺位的问题。2016年各级团组织依托“童伴之家”开展各项关爱活动600余场（次），建立留守学生档案9300余份。积极开展扶困助学行动，争取国家、省级青少年发展基金会、香港苗圃行动、香港慈恩基金会等各界支持，募集各类“圆梦”助学、留守学生关爱等资金62万元，惠及贫困学生1000余人。开展暑期社会实践活动，组建服务队伍22支，到基层开展义务支教、社会调查、阳光助残等活动。招募西部计划志愿者42名。

【组织建设】 开展农村基层团组织分类示范创建工作，成功推报泸县入选2015年度“全国农村基层团建示范县”、泸县云锦镇入选2015年度“全国农村基层团建示范乡镇”。开展泸州“青年之家”全国试点工作。依托青年之家建设，广泛开展公益服务、信息咨询、文化学习、体育健身、休闲娱乐、便捷服务等。成功申报省级青年之家示范点2个，市级青年之家示范点10个，开展活动31场（次），近900人（次）参与活动。建立驻陕西省团工委和泸州市金融团工委。狠抓中学（中职）学校共青团工作，创新“1573”工作法，得到国家副主席李源潮和团中央领导的充分肯定。作为全省三个试点城市之一，率先启动市州共青团改革工作。截至2016年年底，全市有专职团干部158人，联系青年人数1.9万余人。开设泸州共青团改革创新培训班，组织骨干团干部到先进地区学习先进工作经验。开展共青团系统“两学一做”学习教育活动。2016年，全市新发展团员2万余名。（吴　霞）

泸州市妇女联合会

【巾帼脱贫】 争取“母亲水窖”等项目资金344万元，实施省级100万元“巧手姐妹家”项目，发布市级妇女儿童民生项目13个，10余万名妇女儿童从中受益。争取省妇联巾帼脱贫千人培训在泸州开班，举办巾帼致富带头人电商培训，免费培训贫困妇女。各级妇联积极举办家政、竹编、藤编、蝴蝶画等技能培训94期，8532名妇女参训。整合各类资金60余万帮助联系村脱贫奔小康。全市培育巾帼致富带头人192人，命名表彰合江县鑫达藤编厂、叙永县佳勇众筹肉牛养殖场、古蔺县香楠村赶黄草种植基地等10个市级巾帼脱贫示范基地，其中叙永县原野丰岩乌骨鸡养殖基地成功申报为全国巾帼脱贫示范基地。

【巾帼建功】 举办为期20天的伊针伊线展，展出精品500余件，观展人数2万人，集中展示泸州市女性居家灵活就业成就。开展第二届“酒城创业星秀场·巾帼创业”活动，举办“春风行动”专场招聘会10场，提供就业岗位17000多个。评选表彰市级三八红旗集体10名、市级三八红旗手20名、市级“巾帼文明岗”31个，其中市博物馆、江阳区民政局婚姻登记处获省三八红旗集体，曹兰、商晓媛、伍万琼获省三八红旗手。全市建成妇女居家灵活就业基地、巾帼脱贫示范基地、妇女专合组织和创业孵化园87个，其中全国示范基地2个、省级示范基地1个、市级示范类23个，促进妇女居家灵活就业15万人。

【家庭建设】 以“家风力量·幸福守望·助力城市·共创文明”为主题，评选出市级“最美家庭”99户，其中许文榜家庭获全国“最美家庭”、廖胜利家庭获全国文明家庭，傅家刚家庭和林德兴家庭获全省“最美家庭”，晒出“最美家庭”照片126张。广泛征集好家风好家训、家庭微视频、家庭故事情景剧等作品，共计207个。以安全常识普及、排查家庭安全隐患、参与安全宣传以及创建安全和谐家庭为主要内容，评选出58篇优秀安全家书、74名“安全贤内助”。依托市级高校、市家研会和早教机构，重点开展100场“幸福使者·母亲讲堂”、100场“浓浓家之爱”公益早教、100场公益微广播三大主题活动。泸州在全国家庭教育工作电视电话会议上作经验交流发言。

【巾帼维权】 全省首部反家暴法治宣传微电影《不再沉默》展播覆盖全市所有乡镇、网络点播上万次，邀请酒城巾帼律师团成员在泸州市乡镇、社区举办妇女法治宣传巡讲44场，在泸州电视台推出关注男女平等系列新闻评论节目、普法情景剧12期。法治妇联建设工作经验在《中国妇运》上刊载。认真实施《关于加强婚姻家庭纠纷人民调解工作的意见》，建立调解组织2338个。江阳区成功试点建设“爱在家庭”婚姻家庭指导中心；纳溪区建立江宁女子家事法庭，成立反家暴中心，发出泸州市首张“反家暴人身保护令”和作出全省首例撤销监护人监护资格的判决。市、区县妇联接待来信来访来电450件，其中来电71件、来信14件。

2016年3月，伊针伊线——泸州市女性居家灵活就业特色手工艺品展

【强基固本】 在全市群团联席会的统筹安排下，市妇联领导班子深入区县调研、督导，就中心职能职责等提出建议，就全域全面推广出谋划策，做到主动作为不缺位、积极融入不越位。联合市委组织部、市民政局印发《关于在2016年村（社区）和村（居）民委员会换届选举中全面推进妇女进“两委”和加强基层妇女组织建设的通知》，建设“妇女之家”1871个，推动村（社区）妇联改建工作。争取市财政140万元奖补资金，建35个市级示范妇女儿童之家（家长学校）。充分发挥市性别平等评估委员会、市妇女事业发展顾问委员会的作用，将酒城女商、女法官协会、女子爱石协会、家庭教育研究会、妇女发展促进会纳入会员团体，新成立市妇女儿童活动中心，孵化培育一批服务妇女儿童和家庭的社会组织，建立“两委五会一中心+N社会组织”协同网络。

【妇女培训】 联合北京大学、浙江大学举办卓越女性专题培训班2期，开展基层妇干业务培训，组织妇联干部到上海、重庆、成都等学习，培训妇女干部1550人（次），向组织部门推荐优秀女干部80名。开设女性大讲堂、父母大讲堂、幸福大讲堂，开展党章党纪巡讲、小微党课竞赛、送党课到红光村、廉洁文化宣讲、重访太平镇红军“四渡赤水”革命遗迹等各类学习实践活动15次。 （李亚平）

泸州市工商业联合会

【组织建设】 圆满完成换届工作。泸州市工商联（总商会）于2016年5月31日召开第八次会员代表大会，选举产生新一届领导班子，各区县工商联也相继完成换届工作。2016年新成立厦门泸州商会、长治泸州商会，新发展行业商会4个直属商会，新发展会员1290个。截至2016年年底，全市工商联系统会员15140名，行业商会70个，乡镇分会92个，街道商会22个。市建材商会等20个商会被省工商联表彰为2013—2016年度先进商会，纳溪区工商联和泸县工商联被全国工商联表彰为2016年度“五好”县级工商联。

【经济服务】 2016年泸州市工商联赴北京、浙江、广东、湖南等10余个省市宣传推介招商引资项目。通过酒博会、西南商品博览会、全国异地泸州商会年会、在外泸州籍企业家座谈会等活动，邀请外地企业、商会来泸考察投资、洽谈合作。全年引进招商项目12个，签约金额16.718亿元，到位资金5.44亿元。积极引导非公有制经济人士参与“百企联百村”精准扶贫工作，组织动员26个商会、122户民营企业结对帮扶147个贫困村，共投入资金、物资折价450万元。其中，市工商联多渠道筹集资金23万元完成石榴村村级办公楼和泸商幼儿园建设。举办“泸州市工商联系统2016年度脱贫攻坚十佳会员企业（商会）”评选活动，有5位民营企业家、12家会员企业被市农村工作暨脱贫攻坚领导小组分别授予“酒城扶贫好人”“百企联百村”优秀单位称号，泸州市建材商会的兴建项目——西南建材港被全国光彩事业促进会认定为“全国光彩事业重点项目”。

【参政议政】 深入调研建言献策。先后向市委、市政府呈送《关于做好泸州籍在外企业家服务工作的几点建议》等4份报告。《实施品牌强市战略，推动经济转型发展》《关于促进我市民营经济发展政策落地》先后被市政协确定为七届五次会议的发言材料。在泸州市委建言献策会上作《加强我市年轻一代非公有制经济人士教育培养的建议》发言。报送集体提案12件，非公有制经济代表人士提交建议案和提案29件，其中《关于实施品牌强市战略的建议》被市政协评为优秀提案并列为市委、市政府的重点参阅提案。《关于解决外来非公有制经济子女就学问题的建议》被列为重点督办提案，《关于解决乡镇财政困难的建议》被采纳。向四川省工商联报送集体提案素材5件。积极反映社情民意。全年向市政协报送社情民意信息45条，其中《扶贫攻坚两个问题应引起高度重视》被省政协采用，《加强泸州城市广告管理的建议》被列入泸州市政协专报；向四川省工商联报送社情民意信息、党外干部建议意见61条，采用33条。

【服务会员】 承办“以聚乡友力量，建美好家园”为主题的泸州籍在外企业家代表座谈会。收集并整理在外企业家代表意见建议12条，及时向市委、市政府作汇报。截至2016年年底泸州籍在外企业代表有4人被推荐为市人大代表、市政协委员。拖欠工程款985万元落实到位。维护会员合法权益。与工会、人社、企联加强沟通，参与全市工资集体协商、协调劳动关系等相关工作。通过聘请法律顾问、开展法律知识培训，在异地商会首创设立法律援助工作站等方式维护会员合法权益。全年为会员企业排忧解难、协助解决各类纠纷15件。配合市人才办在重庆、深圳和金华三地的泸州商会设立人才工作站，加强招才引智工作。

【教育培训】 深化理想信念教育。坚持“团结、服务、引导、教育”的方针，组织全市工商联系统认真学习习近平总书记在全国政协十二届四次会议民建、工商联界别联组会议上的讲话精神，深入开展以“守法诚信，坚定信心”为重点的理想信念教育实践活动。利用各类媒体转发学习资料52篇。开展素质提升培训。在国家行政学院和上海财大举办青年民营企业家、战略主导和新兴产业领军人才2个培训班次，培训企业家126名。与市企联联合举办经济形势专题讲座，邀请知名学者梁勤为180名企业经营管理人才作《当前形势和企业转型创新发展》的讲解。与税务部门合作，举办营改增专项培训，培训企业主、财会人员450名。结合开展精准扶贫、泸州西南商博会商贸流通高峰论坛、攀枝花异地商会年会开展专题讲座培训。全年累计开展各类培训12次，培训企业经管理人员1400人（次）。2016年，江阳建设集团、天寿药业、护国陈醋、华明酒业等企业被表彰为全市优秀民营企业。 （朱富林）

泸州市科学技术协会

【服务“创新驱动”战略】 搭建科技信息推广平台。建立科技信息服务子站，全市注册应用专利信息资源库网络版企业143家。举办专利应用工程师暨专利信息技术转化应用培训150多人。组织专家深入8家企业，演示讲解怎样应用专利信息资源库网络1.0版的检索，解答专利技术申报、专利信息成果转化等企业迫切需求的问题。搭建高端人才引进平台。建立市级院士（专家）工作站6个，申报建立省级院士（专家）工作站4个。柔性引进中国工程院院士4名和高层次专家15名，签订重点项目13项。搭建科技交流与成果转化合作平台。市科协参与“国家千人计划专家泸州行”活动，促成“国家千人计”专家15人莅临泸州，从新能源、新材料、医药、化工等方面深入考察，把脉泸州产业发展并形成多项意向性合作。组织包括日籍专家井上勋和院士（专家）工作站进站专家教授及科研骨干人员17人赴上海交大、福建福州明一国际营养品集团有限公司学习交流，促成双方在生物医学材料、酒糟发酵开发等方面达成合作意向。支持长江液压件责任有限公司与美籍华人罗年柱合作开展关键技术攻关。搭建科技咨询服务平台。实施金桥工程，2016年金桥工程项目登记备案18项，获省级金桥工程优秀项目3个。为川天化公司招标项目推荐科技咨询专家5人；为双创办推荐优秀专家和行业带头人20人。开展创新创业大赛。组织科技工作者参加全省创新创业精英大赛，泸州获二等奖2名、三等奖1名。参加市第三届“创业酒城　赢在泸州”创新创业大赛，市科协选送的李君团队获冠军；明祖京的青蛙生态养殖项目获最佳创新模式奖和优胜奖；申光平获双创“双十佳”人物。开展“讲理想·比贡献”活动，天寿药业有限公司等3个单位被省人社厅、省科协等7个部门评为“讲比活动”先进集体，杨平等4名同志被评为创新创业标兵，泸州北方化学工业有限公司院士专家工作站被评为创新团队。

【服务农业产业发展】 实施“基层科普行动计划”。培育农村专业技术协会、科普示范基地、科普带头人等特色产业品牌，实施全国、省、市基层科普行动计划，泸州获中国科协、财政部表彰项目10个；获省科协、财政厅表彰项目10个；获奖补资金277万元。争取省级科普项目9个，项目资金160万元。实施市级基层科普行动计划项目28个，共补助项目经费108万元。实施“小星火计划”，落实扶贫项目资金200万元。实施“银会合作”，为农技协、科技示范等开辟融资渠道，贷款资金1.3亿元。制定《市科协推进精准扶贫打赢脱贫攻坚工作实施方案》，从特色产业培育攻坚、能力提升攻坚、科技普及攻坚三个方面开展精准扶贫脱贫工作。帮助对口联系的河坝村，扶持养鸡、猕猴桃等产业，通过各种方式向村集体注资73万元发展壮大集体经济。组织河坝村村民代表及大户和干部外出学习考察现代农业。针对乌蒙山区地灾频发，组织一一三地质队科协赴叙永县白腊乡天堂、高峰等泥石流重灾村举办防震减灾科普培训。

【学术活动】 开展泸州市第14届优秀学术论文评选活动，评出优秀学术论文75篇。开展高端学术交流，举办“中国酒城国际心血管研究高端论坛”，30余名国内外著名专家学者和100余名会员代表相聚酒城参加论坛。承办“中国工程机械工业协会第五届会员代表大会暨第14届工程机械发展高层论坛”，来自行业各专业领域近40家企业代表参加论坛。第二届川南五市药事管理论坛，来自川南五市20余家医院的药学专家共同探讨区域性药事管理和医院药学热点问题。市科协共补助学术活动经费4万元。组织参加全国、省学术交流活动，第24届全国青少年科技辅导员论文评选，泸州获二等奖3篇（全省共4篇）、三等奖8篇（全省共17篇），获奖数和获奖等级位居全省前茅；第24届四川省青少年科技辅导员论文评选，共49篇论文获奖，其中一等奖13篇，获一等奖比例稳居全省第一。

【科普工作】 科普示范创建活动。创建市级科普示范社区8个，科技示范学校10所，科普示范企业7个，科普示范村8个，科普示范基地4个。市科协共奖补创建资金105万元。青少年科技教育。举办第32届市青少年科技创新大赛，开设网络展厅，全市11个代表队参赛，公众点击超10万人（次）。并举办现场竞赛和科普会演颁奖典礼，颁发一等奖57项、二等奖130项、三等奖189项，参加活动1000余人。举办第六届市小学生国际数棋大赛，96名选手参赛。组织参加全国、省青少年科技创新大赛活动，泸州获全国第31届青少年创新大赛一等奖8件、二等奖15件、三等奖45件，市科协获得优秀组织奖（全省共11个）；获第14届省青少年机器人创新实践活动竞赛一等奖3项、二等奖2项、三等奖4项。泸州二中学生吴震宇被评为第10届中国青少年科技创新奖得主，受到副总理刘延东接见。全市各级科协共培训科技辅导员800余人。组织优秀科技辅导员参加省骨干科技教师专项培训。科普资源共享信息化。全年通过移动手机短信、泸州新闻网、酒城科普网、泸州全搜索、《泸州日报》、《泸州晚报》等网络、媒体信息平台推送科普知识信息50期，300条，编辑发送《科学与生活》折页月刊12期，上百万群众受益。科普宣传活动。全市科协系统组织开展“科普之春科普宣传月”“全国科普日”等系列科普宣传品牌活动，各级科协组织市级学会深入社区街道、镇、村开展绿色环保、防灾抗灾和食品安全等主题鲜明、形式多样的科普活动。全市各级组织160多个部门、单位、企业、学（协）会，1800余名科技工作者、科普志愿者开展科普活动100余项，提供科技信息110万余份，科技咨询服务30万人（次），举办专题讲座200期（场），培训1.8万人（次），推广科技成果50多个，名老中医义诊1000余人（次）。市科协被中科协评为2016年度全国科普日活动优秀组织单位，泸县科协被评为特色活动优秀单位。

【人才建设工作】激励和举荐科技工作者。2016年元旦年春期间，市科协组织慰问优秀科技工作者代表10名。推荐中国科协第九次代表大会代表2名，在全省市州中代表数最多；第四届酒城英才候选人2名；市政协第八届委员候选人11名。实施学会创新创业能力提升项目，有23个学会申报实施创新创业能力提升项目，奖补项目21个，奖补金额18万元。组织优秀学会工作者4名参加省科协学会能力提升培训。建立为党委政府科学决策服务新机制。按照产业布局分类梳理市级学会各专业高端科技人才库，建立院士专家工作站评审专家库；会同市化学化工学会编制完成《泸州市化工产业现状及发展情况的调研报告》。参与泸州市高端人才“酒城新政”的政策研究制定，市科协所提三个方面建议被市委人才工作领导小组悉数采纳。

【机构改革】将市科协所属科技咨询中心和科技培训中心两个二类事业合并建立泸州市科技馆，定为一类事业单位。

【组织建设】新建企事业科协组织5个，新增联系科技工作者933人，高新区科协被评为省示范园区科协。吸纳市中医药学会为市科协团体会员。市医学会新成立骨质疏松专业委员会。（许毅华）

泸州市社会科学界联合会

【重大理论学习宣传】组织理论社科工作者对中共十八届五中、六中全会、省委十届八次、九次全会和市委七届十二次全会、八次党代会精神进行理论阐释和宣讲宣传168场（次）。分别组织召开学习贯彻习近平总书记在哲学社会科学工作座谈会上的重要讲话精神、在庆祝中国共产党成立95周年大会上的重要讲话精神、在纪念红军长征胜利80周年大会上的重要讲话精神座谈会3次。在《泸州日报》开辟理论专版，组织理论社科工作者撰写解读评论文章30余篇。

【学术交流】4月28—29日，联合举办首届长江文化带发展论坛，北京和长江沿线的11个省市的领导、专家、学者出席论坛，形成并发布《长江文化带·泸州共识》，市委书记蒋辅义、市长刘强出席研讨会并讲话。5月10日，联合举办建设川滇黔航运物流中心国际高峰对话，来自加拿大、美国、意大利、挪威以及国内行业领域内的30多位专家学者莅临泸州参加高峰对话。11月5日，纪念护国战争胜利100周年座谈会在南苑会议中心举行。空军指挥学院副院长朱和平、中央文献研究室原副主任杨胜群、蔡锷将军之孙蔡协讲话，北京松坡学社执行总干事吕义国、云南省朱德生平思想研究会会长卓人政、民革云南省委秘书长金昊等专家学者进行交流发言。

【社科研究】 市社科联牵头开展的《城市文化保护立法思路及实践研究》等2项社科课题获省社科联立项。全市全年获省级课题立项10项，结项8项，创历史新高。2项社科课题获国家社科基金立项，泸州市申报的《农村医生执业行为法律保护与规制研究》获国家社科基金一般项目立项资助，实现了零的突破。围绕市委、市政府主要领导圈定的6个重大课题组织开展研究。组织泸州市文化研究中心开展长江文化、红色文化、诗酒文化等6个重点文化课题研究。申报市级社科课题216项，组织专家评审，立项120项，结项106项。积极组织申报参加省第十七次社科优秀成果评奖，向省社科联申报参评成果19项。

2016年9月20日，四川省社科联原党组书记赵英（左二）一行参观西南医科大学附属中医医院

【酒城讲坛】 坚持“一月一主题”，确定经济金融、法律法规、长征精神、艺术鉴赏等9大主题，公开征集讲题75个，固定点举办讲座38场。与玉蝉酒业合作，每场讲座开展幸运抽奖，全年免费提供价值3万元的奖品。先后邀请著名教育专家郑委、国家一级演员马少骅、著名历史学家谭继和、著名摄影家李元、国防大学战略研究所副所长戴旭、空军指挥学院副院长朱和平、厦门大学教授李国正等13位专家学者莅临泸州开展讲座，各区县分别邀请1～2名省级以上知名专家到泸州举办人文社科讲座。深入机关、学校、企业、军营、街道、社区，举办讲座103场。制定基层酒城讲坛“场地、标识、内容、人员、流程、制度”6个方面标准，标准化打造基层酒城讲坛25个，全力抓好7个示范点建设。依托民间讲堂举办系列讲座128场。新聘任第四批讲师73人。建立测评制度，根据测评结果表彰优秀讲师10人。建立交流制度，根据学科类别将本土讲师分成5个小组，划拨交流学习经费，召开集体备课、说课、学术沙龙等学习交流活动5次。建立合作制度，与成都、重庆、深圳等地建立讲师相互推荐合作机制，互派讲师13人（次）。

【社科普及】 组织酒城讲坛讲师、市级社科学会（协会、研究会）和市级社科普及基地累计开展科普讲座210多场（次），购买5万余元书籍免费赠送，组织50余块社科知识展板进行巡回展出，免费接受群众咨询5000余人（次），发放各类科普资料10万余册。全年开展天府人文讲坛81场。全年，累计刊发各类社科信息和社科知识2300余条，社科类信息全省第二。《泸州社会科学》出刊4期，编印8000余册免费赠予全国同行交流。资助出版《人文三泸》等社科普及读物12本。新建成1个省级社科普及基地（中医养生文化普及基地），重新确认泸州市心理健康普及基地等9个泸州市社会科学普及基地，新命名分水油纸伞非物质文化遗产普及基地等8个基地为第二批泸州市社会科学普及基地。组织省市级社科普及基地，开展社科知识普及活动300余场（次）。探索开展社科普及项目制扶持机制，资助基地经费4.5万元。

【基层基础建设】 组建泸州市社科专家人才

库。3 月 18 日，召开五届二次理事（扩大）会议，会议聘请第四批酒城讲坛讲师。邀请四川大学马克思主义学院院长，博士生导师、经济学博士蒋永穆教授对 130 余人进行专题培训。6 月 18—25 日，与南开大学联合举办理论社科骨干培训班，43 名理论社科骨干参加为期 1 周的培训学习。对 35 个学会开展调研，形成专题调研报告。新增泸州市史志学会等市级学会 10 个，评选 2016 年度优秀学会 10 个。按照“有人员、有经费、有项目、有品牌”的标准，在全省率先组建乡镇（街道）社科联 48 个。 （胡德明）

泸州市文学艺术界联合会

【重要文艺活动】 围绕纪念中国工农红军长征胜利 80 周年、文明城市创建开展系列主题性活动。10 月 18 日，主办泸州市纪念红军长征胜利 80 周年“长征颂、红军魂”美术书法作品展览。泸州市书画名家以红军长征为主题，精心创作 80 多幅书画精品缅怀革命先烈的丰功伟绩。6 月 15—17 日，开展“川南文艺风”——五市作家、摄影家“重走长征路”采风创作活动。来自眉山、宜宾、自贡、内江、泸州五市的作家、摄影家近 60 人重走长征路，听红色讲座，开展采风创作活动。开辟《泸州文艺》专栏隆重纪念红军长征胜利 80 周年。收到作品 256 件，择优 20 件在《泸州文艺》刊载。9 月，市文联牵头泸州市第六届群众文化旅游展示活动中的四个项目。其中，“舞动酒城·活力泸州”——舞蹈大赛以红色题材、革命历史题材和泸州经济建设、城市发展、人民幸福生活等为主题，展现泸州人民精神风貌和现代化建设的丰硕成果。来自泸州市 4 县 3 区的 13 支舞蹈代表队给现场近千名观众带来精彩的舞蹈表演。“唱响酒城·醉美泸州”——原创歌曲大赛，18 首入围歌曲各具特色，体现当前泸州音乐创作实力和演唱实力，为弘扬本土文化，繁荣本土歌曲创作起到积极的推动作用。“书写酒城·墨动泸州”——硬笔书法大赛，决出等级奖 80 名，作品在“东门艺术展览馆”展出 5 天，吸引近 2000 名市民前来观展。“典藏酒城·品味泸州”——民间艺术品展于 9 月 20—24 日在东门口“东艺展览馆”顺利开展，评选出优秀作品奖 29 件以及入围作品奖 29 件，展览为期 4 天，观众达 5000 多人。5 月，市文联、市文明办联合主办“做文明泸州人”美术创作比赛，每个组别分别评出一等奖 5 名、二等奖 10 名，三等奖 30 名，获奖作品结集成书《大手拉小手——“做文明泸州人”美术创作比赛作品集》。

【文艺创作】 重点文艺作品创作。2016 年，完成小说《大酒商》《泸州市第二届优秀童谣获奖作品电视展播》纪念红军长征胜利 80 周年美术作品等重点文艺作品创作。年内，泸州市各文艺家协会会员参加全国、全省各类展出 650 多人（次），获得各类奖励 300 多项。涂代祥中篇系列散文《童瞳景象》荣获 2016 年冰心儿童文学新作奖；杨雪的散文随笔集《川南的乡愁》获第七届全国冰心散文奖；在四川省美术创作年暨纪念红军长征胜利 80 周年美术作品展中，泸州市 6 件作品入选。舞

2016 年 11 月 7 日，泸州市文艺扶贫走进古蔺县德耀镇红光村

蹈《那一代人》参加由四川省文联主办、四川省舞蹈家协会承办的“四川省第二届青年舞蹈比赛”，获表演三等奖。在四川省第17届摄影大会影展上，市摄协刘毅艺作品获银奖、雷洪作品获铜奖，8人作品入选。王伟摄影作品《一个95后的艰难人生》入选第十三届上海国际摄影展。

【文艺惠民】 打造东艺展览馆“展览惠民工程”。2016年，市文联将滨江路泸州东门城楼进行重新装修，命名为“泸州东艺展览馆”，于5月16日正式开馆使用。该展览馆成为展示泸州艺术创作的重要平台和阵地，向广大市民和旅泸游客提供欣赏高雅艺术的平台。2016年5月开馆到年底，相继举办林绍基先生书画展、少儿书画作品展览、建党95周年书画作品展、民间工艺品展、硬笔书法展、老年书画展、江阳区建区20周年书画展、纪念红军长征胜利80周年书画展、永川画家刘阿本作品交流展、中书协会员作品展览等10次，参观市民近4万多人（次）。建立社区文艺辅导站。全年，建立5个社区文艺辅导站，开展音乐、舞蹈、书法、摄影等培训课程20余次。精准扶贫。市文联组织文艺小分队到古蔺县德耀镇红光村、三道水村，叙永县红岩村、西溪村，合江县学堂村、回洞桥村6个贫困村慰问演出。以百姓喜闻乐见的文艺演出形式将“精准扶贫”政策知识送到群众家门口，增强脱贫的信心和决心；组织全市文艺工作者开展文明共建、文艺共享、结对帮扶、志愿服务等活动。先后组织100多名文艺工作者深入纳溪区、古蔺县、合江县、叙永县为贫困乡镇、贫困村文艺骨干开展文艺培训、辅导16次，推荐5名文艺人才到省、市参加文艺培训。组织作家深入一线采风，出版《泸州文艺—精准之战》扶贫文学专号。市文联组织骨干作家20人于2016年8—9月奔赴古蔺县、合江县、叙永县的老少边穷地区实地采访，辗转行程1000多千米，走访10多个乡镇近20个贫困村，创作报告文学、纪实文学、散文33篇，摄影图片100余幅。由泸州市扶贫移民局、泸州市文联共同编印，于10月集结成书，推出泸州市扶贫文学采风创作专号《泸州文艺特刊—精准之战》。

【文艺交流】 3月10日，举办“醉美泸州·酒城百年”王跃奎中国画作品展，展出120余幅作品。10月25日，举办永川籍画家刘阿本国画作品交流展，通过展览交流，刘阿本先生将他的“洗墨洗彩”画和新工笔画带到泸州，把他所学的绘画技法和创作理念带到泸州。10月28日，举办《中国书法报》走进泸州暨《倪为公书传》和《倪为公书法集》全国首发式活动。12月8日，举办2016年第三届《泸州作家》年度文学奖暨“中国著名作家读酒城”活动，中国散文学会名誉会长、《人民日报》编审、著名散文家石英等20位名家应邀到泸州参加，为探寻泸州文化底蕴、泸州文化发展建言献策。

（李　琴）

泸州市残疾人联合会

【“量体裁衣”式个性化服务工作】 截至12月30日，全市进网入库残疾人157412人，落实服务157412人，落实覆盖率93.28%，手机录入率达100%，持证残疾人落实覆盖率100%，落实总项次1148792项次，人均落实6.81项次，完成省下达目标任务数153649人的102.5%。“量服”督查落实精准度99.63%。全市开放量服试点区县为江阳区和泸县，残疾人业务办理申请11732件，审批11691件，审批率99.65%；业务办理满意率99.84%；残疾人参与登陆19828人，登陆38086次，业务评价7567人，业务评价率64.5%。全市机构量服共有市级9家、区县级12家，服务落实7485项次，其中托养服务188项次、康复服务3872项次、教育48项次、就业创业243项次、文化体育3090项次。截至12月30日，全市共办理第二代残疾人证19013张，总办证率达到47%。

【涉残民生项目】 城乡残疾人居家灵活就业完成42817人，占目标任务数30470人的141%；扶持农村贫困残疾人发展生产完成9221人，占目标任务数5500人的168%；为贫困残疾人适配亟须的基本辅助器具完成8165人，占目标任务数

2700人的302%；救助贫困家庭脑瘫儿童完成344人，占目标任务数300人的115%；对残疾人扶贫对象实行生活费补贴完成11656人，占目标任务数9917名的118%；为残疾人家庭无障碍改造完成592户，占目标任务数200户的296%；救助贫困家庭重度听力残疾儿童完成90人，占目标任务数56人的161%；资助重度残疾人护理补贴42616人，占目标任务数35216人的121%。城镇新增残疾人就业目标任务完成2130人，占目标任务数1620人的131%；为有需求的残疾人提供职业技能培训完成6845人，占目标任务数2640人的259%；为贫困残疾人送温暖完成14970人，占目标任务数9000人的166%；康复服务残疾人完成996户，占目标任务数600户的166%。

【康复工作】 出台《泸州市残疾人联合会关于民生工程聋儿人工耳蜗康复项目的医学评估初筛检查费给予补贴的通知》，全市完成人工耳蜗手术达14例。“七彩梦”“彩金”康复项目工作进展顺利，配发各类残疾人辅助用具2378件，完成聋儿机构康复训练与服务41名，自闭症儿童训练与服务30名。

【教育工作】 出台《泸州市残疾人联合会关于下达2016年泸州市残疾人“圆梦助学工程”资金的通知》《关于在扶贫攻坚中把握好残疾人救助有关政策的函》《关于建立在校残疾学生救助长效机制的通知》。全市300名符合条件的残疾大学生和贫困残疾人子女大学生得到各级残联给予助学补助金80.4万元。配合教育部门实施民生工程，义务教育阶段在校残疾学生达到3124名。

【就业工作】 泸州市财政局、地方税务局、市残联联合印发《泸州市残疾人就业保障金征收使用管理实施细则的通知》，对应税企业逾期仍不缴纳的，除补缴欠缴数额外，还应当自欠缴之日起，按日加收5‰的滞纳金，并将用人单位未按规定缴纳保障金的记录纳入社会信用体系建设，强化残疾人就业保障金征收力度。出台《关于做好〈泸州市残疾人就业创业扶持资金实施办法〉的通知》，2016年共扶持残疾人就业创业159家，落实扶持资金199.6万元。为全市符合条件的3047名就业年龄段的残疾人发放就业（创业）直补474.94万元，其中省级资金77万元、市级资金32万元。积极培育残疾人就业创业示范园区，其中“泸州市纳溪区凤林虫草鸡养殖专业合作社”“泸州市江阳区百科然种养殖专业合作社”“泸州市自强文化产业有限公司”获得四川省残疾人“双创”示范基地称号，“泸州市成人技术学校”获四川省社会组织助残“双创”示范机构称号。

【残疾人培训】 开展残疾人技能培训，5910名残疾人实现居家灵活就业，其中62名农村贫困残疾人享受残疾人就业创业扶持3000元～10000元不等的资金扶持，91名城镇残疾人享受6000元～15000元的创业补助。市本级投入资金近40余万元开展养殖培训，为260名农村贫困残疾人发放20800只健康鸡苗。

【社会保障工作】 全市符合条件的60岁以上的农村低保老年残疾人100%纳入新型农村社会养老保险。新型农村社会养老保险试点县，100%出台农村重度残疾人由政府代其全额缴纳最低标准的养老保险费政策。农村重度残疾人参保率达到100%，其他残疾人参保率高于当地平均水平。城镇和农村低于最低生活保障线的贫困残疾人实现应保尽保。合江县人民政府印发《合江县困难残疾人生活补贴和重度残疾人护理补贴实施办法》，实现合江县重度残疾人护理补贴和困难残疾人生活补贴全覆盖。古蔺县人民政府办公室以《关于做好2017年城乡居民医疗保险参保筹资工作的通知》，将持证残疾人资助面扩大至除残疾职工以外的全部城乡持证残疾人，按第一档筹资标准（150元/人）实行全额资助，资助资金由公共财政解决。

【文体宣传活动】 组团参加四川省第二届残疾人文化艺术节，泸州市代表团获得团体一等奖和参赛作品二等奖2个、三等奖4个、优秀奖9个的好成绩。各级党政部门和残联深入乡镇（街道）、村（社区）走访慰问特困残疾人9954名，发放慰问金、慰问品309.1万元。向中国残联、省残联、泸州新闻网等各门户网站和《中国残疾人》《三月风》

等报刊报送各类工作信息175条。市残联下派干部古蔺县沙坝村第一书记陈颖的先进事迹报道在四川电视台公共频道、泸州电视台等多个媒体播出。四川省残疾人艺术团于2016年12月17—18日在泸州市古蔺县演出。

【法制维权工作】 各级残联接待残疾人来信来访1464件（次），领导批示件和信访案件办结率达100%，全市无非法越级上访和群访。市及各区县建立残疾人法律救助中心。通过阳光政务热线等新闻媒体，对残疾群众提出的问题进行深入调查和及时解答处理。

【残疾人事业经费投入和组织保障】 2016年完成争取中央、地方财政资金支持2647.046万元，其中市和三区782.283万元较2015年增长率分别达30%和29%。募集社会资金。2016年争取爱尔基金会、王氏集团等社会捐助残疾人康复资金210万元。2016年9月20日，泸州市残疾人康复服务中心增挂“泸州市残疾人辅助器具服务中心”牌子。

【基础设施建设】 市残疾人康复中心选址新地点位于金沙路以北、黎明南路以西，总建筑面积为1万平方米、总投资2919万元。2016年12月动工建设。全市集中托养残疾人人士185人，享受中央资金51.45万元；居家托养三级智力、精神残疾人士3201人，发放居家托养补贴费用206.26万元。

（王 娟）

泸州市红十字会

【备灾救灾】 开展日常备灾救灾管理工作，加大应急救灾培训，完善备灾救灾管理系统。夏季洪灾时，联系王老吉股份公司捐赠4.6万元药品，发放给受灾较为严重的龙马潭区安宁街道群众。

【救助工作】 经常联系西南医科大学附一医院、西南医科大学中医院、市人民医院、江阳区华阳卫生院等红十字会员单位开展救助贫困患者活动，多次组织专家为因病致贫群众义诊。市县（区）红十字会先后到叙永县水尾镇、麻城乡以及古蔺县二郎镇、大寨乡等乡镇慰问500余户贫困户。红十字志愿者分别看望慰问100名抗战老兵；联系泸州电视台帮帮团以及相关爱心企业，在古蔺、叙永、合江等贫困县发放家庭包120个，洗澡机16台以及米、油等生活用品；全年为基层贫困户、敬老院等群众送去价值约16万元的大米、食用油、棉衣棉被等物资和慰问金。举办泸州市救助先心病患儿复查活动，营造关爱先心病患儿的社会氛围。全年累计资助17名白血病患儿，募得资金51万元；资助先心病患儿9人，共募得资金20万元。

【救护培训】 邀请省红十字会救护专家来泸州市开展救护培训进机关、进社区讲课；在龙马潭区安宁街道和古蔺县二郎镇开展消防安全知识讲座，向居民及学生讲解安全常识、灭火措施、火场逃生、灾害避险等知识；成立四川警察学院红十字应急救援培训基地；开展水上救生演练；举办2016年暑期青少年免费游泳培训班，206名青少年得到培训。

【无偿献血、造血干细胞捐献、遗体（器官）捐献】 全市临床用血完全100%来自无偿献血；4月29日，市人民政府印发《泸州市无偿献血表扬办法》；和泸州市献血领导小组、市卫计委共同承办“健康泸州、热血奉献”为主题的无偿献血表扬晚会；全年采集造血干细胞样本2003份；成功实现造血干细胞捐献1例；实现遗体捐献3例、眼角膜捐献3例、器官捐献4例。

（袁红梅）

法 治

政府法制工作

【学习贯彻落实《法治政府建设实施纲要（2015—2020年）》】 制定《泸州市法治政府建设实施方案（2017—2020年）》。积极推动《纲要》的学习贯彻，市政府常务会安排2次关于立法工作和行政审批制度改革工作专题学习，完成《四川省法治政府建设实施方案（2016—2020年）》及省长尹力法治政府建设重要批示精神等多部法律法规、上级规范性文件的一般性学习。

【行政审批制度改革】 对政府权力清单和责任清单实施动态管理，公布行政审批前置条件目录，下发《四川省权责清单动态调整管理办法的通知》《关于贯彻落实取消、调整和保留的行政审批项目前置条件的通知》。动态调整行政审批项目，分两批对应取消69项行政许可项目；对已取消、不再保留为市县联审的项目，市县两级审批部门不再受理并审核；保留的行政审批项目，全部纳入行政审批通用软件系统实行联审；取消限额的许可项目不再有许可数量限制，保留限额的项目依法制定并公布许可限额的数量、具体布点和遴选规则。强化行政职权目录动态管理，将行政审批系统纳入行政权力运行平台规范运行，1—10月录入行政权力事项40922件。全市网上运行行权办件59269件，其中市级部门3455件、区县55814件，按时办结率99.99%。2016年8月15日印发《关于全面启动个体工商户"两证合一"登记制度改革试点工作的通知》，明确江阳区、龙马潭区为"两证合一"登记制度改革试点行政区域。9月起在全市推广实施，全面完成"两证合一"改革工作。

【政府立法工作】 加强政府立法制度建设，制定出台《泸州市人民政府拟定地方性法规草案和制定规章程序规定》。完成年度立法任务，《泸州市违法建设治理条例（草案）》《泸州市物业管理条例（草案）》通过市政府常务会议审议并向市人大正式提交草案议案。

【行政决策规范】 2016年，修订《泸州市重大行政决策程序规定》，出台《泸州市重大行政决策年度目录管理办法》。2016年审查政府协议、规范性文件等526件。完善法制顾问机制，制定《泸州市委、市政府法律顾问劳务费支付暂行规定》。年内，市政府法律顾问应邀参加《四川省农村公路条例（草案）》立法调研、《泸州市违法建设治理条例（草案）》《泸州市物业管理条例（草案）》论证会等达70余人（次）。制发《关于组织开展2016年网络问政平台在线访谈工作的通知》，依托政府网站，利用在线访谈平台开展政策解读和与公众互动活动，出台《泸州市政务微信矩阵运行管理办法（试行）》。

【规范性文件管理】 修订完善并重新出台《泸州市人民政府规范性文件制定办法》《泸州市行政规范性文件备案管理办法》，对41件行政规范性文件代拟稿开展合法性审查，按时向省政府、市人大报送行政规范性文件备案22件，按时报备率100%。落实规范性文件"三统一"制度和有效期制度，2016年5月对306件行政规范性文件开展清理，编制《泸州市继续有效的行政规范性文件目录》《泸州市失效、废止的行政规范性文件目录》《泸州市拟修订的行政规范性文件目录》，经市政府常务会审议后向社会公布。

【行政执法】 落实行政执法与刑事司法衔接规定，市检察院建议行政执法机关移送涉嫌犯罪案件68件，移送66件。组织全市1342名行政执法人员进行行政执法通用法律知识考试，办理四川省行政执法证和委托行政执法证1300个。截至2016年年底执法证数量总数为9911个。无执法行为被行政复议确认为违法、撤销、变更和被行政诉讼二审判决败诉情形。建立行政复议、处罚案卷评查制度，抽查18个市级部门42件案卷开展评查，评查绝对数较2015年增加22件。经评查，不合格案卷12件占28.5%，合格案卷23件占54.8%，优秀案卷7件占16.7%。其中，评查的不合格案卷移送市监察局调查处理。

【行政复议应诉工作】 落实行政复议委员会制度，市政府聘请由法学专家、优秀律师、各区县法制办主任等19人组成行政复议委员会的非常任委员。出台《泸州市行政复议文书网上公示规定》，明确行政复议文书应当在文书生效之日起20个工作日内在本单位门户网站上进行公布。同时，制定《行政复议、应诉案件分析制度》。2016年市政府作为复议机关的行政复议案件366件，不予受理16件，受理350件。受理案件中结案343件，其中撤销6件，责令限期履行1件，被申请人改变具体行政行为后申请人自愿撤回复议申请8件，驳回复议申请13件，维持315件，未结7件。加强行政应诉工作，市政府作为被告的行政应诉案件93件，做到有诉必应。制定《泸州市行政机关负责人出庭应诉工作规定》，明确规定行政机关负责人应当出庭，一审案件出庭应诉率不低于80%，二审案件出庭应诉率不低于40%。该规定试行一年，使泸州市行政机关负责人出庭应诉率大幅增加，远高于全省平均水平。截至年底，一审案件出庭应诉率达到60%，二审案件超过50%。2016年，市政府与市中级人民法院商定并建立《行政复议应诉与行政审判工作联系制度》。（张　义）

公　安

【维护社会稳定】　搜集各类情报信息2520条，整理上报情报信息专刊227期1347条，《网络舆情》603期，针对全国“两会”、中共十八届六中全会、G20杭州峰会等重大活动敏感期，编报情报专刊35期。排查突出治安风险隐患445条，掌握深层次、内幕性、行动性情报信息60余条，上报综合研判评估报告64余篇，发布工作指令134条。无涉恐涉爆案件、无重大群体性事件发生。

【应急机制建设】　落实领导带班制，市、区县局实行常态50名警力24小时集中食宿，动中备勤；推行四色预警、等级巡防机制，自主研发四色预警系统，针对红、橙、黄、绿4个预警等级，建立涵盖巡逻防控、社区和单位防范、治安管理、卡口值守以及机动备勤6个方面力量的等级勤务制度，提升应急处突能力。

【警卫安保】　适应警卫工作新常态，建立新形势下“大警卫”格局，实现“零差错”目标。完成中央、省领导莅临泸州考察警卫任务15次，“酒博会”“G20”峰会、全国公安应急保障工作会议暨“先锋2016”应急保障演练等大型活动，各类敏感时期系列安保任务29次。

【严打严治刑事犯罪】　开展打击“盗抢骗”“打盗抢反诈骗”和“打侵财”专项行动，共立现行刑事案件14687起，破案6793起。其中，破获多发性侵财案件3386起，快速侦破“2·6”抢劫金店案，得到省公安厅及副省长、公安厅厅长邓勇，副厅长袁刚贺电表扬；抓获“9类涉恶犯罪”人员320人，在侦黑社会性质组织1个，打黑除恶工作全省第一；破案通信网络类诈骗案件130余起；抓获网上在逃人员814人，抓获外市、外省在逃人员235人；追回被盗汽车93辆，摩托车（电瓶车）751辆，市区（县）两级公安机关先后召开返赃大会10余次。

【毒品重点治理】　以打击毒品违法犯罪“利剑”专项行动、“5·14”堵源截流专项行动、“治毒品”专项行动等为抓手，推行多警种信息共享和常态化公开查缉等机制，建立和周边市州外流贩毒信息对接机制，在广东和浙江建立四川省泸州市公安局打击外流贩毒工作站，坚持强攻跨区域大要毒品案件与打零包贩毒并举，惩治整治毒品违法犯罪，注重禁毒宣传教育，泸州在全国毒品预防教育经验交流暨“6·27”工程推进会议上作经验交流发言。年内，全市破获毒品刑事案件479起。其中，破获部级目标案件4起、省级目标案件8起；查处吸毒人员2000余人，缴获毒品60余公斤，全市外流贩毒同比下降10%。

【惩治经济犯罪和食药安违法犯罪】　推进涉众型经济犯罪、打假、非法传销、涉税等专项工作，锋芒始终聚焦重点领域经济犯罪，服务经济发展和社会安定大局。年内，共破经济类案件212起，涉案总价值21.78亿元，挽回经济损失2.81亿元。抓获犯罪嫌疑人359人，移送起诉357人，发起并收网全国集群战役2起，有效遏制突出经济犯罪高发势头。以食药“利剑打假行动”和惩治环境污染犯罪“清水蓝天”行动为契机，重点惩治食品、药品、农资和环境污染领域的犯罪活动，全力保民生、保安全。年内，共立案查处食药安领域违法犯罪案件76件，采取刑事强制措施107人，参与公安部集群作战35件。

【整治突出治安问题】　以群众反映强烈的黄赌

等治安问题为重点，开展“扫黄禁赌”、社会治安乱点整治。年内，共查处黄赌案件2060件，其中刑事案件1179件，刑事拘留356人，提请逮捕81人，移送起诉167人，治安拘留652人，治安处罚5426人；查处黄赌场所711家（次），打掉赌博团伙58个，打掉卖淫窝点195个，捣毁电子游戏赌博窝点379个，收缴各类电子游戏赌博机1588台，取缔无证经营72家。

【治安防控网络建设】 固化健全“屯警街面、动中备勤”，健全完善四级巡防体系，构建专群结合、人防物防技防、监巡无缝衔接的“天眼地巡”立体化防控体系。在主城区构建“网格防控网”控块、“区域防控网”守点、“视频防控网”监面、“便衣捕现网”打击、“卡点封控网”扎口的“五张网”街面防控布警格局。完成“天网”四期工程验收，建成视频卡口382个、点位3035个、高清图像7595路。6月中旬，全省公安机关社会治安防控体系建设推进会在泸州召开，总结推广泸州市视频图巡经验做法。

【强化网上斗争】 搜集网上情报信息163条，整理上报151期，搜集互联网监控监测信息1709条，部、省级采用38条，侦办涉网违法犯罪案件17起，办理行政案件5件，侦办全省首起传播暴恐音视频案件。

【规范执法】 推进执法办案制度改革，落实刑事案件统一审核统一出口“两统一”工作机制；在市、县区两级公安机关建立案管中心和涉案财物管理中心，自行研发案管系统，整合警情、案件、财物、人员等执法要素，实现案件的信息化考评和对案件的全流程、全方位可溯性管理与执法监督。对全市30个执法场所进行改造，超额完成任务。组织全市1398名民警参加基本级、中级执法资格考试；开展警情巡查和办案网上巡查、考核，落实刑事案件办理全程录音录像和案件回访告知制度，确保办案质量。年内，网上巡查案件203件，通报问题800余个。

【畅通工程建设】 开展“道路运输平安年”、标本兼治遏制重特大道路交通事故行动、“防事故、保安全”、规范车辆停放等专项整治行动，全力防事故、治隐患、保安全。年内，组织道路交通安全隐患拉网排查6次，严查各类交通违法行为105.49万起，形成高压严管态势。全市道路交通安全形势持续好转，道路交通事故四项指数同比全面大幅下降，分别下降74.48%、66.44%、78.1%、61.39%，未发生较大以上道路交通事故。

【消防安全】 健全火灾隐患常态化排查治理、重大隐患分级治理机制，建立消防安全联防协作组织34个，微型消防站834个，重点单位和街道社区覆盖率分别达70%和72%。组织开展夏季消防检查、易燃易爆危险品场所、超大城市综合体、居民住宅等专项治理行动9个，开展助企行动，主动为企业提供消防技术咨询，发动行业系统、社会单位开展自评自查，消除隐患。年内，共检查社会单位（场所）8243家（次），发现并督促整改火灾隐患1751处，整改重大火灾隐患47家，下发临时查

公安武警联合巡逻

封决定书167份，责令“三停”145家，行政拘留29人，罚款360万元。

【缉枪治爆专项行动和民爆物品安全管理】 全力收缴社会面非法枪爆物品，最大限度地减少社会面存量。年内，共收缴各类枪支663支、子弹54165发、炸药16149.85公斤、黑火药1144.61公斤、雷管73711枚、管制刀具4506把；抓获涉枪涉爆违法犯罪人员74人。

【城镇入户“零门槛”实现】 健全公共户口管理政策，放开城镇落户限制，实现城镇入户“零门槛”，在全国首创公共户口落户政策；建立居民身份证异地受理、挂失申报和丢失招领制度，设立居民身份证跨省异地受理点7个，办理异地证391人；开展为高龄人员、残疾人、孤寡老人等特殊群体上门办理二代身份证，累计上门办证9709人（次）。

【入境自助服务创新升级】 探索电子港澳通行证一站式自助签注设备的研发，推出港澳通行证自助签注一体机便民措施，实现港澳通行证签注“立等可取”一站式服务；坚持简政放权，全市派出所首个出入境业务受理点在古蔺县双沙镇试运行，破解服务群众“最后一千米”难题取得新突破。

【交管业务】 向有条件县、区下沉大中型客货车驾驶证异地申领、驾驶人考试等权限；简化车驾办事流程，实行当日办结制、一次退办制和一窗式服务，推出网上车管所、网上交管科、网上交警“场景式服务”办事大厅、掌上车管所办理部分车驾管业务，让群众足不出户即可办理相关业务。建立3个轻微道路交通事故快处快赔服务中心及快处快赔办公室，实行道路交通事故快速处理和快速理赔，有效提升道路通行效率。

【警民沟通渠道畅通】 建立和完善公安机关常年接访、定期约访、重点走访和领导下访的长效工作机制，畅通群众表达意愿的途径。建立“网下办理、网上流转”的群众信访事项办理程序，强化信访件办理和反馈，确保办理及时、依法、透明、高效。年内，共接待受理群众信访事项398件，同比下降10%；办理网上信访件152件，均在规定时限内办结，受理网上投诉同比上升5.5%。不断强化复议复核、行政诉讼和国家赔偿案件的办理，共收到行政复议申请62件，受理56件。加大系统策划力度，依托“6·26”、“11·9”、“1·10”宣传日，举办大型的警营开放日活动，让人民群众参与其中，真正了解公安、信任公安和支持公安。

【实战指挥体系建设】 建成省、市、县（区）、主城区派出所四级公安机关互联互通、资源共享的扁平化指挥体系。实现1∶500地图、三台合一、北斗定位导航平台、PGIS平台、通讯调度子系统、图综平台与扁平化指挥调度平台全面对接，连通13个主城区派出所、4个交警支队直属大队、4个县公安局交警大队，导入定位终端400余个，实现省、市、县、派出所实战指挥平台的四级联动，警务指挥“看得见、叫得通、调得动、控得住”。完成平台PGIS调试，酒店、医院、党政机关、视频、旅店、网吧、消防队站、红绿灯、卡口等多个专题数据均可实现综合查询。制定定位设备管理规范、实战指挥警力报备规范、实战平台点名规范、静态资源录入规范等多个规范。

【公安行政服务改革】 构建起集信息公开、便民服务、互动交流、防范宣传、打击犯罪、法制教育、监督评议、形象展示等多种功能于一体的公安网上综合服务平台。升级改造移动互联警民沟通服务新平台，实现从“网上公安局”到“掌上公安局”的无缝对接，升级改造网上办事服务大厅功能，将出入境、户政、交警等9大类111项窗口办事项目网上再造，实现公安业务最大限度的全流程办理。

【大部门大警种制改革】 将市公安局和江阳分局作为试点单位，按照“整合机构、优化配置、明晰事权、提高效能”的目标定位，制定《泸州市公安局市、区联动主城区执法勤务模式改革试点工作推进方案》。固化市区机构统筹框架设计、扁平化指挥体系建设、巡逻防控体系建设、城区交通管理体制建设、集中羁押监管机制建设、江阳区分局执法勤务模式改革试点、指挥巡防混成设计等七个主项机制，以及警务力量暨队伍思想支撑、科技通信及装备配备支撑等两个支撑项目机制。

【警务辅助人员管理】 加强四支兼职辅警力量建设，民兵应急常备值班分队兼职辅警建设全面完成并常态运行，驻村辅警建设有的县区完成率达90%，重点内保单位保卫干部兼职辅警建设稳步推动已初具规模，退役安置士兵兼职辅警建设稳步推进；建成辅警管理科—管理办（管理民警）—辅警长三级纵向管理与互动反馈渠道，建立招、管、用等8项“实体”管理制度，规范管理。创新试点辅警绩效考核与层级晋升，组织开展助理辅警长晋升，推动直接考核聘用协勤人员为事业编制人员，提高辅警人员待遇和职级。是日，省公安厅在泸州召开规范警务辅助人员管理改革现场会。泸州市辅警管理改革成效突出。6月18日，省公安厅在泸州召开规范警务辅助人员管理改革现场会，总结推广泸州经验做法。泸州辅警改革作为全省公安机关唯一案例、泸州市两个案例之一参评省委深改组组织的“2016四川十大改革转型发展案例”。

【全省社会治安防控体系建设推进会在泸州召开】 6月18日，全省公安机关社会治安防控体系建设推进会在泸州召开。与会人员集中观看泸州市公安局制作的“视频图像资源综合应用”经验交流片，成都、德阳先后作经验交流发言。省公安厅厅长邓勇对推进全省社会治安防控体系建设进行全面安排部署。

【侦破“2·6”金店被抢案】 2月6日19时30分许，江阳区酒城大道万象汇商城“周喜福”金店被1名男子持刀抢走价值24万余元的黄金首饰。案件发生在除夕前夜，性质恶劣，影响极坏。市公安局迅速从刑侦支队、技侦支队、网安支队、巡警支队和江阳分局等单位抽调警力组成专案组，合力攻坚，全力开展侦破。2月10日，江阳“2·6”周喜福金店抢劫案成功告破。专案组人员在重庆市解放碑附近抓获犯罪嫌疑人罗某。

【“先锋2016”全国公安应急保障演练在泸州成功举行】 11月15日，公安部在泸州市组织开展“先锋2016”全国公安应急保障演练。这是公安历史上参演规模最大、区域跨度最长、涉及要素最全、科目设置最细的一次应急保障实战演练。公安部党委委员、部长助理王俭，副省长、公安厅厅长邓勇到现场指导、观摩演练。泸州市委副书记、市长刘强代表市委、市政府致欢迎辞。（李成建）

长江航运公安局泸州分局

【概况】 2016年，长江航运公安局泸州分局接处警657起；受理查处行政案件212起（其中治安案件160起、消防案件52起），行政拘留9人；破获刑事案件23起，抓获网上在逃人员3人，打击处理29人；规范处置未知名尸体111具，其中查明尸源62具，尸源查清率达55.9%；检查各类船舶948艘（次），码头255处（次），下达责令改正通知书88份。

【破获“4·16”杀人案】 4月25日，分局用9天时间破获“4·16”故意杀人分尸案，抓获犯罪嫌疑人贺某。5月9日，宜宾市翠屏区人民检察院批准对贺某逮捕。

【打击非法捕捞】 2—4月，分局联合地方渔政部门，围绕长江禁渔期开展为期3个月的打击非法捕捞专项行动。破获非法捕捞水产品案12起，抓获犯罪嫌疑人16人。

【打击破坏长江生态环境违法犯罪】 4—12月，分局开展打击破坏长江生态环境违法犯罪专项行动，破获非法采矿案8起，抓获犯罪嫌疑人11名。

【治安防控】 加强水上流动警务室、航道重点工程警务室建设，新建警务室2个。强化企业内部防控网建设，与30余家内保单位负责人签订责任书，落实企业主体防控责任。结合实际，对重点水域、港口、码头开展“开展公共安全”“客运安全专项整治”等10余项专项整治行动，组织并参与涉水单位联合执法104次、应急演练12次，全力保障水上运输的安全畅通。

【消防监督】 建立全警消防和部门联动工作机制、港航社会单位消防监督“1对1”工作联系机制，坚持突击性专项行动与常态化排查治理相结合，紧紧盯住人员密集场所、“四客一危”船舶，抓好重点时段、重点船舶、重点水域和重点环节的消防安全监管，持续开展火灾隐患排查整治活动，坚决防止重特大火灾事故的发生。与泸州、宜宾两地航务管理局联合发文，开展电气火灾防范专项整治行动。督促各港航单位消防责任人和管理人切实履行职责，严格落实消防安全责任制。成功处置泸州航道局工作趸船火灾，并依法对责任人进行约谈。

【警务协作】 与合江县公安局签订警务合作协议，建立综合交流、信息互通、联动执法的工作机制，实现共享核心技术手段及信息资源、参与专业教育训练、建立健全双方联动工作、完善整合治安防控体系、互帮互助反恐安保任务、联动处置控制信访工作等多层次的警务协作机制。

【法制建设】 制定完善《泸州分局案件审核审批制度》《泸州分局兼职法制员工作规范》等工作制度，重新修订《泸州分局执法质量考评实施细则》，坚持每季度开展一次执法质量考评工作。制定《泸州分局处置非正常死亡事（案）件工作规范》，严格规范处置程序及法律文书，按照“一尸一档”要求规范处理。

【基础建设】 完成分局宜宾警备码头建设用地初步选址。获南溪、合江派出所工作趸船岸线批文，有序开展接岸工程前期初步设计。推进分局刑事技术分中心可行性研究，初步完成分局刑事中心建设施工许可。

【特色警务】 打造分局四项特色警务工作品牌，分别是未知名尸体处置工作品牌、水上消防安全监管工作品牌、水上巡逻工作品牌、生态犯罪打击工作品牌。打造“一所一品牌”特色警务，分别是合江派出所信息警务、服务群众工作品牌、泸州派出所服务港口经济发展工作品牌、南溪派出所治安防控工作品牌、宜宾派出所未知名尸体尸源查找工作品牌。

（刘钰璇）

消　防

【概况】 全年，全市消防队伍接警出动6198起，出动消防车10238辆次，消防人员51190人（次），抢救被困人员619人，疏散人员3119人，成功处置“1·13”槽罐车爆炸、“6·18”洪涝抢险、“7·18”抗洪抢险、“10·16”棚户区火灾等一批急难险重任务。全市发生火灾1882起，死亡4人，受伤1人，直接经济损失276万元，比2015年四项指标全面下降，连续10年未发生较大以上火灾事故。年内，支队6名官兵荣立个人三等功，18名官兵荣获嘉奖，市政府为消防支队荣记集体二等功。叙永县、古蔺县消防指挥中心和龙马潭区特兴、合江县九支、叙永县水尾3个政府专职消防站完成建设并投入使用。全年支队级采购各类消防车辆8台，各类器材装备3447件套。

【火灾隐患检查】 开展以冬春火灾防控和夏季消防检查为主线，易燃易爆危险品场所、城市综合体、居民住宅、消防产品、电气火灾防范、独居老

2016年5月16日，国务院考核组在泸州检查消防支队

人居住场所、仓储物流场所、高层建筑电缆井、重大火灾隐患等9个专项治理行动为具体内容的火灾隐患检查工作，在全市形成火灾防控高压态势。全年，全市各级消防监督执法机构累计检查社会单位（场所）8243家（次），发现并督促整改火灾隐患1751处，整改重大火灾隐患47家，下发行政处罚决定书445份，下发临时查封决定书167份，责令“三停”145家，行政拘留29人，罚款360万元。

【消防格局完善】 出台《泸州市“十三五”消防事业发展规划》《消防安全责任制追究办法》，有效落实“党政同责、一岗双责、失职追责”要求。督促社会单位履行主体责任，绝大多数社会单位实现“管理网格化、制度常态化、排查精准化、演练实景化、培训模式化”，指导新增群众性消防组织14个，评选社区消防大使117人，全市消防志愿者队伍总人数突破3万人。

【监管模式创新】 出台《关于公安派出所配备专职消防文员的通知》，提升派出所消防监管能力；出台《十类行业单位消防安全管理规定》，打造行业领域的“示范性”单位，指导社会单位全面落实标准化管理；调整确定1004家消防安全重点单位和40家火灾高危单位，督促其落实“六加一”措施，建立消防安全区域联防协作组织34个，建成微型消防站834个，重点单位微型消防站和街道社区微型消防站覆盖率分别达70%和72%；全市142个街道乡镇完成消防安全“网格化”建设。

（王　鹏）

检　察

【概况】 2016年，泸州市检察机关依法履行检察监督职能，批准逮捕犯罪嫌疑人1653人，向人民法院提起公诉3598人，查办贪污贿赂职务犯罪案件67件106人、国家机关工作人员渎职侵权案件34件34人，追缴涉案款物折合人民币4600万元。各项工作获市级以上表彰奖励177项。

【公诉】 受理侦查机关移送审查起诉案件2933件3932人，审结案件2688件3554人，提起公诉2555件3378人，不起诉119件158人。其中，起诉破坏社会主义市场经济秩序犯罪88件165人，起诉破坏金融管理秩序犯罪22件48人，起诉金融诈骗犯罪15件20人，起诉扰乱市场秩序犯罪19件29人，起诉生产销售伪劣商品犯罪10件24人，侵犯知识产权犯罪18件38人，起诉危害公共安全犯罪899件928人，起诉侵犯公民人身权利、民主权利犯罪298件377人，起诉侵犯财产犯罪646件881人。与市公安局会签《重大毒品犯罪案件引导侦查实施细则》，规范重大毒品犯罪案件技术侦查证据材料的移送和使用，起诉毒品犯罪348件410人。起诉贪污贿赂犯罪38件67人，起诉渎职侵权犯罪5件5人。办理职务犯罪诉前和判决同步审查案件92件，办理不起诉备案审查案件122件。

【审查逮捕】 受理公安机关移送审查逮捕案件1578件2106人，批准逮捕1210件1551人。开展“打侵财、治毒品、压发案”专项整治工作，批捕侵犯财产、毒品犯罪784件992人。开展打击危害食品药品安全专项整治行动，批捕危害食品药品安全犯罪4件8人，批捕制假售假、侵犯泸州老窖、郎酒等名优酒知识产权犯罪17件28人。执行轻微刑事案件快速办理、检调对接和刑事和解制度，不批捕犯罪嫌疑人381件576人。

【职务犯罪侦查监督】 执行职务犯罪案件审查逮捕上提一级工作制度，建立职务犯罪捕后变更强制措施报告机制，泸州市检察院受理各区、县检察院报请审查逮捕案件24件30人，审查后决定逮捕17件18人，决定不予逮捕7件12人。

【刑事侦查监督】 监督社会危害大、人民群众反映强烈的有案不立、有罪不究、以罚代刑等问题案件78件，通知公安机关立案1件1人，监督公安机关撤销案件16件。纠正违法取证等违法侦查行为114件（次），纠正漏捕12人。纠正漏诉罪行56件74人，纠正漏诉同案犯21件26人。与市政府法制办签发《泸州市行政执法与刑事司法衔接信息共享平台协作运行管理办法（试行）》，监督行政执法机关移送涉嫌犯罪案件68件78人。开展规范司法行为专项整治，纠正检察机关自身监督不规范案件23件。

【刑事审判监督】 精细审查法院刑事裁判中事实认定、证据采信、罪名确定、审判程序等方面问题，按照二审程序提出抗诉案件20件42人，按照审判监督程序提出抗诉1件1人。运用书面纠正违法、检察长列席法院审委会等非抗诉监督方式纠正违法审判活动，提出书面纠正意见46件（次），列席法院审委会讨论公诉案件6件（次）。实行审判监督活动前移，提出量刑建议295件。

2016年11月17日，省人民检察院党组书记、检察长邓川（右一）在古蔺县大寨苗族乡富民村走访慰问困难群众

【刑事执行监督】 派驻看守所检察室检察收押释放法律文书7942份，督促看守所按期按规定交付执行罪犯512名，跟踪时限监督1355人（次），审查异地羁押情况195人（次）。提出刑罚执行和监管活动中违法情况书面纠正45件，提出监外执行中存在的脱漏管和其他违法情况书面纠正127件。开展羁押必要性审查，提出变更强制措施建议15件。开展集中清理判处实刑罪犯未执行刑罚专项活动，清理纠正判处实刑未交付执行刑罚罪犯13人。开展财产刑执行专项检察活动，逐人逐案清理筛查2013年以来法院判决财产刑的执行情况，将有关信息及时与法院沟通衔接。

【未成年人刑事检察】 受理审查批捕未成年人涉罪案89件142人，经审查，批捕51件84人，不批捕38件57人。受理审查起诉未成年人涉罪案件122件179人，经审查，起诉103件158人，不起诉8件10人，附条件不起诉18人。办理审查逮捕侵害未成年人案件61件74人，办理审查起诉侵害未成年人案件63件86人。制定实施《泸州市人民检察院关于对撤销监护人资格案件实施法律监督的办法（试行）》，建立“泸州未检成长护航”公众微信号和“泸州市未成年人成长护航团”微信群，实行社会支持体系动态化管理，开展合适成年人保障127人（次），社会调查108人（次），心理干预23人（次），配合检察机关拍摄普法影片、开展法治主题宣传活动15次，“1对1”观护矫治涉罪未成年人25人、跟踪帮教56人（次）。纳溪区检察院“纳爱”团队被最高人民检院表彰为“对未成年人检察工作做出突出贡献”的集体和全国未成年人检察工作五大优秀品牌之一，同时被四川省检察院评为全省5个优秀未检工作团队之一。

【反贪污贿赂】 立案侦查贪污案19件41人、受贿案40件56人、行贿案5件5人、挪用公款案2件2人、私分国有私产案1件2人。其中20万元以上大案49件74人，50万元以上特大案件14件18人，副县级以上要案3人。开展惠农扶贫领域集中整治，查办惠农扶贫领域贪污贿赂案件18件44人。

【反渎职侵权】 立案侦查玩忽职守案件24件24人，滥用职权案件9件9人，过失泄露国家秘密案件1件1人。开展查办安全生产领域渎职犯罪

“小专项”行动，查处渎职犯罪案件 19 件 19 人。

【职务犯罪预防】 结合查处职务犯罪案件，针对制度、机制上的问题，发出书面检察建议、纠违通知书 48 份；开展预防警示教育和上法制课 55 次，开展法制宣讲 28 次；提供行贿犯罪档案查询服务 1950 件（次）。在古蔺县、叙永县、合江县域开展涉农惠民扶贫领域预防职务犯罪宣讲活动 10 场，发放宣传资料 6000 份，受理群众现场咨询 300 次，接受群众举报 30 件。

【民事行政检察】 受理各类民事行政监督案件 67 件，评查民事行政诉讼案件 122 件。经审查，向法院发出再审检察建议 15 件，监督法院审判违法行为案件 17 件，监督法院执行活动案件 16 件。办理行政违法行为监督案件并向行政机关提出监督意见 16 件。办理民事和解案件 1 件，监督纠正虚假诉讼 9 件。

【控告申诉检察】 接待来访群众 2207 人（次），化解矛盾 1729 人（次）。受理信访 622 件，处理集体访 3 件。收到举报职务犯罪线索 117 件，办理举报初核案件 33 件，移送立案 26 件。办理不立案举报线索审查 12 件。受理不服人民法院生效判决、裁定刑事申诉案 15 件，其中，立案复查 11 件。办理司法救助案 12 件，救助 55 人，发放救助金 30.8 万元。受理审查国家赔偿案件 6 件，作出赔偿 5 件，支付赔偿金 27.2 万元。

【检察技术】 办理技术性证据审查案件 379 件，检验鉴定案件 65 件，提供电子证据协助、分析、检验鉴定案件 209 件。开展职务犯罪侦查过程全程同步录音录像工作，完成同步录音录像工作 188 人（次）。开展电子证据、心理测试等专业技术在职务犯罪侦查、公诉和诉讼监督中的运用工作，泸州市检察院电子数据实验室通过 CNAS 认证。

【警务保障】 司法警察执行警务勤务，保护公诉人出庭派警 142 人（次），处置涉检上访派警 131 人（次），执行传唤 195 人（次），参与冻结扣押派警 58 人（次），执行拘留 54 人（次），执行逮捕 105 人（次），执行看管 816 人（次），送达法律文书出警 211 人（次），协助调查取证派警 315 人（次），参与查询通信信息派警 149 人（次），查询金融机构 36 家 80 个账户，涉案查询冻结金额 1000 余万元。

【案件管理】 开展重点案件评查 4 次，评查不起诉、撤案，移送起诉后撤回以及法院判决无罪等类型案件 38 件，抽查各类业务案件 381 件。开展涉案财物专项检查 3 次，检查涉案财物案件 101 件，纠正不规范涉嫌财物问题 20 件（次）。流程监控全市检察机关办理案件过程和结果，发布办案期限预警 39 期，提醒即将到期案件 100 件，抽查正在办理案件 386 件。接待刑事辩护人、诉讼代理人申请阅卷 830 次，接待律师申请会见犯罪嫌疑人 24 次。通过检察机关门户网站公开案件程序性信息 4966 条，重要案件信息 407 条、法律文书 2083 份。

【人民监督】 依托“互联网 +”，搭建新媒体检务公开平台，建立检察门户网站、案件信息公开系统、两微一端（即官方微博、微信和搜狐新闻客户端）、视频接访系统，开发网上为民服务中心、控告举报申诉在线受理、案件信息在线查询、检察业务在线咨询等功能。邀请人大代表、政协委员参加检察开放日活动 30 人（次）、观摩庭审 8 次，召开座谈会 12 次。邀请人民监督员参加开门评检活动、举报宣传周活动、案件评查活动，参与执法检查，参加不起诉案件听证会等，组织人民监督员依法监督职务犯罪侦查案件 12 件。 （雷长彬）

法　院

【概况】 2016 年，全市法院受理各类案件 45770 件，审执结 43405 件，结案率 94.83%，同比分别上升 0.2%、1.13%、0.93%。其中，市法院受理各类案件 3003 件，审执结 2886 件，结案率 96.1%，同比分别上升 10.28%、12.51%、2.02%。

年内，泸州中院被评为全国法院党建工作先进集体，泸州中院未成年人案件综合审判庭被评为全国法院先进集体，泸州中院《执行终结机制实证研究》课题被评为第六届“中国执行论坛”优秀奖，《泸州：普法“萤火虫”照亮校园》被评为2015年全国法院新闻宣传优秀作品。

2016年6月1日，省高院党组书记、院长王海萍（左六）调研合江县法院青少年法制教育基地，市委副书记、市长刘强（右五）陪同

【刑事审判】 年内，全市法院受理刑事案件3064件，同比上升14.71%；其中市法院受理刑事案件354件，同比上升8.92%。重点开展“打侵财、治毒品、压发案”“打击网络通信犯罪”“打击非法集资犯罪”等多个专项审判活动。共受理故意杀人、故意伤害、抢劫等严重暴力犯罪案273件；受理毒品犯罪案386件，同比上升43.49%，判处五年以上有期徒刑55人，重刑率为20.3%。组织召开贪贿案件审判工作会，依法审理四川省农业厅原副厅长姜×康、资阳市原副市长陈×刚、合江县委原书记李×等受贿案，全市两级法院110余件贪贿案件集中处理、有序宣判；严厉打击扶贫领域职务犯罪，2件案件入选2016年全省法院扶贫领域典型案例。

【民商审判】 年内，全市法院受理民商案件27423件，市法院受理各类民商案件1714件。依法妥善处理涉“僵尸企业”案件、“弃企避债”引发的矛盾纠纷，加大涉及房地产企业、建筑企业破产案件的审理和指导力度，有效化解佳乐建筑公司、纳溪永泰房地产公司、叙永某房地产公司等破产案件带来的不稳定因素。成立环境资源审判庭，实行“三审合一”。制定出台《关于为我市国民经济和社会发展“十三五”规划提供司法保障的意见》《关于为全市脱贫攻坚提供司法服务和保障的意见》。

【行政审判】 全年，全市法院受理行政诉讼案件667件，非诉审查案件245件；市法院受理行政诉讼案件268件。推动落实行政机关负责人出庭应诉制度，全年全市行政机关负责人出庭应诉率达56%；全市法院1件行政案件入选全省法院十大典型案例，专题向市人大常委会报告2012年以来全市法院行政审判工作情况，发布《2015年行政案件司法审查报告》。

【执行工作】 全市法院受理执行案件13542件，同比上升25.05%，执结12724件，执结率93.96%，执行到位金额突破10亿大关，达到12.68亿元，同比上升29.52%。其中，市法院受理481件，同比上升12.65%；执结442件，执结率91.89%，执行到位金额2.24亿元，同比上升7.69%。推进“基本解决执行难”，强化网络执行查控系统建设，在泸所有银行均对接全国“总对总”查控系统，在全国率先实现不动产信息网络查询与法院系统对接，提高执行财产查找效率。集中开展涉民生案件、金融案件、党政特殊主体案件等专项行动，加强失信惩戒，强力打击拒执违法行为，纳入失信被执行人名单4051人，公开曝光“老赖”2056人，限制出境1012人，限制高消费1766人，让失信者“一处失信、处处受限”，促使被执行人主动履行债务1375.99万元。

【司法人员分类管理改革】 推进人员分类管理，采取“考试加考核”的方式，完成首批员额法官遴选任务，全市遴选产生296名员额法官，并向宪法宣誓任职。

【司法责任制改革】 市法院坚持以稳步推进、分类定岗、统筹兼顾为原则，在保留现有审判业务庭机构框架，并在原有业务庭内组建审判团队的前提下，按照专业化分工要求，将43名员额法官组成13个审判团队，构建扁平化审判运行机制。建立案件分案管理机制和案件权重管理机制，制定完善办案人员权力清单、案件质量评查、案件质量责任追究、绩效考核等制度规定，有序、稳步推进职业保障制度建设。

【庭审实质化改革】 制定《刑事庭审实质化改革实施方案》，协助市委政法委组织召开全市政法系统庭审实质化改革工作现场推进会。落实“四个在法庭”，充分发挥庭审在采信证据、认定事实、形成心证等方面的核心作用。开展多媒体示证、远程视频提讯等项目建设，进一步完善庭前会议、非法证据排除、庭审证据调查、证人出庭等程序，市法院持续开展“示范庭审观摩活动”。

【刑事涉案财物集中管理】 制定《涉案财物规范管理处置工作方案》《涉案款物集中管理工作推进方案》，按照“1+7”模式加快建设“涉案财物管理处置场所”和流程系统，实现管理规范化、智能化。

【网络司法拍卖】 市法院推行全域网络司法拍卖，形成“三加三”工作模式，制定《网络司法拍卖案件工作流程、标准》，实现拍卖环节零投诉。2016年网拍成交率67%，成交金额16.49亿元，平均溢价率16.57%，单笔最高溢价率79%。省法院2016年5月在泸州召开现场会推广泸州经验。

【司法为民】 推进“三型”人民法庭建设，进一步提升法庭硬件、软件各方面建设水平。基层法院全面实行全域立案，改进上诉工作方式，在一审法院即可完成提交上诉状、核算上诉费用并在当地银行完成上诉费缴纳等工作，推动档案数字化，便利当事人参诉办事。

【司法公开】 全市法院坚持全媒体多平台深推阳光司法机制建设，通过中国裁判文书网公开裁判文书29481余份，通过微博公开开庭审理31件（次），强化政务网站更新，通过法院官方微信和中国法治APP泸州频道推送信息356期592条，新浪、腾讯官方微博发布博文2325条。开展全国、省、市“两会”宣传、“知识产权宣传周”“6·26”禁毒宣传周、网络司法拍卖宣传月、“三型”法庭建设宣传月、“带上微博去执行”等主题宣传，中央级媒体发布稿件552篇。召开10场新闻发布会，通报“基本解决执行难”、网络司法拍卖、知识产权保护、未成年人权益保护、环境资源审判等重点工作。

【法治宣传】 坚持全媒体运用，在《泸州日报》、泸州新闻网、泸州广播电台开设专栏，在《人民法院报》等10余家中央、省市媒体以及法院政务网站、法院官方微信、微博和中国法治APP泸州频道。深入开展“法律八进”活动，以院坝法庭、庭审视频直播、微博直播及拍摄法治微电影等方式宣传法治意识与规则案例，促进全社会知法守法崇法护法。

【司法能力建设】 与中国政法大学等五所院校开展合作，鼓励在职攻读研究生，中院研究生以上学历占比35%。推行网上课堂、在线培训，开展以“法官讲坛”主的“菜单式”培训。推进师资库、法官教学案例库、精品课件库和法官培训教学基地建设，建立外出培训人员回院授课机制。2016年，市法院组织全市两级法院278名法警参加国家法官学院、省法官学院以及市级各部门组织的教育培训；遴选两级法院80名业务骨干到浙江大学参加“泸州市法院系统干部综合能力提升研修班”学习；邀请阿里巴巴集团高管到院进行《互联网+法院》专题授课；举办“法官讲坛”7期，参训干警828人（次）。全市法院自主开展教育培训80期，参训法警2159人（次）。 （陈家法）

司法行政

【普法依法治理】 市人大审议通过“七五”普法规划决议，“六五”普法以来培育典型示范单位349个，获得省级以上表彰29个，其中泸州市被省委、省政府评为“2011—2015年全省法治宣传教育先进城市”。继续开展“一县一品”普法品牌培育行动，初步形成“法娃”普法卡通代言人，“向日葵”青少年法治体验夏令营，“萤火虫”普法志愿者，“蒲公英”普法小分队，“苗汉双语学法课堂”等特色普法品牌。提档升级法治阵地，新建成“青少年法治博览馆”“奢香法治公园”、全市青少年禁毒教育基地。开展普法讲师团“法润泸州·七五普法行”，成立各县（区）法治文艺小分队，依托第三方专业团队创编《巴倒烫》《特殊关爱》等30部法治文艺节目，利用重大节日、重大活动、赶集日和村民红白事等契机，深入开展法治文艺巡演。在泸州电视台制作70期《给您说法》普法情景剧栏目，创编和推广法治公益广告10条，拍摄《盲夏》《不再沉默》等8部法治微电影。

【法律服务】 推进公共法律服务体系建设，在市政务服务中心成立法律服务专区。组织首次全市基层法律服务工作者执业考试，159人考试合格。赴甘孜州乡城县开展“法律援藏”工作，被市委评为对口援藏工作先进集体。开展岁末年初农民工专项讨薪活动，受理933名农民工讨薪申请，涉案金额2073万元。新建驻东莞法律援助工作站，累计建成驻中山、贵阳、昆明等4个省外工作站。与泸州广播电台联合推出“FM970特别关注法律援助”热线栏目，每周三下午定时解答听众朋友法律咨询。超额完成法律援助民生工程目标任务，年内，全市办理法律援助案件3745件，提供法律援助事项14502件，提供法律援助21992人（次），完成目标任务146%。西南医科大学司法鉴定中心通过国家级资质认证认可，成为省内第八家、地市州第一家通过国家级司法鉴定机构资质认定和实验室认可的鉴定机构。全年，全市办理司法鉴定案件10548件，同比增长25%，采信率保持在98%以上。

【人民调解】 推进医疗纠纷、交通事故、消费者权益保护、物业管理、婚姻家庭纠纷等行业性、专业性调解组织基础上，2016年将人民调解延伸到保险、养老和商会领域，先后成立市保险行业人民调解委员会、市养老协会人民调解委员会和叙永商会人民调解委员会。医疗纠纷调解走在全省前列，市医调委被省司法厅评为“五星级人民调解委员会”。年内，全市调解案件14568起，调解成功14275起，调解成功率97.99%，调解涉及当事人41852人，协议涉及金额14309.54万元。

【社区矫正与安置帮教】 确立2016年为社区矫正“规范化建设推进年”，开展社区矫正工作机构、工作场所和人员队伍规范化建设。落实社区矫正日常监督管理，加强社区服刑人员特殊敏感和重大节假日期间的教育管控力度。开展“延伸帮教进高墙”活动，组织干警到汉王山监狱开展帮教活动，与嘉州监狱开通运行网络探视系统，累计开通川南监狱、宜宾监狱、自贡监狱、四川省女子监狱、成都未成年犯管教所等6所监狱，年内，让服刑人员1200余人通过网络探视平台与家属实现远程“会见”。

【司法所规范化建设】 按照队伍建设规范化、场所设施规范化、业务流程规范化标准，实施司法所规范化升级改造工程，全市陆续改造完成79个司法所，实现办公场所“三室一庭”，即办公室、网络探视室（社区矫正室）、档案室和人民调解庭，外观、标识、标牌“三统一”，每所人均2人以上配备。龙马潭全区12个司法所有10个所规范化建设达标，整体工作走在省市前列。泸县由“两办”印发《泸县司法行政系统改革实施办法》，明确在“七五”普法期间实施司法所规范化建设“22211”工程（前3年每年建2个司法所，后2年每年建1个司法所），镇（街道）提供土地。

【国家司法考试工作】 国家司法考试泸州考区完成报名参考1932人，报考人数位居全省第二，考务工作实现“零差错”。

【强制隔离戒毒工作】 推进戒毒场所规范化建设，陆续市强戒所“一院两基地”扩建工程。建成戒毒康复医院，启动禁毒教育基地建设，筹建戒毒康复基地“绿色回归家园”。持续做好场所安全稳定工作，连续实现“六无”目标。 （张　林）

仲裁

【概况】全年，受理仲裁案件332件，比2015年（176件）增长156件，增幅88%。受案标的额6.71亿元，比2015年（6.03亿元）增长0.68亿元，增幅11%。年内，受理商品房买卖合同纠纷133件，占全部案件数的40%；物业服务合同纠纷87件，占全部案件数的26%，物业服务合同纠纷属仲裁拓展的新类型案件，数量大，标的额小。其他如借款合同纠纷案件、建设工程合同纠纷案件、房屋买卖合同纠纷、反担保保证合同纠纷案件等传统案件保持稳定，并有一定增长。全年，审结案件151件，结案率为54%，除公告、鉴定中止案件和2016年物业服务、川泸房地产、太昌房地产等群体窝案案件外，结案率为78%。平均结案时间66天，比2015年（98天）缩短32天，缩减33%。2016年应收案件仲裁费564万元，实收仲裁费503万元。比2015年实收（461万元）增加42万元，增幅9%。6月，古蔺联络处挂牌成立，至此，泸州仲裁委下设4个仲裁联络处为叙永、古蔺、泸县、合江联络处。

【仲裁管理】逐步完善仲裁员管理机制。建立仲裁员管理制度，对仲裁案件的组庭、审理、裁决等多个环节都制定严格的规范。定期对仲裁员办案情况进行分析研究，对仲裁员进行综合分类评定，并进入仲裁员个人档案，为仲裁委换届时是否续聘提供有力依据。仲裁程序信息化管理，仲裁案件网上管理平台于年内投入仲裁案件管理运行，案件从立案、送达、开庭、结案实现网络化管理。2015—2016年案件全部登陆办案平台管理，2016年结案案件档案扫描上平台。（邓　静）

军　事

泸州军分区

【思想政治教育】坚持把思想政治建设放在首位。坚持不懈地抓好党的创新理论武装，以党委中心组带机关干部理论学习、政治教育、党团日等为平台，认真学习贯彻中共十八届六中全会精神以及习主席系列重要讲话精神，军分区党委常委辅导授课3次，举办团营职干部理论集训班1期。扎实开展“政治工作发挥生命线作用”“新体制、新职能、新使命”大讨论、“坚定改革强军意志、投身改革强军实践”主题教育、“每月一课”经常性教育和“月学一课、周看一片”法制教育制度，每月由1名人武部主官，利用会议视频系统开展党风廉政、形势政策、“四反”和防间保密等教育，每季度召开教育形势分析会，研究部署教育重点，搞好各项教育融合，切实增强教育实效。持续开展“三清理三整治”“六个肃清”活动，在清除“显性”信息资料的同时，更加注重肃清“隐性”思想流毒。扎实开展全面肃清郭徐流毒影响深入推进党风廉政建设和反腐败斗争专题教育，围绕军委明确的“12个重大是非问题”开展讨论辨析，人人撰写个人自查报告，从思想深处全面肃清郭徐流毒影响。

【军事斗争准备】学习贯彻军委国防动员部关于省军区领导管理工作电视电话会议精神，及时修订各类方案预案，配套完善战备物资和抢险救灾器材，落实战备教育、战备值班、首长值班等制度，组织作战值班业务培训。建立完善民兵信息网络，及时搜集上报相关情报。完善1小时应急处置和军地联动机制，确保部队保持良好战备状态。区分首长机关、现役官兵、民兵三个层次抓军事训练。首长机关重点突出参谋业务技能、指挥决策、战术推演等内容，举办1期参谋业务集训。现役官兵重点突出军事理论、体能、技能等基础训练，严格落实1小时体能训练制度，定期进行军事训练考核竞赛。采取集中训练、行业自训、挂钩训练等方式，圆满完成省军区赋予的年度训练任务，全年培训专武干部及民兵骨干15期720人。扎实开展民兵组织整顿工作，在全市开展国防动员潜力调查，切实摸清动员潜力。圆满完成省军区赋予的新兵征集任务（其中大学生占27.9%，高中生占69.7%，初中以下占2.4%），兵员质量较往年显著提高。牵头完成41所大中学校4.8万余名学生军训任务。认真开展基层武装部规范化达标“回头看”，确保100%达标。

【安全稳定工作】 坚持依法治军、从严治军，狠抓部队正规化建设与管理。持续深化军分区人武部正规化建设成果，进一步正规“四个秩序”；狠抓基层武装部规范化建设，基层武装部全部达标。深入开展“条令学习月”和“百日安全三无竞赛”活动，围绕“人、车、枪弹、酒、密、营院、财经”七个方面狠抓安全规章制度落实，依据条令条例，严格落实上下班、请销假、留营住宿、指纹考勤、体能训练、会场纪律等制度规定，坚决执行军区禁酒令，突出抓好营院安全管理、军车专项治理、私存枪支弹药清缴、安全保密清查、民兵武器弹药仓库专项整治等工作，建立周督导、月分析、季检查制度，对发现的问题，采取“挂账销账”方式抓好整改落实。

【后勤保障】 贯彻《后勤战备工作实施细则》，规范后勤“三室一库”设施，定期更换后勤战备物资，提升后勤战备工作水平。严格党委理财制度，落实公务卡结算报销制度，强化经费预算、管理和使用监管，确保经费使用效益。健全军分区物资采购领导小组，规范物资采购程序，提高物资采购质量效益。坚持厉行节约，从严控制会议集训、公务接待、车辆维修、办公杂支等费用，行政消耗性开支较2015年明显下降。持续抓好“六项清理整治”活动，重点对财务、营房、车辆等整改情况进行督导检查，确保问题整改见底见效。扎实推进全面停止有偿服务工作，顺利关停项目28个。根据军队和地方相关政策法规，积极推进干休所土地置换遗留问题解决。加强与市政府和江阳区政府相关部门的协调联系，收集军用土地置换相关数据资料，积极推进滨江路改造工程项目。

【参建参治】 坚持在参建参治中树立军分区部队良好形象，推动军民融合深度发展。自觉接受、主动争取地方党委双重领导，确保做到“六个纳入”。协调相关部门，在市区增设国防教育固定标志标牌10余处，发挥泸州晚报《军魂》专栏作用，加大国防知识宣传力度。“八一”前，协调市委召开议军会暨“八一”座谈会，研究解决驻泸州部队在基础设施建设、战备训练、正规化建设、子女入托入学、随军家属就业安置等6个方面的实际问题。高度重视精准扶贫工作，对口帮扶贫困村（组）14个。2016年以来，根据地方党委、政府请求，先后组织应急民兵队伍，完成叙永县“6·18”、龙马潭区“7·18”抗洪抢险任务；出动1000余名民兵，完成泸州市“酒博会”等多项重大活动的警戒执勤任务；配合地方党委、政府做好第七届“全国双拥模范城”创建迎检工作；协调驻泸州部队主动参加军地双拥共建活动。（周 练）

武警泸州市支队

【能力建设】 组织教练员、指挥士官、应急反恐等14批（次）集训演训活动，6人在总队集训比武中夺得名次。开展常态执勤隐患治理，“五防一体化”建设成效明显，支队连续32年无执勤事故，被总队表彰为正规化执勤优秀单位。全时保持机关值班值守、基层应急分队AB队、以训代备力量部署，完成重要警卫、重大安保、维稳备勤和抗洪抢险等急难险重任务184次。一中队被四川省表彰为防汛抗旱先进集体，士官于绍洋被武警部队表彰为抗洪抢险先进个人，被四川省总队记个人二等功1次。扎实开展“学法规、用法规、守法规”活动，全年分阶段对重点倾向、重点人员专项教育整训，落实日巡夜查，正规部队秩序。严密组织安全大检查，采取拉网式对所有涉密计算机、涉密场所、涉枪弹人员和私家车辆逐一排查纠治，提升安全系数。1月19—29日、2月15—25日，支队在教导队组织两批（次）干部《纲要》集训。集训采取“集中式培训与连队式管理相结合、室内与室外相结合、自学与组训相结合、辅导与交流相结合、练业务与强思想相结合”的方式。8月2日，支队举行反恐装备授装仪式。

【处置公交车纵火事件成功】 1月9日10时，泸州市江阳区白招牌发生一起公交车纵火恶性案件。支队水井沟巡逻分队立刻赶赴现场，在公安、消防和现场群众的协助下，迅速灭火，疏散群众，并将嫌疑人当场抓获。从接到报警至战斗结束，仅用时3分43秒，受到现场群众和公安机关的高度赞誉。

【叙永县中队新营房正式搬迁入住】 5月30日，叙永县中队严密组织人员、枪弹、装备、物资的清点、交接和运输工作，顺利搬迁入住新营房。

2016年6月19日，武警官兵抗洪抢险救灾

【圆满完成两起抗洪抢险救灾任务】 6月18—19日，泸州市全境普降暴雨，龙马潭区、纳溪区、叙永县部分地区受灾，群众生命财产安全受到威胁。支队紧急投入官兵奔赴纳溪区上马镇和叙永县杨武坊下桥，分成四个灾情险点进行抢险救灾。通过广大官兵近7小时的连续奋战，成功解救被困人员107余人，搬运重要物资11余吨。

【组织军政比武竞赛】 8月24—28日，支队在教导队组织军政比武竞赛，竞赛围绕11个科目展开，直属大队一中队、合江县中队、直属大队四中队分别获得单位成绩前三名，唐开新、李天虎、孙恩来分别获得干部组、士官组、义务兵组第一名。

【直属大队五中队正式组建】 12月28日，直属大队第五中队正式挂牌成立。 （唐朝波）

人民防空

【人防工程建设与管理】 “结建”工作成效显著。办理审批项目55个，其中“结建”审批项目55个，批准建设防空地下室面积101220平方米，防空地下室竣工面积35457平方米，征收人防易地建设费5527万元。完成对泸州市江阳区、龙马潭区、纳溪区、泸州长江经济开发区下放人防行政审批权调研和论证工作，代市政府起草并出台《泸州市人民政府关于委托下放部分人防权利事项的通知》，从9月1日起，泸州市人防办委托下放的6项行政权力，由各区住建局、园区住建分局承接办理。各区运行正常。人防行政审批窗口于10月底撤出市政务服务中心。指挥工程建设稳步推进。泸州市公民避难知识教育中心及人防应急指挥中心工程完成主体土建、装饰、绿化等施工，通过综合验收；信息化设备安装完成，正在调试和试运行中。泸州市白招牌地下停车场兼顾人防工程项目，建筑面积25657平方米，完成现场施工监督及竣工验收工作，投入使用。启动泸州市人防（国防）综合训练示范基地暨核心疏散基地项目前期工作，完成发改立项审批、可行性研报告编制和专家评审、代理机构招标及勘察设计单位招标工作，目前正在进行方案和初步设计中。泸州市江阳区人民政府人防（民防）应急救灾指挥中心及地下人防物资储备工程经上报省人防办、市政府批准同意建设，协助区政府完成发改立项，勘察设计招标工作。

【组织指挥】 开展“三防”专业队脱产集训。组织市、县两级人防部门6台应急机动指挥车和20余名业务技术人员，进行为期7天的夏季应急指挥通信跨省联动拉练。市、县两级应急通信指挥队伍定期组织训练。全年分别与省人防办、内江人防办、凉山州人防办、达州人防办和资阳人防办开展联动训练。

【通信警报建设】 维护防空警报设备设施。定期对通信警报系统、设备设施进行检查、测试和维护，及时发现和排除各种故障，确保警报设备处于良好战备状态。安装人防应急指挥中心地面卫星站、短波电台、超短波天线和新建警报器。协调联系相关单位及人员，完成防空防灾警报设施选址安装工作。完成人防应急指挥中心地面卫星站、短波电台和超短波电台天线的选址、天线基础建设和安装调试工作。完成“9·18”防空警报试鸣任务。完成无线电台战备值勤任务。全年完成无线电台专向联络机上通报共计3万余组，其中收1.2万余组、发1.8万组。电台沟通率达99%，电报差错率未超过0.2%。完成新采购军标125W短波自适应单边带电台的安装调试，并投入使用，在与省办的无线电联络中效果良好。

【平战结合经营管理】 对辖区租赁场地的安全、卫生、消防等检查40余次，对存在的安全隐患及时整改；在两个地下商场建立微型消防站，购置一批消防设施设备；以会代培，召开管理处会议25次，经营户代表大会6次，多次组织经营户开展消防知识培训、考试和疏散演练。平战处收入平稳。全年平战结合经营收入350万元。

【人防宣传教育】 利用“9·18”防空警报试鸣活动，宣传防空警报知识。为《中国人防》《四川人防》等报刊组稿90余篇，刊发30余篇，印发人民防空宣传单1000多份，印发《防空防灾知识手册》2万册，制发防空防灾知识试卷5万份。在“世界民防日”“世界水日”“禁毒宣传”“全国法制宣传日”活动为契机，设立市人防办知识宣传点，悬挂横幅标语，印制宣传资料。泸州市人防教育体验馆建成开馆，成为公民避难知识宣传教育重要阵地。

（黄筱棠）

经济

JING JI

综合经济管理

重点项目建设

【重点项目计划】 全年，泸州市确定实施重点项目484个，计划总投资6275.4亿元，年度计划投资1178.4亿元。按项目批（次）分，竣工项目102项，年度计划投资241.8亿元；加快建设项目182项，年度计划投资695.5亿元；新开工项目137项，年度计划投资241亿元；加快前期项目63项，未安排年度计划投资任务。按项目性质分，重大产业类项目239项，年度计划投资601.9亿元；重大基础设施类项目147项，年度计划投资303.5亿元；重大民生及社会事业项目83项，年度计划投资293.7亿元；重大生态环保项目15项，年度计划投资7.9亿元。

【完成重点项目】 全市484个重点项目共计完成投资1308亿元，增长19%。其中，二环路长开区空港路段、合江县真龙柚和金钗石斛产业发展项目、泸县农村危房改造等92个项目竣工；碧桂园（泸州）江阳生态综合体建设项目、聚碳酸酯项目（一期）、易地扶贫搬迁收益债项目等125个项目开工建设；泸州医教园区、维思达医疗器械及耗材生产、沱江六桥及连接线工程等182个项目加快建设，完成投资780.2亿元。产业项目投资拉动明显，项目完成投资694.7亿元。

发展与改革

【主要经济指标】 地区生产总值1481.9亿元，比2015年（下同）增长9.5%，总量居全省第6位，增速居全省第1位；规模以上工业增加值增长11.7%，增速居全省第1位；全社会固定资产投资1730.4亿元，增长18.2%，总量居全省第2位，增速居全省第1位；社会消费品零售总额637.2亿元，增长13.8%，总量居全省第7位，增速居全省第1位；地方一般公共预算收入138.7亿元，同口径增长10.2%，总量居全省第2位，增速居全省第6位；城镇居民人均可支配收入28959元，增长8.6%，总量居全省第5位，增速居全省第5位；农村居民人均可支配收入12450元，增长9.6%，总量居全省第12位，增速居全省第7位。

【项目投资】 全社会固定资产投资1730.4亿元，增长18.2%，超计划2.2个百分点，总量居全省第2位，增速居全省第1位。重大项目建设加快推进，全市484个重点项目共计完成投资1308亿元，增长19%。精准对接国家发展改革委促投资稳增长政策措施，争取到中央、省预算内资金

33.5亿元；争取到国家三批（次）专项建设基金44.26亿元（不包括第三批不贴息项目）；发行企业债券46.8亿元，其中泸州市停车场项目收益债券、泸州市易地扶贫搬迁债券均为全国首发。积极鼓励民间投资，引导发展PPP建设模式，全市民间投资占全社会固定资产投资的60.8%，筛选储备PPP项目87个，计划总投资1190亿元，完成采购阶段PPP项目13个，总投资163.4亿元。

【工业转型升级】 规模以上工业增加值增长11.7%，增速居全省第1位。造提升传统优势产业，白酒、机械、化工产业规模以上增加值分别增长12.7%、13.7%、6%，加快煤炭去产能，全年退出煤矿12处，能源产业规模以上增加值下降4.4%。加快推进泸天化集团改革脱困，顺利开工60万吨/年聚碳酸酯项目，推动化工产业链向精细化工延伸；长起、邦立、长机等退城入园项目基本完成。加快实施2025泸州行动方案，培育现代医药、高端装备制造、新能源新材料、智能电网、电子信息等新兴产业。以高新区医药产业园区为载体，突出化医融合，加快建设维思达、西蜀九锦、儿科掩味技术平台等项目；建成投运国家机器人医药食品类研发中心，加快长江机械智能数字化示范工厂、国机长起高端环节环保装备生产基地建设；推进页岩气开采，引进新能源整车及关联制造企业，成功获批四川省绿色建材产业化示范基地，加快推进东方雨虹新型防水材料等项目建设；建成投产北辰电力产业园，与许继电气签署战略合作协议，加快推动西南智能电网产业园建设；成功获批“宽带中国”示范城市、四川“互联网+”制造试点城市，华为大数据中心、省农信社异地灾备中心等项目相继落户。设立30亿元企业应急转贷资金、20亿元工业发展引导资金、2000万元工业稳增长专项资金；建立40亿元产业发展引导基金、30亿元高新产业基金等8支总规模351亿元的产业基金，全面助推产业发展。启动空港产业园区和军民融合产业园区建设，加快发展通用航空、临空制造、新材料等高端产业。选定在构建创新型产业体系、推进军民深度融合两个方面开展全面创新改革试验，促进产业发展向中高端迈进。

【现代服务业加快发展】 服务业完成增加值428.1亿元，同比增长10%。持续推进商贸物流业发展，做好华润、万达、步步高等商业项目引进和服务，以华润万象汇、万象金街、永辉超市为核心的城西商圈建设完成。推进泸州海吉星农产品商贸物流园、西南商贸城二期、三期等重点专业市场建设，完成投资11.5亿元。江都花园农贸市场、安宁农贸市场、奎丰农贸市场完成升级改造，积极推进嘉美源、华升、沙湾等农贸市场建设，纳溪紫阳大道、龙马潭区陶然路PPP模式公益性农贸市场建设完成，不断促进农产品交易市场标准化、多样化。泸州电商产业园投入运营，全市逐步形成以白酒电商、智慧物流、跨境电商为特色的电子商务体系。泸州市创建为省级电子商务示范城市、江阳区创建为省级电子商务示范基地、叙永县获批国家级电子商务进农村综合示范县、古蔺县被表彰为“四川电商发展十强县”。泸州港完成集装箱吞吐量50.1万标箱，同比增长19.2%；泸州机场新增2

2016年2月29日，泸州市人民政府与中国建筑股份有限公司在北京签订框架合作协议

条航线，通航航线达 18 条，实现旅客吞吐量 98.5 万人（次）、同比增长 16.6%。全市实现旅游总收入 331.3 亿元、同比增长 30.9%。

【特色农业稳步推进】 农业增加值 180.9 亿元，同比增长 4%。稳定粮食播种面积，粮食总产量达 205.6 万吨，新建高标准农田 32.7 万亩。国家现代农业示范区建设初具规模，八大特色农业产业加快发展，全市建成名优水果基地 180 万亩、竹基地 370 万亩、蔬菜基地 106 万亩、茶叶基地 40 万亩、酿酒高粱种植面积 70 万亩，新增标准化规模养殖场 62 个。

2016 年 3 月 27—30 日，第十四届中国工程机械发展高层论坛在泸州举行

【城镇建设】 推进中心城区提质扩面。中心城区建成区面积达 135.6 平方千米、城区人口达 135.62 万人。加快推进“两江新城”建设，实施重点项目 32 个，完成投资 52 亿元；城西城市综合体、麒麟组团加快建设。优化提升城镇功能，完成城镇基础设施建设投资 77.36 亿元，建筑业总产值（含省外）759.9 亿元，开工城镇危旧房棚户区改造 8263 套。忠山隧道竣工通车，城市二环路、沱江六桥、重要节点立交改造等加快推进。川滇黔渝结合部医教园区、佳乐世纪城等项目进展顺利，市人民医院新院、市中医院新院加快建设。积极推进新型城镇化试点工作。全市常住人口城镇化率达到 47.5%。加快推进农业转移人口市民化、多元化可持续投融资体制改革、行政管理模式创新、城乡规划管理体制机制改革、农村土地制度改革等试点任务并取得一定成效。加快推进特色镇建设，纳溪区大渡口镇被评为首批中国特色镇、第四批全国美丽宜居小镇，江阳区分水岭镇、龙马潭区特兴镇、泸县云龙镇等 13 个镇列入四川省“十三五”特色镇规划，龙马潭区双加镇大冲头村等 4 个村庄被评为全国美丽宜居村庄。

【改革开放】 深化财税体制改革，化解乡镇债务，设立项目资金池，全面推进营改增工作。创新投融资体制改革，成立泸州市 PPP 项目推进中心，吸引社会资本投资，全市共储备项目 80 余个，总投资超千亿元。成功发行全国第一支易地扶贫搬迁项目收益债券。积极推进供给侧结构性改革，“三去一降一补”成效明显，全年淘汰落后和化解过剩产能企业 31 户，淘汰水泥 20 万吨、造纸 1 万吨、制砖 3 亿匹，货币化安置 3426 户，减免小微企业所得税超过 3000 万元，企业优惠气费约 2.5 亿元。全面实施“五证合一、一照一码”等商事制度改革。成功获批列入全国第二批创建社会信用体系建设示范城市。党政机关公务用车制度改革如期完成。进一步简政放权，全面取消市本级非行政许可审批项目，清理公布市、县两级行政权力清单和责任清单；优化投资项目并联审批流程，项目审批提速 50%以上。科技创新能力不断提高。组织实施科技成果转化项目 11 项，培育新增国家高新技术企业 10 家，高新技术产值实现 200 亿元、增长 28%。启动科技型企业认定工作，认定首批泸州市科技型企业 465 家。全面推进“大众创业、万众创新”，认定市级众创空间 23 个（其中国家级 4 个），建成省级科技企业孵化器5个。新增专利实施290项，新增产值33.5亿元，新增利税4.86亿元。开放合作进一步扩大。主动对接全省“一带一路”、“251三年行动计划”、国际产能合作“111”工程，先后赴俄罗斯、韩国参观考察，推进泸天化集团与俄罗斯企业合作，与韩国酒类产业协会签署《合作框架协议》，引进大型运输机生产基地、航空物流基地、航空技术学院等项目。推动赤水河区域合作发展，主动融入成渝经济区。参与长江沿岸中心城市经济协调会市长联席会议，加强与上海、南京、武汉等省、市联系，主动承接长江下游产业转移；参与中国赤水河流域生态经济发展论坛，共建赤水河流域生态经济示范区；参与重庆经济协作区第十八次市长联席会议，拓展交通旅游、经贸科技、教育医疗等领域的投资合作。到位市外国内资金1068亿元，同比增长15%。

【社会民生】 社会事业协调发展。推动义务教育均衡发展，改扩建公办中小学143所、新建公办幼儿园19所；发展职业教育，医教园区建设加快推进。西南医疗康健中心、市人民医院新院、市中医医院城南分院加快建设，“五位一体”的全民预防保健体系在全市范围内推行。泸州市文化艺术中心、泸州市体育生态园等项目建设进展顺利，民生及社会事业投资完成295.4亿元，同比增长4.2%。推进脱贫攻坚“五个一批”，集中力量打赢易地扶贫搬迁攻坚战，全市投入易地扶贫搬迁专项资金17亿元，搬迁安置2.2万人，同步建设“水电路气网”等配套基础设施，及学校、医院等公共服务设施，全面改善搬迁群众生产生活条件。新改建县乡道513.7千米、通村公路291.2千米；解决22936人贫困人口饮水安全问题和14.6万户群众用电难问题。全年单位地区生产总值能耗完成省上目标，化学需氧量、氨氮、二氧化硫、氮氧化物完成年度减排目标。建设水生态文明城市，综合治理水土流失面积221.9平方千米，管护国有林55.13万亩，补偿集体公益林318.62万亩，巩固退耕还林61.465万亩。 （李　昊）

物价管理

【价格调控】 强化目标责任制管理，保持物价总水平的基本稳定，实现预期调控目标。2016年，泸州城市CPI同比上涨2.1%，完成省政府下达的控制在3.5%左右的调控目标任务。

【价格管理】 制定泸州市居民生活及非居民污水处理费收费标准调整方案；贯彻实施全市第五阶段车用汽柴油质量升级价格政策；降低全市四川电网供区燃煤发电上网电价和一般工商业用电价格，其中：四川电网燃煤发电上网电价每千瓦时下调3.9分钱、四川电网一般工商业用电销售电价每千瓦时下调0.147分钱。

【价格改革】 实施泸州市城区居民生活用气、居民生活用水阶梯制度；商业企业用电暂停征收城市公用事业附加；放开有线电视安装服务费，有线电视安装服务收费实行市场调节价。

【收费管理】 编制并公布《泸州市2016年度行政事业性收费目录》《泸州市2016年度涉企行政事业性收费目录》《泸州市2016年度考试考务收费目录》《泸州市2016年经营服务性收费目录》《泸州市2016年度涉企经营服务性收费目录》《泸州市2016年度涉农收费目录》；完善出台泸州市社会化机动车安全技术检测和排气污染物检测收费标准，汽车安全技术检测收费标准：70元/辆·次、摩托车安全技术检测收费标准：40元/辆·次、大型车排气污染物检测收费标准：80元/辆·次、小型车排气污染物检测收费标准：60元/辆·次、采用双怠速法或自由加速法检测的收费标准：20元/辆·次；按照国家、省深化医药卫生体制改革工作部署取消省级驻泸和市级城市公立医院药品加成；放开80项市场充分竞争的医疗服务项目价格，由医院根据服务成本自助定价；放开委托性检验、检测和各类非学历教育培训收费，实行市场调节；降低17项煤矿在用安全设备检测的17项收费标准。

【成本监审】 年内，全市共监审学校、幼儿园、养老院、供水、旅游、公有住房租金等6个行业22个单位，审核经营者申报成本13432.21

万元，核减不合理成本费用9422万元，核定成本4019.36万元，审减幅度为70.14%。市本级共监审旅游1个行业3个单位，审核经营者申报成本9472.88万元，核减不合理成本费用8421.71万元，核定成本1051.17万元，审减幅度为88.9%。

【价格监督检查】 价格专项检查。组织省市重点项目价费负担、涉企、银行、医疗等收费以及旅游、药品价格、房地产明码标价等专项检查。检查部门和单位296个，处理价格违法案件32件，实施经济制裁235.73万元，其中：退还用户42.06万元，没收违法所得162.86万元，罚款30.81万元。市场价格检查。开展元旦、春节、“五一”、中秋、国庆等重大节假日期间和2016“中国国际酒业博览会”“泸州国际绿色马拉松赛”“西南商博会”“迎春购物月”等期间及易地扶贫搬迁建材市场价格的市场检查和巡查，组织检查组32个，出动检查人员520人（次），检查商场超市160个（次）、各类摊点门市3685个（次）、农贸市场126个（次）、客运站42个（次）、停车场85个（次）。结合社会信用体系建设，制定《泸州市价格诚信建设试点示范工作实施细则》，在全市28家药品零售企业开展价格信用等级评定工作；开展泸州市“明码实价示范街”“明码实价示范店”“价格诚信单位”等创建活动，授予5家商家和企业“明码实价示范店”称号。受理价格举报。受理“书记市长信箱”“12345”市长热线、全省信访系统转办件和“12358”价格举报投诉等，全年办理各类价费举报投诉和咨询748件（其中投诉举报291件、咨询457件），办结率100%，通过群众投诉举报查处和纠正价格违法违规行为47件，实施经济制裁34.45万元。其中，退还用户25.23万元，没收违法所得0.85万元，罚款8.37万元。

【价格监测】 全年，采集上报主要商品和服务价格监测数据报表近100份，专题分析64篇，调查报告采用1篇，在市政府门户网站发布猪粮比价信息51期，合理引导生猪生产和猪肉消费预期。每周周末、重大事件及节假日期间，向市委、市政府及相关部门领导发送手机短信1200余条。开展全市近年物价水平基本情况调研，并提出建议。

（李　昊）

统　计

【全国社会和文化产业统计培训会】 5月18—19日，全国社会和文化产业统计培训会在泸州举行，国家统计局社会科技和文化产业统计司负责人李锁强、四川省统计局副局长梁伟华出席会议并讲话。国家统计局社会科技和文化产业统计司、服务业统计司与国家发展和改革委员会、国家卫生和计划生育委员会的相关领导、专家，及全国各省（区、市）、计划单列市、新疆建设兵团统计局代表110余人参加会议。9月7—8日，国家统计局原总经济师姚景源出席商博会，并在市委中心组学习（扩大）会上作讲座。

【统计数据质量保障】 市委、市政府将统计数据质量、统计管理等统计基础工作和“三农普”纳入年度全市目标考核；印发《关于进一步加强和规范统计工作严肃统计工作纪律的通知》。市统计局实施《区县主要统计指标数据审核评估办法》等规范性文件，组织清理违反统计法律法规的地方性文件。制定实施《泸州市统计工作约谈办法》等统计约谈和回访制度，分管副市长分别约谈相关区县分管统计工作的政府领导、统计局局长；市统计局局长包蓉先后约谈某街道的主要负责人、分管领导、统计人员和两家公司的主要领导。

【统计数据质量管控】 工业统计领域，市统计局制定实施《泸州市规模以上工业数据异动追踪核查制度》；坚持“三到位”统计法制宣传“走到位”、检查督查“做到位”、巡查执法“严到位”，开展统计巡查4次、执法检查2次，处罚企业2家；制发《关于开展规模以上工业企业基础工作规范化检查工作的通知》，针对企业8个方面内容，部署分级自查，组织抽查、复查。商贸统计领域，出台《关于进一步加强限额以上商贸企业统计基础规范化建设的通知》，对商贸企业的组织机构、基础设施和信息化建设等7个方面基础统计资料做出明确详细的规定。投资统计领域，抓源头，建立“项目清单”，抓基础、建立“项目台账”，抓监测、建立“差错名单”，抓机制、建立“责任追究”，“四抓四建”提升投资统计数据质量；每月通报“泸州市新开工投资项目入库情况”，反馈区县党政领导；深化检查、巡查结果的运用，对存在问题严重的区（县）进行责任追究，并将结果作为评判数据质量的重要依据。2016年泸州统计法治和统计执法获全省考评“六连冠”。全年，综合、专业统计数据匹配良好，数据协调。

【统计执法】 开展联网直报数据质量全面检查，实地检查单位1737户；巡查网报数据质量4次，巡查企业400余家；执法检查企事业单位145家，立案并结案16起，回访近年来违法处理过的企业4家。

【经济运行预警】 年初，反复分析论证2016年泸州经济运行趋势，为确定发展指标提供建议。编写《经济实现良好开局，增速领跑川南四市》等经济运行专题报告28篇，撰写《2016年1—2月泸州经济形势及“开门红”指标预判》《2016年1—5月泸州经济形势及上半年趋势预测》等预测预判报告7篇。编写《“开门红”压力凸显，争先进位任务艰巨》《当前泸州经济运行形势及存在的问题和建议》等预警性内参5篇，向市领导准确反映矛盾和问题，提出意见建议。继续开展川滇黔渝结合部各城市横向比较分析和跟踪监测，按季度开展川滇黔渝结合部城市比较分析，服务“建成区域中心”为目标。

【统计智库建设】 争取省级调研课题，组织经济社会发展省、市级课题研究，推进泸州“统计智库”建设。《“泸州造”产业发展链研究》等4调研课题反映泸州新产业，积极建言新产业培育壮大；《新形势下泸州消费结构变化及潜力分析》等3课题关注泸州经济发展新旧动能转换，建言经济发展新旧动能接续和增强。《生态功能区环境保护统计监测研究》《泸州市二孩生育意愿调查研究》致力生态环境建设、社会发展统计调查研究，促进泸州“五位一体”（经济、政治、文化、社会、生态）建设。市统计局全年编写统计分析、统计报告、统计预警63篇。创办《统计视野》，首部《泸州统计志》编纂工作全面启动。“统计数据库建设”成果丰富：扩展优化月度《泸州经济动态》、季度《川滇黔渝结合部城市综合统计信息》内容，及时发布年度统计公报，新编印卡片册《数据要情》和《泸州市固定资产投资快报》《泸州市工业快报》，按月专门快报市领导和有关部门；专题收集整理“十二五”泸州经济社会发展资料，编印《那5年十二五泸州经济社会发展成就》；专题编印服务全市的“两会”的《醉美泸州数看十二五》资料册，与媒体合作，开展系列专题深度报道；编印《2015年泸州统计调研课题集》《泸州及各区县与四川及各市州、全国月（季）度主要经济指标（2015年）》《经济普查年鉴》和《泸州统计年鉴（2016）》；参与泸州“智慧城市”建设，改造提升统计网络性能和公众网功能，增加统计年鉴、历史统计数据查询功能、内容，服务社会公众。

【“三新”统计调查】 组织新产业、新业态、新商业模式“三新”前期调研。组织召开会议，印发《泸州市“三新”及新经济统计工作方案》和5专业具体实施方案、工作计划，部署全市“三新”统计工作。每半月汇总通报“三新”统计调查工作进展。围绕市委、市政府重大决策和战略部署，对供给侧结构性改革、“双创”、电子商务、“互联网+”、产业园区等进行统计研究监测，每季度测算战略性新兴产业等产业增速。

【“三农普”筹备】 市政府举行2次“三农普”领导小组会议，召开2次全市大会，专题研究部署“三农普”工作。完成机构组建，普查办人员落实。在合江县、叙永县完成全省专项试点、综合试点；探索少数民族地区和产业园区农业普查工作。制作并在媒体播放“三农普”微电影和情景剧，开展“三农普”知识竞赛，在全市主要报纸电视上设置宣传专栏，印制分发多样宣传品和制作各样传统宣传牌（栏、条），开展街头宣传，“三农普”氛围浓厚。普查物资、“两员”选聘和培训到位。

【专项统计调查】 完成全国1%人口抽样调

查。组织开展批发零售业和住宿餐饮业“营改增”问卷调查。开展“大众创业、万众创新”专项统计调查。组织开展全市平安建设现场调查、非公有制企业人才资源状况调查、企业生产经营和用工情况调查、城乡一体化调查。开展“四上”企业劳动工资统计电子台账试点工作。

【统计教育拓展】 统筹规划各类培训，统计“大教育”财政经常性经费大幅增长，统计教育培训经费保障机制初步建立。统计专业技术资格考试报名196人，同比增长76.58%；超额完成国家、省统计局和市委组织部下达的各项干部选送培训任务，市统计局首次同年度在著名高校大规模举办市县统计干部培训与乡镇统计干部培训，参训统计干部240人；开发地方教材，规范管理，率先在全省开展统计从业人员岗位知识培训，全市1039名未持证统计从业人员参加四川省首批统计从业人员岗位知识培训；3937名持证人员参加2016年度全市统计继续教育培训。

【对口帮扶】 到对口帮扶的古蔺县丹桂镇白良村开展慰问、帮扶活动，为结对帮扶的贫困户送去价值7000余元的生活物资，支持6万元资金和21张椅子用于白良村委办公阵地建设，赠送白良村两所小学10台电脑、2万余元的体育器材。市统计局党组书记、局长包蓉5次率有关领导、机关干部职工，到白良村走访调研扶贫工作，蹲点调研督导，支持17万元资金用于白良村通组公路建设，指导、帮助全村产业扶贫、移民扶贫。市统计局帮助创建全国文明城市包保社区蓝田街道重湾社区，完成公益宣传广告打造与环境卫生整治，投入资金共计2.5万元；7次组织志愿者，参与社区文明城市创建义务劳动。 （赵世伟）

国家统计局泸州调查队

【防治数据不实】 严格执行国家调查方案制度，坚持直接调查、独立上报。制定《调查工作约谈办法》，对区县调查数据质量、统计违法行为开展约谈。坚持公开评审数据，每半年召开一次经济形势分析会，邀请相关部门共同对调查数据进行评估。建立定期访点访户制度，实行调查员包点包户，联合农工委、人社局、民政局、工商管理局等部门开展分类帮扶，帮助调查户解决实际困难，提高调查户的配合程度和记账能力。班子成员每月下乡暗访抽查基层报表的真实性和数据质量，每月汇总情况。联合县队开展交叉检查、电话抽查等数据质量大检查。依法对泸州市昌华燃料有限公司提供不真实统计资料的违法行为进行查处，给予警告并罚款。

【遥感测量】 在泸州市第三次农业普查领导组的框架下，市县分级成立由政府分管领导、相关部门组成遥感测量工作领导小组，部署各地遥感测量工作；市队安排专人负责全市遥感测量工作，各抽中乡镇建立遥感测量普查工作组，负责本区域内遥感测量工作的组织实施。按要求配备高性能的数据处理设备，叙永队、古蔺队各购入无人试练机1台；先后召开全市遥感测量工作培训会3次，组织召开现场学习会1次，抽调人员集中处理数据1次。年底，市政府根据遥感测量数据召开专题会议研究粮食安全和遥感测量工作。

【全国白酒指数专家座谈】 3月，泸州市政府在2016年中国国际酒业博览会召开期间专题筹办泸州·中国白酒商品批发价格指数研讨会。会议邀请来自全国的专家学者、酒业协会领导、酒类企业和指数参编人员等60余人，就白酒价格指数的理论基础、指数体系、地位作用和应用实践等展开深入讨论。泸州·中国白酒价格指数得到与会专家的一致认可和高度评价。

【脱贫攻坚检查验收】 泸州队作为脱贫攻坚检查验收成员单位参与贫困县贫困村贫困户脱贫验收，协助参与非贫困县贫困村贫困户脱贫验收工作。10月，先后组成4个调查组，深入古蔺县鱼化乡三合村、黄荆乡原林村和叙永县黄泥镇芦稿村、观兴镇坝上村对照脱贫标准开展调查评估，形成评估报告。11月，抽调2人参加市脱贫验收检查组对古蔺县和叙永县两个国家级贫困县脱贫攻坚的检查验收，抽调2人参加对龙马潭区和纳溪区的脱贫检查验收。

【泸州文明城市模拟测评】 按市委、市政府安排，由泸州队负责对全市各区及部门创建情况开展模拟测评，查找创建中存在的差距和问题。泸州队先后于7月和11月组织力量对照国家文明城市测评标准开展两次模拟测评，通过实地考察、入户调查和街坊，收集整理创建中存在的问题和影像资料，形成测评报告2期，市文明办召开专题会议研究落实整改。

【统计执法“四大机制”】 推进统计执法“四大机制”建设，坚决遏制数据造假，提高数据质量。建立立体化的法治监督机制。成立“统计违法案件举报中心”，开设投诉电话及邮箱，受理电话、当面、信函等各种群众举报；制定《统计违法行为有奖举报暂行规定》，对查实案件给予举报群众经济奖励。建立常态化的源头数据检查机制。2016年，队党组明确要求各专业加强基层走访，经常性开展数据质量检查；班子成员每月下乡暗访抽查2～3家企业或记账户报表的真实性和数据质量，做好检查记录，每月汇总情况。联合县队开展区（县）交叉检查、电话抽查等多种形式的数据质量大检查，摸清各区县、各专业基础数据质量状况。建立及时化的数据质量告诫机制。完善源头数据质量告知制度，对于数据质量检查中发现的问题，向相关区县政府、单位、企业发出限期整改通知书，及时提醒告知整改，必要时对主要责任人进行约谈。建立规范化的案件办理机制。建立“专业科室提案、法规科室牵头、共同查处”的统计执法工作机制，严格按程序查办统计违法案件。

（刘　星）

审　计

【概况】 2016年，泸州市审计机关完成审计和调查项目463个（含计划外项目和跟踪审计项目），审计查出主要问题金额100.01亿元，为政府增收节支和挽回损失7.6亿元，向司法、纪检监察机关和相关职能部门移送违纪违法问题线索26件。向社会公告审计结果68篇。泸州市审计局2016年度审计业务工作绩效考核获评全省优秀单位（全省第3名）。泸州市审计局实施的乌蒙山片区财政专项扶贫资金审计项目被评为全国表彰审计项目、全省优秀审计项目。扶贫资金审计、保障性安居工程跟踪审计、信息宣传等4个单项工作被评为全省优秀。

投资审计人员跟踪审计投资2.3亿元的市体育生态园工程

【重大政策措施落实情况跟踪审计】 围绕市委、市政府关于“产业创新发展年”以及脱贫攻坚等重大决策部署，突出“三去一降一补”五大重点任务，围绕扩大有效供给、促进改善民生和财政资金统筹使用、推动实体经济发展、防范系统性和区域性风险等方面持续开展跟踪审计。在组织方式上，采取与各专业审计相结合的方式，每季度确定一个主攻方向、聚焦一个重点方面，做到边开展审计、边督促整改，推动中央、省、市各项政策措施落实到位，促进政令畅通。审计后，推动16个项目加快实施进度、加强建设管理，促进收回结转结余资金4.85亿元、加快财政资金分配下达1.86亿元。

【财政审计】 深化预算执行和决算草案审计，持续关注政府预算体系和结构、专项转移支付清理整合、存量资金盘活、财政管理绩效，以及公务支出和公款消费等方面的情况，完成财政审计项目91个，查出部分资金预算下达不及时、部分政府收入滞留财政专户、个别部门预算编制不完整、部分单位预算收支管理不规范、部分单位执行政策纪律和中央“八项规定”不够严格等问题等主要问题金额86.43亿元。

【经济责任审计】 围绕“权力运行”“责任履行”，坚持党政同责、以责定审，推行“双责联审”和“同步审计”；坚持任中审计与离任审计相结合，以任中审计为主，不断提高经济责任审计实效，促进领导干部更好履职尽责。对39个单位48名党政领导干部和国有企事业单位领导人员开展经济责任审计，查出领导干部负有直接责任、主管责任和领导责任的问题金额共计2.81亿元。加强对市教育局、市公安局等部门内部审计机构实施项目的统筹指导，构建监督合力，推进对领导干部履行经济责任情况的审计全覆盖。

【政府投资审计】 推进政府投资审计“转思路、转职能、转方式”，创新投资审计方法，完善投资审计体制，着力防范审计风险，促进投资审计回归监督主业。加大重点项目跟踪审计和竣工决算审计力度，除关注建设资金跑冒滴漏等情况外，强化对有效投资、生态环保等政策执行情况审计，突出对参建单位履职尽责情况的审计监督。全年对355个政府投资项目进行竣工决（结）算审计和跟踪审计，累计审减工程投资5.16亿元；对全市投资75亿元的城市基础设施建设项目开展专项审计调查，向市政府报送审计专报2篇，提高财政资金绩效，促进项目规范建设。产（港）城大道跟踪审计工作获得市政府通报表扬。

【民生资金（项目）审计】 加强对扶贫、“三农”、社会保障、医疗等民生资金和项目的审计，重点监督检查政策执行、资金使用、项目实施等情况。按照全市审计机关“一盘棋”的思路，统一组织县区审计力量，对叙永县、龙马潭区的医疗保险基金，对合江县、叙永县、古蔺县扶贫资金开展审计；对市本级及7个区县保障性安居工程建设管理情况开展跟踪审计，严肃查处“小官贪腐”等发生在群众身边的违法违纪问题。开展对合江农商行资产负债损益审计。对乌蒙山片区合江县、叙永县、古蔺县各级各类扶贫资金的专项审计，查出各类违规问题金额6200万元，移送纪检监察机关查处事项3件、涉及责任人8人，移送司法机关处理案件5件、涉及责任人11人，有6人被追究刑事责任，8人受到党纪政纪处分。 （先春平）

工商行政管理

【概况】 2016年，泸州市工商局，进一步深化商事制度改革，完善事中事后监管机制，强化消费维权，各项工作上新台阶。“红盾春雷行动2016”荣获全省一等奖，查获“安化黑茶”特大传销案件，争取国家工商总局授权设立商标注册受理窗口，“五证合一、一照一码”改革效果明显，民营经济增速全省第一，泸州市获全省民营经济发展先进单位。

【商事制度改革】 先后实施“先照后证”“名称登记”“三证合一”“五证合一”等改革。其中，名称登记改革和个体工商户“三证合一”两项工作被列入全省试点。落实“双告知”制度，升级完善“泸州市企业信息公示平台”，落实企业信用信息公示制度，被省工商局评为2015年度年报工作先进单位。全市登记注册各类市场主体21.69万户，同比增长12.74%；资本总额2826.52亿元，同比增长63.35%。全年新发展各类市场主体3.43万户，同比增长15.08%。个体和私营经济从业人员52.6万人。

【民营经济发展】 市政府印发《促进民营企业建立现代企业制度的实施意见》，制定民营企业建立现代企业制度评价指标和奖励办法，财政每年安排资金1000万元奖励经费。依托省政府民营经济政策信息平台，及时发布民营经济政策信息。2016年，全市民营经济增加值882.5亿元，占GDP的比重59.6%，比2015年增长9.5%，民营经济增加值增速位列全省第1位，对GDP增长的贡献率达到59.6%，拉动经济增长5.7个百分点。完成民间投资1051.3亿元，增长7.2%。11月30日，加快推进四川民营经济发展大会在成都召开。市长刘强代表泸州市作为唯一的地市州作经验交流。泸州市被评为民营经济发展工作先进市，龙马潭区、纳溪区被评为先进县（区），泸州市5个民营企业被表彰为优秀民营企业。

【“泸酒”产业保护】 开展全市酒类重点企业“一对一”联系服务，建立和完善工商部门行政执法与企业维权自律参与的联动执法合作机制。先后参与成都2016年第94届全国糖酒会、“2016中国国际酒业博览会”服务工作，联合海南、辽宁、安徽、浙江等10余地工商、公安、商务等部门开展跨区域保护“泸酒”知识产权协作。查处侵权包材85000套、酒盒15000个，涉案金额1100万元。

【商标管理】 培育“天府牌”申报中国驰名商标，新培育认定省著名商标5件、市知名商标16件、地理标志证明商标1件。指导企业开展国际商标注册25件。深入推进商标战略进园区工作，建设省级园区商标服务示范站1个，市级园区商标服务示范站（点）2个。加强商标专用权保护工作，查处案件123件，涉案金额163万元。

【要素保障】 支持指导企业以股权、知识产权、债权、非货币财产等形式转增注册资本，盘活企业资产，解决融资难问题。全市共办理融资637件，融资金额58亿元，融资股份50540万股。

2016年9月20日，副市长王建翔（左二）在市政务服务中心颁发泸州市首张“五证合一”营业执照，比全国统一期限提早10天

【电子商务】 推动“泸州馆”上线淘宝、京东、苏宁易购，入驻商家上百户，力推泸州特产、地标产品100余种，销售额超2亿元。利用“互联网+精准扶贫”，推进快递下乡和电子商务进农村，引导农村快递网点办理证照40余户，指导电商企业建立47个镇级农村电子商务网点、115个村级电子商务网点，促成快递企业、本地农专社和电子商务平台的三方合作，切实解决农村产品“买难、卖难”问题。

【窗口服务】 泸州市工商局作为全省工商窗口品牌建设试点单位，推行网上登记预审和远程网上企业名称登记管理。市政务中心工商窗口办理各类登记5830件，现场办结率100%。落实重点项目、重点企业领导联系制，全年办理酒博会、西博会、招商引资等重大项目登记375件。

【“红盾春雷行动2016”】 2016年，在“红盾春雷行动”中开展5个专项行动。全市立案846件，较2015年增长104%，结案533件；案值927.5万元，增长107%。查处的喜庆郎酒业公司侵犯郎酒商标专用权案列入全省十大典型案例，查办的深圳市沃尔核材股份有限公司商标侵权案成为泸州市首个反向侵权案例。在全省红盾春雷行动2016评比中，泸州市工商局再次获一等奖。

【反不正当竞争】查处供水、供电、供气、公共交通、殡葬等行业的强制交易、滥收费用、搭售商品、附加不合理交易条件等违法行为。行政约谈电信、移动、供水等公用企业，立案调查泸州太昌能源有限公司等3家公司不正当竞争行为。

【“无传销城市”创建】市政府召开全市打击传销创建“无传销城市”暨投资理财类公司风险防范工作会议。印发《泸州市无传销城市考评工作意见（试行）》和《2016年度打击传销综治工作（平安建设）考核评价标准》，建立泸州市打击传销工作联席会议制度，涵盖12个职能部门。查处黑茶传销活动、泸县“香港利复利”网络虚拟币传销案、合江“唐江巴巴”涉嫌传销案、纳溪“瑞倪维儿”和“唯保汇”涉嫌传销案件。

【广告管理】加强新《中华人民共和国广告法》宣传，出台《泸州市整治虚假违法广告联席会议工作制度》，召开联席会议3次，通报全市主要媒体广告发布情况，编发工作通报10期，整治建议函2期。依托国家工商总局和四川省工商局广告监测中心数据平台，监测全市涉嫌虚假违法广告线索128条次，依法处理128条次，处理率达100%。

【合同监管】开展“守合同重信用”活动，公示国家级“守重”企业16户、省级“守重”企业76户。加强合同行政监管，查办合同违法案件61件。建立合同帮农长效机制，建立合同帮农指导站（点）203个。

【重点领域市场治理】强化农资、旅游、汽车（二手车）和成品油等重点领域市场规范治理。抽检农资123个批（次），查处销售不合格农资案件59件。抽检成品油85个批（次），办理案件3件。

【网络交易环境净化】市政府将网络可信交易环境建设和网监工作列入全市创建文明城市、创建诚信体系建设示范城市等重点工作。市工商局会同市金融办、市公安局、市人民银行等16个部门建立工作联系机制，在互联网金融广告、快递物流行业和网络食品交易3个重点领域形成部门执法联动监管。与杭州市市场管理局签订《网络交易监管及消费者权益保护异地协作备忘录》，建立网络交易监管跨区域协作机制。开展2016网络市场监管专项行动，发放营业执照电子链接标志690个，线上检查企业445户，实地检查第三方网络交易平台、电商企业138户，查办案件64件，比2015年增长26%。

【依法行政】争创法治工商评价考核达标单位。市工商局与7个区县局签订《2016年度依法行政责任书》，纳入年度目标考核。开展依法行政示范创建，联合5个成员单位印发《泸州市2016年法律进民企工作意见》，召开联席会议，打造法律进民企法治教育宣传示范点，组织民营企业争创省级“诚信守法示范企业”。落实行政处罚案件实时录入及执法全过程记录，行政处罚信息公示率达到100%。开展执法监督，全市工商系统查办各类经济违法案件1168件，属听证范畴案件共102件，均履行听证权告知事项，其中申请并举行听证4件。

【消费者权益保护】市政府下发《关于切实加强消费者权益保护工作的通知》，要求发挥“12315”以及各个部门的维权热线作用，做好“12315”分转的投诉事项，要求各级要加强消费维权工作的经费保障；与市综治办联合下发加强一会两站建设的意见，明确工作程序和工作规范，要求县乡两级把一会两站的工作经费纳入大调处工作经费予以统筹；推行消费维权政企直通互动机制，在重百泸州商场、汇通百货、科维商城、凤凰家居城率先建立赔偿先付制度，促进消费纠纷源头化解。每年通过企业自行和解消费投诉占总投诉的25%以上；充分利用“3·15国际消费者权益日”全方位、广覆盖、多层次开展消费维权宣传；深化“诉转案”机制，通过“诉转案”对接机制立案查处违法案件61件。加强流通领域商品质量监管，开展燃气灶具、教育装备、暖冬行动、红盾质量维权行动等专项行动8次，抽样送检899批（次），配合省局开展商品抽检70批（次）。立案查处销售不合格商品案件238件，下柜不合格商品价值53.16万元。深化服务领域消费维权，维护服务领域消费者公平交易权，立案查处服务消费案件79件。

【非公有制经济组织党建】 围绕“两个覆盖”目标，加大“小、个、专”党建工作力度，建立健全非公有制经济组织党建工作各项制度。在全市非公有制经济组织中单独建立党组织936个，联合建立党组织381个。在企业人员中选配党组织书记760余人，现有非公有制经济组织党员9215人；全市打造企业党建示范单位103个，创建服务型党组织119个。1月，《全国工商系统非公有制经济组织党建工作简报第24期（总第438期）》以标题为《依托工商局成立新经济组织党委的“泸州模式”绽放异彩》报道全市新经济党建。（范　雨）

质量技术监督

【质量强市】 自2015年泸州市创建“全国质量强市示范城市”之后，纳溪区、泸县云龙镇创建为省级“质量强市示范城市”，在全省率先实现市、区、镇三级质量强市示范。召开全市质量大会，起草《泸州市“十三五”质量发展规划》，联合市委宣传部、市总工会评选首届10名“酒城工匠”。与成都市并列获得2015年度省政府质量考核A等，推动古蔺、泸县等地方政府探索设立县政府质量管理奖，地方政府质量意识显著增强。

【质量升级】 发挥市政府“质量升级”计划专项资金引导作用，推动质量对标提升行动，出台《泸州市“质量升级”项目资金使用管理办法（试行）》，指导30家企业开展质量对标提升活动，泸州长江机械有限公司等10家企业被评为2016年度质量提升优秀企业。组织68个产品争创第十二届四川名牌，4家企业、1名个人参评省政府质量奖。市政府出台质量品牌发展意见，明确品牌激励政策，增强企业创牌积极性和品牌意识。全年开展产品质量监督抽查695批（次），全市工业产品质量监督抽查合格率为95.7%。

【标准化工作】 起草《泸州市“十三五”标准化体系发展规划》，召开全市标准化战略推进会，举办泸州市质量强市标准化战略研修班。101家企业204项企业产品标准实施自我申明公开。龙马潭区、纳溪区政府分别与省标准化研究院和市质监局签订标准化合作备忘录。批准发布区域性地方标准4项，首次发布2项团体标准。新增国家级养老服务标准化试点1个，新增省级农业、服务业标准化示范试点项目4个。四川泸天化股份有限公司参与制定行业标准《尿素—硝铵溶液》，纳溪白酒酒庄文化服务综合标准化试点工作获得国家标准委批复。

【检验检测】 四川（国家）重装站泸州计量检测中心在泸州国家高新技术产业开发区挂牌成立，增强泸州国家高新区核心竞争力、推进全市机械产业转型升级。建成四川省城市能源计量中心（泸州），在全省率先实现对高耗能企业能源计量进行在线实时监测，完成20家重点用能单位能源数据采集与管理基础工作。成立院士专家工作站，为全市企业技术创新和产业优化升级提供技术和智力支持。推进科技兴检，申请质检总局科研立项5项，省级科研立项4项，市级科研立项3项，《基于微生物群落特征和风味导向的大曲组合技术及应用》科技项目获得四川省科技进步三等奖。

【特种设备管理】 在全省率先出台并实施《泸州市住宅电梯安全管理办法》《泸州市电梯维保监督管理办法》。与市住建局联合发文明确新建住宅电梯井道设计和安装要求，开展15年老旧住宅电梯的安全评估。在全省率先建成运行泸州市电梯应急指挥处置中心，开通电梯应急救援电话“96933”，5500台在用电梯全部纳入应急救援体系，确保发生电梯故障、困人等事故时及时救援。同时，开展气瓶非法充装打非治违、长输管道等专项整治，保持特种设备安全形势稳定。

2016年3月19日，省质监局党组书记、局长向东（前排右三）调研国家酒检中心

的查验和单证审核。全年缉私分局办理案件10起，立案8起，均调查终结移交审理。案值2867余万元，罚没入库31.1万元，涉及税款113.2万元，补缴税款70.56万元，收缴枪管1支。

【海关改革】 全力推进长江经济带区域“通关一体化”。落实“双随机一公开”改革措施，强化风险分析成果转换。复制推广“一简一优”改革措施，通关效率提升明显。“汇总征税”释放红利，改革举措初显成效。全年关区共验放汇总征税报关单1830份，税款总额4.52亿元，货值17.27亿元，分别占成都关区的17.1%、25.33%、30.5%。汇总征税报关单平均通关时效14.69小时，其中，未查验报关单平均通关时效11.96小时，较汇总征税以前缩短40.37小时。

【口岸开放】 以通道建设为重点，全力支持泸州水运口岸对外开放。2015年年初，该办书面向市政府荐言申报泸州港为国家水运开放口岸。一年多来，全力配合、积极跟进和跟踪督促该项工作，2016年11月，《国家口岸发展“十三五”规划》出台，泸州港作为新开国家开放水运口岸项目被成功纳入国家口岸发展“十三五”规划。该办还全力支持泸州发展多式联运区域中心，主动跟进泸州进口粮食指定口岸、进口木材口岸建设运行，以成都海关关级课题为载体加强口岸开放相关政策研究，以配合长江信息化平台建设为抓手深化信息化建设，实现政策叠加和功能拓展。促进泸州水运口岸关区其他业务现场的合作对接，致力于把泸州港打造成四川贸易最便利的水运对外开放通道，全面促进泸州口岸对外开放。

【保证泸州港保税物流中心（B型）运行】 复制推广上海自贸区新推出的创新监管制度，学习借

【计量工作】 实施“计量惠民生诚信促和谐”双十工程，举办主题为“计量与生活”的首届计量论坛，开展免费计量进商场活动。强制检定计量器具6万余台（件），完成214家定量包装商品生产和销售单位390批（次）定量包装商品净含量监督抽检。（邱　勇）

成都海关驻泸州办事处

【概况】 2016年，成都海关驻泸州办事处完成征税6.1亿元，居关区（成都以外）各分关办事处首位。在四川省铁、公、机、水四位一体的口岸对外开放体系中，作为水运口岸海关，该办积极推进长江经济带区域通关一体化模式的优化，通过“全域通”为全省各兄弟海关验放业务量独占鳌头，1—12月，验放货物重量9.5万吨、货值17.6亿元、税款1.7亿元，均排水运口岸第一位，分别占全部验放量的27%、31%、21%。全年泸州港集装箱吞吐量3.5万标箱次，比2015年增长9.5%。

【海关监管】 全年共办理报关单5358份；共监管进出口货物25.7万吨，同比增长13.8%；监管进出境集装箱2.1万标箱次，同比增长15.8%。

【打击走私】 加强对粮食口岸进口高粱、大米

鉴广东、福建自保税物流中心的新经验、新制度，配合支持国际物流企业在泸设立运营总部、研发中心、采购中心、分销中心、物流中心、品牌培育中心、外包中心等，推进保税物流中心等海关特殊监管区域功能拓展、效能提升。开展专题课题研究，形成《关于在泸州港保税物流中心建设四川出口货物交易集散中心的建议》的调研报告，为市委、市政府出谋划策。截至12月31日保B现场受理进出口报关单187份，监管进出口货运量4028吨，进出口贸易统计货值9803.2万元，单项统计货值1.1亿元，监管集装箱360箱次。

【自贸区建设】 支持泸州市政府开展自贸试验区申报。结合海关职能，加大对自贸区的宣传，提供监管制度创新的相关资料和政策解读；抽调业务骨干参加市上自贸区申报、创建工作组，全程参与申报方案的设计、起草、上报和建设，积极为自贸试验区建设出谋划策。

【服务企业】 通过“通关一体化”“双随机一公开”“一简一优”“汇总征税”等一系列海关改革措施，复制上海自贸区成功经验，提高通关效率，降低企业成本，充分释放改革红利。配合泸州水运口岸为一汽大众、宝马汽车等海关查验没有问题的44家外贸企业，免除吊装移位仓储费用11.24万元，共涉及110票报关单和255个集装箱。为进出口企业办理减免税业务41票，涉及276万元。

（屈成刚）

泸州出入境检验检疫局

【概况】 2016年，泸州检验检疫局主动服务泸州开放型经济发展，共检验检疫进出口产品758批，货值8269万美元，比2015年分别增长69.57%、59.45%。检出不合格货物共110批、货值2279万美元，批（次）与货值分别增长41.03%、增长49.47%。其中不合格入境货物110批，货值2279万美元，分别增长41.03%、增长49.47%。

签发各类证书证单2524份，降低9.5%。其中原产地证书317份，签证金额1612.44万美元，份数增长10.45%、金额降低6.79%。

【出口产品检验检疫监管】 全年，检验检疫出口产品588批，货值4575万美元，分别增长99.32%，增长108.23%。出口产品主要有动物产品、食品、工业品等，出口日本、越南、苏丹等36个国家。

检验检疫出口食品223批，货值1552.8万美元，分别增长9.3%，增长19.3%。其中压榨竹笋87批、2267.3吨，货值8849.3万美元，分别增长15.8%、增长15.5%、增长13%，主要出口到越南、日本；出口盐渍笋34批、541.5吨，货值129.4万美元，分别增长17.2%、增长13.3%、降低9.6%，主要出口到日本；白酒101批、354.7吨，货值538.1万美元，分别增长2%、增长13.3%、增长44.3%，主要出口到缅甸、新加坡等21个国家。

检验检疫猪鬃16批、40.8吨，货值86.9万美元，分别增长6.7%、降低6.2%、增长3.4%，主要出口到印度、德国等国家。

检验化工品22批、货值286.57万美元，分别降低29.03%、降低59.13%，主要出口到澳大利亚、马来西亚等国家。

检验检疫机电产品4批、货值52.92万美元，分别增长100%、增长93.14%，同比2批、货值27.4万美元，主要出口到苏丹。

检验鉴定（包括一般包装性能、危险货物包装性能检验及使用鉴定）出口普通货物包装、出口危险货物包装445批，29.01万件，分别降低6.9%、降低54.77%。其中货物危包使用鉴定批（次）364批，24.3万件，分别降低2.93%、降低1.16%。危包性能检验批（次）60批，17.21万件，分别增长15.38%、降低12.60%；一般包装性能检验21批，248.62件，分别降低58.82%、降低58.37%。

【进口产品检验检疫监管】 全年，检验检疫进口产品170批，货值3694万美元，分别增长11.84%，增长23.60%。分别来自日本、澳大利亚、德国等25个国家。

检验入境动物产品（牛羊肉骨粉）4批、926.1吨，货值48.7万美元，分别比2015年批（次）无增加、增长0.8%、降低8.4%，均来自澳大利亚。全年无不合格产品。

检验入境动物产品（乳清粉）7批、1715.6吨，货值115.3万美元，均来自澳大利亚，2015年同期无进口。全年无不合格产品。

检验入境植物产品103批、5.98万吨，货值1469.54万美元，为粮食、纤维板材类产品。其中进境粮食报检80批、5.76万吨，货值1281.16万美元，其中高粱80批、5.76万吨，货值1281.16万美元。均来自澳大利亚。进口粮食中共71批不合格，均为检出植物性有害生物，后续处理意见是出具《入境货物检验检疫情况通知单》《检验检疫处理通知书》，要求企业监管使用，下脚料销毁。

检验检疫食品10批、360.424吨，货值180.8万美元，分别降低41.2%、降低79.7%、降低59.6%，主要来自澳大利亚、新加坡等6个国家。其中，葡萄酒6批、277161升，货值147.7万美元，分别降低53.8%、降低60.9%、降低61.9%。检出不合格7批、97684.5升、货值49.3万美元。不合格产品为红酒（加州红红葡萄酒、纳帕威红葡萄酒、8号酒窖赤霞珠红葡萄酒、8号酒窖梅洛红葡萄酒、婉姿红葡萄酒、凯利瑞加州红葡萄酒、翡马•古特兰酒庄红葡萄酒、翡马•伯帝克酒庄红葡萄酒、翡马•蒙赛酒庄红葡萄酒、翡马.翡朗酒庄桃红葡萄酒、双色农场红葡萄酒）和饮料［参生源人参饮料（原味）、参生源人参饮料（苹果味）、参生源人参饮料（金橘薄荷味）、参生源人参饮料（橙味）、参生源人参饮料（柠檬青柠味）、参生源人参饮料（葡萄味）、参生源人参饮料（姜汁味）、参生源人参饮料（姜汁啤酒味）、参生源人参饮料（芒果味）、玛格丽特含气红葡萄汁饮料、玛格丽特含气白葡萄汁饮料］，来自法国、美国和澳大利亚。因未加贴中文标签或中文标签不符合GB7718-2011国家标准，泸州局向企业出具进口食品化妆品标签检验不合格整改通知单，要求企业标签整改合格后放行。

检验工业品54批、货值1782.06万美元，分别增长45.95%、增长64.88%。其中，化工品12批，货值105.51万美元，分别降低29.41%、降低70.45%，来自德国等；机电产品42批、货值1676.55万美元，分别增长110%、增长131.66%，来自德国、泰国等国家。

检验硅藻土（工业用途）2批、21.6吨，货值234492美元，分别降低60%、59.99%、56.95%。原产自美国。

【外来有害生物监测和农（兽）残、疫情监控】 全年完成实蝇布点检测24个点，其中5个TML点、1个ME点、1个CUE点和2个P点布在集装箱码头；1TML个点、1个ME点、1个CUE点和2个P点布在合江县密溪、真龙柚产区。剩下2TML个点、2个ME点、2个CUE点和2个P点布在叙永和古蔺示范区。发现南瓜实蝇932只、具条实蝇148只、川黑实蝇245只、桔小实蝇44只，共计1369只，未监测到从境外传入的地中海实蝇、墨西哥实蝇、加勒比实蝇等中国禁止传入的检疫性实蝇种类。

对泸州直属库粮库、泸州直属库合江分库、泸州新希望饲料有限公司、进口粮食加工企业开展进境粮食次生苗和外来杂草监测，完成杂草检测布点任务，未发现外来杂草。

【出口食品企业备案及监管】 泸州检验检疫局辖区有备案企业11家，按照年初的工作安排和四川检验检疫局要求完成企业监督管理。现场检查发现不符合项12项，第三方审核不符合项5项，共计17项，不符合项涉及卫生质量体系、设备设施及SSOP。泸州局按照要求对辖区企业实施日常监管，对在日常监管和定期监管中发现的问题，督促企业积极予以整改，企业皆按照要求在整改期内完成整改。部分涉及硬件改造的，企业提出整改计划，该局督促落实并后续跟踪。

【通关业务】 2016年，签发各类证书证单共计2524份，其中原产地证书317份，原产地签证金额1612.44万美元，按照平均5%减免目的国关税计算，预计为企业减免关税 80.62 万美元。全年，无纸化申报率达到 100%，辖区内所有企业在指定的 12 个省、市口岸发货均实现“长江经济带”一体化通关。

【口岸建设】 全年加强对进口粮食的检疫审批初审工作，完成辖区 6 家企业进口粮食加工指定企业资质的审核。5 月组织 43 家企业召开进境粮食加工使用企业培训会。同时加强泸州港进境粮食中转库管理，对中转库的防疫管理、出入库、粮食堆存、下脚料处理等重点环节的相关记录进行监督抽查。对用粮企业运输车辆逐步实施备案管理。制定《泸州水运口岸进口粮食抽样方案》，形成《泸州进境粮食调运与后续监管会议纪要》。

【口岸监管】 2016 年，泸州口岸进口粮食 101 批，7.2 万吨，1605.89 万美元，同比分别增长 53.03%、83.99%、30.16%。截获、检出杂草、昆虫、植物真菌等外来有害生物 96 种、1637 次，其中假高粱、皱匕果芥、刺苍耳、苍耳属（非中国种）为《中华人民共和国进境植物检疫性有害生物名录》中列明的植物检疫性有害生物。

2016 年，共检出不合格食品农产品 77 批，货值 712.3 万美元，同比增加 30.5% 和降低 30%。检出不合格进出口工业品 46 批、货值 111 万美元，不合格批（次）同比增加 67.85%，实施销毁 2 批，助企业成功对外索赔 1 批、经技术整改合格 39 批。

2016 年，截获、检出植物危险性有害生物、医学媒介生物共计 142 种、1721 次，其中 27 种有害生物为四川口岸首次截获，在新加坡进境货物木质包装中截获的波氏长小蠹被检科院确认为全国首次截获，有害生物检出率达 42.43%。

【生态原产地产品保护】 7 月 11 日，泸州市政府出台《泸州市人民政府办公室关于开展生态原产地产品保护工作的通知》（泸市府办函〔2016〕128 号），8 月 10 召开泸州市生态原产地产品动员暨培训会，确定首批纳入争创生态原产地保护产品目录，并将此项工作纳入泸州市政府 2016 年督察督办事项。11 月 27 日—12 月 1 日，泸州老窖股份有限公司的“泸州久香牌大曲曲药”、龙马潭区泸州市罗沙稻谷种植专业合作社的“罗沙贡米”、泸州国粹酒业有限公司的“泸州国粹牌浓香型白酒”、九狮柚专业合作社的“龙马潭九狮柚子”、江阳区泸州市泸郎窖酒有限公司的“江阳区王嘴牌赐窖酒”、泸县泸州刘氏泡菜食品有限公司的“刘氏泡菜”、纳溪区瀚源有机茶业有限公司的“纳溪瀚源牌有机茶”、古蔺县古蔺赶黄草技术推广协会的“古蔺赶黄草”、叙永县经济作物站的“叙永县赤水河柑橘”9 个申报保护产品全部通过国家质检总局专家组的现场评审。

【古蔺、叙永出口甜橙示范区建设】 6 月 29 日，泸州检验检疫局与古蔺、叙永县政府签署合作备忘录，启动古蔺、叙永出口甜橙质量安全示范区建设，成立工作领导小组，将示范区建设工作纳入县目标管理，落实经费保障措施。局长李跃和分管副局长张彪先后率业务科室专业人员到古蔺、叙永甜橙示范区实地考察 12 次，指导建立甜橙质量安全标准化管理制度、疫情疫病监测及防控制度、疫情疫病预警应急制度、农业投入品市场准入制度、安全风险监控评估及预警应急制度、甜橙质量安全追溯体系 6 大制度体系，12 月 14 日至 15 日，叙永县、古蔺县省级出口甜橙质量安全示范区通过由四川检验检疫局、四川省商务厅联合组成的示范区考核组的现场考核。

【实验室建设】 2016 年，共检测样品 109 批（次），出具检测数据 2015 个。通过认监委、认可委年度监督现场评审，通过认可的项目达到 7 类 83 项，扩项 19 项。运用实验室 GLIMS 系统，提升实验室软件智能化管理水平。 （傅羚锐）

国土资源管理

【用地保障】 强化项目跟踪服务，优化项目用地预审，按“保开工、保落地、保当期”原则精准投放用地指标，对全市重点项目用地实现应保尽保。全年累计报批建设用地 3 万余亩，特别是年底一次性争取省上用地计划 9000 多亩。扎实推进供给侧结构性改革，出台推进去产能工业用地盘活利用、企业转型发展和改造提升、支持商业用地结构调整等6个方面的政策措施。优化土地供应结构，根据市场需求对住宅用地进行科学供应，稳妥启动农村征地拆迁货币化安置，推进不动产统一登记，促进房地产持续健康发展。

【耕地保护】 围绕“双两百”目标，结合区县资源环境承载能力，高质量完成中心城区永久基本农田划定，开展土地利用总体规划调整完善工作，优化城乡建设用地空间布局。加大土地整治力度，强化项目规划和质量监管，争取省级以上资金6.5亿元，实施土地整理项目31个，建成高标准基本农田29.48万亩，实现新增耕地2.99万亩，获全省农田水利基本建设绩效考核国土资源项目第二名。着力耕地三位一体保护，强化工矿废弃地复垦后土壤质量的跟踪监测和修复提升，获国土资源部肯定，并在泸州市召开全国现场培训会推广泸州模式。

区建设，切实服务全市8大园区申报进入国家或省级开发区目录，做好四川自贸区川南临港片区区块申报工作，着力形成集聚规模。印发进一步规范土地出让和交易的通知，出台地下空间开发利用政策，强化内涵式挖潜，鼓励土地立体开发利用，对工业企业增加容积率免收出让金，探索建立“以地控税、以税节地”机制，提升土地节约集约利用水平。

【矿产资源管理】 开展第三轮矿产资源规划编制，完成省级以上审批矿业权区划设置并通过省国土资源厅审批，新设调整矿权17个。争取部、省投入资金3410万元，在古蔺、叙永开展土地质量地球化学、水文等基础性地质调查，实施2口煤层气和1口页岩气生产试验井，加快古蔺、叙永煤层气和页岩气资源勘查开发步伐。推进矿业权人勘查开采信息公示和矿业权市场建设，严格落实开采矿产资源环境影响评价、土地复垦、矿山环境恢复治理制度，推进绿色矿山建设。

江阳区黄舣镇马道子村双挂钩项目推动新村建设和农业产业发展

【节约集约用地】 强化创建引领，江阳区首次成功创建为国家级节约集约模范区县，龙马潭、叙永和古蔺3区县首次创建为省级模范区县，共获用地计划奖励800亩。健全完善用地预审、土地供应预警和供后巡查等制度，加大闲置土地处置力度，全市2011—2015年平均供地率达67.4%。支持园

【地质灾害防治】 加快推进地质灾害综合防治体系建设，健全村社及乡镇组织排查、县区组织专业队伍核查、市上组织督查的地灾隐患排查机制，建立地灾隐患点动态管理台账，实现应急演练全覆盖。坚持以避险搬迁安置为主，工程治理为辅，对1361户3972人地灾隐患点受威胁住户实施整体搬

古蔺县石屏镇磺厂工矿废弃地复垦利用项目实施成效

迁，减少隐患点168处。把驻泸地勘单位纳入市地质灾害应急大队，通过政府购买服务方式对中型以上监测点实行专业监测，实现群测群防与全站仪专业监测的有机结合。投入850万元，推进地质灾害专业监测预警与数据库建设，推进古蔺、叙永两县远程对讲系统建设，提升地灾防治科技含量。坚持宁听骂声，不听哭声，实施提前主动避让341处5446人，成功避险4起，避免24户85人因灾伤亡，连续17年实现地灾隐患监测点零伤亡。

【脱贫攻坚】 出台泸州市国土政策支持脱贫攻坚实施意见，制定易地扶贫搬迁9条指导性措施，形成国土助推脱贫攻坚的作战图。将1200亩用地计划单列下达古蔺、叙永两县，支持古蔺、叙永通过指标流转实现收益，提升脱贫解困能力。将土地整治、增减挂钩、避险搬迁三大项目叠加，将易地扶贫搬迁农户纳入增减挂钩项目，2016年仅古蔺、叙永两县就获批6个项目共3570余亩，涉及农户4200余户1.52万人，助推乌蒙新村建设及易地扶贫工作。倾情倾力对口帮扶叙永县白腊乡亮窗口村，精准制订帮扶计划，筹集争取扶贫资金，落实帮扶措施，确保该村2016年全面脱贫。

【不动产登记】 基本完成全市不动产数据清理整合，统一登记信息系统投入运行，泸州成为全国首个采用新的统一登记系统办理业务的城市，纵向在全国率先接入国家不动产登记信息平台，横向与住建实现数据互通共享，与法院共同推进网络执行查控系统建设，与地税、审计、公安等共享信息。优化不动产登记窗口服务，推进登记窗口进园区、进乡镇，并通过优化流程、创新受理查询方式等，增强服务的人性化、高效性和便捷性。

【泸县农村土地制度改革】 三项试点全面推进，制定完善20个配套政策，在宅基地取得、使用、退出和管理方面形成一系列制度创新，完成宅基地退出复垦3150户2836亩，成功拍卖首宗集体经营性建设用地，改革成效明显。

【国土执法】 推进建设领域突出问题清理处置

工作，依法妥善解决一大批涉及征地拆迁、安置房建设、登记办证历史问题，为企业和个人办理不动产权证书3900余本。强化卫片执法和打非治违，查处违法用地46宗共184亩，没收违法建筑物1.18万平方米，拆除违法建筑物1.58万平方米，罚款116万元；查处无证和越界采矿37宗，收缴罚没款258万元，移送公安机关4宗，市本级实现“零问责”。（郭登春）

食品药品监督管理

【食品药品监管对象】 2016年，全市有食品、药品、医疗器械监管对象总计39823家。其中食品生产许可企业643家（其中白酒企业344家），食品生产加工小作坊1958家；食品经营单位26575户，食用农产品批发市场6个，集贸市场136个；餐饮经营户许可企业7513户（其中大中型以上餐饮户数858户）；药品生产企业15家（中药饮片生产企业5家，原料药生产企业1家，药用辅料生产企业3家，药包材生产企业1家，中药制剂和化学药生产企业5家）；药品批发企业33家，药品零售连锁总部29家，药品连锁门店1899家（其中连锁零售门店1761家、单体门店138家）；医疗器械生产企业3家，经营企业1120家。

【国家食品安全城市创建】 2016年5月，国务院食安办将泸州市确定为全国第三批国家食品安全创建试点城市。市委、市政府将创建工作列入全市“十三五”发展规划，市委常委会、市政府常务会议定将食品安全纳入市、区（县）、乡镇（街道）三级党委政府年度综合目标考核（所占权重不低于3%）。将食品安全经费纳入市、区（县）两级财政预算。推行“项目化”管理，在85个子项中列入12个“重点项”，实行分管副市长包项目推进制度。成立由市委、市人大、市政府、市政协领导担任组长的督导组，印发《创建国家食品安全城市宣传工作实施方案》，通过召开新闻通气会、征集宣传标语、广泛播放公益广告、发放食品安全知识手册等方式，广泛宣传食品安全工作。

【食品药品会议活动】 全国中药饮片炮制规范研讨会、2016年省级药品安全示范性演练、全省食品稽查执法片区交流会等重大活动和会议在泸举办。国家食品药品监管总局牵头，商务部、质检总局、中医药管理局、中国证监会等部门开展的“根在基层”调研实践活动在泸开展。国家食品安全城市、四川省药品上市许可持有人制度、药械三方物流试点城市三项重点工作在泸试点。

2016年泸州市食品安全宣传周主题宣传活动

【行政审批】 受理行政审批件2417件，其中药品零售许可1502件，医疗器械许可120件，医疗器械备案795件，医疗机构制剂调配审批1件（28个品种），麻醉药品、精神药品运输证明1件。

【食品药品检验检测】 全年，完成省级食品抽检978批（次），完成市级食品抽检1596批（次）（计划1440批（次）），完成药品、化妆品抽验768批（次）。全市评价上报药品不良反应报告3760份，比2015年减少14.5%；上报化妆品不良反应报告136份，增长580%。承办省级示范性药品突发事件应急演练。完成省、市下达的舆情信息监测70件。

【餐饮服务明厨亮灶和量化分级评定】 在城区学校食堂、特大型、大型餐馆推进“明厨亮灶”，全年完成“明厨亮灶”餐饮单位4101家，占全市餐饮服务单位41.91%。全市开展餐饮服务单位量化动态评级8982家次，其中动态评定优秀等级单位41家（次）、良好等级单位4077家（次）、一般等级单位4864家（次），餐饮单位食品安全监督量化分级管理实施率达91.78%。

【食品药品违法查处】 查处泸州锦雨农业科技开发有限公司配制酒非法添加案、江南酒业有限公司生产标签标志不符合规定的食品案等一批案件。全年受理投诉举报1298件，立案821件（其中食品生产111件、食品流通254件、餐饮服务110件、药品278件、医疗器械55件、化妆品13件），结案1414件（其中当场处罚696件）。涉案金额116.3万元，没收物品货值60.12万元，罚款785.2万，没收金额56.13万元，移交司法机关22件。案件结案率（不含简易程序）达到87.5%以上。

【食品药品科普宣传】 开展“12331”投诉举报日、“食品安全宣传周”“安全用药宣传月”等主题宣传，组织全市各单位先后到社区、学校、军营、寺庙开展食品药品科普宣传活动107次，入户进行宣传讲解药品安全知识46次，发放宣传资料6万余份，接受各类咨询1万余人（次），建饮食用药科普宣传站119家；利用全市学校校讯通定期发布食品药品科普知识，每期受益20多万人（次）；利用各媒体、微信微博发布食品药品科普知识300多条，该局政务微信订阅用户从1200多人增加到4700多人。（明　俊）

安全生产监督管理

【概况】 2016年，全市发生各类生产安全事故188起，死亡182人。所有指标均控制在省政府下达的可比指标内。

【安全生产“党政同责、一岗双责”】 实行市委书记、市长对安全生产负总责，市委常委联系负责区县，副市长负责所分管行业和领域的安全生产工作责任制；对煤矿实行市领导包县、县领导包矿责任制，全年市委书记听取、研究和检查安全生产工作5次，市长亲自听取、研究和检查安全生产工作17次；市委、市政府印发《泸州市2016年安全生产工作意见》；继续实行安全生产“一票否决”，加大安全生产考核权重。通过层层签订安全生产目标责任书，细化落实各级各部门各企业各车间各班组的安全生产责任。

【遏制重特大事故】 印发《泸州市标本兼治遏制重特大事故工作实施方案》，解决安全生产领域薄弱环节和突出问题。加大安防工程建设，投入资金3000余万元增加150余千米的公路安保设施。化解煤炭行业过剩产能，关闭煤矿12处，化解产能240万吨/年，一次性完成2016—2018年三年的政策性化解煤矿过剩产能目标任务。严格执行安全生产诚信体系和安全生产不良记录“黑名单”制度，按规定向省安监局报送“黑名单”企业2家；向企业推行安全生产责任保险制度。

【安全生产隐患排查整治】 以企业自查、政府购买专家服务排查、政府督查暗查或执法检查等方式，动态开展隐患排查。邀请聘请省技术中心专家、中国安全生产科学研究院对全市20家煤矿开展隐患排查会诊；委托专家集中对54处关闭矿井水患影响开展论证，完成21处高瓦斯、突出矿井瓦斯参数测定，对全市25处正常生产、建设及启动隐患整改矿井开展瓦斯等级鉴定；邀请中国化学品安全协会专家对全市30家危化企业开展隐患排查会诊。2016年，全市重点行业（领域）参与排查事故隐患40750条，整改隐患40750条，整改率100%，投入治理资金10101.2万元，避免和减少全市安全生产事故的发生。扎实开展粉尘安全专项整治。印发《2016年职业卫生安全监管要点》和《2016年职业卫生安全监管检查计划》，开展对非煤矿山、水泥制造、木质家具制造和火力发电等职业病危害严重的企业列表式现场执法检查，对陶瓷生产企业进行职业病危害专项治理。组织开展职业卫生“三同时”审查，全市开展建设项目职业病危害预评价审查17个，防护设施设计专篇审查1个，竣工验收3个，职业病现状评价41个。

【安全生产宣传教育】 在《泸州日报》《泸州电视台》等媒体开设宣传窗口，加强新《安全生产法》和有关安全生产法律法规及安全知识的宣传，并在党校培训中开设《安全知识课》；充分利用6月“全国安全生产月”开展安全生产政策法规宣传、隐患排查治理、应急救援演练、“打非治违”等，宣传普及安全知识，增强人们的法律意识和逃生自救能力。举办各类安全生产培训班6个（次），培训安全生产领导人员、管理人员、社区干部群众1350余人。依靠群团凝聚带动作用，与市妇联联合开展“亲情送幸福·安全大嘱托”公益征集评选；与市总工会联合开展“安康杯”知识竞赛；与团市委联合开展“我为安全护航——青安岗在行动”，川天华合成氨车间入选全国“青年示范岗”提名。

【安全生产基层基础工作】 2016年为泸州市“夯实安全生产基层基础年”。3月，在泸县兆雅镇召开安全生产基层基础工作现场会。年内建成8个省级安全社区、1个国家级安全社区；在工矿商贸、建筑施工、交通运输等高危行业建成安全生产标准化企业62个，建成安全文化示范企业57个；5月25日，国务院安委会成员、专家咨询委员会主任（原国家安监总局党组副书记、副局长）王德学和省政府安办主任、省安监局（四川煤监局）局长出席省政府安办在泸州召开的安全体验中心建设现场观摩会，和共青团四川省委、四川师范大学在泸州举行的“四川省安全社区教学实践与社会服务协同创新基地”签约仪式。“泸州市矿山化学事故救援中心”基地迁建完成前期工作。

【安监执法】 印发全市安监执法工作要点和监察执法计划，强化专项执法检查和综合督查。全年，开展执法检查企业1235家，立案查处安全生产违法问题89起，处罚企业88家，处罚相关责任人26人，实施行政处罚661.77万元，移送公安机关追刑责5人，吊销或撤销资质4人，给予党纪政纪处理2人，移送他地4人，移送其他部门6人，诫勉谈话1人，吊销资质4人，提请关闭企业5家，停产停业整顿1家。

【安全生产专项行动】 开展“两节、两会”安全生产专项整治行动，确保全市“两节”“两会”期间的安全生产形势持续稳定。开展春节后企业复工复产专项整治行动，确保全市企业春节后安全有序的复工复产。开展汽车修理厂安全生产专项整治，摸清底数。开展危险货物运输车辆信号干扰、屏蔽专项整治行动，打击破坏危险货物运输车辆卫星定位装置以及恶意人为干扰、屏蔽GPS/3G视频监控系统信号违法行为。开展汛期安全生产专项行动。全市各级各部门持续开展汛期安全生产专项行动，加强重点行业领域、重点部位的安全监管，努力确保安全度汛。开展岁末年初安全生产大检查大整治。

【煤矿安全监管】 落实市领导包县、县领导包矿安全生产责任制，制定完善并严格执行市、县煤矿监管人员定点联系煤矿工作方案，落实监管人员盯守煤矿制度，扎实做好煤矿安全监管工作。及时安排部署全年煤矿安全工作。贯彻落实国务院国发〔2016〕7号文件、川办发〔2015〕80号文件、国家安全监管总局第85号令，出台泸州市的贯彻实施意见，并于5月9日召开全市煤炭工作会暨煤矿安全警示教育周活动动员会，安排部署化解煤炭过剩产能、重特大事故防范和煤矿安全警示教育周活动工作。聘请专家排查煤矿隐患。采用政府购买服务方式，聘请省技术中心专家先后历时2个多月，分两个阶段对全市20家煤矿开展隐患排查会诊，发现隐患456条，共计处罚4.26万元。扎实推动煤矿隐蔽致灾因素普查。2016年委托专家集中对54处关闭矿井水患影响开展论证，完成21处高瓦斯、突出矿井瓦斯参数测定，对全市25处正常生产、建设及启动隐患整改矿井开展瓦斯等级鉴定。扎实开展煤矿安全质量标准化示范县、示范矿创建活动。全市有12处煤矿建成二级质量标准化矿井、9处煤矿建成三级安全质量标准化矿井，生产矿井全部达到三级以上水平；确定泸县为全省2017年煤矿安全质量标准化示范建设县，规划建成1处一级安全质量标准化矿井，2处二级标准化矿井，完成方案编制，明确目标任务、资金保障和时间表。扎实开展煤矿安全生产大检查。重庆“10·31”事故及内蒙古“12·3”事故后，连续发文部署在全市开展煤矿安全大检查工作，全市派出监管人员60人（次），派出暗查暗访组4个，督查县级部门3个，暗查煤矿12个，责令煤矿停产整顿3处，罚款共计4万余元。

【非煤矿山安全监管】 组织非煤矿山企业安全生产专项检查，严肃查处非煤矿山非法违法行为。全年办理非煤矿山群众举报案件20件，立案查处案件16起，处罚款19.85万元，将5件因非法采矿或超层越界开采的企业行为移交监察、国土等部门查处。叙永县被调出全国非煤矿山监管重点县名单，完成“摘帽”攻坚任务。

【危险化学品和烟花爆竹安全监管】 召开危险化学品和烟花爆竹安全监管工作联席会议。市政府出台《关于做好醇基液体燃料安全管理工作的意见》，坚持政府购买危化专家服务排查隐患。邀请中国化学品安全协会专家对全市30家危化企业开展隐患排查会诊，排查出安全隐患1293条，已整改1233条，其余隐患将在企业停产期间立即整改完毕。开展油气输送管道、城镇燃气管道安全隐患整治攻坚战，按要求完成全部隐患整改任务。开展化工和危险化学品及医药企业特殊作业、危险化学品储存场所、烟花爆竹经营安全专项整治，对全市的危化企业和烟花爆竹批发企业进行专项安全检查。加强危爆物品安全监管。紧盯炸药库、剧毒放射性物品仓库等重点部位，强化民爆物品、剧毒化学品单位安全监管，保证人防、物防、技防措施的落实到位；严格落实枪支登记、交接、检查、保养等管理制度，开展报废枪支及收缴管制器具销毁活动。全市收缴各类枪支480支、各类子弹16983发、炸药12829.85公斤、黑火药52.11公斤、雷管68547枚、管制刀具4325把；抓获涉枪涉爆违法犯罪人员66名（其中刑事强制措施44名、治安处罚22名）。

（刘　洋）

投资促进

【概况】 2016年，全市新履约市外国内项目748个，投资总额1234.49亿元，实际到位市外国内资金1085.41亿元（含续建），比2015年增长16.78%，其中，省外国内到位资金416.07亿元，引资总额全省排名第四位。一、二、三产业新履约项目到位资金分别为81.25亿元、666.78亿元和337.38亿元。其中，新履约工业项目393个，投资总额412.75亿元，工业项目到位资金513.45亿元，占到位资金总额的47.3%，工业项目成为推动投资重要支撑。全市新履约投资5亿元以上重大项目42个，投资总额459.6亿元。从重点行业看，化工业新履约项目15个，投资总额32.28亿元，到位资金27.27亿元（含续建），占到位资金总额的2.51%；机械装备新履约项目23个，投资总额27.31亿元，到位资金27.14亿元，占到位资金总额的2.50%；酒业新履约项目57个，投资总额81.54亿元，到位资金158.07亿元，占到位资金总额的14.56%；开发建筑业新履约项目51个，投资总额234.92亿元，到位资金237.30亿元，占到位资金总额的21.86%；能源业新履约项目38个，投资总额34.94亿元，到位资金33.33亿元，占到位资金总额的3.07%；现代服务业新履约项目142个，投资总额267.94亿元，到位资金190.53亿元，占到位资金总额的17.55%；现代农业新履约项目64个，投资总额115.7亿元，到位资金81.25亿元，占到位资金总额的7.49%；现代医药业新履约项目7个，投资总额15.22亿元，到位资金21.58亿元，占到位资金总额的1.99%。

【智能终端产业招商】 2016年下半年，在获知深圳一批智能终端企业面临转移的信息后，建立由市投促局统筹，江阳区、龙马潭区、高新区、长开区共同参与的工作机制。各单位领导带队扎根深圳、蹲点驻守，开展上门对接、信息跟踪、项目谈判等工作。重大项目市委、市政府主要领导亲自介入，智能终端产业招商获得突破性进展。蒋辅义书记赴上海与上海华勤董事长会面，洽谈合作项目；市长刘强赴深圳与龙旗、帝晶等行业龙头企业对接，推动项目签约落地。通过举办专题投资推介会、上门拜访对接、邀请企业到泸州考察等方式对接华勤通讯、龙旗科技、传音集团等智能终端企业超300家；邀请赛博宇华、富尔美科技、朵唯志远等100余家企业到泸州实地考察；涵养诺亚信、帝晶光电拟在泸投资建厂等一批在谈项目；签约富尔美、京凯达、粤创控股等企业22家，总投资117.6亿元，预计年产值超300亿元。

【工业招商】 细化医药、化工、新能源、新材料、装备制造、智能电网等工业产业的招商方向和重点，主动开展精准，先后上门拜访对接中国医药集团、中国航天科技、中国机械工业集团、许继电器、中国电子科技集团、中国诚通控股集团等大型企业210余家，并邀请中国铝业集团、上海医药集团、软通动力、中国赛迪、浙江和润集团等140余家大型企业到泸州考察，捕获有效招商信息150余条，正在跟进的招商信息110余条。

【平台招商】 依托全球川商返乡大会、中外知名企业四川行、第十六届西博会等省级活动平台，谋划举办招商推介、集中签约仪式、重大项目签约仪式、论坛、市领导会见等专题活动，三次省级活动平台共计签约项目53个，投资总额424.89亿元。包括：投资30亿元的国轩高科新能源汽车动力电池生产基地、投资10亿元的海尔集团（泸州）虚实网服务园、投资15亿元的浙江和润集团（泸州）粮油物流及粮油深加工、投资6.2亿元的上海库邦（泸州）抗病毒药物生产等。

【专题招商】 依托省政府驻杭州办事处、上海办事处、北京办事处，以及上海商委、青岛市经信委、广州市经信委、江苏省经信委、北京央企投资协会等机构，针对装备制造、医药、智能电网、大数据、电子商务等重点产业，跨区域举办上海、北京、广州、南京、青岛、深圳投资推介会，6次活动累计签约项目67个，投资总额338.3亿元。

2016年8月5日，泸州市在江苏省南京市举办中国酒城·泸州—南京投资推介会，签约17个项目投资总额25.4亿元

【展会招商】 承办中国国际酒业博览会，举办川南经济区投资推介会、采购商对接大会、中国白酒产业投资发展座谈会等专场投资促进和贸易洽谈活动12场（次），签约项目266个，签约金额达503.67亿元。其中，包括宝顺宝（泸州）儿科掩味口服制剂技术平台，格润能源50兆瓦天然气分布式冷热电联、贵州汉旺酒业龙马潭酒类包装生产基地项目等35个招商引资项目，签约金额达377.07亿元。依托中国工程机械年会，积极争取并承办第十四届中国工程机械发展高层论坛，邀请国机重工、厦工机械、柳工集团、中联重科、徐工集团等100余家工程机械龙头企业来泸，并在会上进行专题投资推介。

【沿江沿海城市合作】 先后上门拜访上海市商委、杭州市政府、广东省经信委、广州市政府、广州市工信委等政府单位，并分别与上海市商务委、广州市工信委、南京市经信委、山东省经信委签订战略合作协议。依托沿海城市政府机构、省政府驻外办事处等牵线搭桥，上门对接世界华人协会、中国商协会合作联盟、欧美工商联合会、广州电子商务协会等行业协会，并建立友好关系。

【周边区域合作】 参加赤水河流域生态经济发展论坛，在会上作主题推介发言，以赤水河流域生态经济发展论坛为契机，上门拜访对接贵州遵义、毕节等城市；携手省投促局和省政府驻外办事处，邀请组织380余家知名企业赴泸州参加川南经济区投资贸易推介会，协调组织宜宾、内江、自贡等川南经济区友好地市政府联合开展项目投资推介，实现川南四市首次联合抱团进行招商推介。

【国际合作】 筹划泸州市代表团赴英国、俄罗斯、韩国考察，主动与韩国酒类产业协会对接，两地在韩国首尔签署《合作框架协议》；组织全市区县、园区30余人代表团参加第十四届东盟华商会，开展面向东盟的双向投资合作。引进香港盛达国际投资有限公司、香港天勤健国际控股有限公司、香港壹陆巴国际投资集团等四家公司投资建设旅游开发、生物科技等项目，投资总额2.1亿美元，合同外资6926万美元。 （罗章伟）

国有资产管理

【概况】 2016年，全市地方国有及国有控股企业的资产总额2938亿元（全省排名第二位），比2015年增长24%；所有者权益总额1050亿元（全省排名第三位），比2015年增长30%；实现收入207亿元（全省排名第四位）；实现利润总额60亿元（全省排名第三位）。其中，市级国有及国有控股企业的资产总额2610亿元，比2015年增长21%；所有者权益总额849亿元，比2015年增长28%；实现收入201亿元；实现利润总额58亿元。

市委、市政府出台《关于深化国资国企改革促进发展的实施意见》《关于市属经营性资产集中统一监管的实施意见》《关于建立专职外部董事、外部监事队伍的意见》《关于市属国有企业类型划分与分类监管的意见》《关于进一步加强市属国有企业董事会监事会建设的意见》《关于统筹管理市属功能性和公益类国有企业有关事项的通知》等一系列深化国企改革发展的文件，修订《市属企业国有资产转让管理办法》《市属国有企业投资管理办法》等相关制度；市委组织召开“全市国有企业改革发展专题会”和“国有企业党的建设暨深化改革专题座谈会”。

城东污水处理厂

天仙硐焚烧发电厂

【重点国资企业经营情况】 泸州老窖集团所有者权益264.59亿元，比2015年增长14%。泸州老窖股份公司营业收入83.13亿元，增长20%，利润总额25.47亿元，增长29%。市商业银行所有者权益40.23亿元，增长29%，营业收入12.30亿元，增长29%，利润总额7.68亿元，增长31%。兴泸集团营业收入12.54亿元，增长12%。工投集团所有者权益81.14亿元，增长25%，利润总额4.81亿元，增长141%。泸天化集团营业收入49.46亿元，增长2%，利润总额亏损7.12亿元，同比增加亏损53%。新火炬公司实现营业收入2620万元。

【国有资产布局】 通过注入有效资产和资本金，组建西南医疗健康产业投资有限公司、泸州市国有资本运营管理有限公司、泸州市文化旅游发展投资有限责任公司。市属重点国有企业全力推进市扶贫开发、文化旅游、新兴产业等融合发展，投资成立泸州画稿溪旅游开发有限公司、四川金舵投资有限责任公司、泸州市乐养旅游开发有限公司、四川泸天化中蓝新材料有限公司、四川古蔺牛郎牧业投资发展有限公司等。

【招商引资】 全年争取到位国企改革发展资金3000万元，完成市上目标任务的150%；引入安信证券股份公司与兴泸集团共同成立泸浦发扶贫投资发展基金，到位资金达40.594亿元。

【行政事业单位国有资产管理】 1. 经营性资产清收工作。全年接收、注入3个市级行政事业单位经营性资产89处，建筑面积4970.62平方米。2. 资产处置的核实审批。全年共审核、审批处置国有资产95批（次），资产账面原值26011.98万元。其中，车辆处置12批（次）(29台)，账面原值385.62万元；房屋土地处置16批（次），账面原值3858.46万元；其他资产处置67批（次），账面原值21767.90万元。

【国有公房管理】 市委、市政府出台《加强国有公房管理的实施意见》及两个附件《泸州市市属国有住房管理暂行办法》《泸州市市属国有营业用房管理暂行办法》。协助公房委对由市国资委履行出资人职责或市级其他部门机构履行出资人职责的国有独资、国有控股或参股的企业的国有公房的管理进行监督，对国有公房出租方案实施备案工作。

（李文生）

工 业

工业综述

2016年，全市工业战线把握“稳中求进、进中求好、好中求快”总基调，突出“产业创新发展年”主题，综合施策稳增长，坚定不移促转型，保持工业经济的平稳较快发展。2016年，全市工业增加值809.3亿元，比2015年增长10.3%，占国民经济的比重达54.6%，对经济增长的贡献率达59.6%。规模以上工业增加值增长11.7%，增速高于全国平均水平5.7个百分点，高于全省平均水平3.8个百分点，增速首次居全省第1位。分产业看，白酒产业增长12.7%，能源产业下降4.4%，化工产业增长6.0%，机械产业增长13.7%，医药产业增长17.3%。企业质效稳步提升，629户规模以上企业实现主营业务收入1590.5亿元、增长12.1%，增速超过全省平均水平2.9个百分点；实现利润总额99亿元、增长8.6%，增速高于全省平均水平2.5个百分点。工业投资完成563.9亿元、增长5.7%，技改投资完成490.6亿元，增长0.1%，工业和技改投资总量继续稳居全省第2位。全市“3+N”园区体系加快构建，产业园区实现主营业务收入1950亿元、增长19.5%，完成基础设施投资32亿元，园区建成区面积扩展到78.5平方千米。

【化学工业】 2016年，继续巩固提升化工产业传统优势，加快转型升级，按照“绿色发展、循环发展、错位发展”的理念，科学规划、优化布局，成链延伸、高端拓展，加快富余产能的合理化应用和产业转移，强化技术引进与合作，促进新材料、环保产业等新兴产业发展，做大做强军工及配套化工产业，深化发展高端化肥、新型煤化工、精细化工、石油化工四大产业链。泸天化集团继续落实“稳、改、转”总体思路，稳步推进主辅业分离。泸州市多资源综合利用循环产业园规划、泸天化集团“退城入园”升级改造总体方案开展首次咨询研究论证。四川煤气化有限责任公司泸州化工园区原料结构调整项目一期B套航天煤气化装置点火成功，年产合成气13.4亿立方米。合盛硅业（泸州）西南基地项目一期技改完成，东方农化年产2200吨新型农药建成投产，中蓝新材料公司20万吨/年聚碳酸酯化工新材料项目、新火炬公司年产2×70千克重氧水加快建设。全年实施化工项目16个，完成投资35.8亿元。2016年，全市化工产业实现主营业务收入140.5亿元，同比增长7.2%，规格以上工业增加值增速达6%。

2016年6月16日，四川泸州步长生物制药有限公司生物制药基地及新药产业化项目基地开工

【机械工业】 2016年，按照“短期快速突破与构筑长远优势相结合、巩固发展基础与打造区域特色相结合、突出拳头产品与形成产业集群相结合”的发展思路，机械产业发展呈现稳中求进、逆

势上扬态势，全市规模以上机械装备企业实现主营业务收入131.5亿元，增长12.1%，规模以上企业工业增加值增长13.7%；全市机械装备企业206户，规模以上企业89户，拥有5个省级企业技术中心及科技部授牌全国唯一的高性能液压件高新技术产业化示范基地。国机重工西南（泸州）产业园、邦立重机大型液压挖掘机异地技改项目、四川长液—厦门海翼合作项目、泸州长江机械有限公司整体搬迁项目等5个重点项目全部建成投产。成功完成全市农村污水处理设施第一批建设工作。举办2016中国工程机械工业协会年会，组团参加2016年第31届德国慕尼黑国际工程机械博览会。完成泸州轨道交通产业规划工作。泸州高新区机械装备产业园新增承载面积1500亩。

2016年10月31日，许继电气股份有限公司、泸州市高新投资集团有限公司、泸州北辰电力有限责任公司合资设立泸州华恒智能电力科技有限公司合作协议签约仪式在南苑宾馆举行

【能源工业】 2016年，加快煤炭行业兼并重组和市场开拓，促进资源综合利用，降低运营成本，改善企业效益，依法关闭煤矿企业52家，淘汰落后产能240万吨。优化能源产业结构和空间布局，累计开采页岩气2.4亿立方米。

【新兴产业】 2016年，按照“4+5”（“4”指白酒、机械、化工、能源四大传统产业，“5”指高端装备制造、现代医药、智能电网、新能源新材料、大数据五大新兴产业）产业布局，发展新兴产业。高端装备制造产业。开展“中国制造2025”泸州行动，王华明院士国家激光制造重点实验室落户泸州，国家机器人医药食品类研发中心建成投运，国轩·康德新能源动力电池基地、江麓容大无级自动变速器泸州基地、汽车EPS转向系统总成及其他汽车零配件泸州生产基地等3个高新区汽车科技产业园项目开工建设。成功引进马钢集团与泸州邦立重机共同发展立体车库产业。智能电网产业。编制《泸州市智能电网产业发展规划暨西南智能电网产业园发展规划》，建成投产北辰电力产业园，西南智能电网产业园加快建设，许继集团成功入驻。现代医药产业。出台《泸州现代医药产业规划（2016—2020年）》。维思达医疗器械及耗材生产项目一期、西蜀九锦现代中药生产基地建设项目、西南医药物流园区一期建成。医药产业园区基础设施建设项目、步长生物制药及新药产业化基地加快建设。全年实施医药项目10个，完成投资35亿元。2016年，医药产业主营业务收入实现34.4亿元，规模以上工业增加值增长16.6%。新能源新材料产业。获批第二批新能源汽车示范城市，累计推广新能源汽车612辆，建成充电点11个、充电桩412个。获批四川省绿色建材产业化示范基地，东方雨虹新型防水材料、聚碳酸酯（一期）等重大项目加快建设。大数据产业。获批国家智慧城市试点和“宽带中国”示范城市，建成全国第一个“全光网大城市”，启用华为大数据中心，22家市级单位共81个信息系统通过评审上云。省农商行灾备数据中心落户泸州。

【智慧城市和信息化建设】 2016年，泸州市智慧城市和信息化建设稳步推进，创建为“宽带中国”示范城市，提前完成“宽带乡村”工程建设目标，实现村村通宽带；启动政务云建设和数据资源管理服务平台建设；组建全市第一家混合所有制企业——国久大数据有限公司；完成市、县级人口健康信息基础平台建设，启动远程医疗建设项目；完成覆盖主城区123条公交线路、1029辆公交车辆的公交智能调度升级改造，实现“掌上公交”全覆盖；完成全市中小学光纤宽带网络“校校通”。

【无线电管理】 2016年，全市无线电管理工作扎实推进，无线电管理事业健康有序发展。全年完成无线电日常监测7785小时，审批新设无线电台（站）21个，年检单位35个，台（站）465个，查处卫星电视接收器受干扰投诉1起，查获非法广播电台3部，查获城区“伪基站”46座。开展无线电频谱使用评估专项活动。做好国家级各类考试无线电安全保障工作，累计出动车辆88台次，监测技术人员286人（次），监测498小时，查获考点作弊3起。完成全国酒业博览会、四川省农产品交易会等重大活动无线电安全保障工作。加大依法监督检查力度，开展辖区内非法设台执法检查活动24次、销售市场执法检查8次。 （彭 丞）

泸州国家高新技术开发区

【主要经济指标】 2016年，泸州国家高新区主营业务收入168.99亿元，比2015年增长28.0%；规模以上工业产值137亿元，增长20.2%；企业利润10.64亿元，增长23.2%；入库税收2.65亿元，增长51.4%；完成投资35.5亿元，增长56.6%。

【产业发展】 根据新的形势和园区实际，梳理调整主要产业方向，重新定位高端装备、智能制造、大数据、新能源新材料、现代医药5大主导产业，产业集群集优发展格局基本形成，成功升级为长江经济带国家级转型升级示范开发区，获批全国循环化改造示范试点园区，被省政府批准为四川省新型工业化产业示范基地，并评为“四川省‘十二五’节能减排降碳工作先进集体”，龙马潭核心区列入四川自贸区范围。2016年，实施重点产业项目30个，国机重工一期工程建设和设备搬迁、邦立重机整体搬迁项目完成老厂区整体搬迁、长江机械自动变速器零部件智能化制造等9个项目全面竣工，部分车间和生产线全面投产，新增产能80亿元。睿盈锻造中心、步长药业、西蜀九锦现代中药生产基地、华为四川大数据中心等15个项目加快建设，全部建成后将形成产能260亿元以上。标

泸州国家高新区一角

准化厂房、泸州国家高新区汽车科技园、四川国泰高新管廊生产基地等 11 个产业项目开工建设，建成后将形成产能 300 亿元。

【科技创新】 出台鼓励园区企业科技创新政策，对成功申报高新技术企业的给予每家 10 万元奖励。出台孵化器管理扶持政策，首批入驻孵化器企业 40 余家；四川（国家）重装站泸州计量检测中心在高新区挂牌成立，“中博智库”首个工作站在高新区建立。1 月，泸州高新区先进工程机械及关键零部件产业基地被科技部火炬中心认定为国家火炬特色产业基地；3 月，泸州高新区被科技部认定为全国科技服务业区域试点；12 月，泸州高新区创新创业服务中心被科技部认定为国家级科技企业孵化器。

【开放合作】 创新招商引资模式，推行“1+1+N”（即一个项目 + 一个平台 +N 种合作模式）的招商模式，全年完成签约项目 35 个，协议金额达 200 亿元。其中，5 亿元以上企业 13 个（分别是投资 30 亿元的国轩高科、投资 20 亿元的粤创、投资 20 亿元的许继集团、投资 12 亿元的江麓容大、投资 12 亿元的贵州中航、投资 10 亿元的九次方大数据、投资 5 亿元的国泰管廊、投资 5 亿元的鼎科纳米、投资 5 亿元的华唐集团、投资 5 亿元的西谷曙光、投资 5 亿元的江旭机械、投资 5 亿元的拓创机械、投资 5 亿元的川能电力等）。签订框架协议的项目 12 个，投资金额预计可达 41 亿元。在谈项目 15 个，分别是红太阳新能源材料项目、邦立电动叉车项目、瑞士 NEV 汽车生产基地项目等。重点对接 ABB 集团、金石机器人、清华启迪、东华软件、腾讯、甲骨文软件等企业 40 多家。

【功能载体建设】 实施渔子溪河道整治及配套工程和众创中心 PPP 项目、泸州高新区配套道路建设工程项目、泸州高新区“七通一平”场平工程（四期）等重点基础设施建设项目 15 个，完成投资 14 亿元。平台功能方面，打造优质政务服务平台，新建 1000 平方米的新政务服务中心，新增 10 个服务窗口；打造一流创新创业平台，高新区孵化器入驻 40 余家科技型中小微企业和 10 余家科技服务平台机构；打造 AA 级投融资服务平台，做强做大高投集团，实现资产规模 45 亿元；投资 4 亿元启动 14 万平方米的标准化厂房建设。生活配套功能方面，建成 4000 平方米的员工食堂，可供 1500 人就餐；启动泰安学校迁建工程和东北片产业拓展区 4 万平方米员工配套用房建设；启动 240 套专家公寓和 500 套青年公寓的装修。（陈美丽）

泸州长江经济开发区

【概况】 2016 年，长开区管委会紧紧围绕市委、市政府中心工作和园区“一廊三港七分区”功能定位，着力打基础、引项目、抓招商、育产业，深入推进“港、产、城”融合发展，园区主要经济指标保持快速增长。全年主营业务收入 545 亿元，比 2015 年增长 21.1%，完成年度任务的 101%；规模以上工业增加值 98.6 亿元，增长 20%；实现企业利润 29.5 亿元，增长 21.6%；完成企业投资额 50 亿元，增长 30.5%；完成基础设施投资额 8.4 亿元，增长 41.7%；入库税金 6.6 亿元，增长 20%；招商引资到位资金 54.6 亿元，增长 30.4%；引进外资到位资金 800 万美元。全年新增企业 14 个，其中新增规模以上企业 2 个，园区企业总户数达到 647 户。

【体制改革】 园区管理从临时性机构向管委会管理转变。管理服务团队不断壮大，力量不断增强。紧紧抓住长开区重新确认为省级开发区的契机，深化工作机制改革，剥离社会管理和公共事务职能，专注经济发展。以事为核心，因事设岗，突出主业，构建“攻坚型”内部组织架构，管委会的决策机制、项目推进机制、内部控制机制更加完善。管委会与临港产业投资有限公司实现“政企分离”，成为临港产业投资集团公司，实现办公、财务、运行三独立，并获得 AA 主体信用评级，旗下 11 个子公司开展运营，筹融资能力得到大幅提升。当年临港投资集团公司承担园区 20 个重点项目建设任务，完成融资 23.75 亿元，园区融资平台、开发平台、建设平台和运营平台的功能得到发挥。

【融资工作】包装申报中央专项建设债券基金项目7个，成功获批到位基金项目2个，到位基金1.65亿元；成功获国家发改委审批，进入银行复审环节项目2个，报批基金9.5亿元；成功包装申报2016年中央、省专项建设资金项目3个，获批到位资金2800万元。2016年，长开区在以前单一抵押货款的基础上，尝试采用单一来源采购、PPP等新的筹融资方式，满足园区建设资金的需求。全年融资到位资金21.65亿元。完成高成本资金置换9.5亿元。

【项目建设】全年，实施重点项目31个，总投资254.6亿元，实际完成投资51.5亿元。新建干线路网、工贸产业和商品化安居工程等项目18个，计划总投资138.03亿元，完成年度投资27.89亿元。续建市政道路、产业项目、生态修复工程等项目9个，项目总投资254.64亿元，完成年度投资21.9亿元。开展基础设施和产业项目工作4项，总投资61.5亿元。投资14亿元的空港路于6月圆满建成通车，I匝道及港口大门顺利竣工。四期限价商品房（和美家园）项目6月竣工分房。投资4.5亿元的港口大厦项目完成施工图设计。泸州海吉星农产品国际商贸物流园项目于4月进入主体基础施工，目前一期项目即将竣工；和润集团泸州粮油物流及粮油深加工项目场地平整工程完成、并举行开工仪式。

【招商引资】长开区管委会围绕商贸物流、新材料、装备制造、军民融合等产业发展，开展以商招商、小分队招商、节会招商、搭建平台招商、产业链招商。年内，签约投资20亿元的和润集团泸州粮油物流及粮油深加工项目、投资10亿元的海尔（泸州）虚实网服务园项目、投资10亿元的中石化长开区合作项目、投资15亿元的四川粮食安全保障泸州基地项目等30个，其中，10亿元以上项目3个，5亿元以上10亿元以下项目5个，5亿元以下项目2个，签约资金102.3亿元，突破100亿元大关，比2015年增长14%；实现招商引资实际到位资金54.6亿元，同比增长26.4%；引进外资到位资金800万美元；新开工产业项目10个，总投资61亿元。

【园区工业】年内，园区规模工业总产值408亿元，增长7%。食品饮料业销售收入219亿元，占园区总收入的40.2%，增速31.9%；精细化工业销售收入83亿元，占园区总收入的15.2%；装备制造业销售收入78亿元，占园区总收入的14.3%，增速23.8%；商贸物流业销售收入58亿元，占园区总收入的10.6%。园区入驻企业647家，比2015年新增企业14家，其中，工业企业292家（规模以上工业企业100家），规模以上工业增加值98.6亿元，增速20%，被省经信委批准为四川省新型工业化产业示范基地。

【港口物流】泸州港列入国家口岸发展“十三五”规划。从2015年起港口扶持资金由市、区两级财政各自承担50%。2016年，长开区协同泸州港务公司，以铁水联运、港航企业合作、客户服务为重点，扩大粮食业务，探索商贸代理业务，开拓新市场。全年完成水运集装箱吞吐量50.1万标箱，增长17.88%，铁水联运2.72万标箱，增长32.68%。引入粮食进口商4家，粮食中转量突破7万吨，进口集装箱量达3000标箱，增长超过60%。引进美国木材到港中转，进口木材突破1300标箱。联合云南水富航线，增加泸州港口吞吐量近2000标箱。

【保税物流】1月，泸州港保税物流中心封关运行。截至年底，共完成进出口报关单187票，进出口货8400多吨，进出口货值3000多万美元，完成关税和增值税近2200万元，实现首年封关运行货值突破亿元，“两税”突破2000万元。（张婧逸）

中国白酒金三角酒业园区

【概况】2016年，中国白酒金三角酒业园区实现产值和服务性收入439.6亿元，比2015年增长22%；规模以上工业增加值79.3亿元，增长22%；入库税收6.7亿元，增长21.8%；完成基础设施投资9.15亿元，增长52.5%；黄舣核心区建成面积达5平方千米，带动周边就业2.3万人。

泸州酒业集中发展区一角

【园区规划】 确立“三产联动、产城融合、创新发展”的发展理念和“立足黄舣、涵盖古蔺、对接高新、辐射纳溪”的发展定位，委托上海同济大学规划设计院启动园区创新发展规划编制工作。7月中旬，完成园区创新发展总体规划、控规和城市设计，进入单体工程设计、启动项目建设前期工作阶段。

【项目推进】 整合各部门力量成立项目推进中心，实行“一个重点项目，一名领导牵头、一套班子跟进、每周一次推进会、一抓到底”的“五个一”工作法。启动泸州老窖酿酒工程技改、基础设施及公共服务配套设施改造、酒谷湖景区、安置房、孵化器等项目建设，总投资超过100亿元。多渠道筹集项目建设资金，通过发起设立泸州酒业园区博睿投资基金的方式，总融资规模控制在50亿元以内，先期融资20亿元推进项目建设；向上争取资金，争取到基础设施专项债券资金2.2亿元、孵化器专项债券资金2800万元、产业园区发展引导资金300万元等共计2.51亿元。

【平台建设】 与老窖股份公司通力合作，全力推进“四统一”工作。注册成立泸州白酒金三角酒业发展有限公司（以下简称原酒公司），10月开始试运行。采用“2+N”的模式，做实做大泸州白酒产业园区发展投资有限公司、泸州酒业投资有限公司，制定完善财务管理、项目资金支付审批办法等制度，完成银行融资到账2.2亿元。

【企业服务】 实行行政代办服务，协调办理企业工商注册、税务登记、规划用地等各类手续110多件。强化企业培育扶持，新培育金鼎印务、裕同包装2家企业成功上市，园区上市企业达7家。帮助企业开发新产品拓展市场，重点引导海普制盖、中科玻璃等包材企业开辟大食品、医药、电子产品等领域的中高端包材市场。积极落实国家、省、市各项稳增长及企业减负等政策措施，帮助捷艺发、中远物流等企业争取技改资金700万元，中科玻璃、宝晶玻璃等入园企业享受用气大户直供气、用电大户直供电优惠政策。协调金融机构及有关企业，通过担保融资、兼并重组等方式，帮助宏太阳、捷艺发等生产经营困难企业实现平稳过渡。海普制盖、中远物流被评为“四川省模范劳动关系和谐企业”，宏图物流被表彰为“四川省优秀民营企业”，金鼎印务被评为“泸州市民营企业建立现代企业制度示范企业”。

（刘舰壕）

泸州市兴泸投资集团有限责任公司

【概况】 全年，泸州市兴泸投资集团有限公司资产总额达到531亿元，增加39亿元，同比增长8%；净资产总额达到266亿元，增加16亿元，同比增长6.5%；全年营业收入16.69亿元，增加3.29亿元，同比增长24.6%；实现利润总额9.77亿元，增加1.3亿元，同比增长15.4%；资产负债率49.8%。年内，公司投资项目45个，投资64.06亿元；落实政府项目融资额度68.8亿元，完成年初融资目标的137.6%，融资综合利率为5.02%，成为全市融资成本最低、落实融资额度最大的平台公司。

【基础设施建设】 全年，完成投资43.26亿元。川南最大支线机场——云龙新机场迁建工程有序实施；全市首条客运铁路川南城际铁路顺利开工；西南大宗货物重要南下通道——隆黄铁路（叙永至毕节段）抓紧建设；沱六桥及连接线工程加快建设；省重点项目教科城学府路、长桥路、九狮路3条市政道路、泸职院（一期）、泸职校（一期）新校区顺利建成。

【安居工程建设】 全年，完成投资10.38亿元。投资棚户区改造，推进沙茜片区17条市政道路建设；佳和苑、望江苑、祥瑞苑、玉带花园等限价房全面竣工，完成分房2326套；月亮湾、玉带河畔开工建设；有序实施古蔺黄荆旅游扶贫开发，动工兴建安置房，加快当地8个村9000多名困难群众脱贫致富步伐。

【公共服务设施建设】 全年，完成投资7.79亿元。南郊二水厂（一期）建成投产，为城西10万居民安全用水提供保障；茜草二水厂（一期）主体结构完工，纳溪新水厂、合江黄溪水厂、金鸡湾燃气储配站等重点项目前期工作有序推进。加固环境污染防治体系，城东、城南污水处理厂建成达到试运行条件，投运后可基本实现城区污水全面达标排放；鸭儿凼污水处理厂提标扩容、叙永污水处理厂（二期）、污泥综合处理项目等重点环保项目加速推进。

【直接融资】 30亿元永续中票取得中国银行间市场交易商协会的核准批复；全国首单易地扶贫收益债20亿元取得国家发改委核准批复，并成功发行第一期5亿元；27亿元公司债券取得证监会核准批复。

【银企合作】 落实到位国家专项建设基金9.3亿元，并帮助区县争取4.07亿元，在全省平台公司申报项目清单中获批额度排列第一。通过乐山商业银行、工商银行、国开行等金融机构落实项目融资17.82亿元。代高投集团和文旅公司向银行融资5.5亿元，通过委托银行贷款为叙永纸浆项目落实融资1.5亿元。

【主体信用升级】 通过优质股权和资产注入，在优化资产配置、改善财务基本面、拓展新的利润增长点、规范内部管理等方面下功夫，以燃气、水务业务为主导，辅以市政工程、限价房销售和金融服务等多元化经营结构。全年，经三家评估机构分

兴泸投资集团大楼

别评估，公司主体长期信用等级从AA上调为AA+，成为四川省市州首家获此评级的平台公司，使融资成本至少降低1个百分点。

【股改上市】 完成兴泸水务改制，设立股份公司。近1800人（次）自然人股东股权规范，几十年来遗留的土地、房屋等相关物业权属不清问题得以解决，与市级各部门、区县反复沟通，供排水特许经营权获取等大量前期工作，为成功上市扫清障碍。8月26日和9月8日，兴泸水务分别向中国证监会和香港联交所，递交上市申请文件，取得中国证监会核准批复。

【公共服务拓展】 全域供排水工作稳步实施，完成江阳区14个场镇供水站接收改造；编制完成乡镇、农村污水处理合作方案。全年，供水9649万吨，拓展供区面积185平方千米，发展用户3.3万户，处理污水4809万吨，污水处理厂综合负荷率达到92.5%。全域供气顺利启动，与江阳区政府签订《江阳区全域安全供气工程合作协议》，完成董允坝LNG点供试点；与川油天然气公司置换供气区域，实现中心半岛业务全覆盖；携手行业龙头企业重燃集团、凯添能源，参股投资合江LNG项目。全年销售天然气1.67亿立方米，供区面积拓展至255平方千米，发展居民用户20250户、工业用户14户。环保业务加快发展，纳溪垃圾焚烧厂建成运营，并网发电，成功获取特许经营权，落实政府购买服务机制；垃圾收集范围逐步扩大，实现泸州市建成区垃圾全部清运入场，并延伸至赤水等市外区域。全年处理垃圾23万吨，发电5600万千瓦时，各项指标良好，基本达到西部一流环保企业水平。

【城市服务】 承接定向限价房、江南新区棚改房物业管理，打造以现代物业管理为核心，多种增值服务协同发展的综合产业链。协助解决城区拥堵问题，使用全国首只停车场收益债资金，建成投运白招牌、龙驰路等一期5个停车场、2593个车位，基本建成泸州市首座机械式停车场，启动实施第二期4个停车场项目。

【准金融产业】 设立基金管理公司，成为全省市州首家国有控股专业从事基金管理和运营公司。与浦发银行合作设立150亿元扶贫基金，首期20亿元投放到位，古蔺、叙永、合江县的10个项目获得支持。这是四川省首只扶贫基金，也是泸州市首只成功投放基金。与交通银行合作，设立37.5亿元兴泸城市发展基金，助推泸州市基础设施建设。担保公司全年提供担保贷款40亿元，担保责任余额42亿元，担保代偿率4.91%，低于全市5.58%的平均水平。小贷公司实现向大股东融资试点，成功扩大经营规模，全年累计发放贷款7亿元，贷款余额4.5亿元，不良贷款率控制在6%以内，信贷资产整体质量处于同行前列，风险基本可控。

【资产配置优化】 增资2.2亿元参股泸州市商业银行，出资3000万元参股省信用再担保公司，完成3400万股泸州老窖股份、8116万股泸州市商业银行股份、泸职院老校区土地和房屋、临港公司1131亩商住类土地等共计44亿元国有资产注入。完成1500万股龙马兴达股份划转，沱江、蓝天公司股权重组，小贷公司民营股权收购，同成物业吸收合并等工作。实施资产专业化管理，提高资产运作效率，将集团本部及部分旗下企业资产交由兴泸资产管理公司统筹运营。组建企业集团，发挥协同效应，成立以兴泸集团公司为核心，包含24家成员单位，注册资本191亿元的企业集团。（彭　颖）

泸州市工业投资集团有限责任公司

【概况】 泸州市工业投资集团有限公司（以下简称泸州工投）于2014年5月由原泸州鸿阳国资集团整体改组成立，公司注册资本金17亿元，经营范围涵盖投资、融资、担保、资产经营管理和资本运营等。成立以来，泸州工投按照“为资源创造价值，为发展创造平台”的核心理念，立足“资源整合平台、产业投资平台、资本运营平台”三个功能定位，履行引导产业投资、服务全市经济发展的职能。截至2016年，泸州工投资产规模达到200.40亿元，净资产78.14亿元。泸州工投集团下属企业有17户，其中，集团下辖直管公司10户，控股及参股公司7户。

【融资】 年内，泸州工投依托主体信用AA级，完成年度融资52.16亿元。以传统信贷业务为基础，与多家银行机构建立稳定的业务关系。通过发改委、证监会、银行业协会三个发债融资渠道，实现直接融资。以新型金融产品作为融资补充。

【产业投资】 2016年，泸州工投从单一化工产业投资向多元化产业投资拓展，重点形成以能源、化工、医疗健康、新材料为核心的四大产业投资格局。承接省市关于泸天化集团改革发展的各项工作任务；组建并控股泸天化中蓝新材料有限公司，保障省级重点项目如期开工建设；控股煤气化公司，全力推进煤气化项目复工建设，确保煤气化项目按期建成投产；依托泸州优势医疗资源，组建西南医疗健康产业投资有限公司。

【产业引导】 以泸州工投股权投资基金管理公司为平台，设立泸州市产业发展引导基金，规模40亿元；设立泸州工投产业投资基金，规模60亿元；引进国家中小企业发展基金、四川创新创业基金入泸投资，带动社会资本组建规模100亿元的中小微企业发展投资基金群。

资产经营泸州工投通过精细化、市场化、资本化的资产经营管理，实现资产清晰化、管理信息化，确保国有资产保值增值。推进经营性房产公开竞价招租，提升资产效益，经营性资产面积约146.88万平方米，评估总值近42亿元，增值率7%；实现租赁收入3846万元，同比增长3.75%。

【民生项目】 泸州工投完成中海苑项目竣工决算，如期完成滨河家园项目的主体竣工，全面启动龙马潭3个保障性住房项目建设，全年完成基建投资2.3亿元，建设面积24.5万平方米，保障低收入群体住房1865套，惠及5500余人。

【生产性服务】 泸州工投下属格林环保公司由市环评所改制成立，主要开展环境保护咨询服务、环保技术推广服务；环境影响评估；环保工程设计、施工。泸州工投下属车辆检测公司由泸州市车检所改制成立，主要对机动车进行安全技术检测检验，具有环保检测、大车检测线、摩托车检测、CNG气瓶装置检测等资质。 （肖　锋）

泸州老窖集团有限责任公司

【概况】 6月，明确提出“11265”集团发展战略。即“1”个中心，以资本运营为中心；“1”个目标，进入世界500强；“2”个轮子，实业和金融双轮驱动；“6”大产业：贸易、食品、金融、酒业、物流、建工文旅；“5”年再造一个泸州老窖。截至12月底，集团公司实现营业收入（含税）260.64亿元，利润总额56.22亿元，上缴税金44.73亿元。

【金融投资】 通过挖潜现有存量企业效益，对泸州商业银行股份有限公司、四川宏鑫融资担保有限公司、龙马兴达小额贷款股份有限公司增资

市民参观2016中国国际酒业博览会

8.98亿元，积极配合华西证券股份有限公司上市工作，以稳固提升现有金融投资收益来源；通过多点布局，新增投资12.66亿元用于新成立的四川金舵投资有限责任公司、四川汇鑫融资租赁有限公司、泸州浦发扶贫投资发展基金，参股泸州农村商业银行股份有限公司等，以拓宽集团金融投资领域，着眼提高未来的投资回报。

【实业投资】 通过将园区公司职能转变为产业链投资，四川优派科技有限公司与重庆项目、扶贫叙永小曲清香型白酒生产等相结合，泸州老窖智同商贸股份有限公司则抓住泸州市政项目发力的机遇，有重点、分步骤引导集团实业企业升级转型，截至2016年年底，泸州老窖智同商贸股份有限公司实现销售收入19955.65万元，利润总额1838.26万元。成立泸州海蛎子电子商务公司，积极探索海外贸易新市场，初步建立酒水、食品等4大品系，9个国家20多个供应商（包含100余种产品）建立合作关系等。筹建建工集团推进建工资质升级，推动泸州老窖房地产公司由承揽集团内部纪检维修工程向市场化、综合性建工集团转型，截至2016年年底，泸州老窖房地产公司对外中标项目13个，中标总金额约1.54亿元。新设泸州联众物流有限公司，着力整合石家庄、武汉和泸州物流既有资源，积极推动物流基地建设，同时积极争取专项基金，促进物流板块的良性发展。武汉项目完成土地规划证照的办理及监理招标等工作；石家庄物流基地成为泸州老窖成品酒大华北中转库，实现收入6797.17万元。

【产业扶贫】 将产业扶贫嵌入集团发展战略，助力区域脱贫攻坚，助推集团转型发展。叙永方面，按照“一体两区多点”的工作思路，和叙永县结成责任共同体，以“园区、景区”建设为载体，种、养、加多点精准结合，整合多方资源，发展优势产业，打造创富模式，10月启动黄金榜易地扶贫搬迁安置点项目建设，截至年底完成房屋主体工程的25%。全年，为叙永引进企业6家，注册资本金11.54亿元。合江方面，累计捐助2700余万元帮扶合江县榕山镇回洞桥村等十余个贫困村。古蔺方面，出资5000万元与泸天化集团等组建四川古蔺牛郎牧野投资发展有限公司，打造古蔺县百亿肉牛产业链。扶贫专项资金方面，出资6亿元作为劣后级，参与组建150亿元规模的泸州浦发扶贫投资发展基金。

（谢　静）

泸州老窖股份有限公司

【概况】 2016年，泸州老窖股份有限公司紧紧围绕市委、市政府“三个加强”“三要三不”等工作要求，深入推进公司“一二三四五”发展战略，围绕“做专做强”的发展定位，狠抓顶层设计、创新营销模式、夯实企业治理、凝聚人才合力，打赢市场站稳和重回快速发展通道的攻坚战。2016年，泸州老窖股份有限公司中高端产品销售实现良性高速增长，年均增幅超过100%。

【营销工作】 构建“四总三线一中心”营销组织架构，设立全国“7大营销服务中心”，确保营销决策、指挥、监督、协调的统一。将原有20余支营销团队统一整合为国窖、窖龄、特曲和博大4大品牌专营公司，一线销售团队规模扩充至7000余人。推进“直分销”模式，实现利益捆绑、资源整合和团队稳定。实施“双124”工程，国窖1573、窖龄酒和特曲3大品牌掌控全国A类以上核心网点7万余家。抓住高端白酒和主要竞品价格变化的有利时机，连续5轮调整公司5大单品定位及配额、费用和价格政策，理顺价格体系，实现量价齐升，公司高端产品2015年、2016年连续实现100%以上的高速增长。产品清理调整完成。经过6轮条码清理，共计冻结和删除条码2850个、物料号8965个，实现对所有带“泸州老窖”品牌的回收。

【品牌推广】 选择影响力大的各类媒体进行立体宣传。在里约奥运会女排夺冠之战、博鳌亚洲论坛、杭州G20国际首脑峰会等重大活动中植入宣传。在北京、上海、广州等战略市场，投放340余处地理位置优越的户外广告。在北京、上海、广州、成都、长沙、郑州等全国重点城市举办多场

"七星盛宴"，共有数千名高端VIP和圈层人士参加品鉴活动。围绕"特曲6080"宣传推广，在北京、成都、重庆等重点区域组织开展10余场"时光记忆"体验和品鉴活动。围绕绿豆大曲的宣传推广，在全国20多个城市举办泸州老窖健康中国行活动，掀起"健康饮酒、科学养生、快乐生活"的饮酒新风尚。体验营销广泛开展。全年共定向邀请4万余名核心消费者参加"泸州游"。泸州老窖旅游区共接待嘉宾近18万余人（次）。庆典活动持续举办。成功举办国窖1573封藏大典、中国白酒领袖峰会、中国首席白酒品酒师年会、"高粱红了"、中国浓香炫未来暨泸州老窖首批鸡尾酒配方发布会等重大活动，提升品牌高度、扩大企业影响。异业合作不断创新。创新开展客户服务及会员管理工作，加强与房地产、汽车、校友会等领域的异业合作，巩固和拓展高端客户群体。

【管理机制建设】 明确股份公司总部作为管理中心、酿酒公司作为生产和质量中心、销售公司作为营销服务中心。成立总工办、资产和工程管理部、采供部、财务共享中心等专业部门（单位），使各职能部门（单位）管理边界更加清晰。开展制度清理和规范管理专项工作，对原有302个制度进行"留、修、废、增"，形成制度211个。重点加强对财务风险的防控，修订完善财务业务操作流程136条。

【上市公司治理】 凭借科学规范的企业治理和良好的经营业绩，公司连续9年获中国上市公司金牛奖，成为四川地区唯一获此殊荣的企业；公司董事长刘淼获中国上市公司领袖峰会"最佳董事长"、新浪财经"2016十大经济年度人物"等荣誉。

【质量管理】 质量监管力度不断加大。加强对产品质量的全过程监管，重点加强对特许品牌和总经销品牌的质量管控。建立由生产单位、驻点质量监管队伍和质量部构成的"三级质量监管机制"，对原粮供应、基础酒生产、标签标志和包装储运等各环节进行严格的全过程监管。质量标准体系更加完善。在基础酒生产、包装、灌装等环节构建起更为完善的质量控制标准体系，建立起严于国家标准的企业标准体系11项。对特许品牌进行管、严管，支持建立起"四统一平台"，筑牢公司质量安全的"防火墙"。质量溯源体系初步构建。利用二维码技术健全产品溯源系统，实现国窖1573、特曲等产品在市场上的试点应用。质量管理成效受到好评。全年，公司获"全国实施卓越绩效模式先进企业""全国质量信得过产品""全国产品和服务质量诚信示范企业""全国白酒行业质量领先品牌"等荣誉。

【重点项目建设】 酿酒工程技改项目。启动占地3000亩，总投资超过74亿元的泸州老窖酿酒工程技改项目。完成约2000亩土地的征地工作，完成第二批土地挂牌。完成试验车间的土建基础施工。初步制定首批人工窖泥培养、复合己酸菌液生产操作规程等相应标准。充分运用资本市场，启动募集资金总额为30亿元的非公开发行股票项目，保障项目资金需求。信息化顶层设计项目。引进IBM公司，完成公司信息化顶层设计项目。按照信息化顶层设计规划，由IBM公司负责的财务共享系统实施项目正加快实施；由IBM公司负责的营销咨询及系统项目启动；由埃森哲公司负责的供应链管理咨询及SAP实施项目正加快推进。泸州老窖国窖文化旅游公园项目创意设计规划。启动占地面积110亩的凤凰山泸州老窖国窖文化旅游公园项目。完成对美国伟信工程咨询有限公司、同济大学建筑设计研究院以及深圳涵宇联合商业咨询公司等国际国内一流创意咨询机构设计方案的评比，同济大学建筑设计研究院的方案最终胜出。

【科技创新】 技术科研转化。固态酿造工程技术中心通过科技部第五次运行评估，获批科技部第二批科技服务业行业试点单位，全国政协副主席、科技部部长万钢亲临固酿中心调研指导并予以高度评价。组建产业技术创新联盟，以泸州老窖作为理事长单位成立四川省白酒酿造产业技术研究院。与澳洲昆士兰大学、美国加州大学等国际知名高校建立合作关系，举办国内外100多所高校科研院所参加的"中国传统酒风味及国际化论坛暨2016固酿中心年会"。加强科技创新，申报国家级、省级项目28项，获批资金703万元，累计专项资金到账1100万元。完成5个“863”计划国家级项目验收。开展健康养生白酒研发项目18项，创立一批具有自主知识产权的关键技术。产品创新创意。准确把握“时尚化”“年轻化”趋向，研发12款以泸州老窖主品项为基酒的鸡尾酒，打造出以“超体”“LURE泸小二”和“桃花醉”为代表的多款特色的产品。开展新春节庆酒、中秋节庆酒互联网众筹项目。养生酒产品市场认可度不断提高，红曲酒荣获“青酌奖”，滋补大曲荣获“最佳保健酒产品”，茶酒成功选杭州G20国际首脑峰会供应酒品，绿豆大曲在新上市8个月内销售40万件，销售额近1亿元。（赵明利）

四川郎酒股份有限公司

【股份制改造】 2016年，郎酒集团在泸州市委、市政府的领导下完成股份制改造，将与酒有关的产业全部整合到四川郎酒股份有限公司。四川郎酒股份有限公司下设全资子公司有四川古蔺郎酒销售有限公司、古蔺郎酒藏品有限公司、四川省古蔺郎酒厂有限公司、泸州郎酒浓香酿酒有限公司、古蔺郎酒兴正商贸有限公司、四川郎酒浓香包装有限公司、泸州市龙马潭区兴林酒类销售有限公司、泸州益和纸品包装有限公司、合江县华艺陶瓷制品有限公司、泸州隆生酿酒有限公司、四川博迅文化传播有限公司、古蔺二郎实业有限公司，控股子公司有叙永郎酒东方玻璃有限公司、古蔺县久盛投资有限公司。

2016年，公司调整事业部和产品结构，将老郎酒事业部并入红花郎事业部，进一步清理中低价产品，整个公司单品控制在20个以内。坚持品牌化运作，坚持消费者培育核心，聚焦发展和恢复市场相结合，放权运作和规范管理相结合，整体呈现良性发展势头，中高端产品的销售上升趋势明显。包装各种出厂酒5.16万吨。白酒销售同比增长6%，上交入库税收122240万元。

【酿造生产】 2016年，郎酒生产总投粮40002吨，累计产酒13470.92吨。制曲高温曲投粮3.01万吨，产曲2.08万吨。

【品牌建设】 2016年，郎酒在中央电视台及全国地面媒体投入6亿多元，继续加强品牌建设。继续花重金在中国中央电视台投放广告进行品牌推广，独家特约CCTV-1黄金档剧场，并连续第8年成为中央电视台军事节目顶级合作伙伴，继续在央视向全国观众讲述“郎酒故事”。品牌宣传与市场销售更加贴近，加大地方卫视、高速公路路牌广告、城市LED广告、报刊、航机杂志及网络新媒体的宣传力度。6月25日，由世界品牌实验室主办的2015（第十三届）“中国500最具价值品牌”排行榜评选结果在北京揭晓，郎酒以448.59亿元的品牌价值位居“中国500最具价值品牌榜”第51位，连续8年居白酒行业品牌第3位。荣获“中国白酒行业十大影响力品牌”称号。入围四川省大企业大集团培育100强名单，排名第41位。9月2日，在北京举行国家女排教练郎平代言郎酒签约仪式。经一年的“红花郎”杯全球汉语诗歌拉力赛10月在成都举行颁奖仪式。

【营销工作】 郎酒销售公司事业部准公司化运行体系逐步成型，管理团队管理运作能力得到较大提升。销售质量有所提高，销售团队和经销商信心有较大恢复。红花郎社会库存进一步降低，价格有所提升；特别是郎牌特曲探索营销操作创新有亮点，销售同比实现较大增长；小郎酒运行平稳；新郎酒在餐饮及宴席渠道找到比较有效突破口。

红花郎事业部在全国各地开展上万场高端酱酒盲品会，进行体验营销；倡导“健康饮酒，健康生活”理念，通过羽毛球赛、高尔夫球赛等体育营销活动进行品牌推广和市场销售；并在重庆、贵阳和四川的泸州、绵阳、自贡、西昌成功举行红花郎巨星演唱会，演唱会采用“买酒赠票”的方式，以回馈多年支持、喜爱红花郎的消费者。郎牌郎酒经典再现，通过老酒交流会，锁定懂白酒、懂酱酒的发烧友的老酒珍藏展览与品鉴，使消费者对郎牌郎酒有更多的认同感和归属感。小郎酒开启冰饮混饮新方式，满足消费者多元化的体验需求；开展骑行近

100场活动，营造健康理念。郎牌特曲继续在江苏、河南重点销售区域开展演唱会、喜乐汇活动进行品牌推广；在南京成功举办首届郎牌特曲杯掼蛋精英大赛，比赛对团购出货、T9精英版氛围提升、空白区域团购招商起到关键性作用；冠名河南卫视“梨园春”栏目，对河南区域品牌推广宣传氛围及出货起到良好的带动作用；暑假一起闯第三季活动达到预期效果；在渠道建设方面，郎牌特曲坚持营销分离，重视与烟酒店、团购等渠道的客户互动，开展多场户外拓展训练，成为彼此之间沟通的桥梁，互相交流工作经验和心得体会，厂商之间更加紧密团结。新郎酒在重点销售区域开展演唱会、明星见面会及品鉴订货会，倡导新郎酒健康行，实施“车友会”活动，对品牌进行深度推广。郎牌原浆于3月成功上市，通过小品会等活动进行推广，酒质得到广大消费者的认可，完成目标市场的招商布局，全年实现3.32亿元销售业绩。开展体验营销活动。全年，接待参观游客890批13446人（次），同比增长14%，其中“红色之旅”479批8083人（次）。

2016年9月2日，郎酒在北京举行郎平代言郎酒·红花郎启动仪式

【酒体研发】 稳步推进酒体优化与研发，提高产品市场竞争力。通过技术攻关，精心设计研发的金质郎酒、郎牌郎酒等12个产品，不断优化升级的小贵宾、金如意等9个产品均顺利推向市场；其中44.8% vol郎哥荣获中酒协“青酌奖”最佳酒类新品TOP10荣誉称号，产品质量得到行业内外一致认可。开展前置研究，拓展酒体研发种类。针对市场年轻化趋势，结合公司自身优势，前置开展配制酒、果酒、发酵酒等酒种的预研工作，为未来多变的市场需求储备技术基础。继续加大激励力度，鼓励技术研究与创新。全年自主开展制曲技术试验8项、酿酒技术及装备试验7项，部分取得一定成果，提升曲药和原酒的质量；全年评审立项技术革新7项、合理化建议9项、五小成果11项，提高生产和工作效率，促进节能降耗工作。推动校企融合，加大产业科研力度。2016年继续深化与四川大学、四川理工学院之间的战略合作关系，依托高校科研优势，推进产、学、研全面融合，促进传统产业创新升级。全年对外申报科研项目6个，争得国家资金支持279.2万元；其中“酱香型白酒酿造技术创新工程”荣获四川省科技进步三等奖。

【质量监督】 加强过程质量控制，推进全面质量管理。建立从包材、原料、制曲、酿造、储存到包装等全流程的监管体系，完善样品监测分析标准化建设，不断强化包材检验力度和产品分析检测能力，全年检验成品酒包装质量1828.37万件，检验进厂包装材料1.69万批，分析样品37048个，全面确保产品质量。强化食品安全监管力度，完善《食品安全监督检查方案》。开展月度、季度食品安全监督检查和白酒风险排查，不断强化食品安全管理主体责任，全年开展食品安全样品监测11343个。完成生产许可证的年度审核和换证申报，并取得新的生产许可证。获得48批（次）有机郎酒基酒认证证书。

【知识产权】 加大知识产权体系建设力度，开展知识产权相关培训，并顺利通过知识产权管理体系认证；郎酒厂全年申请国家专利5项，获得专利授权6项，参与国家标准修订起草2项，发表专业论文5篇。泸州益和纸品包装有限公司申请专利23项，获专利证书11项、获授权1项、获受理11项，其中发明专利获受理3项，为2017年申请国家高新技术企业奠定基础。

【基础建设】 完成二郎基地工程天宝峰露天陶坛酒库一期平场、挡墙工程完成80%，钢架棚完成招标。天宝峰A8罐区完成招标，于11月底进场施工。二郎镇背街道工程竣工，天宝峰A9、A10基础竣工，两河口沥青道路工程竣工。制曲园区原旧厂房拆除工程完工。郎酒星级酒店平场施工设计图完成。完成泸州浓香酿酒基地工程4万吨罐区完成并交泸州基地使用。208陶坛库建成。污水处理厂一期（500吨日处理）完成。1号、2号桥梁工程完成。2万吨罐区罐体土建基础完成。新增河堤工程完工。环208陶坛库道路工程完工。202酿酒车间、粉碎车间、至污水站管网施工设计图完成。一期及4万吨罐区绿化施工设计图完成。完成泸州包装基地工程土地平场、涵管工程。完成二期200多亩土地摘牌。完成3.5万吨勾调区，大小酒2个包装车间、库房、纯水站、食堂、宿舍、道路管网的设计，完成审图公司和消防审图。完成合江华艺工程厂房、宿舍、食堂主体工程，进入内外装饰、设备安装阶段，其他配套工程也陆续开工。完成研发楼设计方案。完成叙永东玻工程喷涂车间工程，LNG站防雷工程、LNG站消防工程，脱硝工程。

【泸州益和纸品包装有限公司】 有员工751人。2016年完成订单销售35100万元，同比增长61%。

【叙永郎酒东方玻璃有限公司】 有员工900人。全年，贴花产量1.41亿只；烤花产量1.41亿只。半成品生产1.56亿只。其中，100毫升及158毫升小酒瓶1.32亿只；流通产品0.13亿只；郎特及其他喷釉产品0.11亿只。

【合江县华艺陶瓷制品有限公司】 全年共同完成设备评标46项（含2项管道系统）、3项设备合同的变更、3条窑炉的新增采购等评标资料的备案和合同的整理。共完成设备招标采购总金额约为9533万元。原辅材料的招标完成供应商筛选及考察，进入招投标流程。原料车间球磨机设备进厂安装完毕；佛山摩德娜科技股份有限公司6条窑炉进厂安装；德国LIPPERT公司石膏模具生产线到厂1条。

（胡基权）

泸天化（集团）有限责任公司

【概况】 2016年，集团总资产221亿元，年销售收入50亿元以上，在岗职工10780人，其中各类专业人才、高技能人才占30%。拥有国家级技术中心、博士后科研工作站和化工乙级工程设计院，享有各类专利46项。旗下有四川泸天化股份有限公司、四川天华股份有限公司、泸天化环保科技服务公司、宁夏和宁化学有限公司等，并托管四川煤气化有限责任公司、四川中蓝新材料有限公司，共有各级分子公司47家。集团公司主要业务涵盖化工和能源两个板块，主要产品涉及化肥、有机化工、无机化工、精细化工、煤化工和煤矿开采等6大产业，主要分布在纳溪化工生产基地、合江榕山化工生产基地、宁夏银川化工生产基地、古蔺、叙永矿区煤炭采选基地。具备年生产煤炭345万吨、合成氨130万吨、尿素210万吨、甲醇75万吨、二甲醚11万吨、油脂化学品5万吨、浓硝酸10万吨、稀硝酸18万吨、复合肥55万吨、柴油车尾气处理液10万吨、1，4—丁二醇8.5万吨、聚四氢呋喃项目4.6万吨的综合生产能力，转型升级后，将新增年产能聚碳酸酯20万吨、新型肥料50万吨、精细化工品29万吨。

【生产经营】 全年，生产尿素180万吨，较年初目标190万吨减产10万吨，减幅5%；生产合

四川煤气化公司

成氨131万吨，较年初目标130万吨增产1万吨，基本持平；生产甲醇39吨，较年初目标19万吨增产20万吨，增幅105%；生产聚四氢呋喃5.3万吨，较年初目标5万吨，增幅4%；生产复混肥24万吨，较年初目标40万吨，减幅40%；出产原煤190万吨，较年初目标235万吨减产45万吨，减幅17%。2016年，实现营业收入53亿元，完成年初目标46亿元的115%；利润总额为-11.5亿元，较年初目标-17.38亿元减少亏损5.88亿元。

【新产品开发】 泸天化股份和天华公司加大新产品开发和推广力度。开发锌硼硅尿素、禾谷素尿素、螯合钾锌尿素、锌腐酸尿素等新型尿素以及10余种复合肥投放市场，全年共计销售25万余吨，新增利润近2500万元，其中新产品定制水溶性肥料和中微量元素肥料，每吨利润空间均在3000元以上。

【"双基"管理】 将"双基"管理落到实处，确保安全、清洁、高效生产，夯实生存基础。泸天化股份公司达到氮肥制造业国内清洁生产二级水平，装置实现18个长周期运行，产品质量合格率为99.96%，天华公司尿素产量达到目标值的108%，聚四氢呋喃产量将达到目标值的107%，均创历年最高水平。

【"双平衡"】 推行以现金流平衡、盈亏平衡"双平衡"为目标，绩效挂钩考核体系，明确提出不能实现"双平衡"，薪酬降低到3.5万元的要求。泸天化股份、天华、和宁、九禾公司总计实施技改技革129项，节约运行成本5000余万元。泸天股份公司积极开展修旧利废、利库，节约开支1000万元。天华公司通过协调银行，展期固贷、下调利率，财务费用下降4034万元；通过调整物流规划，控制中间环节，增设优价站点等措施，节约物流费用1200万元；通过收回天华大厦经营权，获得利润230万元。集团通过"月度跟踪、季度调控、年度考核确定"的方式，及时调控总部及各单位工资总额，全年全集团减少薪酬1亿元。

【全面深化改革】 形成泸天化集团深化企业改革指导意见和总体改革方案，3月，相关方案得到泸州市深改组和国资委的批复。5月，各下属企业形成各自深化改革具体实施方案，6月初集团给予正式批复。6月8日，泸天化集团正式启动深化改革。各单位根据实际情况，按照"先主后辅"的次序推进改革。各单位完成的经营班子市场化选聘、中层干部竞聘上岗、员工全员竞聘上岗。通过改革，精干主业人员1726人，富余人员通过向新项目分流安置员工，提前退休退养等方式得到妥善安置。其中，泸天化股份公司减少433人；天华公司减少241人，古蔺、叙永煤田公司南矿去产能减少

1052人。形成辅业改制方案，完成清资核产工作。“三供一业”的分离移交正按计划推进，同相关企业签署框架协议，集团公司将基本情况报四川省财政厅积极争取相关配套资金。

【在建项目】 煤气化项目年内完成投资5.07亿元，项目累计完成投资34.56亿元。9月，顺利实现一次投料试车打通全流程，成功产出合格精制合成气和精甲醇。观文煤矿矿井项目5月竣工验收，项目完成投资15.43亿元，完成概算总投资16.52亿元的93.4%。6月，投产，年内出煤30万吨。古蔺、叙永煤田综合楼项目8月竣工使用，泸天化集团公司、古蔺、叙永煤田公司、泸天化新环保公司、泸州城投公司，医投集团入驻办公。

【新材料产业】 新材料产业以聚碳酸酯项目为龙头，建设相关工作全面展开。四川泸天化中蓝新材料有限公司搬驻合江榕山现场，取得项目建设用地规划许可、项目建设工程规划许可、项目节能批复、项目社会稳定风险评估批复、项目水土保持批复、项目职业病危害预评价批复、项目安评批复。项目环评通过专家评审。通过公开招标方式确定项目总承包单位，相关设计和施工工作正在紧锣密鼓的开展中，主体设备缩聚反应器签订设备采购合同，18个成品储罐、10个中间储罐基础、综合楼桩基年前完成浇筑，并完成级配碎石层铺设。全年，项目预计完成投资4亿元，实现年初预算目标。

【新农化产业】 新农化科技服务公司组建完成。以古蔺肉牛扶贫产业项目为基础组建四川古蔺牛郎牧业投资发展有限公司。以5万亩白酒原粮基地建设项目为依托组建泸州绿韵生态农业发展有限公司。微生物肥料和土壤修复剂项目正积极与国科中农公司、神农画圆公司开展合作洽谈。

【新环保产业】 4月，成立四川泸天化环保科技股份有限公司。6月11日，与麦王环境公司（上海）在成都签订合作协议，组建成立“四川泸天化麦王环保科技有限责任公司”，注册资本金为6000万元，介入污水处理、生活垃圾处理、土壤修复等环保项目。年内，签订《泸县34个乡镇生活污水处理厂整体打包委托运营项目合同》《合江县榕山镇回洞桥村地埋式生活污水一体化处理装置建设项目合同》《古蔺县石屏镇磺厂工矿废弃地复垦质量提升管护监测示范项目可行性研究、项目规划设计及施工设计编制合同》3个合同，完成投资455万元，实现项目营业收入218万元，介入环保项目13项，项目拓展量10.79亿元。

【“退城入园”】 启动“退城入园”“整体规划”前期工作，开展园区选址比较论证，园区产业发展规划调研。利用国家“一带一路”优惠政策，开展对化肥过剩产能和闲置的化肥生产装置转移到俄罗斯、津巴布韦、南非、伊朗等地的可行性研究，签订系列框架性合作协议。（朱官忠）

泸州北方化学工业有限公司

【概况】 2016年，泸州北方化学工业有限公司实现主营业务收入16.53亿元，实现盈利2527万元。军品全面完成年度生产交验任务，较好履行服务国家国防建设的核心使命。民品油箱、羟乙基业务呈现较好发展势头，为公司经营质量的改善做出重要贡献。其中油箱业务实现销量216万套，利润5770万元；羟乙基业务实现销量2695吨，同比增长28%。

【全面深化改革】 按照国家、中国兵器工业集团公司关于全面深化改革的总体要求和相关政策，系统推进“一企一策”全面深化改革。优化管理结构，按照“关口前移、重心下移”的原则，完成职能部门职责调整，机构、岗位及人员结构进一步优化。优化产业结构，促进资源进一步向主业集中，稳步推进油箱业务混合所有制改革。对氯碱、CMC、爆炸复合板业务等低效资产制定重整计划及人员安置方案。持续推进企业办社会职能移交工作。川安公司供水供电业务与相关方签订移交协议，正在开展供水设施改造。完成闭路电视并入广电网络社会化改造运行。

【精益管理】 在成本控制、工艺改造、质量控制、规范管理等方面选定8个项目开展精益管理专题劳动竞赛。其中，HEC产品通过交叉实施“抗生物酶稳定性提高”及“实现抗生物酶产品产销量”两个精益项目，互为补充、互相促进，实现抗生物酶产品产销量1800吨，取得显著效果。继续开展合理化建议活动，全年共征集合理化建议5807条，员工参与率99.03%，节创价值916万元。

【财务及预算管理】 围绕年度预算目标，强化资金集中管理和预算管控，通过收回有机硅资产处置款还贷减债、降息等措施降低融资成本，加强对物耗能耗等重点成本及费用的考核约束，财务费用减少1880万元，可控费用支出减少112万元，成本费用率降低6个百分点。建立健全两金专项管控模式，落实赊销审批、预算控制考核等管控措施，有效防范经营风险。将全面预算与划小核算单元高度融合，单元成本核算考核体系建设覆盖率达到92%。进一步完善单元成本管控指标分析及月度绩效挂钩考核激励机制，特能公司、纤维素公司等单位变动成本均有较大幅度下降。

【项目与工程管理】 在军委装备发展部、国防科工局等有关单位支持下，公司军品核心能力建设稳步推进。“十三五”总体规划建设取得积极进展。锅炉脱硫脱硝项目通过技术性能验收并交付使用，为全面实现达标排放奠定坚实基础。印尼油箱项目稳步推进，完成公司组建及基础施工工作。

【采购及物资管理】 加强大宗原材料市场变化趋势的研判力度，适时低价锁定部分精制棉、煤炭等原材料，有效控制原材料成本。开展两级集中采购，实施公司办公自动化装备、商旅机票等物资集中采购和废旧、积压物资网上竞价销售，公司集采率上升至76.8%。抓好库区资源整合，降低管理及运行成本，开展物资审核利库、积压物资调配处置等工作，盘活资产106万元。 （谭文静）

中海沥青（四川）有限公司

【概况】 全年，中海沥青（四川）有限公司加工原油55.71万吨，销售产品57.60万吨，利润总额2552万元，销售收入16.12亿元，缴纳税金3.79亿元。

【安全生产】 落实安全生产责任制，对年度QHSE目标指标进行层层分解落实，每月召开安委会，强化隐患排查与考核力度，定期组织开展各层级突击综合应急演练，推动承包商高风险作业精细化管理，全年实现安全生产“零”事故，完成地方政府及上级公司下达的HSE目标。利用短流程、小规模加工转换快的特点，执行生产管理精细化，贴近市场及时编制效益对比方案，优化装置物料流向，将精细化要求落实到生产管理每个环节，不断提高生产管理水平，为后续发展奠定基础。

【市场营销】 公司坚持“主市场”和“战略市场”双市场策略，以效益为中心，及时调整经营策略，创新求变，逆势突破，并伴随中海金象加氢项目的顺利开车，积极开拓粗白油、变压器油市场，迅速在川渝市场站稳脚跟，最后通过对内部、产品、市场、策略的精细化管理，跟市场、调价格，最大限度提升公司盈利能力，创造出良好的经营发展态势。

【产业延伸】 委托金象公司开展润滑油加氢业务，即通过对公司侧线油的进一步深加工，生产环烷基润滑油系列产品，提升产品的附加价值，2016年累计销售加氢产品4.72万吨，实现增效。为优化经营结构、盘活固定资产，发挥公司油品专用码头稀缺资源优势，统筹资源发展油品仓储业务。自2014年启动码头综合利用项目以来，顺利取得对外经营资质，并对配套内部管线改造。5月，码头靠泊能力由1000吨升级为3000吨，公司多方开拓码头中转业务，与多家客户达成合作意向。7月1日，开展蜡油接卸标志码头中转业务，成为公司新业务模式和效益增长点。 （周 礼）

四川长江工程起重机有限责任公司

【概况】 2016年，四川长江工程起重机有限责任公司（以下简称长起公司）坚持以“瘦身转型，扭亏脱困，完成搬迁”为主线，抓好产品升级研发和发展转型新业务，实现销售收入21949.81

万元，上缴税费731.48万元。3月，实行机构改革，成立总部和3个事业部。实施按业务分工独立市场化运作，提高运营效率，有效控制成本费用。9月，长起公司完成搬迁，整体进驻国机重工西南（泸州）产业园。公司新厂区占地面积约11.35万平方米，公司员工646人，其中技术人员80多人，享有国务院政府津贴专家1人，省、市学术和技术带头人9人，市拔尖人才2人。连续11年蝉联“全国守合同重信用企业”。

【营销管理】 实施渠道开发，细化营销管理，整合销售渠道，引入竞争和末位淘汰机制，开展产品推广和市场调研，拓展新业务。年内，组织召开代理商座谈会1次，新开发代理商渠道5家。参加国内外工程机械展会3次，用户座谈会及巡展37次。

【大客户销售】 通过技术研发、营销渠道规划、大客户开发、出口拓展、售后服务优化以及质量提升等系列举措，加强在大客户销售方面的合作与开发。公司明确以央企、大型国企为大客户开发方向，拟定大客户拜访名单，包括中机建设、中化建设、上海建工、国网电力、深圳中核工业等国有企业以及川内部分重点单位。全年，共完成投标49次，有效投标38次，中标19次27台产品，合计销售3090万元。

【产品结构优化和转型】 抓好产品升级研发，精心打造长起优势产品，为市场提供产品支撑，完善型谱。研发国内首个80吨6节臂汽车起重机产品。抓好产品升级，升级改进8吨、12吨四节臂及平头驾驶室；36吨、55吨活动配重改进，实现配重多种组合安装模式及全活动配重满足低速、带载行驶要求。公司在稳固提增起重机业务的同时发展转型新业务，环卫产品研制出国内高技术水平的洗扫类及固废垃圾转运类品的环保环卫车，包括8个系列10个型号产品，至年底完成公告及3C认证。初步实现销售收入1126万元。通过市政合作，完成泸州市农村污水处理站49个站点的示范建设项目。配合上海世浦泰集团完成弥陀和石寨2个乡镇500吨/日集成式污水处理站点的建设工作及农村污水一体化处理系统在泸州示范点的安装调试。

【新园区搬迁】 长起公司全面完成整体搬迁工作。按照搬迁计划，4月17日开始组织大量搬迁设备、设施安装调试及大量物资搬迁。截至8月底，完成整体搬迁。新购设备设施全部到位，生产步入正轨。 （岳小娅）

四川邦立重机有限责任公司

【概况】 四川邦立重机有限责任公司（以下简称邦立重机）根据政府相关规划和安排，于2016年4月完成公司主体异地搬迁工作，由原址泸州市江阳区茜草街道，迁入泸州国家高新区（泸州市江阳区泰安街道）酒谷大道四段16号。邦立重机新厂区占地面积450亩。公司主体有员工524人，其中有各类专业技术人员235人，工程技术人员123人，享受国务院政府津贴专家4人，省、市学术和技术带头人4人，省优专家2人，省技能人才2人，市级拔尖人才6人。

截至2016年，邦立重机仍保持着中国最大吨位全液压挖掘机、中国最大吨位全液压抓料机、中国独有电动型和（电力、柴油）双动力大吨位全液压挖掘机的研发制造技术领先地位，成为国内最大国产化中大型液压挖掘机专业制造基地。邦立重机除主体公司外，控股泸州邦立液压有限公司、泸州邦立锻热有限公司、泸州邦立减速机有限公司、泸州邦立设备工模具有限公司和四川邦立智能停车设备有限公司5个子公司。

【入住泸州国家高新区】 按照生产、搬迁两不误的原则，公司有序推进企业搬迁工作。至4月底，经一年多公司（主体）异地搬迁全部完成，入住泸州国家高新区。

【“邦立”品牌再次上榜“四川名牌”】 经企业申报、初审、质量经济数据指标分析和审查评价等诸多程序筛选，在四川省人民政府办公厅公布的第十二届“四川名牌”产品名单中，邦立重机“邦立”牌液压挖掘机及变型产品再次入榜。（石兆群）

四川长江液压件有限责任公司

【概况】 四川长江液压件有限责任公司（简称“长江液压”）主要设计制造液压多路阀、液压齿轮泵/马达、液压缸、液压集成系统及石油机械产品，并为顾客的特定需求提供成套的系统解决方案，产品广泛应用于工程机械、工程车辆、建筑机械、铁路、冶金、石油、船舶等行业。

【新技术新产品】 长江液压的“四川省高性能液压件工程技术研究中心服务平台”，被确定为2016年度四川省科技服务业服务平台发展专项。3月，长江液压“双泵负荷液压传感系统”项目获泸州市2015年度科技进步二等奖。双泵负荷液压传感系统属于技术创新成果，技术上填补国内空白，拥有发明专利。4月，四川长江液压件有限责任公司“小型挖掘机多路阀”获国家发明专利。长江液压“SJG型机械锁紧液压缸”列入四川省科技厅、省财政厅2016年省重点新产品计划。9月，四川长江液压件有限责任公司自主研发的“双泵负荷液压传感系统”项目，获2016年度中国液压液力气动密封行业技术进步二等奖。12月，四川长江液压件有限责任公司“一种负载敏感阀”获国家发明专利。

【服务国家重点工程】 6月，长江液压获得总装备部078工程指挥部颁发的“海南文昌航天发射场建设重大贡献奖”的荣誉证书。完成海南文昌发射场长江液压项目的液压系统及液压油缸安装调试。11月3日，长江液压收到西昌卫星发射中心发来的“感谢信”和“优秀单位”奖牌。长江液压配合完成长征七号和长征五号首飞保障任务，并助力07-74任务发射圆满成功。11月22日，西昌卫星发射中心西昌发射测试站授予长江液压“西昌发射测试站‘百次发射任务’优秀单位”称号。

（缪艳梅）

青岛啤酒（泸州）有限公司

【概况】 青岛啤酒（泸州）有限公司由青岛啤酒股份有限公司与泸州市国有资产经营有限公司合资组建，注册资金11111万元，其中青岛啤酒股份有限公司控股95%，泸州市国有资产经营有限公司持股5%；公司于2001年2月挂牌成立，占地110余亩，有员工253人；生产能力12万千升。

【运营管理】 2016年，泸州公司在确保安全、环保的前提下，举全厂之力，解决影响质量瓶颈，持续提升质量，支持市场发展；节能降成，控制生产成本；领导班子党员干部坚持廉洁自律，加强团队建设；泸州公司在困难之际，争取到泸州市政府财政支持1500万元，支持泸州公司新增易拉罐线项目。

【食品安全体系建设】 年内，泸州公司制定《泸州供应商质量资格管理流程》；应用《2016年度食品安全评价查核表》对公司食品安全管理体系进行查核。加强对重点防鼠区域排查，增设鼠笼及粘鼠板，并定期进行检查更换。每月对桶装酒进行查核，对泸州龙城稻谷、白砂糖、乙基麦芽酚、重庆紫泉红盖等原辅料与酒（水）接触材料进行食品安全检测，确保符合食品安全标准；6月13日，泸州公司参加市食品安全委员会举办以“尚德守法　共治共享食品安全”为主题的食品安全宣传周主题宣传活动。8月，通过第三方食品安全管理体系审核和总部食品安全审计。

【可追溯管理】 2016年，泸州公司配合采购总部及中心工厂对商标、纸箱、塑箱、啤酒瓶、大米、煤、麦芽、瓶盖、塑膜、酶制剂等集中采购物资和自采物资进行了竞价招标，共选择39家生产物资合格供方。对供应商的相关资质、证件，按照要求定期进行索取，及时更新供应商台账，使采购物资随时处于可监控状态。泸州公司产品可追溯率达98%以上。

【固定资产投资】 泸州公司2016年固定资产及投资管理得分（南区）第一名。24个项目完成投资额800多万元，实施过程严格控制费用，项目及时实施并投入使用，以最快的速度发挥出投资效益，达到预期目标；已投入的项目如酵母扩培设备更新保证发酵液的成熟度和啤酒口味一致性；高浓

稀释设备改造提高清酒理化指标一次合格率；过滤线捕集器设备改造使得清酒溶解氧合格率和清酒微生物积分得到提高。（朱冠勇）

国网四川省电力公司泸州供电公司

【概况】国网四川省电力公司泸州供电公司（以下简称国网泸州供电公司）成立于1981年10月，是隶属于国网四川省电力公司的特（二）型供电企业，担负着泸州市三县三区供电任务，供电面积9821平方千米，供电人口422万人。另承担川天华及季节性趸售贵州省赤水市的供电任务。公司设置18个职能部门（中心）及业务支撑机构，下属5个县级供电公司，1个集体企业（北辰电力公司）。公司35千伏及以上变电站87座，总变电容量561.47万千伏安；35千伏及以上线路167条，总长2537.97千米。2016年完成售电量58.8亿千瓦时，同比增长13.9%，增速全省排名第三位。截至12月31日，电网连续安全生产3825天。

2016年11月10日，泸州供电公司员工在220千伏杨桥变电站吊装1号主变套管

【电网发展】泸州成为第7家与省公司签订“十三五”战略合作协议的城市，市政府常务会通过《加快推进泸州市“十三五”电力工作实施方案》。完成电网投资12.2亿元，推进220千伏安宁站等7个项目前期，投运新建（扩建）220千伏变电站2座，110千伏变电站1座，35千伏变电站2座，新增35千伏及以上线路64.4千米、容量840兆伏安。500千伏泸州东站通过国网公司可研审查。编制泸州国家高新区、沱江新城新型城镇化配电网专项规划，与泸州长江经济开发区、泸州国家高新区签订电力保障合作协议。配合川南城际铁路、城市环线路网等项目建设，完成沱江新城整体城镇化项目线路方案的制定，以及沙茜片区、郎酒三期等重点迁改。

【安全生产】压实压紧各级安全责任，扎实开展安全大检查专项行动，分解安全责任清单105项，治理设备隐患1269项，预警管控各类风险156次。制定安全专项业绩考核方案，树立安全工作正确导向。完善公司巡查大队、15个基层单位巡查分队两级督查体系，查纠违章1015项，1.4万余个作业现场得到有效管控。政企警企协作创建平安电力，全年外破下降31.6%。组织2190人（次）安规调考，持续提升全员安全意识和技能。泸州电网实现十年安全长周期，荣获省公司安全生产特殊贡献单位称号。

【电力保障】2016年，最大日负荷和日电量分别达到139万千瓦、2836万千瓦时，同比增长19%和27%，均创历史新高。公司周密部署迎峰度夏工作，加强电力需求侧管理，科学安排电网运行方式，狠抓设备缺陷治理，开展防灾减灾6项综合应急演练，全面保障迎峰度夏期间的电力可靠供应。及时处置“8·13”龙马潭区外破大面积停电等应急事件，完成三大直流满功率外送、G20峰会、市党代会等19次重大保电任务。

【优质服务】 制定三县三区9个园区精准供电服务方案，成立园区客户服务团队，高标准建设完善园区供电网络。主动服务华为大数据、省农行灾备中心等市重点项目用电需求，建立绿色通道、一站式服务，保障重大项目尽早用电。精准服务企业降低用电成本，31家用户享受直购电、消纳富余电量优惠政策。开展高危及重要客户安全用电专项服务380次，主动参与酒业园区等10千伏及以上客户资产故障抢修196次。改造江阳、龙马潭、纳溪区老旧居民楼779栋1.4万户配电设施，推进5家在泸央企32个小区1.6万户“三供一业”供电业务分离移交。智能电表换装达到121万只，实现网上购电功能，24小时自助缴费终端达到65台，第三方电费代收点1265个。主动参与“阳光政务”“网络问政”，走访812名省市级“两代表一委员”和429名客户代表。共产党员服务队提供现场抢修服务22907次，累计帮扶孤、残、困弱势人员4905人（次），处理电力安全隐患380次，开展各种志愿服务311次。

【农网改造】 竣工327个农网升级改造项目，开工2016年农网项目159个，改造150个行政村，古蔺、叙永地区改造村户均容量由0.6千伏安提升至1.8千伏安。1106个存量低电压台区全部改造完毕。江阳纳溪交叉供区8个乡镇9.6万人实现同区域同价。主动对接政府扶贫项目，及时掌握扶贫项目用电需求，确保扶贫项目按时接电。全力开展易地扶贫搬迁集中安置点电力基础设施建设，完成2万户7.8万人易地扶贫搬迁供电保障。组织青年志愿者与留守儿童结对帮扶，持续关爱贫困留守学生，投入资金完善10个“川电留守学生之家”。

（赵亮宇）

四川泸州川南发电有限责任公司

【概况】 2016年，川南发电公司积推进安全环保、电力营销、电煤采购、降本增效等生产经营各项工作。全年安全生产零事故，至年底连续安全生产1007天，获泸州市2016年度安全生产一等奖；累计完成发电量24.29亿千瓦时，实现营业收入8.71亿元。

2016年8月12日，国网泸州供电公司工作人员顶着30多摄氏度的高温，彻夜抢修受损电缆

【清洁生产】 组织员工学习并严格执行国家《大气污染防治法》《土壤污染防治行动计划》等环保法律法规和公司环保管理制度。加强环保改造工程管理，完成#1机组烟尘治理改造项目。全年#1机组脱硫投运率100%、综合脱硫效率95.62%，#2机组脱硫投运率100%、综合脱硫效率94.72%；#1机组脱硝投运率100%、综合脱硝效率79.35%，#2机组脱硝投运率99.99%、综合脱硝效率78.45%；#2机组烟尘治理项目于1月22日通过环保验收，并从2月开始执行0.002元/千瓦时的除尘加价，全年除尘投运率99.75%，烟尘平均排放浓度控制在17.84毫克/标准立方米，实现低于国家标准排放。并实现固废综合利用、废

水零排放和废气达标排放。

【客户沟通】 提前布局，主动拜访泸州市及周边用电大户企业，争取直供电，培养潜在用电客户。4月6日，在省内发电企业中率先承办市级直购电工作对接座谈会，来自泸州市各区、县经信局、泸州供电公司、20余家电力上下游企业代表参加会议，促进泸州市煤炭生产、铁路运输、燃煤发电、供电、用电和产业链相关企业间合作。全年，与38家电力用户签订直购电量10.63亿千瓦时，完成“水火替代”挂牌交易电量5.48亿千瓦时、“火火替代”交易电量2960万千瓦时。

【三项制度改革】 第二轮三项制度改革相关工作顺利完成，得到省国资委和川投集团验收组的充分肯定。在川投集团下属企业中，公司三项制度改革验收成绩排名第一。组织9名发电运行人员到越南茶荣省沿海县沿海三期（2×622MW）燃煤电站进行技术培训服务工作，走出国门服务国家“一带一路”倡议，在企业转型、劳务输出、对外创收上蹚出一条新路。 （陈　瑾）

农　业

农业综述

【概况】 2016年，全市农林牧渔业增加值180.9亿元，比2015年增长4%，农村居民人均可支配收入达12450元，增速9.6%，增速居全省排位第7位。泸县被表彰为全省“三农”工作先进县，纳溪区、泸县被表彰为全省农民增收先进县区，泸县作为农民增收先进县代表在省委农村工作会上作交流发言。

【农民收入】 落实县区“一把手”和市级牵头部门责任，出台《关于支持发展新兴产业新型业态拓宽农民增收渠道的意见》，引导支持农民发展增收新产业、新业态，努力拓宽农民增收渠道，助推全市农民收入持续较快增长。泸县被表彰为全省农民增收新产业新业态示范县。2016年，农村居民

龙马潭区鱼眼滩村双挂钩项目推进新农村建设

人均可支配收入达12450元，同比增长9.6%，高于全国平均水平1.4个百分点，高于全省平均水平0.3个百分点，增速居全省排位第7位，川南四市第1位。

【现代农业】 江阳区董允坝现代农业示范区完成南区基础工程和配套设施，入驻创业孵化园的业主达到25家。龙马潭区走马慈竹园区、纳溪区三江园区、合江县长江现代农业园区等园区建设扩容提质。推荐叙永县水潦彝族乡、古蔺县桂花乡申报全国“一村一品”示范村镇。统筹推进电子商务进农村全域覆盖工作，建成7个县级电商中心、144个镇级电商服务店、734个村级电商服务站。叙永县成功创建为国家级电子商务进农村综合示范县，电子商务进农村工作在全国供销总社电子商务大会上交流经验。全年新增农业产业化省级重点龙头企业12家，占全省新增125家的近10%。全市省级重点龙头企业31家。全市实施农业重点项目137个，完成投资80.6亿元，完成年度计划的112%。

【农村改革】 基本完成农村产权确权登记颁证，推进农村集体资产股份制改革试点、农村宅基地制度改革试点、农村住房抵押贷款改革试点、纳溪区全省综合改革试验区等试点。10月25—26日，全省发展村集体经济助推脱贫攻坚现场推进会在泸州市召开，市委书记蒋辅义在大会上作“一改三化”发展农村集体经济模式经验交流。全市七个县区全部建立农村产权流转交易平台，130个乡镇建立农村产权交易窗口。截至年底，全市流转土地面积70余万亩，一次性流转30亩以上的土地面积31.7万亩，占全市流转土地面积的51.3%。

【幸福美丽新村建设】 坚持以“业兴、家富、人和、村美”为标准，以“两点两线两基地两龙头”为重点，围绕扶贫解困、产业提升、旧村改造、环境整治、文化传承五大行动，投入幸福美丽新村建设资金22.44亿元，建成幸福美丽新村250个，其中建设扶贫新村66个，古蔺县被评为2017年度幸福美丽新村示范县建设优秀县。开展“住上好房子、过上好日子、养成好习惯、形成好风气”为目标的“四好村”创建活动，共创建省级“四好村”101个、市级“四好村”150个。加强财政涉农资金使用监督检查，抽查财政涉农资金2.88亿元，审计发现问题70个，及时做好整改。

【农业产业扶贫】 利用中央、省、市财政资金，每个贫困村安排不低于10万元的产业发展周转金，支持建档立卡贫困户发展种养殖业。共在22个贫困村建设年出栏1000头以上的猪场24个，猪场经营所得收益60%量化到所在村贫困户。对市级以上农民合作示范社给予每个不低于50万元的资金补助，对评定为省级示范家庭农场每个不低于10万元的资金补助。对30～100亩的种粮大户每亩给予补贴40元；对100～500亩的种粮大户每亩给予补贴60元；对500亩以上的种粮大户每亩给予补贴100元。对新建木竹原料林基地每亩补助250元、木本油料林基地每亩补助300元；对实施退耕还林项目5年内分3次每亩补助1500元。贫困区域发展种养殖业实现保险全覆盖，对贫困户个人承担的保费给予全额支助。

【农村改革】 全市农村土地承包经营权确权登记通过省级验收，登记面积651万亩。农村土地流转规模达91.54万亩，占家庭承包耕地面积的30.04%；适度规模经营面积达34.52万亩，增加2.82万亩。全面启动展农村集体资产股份合作制改革试点，试点乡镇达12个。江阳区、纳溪区继续开展农村土地承包经营权流转收益保证贷款试点，共发放土地流转收益保证贷款1.39亿元。

【新型经营主体】 全市工商注册农民合作社累计达3675个，增加575个，家庭农场累计达1286个，增加472个。全市新增市级以上农民合作社示范社51个，其中国家级农民合作社示范社2个；新增市级以上家庭农场示范场36个。

（李长江　周通海）

种植业

【概况】 2016年，全市农业保持良好发展态势。全市种植优质稻180万亩、酿酒高粱70万亩、优质蔬菜105万亩、水果180.8万亩、茶叶

茶叶采摘

科技大棚番茄结果

40.5万亩、中药材21万亩，粮食总产量205.6万吨、蔬菜产量240万吨、水果产量55万吨，均创历史新高；粮食实现连续10年增产，荔枝、龙眼的面积、产量均占四川省的90%以上；酿酒高粱面积居四川省第1位；蔬菜、水稻、柑橘、特早茶产业发展均处于四川省领先行列。出栏生猪376万头、肉牛8.1万头、肉羊52万只、家禽3770万羽，成鱼起水7.9万吨。全市农民经营性收入达到2716.4元，较2015年增长14.35%。

【粮食生产】 全市粮食作物种植面积554.87万亩，减少1.16万亩，总产量205.58万吨，增产2.76万吨，增长1.36%，实现产量连续10年增。油菜播栽面积33.76万亩，较2015年增加0.7万亩，油菜籽总产量4.27万吨，增产1.54万吨。全年粮食单产提高5.73公斤，单产水平提高1.57%。

【粮油高产创建】 泸县纳入农业部水稻绿色高产高效创建项目，在20个镇（街道）建立水稻绿色高产高效创建万亩示范片30个，示范区面积31.51万亩。泸县水稻绿色高产高效创建项目示范片中稻再生稻平均亩产819.9公斤，比非示范区亩增产85.5公斤，增产稻谷2694.11万公斤，增加产值7435.7万元。江阳区、龙马潭区、合江县、古蔺县纳入四川省粮食生产能力提升工程粮油高产创建—高粱项目县，建设高粱万亩示范高产高效示范片8个，面积8.6万亩；叙永县纳入四川省粮食生产能力提升工程粮油高产创建—马铃薯项目县，发展马铃薯良繁面积0.2万亩。江阳区、龙马潭区、合江县、古蔺县4个粮油高产创建—高粱项目县项目区，产量3.6万吨、产值1.73亿元；建立集中育苗点36个，建标准化集中育苗面积1.3千亩，新品种、新技术、新模式展示区面积2.18万亩。 （周通海）

养殖业

【畜禽养殖】 全市出栏生猪351.1万头，同比减少4.1%，出栏肉牛8.1万头，同比增长3.2%；肉羊49.6万只，同比增长3.4%；家禽3662.7万羽，同比增长2.7%；肉类总产量35万吨，同比增长2.3%；禽蛋产量4.3万吨，同比增长1.2%。畜牧业产值达116.3亿元，同比增长2.5%，占农业总产值的39%；畜牧业增加值57.3亿元，同比增长1.9%。

【畜禽养殖标准化示范场建设】 部、省级畜禽标准化示范场达38家。各类标准化规模养殖场达848个、新增68个；全市以生猪为主的畜禽规模养殖比例达到74.2%，同比提升2.2个百分点，高于全省平均水平。

【畜牧业项目】 争取中央、省级财政资金4000多万元，带动全市畜牧业投资5亿元以上。泸县巨星50万头生猪一体化项目、泸州温氏100万头生猪一体化项目、古蔺郎多多肉牛示范园区项目、古蔺丫杈猪保种场建设项目、叙永东牛种草养牛基地项目、叙永景盛黑山羊基地项目等6个重点

水产品丰收

项目投入资金2.2亿元。与正大集团、深圳华大基因农业集团等国内知名企业对接，完成正大泸州3000万只肉鸡产业链、华大丫杈猪选育项目考察对接等前期工作。

【渔业生产】 全年渔业总产值10.9亿元，同比增长11%；增加值6.8亿元，同比增长14%。全市水产养殖面积7758公顷，水产品总产量达7.9万吨，增加3986吨，同比增长5.3%。其中捕捞产量2306吨，养殖产量76252吨。创建农业部水产健康养殖示范场3个。

【动物卫生监督】 产地、屠宰检疫率均达100%。产地检疫生猪142.55万头，牛、羊2.966万头，禽843.15万羽；

完成全市全部54家生猪定点屠宰企业的审核清理颁证工作，屠宰检疫生猪98.97万头，其中检疫不合格生猪1767头。全市全年监督无害化处理病（害）死生猪2.27万头。全市9个省际公路动物卫生监督检查站坚持24小时值班，全年共监督检查车辆2097辆，活畜14.9万头、活禽4.48万羽、动物产品400.07吨。日常“瘦肉精”检测11.5万头份，检测合格率100%。全年未发生重大畜产品质量安全事故。

【动物疫病防控】 全市牲畜免疫813.81万头次，家禽免疫2946.27万羽次，应免畜禽的免疫密度达100%。完成血清学和病原学样品检测16472份，其中血清学监测14197份，抗体合格率均超过省上下达75%的指标，布病、结核病均无无阳性病例。开展流行病调查1060个场点，完成动物疫病的流行病调查和疫情预警预报任务。加强狂犬病免疫和奶牛结核病、布病监测为重点的人畜共患病防控工作，免疫犬22.8万只，城镇免疫密度达92.7%，农村免疫密度达85%以上；检测奶牛布病500头、结核病163头，无阳性病例。全市集中开展春、秋两季重大动物疫病防控工作，辖区内未出现重大动物疫情。

【饲料监管】 全市持饲料生产许可证的10家企业全部通过年度备案，备案合格率100%。检查饲料生产企业42个（次），饲料经营门市524个（次），检查畜禽养殖场128个（次），完成饲料质量安全“全覆盖”监督和免税抽检工作，抽取样品58个，抽检合格率100%。

【兽医兽药监管】 完成44个兽药产品批准文号现场核查和抽样工作、10家兽药经营企业GSP检查验收工作。经营环节兽药质量监督抽检30批（次）、畜产品兽药残留监测抽样200批（次）、动物源细菌耐药性监测抽样100份，抽检合格率均为100%。

【品种保护与改良】 古蔺丫叉猪核心育种场建成，全市生猪、肉牛、肉羊、家禽、兔杂交改良面分别达到89.5%、75%、96%、94.5%、95.5%。

【农业行政执法】 全市农业综合执法共出动执法人员8500多人（次），车辆500多台次，查处违法行为立案130起，结案128起。其中动物卫生监督执法行政处罚案件15起，共计罚款17708元；办理屠宰执法案件2起，其中1起移送公安机关查处，1起行政处罚罚款47097元。

【渔政执法】 全市共开展渔政执法检查820多次，渔政部门和长航公安开展联合执法行动11次，禁渔期长航公安共立（破）案10起，临时刑拘2人，取保候审13人，行政处罚11人，收缴销毁“三无”船和电鱼船11艘，没收渔获物170公斤，销毁违规网具1060张，收缴电鱼工具44台（套）。

【渔业安全】 开展渔业安全生产检查285次，检查江河渔业船舶245艘次，江河网箱养殖36个，全年未发生一起渔业安全事故。全市渔船共1023艘、6595千瓦，全部完成渔船“三证合一”信息采集工作。渔业船舶的年度检验船检率达到100%。

【保护区管理】 江阳区保护区长江段在线系统监控系统工程建设完成。完成赤水河合江县境内渔民转产转业试点。协助泸州市渡改桥业主单位通过保护区渔业环境影响评价报告评审，13座桥梁通过省级初评，4座桥梁通过农业部终审。

【农产品质量安全】 全年农产品检测平均合格率99.2%以上。农产品质量安全追溯平台建设已具雏形，120家农产品生产经营企业纳入主体追溯，13家农产品生产经营企业纳入过程追溯。开展省级风险监测抽检样品775个，总体合格率98.8%。“三品一标”农产品累计认证达184个，其中认证无公害农产品130个、绿色食品32个、有机食品14个、农产品地理标志8个

【水产品质量监管】 抽检水产品460批（次），其中监督抽样100批（次）、风险抽样360批（次），合格率100%。开展水产品质量检查200多人（次），检查水产专业合作社、水产苗种生产大户、江河船型网箱养殖设施等水产养殖生产单位60多家次。农业部在泸州市进行产地抽检各类水产品样品22个，合格率100%。 （周通海）

农业机械

【农机装备】 全市农机总动力达到210万千瓦，较2015年的213.55万千瓦，减少1.7%，其中：柴油机动力111.72万千瓦，较2015年减少12.62万千瓦；汽油机动力128.25万千瓦，同比增长30.2%；电动机动力85.53万千瓦，同比增长10.3%。全市农业机械原值达到14.16亿元，同比增长3.13%。

表2 农业机械拥有量增长情况表

项 目	单位	2016年	2015年	增长量	增长率
农机总动力	万千瓦	210	213.55	−3.55	−1.7%
拖拉机	台	97	82	15	18.29%
耕整机	台	37278	34556	2722	7.9%
水稻插秧机	台	226	201	25	12.44%
联合收割机	台	530	406	124	30.54%
机动脱粒机	台	59536	56714	2822	4.98%
农产品初加工动力机械	台	152458	115645	36813	31.83%
畜牧业机械	台	53662	51582	2080	4%
林果业机械	台	620	612	8	1.3%
农用运输机械	台	4280	8527	−4247	−49.8%
农业机械原值	亿元	14.16	13.73	0.43	3.13%

【农机作业】 全市共完成机耕面积238.67千公顷，较2015年（下同）增加9.27千公顷、增长4%；机播面积30.75千公顷，增加10.43千公顷、增长51.33%；机收面积93.32千公顷，增加14千公顷、增长17.65%。全市主要农作物耕种收机械化水平达到46.7%。

表3 农业机械作业增长情况表

单位：千公顷

项 目	2016年	2015年	增长量	增长率
机耕面积	238.67	229.4	9.27	4%
机播机积	30.75	20.32	10.43	51.33%
机收面积	93.32	79.32	14	17.65%
机械植保面积	190.87	182.05	8.82	4.84%
机电灌溉面积	73.79	65.3	8.49	13%

【农机投入】 全市农机化总投入2.23亿元，较2015年（下同）减少18.31%；全市农机化经营总收入15.46亿元，增长12.93%；全市农机化经营总利润1.75亿元，增长23.24%。

表4 农机化投入与经营效益增长情况表

单位：亿元

项 目	2016年	2015年	增长量	增长率
农机化总投入	2.23	2.73	−0.5	−18.31%
农机化经营总收入	15.46	13.69	1.77	12.93%
农机化经营总利润	1.75	1.42	0.33	23.24%

【农机服务组织】 全市农机化作业服务组织76个，从业人员3351人，分别同比增长7%和减少3.5%；农机户达到118909户，同比增长5.6%；农机化作业服务专业户4602户，农机专业户占农机户总数的5.4%。全市乡村农机从业人员达到14.9万人，同比增长6.4%。

【农村提灌站】 全市新建提灌站24座，改造提灌站35座，全市提灌站拥有量1019座，机电提水灌溉面积110.69万亩。

【农机监理】 全年开展农机执法检查86次，其中开展跨区作业检查8次、假牌假证检查51次、农机维修企业检查16次、拖拉机年检检查11次。全年注册大中型拖拉机12台，转入34台，报废、注销拖拉机190台，转出197台，过户139台，年检运输型拖拉机2360台，年检率达54%。新办拖拉机驾驶证259个，转入106人，注销875人，转出79人，期满换证1015人。 （周通海）

林 业

【概况】 2016年，全市完成营造林41.57万亩，实施森林管护373.75万亩，巩固退耕还林成果61.47万亩，实施新一轮退耕地还林3.21万亩。采伐林木蓄积17.7万立方米，占下达采伐限额62万立方米的28%。全市未发生破坏野生动植物资源的重特大案件，共查处各类林业行政案件504件，罚款122.03万元，没收木材880.34立方米、野生动物1328只，行政处罚516人（次）。全年未发生森林火灾，森林火灾损失率为0。未发生成灾性病虫害，林业有害成灾率为0。全民义务植树998.62万株，参加人数214.88万人（次）。新增森林面积6000公顷，新增森林蓄积40.2万立方米，森林覆盖率达到50.2%。实现林业社会总产值192.4亿元，农民人均林业获得收入1953元。

【造林绿化】 全年完成营造林总面积41.57万亩。其中人工造林19.07万亩、封山育林1.9万亩、中幼林抚育9.52万亩、低产低效林改造11.08万亩。完成大田育苗5320亩，预计产合格苗5736.70万株，容器育苗320亩，预计产合格苗720万株。全市新增森林面积6000公顷，新

江阳区董允坝国家现代农业示范区

增森林蓄积40.2万立方米，森林资源实现连续“双增”。

【天然林资源保护工程】 全市完成2016年0.4万亩公益林建设；实施森林管护373.75万亩，其中：国有林管护55.13万亩，集体林318.62万亩；完成10.5万亩中幼林抚育作业设计评审批复；实施集体公益林生态补偿318.62万亩，其中国家级公益林195.45万亩，省级公益林123.17万亩；实施养老、医疗、工伤、生育、失业五项保险补助728人。全年总投资9073.87万元，其中中央投资7595.28万元，省级投资1478.59万元。在中央、省级投资中，公益林建设200万元，森林抚育1200万元，国有森林管护1187.2万元，公益林生态补偿金4981.67万元，养老、医疗、失业、工伤和生育五项保险补助1038万元，政社支出9万元，生态护林员工资458万元。

【退耕还林工程】 全年完成退耕还林成果巩固61.47万亩，实施新一轮退耕地还林3.21万亩。巩固退耕还林成果后续产业建设项目，新造短周期工业原料林2.86万亩、中药材0.3万亩、特色经果林1.35万亩；品种改良及低产林改造0.64万亩、丰产经营措施6.3万亩；新建和改造畜禽圈舍35076平方米。新增巩固退耕还林成果专项建设项目，新造林1.93万亩，新建林区生产便道32.86千米。截至2016年年底，共完成退耕还林工程造林面积223.9万亩，其中退耕地造林面积69.34万亩，配套荒山造林73.6万亩，封山育林9.5万亩，巩固退耕还林成果新造林71.46万亩。

【新一轮绿化泸州行动】 成立以市长刘强为指挥长的新一轮绿化泸州行动指挥部，统一领导指挥绿化全市行动。结合林业、住建、农业、交通、水利等“十三五”发展规划，科学编制《新一轮绿化泸州行动方案》，深入推进造林增绿、水系绿化、道路绿化、绿色城市、绿色产业、草地增绿、森林质量提升和森林资源保护等8大绿化工程。

【科技种苗】 坚持科学育苗，鼓励国有林场、骨干苗圃、业主和种苗生产经营户培育优质珍贵种苗，积极挖掘本地优良树竹种资源，保障造林所需苗木。古蔺县金果子林业开发有限责任公司、四川农业大学、古蔺县笋子山林场、古蔺县林业局申报

纳溪区普照山茶叶基地采茶场景

的“拇指蔺核”良种核桃无性系通过省林木品种审定委员会认定，并经省林业厅2016年第2号公告正式公布。

【义务植树】 3月11日，市绿化委员会组织开展以“绿化城乡环境、共建生态泸州”为主题的2016年市级机关春季义务植树活动。市级机关团体、企事业单位、院校、驻泸州部队等82个单位的3000多人，在龙马潭区石洞镇即将建成的机场快速路两侧绿地参加义务植树，共栽植蓝花楹、桂花、垂丝海棠、羊蹄甲等观赏树木1.2万株，新增城市绿地约4.8万平方米。各区县也同步开展全民义务植树活动。植树节期间，市绿化委员会城市组还组织“共青林”“市民林”“成长林”以及认建认养活动。2016年，全市完成义务植树998.62万株，参与人数214.88万人（次），培训林农12.93万人。

【林业产业】 按照国家林业局统计口径，2016

年度全市林业总产值192.38亿元。第一产业为57.09亿元，其中林木育种和育苗1.66亿元，营造林2.19亿元，木材和竹材采运4.92亿元，经济林产品的种植与采集19.96亿元，花卉及其他观赏植物种植13.28亿元，陆生野生动物繁育与利用378万元，林业系统非林产业15.04亿元。第二产业为68.8亿元，其中木材加工及木、竹、藤、棕、苇制品制造16.61亿元，木、竹、藤家具制造31.72亿元，木、竹、苇浆造纸和纸制品10.74亿元，林产化学产品制造2400万元，木质工艺品和木质文教体育用品制造1.19亿元，非木质林产品加工制造业6900万元，林业系统非林产业6，580万元，其他6.96亿元。第三产业66.49亿元，其中林业生产服务60万元，林业旅游和休闲服务60.63亿元，林业系统非林产业5.86亿元。全市竹业总产值共计35.77亿元，占全市林业总产值的18.59%。

【林木采伐管理】 执行“十三五”森林采伐限额，全年全市采伐林木蓄积177196立方米，占全年采伐计划61.96万立方米（含追加限额）的28%。5月中旬，市政府印发《批转市林业局关于“十三五”期间年森林采伐限额实施意见的通知》（泸市府函〔2016〕131号）。

【林地资源管理】 全年，征占用林地项目72宗，面积201.119公顷。基本完成全市林地变更工作。开展全市重大建设项目使用林地情况和贯彻“35号令”文件精神督查。开展检查2015年林地使用和林木采伐情况，检查占用征收林地项目90个，采伐小班598个。

【森林公安】 2016年，全市森林公安机关共破获查处各类森林和野生动植物案件226件，其中破获刑事案件31件，查处林业行政案件195件。依法打击处理各类违法犯罪人员273人（次），其中刑事拘留10人，取保候审23人，提请逮捕5人，移送起诉25人，林业行政处罚210人（次）。收缴木材242立方米，挽回经济损失200余万元。

【森林防火】 2016年，全市未发生森林火灾，无安全责任事故和人员伤亡，森林火灾发生次数、损失率均为0，泸州森林防火经验在全省森林防火工作会上交流推广。落实森林防火工作责任制，层层签订责任书。2016年，全市投入森林防火宣传资金380余万元。县级财政投入专项经费800余万元/年，落实专兼职巡山护林人员2364名，实行护林员工作绩效年度考核制度。合江、叙永、古蔺3个一级火险县分别成立县级森林防火专业扑火机构，编办共核定落实全额拨款的事业编制65名；县级队伍实行“1+6”模式建设。林业部门指导重点林区乡镇采取“1+25”模式。市、县、乡三级均建有专门的森林防火物资储备仓库，为森林防火工作提供物质保障。2016年，全市共组织各级森林防火培训227次，培训人员1.55万人（次）。全市各地将森林防火与应急、防汛、地质灾害等工作相结合，开展安全生产综合应急演练，共组织大型森林防火演练12次，一般森林防火演练206次，参加人员达到1.8万余人。国家森林火灾高风险区综合治理项目争取资金2903万元。2016年6月16日至9月20日，国家林业局南方航空护林总站卡-32森林消防直升机入驻泸州。

【林业有害生物防治】 2016年，全市林业有害生物发生面积20.6万亩，发生率2.7%，其中病害3.5万亩、虫害16.6万亩、鼠害0.5万亩，成灾率为零，测报准确率99%。林木种苗产地检疫率100%，林业有害生物无公害防治面积19.5万亩次，无公害防治率99%。

【野生动植物保护】 充分利用“世界野生动植物日”“3·12植树节”“爱鸟周”“湿地日”“保护迁徙候鸟执法宣传周”等时机，开展形式多样宣传活动，全年发放宣传资料1万余份。组织合江、古蔺县完成黑熊在泸州市资源分布情况的问卷调查和配合省林业厅开展秋季迁徙水鸟同步调查。全市有驯养繁殖和经营利用野生动物单位62家，主要涉及梅花鹿、虎纹蛙、野猪、野鸡、竹鼠、鸿雁等，2016年产值2500万元。

【产业发展】 基地面积不断扩大。全市营造各类林业产业基地1.04万公顷，建成一批竹林、商品用材林、经济林、短周期工业原料林、木本药材和苗木花卉基地。截至2016年年底，全市共建立竹林基地24.36万公顷、木质工业原料林13.43万公顷、特色经济林9.91万公顷。纳溪、合江、叙永、古蔺被命名为省级现代林业重点县。林产加工迅猛发展。年内，按照“一主两翼三区四带六园区”的产业大展思路，推进竹制浆造纸、竹木加工、竹木家具制造、特色林产品发展。全市林产加工企业达600余家，其中规模以上企业达53家，上亿元的有18家。有市级龙头企业26家，省级龙头企业19家，国家级龙头企业2家。竹浆生产能力达10万吨/年，造纸能力达到20万吨/年，人造板产能达64.7万立方米/年，木竹地板产能达21万平方米/年，木竹家具产能达到254.1万件（套）/年，初步形成竹制浆造纸、竹木加工、家具制造、林副林化产品加工为主的林产加工体系。林竹产业空前重视。市委、市政府高度重视林竹产业的发展，将其作为最具潜力的农业产业来抓，市政府出台《关于加快推进现代林业产业发展突破的实施意见》和《关于加快竹产业发展的实施意见》，市财政每年安排专项资金5000万元发展竹产业。1月，市政府印发《泸州市竹产业发展总体规划》1个总规和《泸州竹产业园区规划（2015—2025年）》《泸州大旺竹景区规划》《泸州国际竹种园规划》《泸州市竹培训基地规划》等4个控制性详规。4月，市政府办公室印发《泸州市2016年竹产业发展推进方案》。生态旅游方兴未艾。以森林公园和自然保护区为主要载体的生态旅游业快速兴起。建成国家自然保护区1个、国家森林公园1个、国家湿地公园1个、中国森林养生基地1个，中国森林体验基地1个，省级森林公园4个、市县级森林旅游区7处。森林生态旅游发展势头强，后劲足。2016年全市接待森林生态旅游1159.2万人（次），实现旅游产值60.87亿元。

【集体林权制度改革】 完善和深化集体林权制度改革，纳入农村产权制度改革一并推进。一是积极融入全省林权交易平台体系建设。市本级、纳溪、泸县、叙永纳入全省集体林权流转交易平台网点布局。泸县、叙永县和成都农村产权交易所签订建设合作协议。二是开展经济林木（果）权抵押贷款试点。古蔺县自行设计、制作“古蔺县经济林（果）权证”，并对龙山镇顺家山核桃专业合作社经济林进行现地调查，调查面积2000亩，颁证面积2000亩；完成林权抵押贷款730万元，完成任务占年初目标（500万元）的146%。林权流转流转和抵押进一步规范，仅2016年全市林权流转面积1.2万亩，林权抵押贷款面积4.39万亩，涉林贷款1.75亿元。森林风险控制机制进一步完善，参保森林面积705.3万亩，其中公益林339.4万亩、商品林365.9万亩，保额达37.06亿元。（罗　茹）

水　务

【资金投入】 争取到位中央、省各类水利资金共计10.02亿元，全市重点水利项目完成投资近16亿元。

【涉水规划】 完成《泸州市“十三五”水利发展规划》并上报市政府，完成《泸州市水土保持规划》市级审查。编制完成《泸州市饮水安全“十三五”巩固提升工程规划》，并上报省水利厅审查。配合市扶贫移民局完成《泸州市“十三五”脱贫攻坚规划（2016—2020年）》，该规划列入农村饮水保障工程、农田灌溉保障工程、防洪抗旱减灾工程、水资源开发保护工程、水土保持生态建设工程等5大类水利工程，规划项目总投资76亿元。争取到叙永县永宁水库、纳溪玉水、江阳双河、泸县土公庙、叙永红岩、古蔺关口等大中型重大水利工程项目，挤进国家“十三五”规划盘子。

【水生态文明城市建设】 围绕省政府批复方案确定的107个重点项目、7项重点工作、24项主要指标推进试点工作。累计完成投资87.7亿元，完成计划总投资76亿元的115%。其中，2016年完成17.7亿元（当年目标6亿元），完成当年目标的295%。围绕最严格水资源管理，全面落实用水总量控制、用水效率控制、水功能区限制纳污“三条红线”制度，完善覆盖市、县、乡镇三级行政区域的水资源管理控制指标考核体系，并将考核结果纳入市对县区政府的综合目标考核体系；市政府批复实施《泸州市水资源综合规划》《泸州市城市饮用水源地保护专项规划》《泸州市阶梯水价方案》，市委、市政府制定出台《泸州市党政领导干部生态环境损害责任追究实施细则》，《泸州市节水型社会建设规划（2015—2020）》《泸州市水功能区划》进行专家技术审查，《泸州市水资源论证实施细则》《泸州市用水总量统计办法》初稿编制完成。完成泸州市2015年水资源公报编制工作、泸州市国家水资源监控能力一期项目建设和对县区政府2015年度实施最严格水资源管理制度考核工作，江阳区、龙马潭区、泸县、古蔺县列入第二批全省节水型社会建设重点县，泸州张坝水利风景区成功创建为“国家水利风景区”。全面推进迎国检验收工作，牵头完善迎检工作方案并加快档案资料整理和汇报片拍摄制作工作。对照《水利部加快推进水生态文明建设工作的意见》《水利部关于开展全国水生态文明建设工作的通知》以及水利部审查、省政府批复的《实施方案》，组织专人逐项目深入现场、逐指标查看资料、逐问题细致分析，全面梳理试点工作任务及投资完成情况，细化问题清单，逐一明确区县政府和市级各相关部门牵头包保责任，并纳入市委、市政府重点督办事项。

【项目建设】 合江锁口水库累计完成投资7.02亿元，做好蓄水前的准备工作；全长658.8米的溢洪道建成。叙永倒流河水库累计完成投资3.76亿元，枢纽、干渠全部施工完成，金属结构及电气设备完成调试，移民搬迁安置完成。古蔺观文水库累计完成投资2.86亿元，完成大坝整体填筑32米。叙永纳坪水库累计完成投资7800万元，通过导（截）流验收；填筑大坝35.7米；放水隧洞开挖1100米；渠系工程完成管道安装0.8千米。古蔺朝门水库累计完成投资1.35亿元，大坝填筑完成；放空（导流）隧洞、取水隧洞、溢洪道完工程全部完成。完成27座病险水库除险加固工程。累计投入农村饮水安全建设资金9346万元，兴建农村供水工程793处，解决2.29万人贫困人口的饮水不安全问题，改善2.3万人贫困人口的饮水问题。2015年小农水重点县跨年度项目全面完工并通过省级绩效考评；2016年江阳、纳溪、泸县、合江、叙永、古蔺6区县小农水项目顺利实施。完成投资0.997亿元，完成新增有效灌面3.1万亩。2016年农田水利基本建设绩效考核获全省第二名，农建综合管理项目考核获全省第三名，泸州市农建指挥部办公室在全省通报表扬。

【水土保持】 全年争取水土保持项目到位资金4171万元，完成古蔺县2016年度大寨河小流域治理工程、泸县大王山2016年坡耕地水土流失综合治理项目、叙永县2016年双凤湾小流域水土流失综合治理、叙永县2016年国家水土保持重点建设工程两河项目区青菜沟小流域工程、古蔺县2016年国家水土保持重点建设工程鱼塘河项目区马蹄河小流域工程等项目。全市综合治理水土流失面积221.9平方千米，泸州市水务局被评为四川省水土

泸县水土流失治理成效

保持设施验收工作先进单位。纳溪区清溪河小流域申报国家水土保持生态文明清洁型小流域示范工程获水利部授牌，成为全国水土保持生态文明建设的典型示范工程（四川仅获2个）。

【产权制度改革】 完成纳溪区四川省小型水利工程管理体制改革试点和泸县全国农田水利设施产权制度改革创新运行管护机制试点工作任务并形成泸县试点阶段总结评估报告。完成塘坝、蓄水池、输水管道、机井等农村小型水利工程确权颁证4.23万处，颁证率达100%。印发市级创新机制推进水利支持新农村建设的实施意见和评估办法，明确水利发展支持幸福美丽新村建设的具体措施。

【防汛工作】 全面落实防汛责任。认真落实各级行政首长负责制为核心的防汛责任制度，市、县、乡均成立防汛抗旱指挥部机构，村社成立防汛抗旱工作组或落实防汛抗旱责任人，并在本地主要媒体上公示城镇、重要水库、山洪灾害易发区等重点防汛区域行政责任人和岗位责任人名单，接受新闻媒体和广大群众的监督。认真开展汛前督查。市防汛指挥部牵头会同成员单位组成督查组对全市防汛重点区域、重点部位、重点行业安全隐患开展认真督查，并逐一建立台账限期整治销号。集中组织应急演练。市防指牵头，叙永县政府承办，市级指挥部成员单位参与，区县现场观摩，有针对性地在叙永县马岭镇三块石村开展防汛市级应急演练，构建市、县、乡、村、组五级联动和多部门协同作战的统一指挥机制。着力强化研判会商。完善水务、气象、水文、国土等会商机制，畅通与省级平台和长江、沱江、赤水河上游省市县沟通渠道，实现雨情、水情信息资源共享。严格落实应急值守。完善市、县、乡、村、组五级应急值守预警预报和机制，实行24小时领导带班、双人值班制度。加强水文基础设施和中小河流水文监测系统建设。完成16个水文监测站主体工程建设，进入设备安装阶段；完成古蔺县永乐镇、纳溪区上马镇山洪沟治理工程。泸州市水务局被表彰为四川省防汛抗旱先进集体。

【依法治水】 健全行政执法监管机制。通过完善行政执法约谈、执法巡查、行政执法裁量权标准实施细则、行政执法应急预案等制度机制，规范行政权力行为，提高行政监管和行政执法工作的有效性。强化河道采砂执法监管重点。印发《关于2016年开展长江河道泸州段砂石禁采巡江检查行动的通知》，加强长江河道砂石禁后监管，优化水务、海事、航道、长江公安等联合执法机制，集中开展联合执法和巡查监管，对长江泸州段内滞留的采砂船舶实行分区域集中停靠，实行海事、防洪视频信息系统24小时昼夜监控，及时预防和制止河道违法行为的发生。加强对沱江、赤水河、永宁河等河道采砂监管，督促指导相关区县规范河道管理行为。9月，集中开展长江河道采砂管理汛末专项打击行动，9月7日，长江水利委员会、长江航务管理局在泸州召开长江河道采砂管理工作联席（扩大）会议。强化水利工程安全监管。对在建水利工程采取全过程监管，规范化管理已建工程，实现重点水库水利工程3G视频调度监控，水利安全形势持续稳定。泸州市水务局被表彰为2016年度四川省水行政执法工作先进集体。（梁　静）

气　象

【主要气象灾害】 2016年，全市气象灾害偏轻，主要气象灾害为年初低温雨雪和汛期局地暴雨洪涝。

【低温雨雪】 1月21—24日，泸州市出现一次低温雨雪天气过程。气温下降猛烈，降雨雪量和积雪深度为历史少见。降雪主要出现在22日晚至24日早，持续30余小时。全市出现不同程度的积雪，纳溪、叙永积雪深度突破有气象资料以来极值。降雪过程是自1991年12月26日后，泸州市再次暴发的极端低温雨雪天气。低温雨雪天气过程发生在春运期间，造成高速公路一度关闭、机场航班延误。全市5个区县69个乡镇不同程度受灾，全市受灾人口18.1万人，因灾伤病1人，转移36人，农作物受灾面积6267.7公顷。其中农作物成灾面积1969.17公顷、绝收面积17.9公顷，因灾死亡116头羊，倒塌房屋22间，直接经济损失6362.51万元。

【“6·18”暴雨洪涝】6月18日午后至19日20时，泸州市自南向北出现一次区域性暴雨天气过程。全市4县3区六成以上的乡镇出现暴雨到大暴雨。强降雨发生中伴随雷电、大风等强对流天气。“6·18”暴雨洪涝造成全市6个区县、85个乡镇受灾，受灾30.69万人，死亡1人，转移3.93万人，倒塌房屋530间，农作物受灾面积9.59千公顷，直接经济损失2.79亿元。

【“6·23”暴雨洪涝】6月23日傍晚至24日18时，泸州市自北向南出现一次暴雨天气过程。强降雨主要发生在23日22时至24日5时，并伴有雷电、大风等强对流天气。最大小时雨强65.3毫米。过程累计最大降水量216.7毫米。暴雨洪涝造成全市有4个县57个乡镇受灾，农作物受灾面积2.3千公顷。其中粮食作物1.146千公顷，受灾人口8.29万人，死亡1人，转移人口3256人，倒塌房屋375间，公路中断80条次，供电中断27条次。直接经济损失0.96亿元，其中水利设施直接经济损失0.14亿元。

【“7·18”暴雨洪涝】7月18日傍晚至19日上午，泸州市出现雷阵雨天气过程。强降雨中心主要在泸县、合江县和龙马潭区、江阳区。强降雨距“7·13”强降雨不到一周。泸县部分乡镇为两次强降雨过程中的大暴雨集中区，土壤水分超饱和，中小河流水位上涨，山体滑坡或公路边坡坍塌严重，桥梁、涵洞被淹造成多条公路交通中断。降雨引发城乡内涝，少量群众房屋倒损。“7·18”强降雨导致龙马潭区、纳溪区、泸县、合江县等4区县34个乡镇受灾，农作物受灾面积4.49万亩，受灾人口3.05万人，紧急转移人口967人，倒塌房屋24间。直接经济损失6521万元，其中水利设施直接经济损失821万元。

【气象服务】2016年，全市共发生6次区域性暴雨、大暴雨天气过程、15次局地暴雨过程，泸州市气象台及时发布暴雨、雷电、大风、冰雹等气象灾害预警信号547期，预警90期，雨量现报742期，雨情通报及周边地区天气趋势700余期，决策短信781万条，手机服务短信3400万余条次，为全市防灾减灾工作决策部署提供科学依据。

【气象现代化建设】编制《泸州市气象事业“十三五”发展规划》。泸州市首部X波段双偏振多普勒雷达主体工程完成。合江县、泸县、纳溪区“三农”气象服务专项建设项目实施。

【人工影响天气】古蔺、叙永烟区建成15个标准化人工影响天气作业点。全市有1个市级人影指挥中心、5个县级指挥中心，有20名指挥人员，142名炮手，13辆车载火箭作业系统，29个地面高炮作业站。2016年共开展防雹作业317次，发射高炮弹6728发，累计保护烟叶等农作物面积1.22平方千米，减少灾害损失1.05亿元。

（王　翔）

商　贸

商业贸易综述

【概况】2016年，全市酒业实现主营业务收入793亿元，比2015年增长10.7%；全市服务业增加值实现428亿元，比2015年增长10%，增速居全省第2位；实现社会消费品零售总额637亿元，同比增长13.8%，增速居全省第1位；全年货物进出口总额达到3.13亿美元，增速居全省第5位；实际到位外资8200万美元，完成全省目标任务的205%，任务完成率居全省第1位；对外承包工程营业额4120万美元，同比增长40%；电子商务交易额达190亿元，同比增长45%；争取省市两级商务资金共1.04亿元。

【酒业发展】酒业核心竞争力持续增强制定出台《加快建成千亿白酒产业的意见》，完善酒类企业借新还旧担保贷款管理办法，实施中小企业成长工程，政企合力推进转型升级。以中国白酒金三角酒业园区为基础，推动酒镇酒庄、邻玉白酒园、石洞白酒产业园等六大园区和12个酒业重点项目建设，完成投资83.35亿元，实现目标任务166.7%。协助市委、市政府积极应对泸州老窖“二曲酒事件”，开展泸州老窖特许品牌清理和条码规范，推动园区特许品牌企业实行“四统一”管理，完成全市窖池编号和挂牌，启动酒类信息系统完善工程和酒类溯源体系建设，制定发布浓香、酱香和小曲清香3个原酒行业标准，泸酒质量安全建设不断加强。全年新增中小企业成长工程培育企业31家，江阳区四川金鼎印业股份有限公司在“新三板”挂牌，酒类企业担保贷款在保34家，在保余额7.45亿元，兑现酒业发展奖补项目资金640.79万元。

【商贸物流】 流通现代化水平大幅提升完善规划编制，制发《泸州市主城区商业网点规划（2015—2030）》，完成《专业市场布局》《商业业态布局》两个专题研究，推进《泸州市中心城区农贸市场建设专项规划（2015—2030）》编制工作。积极做好华润、万达、步步高等商业项目引进和服务工作，以华润万象汇、万象金街、永辉超市为核心的城西商圈建设完成。积极推进泸州海吉星农产品商贸物流园、西南商贸城二期、三期等重点专业市场建设，完成投资11.5亿元。江都花园农贸市场、安宁农贸市场、奎丰农贸市场完成升级改造，积极推进嘉美源、华升、沙湾等农贸市场建设，纳溪紫阳大道、龙马潭区陶然路PPP模式公益性农贸市场建设完成，不断促进农产品交易市场标准化、多样化。着力推进区域电商中心建设，泸州电商产业园成功运营，全市逐步形成以白酒电商、智慧物流、跨境电商为特色的电子商务体系。成功创建省级电子商务示范城市、江阳区创建为省级电子商务示范基地、叙永县成功获批国家级电子商务进农村综合示范县、古蔺县被表彰为“四川电商发展十强县”。着力打造法治化营商环境，畅通“12312”热线，强化商务综合执法，深入开展“诚信兴商”等活动。

第四届西南商品博览会现场

【服务业】 实现新突破围绕高端产业和产业高端，突出区域特色，培育壮大金融、信息、科技等生产性服务业品牌，培育服务业集聚区，新增泸州市川滇黔公铁联运物流集散中心等省级服务业集聚区3个，天津银行泸州分行成功入驻，华为大数据中心（一期）、北大CIIM—泸州电子商务大数据开放实验室等加快建设，新创国家火炬特色产业基地。以项目建设夯实产业发展基础，全市亿元以上在建服务业项目140个，10亿元以上项目89个，列入省委、省政府领导联系服务业项目4个，获省级内贸资金重点支持项目6个。实施全省服务业“三百工程”，推荐上报项目22个、重点企业11家、重点品牌6个。大型商贸企业新增规划企业培育工作顺利推进，全市现有规模以上服务业企业312户，数量居全省第3位，四川议中新材料股份有限公司在“新三板”挂牌。出台稳增长系列政策措施，2016年服务业发展首次纳入全市单项目标考核。

【博览会】 消费层次升级步伐加快搭建载体挖掘消费潜力，成功举办“酒博会”“商博会”“农博会”等会展活动，全年共举办各类综合和专项活动12场（次）。牵头开展“惠民购物全川行动”“川货全国行”“万企出国门”等市场拓展活动，先后组织50余家企业参加“川货全国行”广州站、北京站、青岛站、沈阳站等活动，协议成交金额4317万元；组织66户企业到韩国、越南、英国、俄罗斯等国参加展会及考察，并对东南亚、欧洲、美洲等市场进行深度开拓。创新形式开展“泸州特色产品全国行”活动，在高速服务区开设泸州特产专柜，展示展销“泸州造”。

【进出口贸易】 开放型经济迈上新台阶积极主动对接中央各部委和省级相关部门，协助制定《中国（四川）自由贸易试验区总体方案》，泸州辖区19.99平方千米被纳入中国（四川）自由贸易试验区的实施范围，搭建国家改革开放、先行先试的最前沿平台。泸州港保税物流中心（B型）第一年运营，进出口超过2000万美元，泸州进境粮食指定口岸通过泸州港进口粮食超过7万吨，进口商品保税直销中心销售稳定，有效带动境外消费回流。全年新增对外贸易经营者41户，10户企业实现进出口零突破。出台《泸州市外商投资管理体制改革专项方案》，全面实施外商投资备案制度，推进外商投资管理体制根本性变革，2016年新引进外商投资企业4家，合同利用外资6926万美元。加快企业走出去步伐，外派劳务质量稳步提高，全年实现对外投资2500万美元，超目标任务1.5倍，对外劳务输出1316人，超目标任务316人。（陈羽翼）

供销合作经济

【概况】 2016年，全系统经营服务总额完成128.7亿元，农副产品购进总额25.5亿元，重点培育年销售额5000万元以上企业2个（叙永县兴农商贸有限责任公司、古蔺县好邻居商贸连锁有限公司），农业生产资料供应6.5亿元。新增市级以上示范农民合作组织14个，新建农村社区综合服务社11个、庄稼医院11个、可利用垃圾回收站10个。向上争取项目资金1170万元，新引进落户项目市外投资总额2亿元，到位资金2500万元。市供销社在全省系统经营服务总额排序第六位，经营服务总额增长幅度排序第五位。

【综合改革试点】 贯彻落实《中共中央　国务院关于深化供销合作社综合改革的意见》（中发〔2015〕11号）和《中共四川省委　四川省人民政府关于深化供销合作社综合改革的意见》（川委发〔2016〕22号）文件精神，将深化供销合作社综合改革工作向纵深推进。8月18日，市政府召开深化供销合作社综合改革专题学习讨论会，对泸州市出台深化供销合作社综合改革实施意见的相关工作进行安排部署。9月2日，全省召开深化供销合作社综合改革电视电话会，泸州市立即召开全市深化供销合作社综合改革电视电话动员会，统一思想，提高认识，增强综合改革的使命感和责任感。9月12日，省供销社副主任杨武秀到泸州宣讲督导深化供销合作社综合改革，会议以电视电话会形式开到县区和乡镇，全市500余人参加会议。12月28日，中共泸州市委泸州市人民政府下发关于《深化供销合作社综合改革的实施意见》（泸委发〔2016〕24号文件）。

【电子商务进农村】 按照市政府《关于加快推进电子商务进农村工作的意见》（泸市府办发〔2016〕16号）明确的“政府推动、商务主管、供销主抓、部门配合、企业主体、市场运作”的农村电商发展要求，启动“供销主抓”电子商务进农村全覆盖工作，重点加强县镇村三级农村电商服务网络建设。市供销社加强与邮政、移动、人寿公司的对接，签订战略合作协议，确保电商业务进农村的发展。2016年，全市成立7家本土县级供销电子商务公司，建设电子商务服务站（店）878个，其中乡镇144个、村级734个，实现网上销售1.5亿元。通过以点带面，电子商务进农村发展工作取得初步成效。由“政府推动、商务主管、供销主抓、部门配合、企业主体、市场运作”模式在全省得到推广，农村电商工作得到全国供销总社、省供销社、泸州市委、市政府领导肯定，并受到汪洋副总理高度赞誉。泸县电子商务孵化运营中心建立的泸县电子商务众创空间被国家科学技术部认定为“国家级众创空间”。

【基层组织建设】 市供销社指导区县开展“基层社示范建设工程”，加快新型基层社建设，按“1+N”模式进行注册登记，广泛吸纳农民和各类新型农业经营主体加入基层社，强化基层社与农民在组织上和经济上的联结。开展农民合作社示范社建设，发展劳务服务、土地流转、农村公共服务等多种类型的农民合作社。加快城乡社区综合服务组织建设，发展农村综合服务社、城乡商贸中心、经营服务综合体，为城乡居民提供电子商务、电子政务、日用消费品、文体娱乐、家政幼教、就业培训、健康养老、休闲观光、乡村旅游等多样化服务。2016 年，全系统组建新型基层供销社 42 个，累计发展农民专业合作社 552 个、农村社区综合服务社 703 个、庄稼医院 524 个、基层社 127 个，指导全系统领办的 59 个专业协会、7 个县级农村合作经济联合会继续扩大覆盖面，经营服务网点达 3500 个。

【农业产业化经营】 引导专业合作社继续按照“四有五好”（有组织活动制度、有较大规模、有合作手段、有明显效益，服务成员好、经营效益好、利益分配好、民主管理好、示范带动好）要求加强规范化管理，开展标准化生产和品牌化经营，多形式组织开展农超对接，增强内部活力和发展后劲，促进农业农村经济发展。2016 年，申报国家级示范专业合作社 3 个，命名 2016 年省级示范专业合作社 9 个。全年培育市级以上龙头企业 2 个，培育年销售额 5000 万元以上企业 1 个（叙永县兴农商贸有限责任公司）。

【农业社会化服务体系】 采取政府推动、市场运作、企业实施模式，通过统一规划，合理布局，规范建设。按照改造提升一批农村社区综合服务社，发展一批街道社区综合服务社与农村基层公共服务体系有效对接方式，实现公益性服务与经营性服务有机结合，推进幸福美丽新农村建设工作。全年新建设改造农村社区综合服务社 10 个，新建改造庄稼医院 10 个，新建改造农村可利用垃圾回收站 10 个。全系统综合服务社和庄稼医院在新农村示范片乡镇和村中实现全覆盖。

【招商引资与项目建设】 按照抓招商项目就是抓发展理念，积极向上争取项目，加强对外联系，加大招商引资工作力度。市供销社建立项目库，对符合申报条件的单位积极向上推荐申报项目。2016 年向上申报项目 3 个，获批供销总社农业综合开发项目 2 个（纳溪区乐道子林下土鸡产业融合项目，争取中央和省级财政资金 700 万元；古蔺县土地托管项目，争取中央和省财政资金 420 万元）。叙永县创建为国家级农村电子商务示范县，获得各级财政资金共 2000 万元。四川雪山苗王寨农业有限公司（招商引资企业）在双山村总投资 2 亿元发展乡村旅游、农产品、绿色蔬菜等项目，2016 年完成投资 2500 万元。督导泸县按进度完成泸州市龙城现代物流农产品冷链物流建设项目。 （李光凤）

粮　油

【粮油购销】 2016 年，泸州市完成粮食收购 35.37 万吨，粮食销售 57.06 万吨，油菜籽收购 0.54 万吨，食用油销售 1.32 万吨。

【粮食基础设施建设】 年内，全市粮食行业在建仓储项目 6 个，省上下达计划投资任务 0.58 亿元，实际完成投资 1.1 亿元，完成进度 189.66%，年内全市新增有效仓容 13.5 万吨。2016 年计划在纳溪区、泸县、合江县、叙永县 4 个区县新建新型彩钢板组合小粮仓 7000 个，实际完成小粮仓建设 7530 个，该批小粮仓每年可助农减损 120 万元。

【政策性粮油管理】 落实中籼稻托市收购政策，审查确定收储企业 3 家，收储库点 4 个，指导企业腾并仓容 2.8 万吨。开展收购政策宣传，适时开展托市收购巡查，共收购 2016 年产新中籼稻 3201 吨，助农增收 30 余万元。严格执行国家军粮供应政策，提高服务质量和水平，按照“以兵为本”思想服务部队，圆满完成军粮供应任务。

【粮食行业统计】 做好粮油工业、人事、购销、库存等统计，优化调整价格监测网络体系，坚持每月进行粮油市场价格走势分析，全年撰写并报送分析简报14篇。开展社会粮食供需平衡专项调查，组织抽调调查人员100余人，调查全市510户农户、205户城镇户、129个涉粮企业和9个涉油企业。

古蔺县大寨苗族乡土地整治项目推动现代烟草农业发展

【粮油供应和应急管理】 随时掌握当地粮油购销、库存、加工能力及布局情况，指导和督促企业积极入市收购，引导企业跨区域采购本地稀缺品种补充市场，保证市场供需平衡。重点抓好部队、院校等群体性消费单位的粮油供应。特别关注城镇低收入居民、下岗职工等群体，防止因粮油价格上涨影响其生活水平。将市级粮食应急网点和价格监测网点工作经费纳入财政预算，2016年争取市级粮食应急工作补助经费44万元。

【粮油监督检查】 整治粮食市场购销秩序，坚决打击"打白条"、哄抬粮价、囤积居奇等违法违规行为。2016年，全市组织开展各类政策性粮食购销监督检查和粮食流通监督检查158次，出动检查人员562人（次），检查企业364个次，查处粮食流通案件12例。其中责令改正12例，警告8例，罚款5例，合计罚款20.21万元，取消粮食收购资格1例，维护粮食市场购销秩序。

【粮油产业发展】 2016年，全市粮食行业在建项目27个，计划总投资54820万元，完成省粮食局下达任务的540%；2016年度完成14643.5万元，完成省粮食局下达目标任务的252.47%。纳溪区2.5万吨粮食仓储及物流中心、泸县粮食现代物流产业园区、合江临港现代粮食物流园区、叙永川滇黔边城粮油物流中心建成并投入使用。2016年，全市建立放心粮油标准化配送中心4个，社区、新村示范店22个，乡村粮油超市和连锁店22个；全年发展优质、专用粮油订单125.9万亩；新增省级重点龙头企业2个（叙永县鸿艺粉业有限公司、叙永县马岭粮油食品有限公司）。

【粮油质量监管】 依托粮食科技活动周、食品安全宣传周、爱粮节粮宣传周、"爱粮日"等组织开展粮油质量安全专题宣传活动，现场解答群众关心的粮油质量辨别技巧和食品安全等问题，发放宣传资料6500余份，大幅增强全民食品安全意识和优劣粮油的辨别能力。组织开展军供粮、储备粮、产新粮食质量调查和品质测报、原粮卫生调查、商品粮库存的质量专项检查活动，抽检样品384个，切实保障全市人民"舌尖上的安全"。 （李　昊）

烟　草

【概况】 2016年，泸州市烟草专卖局（公司）实现"两烟"销售收入45.21亿元（含税）；实现税利11.23亿元，其中税金7.3亿元，比2015年（下同）增长13%。辖区销售卷烟65.77亿支（13.15万箱），卷烟单箱结构2.84万元，增加2.4%。收购烤烟1.4615万吨（29.23万担），收购均价25.54元/千克，增加3%；烟农户均收入（含烟税返还、行业各种补贴、保险赔付）5.88万元。

【烟基项目】 全市行业累计投入1899.62万元组织实施烟基项目490件，烟区综合条件进一步改善。古蔺朝门、叙永纳坪、叙永龙洞水库扎实推进。叙永县摩尼镇联盟村、古蔺县双沙镇白马村新农村建设项目基本完成。

【烟草执法】 全年查获各类案件1243起，查获卷烟2049万支，增长33.57%；价值1230万元，增长78.92%。刑事拘留29人、逮捕14人、判刑11人。查获网络案件7起，其中部督案件1起。

（刘　蓉　杨忠辉）

财　税

财　政

【财政收入】 2016年，全市地方一般公共预算收入完成138.7亿元，同口径增长10.4%，收入总量连续三年位居全省第二位；全市财政支出完成336.9亿元，增长11.7%。

【争取上级资金】 2016全市共争取到上级转移支付、债券转贷资金突破300亿元，增长37.2%，其中：争取到地方政府置换债券和新增债券全年额度141.5亿元，总量居全省第2位，较2015年规模接近翻番；争取到位均衡性转移支付资金25.4亿元，增长16%，超过全省平均增幅；争取到资源枯竭城市转移支付资金8000万元；争取到煤炭行业化解过剩产能奖补资金2.4亿元。争取到省级科技服务业专项资金3100万元，总量居全省第1位。江阳区被列为省级高效节水灌溉规模化试点地区（全省仅2个区县），获得上级补助资金1500万元。

【财政支出】 按照“整合资金、统筹兼顾、有保有压、突出重点”的原则，持续优化支出结构，压缩一般性支出，将有限的财力更多地用于产业发展、重点项目建设、脱贫攻坚和民生改善。与北京国际信托、浦发银行、平安人寿保险股份有限公司签订550亿元的战略合作协议，有效拓宽筹资渠道。创新支持发展方式，设立40亿元规模的产业发展引导基金，支持产业转型发展。将企业应急转贷资金规模扩大到30亿元，进一步帮助企业解决融资难、融资贵问题。设立90亿元规模的基础设施和城市发展投资基金，支持重点项目建设。积极推进PPP工作，全市有38个项目纳入财政部PPP综合信息平台项目库，2016年完成采购项目11个，以政府投资1亿元撬动社会投资177亿元。着力脱贫攻坚和改善民生，持续加大民生领域投入力度，实施好十项民生工程，办好20件民生大事，全市公共财政用于民生支出比重保持在70%以上；落实中央、省、市“六个精准”“五个一批”的扶贫要求，强化投入保障机制，并协助兴泸集团、老窖集团、文旅集团与浦发银行达成150亿元的扶贫基金合作意向。

【财政体制改革】 围绕“基础管理工作提档升级年”主题，出台《进一步加强财政基础管理工作的意见》，制定内部控制基本制度、议事规则及8个专项风险控制办法，进一步夯实财政管理工作基础。积极落实国家“营改增”、资源税改革等税制改革和税收征管体制改革。稳妥推进公务用车改革、养老保险改革等改革工作。改进预算管理制度，实行中期财政规划管理，建立跨年度预算平衡机制。进一步理顺市区事权与支出责任，将国土收支财权下划区级财政管理，建立污水处理和垃圾处理服务费市区分担机制。（王　毅）

国家税务

【概况】 泸州市国家税务局成立于1994年9

2016年4月1日，泸州国税局开展第25个税法宣传月活动

月，属中央直属机关驻京外单位。下辖8个区县国税局，市局设18个科（室、中心）和直属税务分局、稽查局、第一稽查局、车购税管理分局等4个直属单位。全市系统共有在职职工917人。泸州市国家税务局主要负责全市增值税、消费税、车辆购置税、企业所得税、个人储蓄利息所得税、废弃电器电子产品处理基金以及文化事业建设费的征收工作。全市国税系统共管理服务纳税人74374户，酒业、化工、机械、能源是主体骨干税源。

【国税收入】 面对经济下行、税制改革、政策减收等多重压力，全市系统致力于压实责任、业务建设、统筹管理抓收入，全年实现税收入库94.32亿元，同比增收21.77亿元，税收规模居全省第四，较2015年提升1位。其中，计划口径税收入库89.92亿元，同比增收21.97亿元，增收贡献全省排位第三，仅次于成都市局和省直分局，完成省局二次调整后的税收任务。在地方财力上，实现市本级财力6.21亿元，超额完成市财政调整后的任务。严格落实优惠政策，全年累计落实税收优惠14.85亿元。

【税制改革】 全局干部职工发挥工匠精神，统筹部署、周密安排，以高度的责任心和使命感全力以赴，以“5+2”“白加黑”的奉献精神，迎难而上、勇于担当、夜以继日，加班加点。胜利跨越“4·28征管环境准备”“5·1纳税人顺利开具发票”和“6·1纳税人顺利申报”三大关口，打好营改增“开好票”“报好税”“分析好”“改进好”前四场战役，全市四大行业2.2万户纳税人顺利完成税制转换，成功推进税制改革落地生根。减税降负效应明显，5月1日启动“营改增”后，全年，全市四大行业累计实现增值税入库税金12.55亿元，同期营业税税金17.47亿元，营改增后与营业税相比减税4.92亿元。

【纳税服务】 有序落实各类征管规范，实现金税三期正式上线后全省首笔涉税申报征收业务。全面推进纳税服务优化。全市系统达到共驻政务服务中心全覆盖、2个区（县）局实现国地税互设窗口。按照国地税合作规范3.0版，对51个项目进行梳理，将任务分解落实部门，保证工作无缝衔接。纳税服务“便民办税春风行动”成效显著，市局被评为“全省国税系统便民办税春风行动先进单位”。创新开展“银税互动”，为纳税人解决融资贷款4010万元。

【依法治税】 依法治税提升水平，执法正确率连续3年保持全省最高水平。联合市地税局开展行政审批改革“回头看”和税务行政处罚裁量实施办法落实工作督导，对3615件税务违法、违章案件进行处理处罚。在保持古蔺局省级法治税务示范基地复查复评验收合格的基础上，泸县局新创建为省级法治税务示范基地。建立数据情报分析与风险管理中心，初步形成分工明确、逐级负责、统筹协调的系统化风险防控体系。推进税收风险管理，成功查处涉及12个省15个市州33户企业的“12·9”特大虚开增值税专用发票“窝案”，挽回税款损失4000余万元。

（陈　爽　税　宇）

地方税务

【概况】 2016年，泸州市地税系统共组织各项收入81.28亿元，比2015年（下同）增收13.80亿元，增长20.46%，其中税收收入75.94亿元，增收13.47亿元，增长21.55%。组织全市地方公共财政收入54.02亿元，增收8.33亿元，增长18.23%。其中：市本级地方公共财政收入13.99亿元，增收2.29亿元，增长19.57%。税收规模及增速均跃居全省第3位。

【依法治税】 除保留3项行政审批事项外，其余115项非行政许可审批事项全面取消，清理规范性文件，全年共清理失效规范性文件14份。实施地税系统公职律师培养计划，2名同志入选全省地税系统首批公职律师培养。成立税警联络室，开启税警协作常态化、制度化、规范化模式。推行“三证整合”改革，整合个体工商户营业执照、税务登记证和社会保险登记证。严格落实税收优惠，共计减免地方税费16.64亿元，其中改善民生减免3.78亿元，促进小微企业发展减免3621万元。整顿规范税收秩序，全年共检查纳税人174户，实现查补、自查入库总额2.43亿元。

【纳税服务】 围绕便民办税春风行，推行“国地税全职能窗口”，持续完善免填单服务、自助办税、银税互动、二维码一次性告知、纳税人学堂等便民办税举措，打造“12366”纳税服务热线、网上办税服务厅、自助办税终端等24小时自助办税服务机制，全年“12366”共受理各类咨询3500余次，接通率98%，网上办税厅申报率81%，自助办税终端办理业务3万余次。银税互动全年帮助征信条件好的45户企业解决贷款4080万元，纳税人学堂培训3万人（次）。围绕全市“产业创新发展年”，积极参与和服务好招商引资、重点项目等工作，深入市级部门重点联系企业开展调研5次，服务酒类企业发展，对酒类企业集中实施纳税辅导。12月26日，扩大同城通办范围，部分涉税业务实现全市通办。

泸州国税地税送税法进警营

【征管改革】 市委、市政府办公室印发《泸州市深化国税、地税征管体制改革方案》，将改革细化为具体任务并逐一推动落实。全面落实营改增改革任务，全年共向国税传递营改增纳税人信息2.32万户，妥善销毁地税原有发票3037万份。落实资源税全面改革，实现从量计征改为从价计征。拓展第三方数据采集，通过采集工商部门的股权转让、交警支队的车辆登记、国土部门的宗地信息等第三方信息，促进个税、车船税和土地使用税的增收。构建以“存量房评估”“以地控税、以税节地”“税收风险控管”为主要手段的财行税税源专业化管理工作模式。落实“放管服”改革，加强事中事后管理，推进“控、评、查”三管齐下，围绕重点税种，分类分级在风险控管、纳税评估、税务稽查上实现“力量+方式+手段”的深度交叉与融合放大。

（李　芳　龙玉娇）

金　融

金融综述

【概况】 截至2016年年末，全市共有银行机构20家、保险机构38家、证券公司12家、支付机构9家、小额贷款公司和融资担保公司47家、中外合资融资租赁公司1家。全市银行业金融机构实现各项存款余额2182.71亿元，较年初新增347.98亿元；各项贷款余额1281.90亿元，较年初新增188.94亿元。保险业实现保费收入53.17亿元，同比增长27.54%；在泸证券公司营业部股票有效账户34.09万户，同比增长16.04%，证券成交总额2407.88亿元，同比下降46.81%。

【信贷保持合理增长】 年初即制定出台《银行业金融机构目标考核奖励办法》，引导银行业金融机构围绕市委、市政府“产业创新发展年”工作要求和工作重点，保持信贷合理增长。到2016年年末，全市银行机构实现存款余额2182.71亿元，较年初新增347.98亿元，增长18.97%存款增量和增速均位居全省前5位；各项贷款余额1281.9亿元，较年初新增188.94亿元，增长17.29%。贷款增量位居全省第2位，贷款增速位居全省第3位。在壮大金融总量的同时，各银行机构不断加强资产负债管理，力保资产质量优良，全市银行业机构不良率为1.57%，连续三年为全省市州最低。

【重点项目融资】 搭建银政企合作平台，分区域、分行业组织开展专场对接会，促进重点企业、重点项目融资需求与银行机构资金供给的有效对接。举办高新区银政企对接会、财税金融工作会、金融精准扶贫工作会、银行业金融机构座谈会、小微企业银企对接签约活动等会议。建立重点项目动态管理制度，实行分类指导和动态管理，加强与各家银行总行、省分行的对接联系，积极争取信贷资源向泸州市倾斜。到2016年年末，全市“四大行业”贷款余额为170.8亿元，重点项目、重点企业贷款余额274.49亿元，较年初新增58.97亿元，增长27.37%。争取到国开行和农发行总行以专项建设基金“明股实债”的方式，对兴泸等国有平台公司进行注资，保障全市重点项目建设资金需求。2016年，争取到国开行18.27亿元、农发行17.26亿元专项建设基金注入。注重发挥保险资金对地方经济社会建设的作用，搭建企业、项目与保险机构合作交流平台，筛选部分符合条件、有融资需求的重点项目推荐给人保资本，打下良好合作基础，以期促进长期合作。

2016年12月14日，市委书记蒋辅义，市委副书记、市长刘强会见中国工商银行四川省分行党委书记、行长韩松一行

【支持实体经济】 鼓励金融机构不断创新金融产品和服务方式，建立5000万元的风险资金池，形成财政承担20%、银行和担保公司共同承

担80%的风险分担机制。鼓励金融机构产品创新，对开展应收账款质押、采矿权抵押、五权融资以及保税仓单质押等给予贷款贴息。出台《关于营造良好金融生态环境助推实体经济发展的意见》，建立企业融资风险分担资金池，开展酒类企业借新还酒担保贷款，降低实体企业融资成本。全年，小微企业贷款余额244.38亿元，较年初新增70.24亿元，增长40.33%，从增速、户数、申贷获得率三个维度，实现银监会“三个不低于”目标。加快推进农村“两权”抵押贷款试点工作，2016年累计发放农民住房财产权抵押贷款7笔，累计发放金额225万元。推动纳溪区农村土地流转收益保证贷款试点工作，全年共发放26笔，累计发放金额1.56亿元。2016年末，全市涉农贷款余额575.37亿元，较年初新增67.14亿元，增长13.21%。

【金融战略招商】 扩大金融市场对外开放，强化对辖外金融机构的联系和引进。天津银行泸州分行进驻泸州市并于5月18日开业运营，成都银行正在进行开业筹备，预计2017年一季度开业。发展普惠金融体系，提高金融网点覆盖率和金融服务可得性，引导和鼓励银行业机构向县域、向乡镇、向社区等基层组织延伸，鼓励金融机构设立社区银行、普惠制支行、特色支行、小微支行等。2016年全市银行机构共新增社区银行3家、自助银行39个，建成助农取款点3011个，消除金融服务空白行政村1386个。引进利安人寿、前海人寿保险公司到泸州市设立分支机构。

【地方法人金融机构改革】 指导泸州市商业银行建立现代企业管理制度，完善公司法人治理，强化风险管控，改革薪酬考核分配机制，进一步激发经营活力。监管评级连续两年获评3A级，为实现跨区域发展奠定基础，筹建成都分行获批，正在积极筹备开业。2016年年末，市商行注册资本增至14.48亿元，总资产规模530.84亿元；存款余额310.19亿元，较年初新增123.35亿元；各项贷款余额143.88亿元，较年初新增45.16亿元。加快推进农村信用社系统改革发展，整合江阳区农商行、龙马潭区农商行、纳溪农信社组建泸州农村商业银行，11月19日召开创立大会，泸县农信社改制农商行12月23日召开创立大会，两家农商行在筹建中。

【直接融资】 动态掌握直接融资后备企业情况，推动企业通过发行企业债券、中期票据、非公开定向债券融资工具等方式，进一步拓宽融资渠道，降低融资成本好杠杆率，保持财务稳健性，促进全市经济平稳运行。2016年，全市实现直接融资148.76亿元，同比增长18.14%，位居全省前列。

【企业上市】 2016年，市政府与各区县及产业园区签订工作责任书，对各区县企业挂牌上市培育和直接融资实施目标考核。筛选150户企业列入全市直接融资重点培育企业后备库，实行动态管理，加强跟踪服务，重点培育。四川议中新材料股份有限公司、四川金鼎印业股份有限公司成功登陆“新三板”。华西证券向证监会申报IPO，泸州兴泸水务（集团）股份有限公司向香港联交所递交上市申报材料，目前正等待第二轮聆讯。四川科瑞德制药有限公司向四川证监局申请备案。另有14户企业与券商签约，14户企业在区域性场外市场挂牌。

【挂牌企业融资】 宏图物流公司在2015年实现股权质押融资7000万元的基础上，2016年5月再次定向增资1020万元，并成功进入新三板创新层；议中新材料公司挂牌后实现定向增资1000万元，泸州市两家新三板挂牌企业成功实现融资，将成为重要风向标，必将进一步调动全市中小企业到场外市场挂牌融资的积极性。

【健全发展融资担保体系】 2016年，市政府印发《关于进一步促进融资性担保行业健康发展的意见》（泸市府发〔2016〕8号），提出以缓解小微企业和“三农”融资难融资贵为导向，以发展政府支持的融资担保和再担保机构为基础，采取有力措施，健全担保体系，为泸州市小微企业和“三农”发展提供更加有力的金融支持。到2016年，全市共有融资担保公司21家（含分公司5家），注册资本16.46亿元。其中：国有全资、控股、参股的融资担保公司7家，注册资本10.92亿元，占行业

68%，通过大力投入、增资扩股方式，做大做强国有融资性担保机构。近年来，累计增资扩股7.2亿元，具有国资背景的担保公司担保份额，占全市担保余额的80%。引导和支持国有融资性担保公司与省再担保公司合作，努力降低担保费率。2016年，市、县（区）财政共同出资6000万元，参与省级再担保公司组建。坚持在"规范"中发展。2016年新设国有融资担保公司和小贷分公司各1家。泸州工投融资担保有限公司经省金融办批准筹建，于2016年12月开业，注册资本2亿元。南充美兴小额贷款公司泸州分公司经省金融办批准筹建，于2016年3月开业。该分公司是其他地区小贷公司在泸州设立的第一家分公司，开业至今，累计向626户发放贷款5290万元。

【"两类"公司创新业务】 7月，省金融办批准兴泸小额贷款公司向大股东借款试点，为经营规范、运作良好的公司拓宽融资渠道，提升服务能力。全年指导并完成"两类"公司进行增资扩股、股权调整、高管人员等变更事项20余项。引导小贷公司充分发挥"短、小、快、简"的经营特色，重点支持一大批无法获得银行贷款又急需资金支持的小微企业；引导融资担保公司充分发挥对中小企业融资能力的信用增级作用，进一步优化中小企业融资环境。到2016年，全市25小贷公司贷款余额78亿元，其中涉农和小微企业贷款余额为44亿元，占56%。21家融资性担保公司在保余额60.19亿元，其中向中小微企业、"三农"提供担保贷款55.85亿元，占93%。

【"两类"公司监管】 建立健全"两类"公司监管制度，充分履行监管职责，严格落实属地监管职责，推动监管和风险防范工作的制度化、规范化、常态化。制定"两类"公司风险防范处置预案，建立健全工作档案，对存在问题的公司加大检查频率和力度，全力做好监测预警与风险防控。2016年选聘会计师事务所对"两类"公司进行专项审计，进一步丰富监管手段、提升监管的有效性。2016年，共对5家融资性担保公司（含2家分公司）作停业整顿处理，对2家融资性担保公司和2家小额贷款公司作责令限期整改处理。

【非法集资风险专项整治】 建立健全处非工作机制和处非专（兼）职人员，设立专项处非经费并纳入财政预算。2016年，部署开展非法集资风险专项整治行动，对重点领域重点行业风险进行全面摸底排查。建立上下联动宣传教育机制，将宣传工作常态化。2016年，市处非办在《泸州日报》、《泸州晚报》、市政府网站、市电视台、手机等媒体上进行非法集资宣传。组织各区县处非办和各成员单位集中开展"处置非法集资宣传月"活动，通过悬挂宣传标语横幅，发放打非宣传资料、金融机构电子显示屏滚动宣传，公交车车载电视机插播短片等多种形式，加大防范非法集资宣传力度。通过一系列宣传教育活动，增强公众投资理财风险自担和远离非法集资的意识。2016年，全市没有发生一例重大突发风险事件。

【金融精准扶贫】 强化政策工具使用，全年发放扶贫再贷款3.2亿元，实现贫困县全覆盖。支持建档立卡贫困户融资需求，加强财政金融互动，促成扶贫小额信贷风险基金到位3700万元，督促金融机构对6.7万户贫困户评级授信，授信金额16.2亿元，2016年发放扶贫小额信贷5.89亿元。引导信贷资源投入，支持贫困地区改善基础设施条件，支持异地扶贫搬迁，农发行向上级行争取异地扶贫搬迁项目授信23亿元；支持发行异地扶贫搬迁收益债20亿元，完成5亿元发放。统筹贫困村帮扶工作，兴业银行成都分行与合江县，邮储银行省分行与古蔺县签署扶贫合作协议；全市金融系统共联系定点扶贫村30个，协同定点扶贫村制定脱贫计划，帮助定点扶贫村新建、修缮房屋38户、面积3410平方米，修建村社道12千米；改善金融基础设施，设立4个金融扶贫综合服务平台，9个助农取款点。2016年，全市银行业机构共向贫困地区捐款1394万元。

（舒　敏）

中国人民银行泸州市中心支行

【执行货币政策】 联系地方经济发展。加大向市委、市政府工作汇报力度，做好政策宣传和舆论传导，为地方经济发展建言献策。加强银政企联系，准确传达稳健货币政策的内涵和意图，督促金融机构认真贯彻落实稳健的货币政策，为供给侧改革营造良好的货币金融环境。加大对重点项目、电子商务和物流等新兴优势产业、养老服务业、新消费领域等的支持力度。截至2016年年末，全市金融机构各项贷款同比增长17.29%，各项存款余额同比增长18.97%。用好用活货币政策工具。强化准备金管理，探索使用新的流动性管理工具。向泸州市商行发放常备借贷便利（SLF)。开展县域法人金融机构新增存款一定比例用于当地贷款考核、农村信用社改革后续监测考核及农业银行县级“三农”金融事业部考核，对达标的2家县域农商行降低存款准备金率1个百分点，农业银行2个县级“三农”金融事业部执行比正常标准低2个百分点的存款准备金率。同时，依托“名单制、基地化”，推动再贷款、再贴现政策精准有效实施，增强金融机构对“三农”“小微企业”的信贷投放能力。首次使用信贷资产质押方式，向龙马农商行发放1亿元支小再贷款。加大信贷支持力度。深入实施中小微企业金融服务提升工程。截至2016年年末，全市中小微企业贷款同比增长25.07%；规范推进小额担保贷款，充分发挥小额担保贷款在支持创业、就业和劳动密集型中小微企业发展中的作用。2016年末，小额担保贷款余额2.59亿元；有效增加对科技产业发展重点领域和关键环节的信贷支持。推动基于知识产权质押、股权质押、存货质押、仓单质押、收费权质押、原酒质押等金融产品创新，拓宽企业特别是小微企业的融资渠道。

【精准扶贫】 开展精准扶贫工作。组织召开金融扶贫融资对接会，加大信贷资源投入。全市涉农贷款余额较年初增长10%。支持市农发行争取异地扶贫搬迁项目，配合相关部门发行异地扶贫搬迁债券，引导商业性金融机构支持相关配套产业项目。建立46个金融扶贫重点基地和示范窗口，聚集资金支持“幸福美丽新村”建设。向古蔺、叙永和合江县农商行发放扶贫再贷款，精准向贫困户和带动贫困户就业企业提供低利率资金。加强财政金融互动，促成扶贫小额信贷风险基金到位，按贫困户实际发放贷款总额的1%对金融机构给予补贴。同时，督促金融机构对6.7万户贫困户评级授信，并发放扶贫小额信贷。指导金融机构建立“一对一”结对帮扶机制，使用“扶贫资金+项目贷款”，向定点扶贫村发放贷款，捐赠物资，帮扶30个定点扶贫村。五是改善金融基础设施，设立4个金融扶贫综合服务平台、9个助农取款点。推进“两权”抵押贷款试点。推动泸县成立农民住房财产权抵押贷款试点工作推进小组，制定《泸县农民住房财产权抵押贷款试点实施方案》。促成市县两级财政共同出资成立风险补偿基金。协调泸县不动产登记中心开辟绿色通道，对目前尚未取得宅基地使用

2016年10月9日，中国人民银行泸州市中心支行组织开展泸州市金融机构反洗钱知识竞赛

权和农房所有权权属证明的农户提出的贷款申请，优先办理不动产权证和抵押手续。累计发放农民住房财产权抵押贷款7笔。同时，推动纳溪区内农村土地流转收益保证贷款试点工作，发放农村土地流转收益保证贷款26笔。

【金融改革】 关注和引导泸州市商业银行通过发行二级资本债等方式提升资本充足率。并对全市直接债务融资工具进行跟踪监测；着力推动“三区”农信社（农商行）合并组建泸州市农商行。

【金融稳定】 防范和化解金融风险。做好合意贷款管理升级为宏观审慎评估政策（MPA）的相关工作，及时开展窗口指导。2016年二、三季度MPA评估中，泸州市2家地方法人金融机构获得A等评级。牵头互联网金融风险整治，形成1262户摸排名单。按不低于30%的现场检查率进行摸排，对13家互联网开展金融活动的机构进行现场摸排和重点整治。并对摸排名单中其他机构发现的相关问题，移交相关业务主管部门处理。优化辖内金融生态环境。加大与地方政府的沟通联系，形成工作合力。通过政策支持、财税扶持、监管实施、投融资选择等方面鼓励金融业发展，实施金融招商战略，“十二五”以来，全市新增银行机构6家、新增保险机构12家。泸州市获2015年县域金融生态环境评价全省第1名。

【金融综合监管】 完善金融综合管理联席会议制度，畅通管理渠道。做好新设银行机构开业管理工作。开展银行机构综合检查及评价工作，完成对泸州市商业银行的综合执法检查、2015年综合评价及整改评估工作。对综合评价结果为B等末位的12家金融机构，进行约见谈话和督促整改。扎实做好存款保险制度实施各项工作，认真报送基础数据并加强存款保险投保机构风险监测，完成重点风险企业的监测。开展金融消费权益保护工作，推进“12363”金融消费权益保护咨询投诉工作。受理金融消费者投诉35起、咨询25起，均全面办结。

【支付结算】 加强支付系统建设和管理，确保支付系统安全稳定运行。按要求完成ACS系统的升级及上线运行，做好非现场监管试点工作。立足县域、服务“三农”，不断改善支付结算服务环境。截至2016年年末，全市共建成助农取款点3011个，实现全市农村助农取款服务全覆盖，创建助农取款优质服务示范点17个，农村金融综合服务示范站3个，支付惠农示范行（社）1个。推动账户实名制建设，组织账户管理业务培训和检查，落实“三证合一”，督促各银行改进个人银行账户服务，按期完成系统改造，准确标志各类个人账户。推广非现金支付工具，服务实体经济。打造刷卡无障碍示范（街）区，完成合江县江语长滩住宅小区、龙马潭区农村公交等金融IC卡多行业应用的推广。

【经理国库】 做好国库会计核算和国库服务工作和国库系统应急演练，确保国库资金安全。积极参与税制改革、地方财政体制建立，协调推进“营改增”涉及的财税库银工作，完成高新区国库业务和管理运行，不断提高横向联网业务量水平，围绕服务民生保障、支持地方经济发展。做好国债宣传，保证国债发行和兑付规范、有序。全年发行储蓄国债14期。

【货币发行与反假货币】 强化发行基金投放回笼管理，确保现金供应。科学预测发行基金投放情况，合理分配库存，保证节假日期间现金供应。推进硬币自循环体系建设，深化人民币净化工程建设。现金清分现场检查覆盖辖内金融机构28个现金中心和营业网点。加大对残币的回收任务与硬币的投放任务，邮储银行江阳支行布放辖区首台纸硬币兑换机。以假币“零容忍”为治理原则，强化反假货币工作。联合公安局召开警银反假联席会议，抽查全市12家金融机构28个网点，未发现违规收缴假币现象，无假币流失现象，假币零收缴网点显著下降。稳妥推进试点改革工作。古蔺县代理发行库于3月投入使用，并安全运行。

【反洗钱监管】 强化反洗钱现场检查和非现场监管。完成对辖内62家机构的考核评级，根据考核评价，实施差异性监管，对辖内6家股份制银行实施约见谈话，7家机构进行质询；并完成对辖内3家机构的反洗钱专项检查。深化反洗钱协调机制建设，联合预防和打击洗钱犯罪。完善与公、检、法和国家安全机关反洗钱合作，做好泸州市涉毒资金监测工作，接收金融机构案件13起，案件涉及危害国家安全、贩毒、贪污贿赂、涉税、非法集资、电信诈骗等，对维护金融秩序和社会稳定发挥重要作用。积极开展反洗钱宣传培训，围绕《中华人民共和国反洗钱法》颁布十周年加强宣传，取得较好成效。

【征信管理】 深入推进辖区信用体系建设，改善社会信用环境。坚持“双牵头”工作，搭建公共信用信息共享平台，推动白酒行业商会信用体系建设示范工程、特色农村信用体系建设工程、中征应收账款融资服务平台的应用，助推泸州市成功获批全国第二批创建社会信用体系建设示范城市。开展“两类机构”信用评级和央行内部评级，辖区2家融资性担保公司和2家小额贷款公司参加信用评级。进一步做好征信服务和监管工作，新增泸州城区和泸县福集镇3个自助信用报告查询网点。

【外汇管理和跨境人民币业务】 落实各项改革措施，促进贸易投资便利化。做好数据采集管控系统、对外资产负债系统改革上线工作。提升外汇服务水平，积极支持泸州港保税物流中心（B型）、中国（四川）自由贸易试验区泸州片区建设，增强服务地方经济能力。截至年末，全市跨境收支总额4.28亿美元。加强外汇现场检查、核查及非现场核查力度。完成对辖内4家银行机构的外汇业务合规性检查，利用外汇非现场检查系统加大对国际收支、经常项目、资本项目、个人结售汇等非现场数据的分析，并及时督促外汇指定银行对核查出的问题进行整改。（刘艺涵）

中国银行业监督管理委员会泸州监管分局

【概况】 截至12月度，全市银行业各项存款余额2160.63亿元，较年初增加355.36亿元，增幅19.68%；各项贷款余额1281.9亿元，较年初增加188.94亿元，增幅17.29%；不良贷款率为1.57%，较年初上升0.18个百分点；银行业拨备后利润总额36.99亿元，纳税9.8亿元。

【服务实体经济和民生金融】 截至12月底，全市新增加贷款188.94亿元，增幅17.29%，新增表外融资47.92亿元，新投放重点项目贷款79.89亿元。全市小微企业贷款余额417.87亿元，比2015年增加113.54亿元，增速37.31%，高于各项贷款增速20.54个百分点。小微企业贷款户数3.93万户，比2015年增加1626户。泸州辖内9家法人机构，均达到小微企业贷款“三个不低于”的监管要求。涉农贷款573.61亿元，较年初增加68.87亿元，达到“一个不低于”的监管要求。

【缓解融资难和融资贵问题】 组织泸州市国家高新区政银企对接会，促成14家银行业机构与泸州国家高新区管委会签订战略合作协议，签约金额370亿元。牵头主办2016年“助推普惠金融发展实现银企互信共赢”银企对接活动5场（次），深入4县3区推动银行业机构与95户企业实现签约融资15亿元。组织涉农银行业机构与种粮大户、家庭农场等新型农业经营主体召开春耕备耕金融服务对接会，授信签约135户、1.56亿元；联合市发改委、财政局、国资委、金融办、人行成立全市降低企业融资成本联合工作小组，代市政府起草印发《泸州市降低企业融资成本实施细则》。督促银行机构落实银监会续贷政策和适当减费让利。截至12月末，全市银行机构取消服务收费12项、降低收费标准17项，为892家企业办理流动资金续贷业务，续贷金额52.76亿元，为企业节约融资成本超过1亿元。

【扶贫攻坚】 举办金融帮扶对接会议，中铁信托、兴业银行成都分行、泸州商业银行分别与叙永、合江、古蔺县签订金融扶贫开发合作协议。协调各县政府出资设立扶贫信贷分险基金，全面启动扶贫小额信贷、易地扶贫移民搬迁贷款业务；截至12月末，全市银行业金融机构共发放扶贫小额信用贷款3.19万户，金额5.75亿元，发放易地扶贫搬迁贷款14.70亿元；向贫困地区捐款1364.78万元，与728户贫困家庭开展结对帮扶，通过帮扶脱贫143户。

【银行业改革】 推动泸州商行完善公司治理和

资本扩充工作。督促泸州商行夯实基础工作，做实监管评级，2015年度监管评级由3B上升至3A，泸州商行成都分行已获筹建，持续优化“三会一层”建设，完成监事会换届和“十三五”发展规划制定，采取多种方式持续扩充资本，增强资本实力，截至12月底，泸州商行完成增资扩股计划，注册资本由年初的12.98亿元增加至14.49亿元，并经省局批复同意开始启动10亿元二级资本债发行工作；推进“三区整合”组建泸州农商行工作和泸县联社改制农商行工作，泸州农商银行创立大会于11月19日召开，泸县农商行的创立大会于12月23日召开，两家机构准备开业。

【严守风险底线】 截至12月底，全市银行业机构不良贷款率1.57%，不良贷款率为各市州的最低。地方政府融资平台贷款余额26.7亿元，较年初减少9.16亿元，平台贷款风险逐步降低。房地产贷款余额318.19亿元，不良率0.14%，房地产贷款质量较好；12月底，泸州商行流动性比例为44.99%，农合机构流动性比例60.51%%，泸县元通村镇银行流动性比例为92.66%；会同市金融办共同牵头全市P2P网贷整治工作，成立领导小组，制定整治方案，组织开展实地检查；联合市法院组织开展涉金融案件执行专项活动，全市两级法院共受理“涉金融债权”案件501件，执结案件311件，执结率62.08%，执行到位标的10720.45万元。 （任泳龙）

中国农业发展银行泸州市分行

【概况】 2016年年底，中国农业发展银行泸州市分行各项贷款余额76.64亿元，同比增加13.88亿元，增长36%；各项存款余额58.61亿元，同比增加32.05亿元，增长120%；存款日均余额49.72亿元，同比增加36.10亿元，增长265%；实现账面利润2.01亿元，同比增加1.03亿元，增长105%。无新增不良贷款，继续保持不良贷款“零”余额，全年无经济案件、无刑事案件、无重大责任事故、无严重违规违纪行为发生，在农发行四川省分行2016年度经营绩效考评中名列全省第四。

【信贷支农】 2016年，累计投放信贷支农资金64.14亿元，其中各类贷款42.92亿元、农发重点建设基金21.22亿元，为粮油收储、农业农村基础设施建设、农业产业化发展等提供有力支持。全年投放粮油收储贷款1.75亿元，未发生区域性“卖难”和收购打“白条”；投放中长期项目贷款32.41亿元，重点支持古蔺、叙永、合江易地扶贫搬迁、泸州国家高新区及长湿新城整体城镇化、纳溪区天仙安置房建设、古蔺人居环境建设等12个市县重点项目；向郎酒、九禾等实体企业发放流动资金贷款8.42亿元。

【脱贫攻坚】 2016年，累计向古蔺、叙永、合江3个贫困县投放贷款21.41亿元，占全部贷款投放总额49.88%，其中易地扶贫搬迁贷款12亿元，改善农村人居环境建设贷款1.9亿元，农村土地整治贷款1.85亿元，农民集中安置房建设贷款1亿元。累计投放农发重点建设基金9.82亿元，有效推动3个贫困县近20个项目开工建设。泸州市分行成为泸州市农村工作暨脱贫攻坚领导小组成员单位，辖内县级支行叙永、合江、泸县支行被确定为易地扶贫搬迁贷款主办行。 （王秋梅）

中国工商银行股份有限公司泸州分行

【概况】 2016年，中国工商银行泸州分行各项贷款余额201.08亿元，比年初增加7.52亿元；各项存款余额209.7亿元，比年初增加3.69亿元；实现拨备前利润6.4亿元，净利润4.36亿元。

【资产业务】 把握泸州市“一带一路”、长江经济带和建设区域中心城市等的重大机遇，以业务格局同地方经济相融合，营销地方重点建设项目融资业务，积极探索政府购买服务等融资模式，推进法人项目贷款快速发展。累计批复泸州长江经济技术开发区、泸县等市、县重点项目融资政府购买服务融资项目6个融资总额26.9亿元，实现投放20.8亿元，项目贷款净增18.4亿元。同时，支持实体经济发展，结合泸州产业特点，以“产业园区+区内企业群”的一体化服务模式，积极支持产业转移，加大产业园区支持力度，加快产业转型升级，促进中小企业贷款增长。全年新增中小微企业贷款3亿元，增幅3.14%；新增涉农贷款6.44亿元，增幅20.94%。

【经营转型】 加速发展私人银行业务，实现全权委托专户业务零突破。优化经济资本占用。年末经济资本占用较年初下降9632万元。重抓新兴业务，跨境人民币结算量同业市场占比第一。

【资产质量】 提升信贷机构经营能力，取得信贷经营各类资质251人，较年初增加191人，全行各信贷经营机构从业务人员均达到总行要求。防止信贷风险“病从口入”，强化客户经理贷前调查能力和风险贷款识别能力。严控信贷资产质量劣，缓释风险贷款2.5亿元。组建权证中心，实现权证管理工作的前后台分离和贷款权证管理各环节风险防控。

【网点发展】 开展“服务面貌专项整治季”活动，网点综合化提升全省第一、客户平均满意度全省第六位、客户发起评价率全省第二位。全年新建离行式自助银行5个，新增自动柜员机19台，建成智能网点建设投产17个，完成世纪城支行等3个支行乔迁开业。 （陈江浩）

中国农业银行股份有限公司泸州分行

【概况】 2016年，中国农业银行股份有限公司泸州分行各项人民币存款余额262.10亿元，净增24.26亿元，完成省分行年计划的138.62%；各项人民币贷款余额141.55亿元，净增13.77亿元，增速10.78%；拨备前利润51217万元，拨备后利润43276万元；不良贷款占比0.58%，低于泸州全区域银行业不良贷款平均占比0.99个百分点。

【存款业务】 实施对公转型打造机构存款支撑和网点转型打造个人存款支撑，实现对公存款时点余额70.92亿元，净增9.96亿元，完成省分行年计划的332%，实现对公存款日均余额58.67亿元，净增4.99亿元，完成省分行年计划的166.45%。实现核心个人存款余额191.19亿元，增加14.31亿元，个人存款存量、增量份额均保持四行同业“双第一”位置，存款结构趋好，活期存款占比攀升。

【贷款业务】 法人贷款余额（含票据融资）82.83亿元，净增4.92亿元；小微企业贷款净增12328万元，完成省分行年调整计划的346%；加快项目储备推进泸州经济建设，2016年获批表内外项目（含“三农”）共15个，金额88亿元。实现投放（提款）20.3亿元，重点支持城市建设基金、中铁沱二桥加宽改造、中冶十九局二环纳溪段、市人医整体搬迁、泸县棚户区改造等项目。评估上报项目（含“三农”）8个，金额35.1亿元，重点支持泸渝高速、中建沱江新城基础设施等项目。其中，评估上报项目泸渝高速将有望成为该行首个银团项目；已提款项目泸州市城市基础设施建设专项基金是目前全省农行二级分行规模最大、首支与农总行基金公司合作的产业基金，支持泸州市17个项目建设；对泸州市住房公积金中心新增授、用信3亿元，全市公积金中心个人公积金委托贷款、财政贴息住房贷款全面提速。个人贷款58.72亿元，增加9.45亿元，增量历史最高；个人住房贷款新增突破10亿元大关；个贷新产品在全省农行实现首笔个人住房公积金贴息贷款发放、消费类贷款网捷贷、房联贷等实现零的突破。

【服务“三农”】 县域各项贷款余额65.44亿元，增长5.44亿元；其中县域法人贷款余额41.11亿元，增长1.82亿元；县域城镇化贷款增加16040万元；水利贷款增加9810万元。实施“六项行动”共完成11个项目金额25.9亿元的审批和储备。重点支持“泸县农村宅基地改革整治项目”“泸州医药产业园基础设施项目”和“合江锁口水库项目”等项目建设，其中泸县农村宅基地改革整治项目贷款成为全国农村宅基地改革试点工作中金融机构投放的首笔贷款产品。农户贷款方面，农户贷款余额36955万元，增加147万元；实现全省首笔农民住房财产权抵押贷款和“房联贷”的发放。涉农贷款同比增速9.67%，高于全行贷款同比增速1.07个百分点，达到银监会监管要求；惠农卡有效客户数30万个，增加2.8万个，完成省分行计划的175.54%；农村新型经营主体新增贷款131户，完成省分行年计划的131%；开办惠农通服务点1683个，其中“银讯通”布点294个，增加73个，办理助农取款交易2.3万笔金额1015万元；电子机具行政村覆盖增加1089个，覆盖率71.9%；完成2016年扶贫任务，合江、叙永、古蔺3个贫困县支行扶贫贷款余额51.1亿元，净增4.07亿元，完成扶贫贷款任务的162.4%；共有建档立卡贫困户贷款804户，贷款余额8028.8万元，其中发放小额扶贫贷款418笔，金额105万元。

【中间业务】 公司业务投行化转型成效初显，对公中间业务收入同比多增715万元，贡献度38.46%，较同期提升4.8个百分点；零售业务新兴产品发展势头良好，实现中间业务收入9044.85万元，其中：信用卡实现2831万元；电子银行实现1946万元；自助银行实现1447万元。以“e农管家”为代表的电商业务和电子银行业务取得较大发展，POS有效收单商户超额完成任务，信用卡分期业务发展迅速。 （武亚波）

中国银行股份有限公司泸州分行

【概况】 截至2016年年底，中国银行股份有限公司泸州分行各货币折人民币存款余额123.62亿元，增幅19.86%；本外币贷款92.48亿元，增幅9.34%；实现中间业务收入0.69亿元，增幅28.01%；不良率0.13%，不良率控制在优良水平，实现各项业务健康、稳定、可持续发展。

【存款业务】 坚持存款立行，以“升份额、增收入、控风险”为主线，依托新产品、新业务的推广提升综合服务能力，实现核心存款市场份额有效提升。截至12月底，公司本外币存款余额45.71亿元，新增市场份额36.12%，四大行排名第1；个人人民币储蓄存款余额77.91亿元，市场份额较2015年提升0.78%，市场份额提升和网均新增均排四大行第1。

【贷款业务】 围绕泸州市经济发展战略，按照泸州市产业创新的工作要求，围绕客户产业链、产权链、产品链及客户的融资需求，狠抓贷款投放和结构调整，“盘活存量，用好增量”，支持地方经济建设；以服务实体经济为己任，对中小微企业的扶持力度，信贷规模全力倾向中小企业，圆满完成监管机构“三个不低于”监管目标。截至年底，新增贷款7.90亿元，存贷比74.81%。 （蒋　兰）

中国建设银行股份有限公司泸州分行

【概况】 2016年年底，中国建设银行股份有限公司泸州分行一般性存款、各类贷款、中间业务净收入、拨备前利润总额四项主要经营业务，增速分别达到6.03%、21.46%、41.55%和16.81%，连续15年实现无案件、无重大违规违纪违法事件和无重大责任事故“三无”目标。

【存款业务】 全年存款业务稳健发展，对公存款和个人存款增速分别为5.02%和7.24%。开展“机构业务营销年”和“创新产品营销”竞赛活动，机构核心客户和关键业务取得新突破，机构存款规模、结构实现双跃升；关注各级财政资金保值增值动态，适时提供服务方案，获得市县（区）级国库定期存款的较大份额；利用对公一户通产品，完善五大保险收入账户体系；充分挖掘民本通达服务内涵，为重点事业法人客户提供精细化服务，存款和产品覆盖度持续增长。加强对重点客户的市场营销，积极推进票据池产品，不断扩大代收代付业务面；加强对中小型骨干存量客户的维护和新客户拓展，夯实对公客户增存基础。把握重点时段，抓好旺季个人目标客户营销，提升服务效率，奠定个人存款新增基础；细分客群，有的放矢，制定产品组合，做好县域市场务工人员返乡资金归集，实施中高端客户“理财规划”“财富管理”策略，促进个人存款增长。

【贷款业务】 全年，贷款业务快速发展，新增额位居全省系统第1，增速同比提高3.3个百分点。支持重点项目建设，全年为泸州市平台公司和重点项目落实表内外融资38亿元，向叙古高速、国道321线及省道308线改造、“空港路”等重点基础设施建设项目投放贷款31.5亿元，公司类贷款增幅达到16%。扶持房地产行业健康发展，抓好楼盘储备和个人住房贷款投放，全年发放个人住房贷款29.3亿元，增幅达33%；继续加大对县域房地产市场的支持，在泸县、合江、叙永、古蔺四县投放个人住房贷款12.7亿元。努力满足中小微企业资金需求，年末中小微企业贷款新增17亿元，增幅20.6%。发展表外融资业务，通过代理发行资产收益权、股权投资类理财产品，开展银政合作项目和地方政府债务置换，延长企业理财产品期限，对地方政府融资和推动区域发展服好务，年末表外融资融资余额达48.2亿元。

【中间业务】 发展投资银行、代理、财务顾问、增值等业务，通过创新产品、积极营销、内外联动、扩大银行卡规模和产品销售等措施，保持中间业务的稳步发展，净收入额在全省系统内名列第一，增幅为41.5%。

【渠道建设】 全年，升格支行9个，新增离行式自助点位1个，新安装自助设备6台、智慧柜员机40台，置换自助设备11台，仅城区内自助设备全年账务性交易就达533.6万笔，交易额135.3亿元，分别较2015年增加24.6万笔和35.3亿元，其中现金交易增加5万笔，自助银行全功能服务率93.24%。拓宽个人银行渠道，全年网银代发工资户、收单商户新增和CTS个人签约数均为全省系统内第二，专项分期新增为全省系统内第三，信用卡净增客户1.55万户，单位网银和个人手机银行、短信银行增速均超过12%。促进传统柜面业务向移动端迁移，社保MIS－POS基层平台升级后迁移48%的参保人员参与自助缴费，为泸州职业技术学院量身定制校园一卡通解决近万人的消费需求，全年移动金融替代率55.26%，较2015年提升24.4个百分点。（杨家金）

交通银行股份有限公司泸州分行

【业务发展】 截至12月31日，交通银行泸州分行各项存款余额42.46亿元，人民币各项贷款余额31.46亿元。截至12月31日，在编人员63人。具有大学本科及以上学历的人员占比为100%，具有金融从业经历人员占比93.65%。下辖泸县支行，及龙马潭支行、南光路支行两个普惠银行。

【营销工作】 将政府、行政事业单位、酒业、物流等作为客户营销的重中之重，重点突破一些在当地有影响力的大项目：如叙古高速银团贷款总额54.18亿元由该行牵头组团，全年，向四川叙古高速公路新增发放银团贷款2.66亿元，参与行新增投放贷款5.5亿元；成功发行泸州老窖集团30亿元私募债，托管煤气化项目收益债15亿元、兴阳集团企业债10亿元。6月，泸州分行成功获批设立37.5亿元泸州市兴泸城市发展投资基金。该笔基金是迄今为止四川省分行获批的单笔最大一单银政合作基金，也是交行系统内与省辖行属地地方政府合作的最大一单基金类项目，该基金额度将全部用于财政预算通过的重点项目。

【机构业务】 2016年，推进公积金住建系统，该行完成软件开发。通过对同业客户的长期接触与跟踪营销，泸州江阳农村商业银行、泸州市商业银行等4家同业在交行开立投融资专用账户，用于购买同业理财产品。9月29日，交行与农发行泸州市分行举行全面战略合作协议签署仪式。双方将进一步加强双方在棚户区改造、异地扶贫搬迁等项目的深层次合作。

【金融创新】 2016年，拓展泸州大洲化工有限公司“税融通”业务，向该公司投放省分行首笔“税融通”贷款200万元。创新性采用四方保兑仓的业务模式，为其提供信贷支持，提高老窖集团业务销量。年内，泸州兴泸水务集团启动赴港上市流程，交行积极对接交银国际为兴泸水务集团进行上市辅导，交行子公司交银国际作为兴泸水务集团赴港上市保荐人。

【渠道服务】 泸县支行开业运行，投产营运四川省分行首家普惠银行南光路支行，另一家普惠网点龙马潭支行也相继开业。全行建成在行式自助银行2个，离行式自助银行5个，离行式单机点5个。（宋华军）

中国邮政储蓄银行股份有限公司泸州市分行

【业务发展】 至2016年年底，中国邮政储蓄银行泸州市分行资产规模达306.19亿元，新增37.80亿元；个人存款余额（含邮政代理）259.54亿元，新增29.21亿元；全行各项贷款余额为33.25亿元，新增9.28亿元。自营业务收入27294.40万元，同比增长9.54%，实现利润总额11609.94万元，同比增长47.39%。

【服务“三农”】 2016年，为古蔺、叙永2个乌蒙山连片区贫困县发放烟农小额贷款2896笔，金额2080.27元。在全市建立9个金融扶贫服务站，累计为全市4县3区的建档立卡贫困户发放贷款1713笔，金额1558.3万元。发放新型农业经营主体贷款44笔，金额1521万元，发放农村产权抵押贷款4笔，金额250万元，投放下岗再就业贷款924笔，金额8383万元，助推全市精准扶贫、精准脱贫。在2016泸州市大众创业、万众创新活动中，合江县支行被评为合江县“创新创业”示范单位，古蔺县支行被评为“泸州市双创服务十佳单位”，是全市唯一一家获奖的银行业金融机构。

【贷款业务】 2016年，全行消费贷款结余129742.42万元，净增71468.78万元。各支行深入当地政府公务员群体、知名学校和大型企事业单位、小区物管等加强业务宣传，争夺高、中端客户，推动综合消费贷款、信用消费贷款、个人汽车消费贷款等业务的可持续发展。申请开办“小企业转期贷”“小企业园保贷”“小企业税贷通”，“医院小企业贷款”等业务，发放“小企业转期贷”6笔、金额2500万元，发放“小企业园保贷”5笔、金额1710万元，发放“小企业税贷通”11笔、金额1418万元，发放民营医院贷1笔、100万元。7月28日，发放房开贷2亿元，实现全市公司信贷零的突破，实现派生存款1.59亿元。9月28日，成功办理国内无追索权保理业务，首笔贷款4400万元。债券资金托管业务在4月初成功落地，到账资金6.73亿元。机构理财实现同业客户购买机构理财产品零的突破。

【风险防范】 至12月底，全行总体不良金额为2296.61万元，较年初减少459.03万元，降幅为16.66%，总体不良率为0.72%，比年初降低0.4个百分点。（牟　聪）

招商银行股份有限公司泸州分行

【概况】 招商银行泸州分行成立于2011年5月，截至2016年年底全行拥有员工42人，营业网点1个、离行式自助网点7个

【业务发展】 截至2016年12月，招行自营存款时点余额194487万元，其中对公存款156677万元；储蓄存款37809万元。各项贷款余额154115万元，其中对公贷款78446万元；个人贷款余额68538万元。（余龙泉）

泸州市商业银行

【业务发展】 2016年年底，泸州市商业银行资产规模达到530.84亿元。存款余额307.12亿元，新增120.28亿元，增幅64.38%。贷款余额143.73亿元，新增45.01亿元，增幅45.59%。实现拨备前经营利润9.14亿元，增长35.71%。不良贷款率0.35%，为全省城商行最低。

【增资扩股】 按照股东大会审议通过的《泸州市商业银行增资扩股方案》开展增资扩股工作，2016年11月25日完成注册资本工商变更，注册资本变更为14.49亿元，壮大资本实力，为业务发展提供资本保障。

【同业业务】 作为泸州唯一一家全国市场利率定价自律机制基础成员的金融机构，取得发行同业存单的资格。2016年，在全国银行间市场累计发

行同业存单50亿元，拓宽融资渠道，提升盈利能力和资产负债管理水平。

【筹建成都分行】 9月14日，四川省银监局正式批准该行筹建成都分行。成都分行的设立，提前现该行“十三五”规划中跨区域发展的目标。

【金融扶贫】 2016年，向贫困县新投放信贷资金11.40亿元、累计向贫困地区捐款1357万元。该项工作得到副省长朱鹤新的高度赞赏，在《泸商行以实际行动确保精准扶贫“到点到根”》的工作简报上批示：“感谢泸商行，请金融办总结提炼，推动地方机构广泛参与，形式多样，共同为扶贫攻坚做贡献、献爱心。”（曾　诚）

四川省农村信用社联合社泸州办事处

【业务发展】 2016年年底，泸州农信系统各项存款余额470.46亿元，存款规模占全市银行业金融机构的21.55%，在全市银行业金融机构中排名第1；较年初净增64.75亿元，存款增量在全市银行业金融机构中排名第2。各项贷款余额284.04亿元，贷款规模占全市银行业金融机构的22.20%，在全市银行业金融机构中排名第1；较年初净增35.75亿元，贷款增量在全市银行业金融机构中排名第2。2016年上缴税收3.35亿元。

【贷款营销】 营销政府背景贷款7.78亿元，营销优质客户贷款5.81亿元，营销“卡贷通”“放心贷”等城乡消费性贷款11.59亿元，营销“天长地酒”“新生市物”产业贷款4.9亿元。坚持“四个不低于”，着力“三农”和小微贷款营销。涉农贷款比年初增加28.77亿元，小微贷款增速高于贷款平均增速12.43个百分点，小微贷款客户数增加940户，小微贷款申贷获得率比2015年高0.63个百分点。

2016年11月29日，省联社党委书记、理事长张远国一行调研泸州农信金融服务企业发展情况

【筹建农商银行】 推动泸州农商银行、泸县农商银行筹建，召开创立大会暨股东大会第一次会议，并向泸州银监分局提交开业申请。全面启动全市227个营业网点转型工作。

【脱贫攻坚】 发放“免抵押、免担保、政府贴息”的扶贫小额信用贷款、扶贫项目贷款和扶贫产业贷款。2016年，共向30362户贫困户发放5.63亿元扶贫小额信用贷款，支持扶贫项目贷款和扶贫产业贷款共76户，金额7.75亿元。对口帮扶古蔺县石屏镇茅坝村、古蔺县德耀镇集美村、叙永县枧槽乡群英村、合江县南滩镇大久村、泸县潮河镇尖山村、江阳区通滩镇卢坪村，全年到村指导278次，集体和个人捐赠资金380.70万元，帮助协调资金496.90万元，帮助38户新建或修缮房屋，面积达3410平方米，修建村社道路16.90千米，助力新村建设2个，解决安全饮水惠及1315人，发展特色产业13个。选派到古蔺县石屏镇茅坝村的“第一书记”刘伟，被省委组织部评为“全省优秀共产党员”，其先进事迹被选送到全国党员教育中心。（任玉琦）

中国人民财产保险股份有限公司泸州市分公司

【概况】 中国人民财产保险股份有限公司泸州市分公司有员工437人，下辖8个区县支公司和5个直属经营单位。主要经营机动车辆保险、货物运输保险、企业财产保险、家庭财产保险、责任保险、保证保险、人身意外伤害保险和健康保险等200多个险种的业务，年承保各类风险总额达4800亿元。同时，承办全市政策性农业保险、农房保险、农村小额人身保险、城镇职工补充医疗保险、校园（方）责任保险、医疗责任保险、环境污染责任保险等政策性“民生”保险。2016年，公司占财产保险市场份额42.93%，在泸州产险市场居首位；处理各类赔案149594件，赔款支出42444.5万元；全年实现税利11645万元。

【业务发展】 2016年，泸州市分公司保费收入7.98亿元，比2015年增长12.61%，保费规模居全省市州第5位。其中，农险保费收入1.39亿元，因承办区划调整等原因同比下降6.29%；车险实现保费收入4.76亿元，增长16.51%；非车非农险实现保费收入1.82亿元，增长20.56%。特别是在“三农”保险上，主动参与全市扶贫攻坚战略，创新特色农险产品，为建档立卡贫困户量身定制“扶贫宝”专属产品。

【保险服务】 全年，共处理“三农保险”赔案40347件，支付赔款7045万元。加大农网投入、强化农村服务网络建设，在全市建立26个乡镇营销部（中心服务站）、135个乡镇“三农保险”服务站、1375个村级服务点，构建拥有1895名服务人员的农村保险服务网络。全险种万元以下理赔周期为10.16天，同比提速30%，客户满意度测评、亿元保费有效投诉量这两项客户服务满意度指标均在泸州保险行业名列前茅。（张　然）

中国平安财产保险股份有限公司泸州中心支公司

【概况】 平安产险泸州中心支公司下辖泸县、合江、古蔺、纳溪、叙永5家四级机构。2016年，保费收入3.92亿元，比2015年增长24.11%，市场占有率21.11%，在泸州产险市场份额排名第2。

【政策性农业保险】 2016年，平安产险泸州中心支公司首次参与泸州市政策性农业保险业务，在泸县、合江县两个县部分乡镇开展农业保险经营，保费共计1778.96万元，为农户提供5.19亿元的风险保障。赔款868.66万元，受益农户累计2.3万户次。尤其在“7·18”暴雨灾害后迅速赶赴灾害现场，与受灾农户沟通，公平精准定损，深受好评。

【理赔服务】 平安产险最新的理赔服务包括：平安好车主APP3.0版本将涵盖车主的车保险、车服务、车生活，致力解决用户在投保、理赔、服务等方面的多项痛点。电话直赔：“电话直赔”将车险理赔极致简化为三个步骤：电话报案、上传照片、接收赔款。截至2016年年底电话直赔平均时效为0.39天，最快完成理赔的案件时效仅为7分钟。修理厂自助理赔服务是授权修理厂在一定权限内自助完成理赔服务，自助报案、自助定损、自助收单等等。口袋理赔三步搞定车险理赔，小安在线指引，客户出险后，在理赔过程中对案件的进展无简单有效途径进行查询，能随时查询查勘员的位置，查勘服务点评，理赔指引，还可在线交资料理赔。（王盐红）

中国太平洋财产保险股份有限公司泸州中心支公司

【概况】 中国太平洋财产保险股份有限公司泸州中心支公司有员工82人，下辖5个基层公司。主要经营机动车辆保险、企业财产保险、家庭财产保险、工程保险、责任保险、船舶/货运保险、短期健康/意外伤害保险、信用保证保险、农业保险等经中国保监会批准的业务。2016 年，实现保费收入 13305.06 万元，在泸州保险市场份额占比 7.02%，排名第四。

【业务发展】 2016 年，公司围绕财务、理赔、销管三位一体协同发展指导方针，强化费用政策、完善内控管理措施、狠抓理赔服务，综合成本率和综合赔付率居于低位，业务健康发展。

【理赔服务】 公司以快速理赔服务为切入点，向公众做出理赔服务。快速响应，及时查勘。接到车险客户报案后，查勘员市区 30 分钟到达，郊区约定时间到达。现场查勘，一步到位。对损失金额 5000 元以下单车案件，查勘员限时到达，运用手机 APP 工具，现场完成查勘、定损、收单支付，现场即时完成支付。人伤案件，立等可取。对 3000 元以下人伤案件，运用人伤理赔 APP，30 分钟内完成现场查勘、现场定损、赔款入账，让客户体验更便捷、快速的服务。异地出险，全国通赔。提供车险直通车服务，为客户提供随时随地、高效便捷、统一标准、统一品质的理赔服务。在全国任意地区出险，客户根据需要可直接在出险地进行报案、查勘、交付索赔资料等，无需返回承保地办理，给客户提供便捷服务。（骆　宁）

中国人寿保险股份有限公司泸州市分公司

【概况】 中国人寿保险股份有限公司泸州市分公司是中国人寿在泸州市的分支机构，建有市、县、镇（乡）的三级分支机构，下辖 7 个县（区）支公司和 99 个乡镇营销服务部，拥有员工 200 余人，保险营销人员近 3000 人。

【业务发展】 2016 年，中国人寿泸州市分公司总保费收入 7.15 亿元，比 2015 年增长 5.17%，市场份额为 20.67%，保持全市保险业市场领先地位。其中：新单保费 4.63 亿元，增长 111.36%；首年期交保费 1.21 亿元，增长 48.9%；十年期及以上首年期交保费 7809 万元，增长 64.9%；短期险保费 5633 万元，增长 22.2%。

【保险理赔】 2016 年，支付各类赔款及满期金 6.15 亿元，占全市保险系统总赔款的 41.47%，并获 2015 年度省级“守合同、重信用”企业称号，发挥保险经济补偿和保险稳定器的作用。其中：短期险赔付 3.88 万件、金额 1.16 亿元；死亡医疗给付 1.25 万件、金额 0.21 亿元；满期给付 6.42 万件、金额 4.48 亿元；年金给付 1.68 万件，金额 0.31 亿元。（晏　伟）

中国平安人寿保险股份有限公司泸州中心支公司

【概况】 平安人寿在泸州市设有 1 家中心支公司、5 家支公司和 3 家营销服务部。2016 年泸州中心支公司个险业务共计实现保费收入 49346.17 万元，年末保险营销员 2938 人，内勤管理人员 106 人。

【理赔服务】 全年，赔款及给付合计 31597 件，金额 8776.58 万元；其中短期险赔付 5781 件、金额 369.87 万元，死伤医疗给付 502 件、金额 3501.39 万元，满期给付 12657 件、金额 4399.76 万元，年金给付 12657 件、金额 505.56 万元。

（吴　平）

中国太平洋人寿保险股份有限公司泸州中心支公司

【业务发展】 2016 年，中国太平洋人寿保险股份有限公司泸州中心支公司新增保单 211630 件，实现保险业务收入 2.4 亿元，缴纳各项税收 112 万元。

【理赔服务】 采用“95500”客户服务系统，为客户提供 365 天、24 小时全天候咨询和报案服务。2016 年，给付金额 3958.78 万元，其中处理死伤医疗赔付金额 681.51 万元，年金给付金额 678.87 万元、满期给付金额 2598.13 万元。

（蒋志敏）

城建环保

住房和城乡建设

【住房保障】 2016年，全市保障性住房和棚户区改造基本建成12283套，竣工5957套；定向供应农民工公共租赁住房169套；发放租赁补贴5165户，其中发放新增租赁补贴807户；新开工危旧房棚户区改造8263户，其中货币化安置3426户；农村危房改造13696户全面竣工；农村安居工程19952户全面竣工。农村危房改造成效和“五个结合”经验，得到省政府专项督查组通报表扬。

泸州市龙马潭区玉带河安置房建设

【房地产业】 出台《泸州市进一步促进房地产业健康发展的实施办法》，对购房补助、维修资金缓缴、国有土地上被征收住宅货币化安置和农村集体土地拆迁货币化安置、用好用足公积金政策、支持企业分期建设等方面作出规定，加快城乡统筹和新型城镇化进程，促进房地产业健康发展。2016年，完成房地产开发投资239.92亿元，同比增长21.5%，房地产开发投资额排全省第3位，增速排全省第6位。完成商品房销售面积539.98万平方米，同比增长33.9%，销售面积总量和增速均排全省第2位。完成商品房销售总额249.62亿元，同比增长38.4%。房地产入库地税总额18.03亿元，增加3.32%，占全市地税收入的28.86%；入库国税总额4.48亿元，增加796%，占全市国税收入的4.75%。在促进企业转型上，积极培育诚信经营、抗风险能力强的房地产企业，全市现有房地产开发企业316家（其中一级1家、二级44家），引进碧桂园、恒大、万达等知名企业12家入驻泸州。

【园林绿化】 2016年，建成区绿地率达到36.32%，城市人均公园绿地面积达10.5平方米，合江县成功创建“四川省园林县城”。龙马潭区特兴镇走马村等10个单位创建为市级园林村庄（单位、居住小区）。发挥对园林项目的统筹协调作用，高效优质完成忠山隧道项目、机场路项目、机场路防护绿地项目、烈士陵园项目。协调指导合江县申报“蜀道”世界遗产工作，开展全市国家级、省级遗产地资源普查和申报。健全园林绿化管护考核机制，引入社会评价，制定《泸州市城市园林绿地管护考核办法（试行）》《泸州市公共园林绿地管护质量标准》，以办法标准为依据顺利开展2016年度城市绿地考核检查，促进提高全市城市园林景观绿化的管养水平和质量。切实加强古树名木保护，完成年度古树名木治理，古树名木专题片和画册。开展主题为“同种一片绿树，共建生态泸州”的35周年全民义务植树运动。完成景观方案、施工图审查备案69件，完成配套绿地验收备案76件，新增配套绿地85.6公顷；办理园林企业资质3项，新申报三级园林企业2家、延续二级资质1家。

【建筑业】 2016年，全市完成建筑业总产值759.9亿元（其中完成省外产值268亿元），同比增加31.6%，建筑业总产值全省排名第二；完成税收收入18.74亿元。新增一级施工企业9家，全市一级施工企业个数在全省地市州中排名第二。全市现有建筑施工企业663家，其中一级企业45家、二级企业241家、三级企业111家（含劳务企业）；有监理企业8家、招标代理企业3家；有一级建造师797人，二级建造师5940人。1月29日，泸州建工集团正式运营启动，标志着泸州建筑企业开始走抱团发展、集团化经营的发展新路。10月26日，承办全省实施建筑业企业“走出去”发展推进会。12月22日，泸州市驻西藏建筑业产业发展基地在拉萨市正式挂牌成立，该基地为泸州市建筑业在省外建立的首个产业发展基地。

【城建档案管理】 截至2016年年底，接收和审核建设工程竣工项目62个，城建档案接收进馆率达96%，入库城建档案3243卷，现有馆藏档案41661卷，有13个大类、73个小类。开展城建档案利用工作，全年共接待咨询查档案者346人（次），查询未利用297人（次），工程资料外借登记16人（次）。加强信息化建设，为数字档案馆建设奠定基础。对现有档案进行数字化扫描，完成任务的98%；是年建立馆藏档案基础数据库，累计录入基础数据信息363414条、扫描文字4301826页、图纸315359页，扫描档案38593卷；建立城建档案管理软件系统及网上目录自助查询系统；建立馆内局域网，在条件具备时实现与市政务网联通；试行在线接收建设竣工档案，实现实体档案与电子文件双套同步归档。

【建设科技推广应用】 2016年，全市建设领域认真落实国家节能减排政策，巩固“禁实禁粘”成果，市规划区全年推广新型墙体材料5.85亿块（折标砖），新型墙材使用比例达到82%，节约土地417.31亩，节省标煤3.61万吨，减少二氧化硫排放725.06吨。全年完成散装水泥总量302.453万吨，水泥散装率达到62.88%，减少粉尘排放3.04万吨，节省标煤6.96万吨，减少二氧化硫排放590.82吨。为促进全市建筑业健康有序发展，出台《泸州市人民政府关于加快推进建筑产业现代化发展的实施意见》，确定建筑产业化发展的指导思想、基本原则、发展目标、重点工作等。积极引导企业申报绿色建材标志，有8家企业通过省住建厅的专家现场评审。

【勘察设计市场监管】 2016年，完成建设项目初步设计审查413.29万平方米，道路长度约51.5千米，应审项目初步设计审查率100%。完成房屋建筑和市政基础设施建设工程施工图审查备案577.95万平方米，道路总长度约59.12千米，施工图审查备案率100%。严格执行建筑节能和绿色建筑标准，城市规划区内建设项目民用建筑节能设计审查备案率达100%。完成民用建筑节能审查备案面积570.36万平方米，其中执行绿色建筑标准面积530.82万平方米。认真贯彻执行《四川省绿色建筑设计标准》(DBJ51/T037-2015)、《公共建筑节能设计标准》(GB50189-2015)、《消防给水及消火栓系统技术规范》(GB50974-2014)、《建筑设计防火规范》(GB50016-2014)、《中国地震动参数区划图》(GB18306-2015）等国家及地方新规范、新标准。建立初设审查和重点项目施工图审查跟踪会审制，从源头严把勘察设计质量关。加强勘察设计市场管理，在办理初步设计审查和施工图审查备案过程中严格程序审查，加强对勘察设计单位和设计人员从业行为的管理，有效规范勘察设计市场和提高勘察设计质量。

【跨江桥梁和城市隧道】 长江二桥（城东长江大桥）及连接线工程：取得各专项报告、可行性研究报告、初步设计批复和水下基础施工图设计，开工建设水下基础；长江六桥（邻玉长江大桥）及连接线工程：完成整个项目施工图设计及审查工作，北连接线全线进场施工，土石方施工按计划正常推进；沱二桥拓宽及蜀龙立交改造工程：北岸高架、蜀泸大道与龙马大道交叉口高架桥具备通车条件，主桥、北岸下穿隧道、龙马下穿隧道、人行地通等按计划施工。完成投资41950万元；沱江六桥及连接线工程：一区段完成B、H匝道箱梁吊装，基本完成挖填方工程，二区段南、北引桥下部结构全部完成，北引桥现浇梁全部完成，主桥主塔完成150米塔高。钢箱梁顶推完成16个节段，完成约71%。三区段挖填方基本完成，蜀泸立交下部结构全部完成，跨教科城3号路桥主体结构全部完成，完成投资51000万元。沱江五桥：完成勘察设计招标工作；长江五桥：完成勘察设计招标工作；望天龙立交工程：桥梁下部结构完成100%；桥梁上部结构：预制T梁全部吊装完成，现浇箱梁完成96%；道路路基完成80%；水稳层完成50%；雨污水管安装完成95%；ABEF匝道桥主体全部完工；1#人行地通完成100%，完成投资9000万元；忠山隧道：2016年1月28日通车，9月完成竣工验收。

【骨干道路】 机场快速通道主体工程竣工通车，二环路建设快速推进，其中，二环路（纳溪段）完成前期工作，并开工建设；二环路东段（龙港路）竣工通车；二环路北段（千凤路段）取得立项批复，办理用地预审手续；二环路工程高新区A、B段都取得立项批复，办理用地预审手续。

【交通节点缓堵】 竣工北梯人行天桥，加快建设黄桷路人行天桥，启动开展江阳公园人行地通前期工作和2016年、2017年人行过街设施选址工作。

【污水处理】 2016年，新建城东、城南污水处理厂，新增污水处理能力10万立方米/天。截至2016年年底，城市（县城）污水处理厂共9座，设计处理能力为26.1万立方米/天，主城区污水处理率达91.46%；乡镇污水处理厂达73个，总设计处理能力5万余立方米/天；建成农村聚居点污水处理站50个。新建成城市截污干管约145千米，其中中心城区约95千米，四县县城约50千米。

【供水】 2016年，投资约140万元分别对江阳区、龙马潭区老旧管网进行部分改造，总长度约8.5千米。在城市集中式供水保证率方面，全市投资近2亿元进行管网改造与新建工作，新建改造DN100～DN1000管网约113千米。《泸州市中心城区应急备用水源保护专项规划（2015—2030）》通过市政府审批，将沱江应急备用取水点作为近期应急备用水源，并将于2017年开工建设；远期则将双河水库、马庙水库于沱江应急取水点联合作为泸州中心城区的应急备用水源。南郊二水厂、北郊水厂技改工程完工。江阳区基本完成长江、沱江直排口的取缔，龙马潭区完成玉带河沿线直排口的取缔，纳溪区正在开展相关直排口的取缔建设工作。茜草二水厂、南郊水厂饮用水源地保护区内隔离设施完成建设。

【供气】 加强管道天然气室内暗埋安装企业和人员资质管理，强化工程建设监督，进一步整顿规范室内管道天然气暗埋安装市场行为。从严审核颁发经营许可证，整顿燃气市场。2016年度办理“燃气经营许可证”1家，办理“燃气经营许可证”变更1家。指导各区县、燃气企业开展供区申请工作。加快《泸州市中心城区燃气专项规划》编制，通过专家评审。

【城乡统筹】 以新型城镇化建设为主线，扎实推进全国建制镇示范试点、四川省“百镇建设行动”试点镇建设和纳溪区大渡口镇、合江县九支镇等7个市级新型城镇化试点镇建设。至2016年年底，城市建成区面积达135.6平方千米，城市人口达135.62万人，全市城镇化率达到47.5%。2016年，38个新型城镇化重点示范项目建设完成投资197.6亿元。全市小城镇建设完成投资22.04亿元，就近就地吸纳农业人口3.5万人。实施农村安居工程20787户、农村危房改造13696户。纳溪区大渡口镇被评为首批中国特色镇、第四批全国美丽宜居小镇，龙马潭区双加镇大冲头村等4个村庄被评为全国美丽宜居村庄。申报全国第四批传统村落13个村。推广易地扶贫搬迁项目推荐施工图集。

（康　熙）

城乡规划管理

【新增建成区】 2016年，全市新增建成区面积15.625平方千米，其中，中心城区10平方千米，三区乡镇2.105平方千米，四县3.52平方千米。截至2016年年底，中心城区建成区面积达135.625平方千米。

【规划许可】 2016年，共办理“一书两证”事项347个。其中市政道路类选址意见书30个，总拟建设长度为130301米；建设类选址意见书62个，总拟用地面积为5295095.19平方米。建设用地规划许可证129个，用地面积为6618960.57平方米。办理市政类工程规划许可证27个，办理建设类工程规划许可证129个。规划核实受理152个，办结一般建设类116个、市政类36个。

【城市空间规划】 在全省率先开展泸州市城市总体规划实施评估工作，科学评估城市总体规划自2012年批复执行以来的成效，为调整完善规划、实施管理机制和城市发展相关政策制定提出建议。加快推进泸州建成川滇黔渝结合部区域中心城市的重大战略部署，在总规实施评估和泸州大都市区发展战略规划研究完成的基础上，启动泸州城市总体规划修编工作。加快推进片区控规体系研究，完成中心城区24个片区控制性详细规划的编制，实现控规全覆盖，启动泸州市主体功能区规划、中心城区生态红线划定等规划编制工作。加快编制海绵城市、地下管线、轨道交通、中心城区停车设施、养老设施、社区医疗设施等各类专业、专项规划，提升城市品质，完善城市综合承载力，用规划理念的创新，来推动城市建设模式的创新。强化城市空间立体性、平面协调性、风貌整体性、文脉延续性等方面的规划和管控，留住泸州特有的地域环境、文化特色、建筑风格等“基因”，开展《泸州市商业街风貌整治方案》《西南医科大学文化景观提升方案》《泸州市便民服务中心项目方案设计》《泸州市烈士陵园提升改造工作》《泸州市第二批停车场建设方案设计》等城市空间设计。

【规划编制】 完成总体规划实施评估，组织开展《泸州市中心城区多规合一规划》编制。完成《中国白酒金三角酒业园区控制性详细规划》《泸州市茜草组团控制性详细规划》《泸州长江生态湿地新城北部核心区控规修编》《泸州白酒产业园区邻玉酒文化特色产业园规划研究及邻玉控规》《江南特色科技园、纳溪特色科技园控规》5个控制性规划，完成《泸州市快速轨道交通线网规划》《泸州市地下空间专项规划》《泸州市综合防灾专项规划》《泸州市殡葬设施布点规划》《泸州市新能源汽车充换电设施专项规划》《泸州市中心城区停车设施专项规划》《泸州市中心城区第一批弃土场布点规划》7个专项规划，完成《泸州白酒产业园区“多规合一”概念规划》《泸州市老城有机更新战略研究》2个规划研究，指导完成《泸州市中心城区地下综合管线规划、综合管理专项规划》《泸州市中心城区海绵城市专项规划》《泸州市燃气专项规划》《泸州市农贸市场建设专项规划》《泸州市城市文化设施专项规划》《泸州市应急备用水源保护规划》《泸州市社区卫生布点规划》7个规划。启动《城北高铁站综合交通枢纽规划设计》《泸州市两江新城控规优化提升规划》《中国（四川）自由贸易试验区川南临港片区规划》3个规划编制，

【“多规合一”】 按照新型城镇化综合试点目标任务和全面推动泸县融入主城区一体化发展的要求，积极探索推进以经济社会发展规划为统领，土地利用总体规划、城乡总体规划、生态环境保护规划、基础设施规划为一体的“多规合一”模式，研究建立大数据平台和“多规合一”运行机制。加快推进《泸州市“多规合一”规划》编制工作。2016年，《泸县“多规合一”全域规划》通过评审，完成大渡口镇、九支镇两个试点镇“多规合一”规划研究报告。

【“放管服”】 全面清理权力清单和责任清单，清理行政许可权5项、行政处罚权25项、行政检查权1项、行政强制权1项、其他行政权力9项，共计45项行政权力，在行权平台依法规范建立规划核实（其他行政权力）和25项行政处罚权

力。在高新区和长江经济开发区设立规划分局，直接服务开发区项目。将工业项目审批授权区规划分局办理，提高办理效率，工业项目审批期限与2015年相比，平均减少3.2个工作日，减少幅度为16.8%；压缩审批时限，市规划局承诺5日办结，与法定要求时限20日相比，减少办结时限15日；2016年的审批期限与2015年相比，减少2.1个工作日，减少幅度为32.3%。对建设项目选址、建设用地规划许可、建设工程规划许可等行政审批项目取消前置条件29项，保留17项，减少前置要件幅度为63%；实行预约办理，共预约建设单位和个人在约定时间办理行政审批206件（次）；实行建设项目选址和用地规划许可合并办理，共办理32件（次）。（杨其江）

泸州两江新城建设管理委员会

【概况】 2016年，两江新城共实施重点项目11个，年度计划完成投资55.4亿元，全年实际完成投资67.75亿元，完成年度投资任务的122.5%，超额完成全年目标任务。其中，沱江新城组团全年实施重点项目8个，计划完成投资47.4亿元，全年实际完成投资58.55亿元，完成年度投资任务的123.5%。长湿新城组团全年实施重点项目2个，计划完成投资8亿元，全年实际完成投资8.2亿元，完成年度投资任务的102.5%。二环路（纳溪段）项目原无年度投资计划，提前开工建设，完成投资1亿元。

【医教园区】 年度计划完成投资4.33亿元，全年实际完成投资5.83亿元。2号、3号、6号路全面完工，泸州综合实践基地投入使用，泸职校、泸职院实现2016年秋期正常开学。西南医科大职工周转房加快推进。

【西南医疗康健中心】 年度计划完成投资3亿元，全年实际完成投资3.5亿元。完成住院楼、门诊医技楼全部隔墙工程，正加快实施外墙装饰。

【佳乐世纪城】 年度计划完成投资21亿元，全年实际完成投资25亿元。8＃地块基本完工，欢乐汇（6＃地块）基本完成土建施工。住宅地绿韵一号地、绿韵二号地施工顺利推进。城西变电站基塔工作全部完成。

【沱江南北滨路及滨江公园项目】 年度计划完成投资4.5亿元，全年实际完成投资4.8亿元。南滨路加快实施路基填筑、清淤换填、排水、箱涵等工作。北滨路道路工程、桥梁工程按计划有序推进。

【沱江新城整体城镇化道路和管廊PPP项目】 年度计划完成投资1亿元，全年实际完成投资1.9亿元。项目顺利完成招商签约，提前启动建设，成为全市实施的第一个综合性管廊工程。

【湿地公园一期】 年度计划完成投资1.25亿元，全年实际完成投资1.3亿元。完成入口景观大道建设，园内设施和绿化景观加快推进，商业及景观设施勘察设计有序进行，配套桥梁工程进场施工，年底前可实现对外开放。

【长湿新城整体城镇化建设项目】 年度计划完成投资6.75亿元，全年实际完成投资6.9亿元。工业路完成建设，创业路、产业路、科兴路加快推进建设。

【项目储备】 2016年，沱江新城整体城镇化道路和管廊PPP项目和泸州市二环路（纳溪段）项目成为泸州市首批进入财政部PPP项目示范库的重点项目，提前启动建设。梳理完成“三年攻坚”（2016—2018年）重大项目共65个，总投资约1100亿元，明确实施时序，确定牵头部门。

【招商融资】 2016年，两江新城全年共完成招商引资60亿元，全面完成全年招商引资任务，成功引进中国十九冶集团公司、北京首发集团投资建设二环路（纳溪段）和沱江新城整体城镇化项目。全年共争取各类融资21.8亿元（沱投公司到位资金12.2亿元，长投公司到位资金9.6亿元）。

【用地保障】 2016年，两江新城全年共实施征地5992亩，拆迁房屋1277户，全年共计上报项目用地5114亩。（施崇欢　艾李健）

城市管理行政执法

【概况】 2016年，市城管执法局坚持依法行政、服务民生，认真履行城市管理职能，在城管综合执法、城市管理体制改革、城乡环境综合治理等方面取得良好成效。泸州市城市管理工作在全省住房城乡建设系统目标考核中获一等奖，政风行风建设在全省住房城乡建设系统群众满意度测评中获城管系统第2名；党建工作、党风廉政建设工作和安全生产工作在全市目标考核中均获一等奖。

【体制机制建设】 推动重心下沉、事权下移，新招录、选调的85名城管执法队员全部下沉区城管执法大队，并逐级下沉到街道中队，充实一线执法力量。5月，城建监察领域执法事权移交市城管执法局行使，实现规划、建设、管理领域执法一体化。全面公开城管执法行政权力事项清单、责任清单各163项及随机抽查事项清单3项。

2016年9月27日，城北公交枢纽站竣工验收

【行业法规规范建设】 城市管理立法工作加快推进，《泸州市违法建设治理条例》待省人大批准后即可实施。制定《泸州市城市环境卫生清扫保洁分级作业管理标准》《泸州市城市市容管理标准》《泸州市临时广告管理办法》以及《主城区建筑垃圾消纳场规范管理工作实施方案》《泸州市规划区砂石堆（料）场技术管理暂行规定》，进一步实现城市管理工作可操作、可衡量、可监督。

【环卫设施建设】 加快生活垃圾处理设施建设，日处理生活垃圾1000吨的焚烧发电厂1月建成并投入运行；日处理350吨渗滤液的泰安垃圾处理场渗滤液处置扩容项目建成投用。城南生活垃圾压缩中转站稳定运行，城北垃圾中转站前期工作加快推进，启动餐厨、污泥垃圾处理项目前期工作。编制完成《“十三五”城镇生活垃圾无害化处理设施规划》，城市生活垃圾无害化处理率达100%。

【环境卫生管理】 指导古蔺县、叙永县共建生活垃圾焚烧发电厂。积极开展“洁净城市环境活动”和“洁净美好家园，创建宜居泸州”活动，开展“劳动技能竞赛能手”和“最美环卫工人”等评比活动，增强社会各界对市容环境卫生事业的理解、支持。加强机械化作业车辆管理，城市建成区道路机扫冲洗率达到86.6%。加强直管公厕24小时免费开放和全天候保洁值守管理，提升公厕便民服务水平。

【城市专项治理】 2016年，主城区共拆除存量违法建设1809处、22万余平方米，发现制止在建违法建设697处、8万余平方米，有效遏制新增违建蔓延势头；共清除“牛皮癣”19.93万张，督促整改建筑工地问题250个，累计发出广告乱象整改通知997份，累计拆除广告1.5万平方米，督促整改摊位乱摆4.1万个，城市容貌得到改善；整治87家餐厅油烟污染，督促业主安装油烟净化设施30余处，劝导并纠正油烟污染行为4000余人（次），及时制止130余起焚烧杂物行为，开展车辆抛洒滴漏执法检查60余次，查处砂石运输车辆未加盖、沿途抛洒滴漏120起。

【城乡环境综合治理】 完善城乡环境综合治理工作，市、县（区）均组建城乡环境综合治理工作机构，将城乡环境综合治理工作纳入市委、市政府综合绩效考核，构建上下联动、齐抓共管的城乡环境综合治理工作格局。加快农村环境基础设施建设，2016年争取省级财政专项资金1913万元，投入纳溪区大渡口镇环境基础设施建设和江阳区石寨镇、龙马潭区双加镇、纳溪区白节镇的污水处理设施建设以及全市50个村生活垃圾治理。全面完成50个村生活垃圾治理民生工程目标。镇乡生活垃圾无害化处理率达42%，较上一年度提高1个百分点。完成2016年32个环境优美示范镇（乡）、村庄创建任务。2016年，全市有9个镇（乡）、23个村庄完成全省城乡环境综合治理“环境优美示范镇（乡）、村庄”创建任务。

【数字化城市管理】 推进数字化城管平台二期扩容升级，数字城管覆盖范围扩大到100平方千米，信息采集市场外包项目投入运行，视频会商系统、高空违法建设监控系统建设正在加快推进。随着平台功能应用、运行机制不断改进完善，受理、办结的城市治理问题数量、质量不断提升。2016年共立案受理城市治理问题53973件，结案50607件，结案率93.76%。

【依法行政】 开展新进执法人员岗前培训和违法建设治理等专题业务培训12次，共计培训120学时，执法人员持证上岗率100%。实行执法案件审核、重大案件会审、过错责任追究等制度，全年办理行政执法案件255件，无行政复议撤销、行政诉讼败诉。

【政风行风建设】 2016年，共受理督办省委巡视回头看信访件2件、省厅行风政风满意度测评反馈问题4个，受理阳光政务问题280个、阳光问政问题2个，办理人大代表建议和政协委员提案27件、“12345”市长热线218件、网络问政136件、“96198”城管热线2200件，做到件件有回复、事事有回音，妥善处理市民群众关注的热点难点问题，办理回复率均达100%，满意率达99%以上。 （李　雪）

环境保护

【环境质量】 2016年，全市城区环境空气质量达到Ⅱ级以上天数233天，达标率63.7%。长江干流泸州段、赤水河泸州段和永宁河水质保持优良，水质类别为Ⅱ类；沱江泸州段水质稳步改善，其中总磷指标保持稳定，其余指标达Ⅲ类。城市集中式饮用水源地水质达标率为100%。

【大气污染防治】 加快实施《泸州市大气污染防治行动计划实施方案》及2016年度实施计划，制定出台《关于加强可吸入颗粒物（PM10）浓度常态化管控的通知》《泸州市2016年大气污染防治目标考核评价办法》和《泸州市人民政府关于加强烟花爆竹安全管理的通告》等，启动城区灰霾污染课题研究，开展全市公务用车环保检验工作，全面落实中心城区禁止燃放烟花爆竹。通过开展区域交叉检查、重污染天气应对等，积极落实《川南地区大气污染防治联防联控工作协定》。组织开展城区“煤改气”、扬尘污染、弃土砂石煤灰等固体废物运输车辆扬尘和秸秆禁烧等专项整治工作。淘汰建成区10蒸吨/小时及以下燃煤小锅炉44台（70蒸吨），超额完成省上下达年度淘汰任务。完成高污染排放车辆限制通行区域划定，淘汰黄标车及老旧车辆5407辆。

【水污染防治】 深入推进《水污染防治行动计划泸州市实施方案》2016年实施计划。加强工业污染整治。开展“10+1”小企业取缔和“10+1”重点行业专项整治。取缔小造纸企业3家，淘汰落后造纸产能1.2万吨/年；组织2家企业开展清洁生产改造。推进城镇污染治理。新建成城市污水处理厂3个和截污干管约80千米。全市建成投运城市污水处理厂9座，设计处理能力26万吨/天，均安装自动监控装置；建成乡镇污水处理设施92座，设计处理能力5万余吨/天。强化农业农村污染防治。组织各区县划定畜禽养殖禁养区和限养区，并对禁养区开展摸底调查，并编制关闭或搬迁方案。加强船舶港口污染防治。开展船舶污染物接收、转运、处置专项整治工作，制定完善突发环境事件应急预案；聘请行业专家对3家企业危化品码头以及有关运输船舶进行专项检查。加强港口、装卸站、修造船厂的污染防治；开展船舶与港口污染防治专项行动；编制实施《港口和船舶污染物接收转运及处置设施建设方案》。加大流域污染综合整治。编制《泸州市沱江水体达标方案》《泸州市水污染防治专项总体实施方案（2016—2018年）》《濑溪河流域水体达标方案》。积极争取资金，加快推进濑溪河流域污染防治重点工程实施。开展黑臭水体治理。建成区黑臭水体玉带河沿岸建成截污干管2.6千米，清淤、疏浚河道1.5千米。

【饮用水源保护】 组织开展全市城镇集中式饮用水源地环境状况调查评估工作，针对集中式饮用水水源保护区存在问题进行梳理和整改。组织各区县重新划定乡镇集中式饮用水水源保护区87个。积极推进茜草二水厂、南郊二水厂饮用水水源保护划定工作。定期对长江五渡溪、石堡湾、观音寺3个城市集中式饮用水水源地水质开展监督性监测。

【土壤污染防治】 推进泸州市铬渣场地生态修复工程项目、古蔺县耕地土壤治理与修复项目一期工程实施。两个项目总投资约6433万元，其中泸州市铬渣场地生态修复工程项目进入施工阶段，古蔺县耕地土壤治理与修复项目完成招投标工作。争取中央土壤污染防治专项资金，泸州市铬渣场地周边土壤污染治理与修复工程、古蔺县耕地土壤污染治理与修复二期工程、叙永县工矿场地土壤污染治理与修复（2016—2018年度）等3个项目落地落实，3个项目总投资1.33亿元。

【生态示范建设】 指导11个乡镇申报创建省级生态乡镇。纳溪区政府率先提出创建省级生态区，区人大审议批准实施《纳溪区创建省级生态区建设规划》。

【生态文明体制改革】 制定《泸州市党政领导干部生态环境损害责任追究实施细则（试行）》《泸州市环境保护督察方案》《泸州市生态文明体制改革方案》；推动生态保护红线划定，配合环境保护厅划定四川省生态保护红线，启动《泸州市生态保护红线划定方案》编制。

【园区规划及规划环评】 完成泸州高新区机械装备产业园、新能源新材料产业园规划环评审批；完成《泸州市“十三五”生态环境保护规划》编制，并印发实施。

【环评审批】 四川泸州步长生物制药有限公司生物制药基地及新药产业化基地项目、四川众邦制药有限公司1500吨/年盐酸金刚烷胺及金刚烷衍生物生产线建设项目等12个建设项目环评获得省环境保护厅审批。市本级办理环评审批52件，其中报告书16个、报告表28个、登记表8个。完成建设项目竣工环境保护验收审批21个。完成危险废物跨市转移审批88个，跨省转移审批3个初审意见。

【环保违法违规建设项目清理】 清理违法违规建设项目1506个，其中完善备案类1103个，整顿规范类370个，淘汰关闭类33个，完成1144个，其中完善备案类888个，整顿规范类228个，淘汰关闭类28个，完成率76%。

【排污许可证管理】 核发排污许可证16个，年审、变更排污许可证5个；将全市19家国控企业排污许可核发纳入四川省排污许可管理系统。

【环境应急管理】 开展泸州市龙马潭区高坝片区区域环境风险评估，完成四川省环境应急物资储备库泸州分库建设。修订完善环境风险重点企事业单位突发环境事件应急预案102个，组织不同规模、不同情境设置的应急演练，提升应对和处置能力，形成沿长江各应急处置单位的协同和增援机制。建立区域间环境管理联动机制，与四川省宜宾市、贵州省遵义市、重庆市永川区和江津区等建立环境应急联动机制，有效预防、处置跨省界突发环境事件和环境污染引发的社会纠纷，保障长江流域水环境安全。对集中式饮用水水源地和重金属、危险化学品、尾矿库、城市垃圾填埋场等行业领域开展环境安全隐患的排查整治工作，协调调度各成员单位及时采取响应措施，有效改善环境空气质量。

【环境宣传教育】 集中组织宣传贯彻新修订《中华人民共和国大气污染防治法》15场（次），

发放宣传手册5万余册。举行《2015年度泸州市水污染防治行动计划实施情况》新闻发布会，向省、市16家新闻媒体解答市民最关心的热点和难点问题。

【环境监测】 推进生态补偿监测和跨界断面联合监测。开展“信息化建设年”活动，新建环境监测综合业务信息管理系统正式上线试运行，全站信息化水平得到较大提升，达全省先进水平。率先完成质量体系的全面转版，质量管理工作上新台阶。稳步推进国控空气自动监测站和省控水质自动监测站的社会化运维。运行管理的大气和水质自动站多次获得国家和省通报表彰。编制完成的“十二五”环境质量报告书，获四川省一等奖。

【环境信息能力建设】 推进智慧城市和智慧环保能力建设，形成《泸州市智慧城市信息化能力建设项目（智慧环保与生态文明工程）可行性研究报告》；制定大数据迁移方案，推进门户网站、OA办公系统和饮用水源视频监控系统向华为大数据中心迁移整合。编制《泸州市环境保护局信息化能力建设项目技术方案》。完成市本级省控重点污染源自动监控系统五期建设。完成全市环保高清视频会议系统建设，实现国—省—市—县四级视频会议联通。完成市环境保护局政务协同OA办公管理系统建设，实现现代无纸化及网络化电子办公，提升行政效能。

【污染源信息监控】 全市国家重点监控企业污染源自动监控系统数据传输有效率99.2%，在全省21个市州中排名第一。全市联网并运行的自动监控设备62套，其中废气设备25套、废水设备37套。成功验收废气自动监控设备8套。积极推进全省国控重点污染源监控中心运维绩效评估工作。

【移动执法系统建设】 完成全市移动执法系统建设，配置移动执法设备（PDA）121套，建立完善污染源“一厂一档”资料817家，录入“双随机”抽查执法人员信息127名。制定《泸州市市本级污染源日常监管随机抽查方案》。双随机污染源信息完整率达71%，完成双随机任务590个，完成自发任务340个，发现并查处环境违法行为2件。

【重点行业专项检查】 制定并印发《泸州市2016年重点行业环境保护专项执法检查工作方案》，明确和细化工作内容、步骤、时间及要求。对全市2家钢铁行业、4家水泥熟料生产行业、4家平板玻璃行业、7家城镇污水处理厂开展专项执法检查。排查出环境问题13个，立案查处环境违法行为5起，实施限制生产3起，实施停产整治1起。

【危险废物专项检查】 联合市公安局在全市范围内严查危险废物收集、储存和处置经营活动。现场督查、暗查暗访相结合，检查企事业单位230个，出动执法人员700余人（次），发现问题123起，责令现场整改35起，责令限期整改88起。对全市4家通信企业贮存废旧铅酸蓄电池管理不规范问题，约谈4家企业的负责人，并基本督促完成整改。

【长江流域（泸州段）环境保护大检查】 市政府出台《长江流域（泸州段）环境保护大检查工作方案》，组织市级15个部门和7个区县人民政府切实开展实施长江流域（泸州段）环境保护大检查。共出动执法人员2600余人（次），出动车辆900余次，检查企业1280家次，发现问题245个，对发现的问题汇总成册，严格督促整改落实。

【赤水河流域交叉执法检查】 泸州和遵义两市联合开展第四次赤水河流域环境保护联动执法检查。检查涉及白酒酿造、煤炭开采、化工等行业近19家企事业单位，查找环境问题25个。针对发现的环境问题，要求被检查市县严格整改并反馈整改情况，形成整改落实长效机制。

【排污收费与稽查】 完成1456家企业排污申报。全市通过系统开单并征收排污费企业430家，解缴入库3214.8万元，同比2015年增收排污费811.2万元。深入7个区县80家企业开展排污费征收稽查，追缴排污费154.9万元。

【环境违法行为查处】 全市立案查处环境违法案件124件，处罚金额566.97万元，同比增长121%。其中实施按日计罚8件、查封扣押8件、限产停产30件、拘留移送9件、犯罪移送1件。

在案件办理中，坚持依法执法、文明执法、科学执法，清正、廉洁、高效执法，无一人违法违纪，无一起违反法定程序和超期限处理的事件。

【核与辐射安全管理】 截至2016年，全市有核技术利用单位270家。有17家核技术利用单位拥有密封放射源共65枚，其中Ⅰ类放射源1枚、Ⅱ类放射源3枚、Ⅲ类放射源2枚、Ⅳ类放射源33枚、Ⅴ类放射源26枚；全市使用射线装置350台。依法审批核与辐射类建设5个，配合环境保护部、省厅完成“溪洛渡—浙西±800千伏直流输电线路工程”验收。出动75余人（次）开展放射源专项检查、野外（室外）使用放射源与射线装置单位辐射安全专项检查。全年未发生群体性核与辐射信访事件，未发生核与辐射事故。 （张井平）

交通 邮政 信息产业

重点工程建设

【全域高速县县通】 2016年，叙古高速建成通车，开辟泸州全域高速县县通的经济社会发展新时代。宜叙高速、成自泸董允坝互通和法王寺互通、纳黔高速白土岭互通建成投用，泸州高速公路累计建成通车6条，通车里程455千米，居全省第三、川南第一，构建川滇黔渝区域中心“一环六射一横”高速路网。

叙古高速为叙永至古蔺县城段，9月26日向社会通车，12月31日通车至太平镇，累计通车里程55千米。全年完成投资10.9864亿元，占年计划投资19亿元的58%。太平互通至止点（川黔界赤水河南岸）段工程正常有序进行施工。宜叙高速6月30日向社会通车，全年完成投资3.14亿元，占年计划投资3.14亿元的100%。G8515泸渝高速完成控制性工程玉蟾山隧道进行施工准备，启动征地拆迁。叙威高速推进项目前期工作，签订《项目投资协议》；项目核准报告书（含专题附件）编制完成，待启报省发改委；环评、水保报告同步编制报批。泸永高速加快推进项目前期工作，工可报告编制完成，送咨询监理公司审查并出具专家意见。方山互通全力以赴加快方山互通建设，截至12月，匝道工程完成总工程量的75%，收费站房完成整体工程量的50%；全年完成投资0.83亿元，占年计划投资0.8亿元的103.75%。

【全国综合运输服务示范城市建设】 2016年，泸州市加快推进全国综合运输服务示范城市建设，反复研究编制《泸州市综合运输服务示范城市建设实施方案》上报交通部，研究起草《关于加快实施综合运输服务示范城市建设工作的实施意见》和《泸州桂林综合运输服务示范城市“联学互促”实施方案》，组建工作机构，加快推进综合客运枢纽、城市货物集疏运中心、运输服务信息共享、综合运输组织模式、综合运输服务工作机制、综合运输服务标准6项示范建设，通过2016年度部、省考核。

2016年8月30日，“渡改桥”工程建成的双河场大桥

【长江泸渝深水航道建设】 泸州市积极开展长江航道泸渝段升级建设项目工作。截至年底，羊石盘至上白沙、叉鱼碛至神臂嘴、冰盘碛至火焰碛河段航道整治工程已经编制完成工程可行性研究报告送审稿，上报通过除珍稀鱼类和环境影响专题以外的其他专题报告的审查。2017 年 1 月 1 日起长江宜宾至重庆段航道维护水深提升至试运行 3 米，增大长江上游航道通过能力。

2016 年 9 月 27 日 0 时，叙古高速灯盏坪枢纽互通

【航运物流中心建设】 2016 年，泸州港多用途作业区二期、中海沥青油码头升级改造、安达煤码头一期、古蔺港区财湾煤码头 4 座码头工程竣工验收，超额完成省局下达的目标任务。水运物流信息平台建成并投入运行。泸州港参与合作的“四川省成都国际铁路港集装箱铁公水多式联运示范工程”成功纳入全国首批多式联运示范工程项目；四川省物流服务联盟发展大会在泸州市举行，泸州港“公铁水多式联运 + 甩挂物流”联盟战略合作协议正式签约；泸州市与昆明市、昭通市签订港口物流发展战略合作协议，联手打造西部物流大通道；进一步拓展泸州港口航运服务范围，全年完成港口集装箱吞吐量 50.1 万标箱，同比增长 12.6%。

【渡改桥】 2016 年，泸州交通加快推进全省试点示范工程渡改桥攻坚建设，全市渡改桥大规模开工建设。渡改桥 PPP 项目一期工程（即长江以外的 32 座桥梁）与社会资本方签署正式合同，二期工程（5 座长江桥启动社会资本采购）。截至 2016 年年底，泸州渡改桥三年攻坚建设项目 46 座桥梁，建成 7 座，开工建设 33 座，加快前期工作 5 座，进行方案研究 1 座。

【国省干线改造】 普通国省道提档升级和大中修工程加快实施，双两百城市引擎产城、港城大道建成通车，完成新改建 69 千米、大中修 142.3 千米，全市国省干线公路路面使用性能指数达到 87。国道 321 线纳溪至泸县一级公路改建工程（港城大道）项目全长 24.7 千米，总投资 8.63 亿元，是高标准规划建设的市域一级公路，全年完成投资 2.51 亿元，占年计划投资 2.5 亿元的 100.5%，6 月 30 日建成通车。省道 308 线合江至泸州一级公路改建工程（产城大道）项目全长 31.4 千米，总投资 12.19 亿元，是高标准规划建设的市域一级公路，全年完成投资 4.47 亿元，占年计划投资 3.4 亿元的 131.7%，12 月 28 日建成通车。自贡至泸州港公路、G321 纳溪至渠坝段、G353 泸州至江北段、G246 纳溪至大渡口段、G546 纳溪至赤水段等项目前期工作加快推进。

【客运站建设】 全省二级城市最大公交枢纽——城北公交枢纽站项目全年完成投资 0.4 亿元，占年计划投 0.4 亿元的 100%，累计完成投资 1.5 亿元，9 月竣工验收并投入使用，满足 25 条公交线路，400 台公交车辆的始发、换乘、停放，日发班次 4000 余班，日输送客流量可达 30 万人（次）。国家一级公路客运站——城西客运站实现开工建设，川滇黔公铁联运物流集散中心加快实施，站场建设完成投资 1.4 亿元，新建客运站 3 个，升级改造客运站 2 个，新建村级招呼站 25 个，城区 3 个公交站增设“排队上下车”硬件设施。截至

2016年年底，共有五级及以上客运站157个，其中三级以上（含三级）23个，三级以下五级以上（含五级）客运站场134个，其中双向港湾式招呼站40个。

【民生工程】 2016年，全市建成农村公路804.9千米，占年计划450千米的179%；其中县乡道改造513.7千米，村道建设291.2千米。

【交通扶贫攻坚大会战】 全年，市政府印发《2016—2019年实施交通扶贫攻坚大会战的意见》和《泸州市2016—2019年交通扶贫攻坚大会战建设项目表》，明确通过3年时间，完成总投资423亿元，新建成通车高速公路150千米，完成国省干线升级改造445千米，新改建农村公路6200千米，完成全省试点示范工程45座渡改桥攻坚建设任务，建起脱贫致富的"小康路"，确保建成"外通内联、通村畅乡、班车到村、安全便捷"的贫困地区交通运输网络，补齐边远贫困地区交通发展滞后的短板，建设完善"一环八射一横"高速公路为主骨架、国省干线为脉络、县乡道为毛细血管的公路网络体系，基本建成全国重要区域性综合交通枢纽和全国综合运输服务示范城市，全市交通运输通达通畅程度进一步提升。 （胡　蝶）

交通运输服务

【水路运输】 全年，泸州港完成货物吞吐量3458.57万吨，比2015年增长6.51%。其中，完成集装箱吞吐量为50.1万标箱，占全省的62.5%，同比增长18%；铁水联运完成2.6万标箱，同比增长4.31%；完成水上货运量1973.7万吨、货物周转量162.7亿吨千米，同比增长26.22%。水上货物周转量、增幅均居全省第一。全市拥有水运企业达44家，水路运输服务企业6家，港口经营人66家，运力达50.8万载重吨；有船舶修造企业13家，拥有全省唯一一家二级船舶修造企业。经营性船舶339艘，其中营业性客渡船舶30艘、865客座，货运船舶309艘、50.8万净载重吨。

【道路运输】 2016年，全市累计完成公路客运量7573.5万人（次），旅客周转量642200万人千米；公路货运量7025.2万吨，货物周转量1275822.7万吨千米、同比增长7.38%，公路货运周转量增幅排名全省第二位。加快建设全国综合运输服务示范城市（全国16个、西部唯一）。优化调整客运班线21条、客运车辆88台；坚持城市公交优先发展，加快实施公交国有控股改制。全市现有客运车辆2881台、客运线路1030条，通达全国19个省市区、全省各市州和全市各区县。深化出租汽车行业改革，全国前三、全省第一率先出台《泸州市人民政府关于深化改革推进出租汽车行业健康发展的实施意见》和《泸州市网络预约出租汽车经营服务管理实施细则（试行）》。规范从业人员管理，在全省率先实施出租汽车驾驶员从业资格管理制度，完善出租汽车驾驶员考试、注册和继续教育工作。持续推广应用新能源纯电动汽车，探索新能源纯电动汽车在出租汽车领域的成功运行经验。主城区出租车1494辆，出租车客运量平均每天28万人（次），分担率14.8%。发展快速直达客运，优化调整客运班线31条，制定成渝动车组高铁接驳方案，加快公路客运与高铁的无缝衔接。

【现代物流】 2016年，加快运输服务转型升级，拓展集装箱班轮航线，推行甩挂运输、多式联运等组织模式，协同成都申报入选国家第一批多式联运示范项目。水运物流信息平台建成并投入运行。开通泸州至重庆、成都、贵阳、赤水货运班线。县乡村三级农村物流发展迅猛。开展运输线路信息监测6条。运输辅助行业不断规范，26所驾校有15所驾校推行"计时培训、按学时收费、先培训后付费"培训服务模式，覆盖率57%。开展阳光维修，机动车维修救援服务实现市境内区域全覆盖。全省物流服务联盟发展大会在泸州市举行，泸州港"公铁水多式联运＋甩挂物流"联盟战略合作协议正式签约；泸州市与昆明、昭通联合签署港口物流发展战略合作协议，联手打造西部物流大通道；进一步拓展泸州港口航运服务范围。全年完成港口集装箱吞吐量50.1万标箱、同比增长

12.6%。水上货物周转量、增幅均居全省第1。

【城乡客运】 2016年，城乡客运一体化快速推进，江阳区实现全域公交，龙马潭区、纳溪区、泸县新增公交化改造线路28条，投入车辆217辆。启动实施农村客运“村村通”专项工程，新增建制村通客车20个，全市1624个行政村通客车率91.87%，完成124辆农村客运车辆提档升级，超目标任务46%。至年底，全市现有农村客运车辆1581辆、农村客运班线558条，平均日发6342班次，年客运量3300.74万人（次），旅客周转量173628.06万人千米，全市128个乡镇、1472个行政村建制村客车通达率分别达到100%、91.87%，完成124辆农村客运车辆提档升级，超目标任务46%。

【智慧交通】 投入资金400余万元，11月30日率先在全省第一个开通全国交通一卡通，发行“酒城一卡通”3万张。全市符合条件的三级以上客运站均实现联网售票。加快道路运输WiFi覆盖建设，对符合条件的三级以上汽车客运站、旅游客车、高速直达客车和超长客车实现WIFI全覆盖。组织加入全省接驳运输联盟，800千米以上长途客运班线全部实施接驳运输。重点营运车辆（包括旅游包车、三类以上班线客车和危险货运车辆）联网联控系统实现全覆盖，车辆上线率达95%。全市二级以上汽车客运站均安装固定视频监控系统并接入运管部门监管平台。全市6家汽车综合性能检测机构全部安装完成信息化管理系统并投入使用。泸州交通应急指挥与信息中心建成运行，“12328”平台、酒城通APP进一步建设完善。

【公共交通】 2016年，全市公交线路173条，公交车1375辆，其中主城区公交线路126条，公交车1098辆，公交客运量平均每天56万人（次），公交分担率32.17%。江阳区实现全域公交，龙马潭区、纳溪区、泸县新增公交化改造线路28条，投入车辆217辆。交投集团以增资扩股的方式对市公交公司控股51%；全省二级城市最大公交枢纽—城北公交枢纽站建成投用；城区3个公交站增设“排队上下车”硬件设施；在全省率先开通全国交通一卡通，“掌上公交”查询服务覆盖主城区所有公交线路；新增及更新公交车146辆，其中：新能源公交车134辆，占全市新增或更新公交车的92%，新能源公交车总数达223辆。11月23日在成都召开的第四届中德城镇研讨会，泸州代表四川省作新能源汽车推广应用的专题经验交流。

交通行业管理

【平安交通】 深入推进“平安交通”创建，安全监管体系基本成型，始终坚持安全稳定底线，坚持深入一线、靠前指挥，狠抓安全源头监管，严格执行“六严禁”铁规，严查重处客运违章违法行为，全年查处客车驾驶员违反“六严禁”118起，其中受到停运7天处理的85起、停运1个月处理的32起、停运3个月处理的1起。统筹推进道路交通安全综合治理长效机制年行动和“全国一盘棋”治超工作，实现固定站点检测超限率控制在1%以下、国省干线公路超限率控制在4%以下，成功举办全国六省联动治超工作联席会。道路运输实现较大以上事故“零发

2016年11月17日，第三届六省（市、区）区域联动治超研讨会在泸州召开

2016年11月30日上午，泸州市率先在全省开通“全国交通一卡通互通工程”开通仪式

生”，事故和死亡人数“双下降”；水上D型巡航救助船建成投用，水上交通安全监督管理系统建成运行，加强重庆、三峡、宜昌等区域联动合作，取得连续4年“0事故、0死亡”的最好成绩。深入开展“平安工地”创建，确保交通工程项目安全稳定。春运和重要节假日期间交通运输保障有力，安全生产形势稳定。着力做好交通项目建设、出租车经营管理、历史遗留难题等重点领域、重点人群信访工作，落实依法逐级走访制度，坚持依法分类处理信访诉求，强化矛盾纠纷集中排查调处，行业信访总量进一步减少，确保交通行业平稳有序。加强交通战备项目建设和应急演练，完成军事交通保障、通信设施安全保护等工作，深化交通运输危机管理研究，保障行业和谐稳定发展。

【公路路政管理】 2016年，泸州市圆满承办第三届川、滇、黔、渝、桂、陕6省区域联动治超工作会。全市路政固定检测车辆640547辆，查获超限1127辆，卸载1071辆，处罚258辆，卸（转）载吨位3065.15吨，固定超限检测站车辆超限率控制在1%以内。流动治超检查车辆70481辆，查获超限1011辆，卸载991辆，处罚1009辆，卸载超限货物13436.13吨。国省干线公路车辆超限运输率控制在4%以下，结案率和处罚正确率均达到100%，进一步巩固道路交通安全综合治理成果。

【公路养护管理】 2016年，制定并完善《公路桥梁养护管理制度》《公路养护维修作业区管理办法》《国省公路小修保养管理办法》等8个关于公路、桥梁养护管理的相关制度和办法。全年承担公路养护工程和基础设施建设项目共13个，累计投入养护资金18170万元，其中大中修资金13500万元，小修保养资金460万元，水毁恢复资金230万元，桥梁养护资金1120万元，机械化养护中心建设资金2860万元；全年完成人工清扫路面8878.4万平方米，人工清理边沟65.2万米，人工铲路肩33.4万平方米，修补路面坑槽15059.2平方米；确保管养公路临水临崖高差3米以上危险路段安保工程全覆盖；完成全市普通国省干线公路标志标线清理工作。应急值守全年常态化，连续18年保持安全生产无事故、无经济损失、无人员伤亡的良好态势。交通战备物资仓库储备中心、机械化养护中心和公路应急保通中心“三心合一”建设项目全面完成，实现应急保通队伍入驻。 （胡 蝶）

航务管理

【安全指标】 2016年，泸州市航务管理局深入开展水上交通安全隐患排查、客渡运安全、水路危险货物安全专项整治，2016年巡航里程共计100余万千米，共派出检查组3757组次，检查人员10742人（次），检查指导企业219家，检查指导有船乡镇198个，检查各类船舶8956艘次，排查整改安全隐患14起；开展水上应急救助以及搜救行动62次，救助遇险船舶20艘，营救人员81人（次），挽回经济损失1.05亿元。

2016年5月17日，泸州地方海事局举行危化品船舶水上溢油和消防应急救援演习

【船舶检验】 截至12月底，市局船检科营运船舶469艘次，447545总吨，204068千瓦，1779客位；建造检验船舶11艘次，1682总吨，1782千瓦，53客位，审图23套；检验费合计1780852元。全市共有船厂总数13家，2016年建造船7艘次，1322总吨，880载重吨；改建船4艘次，360总吨；修理船28艘次，13090总吨，34300载重吨。总产值2245.6万元，营业收入512万元，利润总额-42.8万元。全市有船舶修造企业13家，拥有全省唯一一家二级船舶修造企业，营运检验船舶481艘次，建造检验船舶11艘，审查船舶图纸23套，完成“十二五”期间船型标准化船舶拆解改造10艘，船舶131.71万元补贴资金的申请和兑付。

【船员培训】 全年开展基本安全培训考试3期，共132人参加，合格121人。换发适任证书567本，办理新版《船员服务簿》147本，办理“基本安全培训合格证”121份，办理“客船特殊培训合格证”110份。

【运输生产】 截至2016年年底，全市拥有水运企业44家，水路运输服务企业6家，港口经营人66家，经营性船舶339艘，50.8万载重吨，138056千瓦，339艘经营性船舶中有客船25艘、货船305艘（集装箱船11艘、油船31艘）、拖船3艘、驳船1艘、渡船5艘。营业性客（渡）船舶共计30艘，865客座。泸州市千吨级以上船舶180艘（包括南京油运31艘），46.45万载重吨。省际船舶共有266艘，49.95万载重吨。2016年，泸州港共完成货物吞吐量3459万吨，比2015年增加6.51％。其中，集装箱吞吐量为501016.5TEU，增加19.18％。主要货种煤炭吞吐量为460.61万吨，增长2.67％；原油吞吐量为64万吨，增长21.71％，矿建材料吞吐量为1865.26万吨，减少4.71％。2016年，泸州市完成客运量38.44万人，增长9.55％；旅客周转量297万人千米，减少15.38％；货运量1973.71万吨，减少0.53％；货物周转量1626975.47万吨千米，增长26.22％。

3月，水运物流信息平台建成并投入运行；6月，泸州港参与合作的“四川省成都国际铁路港集装箱铁公水多式联运示范工程”成功纳入全国首批多式联运示范工程项目；8月，四川省物流服务联盟发展大会在泸州市举行，泸州港“公铁水多式联运＋甩挂物流”联盟战略合作正式签约；10月，泸州市与昆明市、昭通市签订港口物流发展战略合作协议，加大泸州港辐射云南腹地的深度和广度。2016年完成集装箱吞吐量50.1万TEU，占全省的62.5％，增长19.18％。铁水联运完成2.6万TEU，增长4.31％。

【港口建设】 全市完成水运建设投资9800万

元，年底全港综合年货物通过能力达到3680万吨。泸州港多用途作业区二期、中海沥青油码头升级改造、安达煤码头一期、古蔺港区财湾煤码头4座码头工程竣工验收。（李　娜）

长江泸渝段航道管理

【概况】长江泸州航道局隶属于交通运输部长江航道局，辖区航道上起泸州纳溪王爷庙，下讫重庆江津兰家沱，全长210.8千米。全年调整优化航标80余座，应对洪峰12轮和特大秋汛1次，全力保证2.9米最低航道维护尺度。完成航标维护201434座天，航道维护性测绘工作量4197.37换算平方千米（其中电子航道图测绘2622.81换算平方千米），整治建筑物观测1644.54换算平方千米，信号维护3051台天，安全指挥船舶通过控制河段84478艘次，航道维护正常率和航道尺度保证率达到100%，信号揭示正常率达到1000%。

【体制改革】2016年，按照长江航运和长江航道管理体制改革的总体部署，长江泸州航道局政事分开和“三定”规定落实工作全面完成。航道行政管理和行政执法事权完成交接，成立交通部长航局航道行政管理（泸州）受理点；按照上级关于“三定”规定的文件，制定实施方案、出台保障措施、合理调配人员。改革后，长江泸州航道局内设科室由12个减至8个、机关直属单位由3个减至2个、局属单位10个，体制机制进一步理顺，公共服务职能更加凸显。

【服务水运经济】2016年，航道维护、航道测绘、航道疏浚、整治建筑物维修工作量均超额完成目标任务，辖区航道安全畅通。开展数字航道建设前期工作；开展航道风险排查及治理专项活动；加大电子航道图推广应用力度；强化航道生产值班，及时发布航道信息。围绕提高航道维护等级这一目标，主动将2.7米最低维护水深提升至2.9米，并做好进一步提升至3.0米前期工作。2016年4月完成长江泸渝段二级航道建设单滩整治工程——火焰碛浚深工程（位于江阳区华阳街道四千米江边），完成工程投资300万元。开展羊石盘至上白沙水道（位于合江县境内）、江津至胜中坝水道、东溪口水道（位于重庆境内）整治工程三个项目前期工作，泸州境内完成工程投资1700万元；基本完成小米滩上下丁坝（位于江阳区张坝街道江边）、金刚关刀碛下丁坝（位于重庆江津金刚沱）等整治建筑物维修。长江航道泸州段“三升二”项目全力推进，跟进叉鱼碛至神臂嘴（位于江阳区弥陀镇一带）、冰盘碛至火焰碛、纳溪至井口段航道整治工程工可方案研究；项目需整治滩险18个，因处于国家级珍稀鱼类保护区，目前受制于水生生态评价、珍稀鱼类自然保护区影响报告的审查。完成泸道标201、泸道标204两艘航道工作船艇技术改造，其余船艇、设备以及辖区助航设施、整治建筑物等维护保养到位。（周　菠）

民航管理

【概况】2016年，泸州市民航管理局（泸州蓝田机场）新开武汉、郑州航线，完成旅客吞吐量985108人（次），现场保障、正常服务、内部管理和经营状况明显改善，机场迁建工程全面开工建设，顺利保障多次重大活动，全面完成四川省机场集团、市政府及民航西南地区管理局下达的安全发展考核指标。获得泸州市安全生产考核一等奖，被评为“酒博会”保障先进单位。机场被四川省机场集团公司评为先进单位、综治工作先进单位。

【安全形势平稳】牢固树立持续安全理念及“安全第一、预防为主、综合治理”方针，狠抓安全生产责任体系“五落实五到位”，层层签订安全责任书，全面压实主体责任、领导责任、岗位责任和监管责任。围绕军民航同场飞行、飞行区隔离区防入侵、净空及升空物体管理和鸟害防范、重要设备设施及供电可靠运行、平安民航“七个不发生”、消防及应急救援等重点难点，持续开展危险源识别和风险防控，着力整改安全隐患，严厉打击威胁安全的违法行为，扎实开展安全生产标准化建设，安全基础不断打牢，安全长效机制进一步建立。组织开展应急救援各项演练，不断提升应急救援和反恐处突能力。圆满完成“建党 95 周年纪念活动”、166 号专机任务、G20 峰会、“酒博会”、世界航线发展大会等活动的安全保障，实现机场第 27 个安全年。

【业务增长】 主动应对因净空被限制运行带来的发展“瓶颈”，着力抓好新航线开辟、调换机型增加运力等工作，同时通过实施市场营销拓展周边、捆绑旅游、货运物流“三大战略”，实现机场运输业务快速增长。机场通航城市达 18 个，列全省支线机场第 2 位；完成旅客吞吐量 985108 人（次），同比增长 16.6%；飞行起降 9992 架次，同比增长 11.9%（其中，运输起降 9860 架次，增长 11.1%）；货邮吞吐量 3293 吨，增长 14.8%。旅客吞吐量在全国 219 个机场中排名第 78 位，四川第三大航空港地位确定。

2016 年 4 月 2 日，泸州至武汉空中航线首航

【经营改善】 主辅业并举，增收节支双管齐下。通过新开航线和加密航班，适时更换大机型等措施，保证主营业务收入进一步增加；积极抓好广告租赁、候机楼商业、货运业务、出租车型更换、停车场管理等各项工作，增加辅业收入来源和比例。在降低成本方面，通过增强全面预算管理的科学性和刚性，强化成本支出的过程控制，对变动成本支出中的重点科目采取有针对性的减支措施。认真贯彻落实中央、省市和省机场集团关于厉行勤俭节约相关规定，确保进一步减少亏损。机场还用自有资金 610 万元进行航线补贴、创新市场宣传和加大促销奖励，为业务量快速增长提供有力支持。

【管理水平提高】 完成《机场使用手册》修订和民航四川监管局审批，对机场二级手册和操作流程进行修订，推动安全标准化建设的深化。认真抓好新进员工入职培训和全体员工培训考核，实现教育培训全员覆盖。深化班组建设和 QC 活动，切实提高管理水平。运行保障部灯光队获得 2016 年度四川省优秀质量信得过班组，场道灯光 QC 小组获得四川省机场集团 QC 成果优秀奖；航务管理部管制情报室获得 2016 年度四川省机场集团优秀班组、青年安全示范岗。

【服务提升】 狠抓航班正常保障，学习贯彻新颁布的《航班正常管理规定》，优化运行程序，狠抓环节细节，扎实做好航班正常保障工作，杜绝本场人为原因造成的航班延误，积极为来程晚到航班缩短过站时间。切实践行真情服务，开展“民航服务质量提升”专项行动，增设航班显示屏和手机充电桩，设立健康咨询台等，改善服务条件；开展志愿服务、班组竞赛、服务明星评选等活动，积极创建服务品牌；抓好航班不正常服务，修订工作预案和流程，及时公布信息，化解旅客情绪，尽力解决旅客困难，满足旅客合理需要。全年发生延误超过 2 小时的航班 267 个，涉及旅客 21627 人（次），未发生群体性事件和性质恶劣的有效投诉。认真做好 166 号专机任务、“酒博会”等重要航班和重要旅客的保障服务。

【迁建稳步推进】 推进机场迁建，完成航站楼及配套设施扩建项目的可研报告编制、评审和省政府可研报告（代立项）批复。完成航站区建设 PPP

项目实施方案编制和批复，启动合作方的公开采购程序。积极协调西部战区空军完成内部程序，实现军方承建的军民共用部分飞行区及助航灯光工程的全面进场施工。（唐　琪）

泸州市交通投资集团有限责任公司

【概况】 截至年底，泸州市交通投资集团有限责任公司（简称“泸州交投”）资产总额达397614.06万元，所有者权益总额207155.86万元，比2016年分别增长37.50%，48.64%；营业收入15992.11万元，同比增长754.89%；利润总额1310.52万元，同比增长101.94%。

【企业管理】 经市委组织部同意成立中共泸州交投集团委员会，选举产生了首届党委，成立机关支部、驾考公司支部、资产公司支部、路桥公司支部。按《中华人民共和国公司法》《公司章程》规定，换届选举产生新一届5名董事会成员。公司内设6个机构，并先后出台《资金支付、费用报销管理暂行办法》等45个制度，并建立完善集团公司绩效考核体系。

【业务拓展】 完成对市公交公司的注资控股；对四川泸渝高速公路开发有限责任公司投入资本金1667万元；与成都川商投兴创股权投资基金管理有限公司、国海证券股份有限公司设立泸州交投兴创交通投资中心（有限合伙）。成立路桥公司并承建泸永路、进港路维修维护工程；成立枢纽站公司、监理公司、勘察设计公司。2016年集团公司已有全资子公司9家（驾考公司、资产公司、汽车公司、站点公司、监理公司、公交枢纽站公司、勘察设计公司、物资公司、广告公司），控股公司2家（公交公司、路桥公司），参股公司6家（泸州港务公司、川南公司、新能源出租公司、南方高速公司、蓝田客运站、泸渝高速公司）。

【资产注入】 2016年集团公司完成交通系统资产清理，泸州市市级交通系统资产以评估价值14892.26万元注入泸州交投集团。市财政局拨付泸州市基础建设投资有限公司1亿元，作为资本金

泸州新能源公交车

注入泸州交投集团，完成2014年至2016年连续三年对泸州交投集团共计3亿元的注资。

【融资工作】 获批设立泸州交通发展基金、泸州交通产业基金、泸州交通投资兴创基金、博睿交通投资基金、中融交通产业基金5支基金，总规模300亿元，其中，兴创基金获光大银行总行29亿元授信批复。城北公交枢纽站建设项目获国家开发银行2016年专项建设基金融资支持，以增资入股的方式取得融资金额2200万元。顺通综合大楼建设推进，基本完成装修。（赵曼辰）

川铁（泸州）铁路有限责任公司

【概况】 川铁（泸州）铁路有限责任公司（以下简称公司）是由四川省铁路集团有限责任公司（以下简称川铁集团）、泸州市兴泸投资集团有限公司、中国铁建投资有限公司和成都铁路局（9月30日，中国铁路建设投资公司将股权全部无偿移交给成都铁路局）共同出资组建的国有股份制公司，由四川省铁路集团有限责任公司控股，主要负责隆昌至叙永段铁路运营。公司有管理部门10个，其中7个职能管理部门：行政办公室、党群工作部、人力资源部（6月增设）、计划财务部、物资设备部、运输部、安全技术保卫部（含安监室、派出所）；3个生产部门：车务段、工电段、机辆段。

【经营情况】 2016年，受国家产业结构调整和供给侧结构性改革影响，公司主要大宗货源

运输需求急剧下降，整体运输形势严峻，生产经营发展面临瓶颈。全年共完成货运量240.85万吨，较2015年同比下降27.0%；完成货物周转量18010.58万吨千米，较2015年下降38.4%；实现营业收入10017.3万元，较2015年同比下降33.9%。面对艰难的发展环境，公司及时提出“精准营销”口号，深入开展货源调查，走访泸州市大中型企业500余家，掌握吸引区工矿企业生产和物流现状。在泸州市酒博会期间，联合成都铁路局、重庆车务段进行营销宣传，主动为客户制定运输方案，尽最大可能满足客户需求。同时，利用泸州市物流大会、四川省物流联盟大会等平台开展宣传活动。参加四川省物流办举办的联盟大会，西部物流博览会，昆明、昭通、泸州物流合作会议，不断促进与相关单位间交流合作。提升服务质量，稳定运量。全年，泸州港铁水联运运量取得新的突破，完成运量52.75万吨，同比增长42.7%。

【内控管理】 公司坚持以精细化管理为目标，全面推行经营目标责任制、加强预算管理，严控各项非生产性支出。2016年公司三公经费同比下降9.65%、32.06%、75.88%。修订完善管理制度9个，建立健全公司制度管理体系；推进公司“三项制度”改革，优化公司“劳动、人事、分配”制度，促进公司健康发展。（许小翠）

泸州市邮政管理局

【概况】 2016年全市邮政行业累计完成业务收入6.21亿元，比2015年（下同）增长22.89%，累计邮政行业业务收入占全省比重的3.82%，在全省位居第四位；累计完成业务总量5.63亿元，增长30.81%，累计邮政行业业务问题占全省比重的2.83%，在全省位居第七位。

【快递业务】 2016，完成快递业务收入1.85亿元，比2015年增长19.83%，邮政行业业务收入占全省比重的1.92%，在全省位居第六位；完成快递业务量1373万件，比2015年增长35.33%，邮政行业业务收入占全省比重的1.71%，在全省位居第六位。

【邮政快递企业】 全市共有邮政企业市公司1个、县分公司6个，开办法定邮政普遍服务的乡镇邮政营业网点251个，村邮站341个，邮亭（书报亭）145个，邮政企业普遍服务网络覆盖泸州所有乡镇。全市共有快递企业35家，其中本地法人企业22家，外地法人企业在泸分支机构13家，各企业在全市各区县设立快递服务网点共480余个，比2015年增加140%，主要有邮政EMS、顺丰、申通、圆通、中通、百世汇通、国通、韵达、速尔、天天、优速、宅急送、增益、全峰、品骏、苏宁、速信、瑞丰、佳吉、德邦、远成、极速易、中铁快运等品牌，初步形成以泸州市区为中心，各县为节点，辐射全市县级城市和乡镇的快递服务体系。邮政、快递服务汽车200余辆，邮政、快递从业人员共2800余人。

【邮政行业发展规划】 市邮政管理局与国家邮政局发展改革研究中心联合编制《泸州市邮政业发展“十三五”规划》并报经省局审核，并向市级各部门和企业征求意见；起草《关于促进泸州市快递业健康发展的实施意见》(征求意见稿)。

【邮政基础设施建设】 更新和维护邮政基础设施管理信息系统数据资料，借电商进农村契机积极引导邮政公司与供销社电商公司开展合作，建设村级电商综合服务站（村邮站），全年建成村级电商综合服务站（村邮站）305个，超额完成省邮政管理局下达任务。

【机要通信监督管理】 开展2016年度邮政机要通信保密安全专项检查。按照省局要求对全市机要通信各生产环节开展专项安全检查和风险评估；出动检查人员18人（次），累计检查全市机要网点环节12个，发现问题13个，对发现的问题梳理形成安全隐患清单，约谈邮政企业并下发责令改正通知书2份。

【建制村通邮情况调查】 开展全市建制村通邮情况调查工作，共出动检查人员138人（次），检查农村邮政网点46个，抽检建制村71个，其中少数民族地区建制村47个，少数民族地区建制村通邮情况检查率达到100%，圆满完成本年度人民日报投递时限测试。

【规范快递市场】 审核通过10家法人快递企业的年度报告。受省邮政管理局委托现场核查申请快递业务经营许可的企业并通过11家。办理快递分支机构新增、变更、延续60家，快递末端服务网点备案370余家。与市工商局联合对到期届满的快递经营许可证进行换证、县级以下快递分支机构网点备案工作进行清理，并完成市内两家邮政用品用具生产企业样品抽检工作。

【快递服务制造业】 引导快递企业服务当地制造业发展，各主要快递企业共寄递酒类产品约270万件，运送酒类产品价值约68亿元，业务收入合计约2665万元；寄递其他产品如本地鲜果、土特产、药材、机械配件等约78万件，价值约3010万元，业务收入约579万元。

【快递园区标准化建设】 对接泸州长江经济开发区，推进集电子商务、仓储物流、快递分拨于一体的川滇黔渝电商快递分拨中心（一期）建设项目，引导泸州市邮政公司与长江经济开发区达成入驻意向。

【快递"三进"工程】 为帮助快递企业构建完善的服务网络，市邮政管理局积极引导协调六家主要快递公司与泸州市化工职业技术学院、泸州市职业技术学院签署合作协议，在泸州推进校园快递超市建设。引导快邮合作，协调邮政企业在城市居民小区、大型工矿企业、高校、医院等设置智能包裹柜54组，格口总计2682个，有效辅助解决"最后100米"末端投递问题。

【邮政行业申诉】 配备专人、增添设备开展邮政行业申诉处理，并通过参加省局申诉培训，提高经办人员申诉处理能力。对省局反馈及局网站、微博留言和网上信访系统、"12345"市长热线等转办的消费者申诉反映137个问题及时督促企业进行处理，做好回访，积极化解企业和消费者之间的消费纠纷，申诉处理准时率、正确率、消费者满意率几项指标均达100%，在全省综合排名一直居于前列。

【寄递渠道安全管理】 市邮政管理局2016年被纳入市政府安全生产委员会成员单位，与市政府签订"泸州市2016年度安全生产工作目标责任书"。充分发挥联合执法机制，联合市综治办等部门整合多方面力量推进寄递渠道安全监管，完成对春节、两会、G20峰会及第五届中国亚欧博览会和首届丝绸之路国际文博会期间寄递安全管理和检查，通报检查情况，对存在问题企业进行责令整改及行政处罚。2016年共检查邮政、快递处理场所、网点206处，出动检查人员618人（次），发出责令改正通知书97份，约谈企业16家，实施行政处罚10起。

【"扫黄打非"】 配合市"扫黄打非"办，加强对邮政、快递寄递把关和邮政企业书报刊销售情况的检查，共出动检查人员80人（次），检查邮政企业报刊发行机构2个，邮政报刊亭13个，邮政、快递企业网点95个，对检查存在的问题要求立即整改。完成各个时间段专项整治工作并及时上报信息，有效杜绝非法出版物、反动宣传资料和不良信息通过寄递渠道和报刊亭传递，得到市政府领导的肯定，并于2016年6月被评为2015年度四川省"扫黄打非"工作先进集体。 （王　芹）

中国邮政集团公司泸州市分公司

【概况】 2016年，全市邮政实现收入44043万元，比2015年增长13.74%，实现利润总额16927万元，收入利润率达到38.43%，列全省第1位。

【经营发展】 市邮政公司加大能力建设力度。对全市93个网点进行网络改造，为每个网点配备安装网络机柜。优化网运平台，将邮区中心局转运组和包刷组合并一个大班组，将生产作业区调至同一生产平面，并进行场地改造，拓宽200平方米，提高工作效率。对全市邮路进行持续调整优化，打破县区行政区域界线，组建"市网"，以网点布局为依据，最大限度优化邮路，全面提升网运速度和效率。完成全市共17个网点的装修改造，其中普遍服务网点12个，营业面积超200平方米的12个。

【企业管理】 在企业管理上做到“三抓”，即抓财务、抓人力、抓安全，实现“财务管理更加精细、人力管理更加优化、安全管理更加牢固”。财务管理方面：实施全面预算管理，强化预算管控，加大降本增效力度，提升企业增收盈利能力，加强财务监督检查，规范企业财务行为。人力管理方面：主要从干部人才管理、人员配置、教育培训等方面入手。人才管理上，完成3个县区分公司主要领导异地交流任职，聘任7名2016年度初级人才专家职务和35名专业技术职务。同时，邮政公司还积极推荐并成功当选1名中国共产党泸州市第八次代表大会代表、1名中国人民政治协商会议泸州市第八届委员会委员、1名泸州市优秀共产党员。人员配置上，2016年共新配置人员182人。教育培训上，全市从业人员1329人，其中硕士研究生1人，本科300人，专科840人。安全管理方面：2016年全市投入安全防范设施建设资金700万余元，安全防范设施维护资金170余万元，保安及业务外包费用101余万元，达到省公司全年安全生产工作目标，并获得市政府考核2016年度安全生产工作目标一等奖。

【邮政服务】 在强化服务支撑上狠下工夫，按照“内外服务”(即机关为基层服务，基层为客户服务）的工作思路做好支撑工作。在内部服务方面，进一步提高职能部门为生产一线服务的意识。在外部服务方面，不断加大硬件设施设备的投入力度，提升服务态度，坚持跟踪服务，督促基层网点建好客户档案，做好维护工作。不断完善综合营销体系建设。树立“以市场为导向，以客户为中心”的经营理念，组建18人专职营销团队，着力打造“横向”5支“1＋N”营销队伍加纵向“1＋1＋1”营销支撑平台的营销体系，满足客户多元化用邮需求，实现对市场的无缝隙开发。做好机要通信服务质量工作，实现机要通信质量全红“三十连冠”，机要邮件失密丢损率为0，延误差错率为0，处理规格合格率达99.86%，2016年安全责任事故为0。

（赵维丽）

中国电信股份有限公司泸州分公司

【概况】 中国电信泸州分公司下辖江阳、龙马潭、高新3个区营销中心，纳溪、泸县、合江、叙永、古蔺5个县分公司，20个市级职能部门。有员工队伍805名，平均年龄41岁，拥有全省（除成电）规模最大的骨干队伍，省级骨干占比全省第一，人均劳动生产率106万元，全省第二。

【市场经营】 2016年，公司收入规模达8.5亿元，全省第三，增长10.17%，收入结构更加良性，实现发展速度、发展效益全省双领先。市场综合评价保持全省第一，保持集团战略评估同类公司前三、集团“双领先”，超三分之一的专业工作全省排名第一，连续两年被评为四川公司优秀管理团队、获得2016年“四川省五一劳动奖状”、集团模范职工之家等荣誉。

【基础网络】 发挥全国首个“全光网大城市”缔造者和“智慧城市”主力军的作用，不断优化打造“光网、4G、4K”优质精品网络，助力市委、市政府“智慧城市”和“宽带中国示范城市”的建设。光网：完成城乡一体化的光纤到户建设，建成1200多个村的高速光通信网络，实现城区及乡镇100%光网络覆盖，98%以上村光网络覆盖。全市高速光纤宽带用户占比达98%以上，端口数超100万，比2013年增长2倍，传统程控交换设备全部退网。宽带用户的出口平均带宽超过60兆，全国领先。4G无线网开通2000余个4G基站，4G覆盖率在乡镇以上达到100%，平均下载速率达100M，县城以上区域开通4G+。WiFi覆盖全市中职以上所有学校、商业娱乐等人流密集区域，凭借领先的信息应用和基础网络为银行、医院、教育、物流等各个行业应用提供快速网络连接。4K超高清电视网：率先建成全球领先，国内唯一的4K超高清电视网，成为本地最大的有线电视运营商。

【农村信息化】 2016年，总投资2.8亿元，建成“宽带乡村”惠民工程FTTH端口30万个，全市行政村通达率超98%，直接覆盖受益农民300余万人，改变泸州农村宽带基础能力严重滞后的现状。依托基础网络和教育应用优势，实施“教育扶贫”。全市95%以上农村学校实现高速光纤宽带校校通，4000个农村学校班级实现“光纤+教学资源班班通”。依托中国电信教育云平台，利用网络直播方式，向边远地区“开不起课、开不齐课”的农村学校推送优质教育资源，建立泸州教育“专递课堂”，助力推动城乡教育公平化；通过升级电商公共平台服务，解决信息惠农的“最后一千米”，为村民提供产品销售、村务政务公开、社保医保等便民查询、农村淘宝、话费充值、小额存取款等一站式服务，助力信息进村入户进程。

【信息精准扶贫】 叙永县水潦乡高坪村成为全省第一个智慧乡村信息化扶贫建设样板，以信息化扶贫为切入点，通过综合信息平台、智慧校园、电子商务、雪亮工程、居家养老等网络平台的搭建，切实落实“六个精准化”建设，较好地解决高坪村因地势偏远、交通不便、信息不畅、基础设施薄弱而导致的农村政务和民生信息传递不及时、经济滞后、教育落后、农业销路不畅等问题，探索出政府新农村建设和精准扶贫的新模式。做好农村地区的普遍通信服务，累计投入2200万元的资源为4县3区相对贫困老百姓提供美丽乡村精准扶贫卡通信补贴，有10万名的贫困人员享受这一通信补贴；每月返还200万元以上话费给农村普通群众作为生活补贴，有超10万户农村用户每月收到泸州电信赠送的翼支付红包，可用于在当地超市购买生活用品，让老百姓用得上、用得好，真正得到实惠。

（刘　川）

中国移动通信集团四川有限公司泸州分公司

【概况】 中国移动通信集团四川有限公司泸州分公司下设11个职能管理部门和8个县区分公司，员工931人，平均31岁，本科以上79%。2016年公司年收入规模超过14亿元，用户规模达248万户，上网用户数超过191万户，4G通信基站数4521个，通信基站数突破8400个。并荣获泸州市“创建‘四好’领导班子先进集体”“泸州市工人先锋号集体”“泸州市安全生产先进单位”“2016泸州3·15消费者权益保护日维权宣传活动诚信联盟单位”等称号。

【光网泸州】 截至2016年年底，泸州移动建设有线宽带端口57万线，1346个行政村移动网络覆盖家庭宽带，用户规模突破32万户，互联网电视用户规模突破27万户，完成城区100%用户覆盖，并完成全市100%行政村有线宽带的覆盖；累计建成4G基站4500余个，为13606个偏远自然村开通移动电话，4G综合覆盖率超过98%，并建成川南地区规模最大、覆盖最广的4G网络；率先在全省乃至全国实现“五个村村通”，即村村通视频会议、村村通光纤宽带、村村通高清电视、村村通党建远教、村村通视频电话全程光纤接入，有效的满足用户极速上网需求，实现精准扶贫信息化村村通。

【智慧城市】 泸州市是全国首批“智慧城市”试点城市，泸州移动作为“智慧城市”主导营运商，参与智慧城市建设。合作建设泸州政务云大数据中心，泸州移动与华为、泸州市政府合作搭建川内首个地市级政务大数据中心，为其他地市级政务大数据中心建设起到标杆示范作用。探索物联网应用，率先开通公安北斗定位系统、驾考视频、4G无线回传系统、酒城路况APP等典型物联网应用，并将按照集团公司“十三五”规划战略部署，进一步探索物联网在智慧城市建设中的应用。参与各级单位信息化建设，完成智慧政务、智慧校园、智慧医疗、智慧交通行、智慧生活等项目的合作。

【业务发展】 推进宽带建设和业务拓展，城区和乡镇实现无查勘受理，借助组播技术发展电视业务，使得偏远地区的农民也可以享受信息化的方便快捷。搭建立体全覆盖的渠道体系，通过现有的2000多家渠道营业网点，为全市城镇和农村居民提供通信和信息化服务，农村乡镇和行政村覆盖率均达到100%。创新设立社区移动服务厅，一站式解决百姓通信、宽带、信息化、水电缴费等需求，并提供便捷的社区服务。不断致力于“提速降费”，

流量综合单价比 2015 年下降 22%。（冯 创）

中国联合网络通信有限公司泸州市分公司

【概况】 中国联合网络通信有限公司泸州市分公司（以下简称泸州联通）是国有大型综合电信业务运营企业中国联通的地市级分公司。截至年底，泸州联通移动电话用户超过 35 万户，累计上缴税收逾亿元。

【网络建设】 截至 2016 年年底，泸州联通在城区覆盖率达 99%，县城达 96%，4 县 3 区旅游风景区、交通沿线网络覆盖率达 92%，偏远乡镇网络覆盖率达 93%，实现全市联通网络信号有效覆盖，4G 网络下行峰值达到 150Mbps，上行峰值达到 50Mbps。

【业务发展】 2016 年，泸州联通利用全世界最先进、最完善的 WCDMA4G 网络优势和技术优势，重点发展 2I2C 等创新品牌业务及丰富多彩的通信应用服务，特别是无限流量和语音的高端产品冰淇淋套餐，深受广大市民欢迎。2016 年，泸州联通以打造智慧城市为契机，在“互联网 +”领域迅速发展，率先与市政府签订“互联网 +”战略合作协议，承接建设的全市长途客运和公交运营车辆监管平台、群工局视频接访系统、数字化城管核心网络、海事码头及船舶监控平台、驾考车载监控系统、泸州市城市监控报警联网系统，也就是大家熟知的“公安天网”等大型“互联网 +”项目取得重大突破，成为全省优质标杆典范。（钟夏夏）

2016 年 4 月 7 日，泸州市人民政府与四川联通签订“互联网 +”行动战略合作协议

科学技术和知识产权

【概况】 2016年，泸州市科学技术和知识产权局被省政府评为第三届中国（绵阳）科技城国际科技博览会先进集体，2人被评为先进个人；获中国创新创业大赛四川赛区优秀组织奖；泸州市生产力促进中心荣获中国生产力促进奖、中国技术市场金桥奖、省生产力促进中心先进集体奖，2人获中国生产力服务精英奖；泸州高新技术产业园区升级为国家级高新区；泸州市创建为国家知识产权试点城市。

【科技计划】 2016年，完成对上争取资金4097万元，其中市本级及三区3977万元，分别超额完成目标任务的113.8%和147.96%。争取到国家自然科学基金项目13个，资金407万元，省级科技服务业项目8个，专项资金3100万元，省级创新基金项目6个，资金450万元，省级专利实施与促进专项项目10个，资金140万元。全年共安排市级科技专项资金1355万元，项目数97个，其中科技计划资金709万元，立项项目73个，科技创新基金347万元，立项项目13个，科技成果转化资金299万元，立项项目11个。实施“酒城科技英才”计划，立项下达科技创新苗子项目24项，下达专利知识与促进专项资金项目8个，资金30万元，市级指导性科技计划项目17个。兑现双创奖补资金670.57元（其中：泸州市小微企业研发检验测试费补助资金6.07万元、泸州市代理企事业单位发明专利补助资金10万元、泸州市科技型中小微企业贷款引导资金374.5万元、省级科技企业孵化器创建资金补助50万元、泸州市级众创空间认定补助资金230万元）。

【创新创业】 泸州市科学技术和知识产权局按照“互联网+”建设思路，牵头建设线上线下相结合的“酒城科创航”科技创新服务平台和“川南（泸州）科技成果与专利技术交易实体市场”。该平台采用“4+X”(“4”即川南四市，“X”即合作单位）模式运作，旨在强化与川南各市、成都市、绵阳科技城、重庆科研院、中关村创业大街等科技（研）机构横向合作联系，整合川南科技资源，实现科技信息互联互通和资源共享，该平台于2016年底上线运行，是川内首个O2O模式科技资源交易实体市场。2016年，获得国家级科技孵化器1家，省级3家。创建众创空间国家级4家，省级3家，市级23家。开展“创新创业导师区（县）”行等各类活动27场，举办大型主题活动3场（次）。组织23家企业参加第五届中国创新创业大赛，4家企业晋级四川赛区决赛，1家企业进入全国行业总决赛。举办各类创新创业培训30余场，参加创客5800余人（次），发放双创政策手册5000余册（本）、宣传资料5760余份。

2016年科技知识产权暨决策咨询大会

【科技合作】 2016年，促成美中硅谷协会与市委组织部、市科技知识产权局、市外事侨务旅游局签订人才合作协议，与西南医科大学签订战略合作协议。泸州高新区管理委员会、泸州市科技知识产权局与中关村沿江产业技术转移中心签订“产业技术转移合作框架协议”。四川大学、泸州市战略合作落地见效，共资助四川大学与泸州市产学研合作项目89项，研发、改进新产品81个、新工艺34个，申请专利82件，发表论文35篇，实现新增产值18937万元，新增利税4453万元。与西南医科大学战略合作成效显著，受资助项目发表论文（SCI、EI、ISTP）140余篇，10个项目获得国家自然科学基金面上项目500余万元资助，建立医疗科技成果开发与转化平台，其3项成果已在企业转化应用。

【成果转化】 评选奖励2015年度泸州市科技进步奖34项、科技进步管理奖6项，奖励科技人员197人，获奖成果新增产值45.56亿元、利税9.72亿元。实施市级科技成果转化项目11项，投入财政资金299万元，带动企业投入转化资金2915万元。完成技术交易合同登记104项，合同成交金额5.27亿元。

【高新技术】 按照《泸州市科技型企业认定管理办法》，认定审批首批泸州市科技型企业465家。对2013—2014年认定的高新技术企业兑现奖励220万元，并组织2015年新认定的13家企业申报高企奖励。支持5家小微企业申请研发检验测试补助资金6.07万元。拥有国家高新技术产业基地2家，省级1家。2016年，泸州市国家高新技术企业总数达到49家，实现高新技术产值200亿元，比2015年增长28%。“国家固态酿造工程技术研究中心”获批成为国家科技服务业行业试点，泸州国家高新技术产业开发区获批成为国家科技服务业区域试点。泸州高新区被认定为国家火炬先进工程机械及关键零部件特色产业基地。泸州临港片区获批纳入中国（四川）内陆自贸试验区。省科技厅支持泸州市智慧城市专项资金达到3000万元，泸州成为全省唯一获此资金的市（州）。

【知识产权】 全年，全市申请专利2820件，其中发明专利951件，分别比2015年增长51.8%和65%；新增专利实施247项，新增产值34亿元，分别比2015年增长22.3%和10%；查处假冒专利120件，调处专利纠纷1件，结案率100%。

【农村科技】 围绕泸州市八大农业优势特色产业发展，加快农业科技创新与转化推广，着力打造4个省级农业科技园区，完善农村科技服务体系建设，创建国家“星创天地”3家，选派（在位）科技特派员240人、“三区”科技人才23人，建立农业专家大院5个。积极开展科技扶贫工作，组织实施省、市、县科技扶贫项目12个，建立科技扶贫示范基地5个，推广新品种10个，推广新技术14项，精准带动省、市、县科技扶贫示范户的贫困群众1601人。搭建“四川科技扶贫在线”泸州科技扶贫服务平台，提升贫困地区科技服务效率。

【科技普及】 开展科技文化卫生“三下乡”、科普活动月、科技活动周等宣传活动，共计现场咨询达1.3万人（次），举办各类培训讲座100多场（次），参培人员达5.5万人（次），发放各类宣传资料6.31万余份，赠送农资价值1万余元，义诊1400余人（次）。印发《关于加强泸州市市级科普基地建设的意见》（泸市科知〔2016〕133号），对2008—2015年度市级科普基地进行核查，2016年新认定市级科普基地3个。 （李燕梅）

教育行政管理

【概况】 2016年，泸州普通高考连续五年高位增长，应届上线人数首次突破万人大关，教育改革的“泸州样本”向全国推广。全省示范性综合实践基地现场会在泸召开；首届长江校长论坛、全省基础教育信息化暨88个贫困县教育信息化推动教育扶贫现场会和全省教育综合改革试点推进会均在泸州召开。《教育导报》全年报道全市性教育信息50余篇；2月21日、3月4日《中国教育报》连续刊载纳溪区“同步课堂”探索欠发达地区教育信息化推进农村教育发展的先进做法，省内外多个单位闻名而来参观考察学习教育信息化“纳溪模式”。《人民日报》、《光明日报》、《科技日报》、中央电视台、《四川日报》、《教育导报》等国家级、省级媒体全年报道泸州市教育信息50余篇。

【办学条件】 完成投资5.70亿元的医教园区（教科城）建设。完成全年目标任务的135.71%，累计完成投资29.47亿元。泸州职业技术学院、泸州电大、泸州市职业技术学校入驻园区，全国首批、四川省第一个示范性实践基地建成投用，四川城建职业学院落户泸州，已开工建设的市政道路全部竣工，投资14亿元的西南医科大学科技大楼暨教学科研配套基础设施项目10月开工。全年投入18.33亿元改善全市中小学、幼儿园基本办学条件，开工建设幼儿园19所、义务教育教学用房21.21万平方米，改造运动场7.54万平方米，恢复村级办学点1个，建设农村教师周转宿舍1161套4.06万平方米。四川三河职业学院一期工程全面投入使用，泸州高中新建综合楼即将竣工，泸州老窖天府中学室内运动场主体工程完工，叙永三中新建、纳溪中学迁建工程开工建设，支持叙永、古蔺两个县高中改扩建运动场1.6万平方米。

【义务教育均衡】 推动教育均衡发展乡镇创建，将义务教育均衡发展指标体系作为指挥棒，精准对标查找短板，逐一督查整改销账。全年，评估验收教育均衡乡镇16个，“三校一园”格局初步形成。江阳区、龙马潭区通过全国义务教育基本均衡县评估认定，纳溪区通过义务教育均衡发展省级督导评估。“上学难、入园贵”和“大班额”问题进一步缓解。各区县制定消除义务教育阶段大班额专项规划，较好地控制城区学校（超）大班额问题。切实保障进程务工人员随迁子女在公办学校接受义务教育，2016年解决11862人，其中小学6839人、初中5023人。

【教育综合改革】 推进国家中小学教育质量评价改革泸州实验区工作，探索性构建泸州市中小学教育质量综合评价指标体系，建立涵盖市、县、校（三级），包含动态监测和专项检测（两类），流程为“标准制定—评价实施—反馈改进”的323教育质量综合评价机制，逐步建立一套教育质量新标准。大力开展招生制度改革，探索建立“统招+定向”“实践能力+文化成绩”“综合素质+学业成绩”的高中招生制度评价标准，引导中小学不断深入实施素质教育。加强“德育·实践·运动”课程建设，深入实施“‘立德树人’三年行动计划”主题德育活动；开齐开足开好思想品德课程，将德育课程融入社会实践。将社会主义核心价值观24字融入学校文化，着力打造“一校一品牌”，形成良好校园文化环境。5首“童心向党”歌曲亮相全国展播活动，泸州高中学生陈林荣获全国“最美中学生”称号，泸州二中学生吴震宇荣获第十届“中国青少年科技创新奖”；叙永县落卜镇中心校、摩尼新苗小学等学校被评为“全国学校毒品预防教育工作先进单位”，两校在全国校园禁毒图书角项目现场会上交流发言。建设一批从市到县（区）的实践基地，保障中小学常态化开展综合实践活动；基础教育学段建立特色鲜明、常态实施的1小时大课间规范活动课程。继续推进以“三开减负三开放”和“两增两减一提高”为主要内容的市域内素质教育综合改革，强调“学为中心、能力并重”新教学原则，深入推进全市362所中小学校教学结构改革试验工作。进一步推进中高职一体化改革，“3+3”分段独立培养学制向“3+2”分段贯通培养学制转变，完成首批计划招生任务。

2016年11月29日，省政协副主席、省总工会主席李登菊（前排左三）在榕山镇回洞桥村小学校调研督导教育精准扶贫工作

【教育教学质量】 启动学前教育第二轮三年行动计划，切实加强学前教育管理指导，全市幼儿园办园行为进一步规范，“小学化”倾向得到有效纠正。深入实施素质教育，学生全面发展成效明显；特色学校建设、群文阅读、科技教育、语言文字工作在全市中小学蓬勃开展；义务教育以县为主的管理体制进一步完善，教育质量综合评价体系初步建立；初中学业考试水平和高中升学考试成绩明显提升。继续推进普通高中教育教学管理八大改革，加强高一、高二年级过程管理，强化高三目标管理，普通高考连续五年高位增长。应届上线人数首次突破万人大关，本科上线率、重本上线率远远高于全省平均水平，本科上线率高于全省8.4个百分点，重本上线率高于全省7.7个百分点。应届本科上线率和重本上线率跃居全省第三位，川南四市文、理科第一名均在泸州，12名学生被北大、清华录取，13名学生被录取为空军飞行员，泸州还作为代表在全国空军招飞优质生源表彰大会上作经验交流发言。坚持职业院校“文化+技能”双轮驱动，确保“就业有保障、升学有基础”，2016年中职学校毕业生就业率达98.5%，参加高职单招、对口升学（本）专科上线2557人，上线人数占参考人数的88.7%。“9+3”工作受到省教育厅肯定，并在四川省“9+3”免费教育学校开学工作视频会议上作经验交流。西南医科大学将临床医学、药学、中西医临床三大学科作为博士点突破方向，全力争取获得博士学位授予点，市财政专项划拨1亿元用于西南医科大学高端人才引进。泸州职业技术学院、四川三河职业学院已制定创办本科教育实施方案。加强中外交流合作，举办中德职业教育合作论坛，成立“四川中德培训学院”和“德国HWK四川考试中心”。建立覆盖全体残疾学生的资助体系，全市特殊教育学校学生生均公用经费按6000元/生预算和划拨到位，市财政每年划拨50万元用于扶持特殊教育发展。全市新增民办学校31所，其中小学1所、幼儿园19所、非学历培训类学校11所。社会力量新注入民办学校建设发展资金近2亿元。完善民办教育发展扶持政策措施改革取得实质进展，扶持学历类民办学校发展的土地和师资支持政策基本形成。泸州电大牵头的“社区大学服务学习型城市建设改革实验”及社区教育与成人教育工作持续推进。10月，泸州市民王洪和泸县建校“退役士兵培训体系建设”项目分别荣获教育部中国成人教育协会表扬的“百姓学习之星”

和“终身学习品牌项目”。

【师资队伍建设】 优化城乡教师资源配置，补充教师1847人，充实教师队伍师资；出台《泸州市免费定向培养村级小学教师实施意见》，通过生源本土化、培养全科化、就业定向化培养模式，在2016—2018年的3年内，为3个贫困县培养900名乡村小学教师，完成首批300名的招生录取签约。出台《泸州市人民政府办公室关于印发乡村教师支持计划实施细则（2015—2020）的通知》，继续实施《关于进一步加强农村教师队伍建设的意见》，进一步强化农村教师的补充、生活待遇提高、职务评聘、教师交流、专业提升等措施；推行校长教师轮岗交流，全年共交流校长教师1369人；扩大农村教师生活补助范围，由省上规定的3个贫困县扩大到全市7个区县，补助标准为200～800元，重点向村小和教学点、条件艰苦地区倾斜，所需经费全部由财政承担，受益教师21807人；并按不低于月人均200元标准落实乡镇工作补贴；制定《泸州市市级教科研课题评审办法（试行）》和《泸州市市级教科研课题专项经费管理办法（试行）》，市财政每年划拨573万元用于公办中小学校长（幼儿园园长）、中小学一线骨干教师教科研课题专项经费。执行《进一步规范校（园）长职务行为》18条规定和《泸州市中小学（幼儿园）教师五项纪律规定》，要求每位教师对照检查，并作为职称评审和评先选优的重要依据；构建以国培育“种子”、省培造“精英”、市培促“骨干”、县培抓“专项”、校本促“全员”的“立体研修”教师培训模式，全市培训中小学幼儿园（含职教）干部教师60847人（次）；全员参培率达153%，市级以上培训参培率达68%，区县级培训参培率达82%。全员培训以校本研修为主，同时以“问题研修”或“主题研修”形成个性化校本研修模式。推广运用优秀研修工作室实践成果，全市各区县、市属学校和单位注册389个工作室，其中乡村教师工作室达100个。

【党风廉政建设和反腐败工作】 坚持约谈提醒在前，市教育局班子成员开展“一对一”约谈、集体约谈58次217人，市直属学校（单位）约谈提醒共计698次1948人；建立信访举报工作台账，全市教育系统纪检组织共立案40件，给予党纪政纪处分39人；加强对干部考察、招生考试、教师招考等过程进行再监督21次，组织开展高中阶段学校学生资助金落实情况和建档立卡贫困生减免费用落实情况专项督查，抽查各级各类学校27所、发出督办通知6个、提出存在问题23条、提出整改意见17条，均进行整改落实；继续开展“四项专项整治”工作，深入区县和市属学校督查10次，发现突出问题2个，查处教师5人，免去校长职务1人，达到处理一起、教育一片的警示效果。

【教育精准扶贫】 超额完成民生工程、民生大事各项目标任务。全部免除义务教育阶段学生学杂费、书本费和作业本费58.75万人，减免民族待遇县在园幼儿保教费4.39万人，非民族地区贫困家庭在园幼儿1.39万人，免除高中阶段学费学生3.29万人，资助高中阶段学生3.98万人，资助地方属高校家庭经济困难学生2800名。划拨2.2378

碧桂园捐赠梓橦路小学渔子溪学校教学楼签约仪式

亿元营养改善计划资金，对叙永县、古蔺县、合江县的712所农村义务教育学校、279735名在校学生实施营养改善计划。制定《泸州市教育脱贫攻坚工作方案》，围绕教育助学资助、薄弱学校改造、农村教师队伍建设，制定《贫困家庭助学行动计划专项方案》等6个子方案，构建“1+6”工作体系。组织1.9万名教师深入贫困学生家庭，逐一核查学生享受资助政策情况，确保精准扶贫资助政策应享尽享。设立教育精准扶贫专项资金，对建档立卡贫困家庭高中阶段学生，除享受国家、省政策外，再按2000元/年。生标准给予生活补助，实现中职教育全免费。全面免除建档立卡贫困家庭承担的教辅资料、商业险等费用，累计免除8.8万人（次）734.9万元。推进中考制度改革，对贫困生实行定向招生，加大教育精准扶贫力度。在合江探索实施“教育精准帮扶行动”，帮助建档立卡贫困学生在保障就学基础上成长成才，在全市推广。

【校园安全教育】 全年，未发生安全稳定群体性事件，未发生安全责任事故。狠抓安全教育，将安全知识纳入中考内容，结合“大课间”实现安全应急演练常态化，印发《泸州市学校安全检查100条》5万册，获省教育厅认可。古蔺县白泥乡文光小学2名教师坚持晨检，挽救爷孙4人生命，获社会肯定。深入推进学校“三防”标准化建设和学校安全常规管理规范化建设，保持安全管理高压态势，开展校车安全管理、夏季消防检查等系列打非治违专项行动，坚持每季度安全综合督查和关键时段安全检查，严格安全隐患整治闭环管理，直接督办消除安全隐患178个。持续抓好卫生安全，全年未发生聚集性疾病疫情或较大及以上群体性食物中毒事件。出台《关于加强学校后勤服务管理工作的通知》，保障后勤标准化建设和管理。开展市级标准化学生食堂和宿舍创建，15个学生食堂和6个学校学生宿舍通过评估验收。推进学校明厨亮灶工程建设，60%以上学校（幼儿园）食堂建成明厨亮灶，城区100%的学校完成明厨亮灶建设。坚持春秋季开学对学校卫生防疫、传染病防控、食品饮水安全等进行检查，全年开展专项检查、督查100余校次，要求学校对发现的问题及时整改。积极响应全国文明城市和健康城市创建工作，创建33所“健康学校”。

（张流斌　张瑞波）

泸州高中

【概况】 全校有教学班128个，学生6998人，其中男生3423人、女生3575人。有教职工474人，其中专任教师455人，新分新调教师31人。有正高级教师2人，特级教师4人，高级教师169人，省市级学科带头人、骨干教师170余人，国家省市级模范教师、优秀班主任、优秀教师147人。学校工会被全国总工会授予“全国模范职工之家”，诗词楹联社被团中央评为全国优秀中学生国学社团，历史教研组被国家级中文核心期刊《历史教学》封二整版介绍，学校参与中央电视台“寻找最美孝心少年”主题文化作品征集活动获优秀组织奖，创建省级阳光体育示范校通过复查验收。

【德育教育】 加强社会主义核心价值观教育，制定具有泸高特色的《德育工作纲要》，培养学生的家园意识、公民意识、生命意识和学霸精神、自主精神、公共精神。实施分段主题德育，提升德育工作的针对性和实效性；坚定推行自主德育，激发学生自主发展需求；加强班主任队伍建设，树立表彰先进工作者；深化德育大讲堂，向师生宣扬正能量；开展学前军事训练，加强学生国防教育；开展阳光体育活动，促进学生身心健康；举行18岁成人礼，对学生进行成长、感恩、责任、励志教育；开展班团社团活动，丰富校园文化生活；开展劳动实践活动，实施学生“旅学研修”项目；家校合作育人，延伸德育手臂，助推学生成长。

【创立樟林讲坛】 11月1日，樟林讲坛首期在泸州市爱国主义教育基地——泸州高中文化墙举行，校长李渝江作《弘扬泸高精神　担负时代使命》讲座，市教育局思想政治科科长王丽端应邀出席，现场听讲座的有学校中层以上干部和部分学生，王晓英老师作《樟林讲坛赋》。

【核物理学家访母校】 10月24日，1958级学毕业生、著名核物理学家、中国原子能科学研究院研究员、博士生导师、中国科学院院士候选人、吴有训物理学奖获得者陈永寿访母校，并作国旗下讲话，举办“宇宙学新探索”学术讲座。

【高考成绩创历史新高】 曹寿春同学629分全市文科第一名，王小满同学699分全市理科第二名，何海峰同学693分全市理科第三名。以下数据均居全市同类学校第一：文科小尖班平均分606，理科小尖班平均分664；文科前10名占7人，理科前10名占6人，应届生600分以上279人；上清华大学、北京大学分数线人数8人；应届重本上线率为58%，应届本科上线率90%。被清华大学授予“2016年生源中学”，被四川工商学院和西南石油大学分别授予“优质生源基地”。普通高中教育质量综合评价（A类学校）获全市一等奖，高考质量在全省排名第7位。

【艺体教育】 舞蹈《送红军》获全国中小学生艺术节展演二等奖。田径队获全市中学生田径运动会团体第二名，打破两项市中学生纪录；田径队参加省中学生田径锦标赛，获超级组团体第十一名。男子足球队获全市校园足球春季联赛第二名。健身操队在全省国家级青少年体育俱乐部健身操舞比赛中获中学组规定动作轻器械五级第一名。篮球队获全省青少年篮球比赛第十名。学生刘凯航摄影作品《乡情》获得全国摄影大赛二等奖。周科老师作品选送参加泸州市诗书画院建院三十周年作品展。在中央电视台“寻找最美孝心少年”主题文化作品征集活动中，学生刘北讴、赵子涵获一等奖，石易鑫、李华萌获二等奖，全免费参加北京夏令营活动。

【学科竞赛】 在全国生物学联赛复赛中获奖的档次和人数遥居全市第一，有10人获全国二等奖，11人获全国三等奖，4人获全省一等奖，3人获全省二奖，8人获全省三等奖。在全国数学联赛四川初赛中，有11人获全市一等奖，22人获全市二等奖，28人获全市三等奖，有5人进入省决赛。在第十一届全国中小学生作文创新大赛中有4人获四川赛区二等奖，并参加全国总决赛。在全市第六届中小学生新概念作文大赛中有3名学生分别荣获一、二、三等奖；在全市第二十五届“屈原魂”传统诗词创作大赛中，有2名学生获一等奖、6名学生获二等奖、2名学生获三等奖；在全市第十二届中小学生楹联决赛中有1名学生获一等奖，4名学生获三等奖，2名学生获优秀奖。

【名师培养】 成立教师专业发展工作领导小组，制定《教师发展五年规划》和“名师工程”“青蓝工程”“青年教师135工程”实施办法，分期推进名师培养工作。王晓荣名师工作室被评为泸州市五星级工作室，启动刘中楷领衔的“忠山英语工作室”。有16名青年教师在国家、省、市组织的“学科德育精品课程”征集展示活动、“一师一优课、一课一名师”活动，主题班会课设计、全国百佳班主任评选、优质课竞赛、微课竞赛、论文评选中获大奖。完成学校第十届青优课初赛、复赛的选拔，90余名选手参赛，14名选手进入决赛。

【教师培训】 选派钟高云等14位教师参加国培，罗海军等13位教师参加省培。派到全国各地知名学校参加教学研讨会和观摩学习活动的教师有200多人（次），其中去云南曲靖一中、官渡一中、昆明三中参观学习的有30人。全市性的教研活动、高三研讨会、学科培训活动都派教师参加。有8名教师参加学科竞赛培训，7名老师参加“学生生涯规划导师课程”培训。

【科研教改】“普通高中德育主题实践活动研究”等两项省级课题研究结题，市教育局体制改革试点项目“现代学校制度建设”“拔尖人才培养模式”研究进入实施阶段，教育教学工作同科研有机的结合的15项校级微型课题研究开展顺利，在国家级、省市级发表论文112篇，《泸高教育苑地》出版2期学校青优课专刊与学校德育工作研讨会专刊。创办《忠山诗韵》诗词楹联专业报，共印发4期。

【学先进树典型】 号召全体教师向全国师德标兵江红梅、全国模范教师张世冬学习，周建定被评为全市“立德树人，诚实守信”最美教师，徐丹被市消防安全委员会评为2015年度消防工作先进个人，温世娟被市委组织部、市委老干局评为离退休干部先进个人。2014 级 3 班陈林许被评为全国最美中学生。

【招生工作】 按照市教育局下达的正招、定向、艺体招生计划，报到率达 98.69%。招高一新生 42 个班，2466 人，其中男生 1218 人、女生 1248 人。补习班春期招 8 个班，520 人，秋期招 9 个班，572 人。首次完成学籍国网注册。

【对外合作】 与英国皮卡特学校互派师生 46 人（次）。与华萃教育机构共建家校合作项目，组织家长学校专题讲座 4 场；与嘉朋汉方教育机构开展模拟联合国项目合作，已选派 11 人参加“模联—青年领导力特训营（成都站）”，选派 6 人参加美国哈佛大学“哈佛模联会议”。接待德阳教科所组织的 23 名校长团来访，重庆大足中学 40 名教师团到访，国家教育行政学院 5 名专家到校调研。

（古帮伦）

泸州老窖天府中学

【概况】 学校占地 463 亩，总建筑面积 13.5 万平方米。2016 年有 119 个教学班，6150 名学生，435 名教职工，其中，正高级教师 1 人，高级教师 114 人，中级教师 132 人，初级教师 152 人。有全国模范教师 1 人，全国优秀教师 2 人，特级教师 5 人，省市级优秀教师 24 人，省市级骨干教师 63 人；省市级知名教师 10 人，市级学科带头人 9 人；硕士研究生 107 人，研究生课程进修班结业 65 人。2016 年 9 月，学校创建为“四川省一级示范性普通高中”。

【学制改革】 学制改革初见成效。初中 2013 级 100 名学生自愿进入学制改革班，提前进入高中课程学习，“二四分段”探索迈出坚实步伐。

【德育工作】 以培育和践行社会主义核心价值观为主线，开展各种德育活动和各种创建工作，做到活动育人。举办“争创双拥模范城手抄报展”和“国防双拥知识竞赛”；参与全国文明城市、省级文明校园、市级文明单位创建工作；组织学生参与经典诵读活动，开展省、市、校级“三好学生”“优秀学生干部”“先进班集体”和“优秀学生会干部”的评选工作，开展“校园之星”评比和最美师生事迹展示活动，开展 19 个学生社团汇报展示活动以及以“热爱祖国、感恩社会、孝敬父母、尊敬老师、关爱他人”为主要内容的主题教育活动，举行高 2016 届高三毕业典礼。开展好法制教育和健康教育工作。加强班主任队伍建设。做好教育精准扶贫资助，为学校精准扶贫户学生 101 人建档立卡并落实扶贫资金。做好共青团工作，参加泸州市第十七届忠山之秋活动，结合“一二·九”运动，开展系列活动，学生丁玲被评为泸州市“最美志愿者”。学校表彰 120 余名优秀团干部，240 余名优秀团员，360 余名优秀青年志愿者，发展 200 余名新团员。开展高三年级成人宣誓仪。优化“天府之声”校园广播站管理。

【成长教育】 形成“成长教育”特色，促进生师、学校全面发展。学校成长教育的核心理念是：“人的成长”是教育的愿景和责任。形成学科拓展性课程、德育与心理健康教育课程、体育艺术课程、科技创新实践课程、国际交流课程、社团活动课程六大板块类型，学校课程体系建设具有自身特色，并以不断充实的校本课程体系服务于学生的成长。学校初步形成“以教导研，以研促教”，“研教一体”的校本研训特色。2016 年，学校组织 9 个学科的教师参加各级各类教学展评活动，获得市级二等奖以上 14 人（次），其中获全国二等奖 1 人；省一等奖 2 人，省二等奖 1 人，省中学校长协会特等奖 4 人；泸州市一等奖 4 人，泸州市二等奖 2 人。

【教育现代化建设】 学校完成高考标准化考点建设。高考标准化考点总投资 127 万多元，共设 139 间考室，可容纳 4170 名考生考试。学校为高中部每间教室配备一套多媒体和 3 台一体机电脑，为教学区新增一条 100M 宽带，供教师上课和学生上网学习使用，投资 185 万多元安装一体机 310 台。在学校 C 区教室安装 20 套电子白板，在两个班开展智慧课堂教学实验，总投资 34 万元。

【学科竞赛】 学校组织初、高中学生参加各级各类竞赛，在2016年全国高中数学联赛初赛中，5人获省一等奖，2人获省二等奖，4人获省三等奖；7名学生进入全国联赛决赛。

【科技创新】 本校学生吴震宇荣获第十届“中国青少年科技创新奖”，并在人民大会堂受到中央领导接见。在第32届泸州市青少年科技创新大赛上，本校学生获3个一等奖、7个二等奖、1个三等奖、1个优秀组织奖、1个最佳人气奖。学校举办主题为“体验、创新、成长”的校园科技节。

【体育教育】 坚持“健康第一”的原则，按体育与健康课程标准要求开齐上好体育课，开展眼保健操，分年级组织课外活动，保证学生每天1小时体育锻炼。每年举办两次全校运动会。学校开展健康知识教育，按时检测并如实上报体质健康数据。开设武术、篮球、足球、羽毛球、乒乓球等社团活动课程。大课间活动课程化已经形成，并促进学生身心健康发展。“四川省阳光体育示范校”通过复查，学校被评为“全国学校体育工作示范校”。学校体育馆建设启动。

【艺术教育】 学校星河艺术团参加泸州市“忠山之秋”艺术节开幕式啦啦操比赛获得一等奖；原创舞蹈作品《光明》在泸州市第32届青少年科技创新大赛中演出，获得高度赞扬；川剧节目《梨园芳华》参加省川剧传习普及展演获好评。学校举办首届百名学生现场书法大赛。

【对外教育教学交流】 组织学生参加新加坡项目培训、对外教育教学交流等活动。高2014级优秀学生罗一帆、杨永泰分别考入新加坡科技与设计大学和新加坡南洋理工大学公费留学。高2013级彭川堰、吴雨桐、曾正、嫣然、余慧等五名学生到大连韩语培训基地继续学习。应美国拉丁学校校长Mr. Arch邀请，学校部分师生赴美参加“第十一届泸州老窖天府中学—美国夏洛特市拉丁学校互访交流活动”。

【高考成绩】 在2016年高考中，本校高2013级应届重本硬上线371人，本科硬上线963人，艺体双上线80人，重本、本科双超上级预测目标任务，重本提升率高于全市平均水平约50个百分点。

（杨太源）

西南医科大学

【学科建设】 学校有硕士学位一级学科授权点7个，专业学位7个，省部级重点学科7个，有26个普通本科专业，其中国家特色专业3个，本科第一批（次）招生专业13个，双学位专业5个。学校是国家第一批“卓越医生教育培养计划项目”(2项)、“临床医学专业综合改革”“临床医学硕士专业学位研究生培养模式改革”试点高校，有省级人才培养模式创新实验区2个、省级实验教学示范中心4个、省级虚拟仿真实验教学中心2个。2016年，学校临床医学学科首次进入ESI排名前1%，实现历史性突破。遴选临床医学、药学、中西医结合临床三大学科作为申报博士学位授权点突破方向并加以重点打造。

【人才队伍建设】 学校现有专任教师1056人，其中博士241人；具有高级专业技术职务的专任教师495人，其中正教授135人；硕士生导师616人，博士生导师17人。有教育部“长江学者”讲座教授、国家“百千万人才工程”第一、二层次人选、享受国务院政府特殊津贴专家等高层次人才356人（次）。新进博士50余人，新聘客座、兼职、特聘教授30余人。聘任北京大学医学信息中心副主任雷健波为学校医学信息与工程学院学术院长，聘任英国皇家科学院院士雷鸣教授担任心血管医学研究所代理所长暨四川省心血管疾病防治协同创新中心主任。送培攻读博士学位6人、攻读硕士学位3人、国内外访问学者8人。选派63名新进教师参加岗前培训，新取得高校教师资格证书298人。申报获批省“千人计划”4人，泸州市学术和技术带头人3人。招收博士后3人，出站2人。

【招生就业】 截至2016年年底，在校本专科生、研究生、留学生总人数18555人，其中本专科生16607人、研究生1590人、留学生358人。2016年招收新生共4679人，其中本科生4061人、研究生553人、留学生65人；2016届毕业生共3837人，其中专科生515人、本科生2841人、研究生404人、留学生77人。召开2017届毕业生就业双选会。

【人才培养】学校接受本科教学工作审核评估。一本招生专业增至13个，生源质量持续提升；临床、口腔、中医、预防等四个专业执业医师考试通过率分列全国第18、4、3、19位，连续9年资格考试全面高过全国平均水平。学生在各级各类专业技能竞赛中取得优异成绩。连续六年获全国高等医学院校大学生临床技能大赛西南西北分区赛一等奖，并获全国总决赛三等奖；获2016年国际口腔医学本科生操作技能大赛团体二等奖；获“天堰杯”第四届泛珠三角区域中医大学生临床能力竞赛团体二等奖；获四川省大学生模拟法庭竞赛亚军。在第三届“创青春”四川青年创新创业大赛暨第七届高校毕业生创业大赛中，获1金、1银、3铜；在“天堰挑战杯”大学生中医药创意设计竞赛中，学校学生参赛作品获得冠军。

【科研工作】学校申报科研项目934项，立项500余项，纵向、横向经费4419余万元。国家自然科学基金立项16项，国家社会科学基金立项2项。学校科技成果获省科技进步奖三等奖4项，泸州市科技进步奖一等奖3项、二等奖2项、三等奖3项。司法鉴定中心通过国家级司法鉴定机构资质认定。“临床遗传资源标本库建设项目”获中国人类遗传资源管理办公室批准通过，学校正式获得开展人类遗传资源收集保藏相关活动的资质。“四川省骨科置入器械研发及应用技术工程实验室”获评省级工程实验室。中医养生社科普及基地被（中共四川省委宣传部、四川省社会科学界联合会）认定为四川省社会科学普及基地。与中国科学院微电子研究所、西部发展控股四川有限公司等签订战略合作框架协议。

【科技创新】制定《西南医科大学关于激励科技人员（含党政领导干部）创新创业工作管理办法（试行）》《西南医科大学关于促进科技成果转化收益分配、科技创新和科技成果奖励的暂行规定》等

2016年6月，西南医科大学、西南医科大学附属医院、澳门大学携手共建“澳门大学·西南医科大学·西南医科大学附属医院精准医学研究中心”

制度，鼓励教师、科技人员从事科学研究与成果转化。附属医院首例造血干细胞自体移植技术获得成功，成功抢救首例罕见肉毒毒素中毒患者，眼库建设进展顺利；获准为“贫困聋儿人工耳蜗抢救性康复项目”定点手术医院、全国肝胆疾病防治技术示范基地、国家高级卒中中心（建设）。附属中医医院积极引进新技术新项目，获准国家级限制医疗技术3项，新开展新技术60余项。

【获奖情况】学校获评“四川省高校后勤管理工作先进集体”“四川省依法治校示范学校”等荣誉称号；学校社科联获评2016年度“全国社科组织先进单位”。徐厚平获评“全国青年岗位能手”，范生尧等6人获“四川省医疗卫生终身成就奖”，孙同郊获四川省首届“健康四川—大美医者”称号。学校获批成为四川省大学生创新创业俱乐部示范点，并获发展经费60万元，在全国性创新创业

创意大赛中获一等奖 1 项、二等奖 2 项。

【对外交流合作】 邀请 67 名国外专家学者到校讲学、合作科研和参加国际学术会议。积极选派教师出国培训、访问、参加学术会议和工作。组织召开“中国酒城国际心血管研究高端论坛”“中医药与生物医学论坛”。学校、附属医院、澳门大学联合成立精准医学研究中心。与澳门科技大学联合做好兼职博士生导师推荐工作，招收联合培养博士研究生 9 名。加强与港澳台三地学校交流，选派 12 名学生赴台湾辅英科技大学、义守大学等研修学习。

【基础设施建设】 城北校区二期工程全面展开。建筑面积 25 万平方米总投资 14 亿元的科技大楼暨教学科研配套基础设施项目正式开工，该项目采用 EPC+PPP 建设模式，是由市政府代建的“交钥匙”工程。教学综合楼、400 米运动场建设项目进展顺利。新建学生公寓 1 号、3 号楼和二期体育设施项目建设进入施工前期准备阶段。附属医院西南医疗康健城建设项目、附属中医医院城北院区第三住院大楼建设项目、附属口腔医院新院总体规划均有序推进。

【精准扶贫】 对口帮扶 13 个贫困县、23 个贫困村、314 户贫困户，完善“一户一策”帮扶方案，选派定点扶贫干部 8 人（其中驻村第一书记 5 人），参与扶贫调研 300 余次，投入扶贫经费 760 余万元。与昭觉县、稻城县等地签订对口帮扶合作协议，举办医护人员培训班 13 期、开展义诊 6 次，形成“人才帮扶、教育帮扶、医疗帮扶、产业帮扶、就业帮扶”五条帮扶工作链。截至 2016 年年底，原定计划脱贫的 11 户贫困户达到脱贫指标。学校下派干部雷学举获评“泸州市优秀驻村第一书记”。 （林　洁）

四川警察学院

【概况】 2016 年，招录本科生 1300 人、警务硕士研究生 10 人，本科生毕业 2085 人、警务硕士研究生毕业 2 人；截至 2016 年年底，学院普通本科生在校总数为 5988 人，警务硕士研究生在校总数为 18 人，教职工总数为 456 人（其中专任教师 337 人、正高级职称 49 人、副高级职称 102 人），年末纸质图书总量为 90.43 万册、电子图书总量为 6350 吉字节，固定资产总额为 45389.51 万元。

【首届四川十大最美人民警察颁奖仪式在校举行】 6 月 16 日，学院在礼堂成功承办由省公安厅和省精神文明办主办的“首届四川十大最美人民警察颁奖仪式”。10 名社会影响力大、群众认同度高的民警获得“最美人民警察”称号，另有 20 名民警获得“特别奖”。

【全省教育综合改革试点工作推进会现场分会在校召开】 12 月 28 日，2016 年度全省教育综合改革试点工作推进会（分会场）在学院召开。由省教育厅机关党委书记、党组成员张澜涛带队，省教育厅高等教育处、政策法规与综合改革处、职业教育与成人教育处和科技与研究生教育处的负责同志，以及全省 41 所高校和泸州市有关部门领导专家共 70 余人莅临学院实地参观考察，并听取学院关于 2016 年整体性综合改革的实践与成效的专题汇报。

【教育综合改革】 全年召开 12 次党委常委会、改革领导小组会议专题研究和部署推进改革工作，确立 2016 年的五项重点改革任务和 2016—2020 年五大系统改革工程，积极推进各项改革举措落地落实；2016 年学院整体性综合改革经省教育体制改革领导小组办公室批准为第三批省级教育综合改革试点项目，“服务公安实战教育训练”被全国深化公安改革先行先试高峰论坛评为改革创新奖。

【创新创业】 推进“大众创业，万众创新”工作，2016 年学院开设 10 个创新创业培训班，组织申报 2016 年大学生创新创业训练计划项目 43 项，共有 300 名学生获得创新创业培训结业证书；与泸州市就业局联合举办“四川警察学院第四届创业大赛”，收集参赛作品 28 项，其中创业项目“天下镖局”获得泸州市创业大赛最佳创意奖；与省扶贫基金会共同举办创业政策宣讲课，引导学生深入了解大学生创业鼓励政策。

【本科专业建设】 持续推进以公安学、公安技术、法学 3 个一级学科统领下的侦查学、治安学、交通管理工程、刑事科学技术、网络安全与执法、公安管理学、禁毒学、法学等骨干专业为主体的“3+8+X”发展格局的学科专业建设；2016 年新增消防指挥专业，通过消防工程和汉语言文学专业学士学位授予权评估，涉藏治安管理、国内安全保卫、公安指挥、现场勘查技术、公安视听技术等专业方向人才培养和公安部重点培育专业交通管理工程专业建设稳步推进，刑事科学技术、交通管理工程、侦查学被批准为四川省应用型本科示范专业，学院被省学位委员会、省教育厅列为高校学科建设和学位点建设重点发展单位。

【研究生教育】 2016 年，新招警务硕士研究生 10 人，同比增长 25％；招生考试工作规范、有序、扎实，被省高等教育招生考试委员会评为“2016 年度硕士研究生招生考试工作目标考核先进单位”；组织 2014 级警务硕士学位论文开题、送审、答辩等工作，2014 级 2 名研究生毕业并获得学位；按照学院改革工作制度废改立要求，起草《研究生教育专项经费管理办法》《导师组及指导教师管理办法》等多项制度。

【科研工作】 组织各级各类科研项目申报，省部级立项 5 项，厅局级立项 12 项；组织开展各级各类科研课题结题 2 次，结项 92 项；科研平台运行有序，立项 136 项（社会治理创新研究中心立项 16 项、警察执法研究中心立项 19 项、警察思想政治研究中心立项 84 项、社会治安与社会管理研究中心立项 17 项）；组织科研人员参加项目申报与科研能力提高培训 8 人（次）；加强学术科研创新团队建设，侦查系成功申报省教育厅“藏区宗教领域安全保卫”科研创新团队。

2017 年 12 月 28 日，省教育厅机关党委书记、党组成员张澜涛一行参观四川警察学院英雄墙

【公安专业招生就业】 2016 年，公安专业生源数和生源质量大幅提高，报考学院公安类专业并参加面试的考生数 3310 人，较 2015 年增加 1419 人，增幅 86％。录取一志愿考生占 98.6％，较 2015 年提高 8％。招收公安专业新生 1001 名，公安专业新生报到率达 99.7％。各专业录取分数超过省控一本分数线考生 143 名，较 2015 年增加 116 名。毕业生方面，2016 届公安专业毕业生（四川生源）353 人，招警报名 320 人（另有 33 名毕业生于招警前被录用为其他国家机关公务员），实际参加招警考试 305 人，录用 264 人，公安专业学生毕业即入警的比例达 84％，初次入警率较往年大幅提高。2016 年学院招生与就业工作均取得突破性成效，呈现“入口旺，出口畅”的良好局面。

【师资队伍建设】 2016 年，协助省委组织部选拔任用副院长 1 名，选拔任用副处级及以上干部 17 名；面向甘孜、阿坝分流特警考试选调优秀特警人员 3 人，面向全国考试选调急需专业人才 5 人，面向全国公开招聘专业人才 15 人；组织实施

"双千计划"（公安院校和公安机关之间的互聘制度）和"三省两铁"（山东、四川、贵州、铁路公安机关及铁道警察学院）项目，面向全省公安机关择优遴选业务骨干12人到校挂职锻炼，组织选派青年教师干部18人到基层公安机关不同警种及业务部门进行实践锻炼，邀请公安实战业务部门专家到校开展讲座60余场；通过举办教学技能大赛提高教师业务能力，组织参加第二届全国公安院校教学技能大赛，取得1个一等奖、2个二等奖、6个三等奖和学生竞赛获团体三等奖的良好成绩。

【学生管理】 落实《四川警察学院创新学生警务化训练管理一体运行模式实施方案》，促进学生警务化训练管理一体运行模式与学生工作"五个工程"（学生党员先锋工程、警务管理示范工程、学风建设创新工程、校园文化特色工程和学生就业栋梁工程）紧密结合，与"大思政"育人工程有机融合，并加大对学生违纪和不文明行为的督察和整治力度。

【校园文化建设】 全年围绕建党95周年暨红军长征胜利80周年等主题认真规划设计，精心组织各类大型校园文化活动16次，营造"文化育警、文化强警"的氛围；利用校园网络、微博、微信、微视频等新媒体平台开展校园文化建设，在全国、全省高校校报好新闻评选中获得二等奖2个、三等奖5个，获得省公安厅组织的三微比赛二等奖3个、三等奖5个；积极参与泸州市创建全国文明城市工作，荣获2016年度"全国文明城市创建工作先进单位"称号。

【"战训合一"工作】 学院战训基地全年举办各级各类培训班共41期，总计5231人（次），训练量增长21%。举办全省公安机关"战训合一"训练班8期、全省公安机关辅警骨干培训班2期、警务实战教官能力提升培训班1期、理论教官研讨班2期，共13期，总计3272人；承办公安部交管局"送教上门"四川交警系统实战教官培训班3期共计150人，公安部"三省两铁"素质强警教官班1期共计95人，山东、云南、西藏等省外培训班7期共计284人，省厅业务警种培训班9期共计848人，地方各类培训班8期共计582人。

【校局互动】 全年与各级各地公安机关继续加强双向互动，建立定点协作、教师实践锻炼、实战教官驻校任教、技术合作及共同开展专业建设、共同开展课题攻关等合作机制。侦查系参与"四川省反恐责任制实施细则"的制定和"反恐公众微信平台"的筹建等工作；参与省刑法学会非法集资案件调研工作；与泸州市公安局刑警支队合作，设立"系队协作办公室"；协助各地公安机关进行测谎办案6起。治安系联合泸州市公安局、绵阳市公安局和西华大学共同组成"一网考"项目组，签署四方战略合作协议，共同研发"一网考"工作系统；与省公安厅宣传处、泸州市公安局、西华大学共同研究开发"涉警舆情监控分析系统"。刑事技术系与省公安厅刑侦局积极打造刑事科学技术人才培养共同体，先后开展客座专家聘任、省部级重点实验室共建、专业教师赴基层实践、实战一线专家作为导师指导学生实习等。警察管理系与泸州市江阳区司法局开展"青少年司法心理矫治"；与宜宾市长宁县开展"社会治安防控体系建设'十三五'规划"合作攻关；与泸州市公安局指挥中心开展合作项目"市级公安机关指挥运行模式研究"。基础教学部与泸州市公安局开展战略合作项目2项（《公安文书的规范化与还原描述研究》《公安机关涉警负面舆情研判及媒体应对》）；申报与省公安厅校局互动、校警合作项目2项（推进公安职业用语规范化建设、警务藏语对话手册）。 （李春凤）

泸州职业技术学院

【概况】 2016年，泸州职业技术学院有14个二级教学单位，开办各类别高职专科教育专业37个，拥有全日制在校生近9500余人。有教职工552人，其中专任教师450人。专任教师中，教授25人，副教授等副高职称教师114人，博士、硕士学位人员260人，常驻外籍教师2人；各类"双师型"教师251人。有省级突出贡献专家、省级学术和技术带头人后备人、市级学术和技术带头人、市级拔尖人才等20余人，省级优秀教学团队2个。建立由200多名行业企业专家、技术能手组成的兼职教师资源库。

【新校区整体搬迁】 全年，学院按期完成一期17栋建筑竣工验收、质量整改及交付使用工作，完成龙涧溪以东区域道路及部分景观绿化工程建设工作，整个一期工程建筑面积21.6万平方米，总投资10.3亿元。经过全院师生员工的共同努力，2016年8月中旬，学院完成整体搬迁。总投资约10.33亿元、建筑面积约22万平方米的二期工程即将正式开工建设，三期工程进入规划阶段。

【师资队伍建设】 全年，学院引进博士研究生1人，硕士研究生19人；8名教师获得教授任职资格，9名教师获得副教授任职资格，学院专任教师中教授达24人，副教授、高级工程师等副高职称教师114人，博士、硕士学位人员260人。全年共选派14名干部参加国家教育行政学院、省高校干培中心、省委党校等培训；选派58人（次）参加业务培训，其中25名教师参加赴德国的项目培训。获评第六批泸州市学术和技术带头人3人、拔尖人才2人。组织评选2016年度人才工程242人、“十佳教师”2人、优秀教师29人、优秀教育工作者17人、优秀辅导员10人。2人荣获泸州市优秀教师称号，2人荣获泸州市优秀班主任称号。

【教学科研】 2016年，立项省级课题28项、市级课题28项、横向课题7项，28项省、市科研课题结题；申报专利14项，其中1项为发明专利，3项获得认证。泸州市非遗文化普及基地和泸州市白酒文化普及基地通过市社科联的检查验收。获得泸州市第十七次优秀教育科研成果一等奖3项、二等奖9项；泸州市科协一等奖1项、二等奖2项。成立地方文化研究所、信息技术研究所等两个院内研究机构，评选院级首届优秀科技工作者17名。

【招生就业率】 学院组织招生宣传学校400余所，初步建立生源基地学校近200所。2016年，省教育厅下达招生计划2900人，实际录取新生3568人，实际报到新生3113人，报到率87.2%，全日制在校生规模和新生报到率再创历史新高。2016年，学院与泸州老窖集团、京东方科技集团股份有限公司、富士康科技集团鸿超准事业群和四川邦立重机有限责任公司等继续联合开设定向班，开展人才培养。截至2016年年底，2016届毕业生就业率达到97.05%，实现毕业生连续9年超过97%。

【学生综合素质建设】 学院坚持以思想政治教育为中心，重点抓好学生综合素质拓展。以“玉阶”品牌系列活动为载体，组织学生广泛参加校园文化艺术节、体育节、青年志愿者活动、社会实践活动和各类科技竞赛和技能竞赛。学生参加国家和省级技能大赛获三等奖以上40余项、100余人（次）。7人获得国家奖学金，191人获得国家助学金，1359人获得学院代英奖学金。30名学生被评为省级优秀毕业生，3个二级学生会被评为市级优秀学生会，1人被评为市级优秀学生干部，5人被评为市级优秀团干。

【国际合作交流】 积极推动职业教育国际化进程，引进国际职业教育专业与课程教学标准和职业资格证书，开展职业教育本土化改造，不断提升职业人才培养工作。10月，举办中德职业教育合作论坛，与德累斯顿工业大学职业教育和继续教育学院、德累斯顿手工业联合会（HWK）合作成立“四川中德培训学院”和“德国HWK四川考试中心”，为借鉴德国职业教育模式积累经验、推进职业教育国际化发挥积极作用，受到省教育厅领导和众多兄弟院校的高度肯定。

【精准扶贫】 学院组建基础设施建设组、产业发展组、农村电商组、智力培训组、文化建设组5个帮扶小组，扎实开展相关工作；学院提供专项扶贫资金20万元；建立一对一帮扶卡，制订帮扶计划，落实党员“一对一”结对帮扶措施；开展“走基层、送温暖”活动，向对口帮扶对象棉被、棉衣135套；开展“国际扶贫日”主题的募捐活动，共募集扶贫款项51000余元，用于田坝村公路改造，公路于11月竣工。“第一书记”田勇扎根田坝村，为98户贫困户脱贫开展卓有成效的工作，受到市、县、乡政府和村民的广泛好评。

【社会服务】 全年，学院承担各类社会培训近8000人（次），其中承担泸州国家保密局涉密人员培训633人（次），泸州市农业局种植、畜牧、农机培训412人（次），合江和古蔺就业局SYB创业培训600人（次），承担合江、古蔺劳动预备制数控和汽车维修培训71人（次）。 （胡 蒙）

四川化工职业技术学院

【概况】 四川化工职业技术学院是历史悠久、全国少有、影响较大的化工类高等职业院校，是四川省示范性高职院校。2016年在校学生7600多人，教职工500余人，专任教师365人，专任教师中教授、副教授（高级职称）100余人，“双师型”教师260余人。学院现设化学工程系、制药与环境工程系、机械工程系、自动化工程系、信息工程系、经济管理系及基础教学部。

【课程建设】 加强精品课程、在线课程的建设工作。2016年申报省级创新创业示范课程2门，新增院级精品课程18门，积极建设在线课程，上线10门在线课程。

【师资培养】 全年选送28名教师攻读博士硕士学位，2名教师晋升教授职务，5名教师晋升副教授职务，14名教师获得讲师（实验师）职称，学历职称提升工程取得较好效果。选派3名骨干教师赴境外学习，学习国外先进的职教理念和借鉴国外先进的教育方法。通过组织下厂锻炼、外出培训、主持科研项目、参与项目工作室、参与实训室建设等途径提高双师素质，优化双师结构。全院近300人（次）参加各类培训，66人获得职业资格证书。此外还综合利用多种培训方式提升辅导员综合素质和能力。

【实训基地建设】 按“五结合、五合一”理念和“三化”方式进行校内实训室的建设，完善实训项目标准，充分发挥校内实训室的实训功能。本年度学院新增教学科研仪器设备815台（件），实验室投入经费总额达1471万元（含设备维护费用、教学运行费用等）。全年校外新（扩）建66个实习实训基地，建成198个校外实习实训基地，全年接待学生实训7564人（次），接收半年顶岗实习学生1092人。

【教育教学改革】 学院凝练的“练学思拓”能力训练模式在全院推广。推进项目化教学、理实一体、微课、慕课等教学改革。学院高分子材料工程技术、测绘地理信息技术、酒店管理3个专业继续开展四川省现代学徒制试点工作，真正实现招生即招工，学生即学徒。

【技能获奖】 承办并组织参加第二届四川省高职院校工业分析检验大赛，获得四川省团体第一名，并代表四川省参加全国高职院校工业分析检验的技能大赛，获得全国三等奖；参加全国高职院校现代化工HSE技能竞赛获得团体二等奖；参加省教育厅组织的全省化工生产技术技能大赛，获团体一等奖，作为四川省代表队参加由教育部等部门联合举办的2016年全国化工生产技术大赛，获得全国化工生产技术大赛团体二等奖；参加第二届全国高分子材料专业技能竞赛，获团体一等奖；参加全国第10届Honda中国节能竞技大赛获得高职组第二名；参加“注协杯”四川省高职院校会计技能大赛获得一等奖；参加教育部组织的“金蝶云管理创新杯”四川省比赛中获得一等奖，并在北京举办的全国总决赛中以第一名的成绩获得铂金奖，被中央电视台、中国教育报等媒体报道。2016共获得国家级技能比赛一等奖2项、二等奖1项、三等奖1项，省级技能比赛一等奖4项、二等奖1项、三等奖10余项。并获得易班示范高校称号。

【科研工作】 院级立项课题有新突破。本年度院级获准立项项目50项，比2015年增长72%。纵向科研项目立项大幅提升。申报立项市（厅）级项目20项，比2015年增加12项，增长150%；申报获批的纵向科研经费415万元，比2015年增加402万元，增加3092%。申报省科技厅重点项目1个。横向项目稳步增加。与深圳莱莉雅环保科技有限公司签订校企合作协议共建水性涂料联合开发中心，与什邡圣地亚化工有限公司签订校企合作协议共建产学研基地，与四川绿叶宝光药业股份有限公司、泸州临港投资集团有限公司、泸州市环境保护产业协会等签订合同，进行《有机硅下游产品调研和可行性研究》《绿叶宝光污水处理改造》《泸州市工业废水现状调查》等横向项目研究，通过与上述企业合作，为学院取得科研经费40万元。科研成果创新高。获得各种发明专利8项，比2015年增加6项，增长300%；撰写科研论文200多篇，其中公开发表论文115篇，比2015年增加28篇，增长32%；中文核心期刊论文26篇，比2015年增加8篇，增长44%；主参编教材10余部。2016年度共结题80项，其中省教育厅课题22项，省经信委课题2项，市级课题6项，院级课题50项。教研成果获突破。在第四届中国石油和化工教育科学研究成果评比中，学院“基于PDCA循环优化的电类专业实训基地建设”获得一等奖、“基于典型工作任务的化工装备技术专业课程体系构建”获得二等奖。

【校企合作】 学院与深圳莱莉雅、勇辉农业科技集团等8家公司开展校企合作；与泸州长开区、泸州医药园区开展院园合作；与泸州国家高新区联合申报建设泸州高新区公共服务平台。合作内容涵盖人才培养、员工培训、科技服务、咨询、技能技术改造、平台开发、实训基地建设、顶岗实习、就业等领域。

【招生与就业】 2016年录取新生3012人，报到2647人（含五年制转录新生105人），报到率87.88%。继续开通“全国大学生就业公共服务立体化平台”“全国大学生就业一站式服务系统”等信息网站，主动出击联系老客户、开拓新客户，鼓励应征入伍，实行“一生一策”动态管理，开展个性化辅导、推送精准岗位信息、精准帮扶等措施促进毕业生就业。截至2016年12月10日，学院2016届毕业生2183人，签约2111人，毕业生就业率为96.7%。学院2017届毕业生为2408人，截至2016年12月5日，签约人数已达1536人。

【创新创业】 投入近15万元用于对大学生创新创业俱乐部进行改造，俱乐部的硬件和软件都得到提升。学院筛选23个项目入院孵化，并为其中14个创业项目申报大学生创业补贴。组织创新创业俱乐部成员参加各项创业大赛，参加第三届“创青春”四川青年创新创业大赛、荣获铜奖；参加第二届“中国创翼”大学生创新创业大赛、获“创翼之星”荣誉称号；参加泸州市第三次创新创业团体大赛，获得泸州市第七名。 （吕松洋）

泸州市职业技术学校

【概况】 泸州市职业技术学校由国家级重点职高泸州市树风职业高级中学校和泸州市全日制普通中等职业学校泸州财经学校于2012年12月31日合并组建。学校于2016年9月整体搬迁入住新校区，新校区位于四川省泸州市龙马潭区九狮路三段3号（医教园区），占地面积225.30亩，总建筑面积12万平方米。学校建成投入使用的致远楼、博闻楼、竞技楼、谦和公寓、竞秀公寓、知味堂等处共计90509平方米。学校开设有13个专业。学校与四川西南航空职业技术学院合作开设中高职衔接班，涉及学前教育、空中乘务、机场运行、航空物流、飞机机电设备维修等专业。学校与泸州职业技术学院合作开设汽车检修与维修技术专业地中高职衔接班。截至2016年年底，通过与四川省内各大校合作办学，已形成学历教育与非学历教育为一体的办学模式，其中学历教育包括中专学历、大专学历、本科学历，非学历教育包括职业技能培训。

【师生队伍】 2016年，在校生数共计4883人，89个教学班级，学校现有教职员工336名，其中专任教师270人，专任教师中具有研究生学历或学位以上的教师有20人，具有本科学历的教师有230人，专任教师中具有高级职称的教师83人，具有中级职称的教师有85人，具有初级职称的教师有70人。

【学生帮扶】 2016年，对全校114名档立卡困难学生，采取“两免两补一帮扶”，免除书本费400元，免除体检费15元；赠送价值160元的校服，赠送保险60元；每位党员干部帮扶一名困难学生。此外，每位国家精准扶贫家庭学生执行国家免学费政策，优先享受2000元国家助学金。预计每年每人减负2635元（总计减负30.039万元/年）。

【德育工作】 2014级学前教育4班罗琴获得“美德少年”称号，其事迹在“2015感恩奉献”美德少年事迹现场展播受到社会各界关注。在2015级开展“做一名诚信的中职生”“传承最美家风”等为主题的系列班团活动、主题黑板报评选活动；同时以“诚信”教育为着力点，举行2014级学生“我向企业庄严承诺诚信誓师会”。围绕“5·25”心理健康活动月，以“做一名健康的中职生”为主题开展系列心理健康教育主题活动。开展系列“传承中华美德”系列班团活动；对品学兼优的学生进行奖学金的评选工作，发放奖学金52750元。围绕“6·5”普法开展法制教育活动，开展做一名守法的中职生活动。还开展以“爱粮节粮，健康消费”“节能有道、节俭有德”“低碳环保”“食品安全卫生”等为主题的活动周，普及科普知识。开展“农村留守儿童排查”“校园好人榜”评选工作，并对2015至2016年度品学兼优的学生进行表彰。组织参与文明城市创建活动，开展“文明交通劝导岗”、走进社区宣传创文等志愿者活动。“9+3”工作完成“安全、有序”的目标任务。2016年度在校“9+3” 学生共124人（13级82人、14级21人、15级12人、16级9人），实现安全零事故。“9+3”学生高职单招和双招工作成绩斐然，高职单招取得42参考，34人被录取的好成绩。双招全州录用59人，学校有3人。做好“9+3”学生返校工作。

【教学工作】 加强常规管理。认真执行《泸职校教学常规考评细则》，加强教学常规的检查。认真组织各类考试。15级的学生参加全市文化课统考，学前教育专业、机械专业、计算机专业、旅游专业、建筑专业教学质量抽考，非计算机专业计算机基础课程教学质量抽考。组织学校的学前专业技能竞赛活动。技能比赛获佳绩。3月，代表泸州市参加2016年四川省职业院校技能大赛，客房中式铺床获三等奖，汽车维修基本技能获1个二等奖、1个三等奖，服装工艺获1个二等奖、1个三等奖，会计电算化获1个一等奖、1个二等奖，会计手工技能获团体三等奖，电子产品装配与调试获三等奖，单片机获三等奖，电子装配与调试获三等奖；11月组织学生参加泸州市中等职业学校第十二届学生技能大赛暨第四届文明风采大赛。其中信息技术类专业获团体二等奖、学前教育类专业获团体三等奖，文明礼仪风采大赛获最佳展示奖。单项共取得9个一等奖、19个二等奖、28个三等奖。12月，参加2016—2017年度四川省中等职业学校学生技能大赛，学校获得个人赛项1个一等奖、7个二等奖、7个三等奖，团体赛项2个三等奖。技能证书成绩优异。举办理论和实操技能鉴定考试，全校844名学生参考，831名学生合格，合格率98.5%。全校986人报名参加普通话水平测试，过关率较高。狠抓高三升学管理。成立高三年级组，组织5次大型模拟考试，召开2次教师分析会，组织学生参加全省单招考试和全国高考，取得良好成绩。2016年学校单招上线已录取261人（含“9+3”学生34人），对口高考上线136人，其中本科上线26人，高考共上线397人。本科上线人数和高考上线总数再破纪律，在全市“国市”中职学校中独占鳌头。2014级高三模拟考试初见端倪。

【科研工作】 启动第四届青蓝工程、第一届信息技术能力提升带教活动。继续组织评课指导团队深入课堂，促进青年教师成长。主（承）办各级各类教研活动，搭建教研交流平台。主（承）办市级教研活动3次（协助承办省级培训1次），6名教师参加市级研究课。在市级仅组织的心理健康教育赛课和汽修专业教师技能比赛的两次活动中，学校2名教师全部获得市级一等奖第一名的好成绩，107人参市级教研活动。按时保质推荐报送市级论文申报评选29篇，20篇获奖（其中一等奖4个、二等奖3个、三等奖13个），被推荐到省上参加评选9篇，获奖5篇（其中二等奖2个、三等奖3个）。申报市级类立项课题7个，已立项3个，有4个正在评审中。2016年度市级课题结题1个。教师参加各级各类培训452人（次）。其中市级网络培训 182 人，市级培训 37 人，省级培训 22 人，省级信息技术网络培训 200 人，国家级 8 人，国外（新加坡、德国）培训 3 人。组织开展校级微课比赛、校级论文比赛、校级课题立项等活动。

【招生就业】 通过招生项目组和全校教职工的努力，招生计划 2000 人，已经报名缴费学生 2262 人，完成计划的 113.1%。网络专、本科招生 150 人，其中西财网教 62 人、川大网教 88 人。

（曾　艳）

泸州广播电视大学

【概况】 泸州广播电视大学成立于 1983 年 11 月 21 日，是市委、市政府领导、市教育局直接管理、业务上接受国家开放大学、四川广播电视大学指导的一所新型高等学校。学校位于泸州市龙马潭区九狮路三段 1 号，占地面积 150 亩，建筑面积 33600 平方米。学校有泸州广播电视大学、泸州社区大学和泸州市教育实践基地三块牌子，开展三方面的工作，一是以现代信息技术为支撑开展成人专科、本科学历教育；二是作为全民学习、终身学习的载体，面向社区（村）居民（村民）开展社区教育；三是立足三区（江阳区、龙马潭区、纳溪区）、面向全市开展中小学综合实践活动课程的教学。建校 30 余年来，培养各类应用型人才 5 万余人，为泸州经济社会发展做出重要贡献。

【成人学历教育】 学校下辖龙马潭、纳溪、泸县、合江、叙永、古蔺 6 个电大工作站和叙永党校办学点，开设有 17 个本科专业，21 个专科专业，“一村一名大学生”项目 5 个专科专业，在籍学生 5600 人。2016 年学校招收各类成人学生共计 1216 人。

【综合实践活动课程教学】 泸州市教育实践基地是全国首批、四川首个、泸州唯一的示范性综合实践基地，可容纳 1200 名学生同时开展综合实践活动。泸州市教育实践基地于 9 月 26 日举行启动仪式，以“三种模式”（参观互动、实践体验、感悟创新）、“四大主题”（生存体验、科学实践、素质拓展、专题教育）、“五大特色”（道德教育、军事训练、实践课程、生活体验、体能拓展）为路径，培养中小学生的创新精神和实践能力。2016 年累计培训学生 5900 人。

【社区教育】 泸州社区大学成立于 2013 年 8 月，2014 年 5 月经国家教育部社区教育研究培训中心、国家开放大学批准，学校成为全国首批社区教育实验基地。学校致力于推动社区教育四级网络［即市级社区大学，县、区社区学院，街道（乡、镇）社区学校、社区（村）学习中心］的建设、课程资源的开发、师资队伍的培养和特色项目的塑造。2016 年，泸县成立泸县社区学院，出台《泸县社区教育实施意见》，并成为教育部确定的第六批全国社区教育试验区。2016 年，泸州社区大学特色项目《“6·1”乐学堂》《参与式社区治理》《爱·系列》讲座项目参与人数达 3890 人（次），入选四川广播电视大学资源库。6 月，致公党中央、致公党上海市委、致公党四川省委共同捐建“致公科普活动中心”签约仪式在我校举行，上海市政协副主席、致公党上海市委主委张恩迪参加签字仪式，“致公科普活动中心”于 11 月开馆运行，截至 2016 年年底，9000 人（次）在“致公科普活动中心”接受科普教育。

（方国联）

文化体育新闻出版广播电视工作

【概况】 2016 年，市文体广局旗帜鲜明提出“决胜全面文化小康　建成区域文体中心”的工作主题。创建成为全国首批文化消费试点城市（全国 26 个城市，四川仅泸州和成都），被文化部确定为移动执法试点地区、文化行业（农民演艺）非公有制人才职业技能鉴定试点地区，《泸州晚报》更名为《川江都市报》，承办国际拳王争霸赛、国际绿色马拉松比赛、全国体育政策法规规划工作会、四川省“书香天府·全民阅读”启动仪式等国家、省级活动及赛事 10 次，开展成渝及川滇黔渝城市群协同演出 25 场（次），引进《红色娘子军》《白毛女》等经典剧目近 10 场。

【政策支撑】 完成《"十三五"文化改革发展规划》《泸州市主城区公共文化服务设施布点规划》《泸州市深化国有文艺院团改革专项方案》，出台《关于加快构建现代公共文化服务体系的实施意见》《繁荣社会主义文艺的实施意见》《关于支持戏曲传承发展的实施意见》《关于加快发展体育产业促进体育消费的实施意见》《泸州市"十三五"体育发展规划》等扶持文件，在人、财、物等方面给予充分保障。

2016年9月28日，泸州市原创大型川剧《报恩记》首演场景

【文化产业】 举办泸州市首届文化创意展会、中国香港·泸州文化产业高峰论坛。组建文旅集团。着力打造文化产业"一园四区"(泸州市文化创意产业孵化园、张坝艺术区、川南影视传媒创作区、川南文化创意园区、泸州市工业遗址展示区)。泸州市文化创意产业孵化园入驻企业26家，被评为省级文化产业示范基地；张坝艺术区已引进6名艺术大师进驻；泸州影视创作区入驻影视企业1家。2016年全市文化产业实现营业收入211.2亿元，同比增长17.7%；实现入库税金87596.2万元，同比增长16.7%。其中，票房收入6200万元，同比增长148%，创历史新高；体彩销售突破1亿元。

【民生工程】 泸州体育生态园、文化艺术中心主体工程竣工。龙透关泸顺起义陈列馆、茜草工业遗址陈列馆、国窖文化旅游公园、互联网监测平台等重大项目加快推进。成功举办泸州市第七届运动会。文化方面：完成98个贫困村文化室建设，占全年任务100%；全市9个图书馆、8个文化馆、128个乡镇综合文化站、2个美术馆、2博物馆纪念馆实施免费开放，开放率100%。体育方面：免费开放体育场馆体育锻炼92.7万人（次），占全年任务103%；资助业余训练贫困学生运动员70人，占全年任务100%；全市有一条健身路径的社区数44个，占全年任务220%；全市有1个标准篮球场的行政村数80个，占全年任务100%。新闻出版方面：农家出版物补充更新1346个，占全年任务100%；完成贫困村阅报栏建设任务200个，占全年任务168%；完成中心书屋建设任务数字7个，占全年任务100%；完成乡镇出版物数字化发行网点建设任务8个，占全年任务100%。电影方面：免费放映农村和社区公益电影16152场（次），占全年任务100%；完成农村固定放映点建设任务19个，占全年任务100%。广播电视方面：完成应急广播村村响887个，占全年任务100%；完成电视户户通工程建设46871万户，占全年任务100%；完成下一代有线电视网40000个，占全年任务100%；完成有线电视宽带网络80000户，占全年任务100%；完成1个县级应急广播台建设，占全年任务100%。

【文体活动】 以精品演艺赛事为抓手提升城市影响力，建设区域文化演艺、体育赛事中心。组织"醉美泸州·百姓舞台"、泸州市群众文化艺术展示活动、"书香酒城·全民阅读"等文化品牌活动，举办国际拳王争霸赛、国际绿色马拉松比赛、全国网球邀请赛等体育品牌赛事，打造"醉美泸州·泸县农民演艺大舞台"周末剧场、本土版话剧《蒋兆和》、川剧《报恩记》等本土艺术精品，引进《红色娘子军》《白毛女》《二泉映月》《大闹天宫》《家》《兰花花》《白鹿原》《武则天》等经典剧目，得到国家部委局、省委省政府、市委、市政府领导和社会各界的广泛认可。

【广电传媒】 推动电影《乌蒙山的乡亲们》《北纬28°》《夜郎王的黄金面具》3部电影拍摄发行。30集重大革命题材电视剧《铁血护国之青年朱德》拍摄杀青。首部反映川南游击队故事的电视剧《第一纵队》在省级卫视播出。实施“高清泸州 智慧广电”，全市各级媒体数字化率达100%、开展一种以上的媒体融合发展项目率达100%。市电台在省台和中央台发稿保持在全省市（州）电台第一名，市电视台在省台和中央台发稿居全省市州电视台第三名。试点建设智慧城市信息平台，选定江阳区酒城花园作为首批试点小区，完成信息采集、发布、交互为一体的平台搭建。合江县建成集图、文、音、视于一体的荔枝红手机台，通过移动互联网传播平台将广播、电视、报纸等三大传统媒体全部搬上手机，试播4个月点击量突破280万次，全国排名48位，成为泸州市“互联网+”产业发展的一张新名片。

【文脉传承】 策划朱德诞辰130周年纪念活动，承办省博物馆学会近现代名人故居与红色纪念馆专业委员会第五次年会暨学术研讨会，全省各地市州23家博物馆近100人汇聚泸州。完成全市11149条“一普”数据复审，普查率100%，市博物馆荣获省“一普”先进集体称号。启动茜草工业遗址、泸顺起义旧址、报恩塔、博物馆改展、洞宾亭排危等保护工程，完成况场朱德旧居、江阳熙园、锁江塔、严气正性碑等文物修缮。泸州市博物馆珍贵文物预防性保护专项（一期）项目实施，建立石刻艺术博物馆、书画、汉棺库房环境监测平台，完成标准书画库房、监控操作室改造工程，相关监测数据与省馆藏文物保存环境监测数据区域中心实现联网。全市争取文博保护经费到位6346.5万元。完成泸州河川剧艺术博物馆、纳溪区护国战争博物馆、西南医科大学中医药文化博物馆、泸县宋代石刻博物馆备案工作，全市博物馆接待群众58万人（次），举办专题展览6场。组织“非遗—泸州人的记忆馆”、2016中国国际酒业博览会非遗展演等文化遗产系列活动8场，建设“非遗”传习基地20个，征集文物62件，资料类10件，启动第六批市级“非遗”保护项目申报，编制《泸州市非遗进校园读本》，推动《泸州市白酒历史文化保护条例》《泸州市非遗传承人管理条例》列入泸州市人大立法规划。在复旦大学举办文化遗产保护发展培训班。

【文化精准扶贫】 投入2400万元完成96个贫困村建设任务，实现有文化室、有室外活动场地、有宣传栏、有成套文化器材、有成套广播器材、有图书等“六有目标”。安装完成建档立卡贫困户有广播电视45271户。

【联系村精准扶贫】 制定本系统《驻村帮扶实施方案》《2016年定点扶贫工作计划》，在全系统划分结对帮扶工作组，广泛开展结对帮扶工作，并对结对帮扶工作进行不定时通报，71名帮扶责任人到田坝村开展集中帮扶218人（次），帮助制订脱贫计划，落实发展措施。做了“六件实事”：安装人畜饮水管道10千米，解决4社、5社和3社古家寨180户1300名群众“饮水难”问题；筹资36万元新建村党群服务中心；组织全村群众“公司+农户”模式发展核桃种植2800余亩；为8户43名贫困户缴纳医疗保险费5160元，协助7名病人（次）到泸州检查治疗；为水潦乡建设覆盖全乡的标准化应急广播站；拍摄鸡鸣三省大峡谷、甜橙农业示范观光、海崖彝族新寨等形象宣传片，宣传旅游资源。

【市场监管】 着力抓好重点场所、重点领域、重点区域的市场整治，深入推进“扫黄打非”“五大专项行动”及文化、新闻出版、广电市场等专项治理15次，狠抓文化安全，规范经营秩序，推动文化市场健康繁荣发展。全年市、区县文化市场综合执法队伍共出动检查人员19077人（次），检查各类文化经营场所共计8568家次，举报登记53件，责令改正91家次，办理案件194件（办理一般程序行政处罚案件142件、简易程序52件），责令停业整顿7家次，吊销许可证1家，罚款23.8万元，取缔经营场所26家（含黑网吧、出版物发行），收缴电脑设备165台，收缴非法物品12000册（件）。全力开展“双随机一公开”、歌舞娱乐场所三年攻坚、综合执法改革等工作。

【安全生产】 贯彻落实“安全第一、预防为主、综合治理”方针，提出“12345”(一个目标：实现安全生产和消防安全；两个责任：主体责任和监管责任抓落实；三个一律：隐患排查一律暗访，专项整治一律顶格处理，消防安全隐患整治一律公示；四化能力：检查清单、指南、警示教育清单规范化，行业安全配置标准化，安全网格、平台监控信息化，依法治安法治化；五落实五到位，每个企业、每个点位、每个岗位对安全生产要求记得牢、说得出、落得实）工作主线。对全市网吧、歌舞娱乐场所、印刷企业、电影院、体育场馆、文物保护单位、广电阵地等2100余个点位进行100%拉网式安全生产隐患大排查大整治工作，排查登记在册安全隐患点14个，全部整改到位，未发生一起火灾事故和安全生产事故，实现“零伤亡”“零插播”“零事故”。积极发挥广播电视主流媒体优势，对全市安全生产宣传日、安全生产应急演练、安全生产先进典型等进行宣传报道，播出泸州市抓安全生产新闻报道200余条，上送川台播出80条，央视播出62条，制播公益广告及相关标语1500条（次·个)。泸州人民广播电台播出新闻120条，上送川台27条，上送央视12条，营造“平安泸州”良好氛围。

【版权工作】 牢固树立“保护版权就是发展经济”的理念，确立“1573”工作体系，即1个市级初审登记平台、5所高校咨询点、7个区县登记点和3个园区服务点，将版权咨询、版权宣传、版权登记等职能向基层延伸、向社会拓展，全年登记作品6355件，登记总量是前20年总和的4.7倍，在全省会议上交流泸州经验。

【新闻出版管理】 完成161家印刷企业年度核验工作，全市印刷业工业总产值165368.87万元，利润总额6882.03万元，工业增加值31848.98万元，营业税金及附加2072.86万元。与各印刷企业签订《印刷企业遵纪守法和安全责任书》，完成480家报刊、音像、电子出版物零售单位年检，全市发行单位出版物销售总额为8025.41万元，利润总额2399.07万元。完成22家连续性内部资料出版物初审和8家公开发行报刊初验。完成新闻记者证2015年度核验工作，参与核验的记者共212名，通过核验人员197名，获2015年全省“新闻出版统计工作先进集体”称号。

【“扫黄打非”】 举行“2016年侵权盗版及非法出版物集中销毁活动”，共集中销毁全市收缴的盗版图书、报刊及音像制品11190册（书报刊8382本、光碟2808盘）。牵头人文环境组创建全国文明城市工作　制定并分解全系统及人文环境组创建文明城市工作重点、分工和测评细则，完善《泸州市文体广系统2016年全国文明城市创建工作任务考核办法》。完成创建全国文明城市、未成年人思想道德建设网络资料报送、实地考察30余个大项、文体广系统内部24个子项目内容申报，按审核要求提供照片70余张；牵头完成人文环境组110个说明报告、16个规范性文件、140张照片的网上资料申报。自8月底开始，每周组织开展暗访督查，每周上报督查报告，12月进入攻坚阶段后，制定出台《创建全国文明城市文化市场专项整治工作推进方案》，市文化市场综合执法支队分片报告，24小时畅通举报通道，每天均安排执法人员到市场开展检查整治工作，每天按时上报工作进展，确保文化市场达到创建标准。

【承办举办文化活动】 承办CCTV贺岁杯世界拳王争霸赛。2月11—12日（正月初四、初五），贺岁杯世界拳王争霸赛在泸州上演，来自国内顶尖拳手和加纳、巴西、日本、委内瑞拉等国外顶级拳手24人齐聚酒城一展风采，赛事12场，央视直播9个小时，收视逾2.5亿人（次），现场有来自辽宁、广东、浙江、重庆、云南、贵州等10余个省、直辖市的观众为选手加油，入座率达到95%。拳王争霸赛期间，实现门票收入、广告赞助、转播收入6000万元，拉动地方消费2000万元以上。承办全国体育政策法规规划工作会。2016年全国体育政策法规规划工作会议于6月29日在泸州召开。会议由国家体育总局主办，中共泸州市委、市政府承办，国家体育总局副局长高志丹、泸州市委书记蒋辅义出席会议，全国各省区市、计划单列市、新疆生产建设兵团体育局和总局部分厅司局、直属单位主要负责人以及参与“十三五”规划工作的有关院校专家等100余人参加会议。会议为期两天，以贯彻实施《体育发展“十三五”规划》，研究部署新时期体育事业改革和发展，繁荣体育哲学社会科学发展，加强体育法治建设。举办国际绿色马拉松赛。11月20日，“中国酒城　醉美泸州”国际绿色马拉松赛在张坝桂圆林风景区开赛。不同国籍、不同肤色、不同年龄的8000余名选手参赛。开幕式上，本次绿色马拉松赛形象大使、奥运“五金王”、泸州籍运动员邹凯，中国艺术体操队泸州籍运动员舒思瑶代表运动员发言。这是泸州举办的第一场国际马拉松赛事，也是川南首个举办城市马拉松赛事的城市。举办首届泸州文化创意展和2016中国香港·泸州文化创意产业发展高峰论坛。9月9—11日，泸州市在第四届中国（泸州）西南商品博览会期间，举办2016年首届泸州文化创意展，并举行2016中国香港·泸州文化创意产业发展高峰论坛，创下泸州文化产业发展史的多个“第一”。文创馆占地面积720平方米，以“创意领航，产业腾飞”为主题，分为文汇天下、独蕴匠心、创意工厂、演艺传奇、石韵传情、经典传承等6个区域，30家企业参展，4天时间，近4万人进馆参观、采购，现金交易和达成意向成交额近100万元。论坛由中央电视台主持人鲁雅娟主持，特邀来自香港品牌发展局、贸发局等文创产业方面的“大咖”分享香港文创发展成功经验。承办四川省2016年“书香天府·全民阅读”活动启动仪式。4月23日，四川省2016年“书香天府·全民阅读”活动启动仪式在江阳公园举行。国家新闻出版广电总局政策法制司司长王自强、省政协副主席王正荣、省新闻出版广电局长邹吉祥等领导参加。省长尹力对全民阅读工作作出肯定性批示。活动现场有邀请著名作家现场签名赠售书、办理图书“一卡通”、开展新书惠民展销活动、现场儿童绘本教学亲子互动、《全民阅读》邮票首发展销、现场微信摇书、现场1元换书、酒城换书会、图书漂流捐书会等10项互动活动，惠民展销售书3480册，价值42874余元；接受捐书11500册，价值19.55万元，现场规模达5000余人。现场还举行泸州市第二届经典诵读比赛。承办四川省优秀廉政戏曲演出季系列活动。6月12—30日，由省文化厅、中共泸州市委、市政府主办的四川省优秀廉政戏曲演出季系列活动在泸州举行，省文化厅厅长郑晓幸，泸州市委书记蒋辅义，市人大常委会主任陈雁，省纪委常委、监察厅副厅长贾瑞云出席开幕式并共同启动四川省优秀廉政戏曲泸州演出季系列活动。本次戏曲演出季演出方式别具一格，有全国优秀保留剧目、四川省首届艺术节的优

2016年11月20日，“中国酒城·醉美泸州”国际绿色马拉松赛在张坝桂圆林风景区开赛

秀获奖剧目和重庆经典川剧中选取的艺术性与市场性兼具的优秀剧目作为活动展演剧目，包括川剧《李亚仙》《还我河山》《尘埃落定》《薛宝钗》等10部参演剧，活动通过院团联盟方式进行系列演出。此外，还将围绕演出持续开展7场主题为“戏剧回家·还戏于民”的戏迷见面会。

【大型原创川剧《报恩记》首演】 泸州大型原创川剧《报恩记》于9月28日、29日在中国酒城大剧院举行首演。该剧由市委宣传部、市文化体育新闻出版广电局出品，泸州市非物质文化遗产保护传习所演出，省文化厅副厅长窦维平和近1000名观众现场观看。首演由两位泸州籍梅花奖得主孙勇波和王玉梅领衔主演，并得到国家二级编剧郑瑞林、国家一级导演刘毅、国家一级作曲家蓝天、上海京剧院舞美设计师徐鸣等业内专家支持。该剧创作历时2年，编、导、舞美均为业内专家。该剧取材于泸州本土素材和当地流传关于孝道的民间故事进行新编创作，以报恩塔相关民间故事传说为原型，对原始素材进行发掘和演绎，挖掘孝道文化的现实积极意义，践行社会主义核心价值观。

【“错时执法、延时执法”机制】 元旦、春节、“五一”、端午、国庆等节假日期间，市、区县文化市场综合执法队伍执行“延时执法、错时执法”，每天13：00—24：00督查网吧、影院，20：00—24：00督查歌舞娱乐场所，做到市场天天查，对重点行业、重点场所、重点区域、重点时段的检查不留盲区和死角。

【全国率先开展移动执法】 市本级、江阳区、龙马潭区被文化部确定为移动执法试点地区，此项试点工作的开展使泸州市成为全国首批运用移动执法平台开展文化市场执法的城市。结合实际制定《泸州市文化市场移动执法平台试点建设方案》，切实推进各项工作任务分步、逐项落实。除文化部配发的设备外，泸州市采购平板电脑6台、便携式蓝牙打印机2台等移动执法所需硬件设备，于2月4日起在全省范围内率先将移动执法平台正式投入日常检查中。通过移动执法平台，实现现场执法操作，全年开展检查1200家次，办理案件14起。

【全省率先恢复网吧技术监管措施】 争取省文化厅支持，率先在龙马潭区试点确保网吧经营内容安全，继而在全市推广安装使用网吧技术监管措施（即文网卫士），在视频监控的基础上再增加紧箍咒。文网卫士的安装使用，网吧违规接纳未成年人、人证不符将报警，执法人员“点对点”进行执法检查，精准打击网吧违规接纳未成年人。

（张　鉴）

地方志工作

【志鉴编修工作】 基本完成《川南区志》资料征集工作。收集整理公开出版的志书120余部，数字化8000余万字，录入资料100余万字，编写大事记、人物、附录等初稿10万余字。市、县两级出版《泸州年鉴（2016）》等综合年鉴8部、《泸州统计年鉴（2016）》等专业年鉴2部、《泸州市政协志》等4部行业志、部门志、专业志。编辑《泸州乡镇简志》。做好对市级部门、区县、乡镇修志工作的指导。4月，召开各区县和市级相关部门120余人参加的部门志编修培训会。全年终审验收《泸州检察志》《泸州市城乡建设志》等9部志书。

2016年12月30日，《泸州煤炭工业志》评审会召开

其他多部志书在编辑中。泸县第一部村志《石牌坊村志》于9月出版。开展旧志整理工作。合江县组织点校的清同治版《合江县志》出版，该县完成4个版本旧志（乾隆、嘉庆、同治、民国）的点校和出版。

【地情资源开发】 普及性地情读物《泸州史话》于2016年年底出版发行。泸县出版《辉煌龙城——纪念泸县县城迁建20周年画册》。江阳区、合江县、叙永县、古蔺县分别编完《弥陀古镇》《合江古今人物选编》《"鸡鸣三省"会议资料专辑》《古蔺图说长征》《红色古蔺》。收集到市内单位和个人赠送书籍40余册。与省内外同行交换数十册（套）地情资料书籍。向社会各界赠阅《中央红军长征过泸州》连环画7000册、《中国共产党泸州执政实录1200册、《泸州年鉴（2016）》800册、《泸州史志》刊物1800册。为单位和个人服务，回复各种咨询和提供相关地情资料。市、县两级接待单位和个人前来查阅相关资料、咨询300余人（次）。

【课题研究】 完成省级课题《浅谈地方志工作围绕中心服务大局的实现途径》。参与全省地方志工作重点课题《方志馆建设及规范化管理研究》的相关研究工作并撰写论文上报。向省志办推荐报送25项成果参加省第十七次地方志优秀成果评奖，《泸州年鉴（2015）》等23项成果荣获相关奖项，奖项总数在全省名列前茅，其中3项成果获二等奖，15项成果获三等奖，5项成果获优秀奖。《泸州年鉴（2015）》等23项成果被评为"省第十七次地方志优秀成果"。《纳溪年鉴（2014）》荣获全国地方志优秀成果（县区级综合年鉴类）三等奖。各区、县地方志部门也积极开展地方志研究。江阳区策划"千年古郡　美在江阳"专题研究，组织人大、政协及其他社会各界力量，对江阳的历史文化、人文环境、文物古迹进行深入挖掘，作为江阳的特色名片，服务经济发展。龙马潭区撰写的《以"一带一路"视野创新地方志工作"三维"思路》论文被国家级刊物《领导决策信息》刊用。纳溪区开展"百年老宅、古寺庙、场镇（街道）地名来历"等研究，撰写文章20余篇分别发表在刊物《泸州史志》《云溪史志》上。（佟德茹）

档案工作

【档案资源体系建设】 2016年，征集到川南区党委行署档案、《川南日报》等珍贵档案资料。与宜宾市档案馆达成清代档案、民国档案资源共享。对中国国际酒业博览会等重大活动档案收集进行指导。下发《关于开展档案"双移交"工作的通知》（泸委办〔2016〕69号），档案接收范围由127个单位扩大到199个单位，新增72个单位。填报国家重点档案信息普查和项目储备库信息近3.7万条。稳妥推进档案鉴定工作，清理出涉密档案1.3万余份。档案基础业务工作在全省作经验交流。

【档案利用体系建设】 健全档案检索体系，创新服务形式，主动为各级各部门编写部门志、清理固定资产、开展业务工作等提供查档服务。整合各种档案资源，挂接档案数字化成果，与省内202个市（州）、区县档案馆建立异地查档跨馆服务联络机制，以"查档利用+互联网"模式，提供"一站式"民生服务。全市共接待档案查阅利用者3.2万人（次），提供档案资料6万余卷次，复印档案资料33.7万页。开展来函来电网络查询服务1300多次，异地查档跨馆服务70多次。

【档案安全体系建设】 完善安全管理制度，坚持安全专项检查，新增安全设施设备。古蔺县档案馆新馆建设项目主体完工，建筑面积2.38万平方米的市档案馆新馆建设项目，已列入占地125亩的市民服务中心项目，作为2017年市上推进的重点建设项目。力争将龙马潭区、纳溪区、泸县等档案馆新馆建设项目，列入国家"十三五"期间的开工项目。加强档案信息安全保密工作，在市保密局指导下，对涉密、划控使用档案进行专项清理，加强对档案数字化外包公司的管理。接收绵阳、广元电子档案异地备份光盘。全市未发生一起安全事故。档案安全工作在全省作经验交流。

【档案信息化建设】 市数字档案馆建设（二

期）工程列入“智慧城市”建设项目，总投资413万元。探索档案数字化外包服务新方式，通过竞争性谈判确定更专业更安全的外包服务公司，累计完成重要全宗、利用频繁档案数字化2.25万余卷、415万页。开展数字档案（室）试点示范工作，确定市政府办、市委组织部、市公安局为试点单位。按照“双移交”要求，实行纸质档案与电子档案一并移交。市档案局网站已完成改版，完善网站管理制度和网站维护分工方案，实现层层审核、每周检查。全年更新各类信息540条，政务微博305条，在线回复咨询类信件27件。

【档案文化建设】 挖掘档案资源，独立或联合开发档案文化产品。全市共开发档案文化产品13部，195.9万字；拍摄电视专题片6部，时长近55分钟。市档案局公开出版《中央红军转战泸州》，由市委常委、宣传部部长任主编的《朱德与泸州》（已编纂完成）、《泸州红色记忆》（已付印）等书籍。开始编著《泸州市档案局志（1983—2010年）》。编发《泸州档案资政参考》2期。印发《泸州档案工作简报》12期。创新开展“国际档案日”宣传活动17项，发放资料1.2万余份，接受咨询1500余人（次），1500辆出租车顶灯、公交车车载电视、城区广告大屏、临街单位LED进行多日滚动播放，新媒体广泛报道。全年共发表档案宣传稿件822篇，同比增长94%，创历史新高。全市爱国主义教育基地举办展览14个，接待1.42万余人。市馆以“泸州记忆”为主题进行升级改造和展陈调整。爱教基地建设工作获全省先进单位称号，档案文化建设工作在全省作经验交流。

【档案法治建设】 利用国际档案日、“12·4”法制宣传日等重要节点，采取多种形式宣传贯彻《四川省国家档案馆管理办法》《档案管理违法违纪行为处分规定》《会计档案管理办法》等档案法律法规56场（次），发放宣传资料7000余份，接受公众咨询730人（次）。与泸州电视台联合制作档案法治情景剧《聪明反被聪明误》。制定“七五”普法规划，完成16名行政执法人员资格年审。全市档案执法检查251个单位。

【精准扶贫档案工作】 围绕“全面真实记录泸州脱贫攻坚历程”这一主线，以“五个切实抓好”，推进精准扶贫档案工作，走在全省前列，为全省进一步抓好该项工作进行有益的实践探索。全省精准扶贫档案工作推进会在泸召开，市档案局和合江县在会上作经验交流发言。省档案局和市委、市政府领导及参会同志对泸州市的精准扶贫档案工作给予肯定。率先在全省联合制定《泸州市扶贫移民局、泸州市档案局关于进一步做好精准扶贫档案工作的意见》《泸州市精准扶贫档案管理办法（试行）》《泸州市精准扶贫文件材料归档范围和档案保管期限表》等文件，构建市县乡村四级联动工作体系。编印《泸州精准扶贫档案工作掠影》宣传册。宣传信息被《中国档案报》、中国档案网、中国档案资讯网、四川在线、四川档案网、《泸政快报》、《泸州日报》、泸州档案信息网等市级以上报刊网站媒体采用28条。组织学习考察团赴贵州省精准扶贫档案工作省级示范点建设工作会议召开地——六盘水市六枝特区进行学习考察。在泸与阿坝州、眉山市等开展交流研讨。对13个市级示范点进行精心指导，推广其经验。召开全市精准扶贫档案工作推进会和业务培训会。印发《泸州市精准扶贫档案工作手册》。指导全市6个涉贫区县、105个涉贫乡镇、257个贫困村，开展对精准扶贫档案文件材料的收集整理。

【经科档案工作】 落实国家档案局10号令、财政部79号令，完成5个市属国有企业归档范围和保管期限表审定；指导10个国有企业和泸州鑫霸实业公司等民营企业做好档案工作规范化管理。组织召开省经科协作第三组暨高校档案工作交流研讨会，来自泸州、攀枝花、自贡、凉山等市（州）档案局和所属6所高校代表20余人参会。

【重点建设项目档案工作】 开展“项目年”活动，481个省市级重点建设项目中，66个省级重点建设项目全部登记（登记率100%），检查指导421个重点建设项目（指导检查率87.5%），联合主管部门督查11个重点建设项目，组织验收7个重点建设项目。督导棚户区改造、水库建设移民档案和产业园区档案工作。

【涉农涉民档案工作】 联合市农业局指导泸县、合江县的农村土地确权档案工作，参与省上对合江县农村土地确权成果验收。加强对50余个乡镇、村（社区）档案基础建设的监督指导。加强对医保、社保、不动产登记和公积金档案管理的指导。开展涉民档案收集、整合和数字化工作，市本级接收全市公积金档案1.5万余卷，全市共接收民生档案3.7万余卷、盒（袋）。（韦佳利）

泸州日报社

【对外宣传强化】 2016年，泸州日报在《四川日报》等省级主流媒体上用稿54件，在国家级主流媒体上用稿57件，分别超过19件、52件完成目标任务。在省新闻奖及副刊评选中，有17件作品获奖。其中，有11件获得四川新闻奖（包括好版面奖和摄影类奖），含一等奖1件、二等奖3件；有6件作品获得省报纸副刊作品奖。川江都市报全年在国家级主流媒体用稿54件，超过目标任务52件；省级主流媒体用稿51件，超过目标任务31件。2016年川江都市报共有10件作品获得各类好新闻奖，其中全国级4件、省级4件、市级2件。

【经营发展】 2016年，日报经营队伍超额完成市委宣传部下达的经营目标，接近历史最好水平。日报全年广告收入到账1304万元（含财政专项宣传收入），超过报社年初下达的经营任务13.4%。川江都市报广告在都市报转型期，在全国报纸广告平均降幅超过30%的情况下，川江都市报广告经营顶住严重下滑势头，保持相对平稳发展。全年实现广告收入到账2341万元。报纸印刷。报社印刷厂进一步加强企业管理，努力增收节支、节能降耗，保证队伍人心稳定，确保报纸印刷的质量、时效、安全、效益。《泸州日报》获全省市州报“精品级”质量最高奖，在全省市州党报中排名第二。2016年实现销售收入1300多万元，利税保持平稳，运行稳健。较2015年增长6.8%。为扩大网站影响力，提高创收能力，全年泸州新闻网开展各项活动接近20个，实现社会效益、经济效益双丰收。全年营销总额762万，较2015年增长83.1%。

【特色亮点】 融合营销酒博会。为做好酒博会营销，“两报一网”以宣传造声势、以策划推亮点、以活动引关注，融合推广酒博会纪念酒，并做好酒博会全媒体推广和外宣工作，两个效益显著。举办泸州国际绿色马拉松比赛。“两报一网”抱成团，全体上阵，承办泸州绿色马拉松活动，吸引国内外8000余名选手参赛，赢得领导肯定和社会各界赞誉，既大幅度提升“两报一网”影响力，又通过组织大型活动锻炼队伍，提振报业发展的信心，为今后多元发展积累经验。立足转型发展，开展活动经济，承办泸州房地产区县行活动4场，总收入超过100万元。利用《川江都市报》首发契机，成功出版启航特刊108版，广告收入近100万元。开展非报经营创收尝试，承办川剧《报恩记》票房推广，联合举办台湾美食节，均取得一定成效。（杨基德）

泸州市人民广播电台

【概况】 2016年，泸州市人民广播电台紧扣“产业升级发展年”“区域交通枢纽”“建成区域中心城市”“长江经济带”“依法治市”“从严治党”“创建全国文明城市”“两学一做”“精准扶贫”等重点宣传，全年在电台共推出大型主题专栏40多个，播出各类新闻稿件40171件。在广播网，共上传新闻类文字稿件近57818条，新闻图片近7410幅，音频25090多个，与2015年同期相比，无论音频文字还是信息上载量，均实现翻番。全年，泸州电台共有39件作品分获中央、省、市优秀好新闻作品奖；新闻作品在省级以上媒体发稿433件。

【频率改版】 紧扣频率定位，突出频率特色，对电台节目做了重新架构：创新栏目设置和节目编排，找准定位、抓住特色，突出广播媒体“宣传、服务、娱乐”三大功能，如新设置的栏目《开心“驾”到》《刷刷朋友圈》《970新闻早报》《经典正流行》等18档栏目。优化改革现有品牌栏目，如大型民生类节目《阳光政务》系列节目。该节目2015年开通全省首个“阳光政务微信公众号”，做到通过泸州广播网互联网站网络直播，增设网络问政平台，形成传统媒体、网络、新媒体一体的全媒体模式，在全省都属首例。

【对外宣传】 截至年底，泸州电台被省以上媒体采用稿件433件，其中被中央人民广播电台采用稿件169件，名列全省地市州同行列第一；在四川电台发稿264件，名列全省地市州同行列第三，超额完成市委宣传部和市局下达的宣传任务。

【节目创优】 全年，5件作品在四川省广播电视节目奖中获优秀奖；4件作品分别获四川新闻奖一、二、三等奖；23件作品在市级政府广播电视节目奖中获奖。

【事业发展】 2016年年底，泸州电台已形成较为完整的新媒体矩阵。包括官方网站大听网PC端、WAP网站、APP、官方微信听泸州，新闻、交通、音乐频率微信，王牌栏目阳光政务微信微博。泸州电台两微一端共有粉丝数15万人。在自有全媒体平台的基础上，还入驻阿基米德、蜻蜓、喜马拉雅等国内主要音媒平台，使泸州电台的内容实现多平台的在线直播，碎片化、可视化、时移化播出和分发。全年泸州电台还全面完成纳溪、泸县、叙永、古蔺、合江的广播差转设备升级改造工程，广播电台信号质量进一步提升。

【产业经营】 推广和强化活动营销，以此扩大品牌的影响力和拉动产业经营。全年开展各种大、中、小型活动30多个，举办“泸州电台第五届汽车文化节”“1050关爱抗战老兵活动”、第三届“平安畅通·文明出行”百日无交通违法大型公益活动暨挑战贴平安车标世界纪录活动、“舞耀童辉全国青少年舞蹈大赛”“1046送你上下班”“自驾游”等；策划并承办2016国际酒业博览会分支活动“寻找民间好舌头”；承担渝交会、特色产品全国行活动走进北京、上海等地，2016迎春购物月等市政府交办的重大活动。全年实现现金收入1444.28万元，比2015年同期增长22.51%。

（肖义兰）

泸州市电视台

【宣传工作】 全年，《泸州新闻联播》栏目共播出366期，消息4392条，时长7386分钟。《泸州现在时》共播出301期节目，播出时长21070分钟，其中自采节目12040分钟，自采新闻约3600条。全年节目共获79个奖项，其中全国协会级奖项12件；省级政府优秀奖4件，位列全省市州台电视类第一。全年在央视播出新闻98条，在四川电视台播出541条，居全省市州台第三名。在四川台国际频道《中国四川》采用370分钟；凤凰卫视欧洲台采用182分钟，居全省21个市州台第二名。超额完成市委宣传部下达的目标任务。

【新媒体推进工作】 实施“1234”媒体融合发展计划。即“构建一个平台，实施两项变革，推出三个产品，解决四个问题”。初步实现对新闻资源的一次策划一次采集、多元生成多元传播。初步形成信息互通、资源共享、协调配合的采编发播一体化流程。初步构建由电视、报纸、网站、IPTV以及手机客户端、三微公众号构成的全媒体矩阵，在电视屏、电脑屏、手机屏等各种终端上基本完成新媒体产品总体布局。媒体融合推进整合传播。《阳光问政》、泸州国际绿色马拉松比赛全媒体直播、泸州灯光节新媒体推广等，提升泸州电视台的传播力和影响力。全年网站共刊播稿件2万多条，视频1.3万多条，微博、微信粉丝近20万，实现IPTV用户超1000万户。

【视频资料抢救】 泸州电视台建台30多年，特别是2000年以前的图像资料都是磁带保存，很多珍贵视频资料面临永远损毁，亟须抢救。2016年，泸州电视台成立专门工作组，导出1000多盘各类磁带共计10多万分钟历史视频。（张万平）

社会

SHE HUI

卫生和计划生育

【卫生计生资源概况】 2016年，泸州市有医疗卫生机构总数4559个，床位26612张，其中中医医院14所，床位4263张，卫生院130所，床位7272张。每千人床位6.21张，比2015年增加8.38%。全市卫生计生人员总数31142人，卫生技术人员总计22803人，每千人拥有卫技人员5.32人，其中执业医师（助理）8646人，占常住人口总数的2.02‰，占卫生计生人员总数27.76%；注册护士10112人，占常住人员总数2.36‰，占卫技人员数44.35%。

全市22803名卫生技术人员中，本科以上6384人、占28%，大专8611人、占37.76%，中专及中技7631人、占33.46%，无正规学历818人、占3.59%；无学历人员与2015年比下降42.6%；执业医师6906人，占30.28%，执业助理医师1740人，占7.63%，注册护士10112人，占44.35%，药剂人员1168人，占5.12%，检验人员700人，占3.07%，正高355人，占1.56%，副高1082人，占4.74%，中级3119人，占13.68%，助理医师7402人，占32.46%，员/士9576人，占41.99%，其他1269人，占5.57%；中高级职务人员数与2015年比上升12.74%。全市计划生育指导机构1个，在岗24人。

2016年6月14日，在西南医科大学附属中医医院城北院区举办第十三个“世界献血者日”无偿献血活动

【卫生计生经费】 2016年，中央、省、市、区县各级财政投入卫生计生经费总计1482226万元，其中：区县级投入卫生计生经费64216.8万元。各级财政对医疗机构补助经费24748万元，比2015年

增加 126.5%，财政补助经费占医疗机构总收入 10.45%。各级财政对卫生计划生育机构补助经费 123474.6 万元，比 2015 年增加 28.18%，财政补助经费占卫生计生机构总收入 52.66%。

【全民预防保健】 2016 年，泸州市全民预防保健工作在叙永县试点基础上全域推开，实施全人群全生命周期健康管理，探索卫生与健康发展新途径，得到中央和省有关领导的关注和批示。是年 8 月 11 日，全省全民预防保健工作现场培训会在泸州召开，推广“泸州模式、叙永经验”。截至 12 月，市、县财政累计投入专项资金近 3 亿元，全年体检 192 万人，完成年度任务数 118.7%，体检人群健康指导 100%，精准管理疾病人群 19.1 万人，中医药保健服务 100%全覆盖。

【卫生健康扶贫】 泸州市在全域开展全民预防保健工作的同时，实施医疗卫生精准扶贫“四百工程”(即扶贫对象全民预防保健覆盖面 100%、扶贫对象基本医疗保险参保率 100%、扶贫对象商业附加保险参保率 100%、扶贫对象应救必救救助面 100%)，减轻贫困人口治病经济负担，帮助贫困人口恢复劳动力，脱贫增收，摆脱长期贫困。在此基础上，全面落实政策“八百工程”和“九免一补助”，实现建档立卡贫困人口县内住院和门诊治疗“零支付”。全年全市建档立卡贫困对象享受免费治疗 4.9 万人（次），救助医疗费用 1.2 亿元，计约有 1.9 万名因病致贫、因病返贫人口实现脱贫。

【医疗卫生重点建设项目】 西南医疗康健中心一期工程主体完工进行室内外装修，全年完成投资 3.3 亿元，二期工程完成 PPP 建设项目资格预审，进行竞争性磋商。市人民医院新院项目一期工程完工通过验收，二期工程完成主体结构建设，进行室内外装修，全年完成投资 2.6 亿元。市中医医院城南医院 PPP 建设项目完成招标，10 月底开工，完成投资 5000 万元。市妇幼保健院二期建设项目完成前期工作，进行挂网招标。

【基层卫生建设】 全年，投入资金 1.74 亿元，为乡镇卫生院配置全自动生化分析仪、全自动血球分析仪、心电图机、尿机等设备，中心卫生院配 DR、彩超等设备。完成 144 个乡镇街道卫生机构“一站一馆三区”(健康管理工作站、中医馆、儿童预防保健服务区、妇幼保健和计划生育服务区、基本医疗服务区）建设，82 个乡镇卫生院，200 个重点村卫生室标准化建设。2016 年，全市基层医疗卫生机构空岗补员招录卫技人员 856 人，充实基层卫生队伍。开展基层卫生岗位练兵、技术培训和技能竞赛活动，提升基层卫生人员素质。

【健康城市建设】 被全国爱卫办确定泸州市为健康城市建设试点市（省内仅成都和泸州），市委、市政府出台《关于建设健康城市的意见》，成立以市长为指挥长的健康城市建设指挥部，组建专门工作机构“泸州市健康城市建设指导中心”。市政府制定《健康城市发展规划（2016—2020 年）》，印发《泸州市健康城市建设工作方案（2016—2017 年）》，召开动员会和工作推进会，形成融健康于万策和政府主导、部门配合、全社会参与的工作格局，有序开展工作“健康营造、食品安全保障、健康细胞建设、健康文化、全民预防保健、全民健身、医疗卫生服务能力提升、创新发展”八个专项行动。

【医药卫生体制改革】 按照“三医联动、上下联动、区域联动、内外联动”要求，继续巩固完善县级公立医院综合改革成果，全面开展城市公立医院综合改革工作。完善分级诊疗制度，逐步实现“基层首诊、双向转诊、急慢分治、上下联动”，144 所乡镇卫生院（社区卫生服务中心）均与 21 所二级以上医院（包括省属驻泸医疗机构）签订双向转诊协议，已构建 3 个医联体、覆盖医疗机构 248 个，医联体内上转患者 7025 人（次），下转患者 2450 人（次）。实施药品零差率，省属驻泸及市级城市公立医院全面取消药品加成。落实公立医院药品集中采购制度和医疗器械阳光采购机制，降低采购成本和价格。

【医疗卫生服务体系建设】 合江县人民医院建成三级乙等医院，叙永县人民医院通过二级甲等复评。全市新增民营医疗机构 59 个，总数达 741 个，床位数达 5924 张（占 18.41%），社会办医成为医疗资源的重要补充。特许经营、公建民营、民办公助等模式设置医养结合医院5所。支持医疗机构增设养老机构或养老机构增设医疗机构，开展养老看护、生活护理服务，促进“医养结合”发展。全市进一步放开医师多点执业。

【项目建设】 2016年，争取中央投资项目11个，中央投入资金14581万元。加强对近四年中央投资建设项目执行情况督查。截至12月底，2011—2015年，全市中央投资建设项目共931个，开工921个，完工908个，投入使用890个，开工率、完工率和投入使用率分别为100%、98.59%和96.63%。

【信息化建设】 全市有10个二级以上医疗机构通过省卫生计生委数字化医疗评审，三级医疗机构100%通过数字化医院评审。各区县卫计专网和县级数据中心建成。县、乡、村三级医疗机构实现信息资源互联互通和共享。市、县（区）级人口健康信息平台建设完成。泸县、古蔺、叙永县和龙马潭区完成心电、影像、检验三个中心建设试点，全市推广远程诊疗项目。

【疾病预防控制】 市、区县疾控机构开展等级创建，纳溪区、古蔺县疾控中心成功创建二级乙等疾控机构。全市传染病管理和免疫规划工作继续全省领先，甲乙丙类传染病报告发病率低于全省平均报告发病率，评为“‘十二五’期间四川省传染病网络直报管理工作优秀单位”，国家免疫规划疫苗接种率保持99%以上。艾滋病防治，大量既往感者和病人被发现进行管理，有效阻断其传播途径。全市结核病疫情减缓，古蔺县、叙永县通过第二轮全省结核病防治示范区创建现场验收。地方病防治，古蔺、叙永两县燃煤污染型地方性氟中毒防治项目通过省级考核验收，消除疟疾工作通过省级考核验收评估。慢性病综合防控，高血压、糖尿病、严重精神障碍患者管理率分别为67.99%、56.11%、86.55%。

【妇幼健康服务】 强化妇幼健康服务体系。市妇幼保健院成功创建为二级甲等妇幼保健院，叙永县妇幼保健院成功创建省级妇幼健康优质示范工程。全市医疗保健机构已开设“两孩生育综合门诊”、“优生咨询”门诊20个，为落实两孩政策提供技术支撑。强化母婴安全，设置危急重症孕产妇和新生儿救治中心。将西南医科大学附属医院作为全市危急重症孕产妇和新生儿救治中心。西南医科大学附属医院、附属中医医院、市人民医院、市妇幼保健院作为全市的产儿科分片技术帮扶单位，负责对应区县的产儿科急救技术帮扶、培训指导、现场会诊等工作，积极推进妇幼分级诊疗，确保产科急救服务的资源共享，全面提高孕产妇、新生儿急救水平。实施妇幼民生工程。开展免费婚检、孕前优生健康检查、预防艾滋病、梅毒和乙肝母婴传播、两癌检查等妇幼民生工程。全市孕产妇死亡率、婴儿死亡率、5岁以下儿童死亡率分别17.18/10万、3.68‰、6.26‰，均在控制目标内。孕产妇系统管理率、住院分娩率分别为96.24%、99.92%，高危妊娠管理率、高危孕妇住院分娩率均达100%，辖区剖宫产率34.44%。7岁以下儿童保健覆盖率96.22%，3岁以下儿童保健管理率96.32%。

【卫生应急】 全年报告突发公共卫生事件7起，其中食物中毒事件6起，占85.71%；传染病疫情1起（一般事件），占14.29%；无其他类别突发公共卫生事件报告。事件处理中，市县卫生计生行政、食药监管部门和疾控、医疗等专业机构及时介入，开展流行病学调查、救治病员、健康教育等，多措并举，有效降低事件影响。古蔺、叙永等山区县，加大对误食毒蕈中毒的卫生宣传教育力度，倡导不采集、不食用野生蘑菇，避免中毒。

【爱国卫生】 2016年，泸州市通过国家卫生城市第六次复审，受到全国爱卫会通报表扬。泸县、合江县通过国家卫生县城复审。市政府出台《进一步加强新时期爱国卫生工作的实施意见》，建立健全爱国卫生工作机制。开展卫生城镇创建，江阳区黄舣镇、龙马潭区长安镇通过省级国家卫生乡镇综合考核评估，19个省级卫生乡镇和139个省级卫生村创建完成市级技术评估。城乡环境卫生整洁行动，完成村庄综合整治270个、整治率20%，农村集中供水比例80%，农村卫生厕所累计普及率80%。泸县被确定为全国农村环境卫生全覆盖乡镇试点单位。病媒生物防制，全域“四害”密度常年达标。

【中医药事业】 2016年，泸州市中医医院城南医院开工建设。叙永县、合江县中医医院项目主体工程完成。龙马潭区、纳溪区、泸县、叙永县、古蔺县创建全国基层中医药先进单位。全市开展十大名中医评选，推进“名医、名科、名院”内涵建设。市、县中医医疗机构接受省级大型医院巡查和省级重点专科检查，3个市级重点中医专科通过验收。全市综合医院有中医临床科室和中药房，妇幼保健机构有中医科和中医儿科。举办中医药人才培训3期共200人接受中医全科医师培训。举办首届临床类别医师系统学习中医药知识与技能培训班，参训70人。1月5日，泸州市中医中药学会成立。

2016年8月10日，四川省全民预防保健工作现场培训会在泸州召开

【计划生育服务】 2016年，全面贯彻落实两孩政策。截至9月30日，全市总人口510.80万人，与2015年同期比增加3.95万人，人口自然增长率控制在3.97‰，符合政策生育率96.18%，办理生育服务登记证31664对，其中一孩15888对、占50.18%，二孩15776对，占49.82%。生育秩序整治，全市多孩为2.33%，与2015年同期比下降1.67%。叙永县创建国家优质服务先进示范单位通过验收。计划生育奖扶对象应奖（扶）尽奖（扶），应退尽退，资格认准率、资金发放到位率100%。为农村独生子女承担50%，医保参保费用（共补助2877万元），对年满60周岁独生子女父母每人每月增发50元养老补助金（共补助2898万元）。投入安居工程款260万元，为44户计划生育特殊困难家庭修建住房。有4个市级计生家庭养老照护试点单位通过验收。流动人口健康教育和动态监测工作继续有序进行。

【依法行政】 2016年，泸州市卫生计生委保留行政审批事项6项。全年共办理各类行政审批事项312件，现场办结率、际时办结率和群众满意率100%。深入推进行政权力公开运行和政务信息公开。在省内率先落实市、县（区）、乡（镇、街道）、村（社区）四级卫生计生监督体系建设，加强基层执法人员培训，开展卫生执法“两随一公开”工作。全面开展医疗秩序专项整治，围绕假疫苗事件、“魏泽西”事件和合江县白米镇狂犬疫苗事件等突发事件进行专项检查。组织开展《中华人民共和国职业病防治法》等法律法规落实情况及计划生育行政执法监督检查，完成各项重点监督抽查和专项整治工作。

【卫生计生文化与精神文明建设】 开展廉洁文化进医院、进机关活动，全市打造40余所廉洁文化进医院市级示范点。清理280项行政权力，制定风险防控措施80条，修改完善内部管理制度22项。加强对纪律作风、“三作为”问题、节假日“四风”问题监督检查，内部审计2个单位，办结信访件28件（次），党政纪处分9人。开展医药购销领域和药品回扣、打击非法行医、疫苗规范化供应等5项专项整治，全市卫计系统干部职工上缴未能拒收的红包礼金50余万元。

【舆论宣传】 全年在各级主流媒体、行业媒体宣传报道9000余条，其中省级以上主流媒体、行业媒体用稿214条。办好"两媒一站"等新兴媒体，《健康泸州》微信公众平台、微博推送信息830条，拥有3.7万"粉丝"，门户网站共发布信息1216条。全系统网络舆情监测预警处置工作，全年无重大负面舆情。联合市委宣传部、市精神文明办开展首届"健康泸州—大美医者"评选活动，评选出12名"健康泸州—大美医者"，大力弘扬卫生计生行业精神，凝聚为人民健康服务行业共识。

【目标绩效管理】 2016年，泸州市卫生计生委共有6项民生工程、2项民生大事和2个重大项目均超额完成。民生工程包括计划生育奖励扶助。截至12月，共确认奖励扶助对象128633人，特别扶助对象9309人。中央、省、市、区县按应承担经费比例全部划拨到位。贫困白内障患者复明手术。目标任务500例，实际完成520例，完成目标任务的104%。城乡居民健康档案规范化电子建档率。目标任务93%，实际完成101.1%。取消县级公立医院药品加成财政补助比例。目标任务20%，实际完成28.35%。实行免费婚前体检。目标任务为婚检率较2015年提高5%，全年实际免费婚检24045.5对，婚检率为86.1%，较2015年提高13.16%，完成率为110.05%。免费孕前优生健康检查覆盖率。目标任务为80%，截至2016年12月，完成31907人，达104.06%，完成率130.75%。

【民生大事】 艾滋病、包虫病、血吸虫病、结核病等重大传染病和地方病病人免费治疗在治人数。目标任务为5400例，完成5844例，完成目标任务的108.2%。全民预防保健。各区县宣传动员覆盖达100%，中医药保健服务覆盖率达85%以上。在家群众健康体检率目标任务为90%，截至12月底，在家群众健康体检数184.08万人，体检率111.83%，达到目标任务的132%。

【民生项目】 人民医院新院项目。完成投资26200万元，占年度目标任务的104.8%。市中医医院城南医院项目。完成投资5000万元，占年度目标任务的111%。 （岑龙柱）

泸州市人民医院

【概况】 泸州市人民医院是国家三级乙等综合性医院，2016年，医院设有编制床位620张，业务用房23782平方米，在岗职工970人。新院建设项目位于酒谷大道二段316号，占地133亩，床位1000张，建设规模16万平方米，预计2017年投入使用。医院被国家中管局、国家卫生计生委、总后勤保障部评为2015年全国综合医院中医院工作示范单位，神经内科被省人社厅、共青团四川省委表彰为"四川省青年文明号"。《职工家园—第一届至第三届文化月活动图册》获2016年全省卫生计生文化建设作品评选二等奖。

【业务综述】 全年门诊339193人（次），病床使用率108.0%，出院者平均住院日8.6天，危重病人抢救成功率92.1%，成分输血率100%。

【感染监测】 负责全院医院感染发病情况的监测，对医院环境卫生学、消毒、灭菌效果进行监督、检查，及时汇总、分析反馈与改进，发现医院感染存在的危险因素，寻找有效的预防和控制办法。全年院内感染率1.5%，传染病漏报率0%。

【科研工作】 科研项目立项12项（国家卫生计生委医药卫生科技发展研究中心2项，省卫生和计划生育委员会3项，省医学会重症医学专项科研课题1项，省医学科研青年创新课题1项，泸州市社会科学界联合会1项，泸州市科学和知识产权局4项）。省医学科技奖三等奖1项。

【学术活动】 开展省级继续教育项目5项，市级继续教育讲座72项，申报2017年省级继续教育5项，发表论文177篇，其中SCI2篇，核心期刊53篇。承办泸州市"西学中"培训班项目，为期2年。

【学科建设】 妇产科通过省级重点专科动态评审，神经内科通过省级重点专科立项评审，心血管内科、内分泌科、创伤外科、医学检验科、麻醉科接受市级重点专科动态管理评审，骨科、重症医学科接受市级重点专科立项评审。

【文化建设】 打造“医院文化月”活动。加强职工文体工作建设。医院特色文化品牌得到卫计委的肯定和好评，并要求作为亮点来打造。

2016年9月19—21日，泸州市妇幼保健院接受二级甲等妇幼保健院评审

【对口支援】 全年派出36人进行对口支援工作，其中对口支援宝兴县人民医院2人，对口支援盐源县人民医院1人，国际援助东帝汶医疗活动1人，周边地区进行下派锻炼22人，对口支援乡城县和稻城县人民医院建设工作10人。9月18日，该院专家团队一行赴乡城县人民医院开展肝胆手术义诊活动，共完成30例手术，病人全部痊愈出院，手术治疗成功率达100%。

【医保工作】 2016年，医院成为江阳区、龙马潭区首诊医院，开通省内城镇职工医疗保险住院异地就医联网结算，江阳区、古蔺县精准扶贫、医院优惠现场结算，医院为住院患者优惠金额11625.63元，全年为济困病人办理优惠登记6人（次），优惠金额6903.52元。11月实施江阳区建档立卡贫困人群住院费用零支付，共收治门诊患者84人（次），住院患者78人（次）。开展打击骗取医疗保险基金违法行为，对存在的问题及时上报市医保局。（郭　云）

泸州市中医医院

【概况】 泸州市中医医院建于1959年，占地面积20亩、建筑面积3.4万平方米，是国家三级甲等中医医院、国家重点中医医院建设单位、国家中医药管理局中医住院医师和中医全科医师规范化培训基地、省数字化医院、华西医院远程教学和会诊医院、成都中医药大学和西南医科大学教学实习基地、省麻醉、急诊、康复、妇产专科医师规范化培训基地。拥有编制床位520张，开放床位712张，设有临床医技科室38个，职能科室20个，其中国家级、省级、市级中医重点专科8个；在职职工779人，其中硕士研究生学历35人，中级职称以上179人，国家级和省级老中医药专家学术经验继承指导老师7人，省市级以上名老中医4名，市级以上学术带头人（拔尖人才）7名；配置8000多万元诊疗设备，其中中医诊疗设备12类，近300台，拥有DSA、1.5T核磁共振、64层螺旋CT、四维彩超等大型先进设备。

【业务发展】 全年完成门诊25万余人（次），同比增长9.81%；住院21106人（次），同比增长22.05%；手术5849台次，同比增长15.71%；医技检查62万项次，同比增长19.23%。总药比为35.41%，是四年来最低，较2015年同期减少1.53%；中药类比为52.80%；饮片比为21.26%。

【城南分院建设】 2013年，医院向市政府申请新院建设项目，经不懈努力，市政府已同意医院采取PPP模式在城南（长湿新城）建设分院。城南分院规划用地约100亩，建筑面积15万平方米，住院病床1000张，2016年10月24日动工建设。

【提升诊疗水平】 医院将原有的内一科分为心

血管科和脑病科、老年病科。分科后两个科室根据自己的专业分工开展工作，专业技术水平发展明显增快。建立介入诊疗室，购入DSA设备，开展介入手术404台次，涉及心脏介入、外周血管介入以及肿瘤介入等方面，实现泸州市级医院介入手术的零突破。将内二科分为内分泌科、肾病血液科，并增设儿科，进一步加强专科建设。在新技术新项目方面，骨伤科、外科、脾胃病科和耳鼻喉科等科室，在发展业务量的同时，技术项目也在不断扩宽，在脊柱颈椎手术、上肢肩关节和足踝外科、膝关节置换、胃肠镜治疗技术、B超引导下经皮肝穿刺胆道引流技术等日趋完善的基础上，开展心脏介入技术、血管外科介入技术、肿瘤介入技术，明显提高医院疾病诊疗技术和手段。同时，医院调整医疗核心制度，理顺医疗制度执行，本年度组织进行会诊制度、交接班制度、危急值管理、病历书写打印、医技检查申请单和报告单应用管理、围手术期制度执行等医疗制度的专项检查整理。

【护理质量管理】 医院规范护理质量管理与评价工作，优化三级护理质量管理体系，调整2016年医院护理质量管理委员会成员，落实2016年护理质量管理委员会三级护理质量考核实施计划，做到季度全面，月有重点。加强护理质量持续改进，每月汇总质量检查结果，对存在的主要问题，运用管理工具开展护理持续改进。加强质量缺陷考核，每月进行质量问题反馈，质量问题与科室绩效、护士长管理挂钩。每月组织召开护士长会议，每季度召开护理质量管理委员会会议，通报问题，提出整改。

【对口支援】 助力基层医院新发展。2016年医院对口支援宝兴县中医医院、乡城县藏医医院、稻城县中藏医院等7所基层中医医院，向各基层医院派出医务人员19名，其中高级职称4人、中级职称8人，专业包含骨伤科、针灸康复科、妇产科、急诊科、内科、外科和护理等。援建医务人员长期驻扎受援医院，根据受援单位的具体情况及要求，借助学术讲座、业务查房、带教带徒、技术指导等形式，对专科进行培育，为受援基层中医院培养诊疗人才，不断提高医院管理、技术水平。2016年，在对口支援期间，医院派驻人员在受援医院开展学术讲座154次，培训医务人员数223人（次），开展新业务新技术93项，开展示范手术50台，参与临床诊疗7931人（次），巡回医疗诊治农牧民1053人（次），义诊10余次。

【基层中医工作】 医院作为市级中医技能培训中心，承担泸州市基本公共卫生服务项目中医药健康管理的技术指导、考核。进一步发挥中医药技术在健康管理的作用，按照上级文件要求，医院进一步细化并制订《2016年泸州市中医医院基本公共卫生服务项目中医药健康管理工作计划》。2016年，医院作为市促进基本公共卫生服务均等化指导中心中医药健康管理专业组，按照市卫计委下发的《泸州市2016年基本公共卫生服务项目绩效考核方案》要求，共进行2轮督导，随机抽取全市42个基层医疗卫生服务机构。督导采用与相关管理人员面谈、查阅资料、打电话核实情况等方式进行。

【医养结合模式探索】 开设老干部活动中心中医诊所，开展以保障活动安全与治未病预防保健为主的工作模式。采用中医体质辨识、亚健康调养咨询、慢病防治、慢病管理、季节养生等传统干预疗法，开展冬病夏治，冬病冬治、中药膏方等特色疗法。积极探索“医养结合”新模式，与泸州市社会福利院深层次合作，积极推动医养融合，实现资源共享，优势互补，为入住市社会福利院的老年人，特别是慢性病老人、恢复期老人、残障老人以及绝症晚期老人提供养老和医疗相融合的服务。

【惠民政策】 为惠及广大医保参保患者，医院积极争取并落实针对医保患者，享受三甲医院服务执行二甲医院收费、报账标准的惠民政策。同时为解决重大疾病、门诊慢病病人（城乡居民保险患者）报账过低问题，经医院与市社保局多次协调沟通，为肾透析病人解决门诊发票当住院发票认可、门诊费用与住院费用一致等问题，并为癌症病人争取放化疗期间只承担一次门槛费的实惠。

【科研工作】 医院建立并维护多个科研工作微信群，包括在研课题讨论群、科室科研管理群、中医院研究生群，目前各科研信息已通过微信平台及时发布。医院积极加强对外合作，与成都中医药大学附属医院、西南医科大学、四川绿叶制药股份有限公司等进行科研项目合作，进一步提升医院科研水平。此外医院还通过举办学术月活动，开设科研专场，一定程度上提高医院专业技术人员的科研能力、学术水平和培养质量，加快医院新技术的推广应用。2016 年，医院组织申报各级各类科研项目 38 项，部分项目尚未发布立项结果，已立项 18 项，其中，市级及以上立项 7 项（2015 年为 5 项，同比增加 40%），分别是国家中医药管理局 1 项，省中医药管理局 1 项，省卫计委 2 项，市卫计委 3 项。（杨　华）

西南医科大学附属医院

【概况】 西南医科大学附属医院是国家三级甲等综合医院，秉承“诚信关爱，视病人如亲人”的服务理念为川、滇、黔、渝等地 3000 多万人提供临床医疗服务、社区卫生服务及基层辅导业务工作，承担西南医科大学及卫校学生的临床教学与毕业实习任务。2016 年，职工总数 3528 人，其中正高职称 217 人，副高职称 321 人，专业技术人员总数 3172 人，卫生专技人员总数 2975 人。有享受政府特殊津贴人员 14 人、省学术技术带头人 7 人（次）、省卫计委学术技术带头人 59 人、省学术技术带头人后备人才 58 人、省卫计委学术技术带头人后备人才 92 人、省有突出贡献优秀中青年专家 12 人、省卫计委有突出贡献优秀中青年专家 3 人、第二批省拔尖中青年中医师 1 人。

【医疗工作】 2016 年，门诊人（次）比 2015 年增长 9.98%，住院人（次）比 2015 年增长 4.83%，手术台次比 2015 年增长 13.4%，平均住院日 11.38，基本药物使用占比 33.57%，抗菌药物 DDD 值全年平均＜ 44.8。

【医疗服务】 医院科学制定十三五规划，明确发展目标与定位，与泸州市区域中心城市相契合，建成川滇黔渝区域医疗中心；与双一流大学相契合，确定发展目标是一流医院、一流学科。推进专家治院工作，成立医院专家委员会和青年专家委员会。探索并推行微信、自助银医卡、“互联网 + 医疗”医生移动诊疗系统、护士 PDA、电子附院卡、自助发药等惠民便民措施，病人满意度保持在 90% 以上。提升医疗服务品质，医院被批准为全国肝胆疾病防治技术示范基地、“贫困聋儿人工耳蜗抢救性康复项目”定点手术医院，泌尿外科获国家级微创技术培训单位称号，病理科被评为全国“乳腺癌 Her2 免疫组化质控实验室”。开展技术创新，开展多例造血干细胞自体移植手术，成功抢救首例罕见肉毒毒素中毒患者，通过省护理质控中心检查，加入中国日间手术合作联盟，核医学科成为省核医学质量控制中心。推进国家高级卒中中心（建设）、胸痛中心、泸州高危孕产妇和新生儿救治中心建设，开展 MDT 多学科协作诊治，提高门诊、急诊、住院部医疗救治与服务能力。

【培训基地建设】 配合学校教育教学改革，以教学质量工程为抓手，强化临床实践能力培养，完成学校本科教学审核评估工作。再次蝉联第七届全国高等医学院校大学生临床技能竞赛西南西北分区赛一等奖，并获全国三等奖，2016 届临床医学毕业生就业率 88.14%，考研上线率 36.15%，录取率 22.71%，执业医师考试通过率 88.15%，在全国 154 所高校中排名第 18 名。开展 PBL 教学改革、教学课件大赛等，3 人获“金教鞭”奖，2 人获“金教鞭之星”称号，临床医学院荣获学校“技能培训优秀集体”称号。通过国家级和四川省住院医师规范化培训基地评估，获四川省第四届住院医师规范化培训学员临床技能竞赛手术系列三等奖，非手术系列二等奖，团体二等奖。获批四川省首批规范化护士培训基地，完成规培护士系列教材配套题库编写，主编出版国内首套《护士规范化培训系列教材》（人民卫生出版社）和高等卫生职业教育规划教材 12 部。

【科技创新队伍建设】 推动高层次学术交流和科研合作，开展年度科研业绩量化考核，加强科研课题指导，修订重点学科管理与考核办法，修订并签署2016年度重点学科年度任务及奖惩绩效考核协议。推动科研型中青年博士专家团队建设，鼓励各学科广泛开展国内外合作研究，全力支持并打造合作型高端科研平台。完成医院生物样本库场地平面设计和设施、设备规划，完善样本库管理软件技术要求拟定、标准化管理体系框架。全年，医院共组织各级各类课题申报643项，中标268项，其中国家自然基金项目7项，国家重点研发计划精准医学研究重点专项2个，获中华医学科技三等奖1项，四川省科技进步三等奖3项，四川省医学科技奖2项，获得授权专利62项，发表论文1000余篇，中文核心期刊289篇，SCI论文87篇。药物临床试验机构通过国家食药监局检查验收。

2016年11月1日，德国Teichmann教授、Wieland教授全职聘用签约仪式

【学科建设】 与澳门大学、西南医科大学联合成立精准医学研究中心，遴选出6个PI研究室（所）及PI流动工作室，临床医学专业进入ESI学科排名前1%。2016中国科技影响力排行榜上有8个科室进入全国百强；通过省卫计委重点学科验收检查和动态评估，核医学科再次获复旦大学医院专科排行榜西南地区第二名，并提名2016年新晋全国最佳核医学专科。聘请中国科学院陈孝平院士为医院首席科学家，建立泸州市医疗行业首个“院士工作站”，申报省级院士工作站。骨科植入器械研发及应用技术工程实验室获四川省发改委批准。全职引进2名德国教授，新进博士16名，硕士100余人，聘请外籍专家客座教授8人，医院全职引进Teichmann教授入选四川省“千人计划”，选派2人赴澳门科技大学医院工作，4名资深教授获得四川省医疗卫生终身成就奖，推荐国务院特贴专家7人，新进四川省卫计委学术和技术带头人12人，后备人才14人。医院核医学科获四川省卫生系统先进集体称号，陈跃、吕沐瀚、郭声敏、李雷激获先进个人称号。

【医疗联合体建设】 推进分级诊疗及医联体合作模式，大力推进贫困地区和边远山区技术帮扶，对口援助古蔺、叙永、合江3个县医院，帮助合江县人民医院成功升为三级乙等医院。与龙马潭区政府、西南医投集团签订共建三甲专科医院协议，与大山坪社区合作开展慢性病“五师”共管模式，整体接收泸州石油医院，与泸州市公安局开展“素质强警”健康指导合作。试运行医联体区域医疗远程会诊系统，建立并完善双向转诊、脑卒中等绿色通道，优化帮扶地区患者医保结费流程。签订双向转诊协议单位71家，先后选派193名医务人员执行城乡医疗对口支援和技术帮扶。加强应急队伍与应急能力建设，进一步完善院前急救应急处置机制，成功处置关口汽修厂爆炸、泸县重大车祸等公共应急突发事件的医疗救援。为泸州绿色国际马拉松比赛、泸州市长征胜利80周年系列庆祝活动、泸州市党代会的胜利召开做好全程医疗保障工作。

【行风建设】 高度重视廉政建设和行风建设，以全省巡视整改、省卫计委大型医院巡查工作为契机，认真落实党风廉政建设责任，强化廉政风险防控，严格执纪加强监督，建立健全《医院纪委约谈实施办法》《纪委监督职责实施办法》等制度。持续开展医德医风“九不准”、领导干部廉政约谈，加大收受红包礼金、“庸懒散浮拖”和选人用人等问题专项治理工作。创新廉政风险管控机制，与全院干部签订廉洁承诺书，通过微信、QQ 群向全院党员干部发送廉洁警示、风险提示卡等。开展侵害群众利益不正之风和腐败问题专项整治工作，查处违规违纪人员 17 人，分别给予党纪、政纪处分及组织处理。持续抓好行风建设工作，全面实施满意度测评，临床、医技和职能部门满意率 90% 以上，开展政风行风测评与巡查以及日常医德医风查巡 61 次，医护人员拒收礼金 357 人（次），金额 407630 元，感谢信 42 封，锦旗 143 面。

【医院品牌形象宣传】 坚持文化传承为主线，以丰富多彩的各类文化活动为载体，持续推进“五个一”工程建设，在开通微信订阅号的基础上，新增与患者更加贴近的服务号，提供在线挂号、缴费、查询等功能，正式进入双微信号时代，在全国公立医院微信 WCI 排行榜位居前百强，四川省第二名。开展“最美护士站”、第五届“双十佳”评选活动，新建“党员之家”板报，推动社会主义核心价值观宣讲，启动医院新版形象片拍摄。不断提升医院文化品牌形象，开展“红色记忆”、党史知识竞赛等活动，举办弘扬长征精神的全国卫生摄影协会第四届“我的医院我的家—走进泸州”摄影大赛，198 件摄影作品获奖，其中部分获奖作品推选进入全国总决赛。开展“助学一元捐”、为民健康示范、党员志愿者服务活动等，完成第二届感动医院十大人物评选和系列宣传。

【精准扶贫】 贯彻执行国家扶贫政策，认真落实精准扶贫工作，推动医疗扶贫、教育扶贫、产业扶贫、就业扶贫等，切实解决帮扶地区和村社困难。开展“十院百科帮百村”“123X”结亲帮扶活动，医院领导干部一对一联系南充、广元、泸州的多名贫困患者家庭，医院各科室支部结对帮扶凉山州四个县的 150 户贫困家庭。结合自身特色，先后为帮扶村社建立多所卫生院，完善贫困户健康档案。开展“走基层，送温暖”活动，为凉山州普格县特补乃乌村和叙永县旺龙村的贫困户订制棉被 311 床、棉大衣 525 件，聘用 3 名旺龙村贫困户人员到医院务工，向四川省医药爱心基金、精准扶贫帮扶村等捐助物资和款项 350 余万元。（梁　婷）

西南医科大学附属中医医院

【概况】 2016 年，西南医科大学附属中医医院门诊急诊人（次）104.25 万人（次），住院人（次）5.77 万人（次），手术台次 20417 台次，总收入 11.55 亿元，分别较 2015 年增长 13.6%、15.5%、16.2%、20.3%。百台手术科室 10 个，百张床位科室 2 个，亿元科室 3 个。获四川省 2016 年首批护士规范化培训基地称号。5 月 2 日，西南医科大学附属中医医院捷克中医中心揭牌，中共四川省委书记王东明与中捷克州州长佩特拉共同见证中心揭牌成立。

【医疗工作】 新引进的西门子 3.0T 磁共振、2 台 CT、瑞典医科达直线加速器先后投入使用；开展新技术新项目 145 项。积极落实分级诊疗，新增双向转诊医院 34 家，截至年底共有 94 家，双向转诊患者 1858 人（次）。2016 年新增 4 家分院，9 家技术指导医院。成立捷克中医中心、营养中心、健身中心、医学美容中、西南中西医结合疼痛中心、川南地区首家足踝健康咨询管理中心、全科医学协作平台国际心脏联合诊疗中心、腹部外科微创中心 8 大中心。开通川南首家中药快递上门服务。完成药品零加成任务。

【教学及学生工作】 执业医师考试。根据国家中医药管理局中医师资格认证中心发布的《2015 年中医类别医师资格综合笔试院校学科成绩分析报告》，西南医科大学中西医结合学院学生参加 2015 年医师资格考试通过率为 83.63%，全国考生通过率为 58.26%，中西医结合学院学生通过率高出全国考生 25.37 个百分点。在全国开设中医类本科专业并参加 2015 年医师资格考试且考生数在 30 人以上的 34 所院校中，西南医科大学排名第 3 位。医院被批准为学校首批易班建设试点院系。组织学生参加第四届“中医药社杯”全国高等中医药院校青年教师教学基本功竞赛和第四届泛珠三角区域中医大学生临床能力竞赛，1名教师荣获三等奖，2名教师获优秀奖，荣获团体二等奖。1个单项二等奖，2个单项三等奖。1名教师获得金教鞭奖，2名教师获金教鞭之星，4名教师被聘请为第四批酒城讲坛讲师，1名教师荣获2015年度酒城讲坛优秀讲师。推荐上报20项校级大学生科研项目，获校级立项8项，省级立项8项，国家级立项7项。圆满完成本科教学审核评估工作，并获得专家组高度好评。

【继续教育工作】 泸州市中西医结合学会新增10个分会。包括泸州市中西医结合学会、卫生信息分会、妇产分会、急诊医学分会、麻醉分会、药学分会、人事分会、脑心同治专委会等。基地建设。通过7个西医规培基地接受省卫计委专家组的检查。通过中医住院医师规范化培训基地评估检查。申报中医执业医师实践技能考核基地（考点）成功。学术活动。主办或承办各级各类学术会议49场，其中国家级7场，省级16场，市级18场，6000余人（次）参会。

【名医名科名院建设】 名医建设。新增四川省首届医学终身成就奖获得者2人（刘金龙、王明杰）、首届四川省卫生和计划生育委员会健康科普专家1名（白雪）、四川省卫计委有突出贡献优秀专家1名（白雪）、四川省拔尖中青年中医师11名（王鸿度、白雪、伍光辉、扶世杰、李五生、李贵平、李群英、肖国辉、汪静、张琼、徐祖健）、四川省中医药管理局学术技术带头人及后备人选13人（陈贵全、王益平、李群英、敖素华、杨忠明、廖慧玲、毛惠、赵福兰、冉志玲、赵剑、刘宗超、赵长英、李森）、四川省卫生计生系统首届“健康四川—大美医者”1名、泸州市卫生计生系统“健康泸州—大美医者”（孙同郊），全国名老中医药专家传承工作室1个（张茂平）。2016年招聘人员169人，其中卫生专业技术人员146人，其他专业技术人员及行政人员23人。2016年医院引进副高及以上职称专家6人，硕士研究生33人，博士研究生（含博士后）2人，客座教授5人，兼职教授6人。名科建设。医院12个重点专科通过省中医药管理局清理检查工作，其中8个科室被评为优秀。新增全国名老中医传承工作室1个。名院建设。2015年香港艾力彼医院研究中心发布西南医科大学附属中医医院在全国中医、中西医结合医院中排名前47名。医院在全国医院微信排名中位列第90名，全国中医院微信排名第13名，四川省医院微信排名第4名。医院成为中国—中东欧国家医院合作联盟单位（四川省仅2家）、国际心脏联合诊疗中心成员。全年有来自全国各地的50余家单位来院参观考察。

【科研工作】 科研申报。申报各级各类课题287项，立项课题149项，其中国家自然科学基金1项，国家中医临床研究基地业务建设第二批科研专项1项，国家科技重大专项子课题1项，省科技厅课题1项，四川省中医药管理局课题12项，省卫生厅课题1项，省教育厅10项，吴阶平医学基金会课题1项，省预防医学会课题1项。论文专利。发表学术论文210篇，其中SCI论文11篇，中文核心23篇；共申请78项专利，其中已有6项获得授权。科技成果。获省科技进步三等奖1项，泸州市科技进步一等奖1项、三等奖1项。学科博士点。分别邀请香港中文大学、美国印第安纳州大学等专家到院交流访问，指导学科建设。准备邀请澳大利亚昆士兰大学陈晨教授和美国雷诺医学院段大跃教授到院做专职教授。开展院士工作站建设相关筹备工作。开展中西医结合一级学科及中医专业学位博士点申报工作。

【公益事业】 持续开展对口支援工作。全年派出29名医护人员到受援医院进行支援，诊疗群众4000余人（次），培训人员300余人（次），义诊近300人（次），进修培训13人（次）。开展中医药基层行活动。“中医药预防保健及康复服务能力建设项目基层行”活动23次。开展健康教育讲座。健康讲座60场（次），义诊咨询17300余人（次），发放科普宣传资料15300余份。医疗集团龙头引领。作为泸州市中医医疗集团的牵头单位，免费接收分院及技术指导医院进修人员110人。接收分院和技术指导医院人员300余人参加学术会议及相关培训。积极参加医疗保障活动。参与“1·13关口爆炸事件”“10·1兆雅大型车祸事件”等4起突发大型车祸伤事故救助；承担各类医疗保障活动29次，包括叙永民族县“文化科技卫生三下乡义诊”及甘孜州、阿坝州“援藏义诊周”，全年保障群众1万余人（次），120出诊近5000次。

（陈孟利　谢艳玲）

西南医科大学附属口腔医院

【概况】2月4日，省委编办下发《关于泸州医学院附属医院、泸州医学院附属口腔医院更名的批复》（川编办发〔2016〕19号），同意泸州医学院附属口腔医院更名为西南医科大学附属口腔医院。2016年，医院有编制床椅位170张（含城北门诊部）。全院现有职工共199人（含口外病房全体人员，不含劳务派遣），其中高级职称专家21人，专任教师81名、博士11名、硕士63名，留学经历人员10人；高级职称人员占教师总数的26%，硕士及以上学位人员占教师总数的85%。医院拥有四川省有突出贡献优秀专家、四川省学术与技术带头人后备人选、四川省卫计委学术与技术带头人及后备人选、四川省卫生厅有突出贡献中青年专家、泸州市酒城英才、泸州市拔尖人才、泸州市学术技术带头人等大批优秀人才，多人担任国家级、省级学术专委会委员。聘请中国工程院院士、著名口腔颌面外科专家邱蔚六、张志愿以及周学东、赵铱民、王松灵等多位国内著名口腔医学专家为医院客座教授。医院对外交流活跃，先后与美国、日本、德国等国家和中国香港地区建立有稳定的学术往来和友好合作关系。医院院本部位于泸州市江阳南路，并在泸州市龙马潭区香林路设城北门诊部。

【医疗工作】全年，门诊157497人（次），住院患者1507人（次）。手术台次1235次、平均住院日11.09天。创新工作模式。每周一下午由分管医疗副院长牵头，带领各职能科室负责人，巡查全院医疗服务质量、医疗安全、诊疗流程、院感管理、信息化建设和环境设施。每月召开一次临床工作例会，加强职能部门与临床科室沟通，促进医疗质量人性化管理。定期开展医疗质量与安全管理专家组督查、病历质控、处方点评，落实日常督查和管理；自查自纠重点区域、重点环节、重点人员及重点时段情况、知情同意书签署情况。贯彻药品集中采购，基本药物采购及使用比例达40%以上，12月完成药品价格零加成，落实抗菌药物分级管理，加强合理用药指导。动态管理医疗技术和手术分级。全年开展新技术新项目5项。4月，口腔种植科肖金刚、蔡炜选送的病例《下颌骨颏部骨

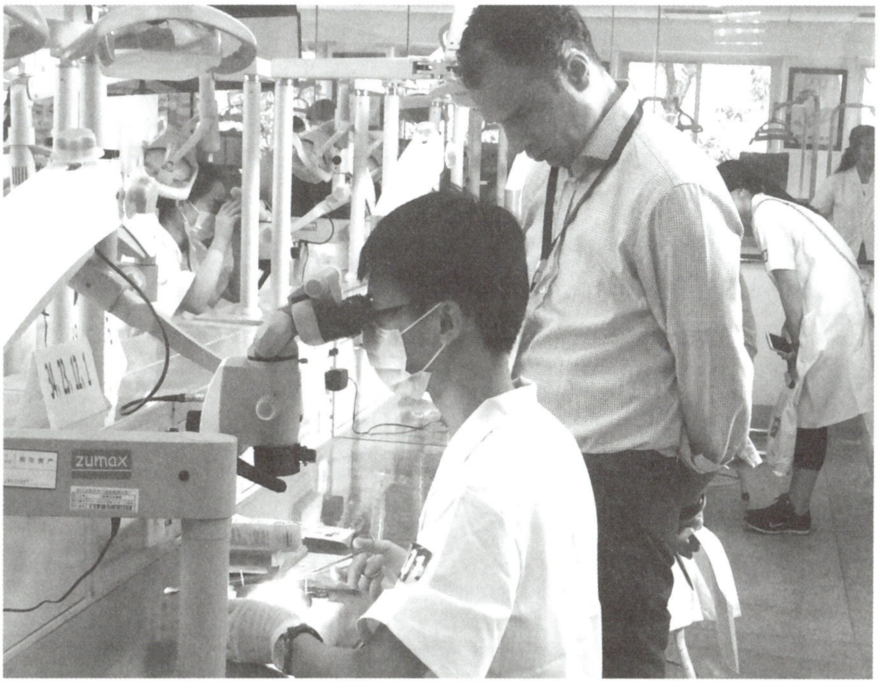

2016年7月14日，西南医科大学本科生参加“国际口腔医学本科生操作技能大赛”

折区取骨上前牙外伤骨缺损区自体骨移植同期种植1例》荣获中国（西部）第十五届国际口腔医学学术会“西部种植诊疗病例大赛”三等奖。3—4月，开展规范诊疗行为专项行动，以院内医德医风问题专项整治为契机，专题培训和考核全院医技护人员和“四生”。开展依法执业专项自查，完成医院《医疗机构依法执业承诺书》公示。改进医疗服务质量，提高患者满意率。建立“医务科／护理部—临床科室—医务人员”三级回访体系；开展医患手牵手行动，通过召开医患恳谈会、开展健康宣讲、走访患者家庭，电话回访等形式，建立长期关怀机制。2016年共签约服务50个患者及家庭。健全医疗风险防范机制，修订医院《医疗缺陷管理办法》，落实医疗安全不良事件报告制度，共报送28起；组织临床科室每月定期分析安全隐患。预防与处置医疗纠纷，完善各类投诉处理流程；引入第三方人民调解机制；购买医疗责任险；重视内部处理，对投诉频发科室召开专题分析会。保护患者、医疗机构及其医务人员的合法权益，构建和谐医患关系，全年未发生1起“医闹”事件。开展全院医务人员廉洁行医公开承诺活动，自觉抵制红包、回扣等行业不正之风。全年无1起收受礼品、红包、回扣的举报。组织卫生下乡、服务社区、走进校园、情系藏区、党员赴基层及扶贫义诊等活动31场，服务群众近4000人（次）。选派4名医疗骨干赴阿坝藏族羌族自治州人民医院对口支援，累计诊疗387人（次），会诊及疑难病例讨论20次，开展基层管理及业务人员培训17次，开展新技术15项。开展精准扶贫和驻村帮扶。医院党支部对口结对扶贫合江县榕山镇回洞桥村三户12人。选派程钎到普格县荞窝镇施加村担任“第一书记”驻村帮扶。规范“四手操作”，开展口腔感染控制及规范化操作护理继教培训。口腔修复科学获批四川省医学甲级重点建设学科。

【教学工作】 评选研究生国家奖学金3人，学业奖学金47人。口腔实验教学中心获批省级口腔虚拟仿真实验教学中心。组织教师参加各类教学竞赛，获得中华口腔医学会全国口腔青年教师授课技能展示二等奖1人、西南医科大学教学先进个人1人、教学先进集体1个、审核式评估先进个人4人、课堂教学竞赛先进集体1个、课堂教学竞赛一等奖1人、三等奖1人、金教鞭奖1人、校级教学成果三等奖2项。

【学生工作】 举办第三届口腔医学院临床技能大赛以及第七届巧手灵心手工技能大赛和第八届口腔医学院寝室文化风采大赛。全国大学生英语竞赛获一等奖2名、二等奖1名、三等奖4名，获2016年国际口腔本科生操作技能大赛二等奖。口腔2014级第三团支部被授予2016年全国高校活力团支部荣誉称号，口腔医学院分团委被评为西南医科大学五四红旗团组织。

【招生就业】 招收研究生38人，本科生80人。2016届毕业研究生30人、本科生65人。

【医学教育】 举办口腔医学教育30周年纪念活动，并邀请邱蔚六院士和张志愿院士来院作专题报告。召开西南医科大学口腔医学院校友论坛。

【科研工作】 科研课题获批立项34项，获经费支持49.3万元，其中省科技厅课题1项、省卫生计生委课题4项、省教育厅课题5项、省医学会课题2项、省医学会青年课题1项、泸州市科技局课题6项、大学生创新创业项目国家级1项、校级自然科学课题11项、校级教改课题1项。获泸州市第十四届（2013—2015年度）优秀学术论文二等奖1篇、三等奖2篇，发表论文90篇，其中SCI论文8篇、Medline5篇、中文核心期刊39篇。

（邓　婕）

民政工作

【保障和改善民生】 将城乡低保标准提高到每人每月450元和每人每年3200元，实现农村低保保障线与国家扶贫线“两线合一”。向66683名农村低保对象发放特殊生活补贴1680.82万元。对罹患癌症、尿毒症、白血病等重特大疾病的困难群众实施特殊医疗救助，重点救助对象政策范围内住院自负费用救助比例达到70.8%；结合医疗救助与

2016年1月15日，就业援助月招聘会现场

其他保障制度，实现建档立卡贫困对象在县域内基层医疗机构住院治疗费用“零支付”。

将原农村“五保”供养对象、城市“三无”人员统一纳入特困人员救助供养范围，进一步提高供养标准。建成农村区域性养老服务中心12个。将农村特困人员集中供养率提高到57%。做好防灾减灾备灾工作，在特大型和大型地质灾害隐患点和灾害易发乡镇，建立救灾物资储备点。加强防灾减灾应急救援，全年报送灾情12次，转移安置灾民43213人（次）。加大防灾减灾宣传力度，建成全省第一个市州级综合防灾减灾馆。

实施困难残疾人生活补贴制度，向4.3万名困难残疾人按照每人每月60元的标准发放生活补贴。开展“晚情行动”，免费为500余名困难残疾“三无老人”配备康复器材。贯彻落实《慈善法》，加强和规范慈善组织管理，引导公民、企业和社会组织参与慈善事业。全年，接受慈善捐赠2035万元（其中先进先进1742万元、物资293万元），支出善款1707万元（其中现金1414万元、物资293万元），惠及群众4.78万人（次）。实施“送温暖·慈善一日捐”、第十届“慈善·福彩帮困助学”和“慈善大病医疗救助”等慈善项目。全年配合销售福利彩票4.03亿元，募集福彩公益金2891万元。

【加强和创新社会管理】 建设农村社区28个，新建社区综合体7个。社区综合服务设施覆盖率达到98.6%。启动首批13个市级城乡社区协商试点单位创建活动。创建第二批社区志愿服务品牌14个。启动第十届村（居）民委员会换届选举工作。启动行业协会商会与行政机关脱钩试点工作。完成四类组织直接登记68个。申报评估社会组织21个。社会组织违法违规行为查处率100%、非法社会组织取缔率100%。出台《关于加强社会工作专业人才队伍建设的意见》。壮大专业社工队伍，327人获得（助理）社会工作师职业资格。加强社工岗位开发，设置社工专业岗位78个，聘用64人。成立社工服务机构15家并首次承接省级社工服务项目。

【服务军队和建设国防】 向优抚对象和原国民党抗战老兵分别发放抚恤补助和生活困难救助，将重点优抚对象全部纳入社会基本医疗保险体系，落实医疗费用“一站式”即时结算。成功组织开展“9·30”烈士公祭日活动。全年接收退役士兵3134人，推行退役士兵“阳光安置”政策，共发

2016年9月30日，泸州市烈士公祭活动

放安置经费3338万元，全面开展退役士兵职业教育和技能培训，教育培训政策知晓率100%，有培训意愿退役士兵参训率100%。全年接收安置军休干部1人，全面落实军休干部政治、生活待遇和无军籍退休职工的地方性补贴。成功创建新一届全国双拥模范城，实现创建工作“七连冠”。

【提供和强化社会服务】 深化养老服务业综合改革试点，新增民办公办机构养老床位2700张，维修改造公办养老机构床位1350张，建设城乡社区日间照料中心88个。为121420名困难家庭中的失能老人和80岁以上高龄老人提供居家养老服务。突出“医养结合”养老模式，在25家医疗机构增设老年专科，在6所养老院增设医疗机构，医疗养老床位达到2100余张。推动泸县撤县设区工作，完成古蔺县鱼化乡、东新乡、马蹄乡、椒园乡4个乡撤乡设镇。开展第二次全国地名普查，采集地名条目7万余条，清理规范地名55条。把握未成年人社会保护的要求，构建“政府、社会、家庭”三位一体的大社会保护格局，在全市范围内摸底排查农村留守儿童56205人，建立信息报送和档案管理制度。 （郝玲敏）

人力资源和社会保障

【概况】 2016年，城镇新增就业4.4万人，失业人员再就业1.15万人，困难人员实现就业5300人。城镇登记失业率为3.51%，控制在目标任务4%以内。就业局势保持总体稳定。全市“五项社会保险”覆盖面进一步扩大，全年征收基金85.61亿元、支付待遇109.54亿元，参保群众待遇水平稳步提高。

【就业创业】 推进“双创”工作，全市建成国家级众创空间4家，省级大学生创新创业园区5家，各类市级创新创业载体49家，孵化面积达50.8万平方米，新增中小微企业8253户，带动就业3.56万人。做好重点群体就业，建成大学生见习基地118个，每年可提供近2000个实习岗位。启动大学生梦想起航行动，引导大学生到基层就业创业，为大学生提供基层就业岗位3914个。转移农村富余劳动力160.3万人，创经济收入185.13亿元。加大就业培训力度，全年完成培训任务3.3万人。

【社会保障】 2016年，在市直机关及区县全面启动机关事业单位养老保险制度改革，建立机关事业单位工伤、生育保险制度，社会保障体系进一步健全。出台基本医疗保险住院定点医疗机构协议管理办法，实现定点医药机构由行政审批管理向协议管理转变。启动全民参保登记计划，开发“五险”统一征收业务系统，制发社会保障卡276.9万张，扩大社会保障卡应用范围，开通养老、工伤和城乡居保待遇发放等80余项应用业务。扩大异地就医结算范围，市行政管辖区全部接入省级异地就医及时结算平台，与其他20个市州、343家医院实现联网。接入跨省异地就医即时结算平台，开通与云南省异地就医联网结算。接入全省异地门诊特殊疾病结算平台，实现全省门诊特殊疾病异地即时结算。年末全市参加基本养老保险人数253.21万人，参加基本医疗保险人数470.46万人，参加失业保险人数23.05万人，参加工伤保险人数25.67万人，参加生育保险人数25.01万人。

【人事人才】 抓好基层人才队伍建设，针对乡镇存在的空编现象，出台紧缺人才招聘办法，采取

泸州市第三届创业大赛颁奖现场

放宽开考比例、降低学历门槛、直接考核招聘等方式，加大基层人才招录力度。做好人事考试安全工作，全年共公招公务员274人，事业单位公开考核招聘3542人，其中，引进急需紧缺人才400余人，基层人才占招录总数的80%以上。抓好专业技术队伍建设。在全省率先启动中小学教师职称制度改革，进一步拓展中小学教师职业空间。规范专业技术职称评审，将中级职称评审权下放至县。2016年年底，全市取得职称专技人员9.8万人，中高级以上职称占比达46%。建成国家级博士后工作站3个、省级博士后创新实践基地2个、国家级技术中心2个，人才培养载体进一步充实。抓好技能人才队伍建设，创建国家级高技能人才培训基地，落实新技师项目、技能大师工作室政策，加大高技能人才培养力度。全年新培养并获证高级技师274人，高级工2752人。

【收入分配改革】 推进收入分配制度改革，完成首次企业薪酬试调查工作。稳妥推进国有企业负责人薪酬制度改革，出台《泸州市市属国有企业负责人薪酬制度改革实施方案》。完善最低工资标准调整机制，发布年度企业工资指导线，引导企业合理进行工资收入分配。落实基本工资标准正常调整机制，调整机关事业单位基本工资标准和增加离休费。强化薪酬激励导向作用，开展公务员工资试调查，提高艰苦边远地区津贴标准，推进法官检察官工资制度改革，完成警衔津贴、农业等有毒有害岗位津贴的调标，落实乡镇干部工作补贴。

【劳动仲裁】 截至2016年年底，全市劳动合同签订率达94.5%，集体合同签订率达92.4%。在全省率先开展农民工工资专项检查，为7400余名农民工补发工资及申请赔偿金1.22亿元，全市首次实现农民工工资举报投诉案件、涉及人数和清欠工资总额“三个下降”。加大恶意欠薪行为打击力度，向公安机关移送拒不支付劳动报酬涉嫌犯罪案件33件。召开全市第一次劳动人事争议仲裁委员会会议，进一步明确相关职责。建成市本级标准化、信息化仲裁庭，积极争创“省级示范仲裁院”。挂牌成立“三方驻会”办公室，在各级仲裁院设立法律援助工作站。全年共收到仲裁申请2226件，当期结案率99.69%，涉案金额达1.03亿元。

【脱贫攻坚】 开展医疗扶贫，出台《医疗扶贫实施办法》和《建档立卡农村贫困人口门诊医疗费用保障试行办法》，开展医疗扶贫“四百工程”，实现所有建档立卡贫困户在县域内看病个人“零支付”，切实解决农村困难群众因病致贫、因病返贫的突出问题。深入开展就业扶贫。全面掌握农村劳动者信息资源，实行精准式菜单式免费培训，开发公益性岗位8000余个，发放各类补贴2700多万元，实现全市农村贫困家庭劳动力转移就业11万人，确保每个有就业愿望和劳动能力的贫困户家庭至少有1人实现就业。深入开展智力扶贫，围绕脱贫攻坚主战场，组建专家服务团，入库专家500余人，涵盖教育、医疗、卫生、种养殖等专业领域，引导专家深入基层开展服务120余次，为基层发展提供智力支持。 （吴成虎）

老龄工作

【关爱帮扶老年人机制建设】 泸州市将建立完善高龄津贴制度作为2016年重点工作，主动作为，着力建立和完善泸州市高龄津贴制度。2016年7月12日，市政府下发《泸州市人民政府办公室关于建立高龄津贴制度的通知》（泸市府办发〔2016〕31号），规定100岁以上老年人每人每年发放高龄津贴不少于6000元；90～99岁老年人每人每年发放高龄津贴不少于1320元；80～89岁老年人每年发放高龄津贴不少于200元，泸州市高龄津贴制度全面建立，为川南地区最高标准。截至12月31日，泸州市三区两县已发放高龄津贴2514.491万元，共有100840名老年人受益。

【银龄老年人意外伤害保险】 以市政府办公室名义转发《全国老龄办 民政部 财政部 中国保监会关于开展老年人意外伤害保险工作的指导意见的通知》。市老龄办联合市民政局、金融办联合下发《关于印发〈泸州市开展老年人意外伤害保险工作实施细则〉的通知》。12月19日，召开泸州市老年人意外伤害保险工作推进会，安排部署2017年全市老年人意外伤害保险工作。

【空巢老人关爱帮扶】 切实贯彻落实市政府办公室《关于加强老年人关爱服务体系建设的意见》，把关心帮助空巢老人作为全年工作目标任务，制定《关于在全市开展关爱空巢老人服务工作的通知》，要求各区、县对辖区内老年人情况进行一次全面调查排摸，重点是空巢老人特别是高龄和失能失智的空巢老人。要求各养老服务机构要有效落实居家养老服务工作，各区、县要充分发挥基层老年人协会作用，广泛开展“银龄互助”、以老助老等志愿服务、老年互助活动，扎实做好全市空巢老人关爱服务工作。5月，又以贯彻落实《国务院关于加强农村留守儿童关爱保护工作的意见》精神为契机，协同市民政局同步部署开展农村留守老人摸底排查工作，掌握农村留守老人数量规模、分布区域等基本情况，为协调推动相关部门开展农村留守老人关爱服务工作提供信息支持。

组织开展“访老人送温暖”活动，重点为低保、空巢、独居、失能等特殊困难老人送去节日慰问金（品）等。“访老人送温暖”活动期间，市老龄办向三区划拨慰问金6000元，向3名百岁老人、5名困难老人送去慰问金3000元。

【老年教育和老年文体活动】 4月15日，泸州市召开全市老年教育经验交流会，纳溪区老年大学、泸县老年大学、叙永县老年大学、古蔺县老年大学、江阳区分水岭镇老年学校、龙马潭区老年大学、合江县老年大学分别作经验交流发言，会议总结泸州市老年教育工作近年来所取得的成绩，充分肯定开展老年大学（学校）评估定级活动对老年教育事业发展的推动作用，明确老年教育发展目标，即抓方向在突出教育重点上下功夫，抓普及在扩大教育面上下功夫，抓创新在提高教育水平上下功夫。积极推动老年教育向乡镇、社区延伸，实现泸州市老年教育事业与经济社会同步发展。

开展老年人文体活动，9月28日，泸州市举办“醉美泸州，百姓舞台”重阳节老年文艺会演；10月30日，举办“乘着歌声的翅膀—泸州市中老年女子合唱团8周年音乐会”；10月20日，泸州市老年合唱团代表泸州市参加四川省老年合唱比赛，荣获二等奖。

【老年维权】 积极探索法律援助新思路，指导泸州市养老服务福利协会成立全国首个养老服务业人民调解委员会，并签订协议，委托旗下由高级法官、高级律师、经济师、教授、法学研究员、执业医师、主治医师、社工师等专业人士组成的7名首席调解员，按照调解准备、调解调查和实施调解等程序，对涉老纠纷和养老服务经营者与消费者及行业内部3类矛盾纠纷进行调解，宣传有关法律、法规和政策，引导养老服务经营者和消费者遵纪守法，尊重社会公德，减少纠纷发生。

【居家养老服务指导】 重点指导江阳区“好孝心居家养老服务中心”、龙马潭区“小蚂蚁服务中心”开展居家养老服务工作。依托泸州具备丰富医疗资源的优势，探索医养结合模式，结合智能化居家养老手段，应用居家养老呼叫终端，建设智能接入平台、养老机构技防云、养老社区管理云、养老社区服务云，促进医养融合发展。

【基层老年协会建设】 22日，会同市民政局民间组织管理科组成督导组，采取听取汇报、查阅资料、实地察看、座谈交流等方式，对部分基层老协会组织机构、制度建设、基础设施、经费来源、活动开展、作用发挥等进行指导，并重点对省市划拨资金使用情况进行专项督查。3月底，市老龄办再次下发《关于进一步加强农村老年协会资金管理的通知》，对规范农村老年协会资金管理使用提出要求，强化上级划拨资金的监督管理，确保专款专用。下达《2016年省级福彩公益金建议分配方案》，及时将省级专项资金8万元分配到三区12个基层老年人协会。根据《关于对2015年四川省示范性基层老年协会资金补助的通知》精神，市老龄办另外匹配资金1.5万元资金，对江阳区分水岭乡董允坝村老年协会等3个示范性老年人协会予以补助。针对新的社会团体登记管理规定，与泸州市民政局联合行文，出台《关于加强基层老年人协会建设的通知》。认真开展“四川省示范性基层老年协会”创建工作，泸州市江阳区通滩镇通滩社区、纳溪区护国镇老年协会朝阳村分会等6个老协会被认定为四川省示范性基层老年人协会，截至年底，全市基层老年人协会数量1630个，城镇社区达95%、农村行政村80%以上。（陈　静）

民族工作

【概况】 泸州是四川省少数民族散杂居工作重点市。到2016年年底，全市共有48个少数民族成分，少数民族人口13.1万人。全市有2个少数民族地区待遇县、8个民族乡、342个民族村寨。

【民族乡经济】 8个民族乡实现地区生产总值7.01亿元，完成工业增加值7155万元，全社会固定资产投资完成21.5亿元，社会消费品零售总额预计完成3.98亿元，地方财政公共收入预计完成1962万元，农民人均纯收入预计达到7132元。

【少数民族地区待遇】 两县留成资金预计2.8亿元。待遇县政策的落实，两县可用财力明显增加，促进民族乡和少数民族群众民生改善。高考学生加分后，两县高考考生录取率也大幅提高，其中汉族考生录取率提高50%、少数民族考生录取率提高180%。

【民族团结进步创建】 多形式开展民族团结进步宣传。在《泸州日报》刊发宣传稿件8篇，通过设置宣传点、发放宣传资料5000余份，开展民族团结进步宣传活动，推进民族团结进步事业。示范带动，扎实推进城市民族工作。2016年，古蔺县自行车户外运动协会被命名为“全国民族团结进步创建活动示范单位”，市扶贫移民局等7个单位被评为省民族团结进步示范单位、泸州市命名民族团结进步示范社区10个，民族团结进步教育基地2个。创新方式，加强少数民族人才队伍建设。公务员考录中，首次安排7个职位加试少数民族语言，拓宽干部培训渠道，将少数民族及民族事业干部送至北京中央民族大学培训学习，促进少数民族干部素质的整体提升。维护少数民族群众合法权益。在完善预案的基础上突出抓好群众来信来访接待处理和矛盾纠纷排查调处，把影响民族团结稳定的因素消灭在萌芽状态，切实维护好少数民族群众的合法权益。

【少数民族民生事业改善】 帮助少数民族和民族地区新建、改建通村公路180千米，解决安全饮水4.2万多人，实施农网改造49个变压器供电台区，架设高、低压输电线路80千米。

【民族文化传承】 指导、支持古蔺、叙永和合江三县举办古蔺县“苗场节”，“踩山节”“风情节”等少数民族传统节庆活动。积极推进少数民族特色与传统村寨的保护与发展，2016年，叙永白腊天堂村入选第四批“中国传统村落名录”。（范正莲）

宗教工作

【概况】 2016年，全市经批准设立的佛教、道教、伊斯兰教、天主教、基督教宗教活动场所111处（佛教87处、道教5处、伊斯兰教2处、基督教12处、天主教5处），有市级宗教爱国团体5个，县级宗教团体2个。登记备案的宗教教职人员110人，其中佛教87人（比丘61人、比丘尼26人），道教5人（乾道2人、坤道3人），伊斯兰教1人，天主教5人（神父2人、修女3人）、基督教12人（牧师1人、副牧师4人、长老4人，传道员3人）。据不完全统计，全市宗教信徒及信教群众达31万余人。

【“法律进寺庙、道观、教堂”】 通过组织“法律进宗教活动场所”活动，在全市民宗系统开展形式多样的宣传教育活动。据统计，全市共开展法制讲座51场（次），法制宣传55场（次），散发各类法制宣传资料2.8万余份，受教育人数达到3.8万余人（次），在全市111个宗教活动场所设置宣传栏89个，制作宣传横幅96副，宣传标语260多条，完成1期《给您说法》电视法制栏目。

【加强和创新宗教事务管理】 加强宗教团体管理。开展宗教团体年终考核交叉检查，完善宗教团体例会、约谈、重大事项报告、年度考核等管理制度，理顺宗教团体工作思路、工作规则和工作秩序。做好依法行政各项工作。全面完成全市 87 处佛教活动场所和 5 处道教活动场所已全面完成挂牌工作。全面完成行政权力清理规范工作。23 项行政处罚录入行政权力运行平台，完成正常运行任务。

【和谐寺观教堂创建】 以“规范”为主题开展和谐寺观教堂创建活动，进一步巩固“教风年”活动成果，创新活动载体，推广好经验好做法，推动宗教界进一步加大教风建设力度。指导、推动区县民宗部门和宗教团体广泛宣传第三届全国创建和谐寺观教堂先进集体和个人典型事迹。

【服务社会】 精心组织，稳步推进“宗教慈善周”活动。全市宗教界募集款物合计 32.24 万元。开展扶贫、济困、助残、救灾、养老、助学、支教、义诊等公益慈善活动，共支出善款数 28.12 万元，受益人数 2862 人。

【宗教界自身建设】 加强宗教团体管理。强化宗教团体约谈、例会、重大事项报告、年度考核等制度建设，切实加强以“规范”为主题的宗教活动场所管理。加强财务监管，对宗教团体的财务进行全面检查督促整改，规范团体的财务管理。定期召开宗教团体例会，并组织团体相关人员开展安全维稳、宗教政策法规等专题培训。在全市宗教团体和宗教活动场所开展“宗教政策法规学习月活动”，组织宗教团体集中学习 7 次。指导宗教团体组织、人才建设。指导基督教、天主教、佛教举办西南地区培训班，参训人数近 300 人。指导市天主教爱国会、小市清真寺完成换届工作。引导宗教界积极开展宗教文化建设，借力市政府打造方山 AAAAA 景区和法王寺 AAAA 级景区，推动“云峰寺”“法王寺”打造佛教文化，不断提升泸州宗教文化软实力。全年宗教文化建设共投入资金 800 万元。

【维护宗教领域安全稳定】 建立市级部门联席会议制度。与市委统战部、市公安局、国安局共同建立联席会议制度，每季度召开一次联席会议，通报分析宗教方面的情况和不安定因素，按工作职能制定相关措施和预案，坚持定期召开民族宗教情况联席工作会，互通信息，认真研判，提出对策建议，切实将抵御渗透工作措施落到实处，有效防止境外势力利用宗教开展的渗透活动。深化三省四市矛盾纠纷调处协作机制。与云南昭通市、贵州毕节市和遵义市建立“云贵川三省四市毗邻地区民族宗教矛盾纠纷协调机制”，处理和协调宗教矛盾纠纷 6 起，依法保障民宗领域群众的合法权益，维护毗邻地区的和谐稳定。抓好宗教活动场所安全工作。进一步规范佛教寺庙、道教宫观的燃香管理，制发安全工作方案、签订安全责任书，组织全市民宗系统对宗教活动场所开展拉网式的安全隐患排查，对查出的 12 处安全隐患进行整改。全年实现宗教场所零安全事故，保障教职人员及信教群众的安全。

（朱　梅）

旅　游

【概况】 2016 年，实现旅游总收入 331 亿元，增长 30.91％；全市共接待游客 3917 万人（次），增长 20.23％。其中接待入境游客 4302 人（次），旅游外汇收入 122 万美元。旅游行业直接就业约 8.5 万人，带动间接就业约 34 万人（次）。

【旅游资源】 泸州历史源远流长，文化积淀深厚，民族风情浓郁，旅游资源富集，形成以名酒文化、生态文化、红色文化、历史文化、长江文化、龙文化为代表的六大特色旅游资源。区域内有国家级自然保护区 2 个，国家级森林公园 1 个，全国红色旅游经典景区 3 个，省级旅游度假区 2 个，省级风景名胜区 8 个，国家 A 级景区 28 个［其中，AAAA 级 9 个、AAA 级 8 个、AA 级 11 个，2016 年新创建国家 AAAA 级旅游景区 3 个（云溪温泉、龙桥文化生态园、尧坝古镇）、AAA 级景区 4 个、AA 级景区 3 个］。全国休闲农业与乡村旅游示范（区）点 5 个，省级乡村旅游示范区 2 个，省级旅游示范乡镇 15 个，省级旅游示范村 29 个，省级乡村旅游示范品牌 9 个。2016 年成功创建省级乡村旅游特色乡镇 1 个，精品村寨 4 个。

【旅游企业】 全市有旅游车公司 3 家，其中 1 家为省际旅游车公司，2 家为市内旅游车公司，共有旅游车73辆；旅游商品企业75家，市级优秀旅游商品49种，郑黄粑获2016年“中国金牌小吃”称号；旅行社27家，旅行社分社23家，旅行社服务网点79家，其中有出境资质的旅行社3家；星级旅游饭店21家，其中五星级1家、四星级6家、三星级5家、二星级9家，床位数3365个，2016年新增四星级旅游饭店1家；星级农家乐35家。

【旅游规划】 完成《泸州市旅游总体规划》修编、《泸州市“十三五”旅游业发展规划》《泸州市旅游交通专项规划》，印发《泸州市人民政府关于旅游产业突破发展的实施意见》。重点指导叙永罗汉林旅游规划、泸县旅游总体规划等，抓好与国家、省级的规划对接，泸州老窖旅游区创建国家AAAAA级景区以及黄荆老林景区建设成为区域旅游中心已纳入《四川省川南经济区“十三五”发展规划》。

【旅游招商引资】 重点策划包装中国福宝国家旅游度假区、江阳沙湾古镇文化旅游综合体项目、酒城明珠文创旅游旅游综合体、纳溪长江湿地新城文化旅游城市综合体、叙永红洞桥旅游开发、古蔺水口镇世界酒城宫旅游度假区等14个旅游招商引资项目，签约金额（含框架协议）664.9亿元，同比增长250.5%。争取到省级旅游发展专项补助资金600万元补助花田酒地提升项目、水尾西溪村、古蔺黄荆乡等旅游扶贫项目、旅游厕所示范项目、智慧旅游示范项目。

【旅游重点项目】 全市共有中国酒镇酒庄、凤凰湖、玉蟾温泉国际度假区、叙永画稿溪休闲运动生态旅游等51个在建重点项目，项目总投资877亿元，全年，完成投资95.4亿元，完成年度计划的115.6%。天仙硐旅游区、凤凰湖旅游区、云溪温泉林海旅游区3个项目纳入2016年全国优选旅游项目库。

【旅游宣传营销】 打造成自泸赤高速旅游宣传示范线，分别在天桥广告位、单立柱广告位投放大型形象宣传画面共17块；制作“花田酒地 神奇泸州”旅游宣传短片并在第九届中国旅游电视周电视节目推选中获旅游形象宣传片好作品奖；组织参加第三届四川国际旅博会、中国国际旅交会近10个国内重大旅游节事活动；举办古蔺黄荆老林英雄会、纳溪花田酒地国际音乐节、合江荔枝节等10余个大型旅游节庆活动，吸引游客达100万人（次）。打造“醉游中国”白酒金三角旅游线、“长征丰碑”红色旅游线和城郊白酒文化生态旅游线，推出城郊白酒文化生态旅游一日游、二日游、三日游线路；开通“成都—泸州”旅游

城市森林公园——张坝桂圆林景区

直通车，推出泸州精品二日、三日游线路产品；开展主题为“2016 别样泸州——如此与众不同”川黔渝百车千人自驾游活动，推广泸州自驾游线路。与渝中区旅游局签订《四川省泸州市—重庆市渝中区旅游互动战略合作协议》。全年，通过合作企业组织来泸游客近 2 万人（次）。

【旅游服务提升】 制定全市智慧旅游三年行动计划；完成泸州市智慧旅游一期项目旅游数据中心的建设；黄荆老林、张坝桂圆林、天仙硐、花田酒地等重点景区开展智慧景区试点；完善泸州旅游资讯网、“泸州旅游生活通”微信等自媒体建设。开展导游、讲解员、旅行社、宾馆酒店业务培训、旅游规划网络培训等各类培训，参训 5000 余人（次）；开展宾馆酒店服务技能大赛和“最美领队、最美导游（讲解员）”评选活动。

【旅游行业管理】 指导纳溪云溪温泉酒店创建为四星级饭店，完成 2016 年全市三星级以下（含三星级）旅游饭店的年度复核及评定性复核工作。配合省星评委完成酒城宾馆、王氏大酒店、伊顿饭店、龙城大酒店的年度复核。11 月 5 日，组织全国导游人员资格考试（泸州考点）工作，全市通过全国导游人员资格考试 24 人。新办理导游证 50 张、领队证 3 张，注销导游证 2 张。完成 2015 年度全市导游年审，应参加导游年审 239 人，通过导游年审 182 人，不予通过导游年审 57 人。新设立国内旅行社 1 家，完成旅行社业务经营许可证变更备案 6 家、旅行社设立分社备案 3 家、旅行社设立服务网点备案 25 家。

【旅游扶贫】 印发《泸州市旅游扶贫五年行动计划》和《泸州市 2016 年旅游扶贫工作计划》，加大政策支持。创建省级旅游扶贫示范村 4 个，民宿达标户 35 户。

【旅游安全和市场监管】 实行“党政同责、一岗双责、综合治理”工作制度，建立和完善安全生产责任体系，开展新《中华人民共和国安全生产法》培训，督促旅游企业建立安全生产标准；不定期开展旅游安全生产督查，抓好安全隐患排查整治；修订完善《旅游安全突发事件应急预案》，将旅游安全应急平台纳入全市智慧旅游建设，组织和指导太平景区等涉旅企业开展安全消防应急演练；以明察和暗访的方式对 90 多家涉旅企业进行“不合理低价游”重点抽查。深入学习贯彻落实《中华人民共和国旅游法》，进一步健全和完善全市旅游市场综合治理、质量监管、行业自律和旅游行政执法工作机制，开展旅游市场专项或联合执法检查；组织市级旅游服务质量监督员进行暗访。开展文明旅游宣传，组建旅游行业“文明旅游引导志愿者”队伍 131 人；加强旅游诚信体系建设，完善旅游市场“黑名单”制度，与 64 家涉旅企业法人签订《旅游业信用承诺书》。全年，受理“12301”旅游投诉 4 件、96927 旅游投诉 30 件、网络问政案件 12 件，办结率 100%；未发现较大以上旅游安全责任事故和旅游服务质量案件，无群体性上访事件和不文明游客记录。（刘世琼）

区情县情

QUOQING XIANQING

江阳区

【概况】 江阳区位于四川省南部，是川滇黔渝四省市结合部的交通枢纽和重要物资集散地，辖区面积649平方千米，辖10个镇、8个街道，年末总人口67.43万人。

2016年，实现地区生产总值430.32亿元，比2015年增长10.0%。服务业增加值135.29亿元，比2015年增长10.5%。规模以上工业增加值比2015年增长11.6%。全社会固定资产投资总额386.13亿元，比2015年增长14.3%。社会消费品零售总额185.88亿元，比2015年增长14.0%。城镇居民人均可支配收入33323元，比2015年增长8.7%。农村居民人均可支配收入15266元，比2015年增长9.6%。地方公共财政收入20.04亿元，比2015年增长19.4%。

【工业经济】 实施技改项目90个，完成投资80亿元。新增规模以上工业企业10家，培育主营业务收入亿元以上企业6家。白酒、机械、建材三大支柱产业实现规模以上工业总产值535亿元，增长11.8%。泸郎窖酒基本建成，中远物流、泸南酒业加快建设，启航科技、中科玻璃、城坤实业升级改造如期竣工，长江机械、华宇钻采全线投产。现代医药、新能源汽车配套等战略性新兴产业实现产值11.2亿元。江南科技产业园融入泸州国家高新区发展，实现主营业务收入120亿元。百草堂药业完成股改，金鼎印业在新三板成功挂牌上市。

【第三产业】 佳乐金街、永辉超市开业运营，天远广场一期建成投用，万诚国际、新恒基商业中心、摩尔国际加快建设。省级电子商务示范基地建成投运，新建农村电子商务服务店80家。成功创建张坝国家级水利风景区。新引进天津银行、华西证券等金融机构，驻区金融机构累计达到20家，占全市的91%。楼宇经济、培训产业突破发展，闪电科技、佳萍科技落户江阳，西部服务业研究院正式挂牌运作。实现第三产业增加值132亿元。

【现代农业】 农村产权制度改革基本完成，农村集体资产股份合作制改革启动试点。实施重点农业产业项目60个。董允坝国家现代农业示范区南区全面建成开放，北区8000亩产业基地加快建设，成功举办四川省首届蔬菜品赏会和四川省蔬菜发展论坛。开工建设江阳粮食产业园，新增高效节水灌溉面积2250亩，新培育市级以上示范农民合作社6个、省级示范农场3家，绿阳公司创建为农业产业化省级龙头企业。成功列入全省现代农业建设20强示范县。

【投资拉动】 实施区属重点项目71个，完成投资160亿元。七期廉租房、2013年公租房、茜草棚改和蓝田干坝子安置房全面竣工，佳兴茗苑安置房、区检察院技侦用房、区法院审判庭完成主体，黄舣六期安置房加快推进。完成长江六桥、高新区、酒业园区等项目征地15670亩，沱江二桥加宽、沱江六桥建设顺利推进。全年到位上级专项资金21.7亿元、债券资金13.6亿元，发行公司债、私募债24亿元，争取银行贷款14亿元。

【改革创新】 完成新一轮国企资源整合，兴阳投资集团总资产达到120亿元。扎实推进供给侧结构性改革，“三去一降一补”取得实效，粗钢、水泥等产量下降22.7%，工业品库存下降14%，商品房去库存130.9万平方米。全面推进“营改增”试点，建筑、金融等四大行业减税降费3亿元。深入实施商事登记制度改革，新增各类市场主体5418家。深化投融资体制改革，通过发行企业债券、PPP模式等，实现社会融资42亿元。中国泸州众创智慧港挂牌运行。

【开放合作】 同老挝天星集团、中国香港丽晶集团签订战略合作协议，与重庆市渝中区缔结长期友好战略合作关系。举办上海、成都投资推介会，借助“西博会”“酒博会”“中外知名企业四川行”等招商活动平台，签约项目101个，总投资307亿元。引进中国中铁、葛洲坝集团等央企和国际国内500强企业8家，港北建材、锦欣医院等投资5亿元以上项目14个，促成新恒兆丰与融豪集团合作重组。引进市外国内到位资金200亿元。

2016年11月2日，西博会江阳区投资推介会

【城市建设】 张坝滨江路景观工程、泸州生态体育公园全面完工。瑞丰东路、春景下路等4条市政道路建成通车，长江现代城至柏木溪段滨江路建设加快推进，主城区道路“白加黑”改造升级全面启动。白招牌广场、龙驰路停车场竣工投用，华阳佳美源和沙茜农贸市场建成运营，环球生活广场、夜知味美食广场主体完工。集中力量开展城市突出问题专项整治，完成主城区街道风貌示范整治，拆除违法建筑近20万平方米。全国文明城市创建扎实推进，国家健康城市建设取得阶段性成效。

【镇村建设】 完成弥陀、方山镇域规划编制，邻玉酒文化特色产业园通过省级详规调整。分水岭列入全市新型城镇化试点，丹林场镇主干道全面完工，通滩老街一期改造基本完成。新开工集镇建设项目17个，新增城镇建成区面积4.5平方千米，转移农业人口14033人。加快城镇通道建设，泰二路、泰兆路、弥分路改造竣工通车，隆纳高速方山互通及连接线、产城大道弥陀平交及下穿通道、江北片干线及联网道路全面推进。高标准打造董允坝新村综合体，启动方山许湾、丹林文罗等6个幸福美丽新村建设。

【生态建设】 淘汰落后产能28万吨，万元GDP能耗下降3.6%，主要污染物节能减排任务全面完成。集中开展扬尘污染专项治理，全域推行秸秆禁烧，基本完成城市建成区“煤改气”整治。在全市率先启动农村污水处理设施建设试点，新建石寨、弥陀污水处理厂，黄舣马道子、永兴村等8个农村污水处理站竣工投运。城南污水处理厂及截污

2016年12月29日，市委书记蒋辅义（中）带领年终流动项目考查组考察江南科技产业园展示厅服务提升项目

干管完成建设，城区污水管网工程加快推进。强化国土资源管理，禁止河道采砂，治理水土流失1.98万亩。创建国家国土资源节约集约示范区。

【全域脱贫】把脱贫攻坚作为“1号工程”，全面落实产业扶贫、低保扶贫和医疗扶贫“三个一批”政策，投入各项资金近4000万元，推进安居、通信、教育、广电、饮水五项精准扶贫工程，助力全区贫困群众实现“一超六有”，在全市范围内率先实现全域脱贫。对口扶贫凉山州盐源县，抽调精干力量助力彝区脱贫攻坚。

【民生保障】实施民生工程95项，完成民生投入28.3亿元，占公共财政支出的75.9%。社会养老保险覆盖27万人，城乡居民医保参保49.4万人。新增就业创业1.1万人，城镇登记失业率3.5%。发放各类救助救济资金7558万元，城乡低保补助标准稳步提高。全域安全供水全面推进，农村自来水入户率达到60%。改造农村电网518千米，基本实现同网同价供电。完成城区老旧燃气管网改造，延伸农村供气管网10千米。改造茜草、滨江路、构树街等棚户区2835户，安置分房9404套，动态消除农村D级危房。新改建农村公路33.3千米，新开通农村公交线路8条，覆盖城乡的全域公交网络更加完善。

【社会事业】实施学校建设项目38个，江北幼儿园、新马路幼儿园城西分园等4所公办幼儿园建成投用，泸州七中城西校区、梓橦路小学渔子溪学校等项目加快推进，顺利通过国家义务教育均衡发展评估。开展全民预防保健23.3万人，区疾控中心、区妇幼保健院按二级甲等标准启动建设，“一站三区一馆”基层医疗卫生机构实现全覆盖。圆满举办“首届荧光酷跑活动”，全民健身活动中心、白招牌文化体育中心竣工投用，应急广播“村村响”实现全覆盖。“六五”普法完成，江阳职高青少年法治教育基地和奢香法治公园建成开放。执行“一院一室”标准，新建城乡日间照料中心18个，新增养老床位640张。区残疾人综合服务中心建成投用，区公益性殡仪服务站基本完工。

【社会环境】专项整治建筑领域、社区基层等六大突出问题。高效整治方山景区秩序乱象，景区开发建设进程加快。完善基层治安防控网络，新建情报合成作战指挥中心，升级基层派出所指挥调度系统。调解各类矛盾纠纷1651件，渝信南郡、维多利亚等小区涉稳事件得到妥善处置。启动区安全体验中心、通滩消防站建设，南城街道创建为全国安全社区，邻玉街道创建为省级安全社区。开展质量追溯体系建设，创建省级食品安全示范区。全年无较大以上安全生产事故发生。（何雨晋）

龙马潭区

【概况】龙马潭区是1996年泸州市调整区划成立的县级行政区，全区辖区面积333平方千米，辖6个镇、6个街道（1个厂区办事处），44个村（584个村民小组）、45个社区（512个居民小组）。2016年年末龙马潭区户籍人36.76万人口（其中：农业人口4.42万人，非农业人口32.34万人），常住人口37.33万人。2016年末全区城镇化率77.23%。

【主要经济指标】 2016年，全区实现GDP208.41亿元，按可比价计算比上年增长10.0%。第一产业增加值10.22亿元，增长3.8%；第二产业增加值144.91亿元，增长10.4%；第三产业增加值53.28亿元，增长10.4%。第一、二、三产业对GDP的贡献率分别为1.9%、72.6%、25.5%，分别拉动GDP增长0.2个百分点、7.3个百分点、2.5个百分点；三产结构由上年的5∶70.2∶24.8调整为4.9∶69.5∶25.6。非公有制经济增加值130.60亿元，按可比价计算比上年增长10.0%，增速居全市第1位，占GDP的比重62.7%。规模以上工业增加值增速12.2%，增速居全市第2位。地方公共财政收入13.48亿元，增长12.0%，增速居全市第6位；地方公共财政支出26.73亿元，同比增长19.22%。社会消费品零售总额60.24亿元，同比增长14%，增速居全市第1位。全社会固定资产投资246.63亿元，同比增长19.6%，增速居全市第2位。城镇居民人均可支配收入33294元，同比增长8.9%，增速居全市第1位。农村居民人均可支配收入16212元，同比增长9.3%，增速居全市第7位。全年引进新项目122个，实现市外国内到位资金184.89亿元。外商投资到位资金1127万美元。

2016年12月3日，泸州万达广场等20个重大项目开工仪式在西南商贸城举行

【工业发展】 全区工业增加值134.98亿元，同比增长10.2%，占GDP的64.8%，拉动GDP增长6.7个百分点，贡献率达66.9%。其中，规模以上工业增加值增速12.2%，增速居全市第2位。规模以上工业运行主要特点，工业生产稳中趋缓。全区规模以上工业增加值增长12.2%，增速继续位居全市第2位，增幅分别高于全市、全省、全国0.5、4.3、6.2个百分点，工业增速呈现稳中趋缓的基本态势，增速由上年的14.2%下跌到12.2%，下降2个百分点。产业结构持续优化。2016年，龙马潭区有战略性新兴产业活动的规模以上工业企业法人单位共计29个，占全区规模以上工业企业法人单位22.5%；全区拥有国家高新技术企业15家，占规模以上工业比重为11.6%。机械制造业突破发展。机械制造业实现总产值70.4亿元，比上年增长18.6%，增加值增长12.5%，比全区规模以上工业增加值增速高0.3个百分点，增速高于其他工业行业。非金属矿物制品业进一步转型升级，突破发展，保持快速增长态势。2016年，全区共有规模以上工业企业129户，规模以上工业总产值535.4亿元。规模以上工业企业（年主营业务收入2000万元以上的企业）中酒类企业43家，涉酒包材企业19家，化工企业15家，机械制造及加工业24家，建材10家，生物、医药制造业1家。2016年营业收入达亿元以上工业企业67家，其中

5亿元以上企业35家，10亿元以上企业17家。食品、化工、机械三大支柱产业共实现工业生产值438.7亿元，同比增长14.7%，分别实现工业产值283.0亿元、85.2亿元、70.4亿元，分别增长15.4%、9.7%、18.6%，三大支柱产业占规模以上工业的81.9%，拉动规模以上工业增长10.0个百分点。沥青产量32.32万吨。

【酒业发展】2016年，全区酒业实现销售收入124.9亿元，同比增长25.3%；入库税金49273万元，同比下降15.0%，其中，国税46387万元，地税2886万元。全区有规模以上酒类生产企业43家，白酒生产许可证73张，2016年白酒产量201538千升。

【商贸物流业】2016年，泸州国际集装箱码头货物吞吐量50.1万标箱，增长19.2%，占全省的62.4%；全区实现货运量783702万吨，陆上增长12%、水上增长18%。全区有25个专业市场（西南商贸城、王氏商城、公交商城等），市场面积100万平方米，限额以上经营单位（指年批发2000万元，零售500万元，住宿餐饮200万元以上的企业）129户，规模以上物流企业（指营业额300万元、税收20万元以上企业）81户。全区商贸物流业实现入库税金4.9亿元。进出口总额18815万美元，同比增长16.4%，其中外贸出口额完成17201万美元，同比增长10%；进口额1614万美元，同比增长202.8%。全区铁路运输成本0.35元/吨/千米，公路运输成本0.8元/吨·千米，水路运输成本0.12元/吨·千米。

【投资拉动】2016年，全区完成全社会固定资产投资246.63亿元，比2015年同期增长19.6%，增速排全市第2位，增速分别比全市（18.2%）、全省（12.1%）、全国（8.1%）高1.4、7.5、11.5个百分点。从产业分布看，第二、三产业增长。第一产业完成投资0.70亿元，下降52.3%；第二产业完成投资74.45亿元，增长21.9%，第三产业完成投资171.48亿元，增长19.3%。第二产业投资中，工业项目投资74.33亿元，增长22.3%，工业性投资占全社会投资的比重为30.1%，同比增长0.6个百分点。投资主体上看，民间投资占主导，国有投资放缓。全年国有经济投资101.56亿元，同比增长4.7%，占全社会投资比重为41.2%；民间投资145.07亿元，同比增长32.8%，占全社会投资比重为58.8%。从房地产开发看，投资销售均上升。全区房地产开发投资43.72亿元，同比增长35.2%，其中住宅投资27.37亿元，增长10.3%；商品房屋施工面积303.03万平方米，增长42.6%，其中住宅222.60万平方米，增长40.9%；竣工房屋面积115.66万平方米，增长418.8%，其中竣工住宅80.23万平方米，增长282.7%；实现商品房屋销售面积123.78万平方米，增长49.9%；商品房屋销售额60.66亿元，增长56.5%。商品房待售面积21.97万平方米，增长37.2%。

【财税金融】2016年，全区完成地方公共财政收入134797万元，居全市区县第3位，其中国税形成财力18847万元，地税形成财力60874万元，财政形成财力55076万元。分行业情况为：第一产业191万元，增长154.67%；第二产业20334万元，增长3.89%；第三产业59381万元，下降0.91%。加上级补助收入118707万元，地方债券转贷收入4700万元，2015年结转结余2114万元，动用2015年预算稳定调节金17069万元，从基金预算调入资金268万元，2016年全区财力总量277655万元。全年，国税总收入118269万元，居全市区县第3位；地税总收入144053万元，居全市区县第2位。全区人均可支配财力337947元。地方公共财政支出26.73亿元，地方公共财政支出中用于民生方面的支出18.01亿元，占地方公共财政支出的67.39%。2016年年末全区金融机构各项存款余额352.55亿元，比年初增长16.98%；各项贷款余额151.73亿元，比年初增长24.34%。

【非公有制经济】2016年，全区个体私营经济发展态势良好，吸纳就业和创税能力明显增强，拉动GDP增长贡献率突出。截至12月底，全区工商登记个体工商户31305户，私营企业7460户，分别比上年同期增长10.16%、27.58%；个体私营企业注册资金171.65亿元，增加50.2亿元，增长29.2%。全区实现非公有制经济增加值130.60亿元，比上年增长10.0%，与GDP增速持平，比全市的9.5%高0.5个百分点，增速居全市第1位；占GDP的比重达62.7%。

【农村经济】 2016年，全区完成农林牧渔业增加值10.22亿元，比上年增长3.8%，增速居全市第5位。全年粮食总产量7.9万吨，比上年增加0.22万吨，增长2.9%。其中，小春粮食产量0.58万吨，与上年持平；大春粮食产量7.32万吨，增长3.18%。全年油料产量1437吨，增长6.68%。蔬菜及食用菌产量11.5万吨，增长6.2%。

【服务业】 2016年，全区完成服务业增加值53.28亿元，占全区GDP比重25.6%，比上年提高0.8个百分点，按可比价计算同比增长10.4%，居全市第2位。服务业对GDP增长的贡献率25.5%。其中，交通运输、仓储和邮政业增长4.9%，批发和零售业增长4.3%，住宿和餐饮业增长7.1%，金融业增长16.5%；房地产业增长20.2%，营利性服务业增长14.6%，非营利性服务业增长10.1%。从税收看：2016年全区服务业（第三产业）实现国、地税收入合计15.04亿元，比上年下降1.8%，占全区入库税收的67%，比上年增长1.3个百分点。分行业税收中，交通运输、仓储和邮政业入库0.66亿元，下降9%；批发和零售业入库3.22亿元，下降7.2%；金融保险业入库2.25亿元，下降10.8%；房地产业入库5.2亿元，下降25.2%。

【物价水平】 12月居民消费价格（CPI）同比上涨2.1%，环比上涨0.5%，1—12月CPI累计比上年上涨2.0%，比全省（1.9%）高0.1%、全市的（2.1%）低0.1个百分点。八大类商品及服务项目价格呈现“四升二降二平”。食品烟酒、衣着、生活用品及服务、教育文化娱乐等四类分别上涨5.2%、4.1%、0.5%、1.7%；交通和通信、其他用品和服务两大类品种分别下降1.3%、0.3%。居住和医疗保健两大类品种持平。

【房地产业】 2016年，全区房地产开发企业施工房屋面积303.03万平方米，比2016年增长42.6%，其中住宅222.60万平方米，增长40.9%；竣工房屋面积115.66万平方米，增长418.8%，其中竣工住宅80.23万平方米，增长282.7%；商品房屋销售面积123.78万平方米，增长49.9%；实现商品房屋销售额60.66亿元，增长56.5%。商品房待售面积21.97万平方米，增长37.2%。

【民生工程】 2016年，全区新增城镇新增就业7513人，城镇登记失业率控制在3.35%以内。企业职工和城乡居民社会养老保险参保17.02万人，基本医疗保险参保31万人。发放城乡低保救助、城乡医疗救助、困难群体救助3788.69万余元。发放优抚金1374.2万元、义务兵家庭优待金555.73万元、优抚对象救助金61.3万元。养老服务体系不断完善，建设城乡社区日间照料中心13个，新增民办机构床位200张。开通城镇公交线路4条，完成农村公路改扩建58千米。金龙镇曹坝村、长安镇长春村实现脱贫摘帽，全区2989人实现脱贫。

（刘俊宏）

纳溪区

【概况】 2016年，纳溪区经济社会保持良好发展态势。全年完成GDP135.3亿元，同比增长9.2%；规模以上工业增加值同比增长11.2%；地方一般公共预算收入10.06亿元，同比增长22.2%；全社会固定资产投资203亿元，同比增长19.3%；农村和城镇居民人均可支配收入13823元、29818元，分别同比增长9.7%、8.5%。

【工业经济】 泸州国家高新区纳溪科技园以西部绿色智能住宅产业园、泸州竹产业园建设为重点，发展节能环保高新产业，打造全国知名的绿色智能住宅产业示范园、绿色建筑产业总部基地和全国林竹精深加工产业示范基地、国际竹藤中心研培基地。西部绿色智能住宅产业园已完成270亩土地场平工作；四川生鲜食客科技、四川惟思科技等企业入驻园区，远大住工正在报批，与中铝国际、中建国际等21家企业达成投资意向。泸州竹产业园综合办公楼、国际竹藤中心研发中心等完成主体施工；与四川新荷花、四川祥丰等企业签订合作协议；组建成立“西部竹产业创新发展联盟”。中国白酒金三角酒业园区大渡基地以“中国酒镇·酒庄”、生态特色食品产业园建设为重点，大力发展生态特色食品产业，着力打造中国生态原酒酿造基地、中国白酒酒庄群落第一发源地、中国养生酒集中品鉴地和国家级深生态食品饮料重要生产基地。“酒镇·酒庄”已完成投资50亿元，中国白酒展示中心全面建成，顺成和酒庄主体工程全面竣工，纳贡庄园投入试产；橡木桶陈藏浓香型白酒荣获“2015年度‘青酌奖’酒类新品TOP10（白酒类）”称号。纳溪经济开发区以泸天化“退城入园”战略调整、泸州静脉产业园建设为重点，大力发展节能环保、现代商贸物流产业，着力打造国家循环经济教育示范基地、产学研复合功能新区。目前，泸天化“退城入园”稳步推进，泸州港石龙岩港区完成前期手续办理工作。设立5亿元园区产业发展引导基金；组建纳溪园区建设投资有限公司，做实做强融资能力。“三大园区”建成区面积12.2平方千米，入驻企业240家（规模以上工业企业62家）；全年实现主营业务收入216.7亿元、利税13.9亿元，同比增长11%、4%。

【旅游发展】 以川南周边地市为基础，对接成渝旅游游客市场，凝练“游山玩水·好享纳溪”宣传主题，包装推出“一泉一硐三漂流”主打产品，开展百家媒体采风、万对新人免费游、川南摇滚音乐节、纪念护国战争100周年等大型活动。被列为国家全域旅游示范区创建单位，创建为四川省旅游强区。天仙硐、花田酒地、云溪温泉、凤凰湖景区先后创建成为国家AAAA级旅游景区，花田酒地创建成为省级旅游度假区，云溪温泉酒店被评为四星级旅游饭店，欢乐派海滩、护国运动文化园区、龙洄酒庄、太山生态研学基地创建成为国家3A级景区，启玉葡萄庄园、乌木水寨、梦里水乡创建成为国家2A级景区。全区有AAAA、AAA、AA级景区各4个，达12个，形成梯次分明、结构有序的全域旅游架构。实现区旅游收入59.5亿元，同比增长39.01%，接待人数654.15万人（次），同比增长13.68%。

【新农村建设】 建成打古松林、护国东巷口等10个新村综合体，创建大渡口鹿羊、白节高峰等12个“中国传统村落”；天仙镇乐道古村、打古镇古纯村通过全国传统村落专项保护规划部委评审。坚持农旅结合、以旅强农，高标准打造“纳（溪）

2016年6月，泸天化煤气化厂区

白（节）线”特色农业产业带，提档升级“智慧三江”、都市生态农业旅游示范园区，形成示范带动效应。

【城建国土】 长江生态湿地新城整体城镇化建设项目完成投资6.9亿元，占年度目标任务的102%；长江生态湿地公园（一期）景观基本成型，近期即将对外开放；完成二环路（纳溪段）2030亩征地，再次刷新“纳溪速度”；市中医院城南医院、泸州四中新校区迁建等项目加快建设。老城品质提升全面完成，新建停车场3个、新改造绿化景观面积50万平方米、新安装智能化路灯746根、完成42栋楼房建筑立面和820个门市店招店牌升级改造；开展城市问题“三大治理”，拆除违章建筑4.95万平方米，清除“牛皮癣”3万处，拆除大型钢架广告牌68块，整治乱停乱放车辆1.2万余起。

【民生工程】 整合资金3.6亿元，贫困村建成通村硬化路30千米；完成贫困户危房改造503户，贫困户区内住院“零自付”政策惠及2745人（次），顺利完成4个贫困村退出、3257贫困人口脱贫。投入民生资金20亿元，占财政支出比重达78.3%。一期公租房、大渡口新西街限价房等25个保障性安居工程全面建成，实现2.5万余名群众“住有所居”；完成危旧房和棚户区安置房开工1445套、农村危房改造922户；全区公办养老机构达12个，民办养老机构达10个。完成改建通村水泥路60千米，棉花坡双河场等4座渡改桥建成投用。

【招商引资】 全年，新引进项目143个，到位市外资金157.75亿元，同比增长16.65%，完成目标任务101.12%；实际到位外资804万美元，占目标任务100.5%；成功落地温氏畜牧有限公司生猪养殖项目、凤凰湖—酒镇酒庄旅游基础设施建设项目等5亿元项目4个，完成目标任务100%；主动对接中铁城投、中铝国际、诚通集团、湖南远大住工、浙江鑫宙、深圳同方信息、（台湾）中国梦促进会、韩国KBS电视台等央企、国企、知名民营企业和商业团体60余家，长期与天津荣程、四川新荷花等大型企业保持紧密联系，投资2.5亿元的泸州惠方科技园项目开工建设。

【社会事业】 落实“党政同责”“一岗双责”“一把手负总责”工作制。建立因村因户施策的产业发展机制，依托党员精准扶贫“三带工程”“企业+专合组织+贫困户”等模式，发展林下种养殖、生猪等特色产业，推动产业扶贫、就业扶贫、创业扶贫。其中“楠竹—家私—食用菌—家禽养殖—楠竹”循环产业链条得到省林业厅肯定；温氏集团“公司+农户”模式，确保农户养猪利润，带动脱贫1500户。针对贫困村“果盘子”“米袋子”等优势，建立区镇村三级联动的特产电商中心和“赶场天”互联网电子交易平台，网上销售农产品达103种，实现销售总额8535万元，带动220户贫困户增收。逐户摸排每个贫困户农房情况，竣工省级D级危房改造376户，实施区级D级危房改造和C级维修加固401户，竣工率100%。落实医疗扶贫“四个百分之百”要求，所有建档立卡贫困群众享受“零自付”医疗救助；投入资金2000万元，创新实施“脱贫圆梦”工程，确保贫困家庭无一名学生辍学。大渡口镇太和、龙车镇古楼等4个贫困村已退出“省级任务”行列，实现999户、3257人脱贫。依法治区深入推进，依托江宁女子法庭成立“反家暴中心”，审理撤销监护人资格案被最高人民法院列为“2016年全国法院关于侵害未成年人权益10大典型案例”；以“纳爱”全覆盖体系为载体，成立西部首个县（区）级司法社工事务所。落实安全生产责任制，2016年未发生较大以上安全事故；“省级食品安全示范区”通过省检。梳理排查各类信访突出问题187件，分类分级落实包案区领导和责任单位，已动态化解21件。创新开展“雪亮工程”“农村6995网格联防”等工程。

【财政税收】 全年，全区地方一般公共财政收入完成100563万元，增长22.2%；全区地方一般公共财政支出完成30亿元，增长21.6%。全区共争取到位上级资金24.9亿元，增长21.9%，其中争取到位省级均衡性转移支付资金2.4亿元，增

2016年11月5日，纪念护国战争100周年大会文艺演出

长12.9%；争取到位支农项目补助资金2.7亿元，增长21%。争取到位债务转贷收入7.4亿元，增长166.7%。其中置换债券资金6.1亿元，新增债券资金1.3亿元。

【金融保险】 到年底，全区存款余额164.20亿元，贷款余额111.51亿元，贷存比67.91%。存贷余额分别比2015年同期增加21.56亿元、8.06亿元。农业保险签单保费1960.12万元，中央、省、市、区补贴1504.39万元，农户仅自负455.73万元，补贴比例达76.7%。直接融资后备库进一步充实，全年新增四川省上市和挂牌企业后备资源库注册企业12家，全区进入省级后备资源库企业达22家。全年直接融资8.8亿元。

【教科文卫】 高分通过省政府义务教育均衡发展督导评估验收；创新探索教育信息化建设，“区域化同步课堂”作为亮点经验在全省推广。推进医疗卫生事业持续发展，全民预防保健稳步实施，打造镇级“一站一馆三区”阵地12个；区妇幼保健院改扩建工程基本完工，完成区中医院整体迁建项目前期工作并列入市PPP实现项目，市中医院城南医院PPP项目有序推进。立足文化惠民，完成护国战争博物馆、护国公园、百年护国战壕遗址升级改造并免费开放；拍摄完成《铁血护国》《超级战士》《小城大爱》等电视电影；完成护国战争纪念馆申报国家级重点文物保护单位相关规划；开展“纪念护国战争100周年”等系列文化活动，“护国人文学院”成功授牌。

【农林水业】 全年，完成粮食播种面积51.43万亩，实现粮食总产量21.74万吨；新建茶园3万亩，茶园总面积达30万亩，投产面积达18万亩，实现茶叶综合产值达30亿元；举办中国特早茶融合发展专家论坛、四川省第四届茶叶开采活动周、泸州市全民饮茶日活动；院士（专家）工作站在瀚源有机茶公司挂牌成立，建成中国特早茶城泸州、成都体验中心，组建四川泸州酒城特早茶实业有限公司，促进全区茶企抱团发展；纳溪区荣获“全国特色茶旅资源区”荣誉称号。全区水果总面积达13万亩，总产量4.9万吨。完成蔬菜播种11.15万亩，总产量22.25万吨，保障市民蔬菜供给。全区投放渔种1530吨，实现水产品总量7610吨。全年新建林竹基地1.33万亩，低产低效竹林改造3.97万亩；发展珍稀树木0.5万亩，累计建成珍稀树木基地8.7万亩；发展苗木花卉、经济林和木本油料林0.6万亩。泸州竹产业园区建设有序推进，具备招商引资入驻企业条件。竹韵公司推出仿古新产品，纯手工编织的环保竹家具、竹工艺等畅销沿海经济发达地区；“四川省龙头企业”兴乐食品厂生产的鲜竹笋今年出口创汇名列全省同类产品首位；全区有林下鸡养殖规模户3300余户，养殖林地面积22万亩；林下竹荪、黑木耳、大球盖菇等试种成功，产销两旺。荣获“四川省‘十二五’打击破坏生态资源违法犯罪工作先进集体”、“中国森林养生基地”称号，成为四川省首个中国森林养生基地，成功跻身“十个四川省林业产业示范县”第二名。

【农业品牌】“纳溪特早茶”入选《全国名特优新农产品目录》。“那溪那山”在中国（四川）第五届国际茶业博览会上获金奖；翰源雪芽获“领航迪泰杯”北京国际茶业展茶叶产品评选推介活动金奖。全国两会期间，纳溪现代农业在中央电视综合频道报道；5月，“白肉贵妃”枇杷等系列报道在中央7台“每日农经”播出。全区无公害农产品有25个，有机食品55个，绿色食品7个，国家地理标志保护认证农产品5个。

【交通安全】 全年，全区实施交通项目5大类、29个，完成投资4.5亿元。建成县乡道40千米、建成通村公路130千米、建成港湾式车站10对、建成新乐“双超”治理站1个、建成渡改桥4座（棉花坡双河场渡改桥、护国镇湾滩渡改桥、渠坝镇河沟子渡改桥、上马真金滩渡改桥），新开工建设渡改桥5座（河边上渡改桥、梅子沟渡改桥、丝厂渡改桥、乐道子大桥、双河口中桥）。全年实现道路运输客运量3812万人，货运量2688万吨；水上客运量23万人，货运量347万吨。

【劳动保障】 打造省级标准化劳动人事争议仲裁院，设立劳动人事争议仲裁立案窗口、工伤受理窗口、劳动监察受理窗口、信访窗口等，提升劳动人事争议处理效能。开展民工工资清欠工作，采取“1个项目=1位牵头领导+1套人马+1套工作方案”的工作机制，每日督导、跟踪工作进展。全年，受理劳动争议仲裁案件293件，按期审结284件，结案率达96%，为劳动者挽回经济损失974万元。开展人力资源市场秩序整治、用人单位执行劳动用工和社会保险法律法规情况、劳务派遣用工整治、农民工工资支付情况等专项检查活动，全年查处劳动违法案件39件，为劳动者追收劳动报酬649万元。依法依规处理工伤案件，全年受理工伤申请86件，认定80件。 （周 燕 徐东梅）

泸 县

【概况】 泸县辖区面积1532平方千米，辖1个街道、19个镇、50个城镇社区居民委员会、224个居民小组、251个村民委员会、2381个村民小组。2016年末户籍人口107.28万人。其中，非农业人口14.62万人，农村人口92.66万人。2016年实现地区生产总值280.32亿元，同比（2015年，下同）增长9.5%。第一产业实现增加值47.7亿元，增长4.1%；第二产业164.18亿元，增长11.2%；第三产业68.44亿元，增长9.3%。三次产业结构由上年的18.01∶57.5∶24.5调整为17.0∶58.6∶24.4。全社会固定资产投资300.02亿元，增长18.7%；社会消费品零售总额107亿元，增长13.9%；地方一般预算收入13.09亿元，增长13.6%；一般公共预算收入11.5亿元，增长14.8%；全年城镇居民可支配收入28451元，增长8.7%，农村居民可支配收入13805元，增长9.8%。

2016年3月12日，泸县云锦镇第七届梨花节在云锦山隆重开幕，数万名游客前来赏花游玩

【工业经济】 2016年，泸县突出发展工业。泸州医药产业园、泸县经开区建成区面积达9平方千米，园区主营业务收入273亿元；双创孵化器（化药区）、临港污水处理厂等配套项目启动建设；汉唐酒业等项目有序推进；西蜀九锦（一期）、众邦制药等重大项目建成投产，成功争取省级药品上市许可持有人制度试点。全年实现工业增加值153.74亿元，同比增长11.2%。至年底规模以上工业企业124户，增加值同比增长11.8%，其中轻工业增长13.1%，重工业增长6.4%。其中，酒类制造业同比增长14%，化工产业同比增长11.9%，医药制造业同比增长16.1%，新材料产业同比增长10.1%。规模以上工业企业实现主营业务收入306.51亿元，同比增长15.3%。实现利税总额30.77亿元，同比增长13.3%，盈亏相抵后实现净利润18.17亿元，同比增长8.7%。

【农业和农村经济】 2016年，泸县优化发展农业。建成嘉明现代农业产业园、方洞万亩农业产业园；成功发展10万亩高粱、20万亩蔬菜、30万亩水果、5万亩粮经复合基地；引进新蓝集团等一批重点农业企业，发展农业龙头企业4家、家庭农场85家、农民专业合作社70个。全年粮食播种面积7.45万公顷，粮食总产量54.34万吨；出栏生猪100.01万头，出栏羊13.39万只，出栏家禽1334.84万只，肉类总产量10.1万吨；水产养殖面积4.63万亩，水产品产量3.44万吨。全年实现农林牧渔业增加值48.2亿元，同比增长4.1%。其中，农业增加值27.42亿元，同比增长4.94%；林业增加值1.25亿元，同比增长7.23%；牧业增加值16.31亿元，同比增长2.17%；渔业增加值2.72亿元，同比增长4.74%；农林牧渔服务业增加值0.5亿元，同比增长6.73%。

【第三产业】 2016年，泸县加快发展服务业。龙桥文化生态园通过国家AAAA级旅游景区验收，玉龙湖、道林沟景区、万福商业旅游综合体、龙舞庄园建设有序推进，龙桥社区创成中国乡村旅游模范村，泸县创成中国曲艺之乡，有力地推动泸县旅游经济的发展和旅游形象的树立。全年，接待国内旅游人数570万人（次），增长26.7%，实现旅游总收入48.5亿元，增长25.5%。省级电子商务进农村综合示范县建设全面完成，实现村级电商网点全覆盖，电商交易总额达到15亿元；龙城冷链物流、龙城怡康生活广场加快建设，现代粮食产业园建成投运，成功创建四川省现代服务业集聚区，第三产业实现增加值72.2亿元。

2016年9月，远眺宅基地制度改革试点村——天兴镇田坝村聚居点

【城乡一体化建设】 2016年，泸县积极融入主城区发展。成立泸川新城发展管理中心，梳理生成62个重大项目，基础设施、产业发展、城镇建设、公共服务、生态保护与主城区同步规划同步发展。县城国卫复审顺利通过综合评估，“全国文明城市、国家健康城市、国家园林城市和省级宜居县城”创建全面启动；城西新区完成高标准城市设计，“两河四岸”景观规划编制完成，城乡规划展

2016年10月26—27日，在龙桥百花洲举行泸县龙桥文化生态园创AAAA景区验收演出

览馆对外开放。玉蟾温泉国际度假区、城西商务综合体、城西农贸市场、宋代石刻博物馆、龙城文化演艺中心等项目加快推进，垃圾中转站、环卫基地等设施建成投运。玄滩、云龙、太伏、石桥小城镇建设专项基金项目加快推进，得胜、立石、毗卢、天兴等镇级精品小区有序开发，城镇化率提高到40%。

【基础设施建设】 2016年，泸县推进“4+1”基础改善项目。农村安全饮水问题加快解决，延伸供水管网553千米，建成抗旱水源机井32口、分散打井3127口，新解决和改善18万农村居民饮水安全；城乡供电质量有效提升，城北110千伏、云龙35千伏输变电工程竣工投运，全县低压台区改造全面完成，整村农网改造22个；交通一体化进程加速，龙城大道完成路基工程，泸荣路、合牛路修复完工，县乡道改善提升工程完成65千米，村道建设完成99.5千米；场镇污水处理能力大幅提高，新建二级场镇生活污水处理厂5座、新村聚居点污水处理设施16处；农村危房改造扎实推进，2909户D级危房全面改造，1225户C级危房维修加固，882户贫困户完成易地搬迁。全民预防保健工作全面推进，健康体检完成市上下达任务的120%。

【社会事业】 2016年，泸县在校学生人数15.18万人，在园儿童数2.88万人，高考本科上线3951人，本科上线人数蝉联泸州市26连冠。全县高新技术企业产业实现全年产值34.3亿元，新增专利申请581件。城乡居民和职工养老保险覆盖55.88万人，基本医疗保险参保人数100.77万人，失业保险参保人数2.26万人，工伤保险参保人数3.03万人，生育保险参保人数2.84万人。城镇新增就业6731人，登记失业率3.56%，农村劳动力转移就业38.47万人。

【重点项目建设】 2016年，泸县成立项目推进中心，县委常委牵头组团推进项目建设，实施重点项目111个（省重点2个、市重点62个），完成投资148.9亿元。海潮沱江大桥、公卫中心、创新创业孵化基地等42个重点项目顺利开工，汉唐酒业、玉蟾温泉国际度假区等23个重点项目加快推进，港城大道、新康意彩印等26个重点项目建成投用。同时，启动PPP项目建设，包装基础设施类项目35个，总投资23.5亿元。

【改革开放】 2016年，泸县继续深化农村改革。推进农村宅基地制度、供销社综合改革、农田水利设施产权制度等国省级改革试点，新争取到农村土地制度三项改革、司法体制改革、农村住房财产权抵押登记贷款等4项国省级试点工作。招商引资持续推进，成功引进科瑞德制剂生产基地、供销电子商务公司电商产业园、苏州朗润飞依诺医疗器械产业化基地、泸州智联新康医疗器械生产基地、众邦金刚烷及衍生物生产基地等项目76个，到位资金210亿元；新签约入园项目16个，总投资56.7亿元。

【脱贫攻坚】 2016年，泸县按照贫困户“五个一批”和贫困村“六个着力”脱贫摘帽路径，确定了18个大类378个脱贫项目，贫困村公路、网络、文化室、卫生室等基础配套全面提升，村集体经济进一步壮大，全面实现建档立卡贫困户“两不愁、三保障”，全县31429名贫困人口、40个贫困村全部达到脱贫摘帽标准。2014—2016年脱贫任务顺利通过省级评估验收。（熊　敏）

合江县

【概况】 合江县辖区面积2414平方千米，辖25个镇、2个乡、284个行政村、41个社区，年末人口90万人。地区生产总值178.1亿元，同比增长9.2%；全社会固定资产投资256.4亿元，同比增长18.0%；社会消费品零售总额87.0亿元，年均增长13.7%；地方一般公共预算收入10.0亿元，同比增长18.9%；城镇居民人均可支配收入24205元，同比增长8.8%；农村居民人均可支配收入13157元，同比增长9.4%。

【工业经济】 国家高新区生态工业园建成区面积8.8平方千米，引进金田纸业、华艺陶瓷、聚碳酸酯等一批重大项目，议中新材料股份有限公司成为全市第一家在“新三板”挂牌的工业企业，全县规模以上企业87家。招商引资连续五年获全市一等奖。

【农业经济】 荔枝、真龙柚、金钗石斛三大特色产业均获国家农产品地理标志认证，种植面积分别30.6万亩、30万亩、4.5万亩。稳定5亿公斤粮食生产水平。合江县被评为全国粮食生产先进县、生猪调出大县。

【旅游发展】 金渝集团投资34.5亿元的金龙湖国际旅游度假区、省能投集团投资200亿元的福宝景区整体开发等项目开工建设，尧坝古镇国家AAAA级景区创建通过验收。

【服务业】 新增银行业金融机构2家，存款、贷款余额分别达255.87亿元、110.75亿元，金融税收突破亿元大关。服务业增加值64.3亿元，年均增长11.2%。

【城镇建设】 累计投入14.84亿元，高标准打造荔城迎宾大道、滨江路上延工程、滨江音乐广场、荔枝文化广场等市政配套设施。江语长滩等一批高品质住宅小区相继建成投用。县城建成区面积20.5平方千米，常住人口20万人，城镇化率37.1%。创建国家卫生县城、千年古县、省级双拥模范县、省级园林城市、省级文明城市，撤县设市经省政府同意上报国务院。合江古荔枝道列入“蜀道”世界自然与文化遗产提名。九支镇列入全国新型城镇化建制镇示范试点，合江镇、九支镇列入国家级重点小城镇，白米、参宝等8个乡完成撤乡设镇。建成三江省级新农村产业示范片，加快建设大桥镇长江村、白沙镇灵丹村等幸福美丽新村。

2016年10月12日，合江县举行福宝国际旅游度假区项目开工仪式

【重点项目建设】 宜泸渝、成自泸赤、泸合产城大道等国道建成通车；福宝旅游快速通道、园区大道、法王寺互通建成投用，省道308线合江段完成路面改造；长江公路大桥等12座“渡改桥”加快推进；锁口水库大坝主体完工；签约中交集团基础设施、城乡供水一体化、甘自路升级改造等PPP项目35亿元。

【社会事业】 累计投入79.32亿元，实施民生工程84个，出台《扶贫攻坚决定》，实施18个专项扶贫方案，对64个贫困村实施综合扶贫开发，累计脱贫42615人。建成保障性住房3486套，实施危房改造10646户、棚户区改造3832户、易地扶贫搬迁973户，新改建农村公路870千米，解决24.49万人饮水问题。理顺电力管理体制，累计投入7.43亿元，完成383个自然村农网改造。推进教育均衡发展，高考上线人数逐年攀升，完成人民小学、少岷职校整体搬迁，建成教师周转宿舍987套，新改扩建中小学校舍44.7万平方米；建成川南第一家民办高等职业学校——四川三河职业学院。深化医药卫生体制改革，开展全民预防保健，累计免费体检32.9万人；不断健全三级医疗卫生服务体系，县人民医院创“三乙”通过现场检查，启动中医院整体搬迁，改扩建23个乡镇卫生院，新改建159个村卫生室。全面启动“两孩”政策，人口自然增长率5.5‰。创建全国基层中医药工作先进单位、全国计划生育优质服务示范县、省级慢性病综合防治示范县。持续推进文化繁荣发展，县文化馆、图书馆均创建为国家一级馆。完成食药品监管体制改革。社会保障体系更加完善，城乡居民基本医疗保险参保率99.6%，养老保险覆盖人数41.6万人；新建养老机构12个，养老服务覆盖16.2万人；城镇登记失业率控制在4%以内。

2016年11月26日，泸合产城大道赤水河大桥

【党的建设】 完成县乡两级领导班子换届。突出“政治强、品行正、作风实、敢担当”的用人导向，选拔40名政治品行过硬、驾驭全局和处理复杂问题能力强、敢于担当、群众公认的干部担任乡镇党政正职或部门主要负责人；选拔92名作风扎实、业务能力强、有发展前途的优秀年轻干部担任班子副职，从“四类人员”中选拔27名干部进入乡镇领导班子。建立“问题、整改、督查”三本台账，开展村（社区）“两委”换届，同步培养村级后备干部，配强村级干部队伍。坚持党建引领脱贫攻坚，落实“五个一”帮扶机制，投入300万元发展壮大村集体经济，实施党员精准扶贫“三带工程”，带动4700余名贫困群众率先脱贫。全面落实基层党建11项重点任务，投入730万元推进阵地建设，打造市级党建示范点4个、县级党建示范点13个。规范建设“6+N”村级党群服务中心43个。发展党员353名，结合庆祝建党95周年，选树先进基层党组织50个、第一书

记10名、基层党组织书记30名、优秀共产党员100名。严格落实“两个责任”，实行约谈提醒全覆盖，围绕脱贫攻坚、换届纪律、党的纪律贯彻执行等重点工作开展监督检查。开展坚决整治违规经商办企业、违规从事营利活动，坚决整治违规插手工程项目、陷入非法利益格局，坚决整治涉农项目和资金中侵害群众问题等“三个坚决整治”专项行动，严肃查处发生在群众身边的“四风”和腐败问题，充分把握运用好监督执纪“四种形态”始终保持惩治腐败高压态势。全县处置反映问题线索334件，立案144件，给予党纪政纪处分130人，挽回经济损失380余万元。（伍家华　王大琼）

叙永县

【概况】 2016年，全县辖区面积2976.8平方千米，其中耕地面积116.95万亩（丈量亩），森林面积239.55万亩、森林覆盖率55.79%。辖18个镇、7个乡，其中苗族乡3个、彝族乡2个；村民委员会210个、村民小组1657个，社区30个、居民小组210个。年底，户籍人口72.41万人，常住人口58.08万人。其中城镇户籍人口15.3万人、常住人口18.93万人，户籍人口城镇化率21.1%。人口出生率为16.44‰、死亡率为11.61‰；自然增长率为4.83‰。实现地区生产总值109.34亿元、比2015年（下同）增长8.5%，其中第一产业增加值21.54亿元、增长4.1%，第二产业增加值50.92亿元、增长9.8%，第三产业增加值36.87亿元、增长9.3%。全社会固定资产投资136.58亿元、增长26.0%，其中第一产业投资7.5亿元、第二产业投资41.71亿元、第三产业投资87.37亿元；地方一般公共预算收入7.72亿元、增长15.6%，一般公共预算支出41.01亿元；城镇居民人均可支配收入22049元、增长8.3%，农村居民人均可支配收入9907元，增长9.8%。

【工业经济】 全县工业增加值44.62亿元、增长6.7%，其中规模以上工业增加值增长8.0%。规模以上工业企业主营业务收入47.07亿元，增长7.2%；利润1.72亿元，增长62.6%。建筑业增加值6.3亿元，增长39.0%；具有资质等级的总承包和专业承包建筑业总产值（含省外）12.16亿元，增长267.4%。

【农业经济】 新增耕地灌溉面积1670公顷，新增节水灌溉面积490公顷，新增森林面积2.65万亩，新增森林蓄积14.55万立方米，森林覆盖率提高0.59个百分点。粮食种植面积6.01万公顷、增加260公顷，粮食产量24.5万吨、增产2.2%。其中油料产量5134吨、增产5.2%，糖料产量2094吨，减产1.2%，茶叶产量1274吨，增产2.3%。肉类总产量3.85万吨，下降2.4%。其中猪肉产量3.2万吨、下降3.1%，牛肉产量3999吨、增长1.2%，羊肉产量125吨、增长17.9%，禽肉产量2162吨、增长0.9%。禽蛋产量1191吨、下降7.3%。牛奶产量950吨，与上年持平。年末生猪存栏35.16万头、增长1.4%，出栏45.05万头、下降3.1%；牛存栏12.67万头、下降3.8%，出栏3.26万头、增长1.3%；羊存栏1.53万只、增长1.1%，出栏0.65万只、增长17.4%。水产品产量2485吨，增长3.5%。其中淡水养殖水产品产量2395吨、增长3.7%，淡水捕捞水产品产量90吨、与上年持平。商品木材产量4.45万立方米，下降5.0%。叙永县竹林基地被国家林业局认定为“服务精准扶贫全国林下经济及绿色产业示范基地”，创建水尾西溪、广木村“中国森林体验基地”，水尾竹产业基地被认定为“四川省森林食品基地”，创建全省农产品质量安全监管示范县，叙永县被四川省人民政府认定为“现代林业产业重点县”。

【第三产业】 全年，社会消费品零售总额62.08亿元、增长13.8%。城镇消费品零售额38.57亿元、增长14.7%，乡村消费品零售额23.51亿元、增长12.3%；商品零售额53.78亿元、增长14.6%，餐饮收入额8.3亿元、增长8.8%。年底各项存款余额127.69亿元，比年初增加17.88亿元；各项贷款余额73.4亿元，比年初增加8.83亿元。公路旅客周转量每千米59824

万人，比上年下降17.5%；公路货物周转量每千米90573万吨、增长10.5%，水路货物周转量23158万吨千米、下降24.3%。年底，全县拥有营运载客汽车647辆、客位10296个，拥有载货汽车1024辆。完成邮电业务总量3.0亿元，增长9.5%。其中邮政行业业务总量4947万元、增长12.2%，电信业务总量2.5亿元、增长8.6%，邮政业完成邮政函件业务2.4万件、包裹快递业务5.1万件，电信业新增移动电话交换机容量5万户、达到23.8万户，固定互联网宽带接入用户2.9万户、增加1.3万户。接待旅游288.81万人、增长17.8%，旅游总收入21.41亿元、增长18.8%。

【社会保障】 至年底，全县参加城镇职工基本养老保险人数4.53万人，增加2192人；参加城乡居民基本养老保险人数17.19万人，增加2.4万人。参加城镇基本医疗保险人数65.84万人、减少0.9万人，其中参加职工基本医疗保险人数3.83万人、增加4455人，参加城乡统筹居民基本医疗保险（新口径）人数62万人、减少1.35万人。参加失业保险人数1.92万人、增加4331人，领取失业保险金人数462人；参加工伤保险人数2.06万人、增加2585人，其中农民工工伤保险8434人、减少196人；参加生育保险人数2.18万人。享受城市居民最低生活保障5212人，享受农村居民最低生活保3.68万人，享受农村特困人员救助供养3098人。资助参加基本医疗保险11.61万人，医疗救助14.17万人（次）。国家抚恤、补助各类优抚对象0.6万人。全县脱贫1.50万人。

【科技文化】 全年，中等职业教育招生1229人，在校生3115人，毕业生987人；普通高中招生2991人，在校生8573人，毕业生2416人；初中招生10243人，在校生28262人，毕业生8831人；普通小学招生8404人，在校生6.2万人，毕业生1.14万人；特殊教育招生179人，在校生747人，毕业生160人；学前教育在园幼儿1.88万人。建成幸福美丽新村（社区）文化院坝5个、贫困地区村综合性文化服务中心8个、贫困村文化活动室51个、贫困村阅报栏53个，更新补充231个农家书屋、30个社区书屋出版物，放映公益电影2789场，惠民文艺演出30场。清理造册古籍图书7000余册，举办读书征文等活动10余次、书法及图片等展览活动8次，创作歌曲《苗乡情歌》《连起来》参加“赤水河之声”音乐节分获二、三等奖，《为你牵绊》参加泸州市第六届群众文化旅游展示活动获三等奖，《边城追忆》参加泸州市第六届群众文化旅游展示活动舞蹈大赛获三等奖。建成农村公共服务网点22个、村应急广播“村村

叙永县合乐苗族乡兴复村新民居

响”58个、“户户通”5444户。开展赛事活动25项次，参加四川省青少年武术套路锦标赛获4金2银1铜、大众空手道锦标赛活7金8银12铜，2016年泸州市运动会获14金20银18铜。创建国家级青少年体育俱乐部会员单位2个，国家级足球特色学校2所，县级足球布点学校5所，向省市输送优秀体育后备人才200余人。

【社会服务】 2016年年底，全县医疗卫生机构506个，其中公立医院3个、民营医院5个；基层医疗卫生机构497个，其中乡镇卫生院25个、社区卫生服务中心（站）10个、门诊部（所）48个、村卫生室414个；专业公共卫生机构1个。卫生技术人员2171人，其中执业医师和执业助理医师735人，注册护士917人。医疗卫生机构床位2317张，其中医院983张、乡镇卫生院1268张。全年总诊疗人（次）175.68万人（次），住院人（次）10.34万人（次）。养老服务机构30个，养老服务床位2350张；社区服务中心16个，床位160张；社区服务站30个。

【环境资源】 全年，完成造林面积8414公顷，其中人工造林5547公顷、实有封山（沙）育林1267公顷。新增水土流失治理面积5000公顷。年平均气温18.8℃，下降0.1℃，降水总量1706.3毫米。年末43座水库库容7145万立方米，供水工程总供水量8389.26万立方米、增长0.5%。供应国有建设用地使用权31宗、面积191.77公顷，其中公共设施用地17.93公顷，水库及相关设施用地145.59公顷，工矿仓储用地11.95公顷，交通设施用地3.34公顷，商业和住宅用地12.96公顷。规模以上工业企业能源消费总量31.14万吨标准煤，增长10.0%；煤炭消费量46.67万吨，增长15.9%，占能源消费总量的83.8%；天然气消费量1240万立方米，占总量的4.1%；电力消费量30275万千瓦时，增长14.8%；吨水泥综合能耗下降2.1%；每千瓦时火力发电标准煤耗增长1.5%。年末城市污水处理厂日处理能力2万立方米、增长2.0%，城市污水处理率76.0%、提高7.8个百分点；城市生活垃圾无害化处理率95%。城市区绿地面积416公顷、增长13.7%，建成区绿地率30.14%；人均公园绿地面积9.03平方米。

【园区建设】 2016年建成园区区面积2.37平方千米，投产企业24户，其中规模以上工业企业16户；完成固定资产投资7.36亿元，累计完成投资55.55亿元，其中基础设施建设投资11.4亿元。园区竣工项目投资强度150万元/亩以上，投产项目产出强度200万元/亩以上。园区规模以上工业企业实现产值16.74亿元，实现主营业务收入14.6亿元，实现增加值3.4亿元，上缴税金3509.5万元。

【争取国家政策支持】 组织申报的资源综合利用经济园区成功列入中国开发区审核公告目录征求意见稿，赤水河流域发展规划列入全国14个区域流域发展规划的征求意见稿，鸡鸣三省石厢子会议遗址成被国家14个部委办联合列入全国300个红色旅游经典景区。

【民生保障性住房】 2016年，完成易地扶贫搬迁住房建设1087户、地灾避险搬迁建设27户，农村危旧房改造2497户。建成城市危旧房棚户区改造（安置户）和公共租赁住房1246套，发放低保住房困难家庭租赁住房补贴35.6万元；分配公共租赁住房398套。截至年底，共有2000多户困难群众和低收入家庭住上政府提供的廉租住房或公共租赁住房。

【脱贫攻坚】 2016年，围绕“决战全面小康、建成乌蒙山片区精准脱贫示范县”的目标，实施精准帮扶。投入扶贫资金11.71亿元，其中直接投入项目资金2.94亿元。完成20个贫困村基础设施建设项目，扶持5201户产业发展、危房改造，实施11个贫困村11个专业合作社收益扶贫试点项目，助学补助贫困学生1730人（次），财政专项长期贷款贴息834万元易地搬迁，完成2个外资扶贫项目村专合社省级批复。全年，全县脱贫攻坚减贫1.8万人、脱贫20个贫困村。

【“全民预防保健”管理模式在全省推广】

2016年，国家卫生发展研究中心3次到县调研全民预防保健试点工作，省委书记王东明、国家卫计委副主任王培安、副省长刘捷、省卫计委主任沈骥等先后到县考察全民预防保健工作。先后作为全省、全市预防保健工作会现场参观点，接受指导。探索总结“全民体检、分类管理、重点救助”的健康管理模式在全省推广，并参加中国卫生发展论坛研讨会、国家卫生计生委发展研究中心结题会和政策培训会汇报发言3次，全民预防保健作为健康城市创建经验写入中国第一部健康城市蓝皮书。

【《边城印记——木灵》入选国产优秀纪录片】叙永广播电视台拍摄制作的纪录片《边城印记——木灵》入选国家新闻出版广电总局2016年第三批优秀国产纪录片和2016年第三批中国梦主题短纪录片，是四川省唯一一部入选的纪录片。（黄永红）

采和洗选业同比下降7.5%，医药制造业同比增长14.5%。规模以上工业总产值216.1亿元，同比增长13.1%，比上年同期提高12.5个百分点。主要产品方面：规模以上工业企业实现原煤产量111万吨，同比下降2.4%；饮料酒产量13.6万千

2016年9月26日，叙古高速通车

古蔺县

【概况】2016年，全县面积3184平方千米，辖6个乡（其中3个苗族乡）、20个镇。社区27个，行政村269个。全年实现地区生产总值140.1亿元，年均增长9.3%；地方公共财政收入16.2亿元；全社会固定资产投资201.4亿元，同比增长18%；社会消费品零售总额62.3亿元，同比增长13.7%；城镇常住居民人均可支配收入24034元，农村常住居民人均可支配收入10516元，同比增长分别为8.4%和9.5%。年末总人口87.3万人。常住人口70.06万人。

【工业经济】2016年，全县实现全部工业增加值79.5亿元，同比增长9.8%，增速比上年同期提高0.7个百分点，其中规模以上工业增加值同比增长11.6%，比上年同期提高2.5个百分点；分行业看，酒类制造业同比增长12.3%，煤炭开升，同比增长11.8%；水泥产量56万吨，同比增长110.1%；发电量5507万千瓦时，同比下降6.3%。工业经济效益方面：规模以上工业企业产销率85.1%；实现主营业务收入131.4亿元，同比增长15%；实现利润总额7.6亿元，同比下降5%；实现税金12.6亿元，同比增长23.7%；产品存货209.3亿元，同比增长8.7%。

【农村经济】2016年，全县实现农林牧渔业总产值（现价）36.8亿元，同比增长3.7%；全县粮食总产量26.48万吨，同比增长3.6%；油料产量16548吨，同比增长5.3%；糖料产量1520吨，同比增长3.1%；烟叶产量5974吨，同比增长11.4%；蔬菜及食用菌产量39.01万吨，同比增长8.2%；茶叶产量1295吨，同比增长9.6%；水果产量1.35万吨，同比增长11.5%。

全县生猪存栏36.2万头，同比增长2.8%；能繁殖母猪存栏4.3万头，同比增长3.0%；生猪

出栏55.7万头，同比增长2.9%。牛出栏3.4万头，同比增长2.2%；牛存栏11.8万头，与上年持平。羊出栏7.7万头，同比增长4.5%；羊存栏7.1万头，同比下降0.2%。家禽出栏116.3万羽，同比增长2.8%；家禽存栏160.3万羽，同比下降0.8%。全年实现肉类总产量4.67万吨，同比增长2.8%，其中猪肉产量3.98万吨，同比增长2.9%；牛肉产量0.37万吨，同比增长2.1%；羊肉产量0.14万吨，同比增长4.8%；禽肉产量0.18万吨，同比增长2.7%。

全县有效灌溉面积达24550公顷，水土流失治理面积6090公顷，水土保持及生态项目本年完成投资1757万元，机电井155眼，农业机械总动力达22万千瓦，同比增长2.3%。

【财政和金融】 2016年，全县实现地方一般公共预算收入16.2亿元，同比增长4.1%，其中税收收入7.8亿元，同比增长14.3%。实现地方一般公共预算支出45.9亿元，同比增长10.6%，其中一般公共服务支出4.6亿元，同比增长24.6%；公共安全支出1.5亿元，同比增长19.4%；教育支出11.8亿元，同比增长23.7%；科学技术支出0.4亿元，同比增长2%；文化体育和传媒支出0.3亿元，同比增长122.1%；社会保障和就业支出6.4亿元，同比增长38%；医疗卫生和计划生育支出6.6亿元，同比增长17.8%；农林水事务支出8.9亿元，同比下降9.4%；交通运输支出0.7亿元，同比下降47.7%；住房保障支出0.9亿元，同比下降22.8%。

2016年，全县金融机构各项存款余额139.9亿元，同比增长37.5%，其中住户存款余额76.4亿元，同比增长21.7%。金融机构各项贷款余额106亿元，同比增长27.3%，其中住户贷款余额34.6亿元，同比增长16.1%。

【人民生活】 2016年，全县城镇常住居民人均可支配收入24034元，同比增长8.4%。其中工资性收入13279元，同比增长6.1%；经营净收入4276元，同比增长10.3%；财产净收入1727元，同比增长16.1%；转移净收入4753元，同比增长10.4%。城镇常住居民人均消费性支出17500元，同比增长7.6%，其中食品烟酒支出7217元，同比增长6.8%。2016年，全县农村常住居民人均可支配收入10516元，同比增长9.5%。其中工资性收入4927元，同比增长6.7%；经营净收入3452元，同比增长12.7%；财产净收入159元，同比增长20.6%；转移净收入1978元，同比增长10.3%。农村常住居民人均消费性支出8630元，同比增长5.5%，其中食品烟酒支出3821元，同比增长3.9%。

2016年12月10日，古蔺县马蹄乡新农村建设

【民生工程】 叙古高速公路正式通达县城；63千米的叙大铁路即将全线铺通；3527户贫困户13762人实现易地扶贫搬迁；完成40余万在家常住人口的全民预防保健免费体检建档工作；179千米的赤水河环线扶贫公路全线动工；全国首创的中职助学贷款工程成功试点；农网改造、交通建设、教育卫生、就业创业等民生实事顺

利完成。教育卫生不断改善。

【招商引资】上争到位资金32亿元，增长20%。完成观文水库、采煤沉陷区治理等20个重大项目上争工作，落实土地“双挂钩”、易地扶贫搬迁等融资项目。到位市外国内资金76亿元，引进项目73个，其中亿元以上项目13个，在省市招商活动中签约重大项目10个，签约资金45.8亿元。完成投资76.7亿元，优先保障重大、重点项目建设资金，建成重大项目5个，新开工重点项目12个，路、水、电、通信等保障能力不断提升，209个项目成功列入省市“十三五”规划盘子。

【精准扶贫】精准识别、精准帮扶，打好“2+18+3”政策组合拳，推进“七大扶贫攻坚行动”，整合投入资金85亿元，实施易地扶贫搬迁、连片扶贫开发等各类扶贫项目610个，精准落实兜底保障，贫困人口累计减少14.8万人，贫困发生率从26.3%下降至7.1%。县乡村三级挂图作战，任务层层分解、责任层层落实、工期步步倒排，“五个一”帮扶机制高效运行，广大社会组织、企事业单位积极参与，攻坚合力全面形成。政策措施精准落地。统筹实施“六个一批”帮扶行动，严格按照“一超六有”落实产业扶贫、基础改善、住房安全、教育医疗、社会救助等各类扶贫政策，脱贫支撑有力夯实。脱贫任务精准完成。新建通村水泥路210千米，实施安全饮水工程1400处，改造城乡电网3680千米。22个贫困村有标准化卫生室、文化室，通宽带网络。发放产业周转金2230万元、小额扶贫贷款2.5亿元，实施产业扶贫到户项目26个，惠及贫困人口20457人。完成贫困村退出22个、贫困人口脱贫19539人。

【旅游产业】《古蔺县“十三五”旅游发展专项规划》编制完成，百亿黄荆旅游扶贫示范项目启动建设，箭竹大黑洞景区建成投运，东新青龙洞加快开发，双沙菜花节、大寨踩山节、水口杨梅节等节事影响力持续扩大。实现旅游综合收入51.7亿元，同比增长27.1%；接待国内旅游人数605.4万人（次），同比增长18.2%。

【美丽城乡建设】县城开发进展迅速。棚户区改造步伐加快，墨宝寺、商业街棚改进展顺利。市政工程稳步推进，东城大道、兰西大道一期即将通车，西区农贸市场、西区变电站加快建设。撤县设市正式启动，农业人口有序转移，城镇化率提高2.6个百分点。镇村建设有力推进。永乐、皇华、水口等集镇开发加速推进，双沙、太平、石屏场镇基础设施项目申报成功，护家、鱼化、石宝绕场公路建成投用，乡镇职工周转房有序实施。二郎红军街、箭竹团结等4个传统村落建设加快，建成幸福美丽新村11个，改造农村危房970户。城乡治理更加有序。县级综合执法向乡镇延伸，城乡专项治理成效显著，“三乱”问题得到有效遏制，功能完善、环境舒适、卫生整洁的城乡新貌逐步形成。

【深化改革】体制改革不断深化。“三公”经费持续下降，公车改革平稳推进。营改增全面施行，全年减税7900万元。商事制度改革持续深化，“先照后证”“五证合一”有序推行，不动产登记全面落地，确权颁证19.5万份。依法行政全面推进。“双随机一公开”监管机制有效运行，受理行政复议案件155件、办结151件，主动公布行政责任清单23项。认真办理人大代表建议、政协委员提案，主动回应社会关切。行政效能稳步提升。建成智慧政务综合管理平台，新改建乡镇便民服务中心22个，政务服务体系标准化建设不断提升。行政审批制度改革持续深化，承接省、市下放审批事项79项，受理行政审批、公共服务事项127.6万件。廉政建设切实加强。全面落实廉洁从政各项规定，干部作风整顿、警示教育扎实开展，反腐败和廉政建设取得新成效。

【社会事业】改造完成乡镇中小学5所、中心幼儿园3所，蔺阳中学综合楼、中城中学运动场建成使用。高考本科录取学生2236名，140余名古蔺学子考入清华、浙大等“985”“211”名校。改扩建乡镇卫生院4个、村卫生室44个，成功创建省级结核病防治示范区。双创社保扩面提标。建成创新创业孵化园3个，成功创业1020人，稳定就业17300人。城镇职工实现“五险统征”，低保精准保障34978人，养老保险覆盖率达96%以上、医保参保率达98%以上。文体广电协调发展。央视大型纪录片《长征》聚焦古蔺，各类文体赛事持续举办，建成综合文化服务中心、文化院坝示范点10个。生态环保扎实推进。实施天然林保护、退耕还林9200亩，建设现代林业产业基地1.5万亩、高标准基本农田1.9万亩、乡镇污水处理厂3个，全县空气质量达到国家Ⅱ级标准。社会环境和谐稳定。依法治县扎实开展，天网三期、消防指挥中心建成投用。安全生产基层基础有力夯实，全县未发生较大及以上安全事故。

表5　2016年古蔺县经济社会发展主要指标一览表

项　目	单位	实绩	同比增长（%）
地区生产总值	亿元	140.1	9.3
第一产业增加值	亿元	21.6	4
第二产业增加值	亿元	81.6	10.3
第三产业增加值	亿元	36.9	10.3
民营经济增加值	亿元	76.2	9.4
粮食总产量	万吨	26.48	3.6
肉类总产量	万吨	4.67	2.8
社会消费品零售总额	亿元	62.3	13.7
全社会固定资产完成投资	亿元	201.4	18
地方公共财政收入	亿元	16.2	4.1
地方公共财政支出	亿元	45.9	10.6
年末金融机构存款余额	亿元	139.9	37.5
年末金融机构贷款余额	亿元	106	27.3
城镇常住居民人均可支配收入	元	24034	8.4
农村常住居民人均可支配收入	元	10516	9.5
中小学在校生数	人	114787	–
境内公路总里程	千米	2690	–
邮电主营业务收入	亿元	4.2	7.7
工业增加值	亿元	79.5	9.8

（曾凡艳）

附录
FU LU

泸州市人大常委会工作报告

——在泸州市第八届人民代表大会第一次会议上

（2017 年 1 月 7 日）

泸州市人大常委会主任　陈　雁

各位代表：

我受泸州市第七届人民代表大会常务委员会的委托，向大会报告工作，请予审查。

五年工作回顾

市七届人大常委会任期的五年，是我市经济社会平稳较快发展、城乡面貌得到明显改善、人民生活水平显著提高的五年，也是我市民主法治建设稳步推进、人大工作创新发展的五年。五年来，在市委的坚强领导下，常委会牢牢把握人大工作正确的政治方向，紧紧围绕全市工作大局依法行使职权，共制定、审议地方性法规 3 件，听取和审议“一府两院”专项工作报告 94 项，开展执法检查、工作评议和专题询问 11 项，组织集中视察和专题调研 173 次，作出决议决定 83 项，任免国家机关工作人员 373 人（次），为推进全市经济社会持续健康发展做出了积极贡献。

一、始终围绕中心、服务大局，在促进科学发展上有新突破

常委会深刻把握经济发展新常态的内涵与要求，围绕市委决策部署，主动有为服务于全市发展大局，努力使人大依法履职与全市中心工作的推进合拍同步。

贯彻市委决策部署有力有效。始终坚持党的领导、服务发展大局，围绕实施“着力六个突破”等重大部署作出决议决定，及时将市委决策通过法定程序转变为全市人民的共同意志。主动对接关于

"两化"互动统筹城乡发展、"两江新城"建设、交通枢纽建设、脱贫攻坚等全局性、战略性重点工作，组织开展专题调研和视察；围绕抢抓长江经济带发展机遇加快泸州发展等重大课题开展讨论，提出建议意见。引导代表围绕市委决策支持泸州发展，组织在泸全国、省人大代表提出"调整成贵高铁线路""推进泸州集装箱码头铁水联运""设立赤水河流域合作发展试验区""整治长江泸渝段航道提升安全通航能力"等建议，受到国家有关部委和省政府高度重视，促进了内泸城际铁路的开工建设和泸昆集装箱班列的开通运行，推动了赤水河流域综合开发和长江川境段航道等级提升工程的加快实施。积极参与"六个突破"督导、沱江新城建设、精准扶贫、对口援藏、对口援建等中心工作，将人大职能的充分行使融入支持发展的具体实践。坚持党管干部和人大任免的有机统一，依法开展选举任免工作，及时审议表决"一府两院"提请的任免事项，为经济社会发展提供组织保障。

服务产业转型升级有力有效。围绕工业经济发展，对全面创新改革、资源枯竭转型发展、民营经济和新兴产业发展等工作开展专题调研，力促产业结构优化升级和优势产业做大做强；多次组织省、市人大代表集中视察泸州国家高新区、长江经济开发区、中国白酒金三角酒业园区，推动产城一体、港城一体、城乡统筹发展；着力推动泸州酒业加快发展，两次赴东北、西北、华中等地开展调研，针对管理体制和白酒市场存在的问题提出建议意见，调研成果得到高度重视并转化为市委决策，促进全市酒类企业实现恢复性增长。围绕现代农业发展，审议创建现代农业产业示范园区、贯彻实施《中华人民共和国农业机械化促进法》等专项工作报告，对主要粮食稳定增长、建设"幸福美丽新村"、农村产权制度改革等多项工作开展调研，促进"三农"工作取得积极进展。围绕第三产业发展，重点对旅游开发、商贸物流、金融服务、电子商务、科技成果转化等工作组织开展系列调研，提出建议意见，推动我市将旅游等产业作为新的经济增长点进行重点扶持，有力促进了全市服务业发展壮大。围绕提升开放型经济水平，调研和审议口岸建设、归侨侨眷权益保护、台资企业发展、民航事业发展等工作情况，为四川（泸州）自贸区的设立和泸州港保税物流中心（B型）、国家进境粮食指定口岸等建成投用发挥了积极作用。

推动区域中心建设有力有效。着眼交通枢纽建设，多次视察成自泸赤高速公路、沱江六桥、龙透关大桥、云龙机场等建设情况，针对重点项目用地保障开展调研，为重大交通项目落地提供要素保障。着眼加快城市建设，听取和审议城市总体规划实施评估报告，依法作出城市总规修编决议；支持泸县撤县设区和合江、古蔺撤县设市，加快城市发展步伐；审议中心城区棚户区改造、茜草片区开发建设等事项并作出相关决议决定，为旧城改造破解资金瓶颈。着眼提升城市品质，积极推动全国文明城市创建，连续两年对创建工作开展集中视察；审议批准"两江四岸"城市设计控制准则和城乡环境综合治理"十二五"规划，对城市建设重点项目、城市生态文化建设、园林城市建设、水生态文明城市建设、城管执法体制改革、茜草工业遗址保护和垃圾焚烧发电厂、污水处理厂等市政基础设施建设情况开展多次视察、调研，推动宜居城市建设，顺应人民群众对美好生活环境的新期待。

保障经济平稳运行有力有效。定期分析研判经济形势，提出合理化建议，促进经济运行提质增效。听取和审议"十二五"规划实施中期评估报告，督促市政府积极应对困难和问题，确保"十二五"规划各项指标任务如期完成。主动参与"十三五"规划编制工作，审查批准"十三五"规划，为全市经济社会发展明确了目标任务。加大审计监督支持力度，强化审计查出问题整改工作，向社会公开整改情况。不断加强和改进对政府全口径预算决算的审查监督，建立常态化监督审查工作机制，推动"三公经费"全面公开，一般公共预算、政府性基金预算、国有资本经营预算和保险基金预算等"四本预算"及市级单位、部门预算草案全部提交人代会审查批准，预算监督的严肃性和实效性进一步增强。

二、始终以人为本、聚焦民生，在构建和谐社会上有新成效

常委会坚持把推动民生事业发展摆在突出位置，紧扣社会热点开展持续监督，使广大群众在共建共享中有更多获得感。

助推社会民生持续改善。针对涉及群众生命安全、事关社会和谐稳定的食品安全问题，常委会采取执法检查、工作评议和专题询问等方式，连续五年持续监督《中华人民共和国食品安全法》贯彻落实情况，督促有关部门加大监管力度，促进全市食品安全形势进一步好转，助推我市创建国家食品安全城市。连续三年围绕环境保护强化监督，重点对《中华人民共和国水污染防治法》实施情况开展检查、对大气污染防治工作进行专题询问，有效遏制了环境污染加剧的严峻态势。多次视察医教园区、康健中心建设情况，针对义务教育均衡发展、校外托管机构管理、公立医院改革、医疗纠纷预防与处置、城乡社会保障体系建设、不动产登记、农村饮水安全、城镇饮用水水源管理、县乡污水处理厂建设与运营管理、保障性住房建设、物业管理、文物保护、社区矫正等民生问题广泛开展调查研究、提出建议意见，推动解决了中小学“大班额”等一批社会热点、难点问题，有力促进改革发展成果更多、更公平地惠及全市人民。

助推脱贫攻坚纵深发展。连续两年对贯彻实施《四川省农村扶贫开发条例》及大力推进精准扶贫有关情况开展执法检查和调查研究，加强对教育、医疗、就业精准扶贫和少数民族地区扶贫攻坚工作的监督，从完善发展规划、发挥资金效益等方面提出建议意见。听取和审议市政府关于整体推进贫困地区扶贫开发、乌蒙山片区扶贫开发政策落实等情况的报告，对生猪寄养助农脱贫、赤水河经果林发展、农业新型经济组织建设情况等工作开展调研，促进“五个一批精准扶持计划”“六项精准扶贫原则”“七大扶贫攻坚行动”的落实，推动精准扶贫、精准脱贫工作扎实开展，贫困地区道路、水电等基础设施建设进一步加强，社会保障和公共服务水平明显提升。狠抓联村帮扶工作，扎实开展调研督导，指导联系村抓好精准脱贫规划制定、基础设施建设、特色产业发展等工作，协调落实村级公路、水利设施、农网改造等帮扶项目，推动联系村整体脱贫和贫困户增收致富。

助推社会大局和谐稳定。高度重视安全生产工作，配合省人大常委会对我市贯彻实施《中华人民共和国消防法》进行检查，促成我市消防规划修编，督促全市酒类、化工等企业进一步完善消防设施。2014年，常委会将政府安全生产工作作为评议内容，深入生产企业和人口聚集场所暗访调查安全隐患和监管工作存在的问题，督促政府及有关部门、企业加强整改，促进全市安全生产形势持续向好。着眼改善社会治安状况，近三年持续加强对社会治安工作的监督，督促相关部门加大对“盗、抢、骗”“黄、赌、毒”和黑恶势力的打击力度，促进全市社会治安呈现平稳可控的良好态势。持续关注民族宗教工作，对宗教场所建设管理等工作开展调研，着力促进民族团结、宗教和谐。坚持把人大信访作为听民意、解民忧、维民权、促和谐的重要渠道，五年来共受理群众来信来访1160件（次），接待来访群众2960人（次），督促化解了一批群众利益诉求问题，维护了人民群众正当权益。

三、始终立足职能、主动作为，在推进依法治市上有新进展

常委会全面落实依法治国基本方略，充分发挥人大在依法治市中的主导作用，切实维护公平正义，加快建设“法治泸州”。

地方立法实现良好开局。常委会牢牢把握获得全省首批地方立法权的重大机遇，加强立法机构和队伍建设，建立完善法规立项、起草、论证、审议、报批、评估工作机制，初步形成了党委领导、人大主导、政府依托、各方参与的立法工作格局。坚持依法立法、科学立法、民主立法，围绕市委决策部署和人民群众意愿，制订立法计划，确定立法课题，严格按照程序做好地方立法工作，全市首部地方性法规《泸州市地方立法条例》于2016年4月顺利颁布实施，《泸州市违法建设治理条例（草案）》通过常委会三次审议，已上报

省人大常委会审批，《泸州市物业管理条例（草案）》已通过常委会第一次审议。积极配合上级人大常委会对《行政诉讼法》《农民专业合作社法》《四川省酒类管理条例》等75部法律法规草案的制定或修订开展立法调研，形成调研成果，一批建议意见得到采纳。

推动法律法规严格执行。常委会每年有计划、有重点地安排开展执法检查、执法调研，五年来先后对《中华人民共和国食品安全法》《中华人民共和国大气污染防治法》等9部法律法规执行情况进行了检查，围绕《中华人民共和国道路交通安全法》《中华人民共和国就业促进法》《森林防火条例》《预防职务犯罪工作条例》等17部法律法规实施情况开展调研，有效推动相关法律法规在我市的贯彻实施。加强司法监督工作，听取和审议市法院行政审判、司法公开、人民法庭规范化建设和市检察院贯彻实施新《中华人民共和国刑事诉讼法》、严肃查办危害民生民利犯罪、未成年人检察工作等情况报告，提出审议意见，促进司法公正。加强规范性文件备案审查，共受理审查市政府、区县人大常委会报送备案的规范性文件107件，对市政府2件规范性文件提出审查意见，责成修改或重新制定，确保规范性文件合法有效。

法制宣传教育持续广泛。坚持把法制宣传教育作为一项长期的战略任务来抓，作出“七五”普法决议，全面推进“七五”普法工作，提升全社会法治观念、法治思维和依法办事能力。贯彻落实市委依法治市规划，审议作出《关于深入推进依法治市的决议》，推动决策行为、行政行为、司法行为纳入法治体系。加大宪法宣传力度，举办学习贯彻宪法实施30周年专题讲座、组织开展人大制度建立60周年及“国家宪法日”宣传活动。实施宪法宣誓制度，增强国家机关工作人员忠于宪法、遵守宪法、维护宪法的法治意识。充分利用新闻媒体、人大网站等宣传载体和视察调研、执法检查等活动，将宣传人大制度、宪法法律和弘扬法治精神融入人大履职行权的全过程。组织编撰并成功出版《泸州市人大志》，为全面反映建市以来泸州人大制度发展、法治建设历程提供了珍贵史料。

四、始终突出主体、强化机制，在发挥代表作用上有新作为

常委会充分发挥代表密切联系群众的优势和作用，健全工作机制，改善服务保障，支持和保障代表依法行使职权。

着力深化“双联”制度。坚持和完善常委会组成人员联系代表、代表联系群众制度，全市各级人大代表接待群众、联系群众、服务群众实现常态化、规范化。积极配合市委开展“两代表一委员”联系群众试点工作，深入开展“走基层——人大代表在行动”“扶贫攻坚——人大代表再行动”等主题活动。五年来，各级人大代表接待、走访选民和群众约12万人（次），共收集意见建议8000多条，协调落实帮扶资金2亿多元，帮助解决实际问题1.3万多件，人大代表成为党和政府联系群众的桥梁和纽带，成为集民意、解民忧、办民事的实践者和带头人。探索完善代表激励机制和履职监督办法，采取通报表扬、采访报道等方式，大力宣传代表在履职行权、联系群众、扶贫攻坚等方面的先进事迹；通过建立代表履职档案、推进直选代表向原选区和选民述职等形式，接受选民评议监督。

着力优化保障服务。注重提高代表履职水平，先后组织800多名各级人大代表参加全国、省人大常委会培训等各类学习活动。坚持邀请代表列席常委会会议、参加立法调研和执法检查、工作评议、专题询问等监督工作，选派代表参加政风行风监督和庭审活动、听证会议，人大代表参与民主政治建设的广度与深度不断拓展。认真组织在泸全国、省人大代表开展集中视察和专题调研，指导市代表小组围绕泸州经济社会发展中的热点、难点问题开展调查研究，各代表小组推荐代表在市人代会上作专题发言6人（次），对群众关注的突出问题提出建议意见。搭建代表闭会期间履职新平台，常委会主任、副主任接待代表日制度自2014年建立以来，共接待代表31名，收到代表建议49件，编印《代表之声》13期，代表反映的不少问题得到较好解决。此外，常委会制定了对代

表采取限制人身自由和进行刑事审判许可暂行办法，依法保障代表合法权益。

着力强化建议督办。不断加强代表建议办理工作，建立常委会领导牵头督办、人大专门委员会对口督办、代表工作部门全面协调的督办机制，坚持重点督办与常态化督办相结合，实行代表建议信息化管理，定期通报办理进度和督办情况；改进代表建议办理工作评价方式，通过新闻媒体向社会公布重点建议及办理情况，对办理工作进行满意度测评，并将其列入市委目标考核。五年来，市人大代表共提出建议598件，常委会确定重点督办件29件，“设立城市公交专用道”“加强物业管理”“加强校外托管机构管理”“推广地埋式垃圾库”等一批建议得到较好落实，办理满意率不断提高。

五、始终从严从实、创新举措，在加强自身建设上有新提高

常委会注重激发内生动力、增强履职活力，坚持严实标准强化自身建设，较好地发挥了地方国家权力机关的职能作用。

换届工作有序推进。2016年市、县、乡人大换届选举，是全省第一次实现三级人大换届基本同步。常委会认真贯彻落实全省换届选举工作的部署要求，扎实开展培训，加强调查研究和工作指导，严格按照新修订的《组织法》《选举法》《代表法》等法律法规开展选举工作，积极协调处理选举过程中的问题和困难。旗帜鲜明严肃换届纪律，带头开展警示教育，带头严守政治纪律，带头抵制不正之风，认真汲取湖南衡阳破坏选举案、四川南充和辽宁拉票贿选案的深刻教训，切实保障人民的选举权利，全市共选举产生市人大代表418名、县级人大代表1742名、乡级人大代表7509名，各级人大代表结构进一步优化。

自身建设扎实开展。抓学习促思想建设。深入开展党的群众路线教育实践活动、“三严三实”专题教育、“两学一做”学习教育，定期举办法律法规专题讲座和政治理论学习讲座，常委会组成人员和机关干部的政治意识、大局意识、核心意识、看齐意识和履职能力进一步增强。抓落实促组织建设。认真贯彻中央《关于加强县乡人大工作和建设的意见》，以及省委、市委人大工作会议精神及有关实施意见，市人大及其常委会工作机构不断健全、队伍建设不断加强，区县人大设立法制、财政经济、城乡建设环境资源保护等专门委员会，乡镇人大配备专职主席、副主席，街道全部设立人大工作机构，全市人大工作呈现整体推进、统筹发展的良好局面。抓作风促机关建设。严格执行中央“八项规定”精神和省委、市委作风建设有关规定，深入开展治理“庸懒散浮拖软”和“三不”整治专项活动，全面落实党风廉政建设责任，扎实推进机关廉政建设。常委会组成人员及机关干部切实转变工作作风、密切联系群众，广泛深入基层，加强调研工作。五年来，共开展调查研究140项次，形成调研报告115篇，为常委会履职行权和改进“一府两院”工作提供了重要参考。

人大工作创新发展。积极探索专项工作评议、专题询问等监督方式，坚持问题导向，强化问题整改，着力拓宽监督工作参与面，监督工作的针对性、实效性极大提升。不断改进审议方式，除集中审议、分组审议、专题审议外，探索运用展示视频资料等办法，直观揭示调研和检查发现的问题。着力提升人大工作的公开性，面向社会公开征集立法项目和监督议题建议，坚持向社会公布年度立法计划、监督计划、重大决定、人事任免和执法检查等情况。切实加强代表工作，探索开展代表在人代会上作专题发言等做法，促进了代表作用的进一步发挥。

各位代表，市七届人大常委会已经完成了庄严的历史使命，工作成绩的取得，是市委正确领导的结果，是全体市人大代表、常委会组成人员和市人大各专门委员会、常委会各工作办事机构履职尽责、辛勤工作的结果，是“一府两院”及各区县人大常委会密切配合、团结协作的结果，是全市人民、社会各界充分信任、大力支持的结果。在此，我代表市七届人大常委会，向大家表示崇高的敬意和衷心的感谢！

在充分肯定成绩的同时，我们也清醒地认识

到，常委会的工作离宪法法律赋予的职责和党委的要求、群众的期盼还有差距，主要表现在地方立法工作尚需进一步加强，监督能力和监督实效有待进一步提升，代表管理与服务机制还需进一步完善，联系人民群众的渠道和方式仍需进一步拓展。这些都需要在今后的工作中不断加以改进。

回顾五年来的工作，我们深刻认识到，做好新形势下的人大工作，必须坚持党的领导，保证人大工作正确的政治方向；必须坚持围绕中心、服务大局，找准人大工作依法履职的最佳切入点；必须坚持履职为民，确保人大工作真正行使好人民赋予的权力；必须坚持抓好自身建设，不断提高做好人大工作的履职能力。

今后工作建议

各位代表，今后五年，是我市深入实施“十三五”规划，奋力夺取“决胜全面小康、建成区域中心”新胜利的关键时期。这对坚持和完善人民代表大会制度、做好新形势下的人大工作提出了更高要求。新一届市人大及其常委会必将担负起历史和人民赋予的光荣使命，高举中国特色社会主义伟大旗帜，以邓小平理论、“三个代表”重要思想、科学发展观为指导，深入贯彻习近平总书记系列重要讲话精神，紧紧围绕“五位一体”总体布局和“四个全面”战略布局，牢固树立“五大发展理念”，认真落实市第八次党代会的决策部署，坚持党的领导、人民当家做主、依法治国的有机统一，围绕中心，服务大局，依法履行宪法和法律赋予的职权，不断推动泸州民主法制建设和人大工作迈上新台阶，为加快实现市委“三个走在前列、三个显著提升”的目标任务贡献力量。2017 年建议抓好以下重点工作。

一、围绕践行法治理念，进一步推动“法治泸州”建设

切实发挥法治的引领、规范和保障作用，制定立法规划和计划，突出立法特色，起草城市市容和环境卫生管理地方性法规，开展白酒历史文化保护立法调研。继续抓好《违法建设治理条例（草案）》的报批和《物业管理条例（草案）》的审议工作。进一步完善立法程序、制度等工作机制，着力提高立法质量，保证立法工作更加适应我市经济社会发展要求。切实发挥人大及其常委会在依法治市中的主导作用，加大民主法制宣传教育，抓住领导干部这个关键，强化宪法意识，督促普法依法治理工作在我市的深入开展。加强对《中华人民共和国农产品质量安全法》《中华人民共和国城乡规划法》《退耕还林条例》等法律法规实施情况的检查和调研，听取审议市政府贯彻实施《中华人民共和国归侨侨眷权益保护法》等法律法规情况的报告，推动相关法律法规在我市的正确贯彻实施。加大规范性文件备案审查力度，促进依法行政，确保法制统一。

二、突出全市工作重心，进一步增强监督工作实效

贯彻落实“五大发展”理念，全力推动“十三五”规划实施，加强对重大项目和重大工程进展情况、重点领域改革推进情况、扶贫开发措施落实情况、民生社会事业建设情况的监督力度。着力推进深化改革，听取审议市政府关于知识产权保护情况的报告，对四川（泸州）自贸区建设和水利工程管理体制、农田水利设施产权制度改革开展调研。着力产业发展和精准扶贫工作，听取和审议易地扶贫搬迁等专项工作报告，调研农业产业扶贫、旅游扶贫、竹资源开发及利用、城乡物流配送体系建设等工作情况。着力民生事业发展，组织视察国家食品安全示范城市等创建工作，切实关注职业教育发展、宗教活动场所安全、非物质文化遗产保护等工作情况。着力推动经济健康运行，加强对经济形势的分析研判，对国有资产监督管理、“营改增”执行情况及对财政税收的影响等工作开展调研。加强和改进预算审查监督工作，建立健全覆盖所有政府性资金和财政运行全过程的监督体系，支持加大审计查处力度。着力维护社会公平正义，对诉讼制度改革、检务公开、法律援助等工作开展调研和审议，促进司

法体制改革，保障人民群众法律权益。

三、牢固树立大局意识，进一步做好决定、任免工作

坚持依法决策、民主决策、科学决策，建立完善讨论决定重大事项工作机制，围绕经济社会发展的重大事项、党委重大决策部署、群众关注的社会热点问题和制约深化改革的难点问题，适时作出决议决定，把党委重大决策部署通过人大法定程序转变为国家意志，使人大常委会的工作与党委中心工作更合拍、与人民群众更合心、与经济发展更合力。加强对人大决议、决定落实情况的监督，督促“一府两院”报告贯彻落实情况。进一步完善人事任免工作机制，增强选举、任命人员的法制观念和依法办事能力。加强对人大选举、任命人员的监督，积极探索建立选举、任命人员向人大及其常委会述职制度，组织人大代表、常委会组成人员对其履职情况以适当方式开展评议。

四、创新机制丰富载体，进一步发挥代表主体作用

加强新一届人大代表的学习培训，增强代表责任意识，激发履职热情，提高履职能力，充分发挥人大代表在管理国家事务中的作用。加强代表联系群众工作，完善联系制度，创新活动载体，推进代表履职网络平台建设，拓宽代表联系群众的方式和渠道，深入开展“扶贫攻坚——人大代表再行动”等主题活动。尊重代表主体地位，支持和保障代表依法履职，建立完善“一府两院”向代表通报工作机制，积极开展视察调研活动，为代表履职创造良好条件。加大代表议案和建议的督办力度，完善重点督办和办理情况测评制度，推行办理答复情况向社会公开。加强对代表的监督管理，建立完善代表履职激励机制、不称职代表退出机制和代表述职、履职满意度测评、劝辞、罢免等制度。

五、不断加强自身建设，进一步提升人大工作水平

进一步加强思想政治建设，抓好新一届常委会组成人员和机关干部的政治理论、人大制度理论、法律知识和人大业务的学习，增强政治素质和履职能力，努力建设一支忠于党的事业、忠于宪法法律、忠实服务人民的人大干部队伍。不断完善人大及其常委会和人大机关各项制度，探索创新工作方式，促进人大工作在规范中创新发展。继续抓好中央关于加强县乡人大工作和建设的若干意见以及省委、市委人大工作会议精神的贯彻落实，加强对基层人大工作的指导，推进全市人大工作上下联动、统筹发展。进一步加强人大制度的宣传教育，将人大制度和民主法制理论作为国家机关工作人员教育培训的重要内容，增强法治观念和依法办事能力。

各位代表，责任重于泰山，使命催人奋进。泸州改革发展已经站在新的历史起点，愿新一届市人大常委会紧密团结在以习近平同志为核心的党中央周围，在中共泸州市委的坚强领导下，不忘初心，扎实工作，不断开创全市人大工作的崭新局面，为泸州“决胜全面小康、建成区域中心”做出新的更大的贡献！

泸州市人民政府工作报告

——在泸州市第八届人民代表大会第一次会议上

（2017 年 1 月 6 日）

泸州市人民政府市长　刘　强

各位代表：

现在，我代表市人民政府，向大会报告工作，请予审查，并请市政协委员和列席人员提出意见。

过去五年工作回顾

2012 年以来的五年，是我市抢抓机遇、开拓奋进的五年。五年来，在省委、省政府和市委的坚强领导下，在市人大、市政协的监督支持下，我们紧紧依靠全市人民，主动适应新常态，主动作为稳增长，锐意进取、攻坚克难，全市经济平稳较快发展，社会保持和谐稳定。预计 2016 年，全市完成地区生产总值 1478 亿元，年均增长 11.4%，连跨五个百亿元台阶，总量由全省第 9 位上升到第 6 位；规模以上工业增加值年均增长 13.3%；全社会固定资产投资 1730 亿元，年均增长 28.4%，总量由全省第 10 位上升到第 2 位；社会消费品零售总额 636 亿元，年均增长 14.6%；地方一般公共预算收入 136.5 亿元，年均增长 15.8%，总量由全省第 5 位上升到第 2 位；城镇居民人均可支配收入 28975 元，年均增长 10.7%；农村居民人均可支配收入 12529 元，年均增长 12.1%。主要经济指标连续五年全省领先，增幅均高于全国、全省平均水平。成功创建国家高新区、国家现代农业示范区、国家园林城市、全国质量强市示范城市，全民预防保健服务体系建设走在全国前列。全市综合实力迈上新台阶，谱写了泸州经济社会发展崭新篇章。

五年来，项目建设和投资拉动成效显著。累计实施重点项目 1356 个，完成投资 4145 亿元，是上一个五年的 5.8 倍。其中，重大产业类项目 538 个，完成投资 1573.7 亿元；重大基础设施类项目 506 个，完成投资 1656.3 亿元；重大民生和社会事业类项目 268 个，完成投资 865.7 亿元；重大生态环保类项目 44 个，完成投资 49.3 亿元。民间投资达 4080.5 亿元，占全社会固定资产投资的 69%。加强政府与社会资本合作，实施 PPP 项目 16 个，总投资 289 亿元。组建 12 家市级投融资公司，资产规模达 1057 亿元。设立 3 支投资发展基金，基金规模达 230 亿元。累计保障项目建设用地 14.2 万亩，工业用电量、工业用气量、成品油供应量年均分别增长 6.6%、12%、12.4%。投资规模不断扩大、结构不断优化、效益不断提升，投资对经济增长的贡献率达 65.5%。

五年来，产业发展和转型升级取得重要进展。传统产业不断优化提升，泸州老窖、郎酒等重点酒类企业实现恢复性增长，泸天化改革脱困取得阶段性成效，“三长”完成退城入园，“四大产业”增加值年均增长 13%。新兴产业加快培育发展，智能电网、大数据、新能源新材料产业从无到有，高端装备制造、现代医药产业不断壮大，华为公司、步长制药、许继集团等一批知名企业入驻泸州。现代服务业蓬勃发展，西南商贸城（一期、二期）、华润万象汇建成运营，成功创建国家电子商务示范基地，引进7家市外银行机构，创建7个国家AAAA级景区，旅游总收入年均增长33%。开发建筑业平稳健康发展，建筑业总产值年均增长16.1%。现代农业加快发展，粮食生产持续稳定，“八大特色农业产业”初具规模，建成黄桷坝水库、倒流河水库、锁口水库等一批骨干水利枢纽工程，山东寿光蔬菜产业集团、广东温氏集团等龙头企业入驻泸州。按照“一区多园、一园多点”模式，加快建设“三大园区”，建成区面积由44.1平方千米增加到78.5平方千米。全市产业园区主营业务收入达到1950亿元，年均增长19.6%。

五年来，区域中心城市建设实现重大突破。成功争取首批国家新型城镇化综合试点，进入国家“双两百”规划，全市城镇化率达47.5%。改造提升老城区，加快推进“两江新城”建设，中心城区建成区面积由101.1平方千米增加到135平方千米，人口由101万人增加到136.2万人。大力提升城市品质，不断完善城市功能。93千米绕城高速闭合运行，8个进出口通道建成通车，5座跨江大桥加快建设，打造高品质城市滨江路15千米，新建城市公园23个，改造棚户区5.7万户。教育、文化、卫生、体育等公共服务设施不断完善，区域性商贸物流中心、教育培训中心、医疗健康中心逐步形成，列入首批全国健康城市建设试点城市。理顺城市管理体制，加强城乡环境综合治理，国家卫生城市创建成果进一步巩固。泸县、合江、叙永、古蔺四个县城规模不断扩大，人居环境进一步改善，泸县、合江成功创建为国家卫生县城。纳溪大渡口镇、合江九支镇列入全国首批建制镇示范试点，全市万人以上小城镇达12个，建成幸福美丽新村250个。

五年来，区域性综合交通枢纽加快形成。列入全国重要区域性综合交通枢纽（节点城市）、全国综合运输服务示范城市。建成5条高速公路，通车里程从74.8千米增加到455千米，居全省第3位、川南第1位，实现高速公路县县通。川南城际铁路自贡至泸州段、隆黄铁路叙永至镇雄段开工建设。泸州机场迁建工程加快推进。纳福港城大道、泸合产城大道建成通车，新改建国省干线公路470千米、农村公路5400千米，建制村通达率100%。城北公交枢纽站全面竣工，泸州客运中心站建成运行。泸州开放口岸列入《国家口岸发展“十三五”规划》，泸州港保税物流中心（B型）、国家进境粮食指定口岸建成投运，新开通3条近洋航线、6条铁水联运班列，集装箱年吞吐量从10.1万标箱增加到48万标箱。泸州机场航线由6条增加到18条，旅客年吞吐量从28.5万人（次）增加到98.5万人（次），成为四川第三大航空港。

五年来，改革开放和创新发展深入推进。扎实推进重点领域改革，实施改革事项138项。深入推进行政审批制度改革，全面公布市、县两级行政许可事项目录。在全国率先开展不动产统一登记、农村土地制度改革三项试点、工矿废弃地复垦利用试点。财税体制、投融资体制改革和国企改革取得明显成效。“营改增”试点全面推开。“先照后证”“五证合一、一照一码”等商事制度改革有序推进。开放合作水平全面提升，引进华为、恒大、中冶、万达、碧桂园等世界500强、中国500强企业41家。与韩国平昌郡、武汉市、南京市等一批国际国内城市建立友好合作关系，全方位、多层次、宽领域开放合作格局初步形成。创新驱动能力明显增强，新增国家高新技术企业44家、省级创新型企业36家，高新技术产值从63.1亿元增加到200亿元，年均增长25.9%。

五年来，民生和社会事业全面进步。民生支出占一般公共预算支出的比重达70.3%，一大批涉及群众切身利益的民生难题得到较好解决。脱贫攻坚取得阶段性成效，累计脱贫39.6万人，在全省率先实行医疗扶贫“4个100%”，完成易地扶贫搬迁3.3万人、农村危房改造8.1万户、农网改造2.4万千米，建设“渡改桥”25座。教育事业加快发展，泸州医学院更名为西南医科大学，医教园区初具规模，新改扩建中小学校317所、公办幼儿园108所。全民预防保健服务体系建设全面开展，基层医疗卫生服务能力进一步增强。深入开展国家食品安全城市创建工作，食品药品监管切实加强。社会保障水平显著提升，累计新增城镇就业19.8万人，城乡居民养老、医疗保险合并实施，城乡低保应保尽保，列入全国首批养老服务业综合改革试点城市。文体广电和新闻出版事业蓬勃发展，全国文明城市创建加快推进。生态环境持续改善，扎实推进大气、水、土壤污染防治，环境质量和总量减排完成省定目标；深入开展天然林保护、退耕还林、石漠化综合治理，完成全国首批水生态文明城市建设试点工作。社会治理持续加强，社会治安立体化防控体系不断健全，“阳光信访、法治信访、责任信访”全面推进，“六五”普法圆满完成。严格落实安全生产责任制，安全生产形势持续向好。

国防动员、人民防空、民兵预备役建设不断加强，全国双拥模范城创建实现“七连冠”；青年、妇女儿童、老龄、残疾人事业取得新进步，民族、宗教、外事、侨务、对台、统计、消防、保密、气象、档案、地方志等工作取得新成效。

各位代表，五年来，我们深入开展党的群众路线教育实践活动、“三严三实”专题教育、“两学一做”学习教育，扎实推进法治政府、效能政府、廉洁政府建设，自觉接受市人大、市政协监督，严格执行市人大决议、决定，办理人大代表建议550件、政协委员提案1271件，办结率100%。全面加强党风廉政建设，强化行政监察和审计监督，严厉查处政府系统违纪违法案件982起，始终保持惩治腐败高压态势。

各位代表，刚刚过去的2016年，是第七届市政府任期的最后一年，是“十三五”规划的开局之年。预计全市地区生产总值比2015年（下同）增长9.2%，规模以上工业增加值增长11.2%，全社会固定资产投资增长18.2%，社会消费品零售总额增长13.7%，地方一般公共预算收入增长9%，城镇居民人均可支配收入增长8.7%，农村居民人均可支配收入增长10.3%。市七届人大六次会议确定的目标任务较好完成，向全市人民承诺的民生实事全部兑现！

各位代表，过去的五年，是全市人民凝心聚力、专注发展，推动经济实力大提升的五年；是全市人民广泛参与、共建共享，推动城市面貌大改变的五年；是全市人民苦干实干、合力攻坚，推动各项事业大发展的五年。这些成绩的取得，是省委、省政府和市委正确领导的结果，是市人大、市政协监督支持的结果，是广大干部群众团结拼搏的结果。在此，我代表市人民政府，向关心、支持、推动泸州发展的全市人民，向各民主党派、工商联、人民团体，向驻泸州部队指战员、武警消防官兵、政法干警，表示衷心的感谢，并致以崇高的敬意！

在肯定成绩的同时，我们也清醒地看到，经济社会发展中还存在许多困难和问题。一是经济总量小、人均低，发展不够、发展不足的问题仍然突出；二是产业结构不优，传统产业转型升级仍需加快，新兴产业亟待培育壮大；三是脱贫攻坚任务十分艰巨，就业、住房、教育、医疗、养老等民生事业与群众期盼还有不小差距；四是社会治理面临新挑战，一些深层次矛盾和问题逐步显现；五是政府自身建设还存在薄弱环节，一些干部能力素质、工作作风还不适应新形势的要求。对此，我们一定高度重视，在今后工作中切实加以解决。

未来五年的主要目标任务

当前和今后一段时期，泸州处于工业化城镇化的加速期、深化改革的攻坚期、全面建成小康社会的决胜期。经济社会发展既有许多有利条件，又面临诸多困难和挑战，我们必须增强忧患意识、责任意识、机遇意识，牢固树立和贯彻新发展理念，认真落实省委、省政府和市委决策部署，围绕“三个走在前列、三个显著提升”，着力“三抓三主动”，扎实推进“六个突破”，奋力实现“决胜全面小康、建成区域中心”的宏伟目标。

今后五年的预期目标是：地区生产总值年均增长9%，规模以上工业增加值年均增长11%，全社会固定资产投资年均增长16%，社会消费品零售总额年均增长12%，地方一般公共预算收入年均增长10%，城镇居民人均可支配收入年均增长10%，农村居民人均可支配收入年均增长11%。

今后五年的主要任务是：

——率先实现次级突破。坚持稳中求进、进中求好、好中求快，始终保持强劲发展势头，在全省率先实现次级突破。到2021年，地区生产总值达到2200亿元，地方一般公共预算收入达到220亿元，社会消费品零售总额达到1120亿元，累计完成全社会固定资产投资1万亿元。

——建成长江上游产业转型升级示范区。围绕产业链布局创新链，加快传统产业转型升级，积极培育壮大新兴产业，促进产业迈上中高端。到2021年，力争新兴产业增加值占规模以上工业增加值的比重达到25%，工业对经济增长的贡献率达到58%，服务业比重提高5个百分点，现代农业实现新突破。

——建成成渝城市群南部区域中心城市。全面推进新型城镇化，完善城镇发展体系，提升城市服务功能，切实增强城市综合承载能力。智慧城市基本建成，城市品质和市民素质显著提升，如期实现“双两百”大城市目标。

——建成全国重要区域性综合交通枢纽。大力实施对外通道、市域交通网络建设，推动高铁、城市轻轨突破发展，加快高等级、广覆盖公路网建设，建成川滇黔航运物流中心，打造区域航空运输中心和国际航空港。到2021年，公路里程达到1.5万千米，集装箱年吞吐量达到100万标箱，泸州机场旅客年吞吐量达到200万人（次）。

——建成川滇黔渝结合部对外开放门户。推进供给侧结构性改革，增强发展动力。深化区域合作，拓展国际国内市场。依托港口优势，主动融入沿江协同开放，建成成渝城市群南向开放、辐射滇黔的重要门户。优化投资环境，着力招大引强，招引一批大企业、大项目落户泸州，到位市外国内资金年均增长15%以上。

——建成幸福美丽泸州。完善社会保障体系，加快社会事业发展，提高社会文明程度和人民健康水平，建成全国文明城市和健康城市。坚持依法行政，基本建成法治政府。加快绿色发展，推进生态文明建设。到2021年，森林覆盖率达到51%，万元GDP综合能耗累计下降12%。坚决打赢脱贫攻坚战，到2019年全面消除绝对贫困。

各位代表，未来五年，任务艰巨、责任重大、使命光荣。我们坚信，只要干在实处、走在前列，“决胜全面小康、建成区域中心”的目标就一定能够实现！

2017年重点工作

2017年是新一届政府工作的开局之年，是实施“十三五”规划承前启后的关键一年。全市经济社会发展的主要预期目标是：地区生产总值比2016年（下同）增长9%，规模以上工业增加值增长11%，全社会固定资产投资增长16%，社会消费品零售总额增长12%，地方一般公共预算收入增长9%，城镇居民人均可支配收入增长9%，农村居民人均可支配收入增长10%。

围绕上述目标，重点抓好以下工作：

一、着力强化产业支撑，加快产业结构优化升级

优化提升现代农业。全力推进国家现代农业示范区建设，加快发展精品果业、现代养殖业、高效林竹业等“八大特色农业产业”。严守耕地红线，耕地保有量达到38.962万公顷。打造现代农业产业融合示范园15个。大力培育和引进现代农业经营主体，新增市级以上重点龙头企业20家、农民合作社示范社30家、家庭农场示范场20个。开展畜禽养殖标准化示范创建，推进温氏100万头优质生猪一体化、古蔺优质肉牛全产业链项目建设。加快泸县三星桥水库、古蔺石梁子水库等重点水利工程建设，新增有效灌面3.5万亩。

加快发展现代制造业。推进传统产业提质增效，加快泸州老窖酿酒工程技改、郎酒泸州包装基地扩建、聚碳酸酯（一期）等项目建设，开工建设

酒业园区酱酒园、中海（四川）科技产业园，确保新火炬化工技改等项目竣工投产。培育壮大高端装备制造、现代医药、智能电网、新能源汽车、新材料、电子信息等新兴产业。加快步长生物制药基地、西南智能电网产业园、汽车科技产业园、电子信息产业基地建设，推进江麓容大无级自动变速器、中航 EPS 转向系统等汽车配套产业项目建设，确保华为大数据中心、许继电气等项目建成投用。

大力发展现代服务业。加快万达广场购物中心、西南商贸城（三期）、泸州金融商业中心等项目建设，积极培育城市新商圈。推进和润集团粮食物流及深加工、海吉星农产品国际商贸物流园、中国物流泸州配送物流园等项目建设，着力打造川南大宗商品交易市场。推进泸州电商产业园建设，电子商务交易额增长 30%。泸州机场新开通 1 至 2 条航线，旅客吞吐量突破 100 万人（次）。泸州港集装箱吞吐量达到 55 万标箱、增长 15%。加快发展会展经济，办好“三大展会”活动。支持银行拓展业务、做强做大，加快发展保险、证券等金融服务业。积极发展健康服务业，加快 5 个健康养老服务项目建设。大力发展文化旅游、生态旅游、乡村民俗旅游，推动福宝、黄荆、方山、天仙硐等景区提档升级，加快沙湾古镇旅游综合体等项目建设，启动酒镇·酒庄—凤凰湖国家 5A 级景区创建工作，实现旅游总收入 400 亿元。加大政策支持力度，促进房地产和建筑业平稳健康发展。

强化园区平台建设。泸州高新区围绕“高、新、快、特”，增强承载能力，完成投资 100 亿元，新增建成区面积 5 平方千米，主营业务收入增长 20%，建成国家创新型特色园区。泸州长开区突出发展“六型经济”，完成投资 80 亿元，新增建成区面积 4 平方千米，主营业务收入增长 25%，争创国家级经济开发区。酒业园区坚持“三产联动、产城融合”，做强做大主导产业，完成投资 30 亿元，新增建成区面积 2 平方千米，主营业务收入增长 18%，争创省级经济开发区。加快建设空港产业园、军民融合产业园。全市产业园区实现主营业务收入 2240 亿元、增长 15%。

二、强力实施项目攻坚，坚定不移推进投资拉动

着力优化投资结构。准确把握国家和省上投资方向，提高投资有效性和精准性，完成全社会固定资产投资 2000 亿元以上。积极拓宽社会资本投资领域，实施市本级 PPP 项目 18 个、完成投资 200 亿元。大力促进民间投资，力争实现民间投资 1060 亿元。突出产业投资，完成工业投资 560 亿元。

着力加快项目建设。认真落实“项目投资攻坚年”工作部署，实施重点项目 618 个，完成投资 1554 亿元、增长 19.5%。其中：竣工投用项目 84 个、完成投资 145.3 亿元，加快建设项目 178 个、完成投资 880.4 亿元，新开工建设项目 195 个、完成投资 528.3 亿元，做好 161 个项目前期工作。突出抓好交通建设“大会战”，推进叙古高速古蔺至川黔界、G8515 泸渝高速、叙威高速公路建设，力争开工建设泸永高速公路；加快川南城际铁路自贡至泸州段、隆黄铁路叙永至镇雄段等项目建设。

着力强化要素保障。促进投融资公司做强做大，拓宽融资渠道，增强融资能力。加强银政企合作，贷款增长 15%以上。用好用活土地政策，提高土地利用效率，全面保障重点项目用地需求。扩大直购电规模和范围，确保油、气、运等要素供给。

三、扎实推进新型城镇化，加快建设区域中心城市

加快中心城区建设。开展城市总体规划修编，完善主体功能区规划。强力推进“两江新城”建设，推动纳溪区与江阳区无缝对接、错位发展，推动泸县撤县设区、向南拓展。加快过江通道建设，确保沱江二桥加宽改造工程、沱江六桥建成通车，推进长江二桥、长江六桥建设。畅通城市干线、环线路网，推进交通拥堵节点改造，加快建设二环路，完成沱江新城南滨路、北滨路主体工程。启动新城新区地下综合管廊建设，加快实施老城区管网改造，增强城市防洪抗涝能力。建成投用茜草二水厂（一期）、主城区第二批停车场（一期），加快长江生态湿地公园、城西客运站、滨江路小关门至柏木溪段等项目建设。中心城区建成区面积新增 18

平方千米。

加快县城和小城镇建设。支持合江、叙永、古蔺加快县城发展，着力提升县城品质，确保合江城西湿地公园、叙永绕城路、古蔺民生广场等项目竣工投用，增强县城综合承载能力和吸纳能力。加快打造纳溪大渡口镇、合江九支镇、古蔺二郎镇等15个重点镇，全面启动特色小镇示范镇建设。

加快提升城市治理水平。推进老城区全域全面治理，完成老旧道路“白加黑”升级改造。加快城市治理立法进程，推进市本级、江阳、龙马潭、纳溪、泸县城市执法体制改革工作。扎实开展“三大专项整治”，分步推进城市建筑立面治理，营造清爽、整洁的城市环境。完善城乡环卫基础设施，加快建设城北垃圾压缩中转站，完成森泰垃圾处理场封场项目建设。创新举措，加大力度，力争建成全国文明城市。

四、深化改革扩大开放，不断增强发展动力活力

突出重点领域改革。深化“放管服”改革，动态调整行政许可项目，对保留行政许可事项实施标准化管理，推进合江、龙马潭相对集中行政许可权改革试点。深化财税体制改革，加快建立现代财政制度。加强债务管理，防范财政风险。深化国资国企改革，完善国有资产监管体制，推动市属国有企业做强做优做大，加快泸天化集团转型升级，力争华西证券、兴泸水务等企业上市。全面完成农村“七权”确权登记工作，加快推进农村土地制度改革，认真实施承包土地“三权分置”。加快农村集体资产股份合作制改革，推行“一改三化”，发展壮大集体经济，增加农民财产性收入。

五、大力发展县域经济，构建区县竞相发展格局

做强民营经济支撑。紧紧围绕振兴实体经济，加快培育市场主体，放宽民营企业市场准入，鼓励民间资本进入基础设施、公共事业等行业和领域。支持民营企业开展强强联合、兼并重组，促进民营企业做大做强，推动中小微企业梯队成长。用好用活资本市场，力争鑫霸实业、陈年窖等企业在“新三板”挂牌。强化联系帮扶，引导民营企业完善现代企业制度，着力构建“亲”“清”新型政商关系。力争民营经济增加值达到950亿元。

深入推进大众创业、万众创新。完善创业扶持政策，加强创新基地建设，积极培育创新工场、创客空间，引导高校毕业生、农业转移人口等自主创业，力争全市新增孵化器面积20万平方米，新创办企业5000户以上。大力实施国家高新技术企业倍增计划，新培育高新技术企业12家，实现高新技术产值230亿元、增长15%。加快国家知识产权试点城市建设，持续推进与高校、科研院所产学研合作，新建一批具有本地特色的科研院所、创新战略联盟和标准化技术组织。实施品牌质量塑造行动，加强泸州品牌培育提升和营销推广，形成品牌竞争新优势。

优化县域经济发展环境。加强政策支持，完善评价考核和激励机制，优化区县财权、事权配置，激发县域经济发展活力。大力实施扩权强镇，优先支持重点集镇基础设施和公共设施建设，促进重点集镇发展壮大。坚持全市“一盘棋”，加强产业发展、招商引资、基础设施建设、投融资等方面的合作，实现区县、园区互动发展。

六、全力推进精准扶贫，坚决打赢脱贫攻坚战

全面实施“四个一批”脱贫计划。紧紧围绕“两不愁三保障”和“四个好”目标，加快脱贫攻坚步伐。加大产业到户扶持力度，加快发展种养业、旅游、农村电商等特色产业，扶持生产和就业发展3.9万人。搬迁安置5.6万人，提前完成易地扶贫搬迁任务。深入实施医疗卫生精准扶贫“八百工程”，确保建档立卡贫困人口县域内医疗“零自付”。全面落实教育扶贫各项政策，确保贫困家庭学生不因贫失学。继续实施低保线、脱贫线“两线合一”，切实做到应保尽保。确保82989名农村贫困人口脱贫、149个贫困村退出、合江县脱贫“摘帽”。

深入推进“七大扶贫攻坚行动”。推进贫困地区交通、水利、电力、通信等基础设施建设，新改建贫困村通村水泥路（油路）273千米，完成赤水

河环线扶贫公路建设，建成“渡改桥”8座，全面完成贫困村电网改造升级，提升“宽带乡村”服务能力。加强村级党群服务中心、卫生室、文化室等公共服务设施建设，提升贫困村公共服务水平。大力开展“四好村”创建活动，实施农户“三建四改”工程，让贫困地区广大群众住上好房子、过上好日子、养成好习惯、形成好风气。

建立完善脱贫攻坚工作机制。做好对口定点扶贫工作，完善“五个一”全覆盖机制。健全资产收益扶贫机制，推动资源变资产、资金变股金、农民变股东。创新金融扶贫机制，大力发展扶贫小额信贷，深入开展农村产权抵押融资试点。创新社会扶贫机制，吸纳更多社会资金投入扶贫。建立成果巩固机制，增强脱贫群众增收能力。

七、加快发展社会事业，切实保障和改善民生

扎实推进民生工程。确保公共财政用于民生支出的比重保持在70%以上。加强重点人群就业服务，城镇新增就业3.6万人，城镇登记失业率控制在4%以内。积极实施全民参保登记计划，完善城乡居民大病医疗保险办法。健全社会救助体系。加快保障性安居工程建设，实施棚户区改造9000户、农村危房改造1.3万户。加快养老服务体系建设，新增养老床位2500张，新建城乡社区日间照料中心89个。做好气象、水文监测预报，强化地质灾害预警防治，完成739户避险搬迁安置、2处重大地灾工程治理。

大力发展社会事业。推进义务教育均衡发展，加快发展普惠性学前教育和职业教育，新建公办中小学校15所、主城区公办幼儿园6所，加快西南医科大学博士学位授予点申报工作。持续推进医药卫生体制改革。加快医疗卫生服务体系建设，确保市人民医院创建为“三甲”医院，推进西南医疗康健中心（二期）、市中医院新院等项目建设，新改建中心乡镇卫生院23个、中心村卫生室232所。深入推进全民预防保健服务体系建设，加快建设健康城市。大力发展文体广电事业，新建一批文化体育设施，加强文化遗产保护。深入开展文化惠民活动、全民健身活动，努力扩大文化消费。

加快生态文明建设。强化资源节约集约利用，全力推进总量减排，加快淘汰落后产能。扎实抓好大气、水、土壤污染防治，大力开展“两江四河”重点流域污染整治，建成投用乡镇污水处理厂30个以上。开展新一轮绿化泸州行动，继续推进天然林资源保护，实施新一轮退耕还林。综合治理水土流失面积180平方千米。

全面加强社会治理。深入开展“七五”普法工作。认真做好社会稳定风险评估，加强社会矛盾纠纷风险预警和排查化解。扎实开展信访专项整治，落实信访工作责任制，积极营造规范有序的信访环境。完善社会治安立体化防控体系，集中整治社会治安突出问题，严厉打击违法犯罪活动。严格落实安全生产主体责任、监管责任，持续开展“打非治违”和安全生产专项整治，坚决遏制重特大事故发生。强化食品药品和农产品质量安全监管，积极创建国家食品安全城市、省级农产品质量安全监管示范市。

加强国防动员和后备力量建设，积极发展妇女儿童、老龄和残疾人事业，切实做好对口援助、双拥、人民防空、民族宗教、外事、侨务、保密、统计、档案、地方志等工作。

八、加强政府自身建设，全面提升行政服务水平

深入推进法治政府建设。提高依法行政的意识和能力，依法全面履行政府职能。认真执行市人大及其常委会的决议、决定，主动接受市人大、市政协监督，切实提高办理人大代表建议、政协委员提案的质量和效率。严格执行重大行政决策程序规定，实行重大行政决策监察、审计、法制“三方会审”制度，落实重大行政决策责任追究。加强行政复议和行政应诉工作。完善政府立法体制机制，提高政府立法公众参与度。加强行政执法监督，规范行政执法裁量权。

深入推进效能政府建设。健全政务服务体系，积极推进县（区）、乡（镇、街道）、村（社区）“三级联动服务”。深化政务公开，坚持以公开为常态、不公开为例外，推进行政决策公开、执行公

开、管理公开、服务公开和结果公开。积极探索“互联网＋政务服务”，加强市级政务云平台建设和政府网站管理。深入推进行政权力依法规范公开运行，建立完善行政权力运行数据库，力争实现行政权力事项全业务全流程网上办理。规范公共资源交易管理。优化并联审批协调机制，创新事中事后监管，全面落实“双随机、一公开”制度。

深入推进廉洁政府建设。严格落实党风廉政建设责任制，把廉洁从政贯穿到政府工作各个环节。深入推进惩防体系建设，认真落实“三个在前”“三早三卡”，持之以恒正风肃纪，坚定不移惩治腐败。强化行政监察、审计监督和社会监督，加强重点领域、关键环节和重要岗位权力运行的监督管理，让权力在阳光下运行。

各位代表，新形势催人奋进，新征程再创辉煌！让我们紧密团结在以习近平同志为核心的党中央周围，在省委省政府和市委的坚强领导下，团结一心、锐意进取，为“决胜全面小康、建成区域中心”而努力奋斗！

名词解释

1. PPP：即政府和社会资本合作模式，是指政府采取竞争性方式择优选择具有投资、运营管理能力的社会资本，双方按照平等协商原则订立合同，明确责权关系，由社会资本提供公共服务，政府依据公共服务绩效评价体系向社会资本支付相应对价，保证社会资本获得合理收益。

2. “三长”完成退城入园：即长江起重机厂、长江挖掘机厂、长江液压件厂从茜草片区搬迁至泸州国家高新区。

3. 四大产业：即白酒产业、机械产业、化工产业、能源产业。

4. 八大特色农业产业：即《泸州现代农业发展规划（2014—2025）》中提出的精品果业、绿色蔬菜业、特色经作业、高效林竹业、现代养殖业、粮食产业、加工物流业、休闲农业。

5. 三大园区：即泸州国家高新技术产业开发区、四川（泸州）长江经济开发区、中国白酒金三角酒业园区。

6. 国家“双两百”规划：即国家《成渝城市群发展规划》对泸州城市规模进行明确，到2020年中心城区城市人口200万人，城市建设用地200平方千米。

7. 两江新城：即沱江新城、长江生态湿地新城和泸川新城三大组团。

8. 农村土地制度改革三项试点：即农村集体经营性建设用地入市改革试点、农村宅基地制度改革试点、农村征地制度改革试点。

9. 先照后证：即先向工商部门申请办理营业执照，再到许可审批部门办理许可审批手续。

10. 五证合一、一照一码：即营业执照、组织机构代码、税务登记证、社会保险登记证、统计登记证的协同登记制度。

11. 医疗扶贫“4个100%”：即全民预防保健覆盖率100%、基本医疗保险参保率100%、商业附加险覆盖率100%、特殊医疗救助覆盖率100%。

12. 全国双拥模范城创建实现“七连冠”：全国双拥模范城（县）四年命名一次，命名前须报经党中央、国务院、中央军委批准后实施，特殊情况可提前或延期。泸州市于1994年7月首次被命名表彰为“全国双拥模范城”，至2016年7月已七次蝉联“全国双拥模范城”荣誉称号，是四川除成都以外唯一获“七连冠”的地级市。

13. 三个走在前列、三个显著提升：即市第八次党代会提出的未来五年“经济增长走在前列、城市发展走在前列、项目投资走在前列，产业发展水平显著提升、改革开放水平显著提升、人民生活水平显著提升”的主要任务。

14. 三抓三主动：即攻坚克难抓发展，聚精会神抓党建，扎扎实实抓法治；主动向上使力，主动向外借力，主动向下发力。

15. 六个突破：即市第八次党代会提出的产业发展突破、项目投资突破、城镇建设突破、改革开放突破、县域经济突破、精准脱贫突破。

16. “三大展会”活动：即中国国际酒业博览会、中国（泸州）西南商品博览会、中国（泸州）农产品交易博览会。

17. 六型经济：即长开区依托长江黄金水道发展“口岸型”经济，依托水公铁空一体化发展“枢纽型”经济，依托产业链整合延伸发展“集群型”经济，推动资本融入和人才聚集发展“创新型”经济，推动开放合作发展“外向型”经济，推动港产城互动发展“融合型”经济。

18. 三大专项整治：即违法建设专项整治、车辆乱停专项整治、市容乱象专项整治。

19. “放管服”改革：即简政放权、放管结合、优化服务改革。

20. 农村“七权”确权登记工作：即农村土地承包经营权、集体林权、集体土地所有权、集体建设用地使用权（含宅基地使用权）、农村房屋所有权、小型水利工程产权、农村机电提灌站产权的确权登记工作。

21. 三权分置：即顺应农民保留土地承包权、流转土地经营权的意愿，将土地承包经营权分为承包权和经营权，实行所有权、承包权、经营权分置并行，着力推进农业现代化。

22. 一改三化：即通过农村集体产权制度改革，公司化运营、股份化改造、多元化发展，做大做强村级集体经济。

23. 251 行动计划：即四川围绕“一带一路”建设，锁定 20 个国家进行重点开拓、深度开拓；优选 50 个重大项目开展重点跟踪、强力促进；精选 100 家优势企业实施重点引导、形成示范，全面提升与沿线国家经贸合作水平。

24. 新三板：即由科技部、证监会、证券业协会、深交所、北京市中关村管委会五方共同为扶持国家级高科技园区的科技含量较高、自主创新能力较强的中小股份制企业而设立的融资服务平台。

25. 四个一批：即扶持生产和就业发展一批、移民搬迁安置一批、医疗救助扶持一批、低保政策兜底一批。

26. 两不愁三保障：即稳定实现扶贫对象不愁吃、不愁穿，保障其义务教育、基本医疗和安全住房。

27. 四个好：即住上好房子、过上好日子、养成好习惯、形成好风气。

28. 医疗卫生精准扶贫“八百工程”：即精准识别的医疗扶持覆盖率 100%、全民预防保健覆盖率 100%、基本医疗保险参保率 100%、六项补充医保扶持覆盖率 100%、分级诊疗覆盖率 100%、控制医疗费用覆盖率 100%、家庭医生签约服务覆盖率 100%、贫困患者基层就医社会公示覆盖率 100%。

29. 七大扶贫攻坚行动：即基础设施建设、新村建设、特色产业培育、能力提升、公共服务、生态建设和基层组织建设攻坚行动。

30. “三建四改”工程：“三建”即建庭院、建入户路、建沼气池，“四改”即改厨、改厕、改圈、改水。

31. 五个一：即每个贫困村有一名联系领导、一个帮扶单位、一个驻村工作组、一名第一书记、一名驻村农技员。

32. 两江四河：“两江”即长江、沱江；“四河”即赤水河、永宁河、濑溪河、龙溪河。

33. 双随机、一公开：即随机抽取检查对象、随机选派执法人员，及时公布查处结果。

34. 三个在前：即坚持教育规范在前、坚持约谈提醒在前、坚持纪律处理在前。

35. 三早三卡：即对可能出现的腐败问题或发现的违纪违规苗头性、倾向性问题，向预警对象制发黄色提醒卡、橙色警示卡、红色纠错卡，实现廉政风险早发现、早提醒、早纠正。

中国人民政治协商会议
泸州市第七届委员会常务委员会工作报告

——在政协泸州市第八届委员会第一次会议上

（2017年1月5日）

政协泸州市委员会副主席　巫俊明

各位委员、同志们：

我受政协泸州市第七届委员会常务委员会委托，向大会报告工作，请予审议。

过去五年，是泸州发展进程中极不平凡、极为重要的五年，也是我市政协事业与时俱进、开拓创新的五年。五年来，市政协常委会在中共泸州市委的正确领导下，始终突出团结民主两大主题，认真履行政协三大职能，充分发挥协商民主重要渠道和专门协商机构的作用，在服务大局中主动作为，在促进发展中凝心聚力，在关注民生中持续建言，为助推泸州经济社会平稳较快发展做出了积极贡献。

一、围绕中心大局，广泛协商议政，全力服务改革发展

五年来，常委会始终把服务改革发展作为第一要务，紧扣党政工作中心和重大决策部署，多层次协商议政、多形式参政建言、多渠道汇智聚力。

（一）整体协商注重高站位、广动员。全力打造宽领域、高层次、广覆盖的咨政建言平台。着力提升协商层次，坚持邀请市委、市政府领导出席政协例会，听取大会发言、参加联组讨论和小组座谈，面对面与委员交流互动，让政协声音充分进入党政决策视野。着力提高协商质量，围绕“六个突破、两个率先”“十三五”规划制定、“两江新城”规划建设等事关泸州发展的全局性问题，精心组织大会发言，建言决策施政；围绕生物医药产业发展、高铁通道提速升级、义务教育均衡发展等社会关注的热点问题，创新开展联组讨论，积极献计献策。着力增强协商效果，综合归纳委员在全会期间提出的协商意见，形成《委员建议意见综述》专题报告，内容涵盖经济、政治、社会、文化、民生等方方面面。五年来，市政协共组织大会发言78个、联组讨论课题31个，开展小组讨论200余场，反映委员建议1000余条，为党政决策提供了有益参考。

（二）重点协商坚持谋在先、议在前。精心选择全局性、前瞻性课题协商议政。主动跟进长江经济带建设，通过外出考察、专题议政、研讨座谈，提出“千方百计挤进国家规划、提升区域战略竞争力”等建议，在省政协常委会上就“强化区域合作、加快航道整治、实行生态补偿”等问题积极呼吁，促成长江航道泸渝段Ⅲ升Ⅱ工程列入国家战略规划。密切关注重点领域改革，反映的“行政审批权下放应注重解决好几个问题”“加大‘营改增’税控系统推广应用力度”等建议被全国政协采用；提出的“推进出租汽车审批管理体制改革”等建议在省政协全委会上引起高度关注，推动出租汽车经营审批权限下放到市州一级；关于“行政审批制度改革”“不动产统一登记工作”等30余个调研报告，得到党政领导重视和签批。积极建言扩大开放合作，2012年在七届一次会议上率先提出“深

度融入重庆经济圈、打造川渝合作桥头堡”，2013年又牵头开展可行性研究，通过省政协向省委提出与广安片区形成“南北呼应、双翼齐飞”的发展构想，促成“在泸设立川渝合作示范区”进入省级决策视野。

（三）专题协商突出针对性、实效性。密切关注党政重视、社会关心的热点难点问题。围绕城镇建设规划调整、区域经济发展布局、泸县融入主城区等重大课题开展专题协商，从规划对接、指标设置、发展定位等方面系统建言。围绕依法治市、环境保护、安全生产等重点领域开展视察调研，从《食品安全法》《劳动合同法》贯彻实施、违法犯罪预防打击到基层法庭规范建设，从主城区空气质量状况、小流域污染治理到土地资源保护利用，从地质灾害预防、安全生产监管到防灾减灾工作，坚持一年一个专题，持续推动“法治泸州、平安泸州、生态泸州”建设。围绕医疗纠纷治理、白招牌体育广场改建、忠山烈士陵园改造、港城大道安全隐患整治、人行过街天桥建设等涉及群众切身利益的问题组织协商座谈，广泛反映民声民意，促进相关问题得到有效解决。

二、聚焦重点领域，持续协商建言，合力破解发展难题

五年来，常委会始终把牵动全局的重大问题作为协商重点，立足泸州发展的关键领域，长期关注、持续跟进、献计出力。

（一）为产业转型升级出谋划策。认真研判产业发展趋势，围绕产业结构调整和布局优化主动思考、集中建言。持续关注传统产业。邀请酒类行业专家莅临泸州指导，组织委员围绕泸酒发展研讨座谈，对13个全国知名酒企和部分酒类市场开展深入调研，形成《白酒产业发展专题调研报告》，提出“加大酒类品牌清理、坚持纯粮固态酿造、调整白酒营销策略”等建议，为市委、市政府制定酒业发展政策提供了重要参考；针对泸天化改革脱困、煤气化工程建设、化工项目退城入园等进行调研论证，为化工企业启动搬迁、化工产业转型升级发挥了助推作用。持续跟进现代服务业。围绕“依托黄金水道、建设物流枢纽”在省政协常委会上大力呼吁，就外向型经济发展、粮食进出口岸建设开展视察调研，为集装箱码头、港口铁路、B保中心等配套项目建设积极建言；针对旅游产业发展、旅游通道建设，提出“强化交通旅游协同互动、加快景区通道建设”等建议。持续建言新兴产业和现代农业。连续多年对现代医药、电子商务、新能源等组织视察调研，围绕培育壮大龙头企业、健全农业科技服务体系等开展专题议政，关于医药产业、现代农业、建筑业等方面的调研成果得到党政领导签批。

（二）为中心城市建设跟踪建言。围绕市委“建成区域中心”战略目标，从规划布局、功能完善、品质内涵等方面主动谋划、系统建言。在城市规划建设上，率先提出打造“两江四岸”的构想，协商监督《“两江四岸”城市设计控制准则》的实施，牵头制定的《打造“两江四岸”历史文化元素的建议方案》，得到市委领导批示，要求相关部门认真研究、组织实施；跟踪调研新区规划、旧城改造，着眼泸州长远发展，提出“打造历史文化街区、完善城市主骨架路网、启动轨道交通建设”等建议，推动相关举措落地见效。在城市综合治理上，围绕长江组团发展、城市污染防治、地下管网建设组织视察调研，形成《关于城市管理工作的视察报告》《关于加强我市污水处理和截污干管建设的建议》等调研成果；围绕智慧城市建设、主城区违建治理、小区物业管理等问题持续建言，“创建卫生城市需健全长效机制”“尽快出台户外广告牌管理办法”等社情民意得到采纳落实。在城市品质提升上，围绕文明城市创建、文化服务体系建设、主城区历史遗迹保护等课题开展视察调研；追踪督办《改善城乡公交客车服务质量》《保护修缮蒋兆和先生故居》等重点提案；编辑出版《泸州历史人文专辑》《历代名人咏泸州》，为提升城市内涵提供了大量历史素材和参考依据。

（三）为推进脱贫攻坚献计出力。紧密对接阶段重点，及时调整履职重心，针对精准脱贫中的薄弱环节和突出问题主动参与、坦诚建言。2013年

初就将“赤水河流域综合开发与保护”作为大会发言，随后又列入主席会议视察、重点调研课题和专题议政主题进行个案跟踪，通过社情民意向全国政协反映，促成民革中央、民盟中央先后深入流域地区调研，提出的相关建议得到李克强总理和张高丽、汪洋两位副总理批示。连续多年深入贫困一线摸情况、找对策，针对“贫困山区基础教育薄弱问题”开展实地视察，提出“为贫困山区定向培养全科教师”的建议，得到采纳落实；针对产业发展、基础建设、社会保障等关键领域开展视察调研，就农村电网改造、村级道路硬化、水利设施建设等据实建言，促进相关问题得到解决；“我市精准扶贫存在问题及建议”等大会发言引起强烈反响，“关于脱贫攻坚中低保数量激增怪象的建议”被全国政协采用。在政协系统深入开展“我为扶贫攻坚做件事”活动，得到广大政协委员的积极响应和踊跃参与，联系帮扶贫困村112个，办成好事实事1000余件，帮助协调资金3100余万元，充分展现了人民政协强烈的为民情怀和履职担当。

三、关注社会热点，深入协商监督，着力助推民生改善

五年来，常委会始终把履职为民作为政协工作的出发点和落脚点，充分运用提案、信息、视察等履职载体和履职形式监督建言，助力民生事业改善、促进发展成果共享。

（一）抓住关键强化提案督办。坚持一手抓提案质量提升、一手抓提案办理督促，推动政协提案从纸上落到地上、由建议变成举措。健全机制力促提案“办得快”。建立完善提案工作条例、重点提案督办等制度，将提案办理工作列入市委、市政府目标考核和督办事项，进一步规范办理程序，落实办理责任。突出重点力促提案“办得好”。五年从1500余件提案中遴选出《加强农村污染防治》《推进城区违建治理》等57件重点提案，由市委、市政府领导签批督办、市政协主席会议成员领衔督办、市级相关部门“一把手”牵头承办，推动相关问题得以解决。创新工作力促提案“办得实”。开展提案办理民主评议，听取承办单位办理情况并进行现场测评，促使《加快农村电网改造》《注重乡镇饮用水安全》《改进驾驶培训考试管理》等一大批提案得到有效办理，切实发挥政协提案的监督建言作用。

（二）发挥优势反映社情民意。利用全国政协信息直报点优势，帮助各级党委政府识民情、听民声、汇民智。五年来，市政协共收集社情民意4700余条，编辑上报全国政协和省政协900余条，向市委、市政府报送《社情民意专报》205期。“高度重视地方税收结构性萎缩问题”“推进城镇化带来的粮食安全隐患不容忽视”等51条信息被全国政协采用；“回乡务农原国民党抗战老兵发放补助出现认证困难”“谨防政策性农业保险成为新的农民负担”等178条信息引起省委、省政府重视；“改进我市城乡居民医保缴费方式”“加强少数民族干部人才选拔培养”等100余条信息得到市领导签批，充分发挥了社情民意“直通车”作用。在各级政协组织的共同努力下，反映社情民意已成为我市政协工作的亮点和品牌，被全国政协评为先进单位，连续10年位居全省市州政协第一。

（三）着眼民生开展视察监督。针对群众反映强烈的问题，在视察中建言、在监督中出力。围绕农产品质量安全、“菜篮子”工程建设等民生问题，开展主席会议成员视察，提出“加强产品标准化生产、完善认证认定体系、落实准出入制度”等具体建议。围绕公立医院改革、殡葬事业发展、教师队伍建设、交通缓堵保畅等社会热点，组织委员考察学习、视察调研，关于“社区卫生服务情况”“养老服务体系建设”“留守儿童安全问题”等视察调研报告得到市委、市政府领导批示。围绕党政重大决策部署，积极参与项目落地、脱贫攻坚、绩效考核等督导督查工作，推选政协委员担任特邀监督员300余人（次），参加行政效能评估、食品卫生监管、警风警纪监督等活动，为促进相关部门改进工作、强化职能发挥了积极作用。

四、突出团结民主，延伸协商触角，协力促进和谐稳定

五年来，常委会始终把团结民主作为履职生命

线，努力搭建协商议政平台、畅通咨政建言渠道，最大限度地凝聚人心、增进共识、形成合力。

（一）在求同存异中汇智聚力。坚持平等协商、体谅包容、合作共事的原则，努力为各民主党派、工商联和各族各界创造参政条件、搭建议政平台。主动邀请各党派界别人士参加政协会议，联合开展少数民族待遇县政策落实、台资企业发展、宗教场所安全等视察调研，精心筹办中秋座谈会、新年茶话会等活动，不断增进沟通交流，着力营造团结氛围。五年来，各党派界别人士围绕产业发展、民生改善、生态文明等方面开展深入调研，针对“校外托管机构安全监管”“新能源汽车配套产业培育”等组织大会发言，围绕“泸州城垣保护利用”“加强停车场建设管理”等撰写集体提案 240 件，“强化司法活动法律监督和社会监督”等 173 条社情民意被全国政协、省政协采用，通过党派渠道多次争取全国政协、民主党派中央和省委领导莅临泸州指导，为助推泸州经济社会发展争取支持、赢得帮助。

（二）在上下互动中协同攻坚。坚持开放视野、系统思维和协作理念，推动政协系统在协同中有效履职、在互动中整体推进。主动争取向上使力，协助完成全国政协、党派中央关于“乌蒙山片区扶贫开发”“长江上游生态保护”等重大调研课题，配合省政协完成“新型城镇化建设”“集装箱港口和园区建设”等重点调研任务，积极参加全国政协、省政协组织的各类协商议政、学习交流活动。主动对接向外借力，利用全国 25 城市交流座谈会、川南七市政协工作联系会、云贵川毗邻地区协作交流会等平台，先后同省内外 60 余个市州政协就脱贫攻坚、环境治理、协商民主等问题开展深入交流，学习借鉴先进经验，合力争取上级支持。主动作为向下发力，定期组织主席学习会、秘书长联系会，与县区政协联合开展视察调研，切实加强业务指导和沟通交流，促进政协履职水平整体提升。

（三）在宣传交流中扩大影响。坚持通过联谊交流宣传泸州、通过学习借鉴创新工作。多渠道抓好新闻宣传，在各级各类媒体刊发稿件近 2000 篇，广泛宣传政协履职成果和委员履职风采。多层次开展理论研究，成立泸州市人民政协理论与实践研究会，征集论文 107 篇，《基层政协协商民主发展实践研究》等 10 余篇研究成果被省政协评为优秀论文。多形式推进文史工作，编辑出版《泸州市政协志（1991—2011）》《七届市政协履职成果选编》和《泸州历史人物》《泸州抗战回忆录》等文史资料，支持诗书画院出版《酒城醉墨》书画作品集，发挥了政协文史资料存史、资政、团结、育人的作用。

五、强化自身建设，夯实协商基础，大力提升履职水平

五年来，常委会始终把加强自身建设作为履职重要保障，以改革思维、创新理念、务实举措固本强基，不断提高政协整体工作水平。

（一）夯实思想政治基础。针对政协组织构成多元的特点，注重通过学习教育，巩固深化各党派团体、各界别阶层的认知认同。坚持开展政协党组、主席会、常委会、政协机关等学习活动，认真学习贯彻国家大政方针、政协统战理论和重要会议精神，不断提高政治把握能力和政策理论水平。充分利用“人民政协成立 65 周年”“抗战胜利 70 周年”“红军长征胜利 80 周年”等纪念活动，扎实开展革命传统和感恩奋进教育，不断增进各族各界人士的思想共识和政治认同。深入推进群教活动、“三严三实”专题教育、“两学一做”学习教育，精心安排富有政协特色的学习讨论，不断增强履职责任感和工作积极性。

（二）推进履职能力建设。按照懂政协、会协商、善议政的要求，着力打造政治可靠、能力强、素质高的履职队伍。发挥市政协党组的核心领导作用，严格执行党的政治纪律、组织纪律、工作纪律和廉政纪律，始终与中央和省委、市委保持高度一致；加强主席会班子建设，切实增强主席会议成员自觉担当、以上率下的责任意识；抓好常委会班子队伍建设，不断优化常委会组成人员的知识结构和年龄结构；完善专委会机构设置，配齐配强工作力量，设立地方政协和委员联络委员会；加强对政协

委员的服务管理，修订完善《委员联络制度》、健全“五个一”考评机制，集中培训政协委员700余人（次），有效激发委员履职尽责的积极性和主动性。

（三）强化工作服务保障。坚持内强素质、外塑形象的理念，脚踏实地转作风、查漏补缺建机制、从严从实夯基础。严格执行中央“八项规定”和省、市相关规定，大力开展“庸懒散、浮拖软”“不作为、慢作为、乱作为”等突出问题专项整治，工作作风进一步转变。建立完善政协例会、视察调研、成果反馈、机关管理等50余项制度，改造升级市政协门户网站，加快政协工作规范化、信息化建设和后勤服务社会化改革，服务保障水平进一步提升。不断优化干部队伍结构，加强政协机关干部学习培训和选拔交流，机关活力进一步增强。

各位委员、同志们，七届市政协任期的五年，是班子尽心尽责、委员有效履职的五年，是各族各界团结共进、政协事业发展进步的五年，是政协作用更加凸显、形象显著提升的五年。这些成绩的取得，是中共泸州市委坚强领导的结果，是全市各级党委、人大、政府和社会各界大力支持的结果，是政协各参加单位、各级组织和广大委员共同奋斗的结果。在此，我代表七届市政协常委会，向各位领导和同志们、向各级政协组织和广大政协委员，表示衷心的感谢并致以崇高的敬意！

总结五年的工作，我们还有一些需要改进和提高的方面。比如，协商民主还需进一步推进，民主监督形式还需进一步拓展，委员主体作用还需进一步发挥，政协工作水平还需进一步提升等。这些问题有待在今后的实践中认真研究、逐步解决。

五年工作体会

回顾五年工作，我们主要有以下体会：

坚持中国共产党的领导，是政协存在和发展的根本前提。我们自觉坚持和依靠党的领导，认真落实市委政协工作会议精神，始终与市委保持方向一致、目标一致、步调一致，在市委的高度重视和关心支持下，政协开展工作更有保障、履行职能更有力度、建言献策更有成效。实践表明，政协事业要发展，只有坚持正确方向，自觉与党委在思想上同心同德、目标上同心同向、行动上同心同行，才能使政协组织的作用得到充分发挥、价值得到充分体现。

主动思考谋划，是政协围绕中心、服务大局的有效方法。我们始终把全市发展大局作为政协工作大局，强化对接意识、适应阶段变化、把握工作重点，主动谋划、跟上节奏，做到中心工作推进到哪里、政协履职就跟进到哪里、各方力量就汇聚到哪里。实践表明，政协只有着眼大局谋事、对接重点干事，才能在服务发展、促进和谐中成事，做到围绕中心不偏移、服务大局不游离、助推发展不动摇。

持续跟踪建言，是提升履职质效、推动成果转化的关键举措。我们围绕重大战略实施、重大改革课题、重大决策部署，综合运用政协履职形式和履职载体，系统谋划、持续跟进、大胆建言，推动更多履职成果落地见效。实践表明，政协工作只有强化跟踪问效、敢于坦诚建言，一盯到底不放手、一以贯之不懈怠，才能更好地发现问题、解决问题、推动工作，让政协建言更有效、让委员履职更有力。

注重多方发力，是发挥政协优势、放大履职效应的重要途径。我们以推动事业发展为指向、以增强履职效果为目的、以重要课题活动为纽带，纵向上加强政协系统上下联动，横向上注重与党政及其部门协同配合，有力地集聚优势、整合资源、形成合力。实践表明，只有充分调动政协组织参与各方的积极性、主动性，凝众心、汇众智、聚众力，才能发挥政协的组织优势、职能优势、智库优势，在协同互动中整体推进事业发展。

敢于守正出新，是顺应形势变化、提升工作水平的必然要求。我们坚持将创新贯穿于工作各层面、各领域，主动顺应新形势新要求，在谋划上注重前瞻性，在协商上坚持专题性，在建言上强调针对性，在方式上突出包容性，推动政协事业在继承中发展、在开拓中前进、在创新中提高。实践表明，政协只有牢牢把握时代脉搏，立足当前、着眼长远，不断推进理论创新、制度创新、实践创新，才能永葆蓬勃生机、展现更大作为。

今后工作建议

未来五年，是推动“十三五”规划落地见效、全面建成小康社会的关键时期，也是政协创造新业绩、展现新作为的重要时期。市政协工作总的要求是：全面贯彻党的重大方针政策和习近平总书记系列重要讲话精神，在中共泸州市委的领导下，按照市第八次党代会的总体部署，突出团结民主主题，认真履行三大职能，更好地协调关系、汇聚力量、建言献策、服务大局，为泸州“决胜全面小康，建成区域中心”做出积极贡献。

一、坚持学习引领，进一步巩固共同思想基础

把增进思想政治共识作为政协工作的重大任务。继续坚持和发扬政协优良传统，把握政协工作新要求、领会政协工作新内涵，深入学习贯彻中共十八届六中全会、省委十届九次全会和市第八次党代会精神，把各族各界的思想和行动统一到中央、省委、市委的决策部署上来，把智慧和力量凝聚到“决胜全面小康，建成区域中心”的宏伟目标上来，确保政协事业始终沿着正确方向前进。

二、坚持服务大局，进一步助推泸州改革发展

把围绕中心、服务大局作为政协履职的重要原则。紧紧围绕市第八次党代会作出的决策部署，找准政协工作的着力点和切入点，选择经济社会发展中具有全局性、战略性的重大问题，党委政府决策中需要研究、亟待解决的现实问题，社会各方高度关注、反映强烈的热点问题，重点围绕产业发展、项目投资、城镇建设、改革开放、县域经济、精准脱贫等“六个突破”开展深入调研，多层次搞好政治协商、多形式加强民主监督、多角度开展参政议政，谋改革之计、出创新之策、建发展之言。

三、坚持履职为民，进一步促进社会和谐稳定

把促进民生改善、维护和谐稳定作为重要责任。密切关注民生民情，深入开展政协委员“我为扶贫攻坚做件事”活动，围绕文化教育、医疗卫生、社会就业、脱贫攻坚等事关群众切身利益的问题，通过视察调研、大会发言、社情民意、政协提案、民主评议等形式，多提顺民意、解民忧的对策建议，多办惠民利民的实事好事，多做协调关系、化解矛盾、理顺情绪的工作，促进党政决策部署更加符合群众意愿、更能满足群众需求，不断提升人民群众生活质量和幸福指数。

四、坚持团结民主，进一步汇聚各方智慧力量

把团结民主作为政协履职的重大使命。始终遵循“长期共存、互相监督、肝胆相照、荣辱与共”的方针，切实加强同各党派团体和各族各界人士的联系沟通，进一步发挥民主党派、无党派人士和政协各界别在政协组织中的作用。重视加强同新社会阶层的联系，扩大对外沟通交流，积极为泸州改革发展牵线搭桥、献计出力。坚持商以求同、协以成事，加强与党政部门、党派团体、各级政协的协同互动，进一步延伸协商触角，推进协商民主广泛多层制度化发展。

五、坚持与时俱进，进一步加强政协自身建设

把提升政协工作科学化水平作为永恒主题。主动适应新形势、新要求，推进人民政协理论创新、制度创新、工作创新。加强思想、组织、能力、作风和制度建设，为政协履行职能、发挥作用提供有力保障。加强专委会、界别、委员队伍建设，提升政协工作的主体性、保障性、基础性作用。加强政协机关建设，确保机关工作高效有序、协调统一。加强政协理论研究、新闻宣传和文史工作，促进成果转化、扩大社会影响，营造有利于政协事业发展的良好氛围。

各位委员、同志们：回顾过去，我们为七届市政协的工作感到欣慰和自豪；展望未来，我们对八届市政协满怀希望和信心。我们坚信，在中共泸州市委的坚强领导下，新一届市政协一定会更加振奋精神，凝心聚力、务实进取、奋发有为，为泸州经济社会平稳健康较快发展，为政协事业不断创新、全面进步做出新的更大贡献！

泸州市中级人民法院工作报告

——在泸州市第八届人民代表大会第一次会议上

（2017年1月6日）

泸州市中级人民法院代院长　吴洪汛

各位代表：

我代表泸州市中级人民法院向大会报告工作，请予审查，并请市政协委员和列席人员提出意见。

过去五年主要工作

2012年以来，在市委坚强领导下，在市人大有力监督、市政府大力支持和市政协民主监督下，全市法院认真贯彻落实党的十八大、十八届三中、四中、五中、六中全会精神，紧紧围绕“努力让人民群众在每一个司法案件中都感受到公平正义”的目标，认真履职尽责，着力创新突破，努力为全市改革发展稳定大局提供有力的司法保障。五年来，全市法院共审、执结各类案件205393件，其中，2016年审、执结43276件，包括刑事案件2990件，民事案件26571件，行政案件658件，执行案件12515件，其他案件542件。

一、认真履行审判职能，积极服务改革发展

全市法院认真履行法定职责，围绕市委、市政府重大战略部署，坚持公正司法、严格司法，不断加强服务保障。

维护社会稳定。认真落实《中华人民共和国刑法》修正案（八）、（九）以及新修订的刑事诉讼法，深入开展“打黑除恶”“打非治违”等专项活动，审结以任小兵等十六名被告为典型的黑社会性质犯罪；严厉打击危害群众安全感的犯罪，开展打击“醉驾”“毒驾”专项行动，五年来共审结故意杀人、故意伤害、爆炸、抢劫、绑架等案件1481件，其中19.83%的案件判处五年以上有期徒刑；深入推进反腐败工作，严格执行“两高”关于办理贪污贿赂刑事案件的司法解释，依法审理了省农业厅原副厅长姜文康、资阳市原副市长陈能刚等一批社会关注度高、影响大的重大案件；严厉打击扶贫领域职务犯罪，两件案件入选2016年全省法院扶贫领域典型案例；妥善审理肖翠琴集资诈骗等涉众型金融犯罪案件，维护金融秩序。坚持罪刑法定、疑罪从无，五年来，全市法院因证据不足共判决7人无罪。

服务经济发展。贯彻五大发展理念，围绕我市重大战略部署，出台《关于为我市“两个率先、六个突破”提供司法保障的若干意见》《服务保障全市实体经济发展十六条措施》《关于为泸州酒业发展提供司法保障的具体意见》《关于为全市脱贫攻坚提供司法服务和保障的意见》《关于为我市国民经济和社会发展“十三五”规划提供司法保障的意见》，受到市上多位领导批示肯定。多方协调，妥善审结了鹭岛国际、山地名宅为典型的合作开发、民间借贷、房屋买卖等案件，化解不稳定因素；围绕园区建设、两江四岸打造、成自泸赤高速公路等重点项目，加大建设工程、民工工资等案件的办理

力度，保障项目进度；依法受理破产案件，妥善处理涉“僵尸企业”案件，服务供给侧改革；建立知识产权专家陪审制度，提升审判水平，保障创新驱动；加大对酒企品牌的保护力度，形成制裁酒业知识产权侵权的“泸州模式”，人民法院报整版进行了报道，泸州老窖公司诉某公司侵犯商标权案，入选全省法院2015年度十大知识产权案件。

促进依法行政。认真落实新修订的行政诉讼法，依法履行行政审判职能，全市法院五年来判决维持行政行为或驳回原告诉讼请求案件521件，裁定准予执行非诉执行案件4049件，维护了合法行政行为的法治权威；全市法院五年来确认行政行为违法、撤销或变更行政行为、责令履行法定职责100件，监督行政机关依法行使职权。进一步提升行政案件质量，三件案件入选全省法院典型案例。推动落实行政机关负责人出庭应诉制度，2016年全市行政机关负责人出庭应诉率达56%。坚持每年发布行政审判白皮书，分析问题，提出建议，促进提高行政执法水平。

二、深入化解执行难题，大力兑现胜诉权益

全市法院按照“一性两化”要求，不断开创执行工作新局面，执行到位金额逐年增加，省法院部署“两年内基本解决四川执行难”以来，执行工作得到进一步推进，2016年执行到位金额突破10亿大关，同比上升11.44%。

构建执行大格局。主动向市委常委会报告，市依法治市领导小组出台“基本解决执行难”的具体实施意见，市委政法委六次召集执行工作联席会，全市44个相关部门单位参与协助，七个区县均召开党委常委会，专题研究部署基本解决执行难工作，将其纳入党政绩效目标管理、依法治市责任考核，形成解决我市执行难的强大合力。市法院层层压实责任，加强统一指挥，与7个基层法院全部签订“基本解决执行难”承诺书。

加强执行信息化。大力推进网络执行查控系统建设，在泸所有银行均对接全国“总对总”查控系统，在全国率先实现不动产信息网络查询与法院系统对接，执行财产查找效率得到极大提高。创新拍卖机制，全面实现网络拍卖，利用网络受众广、零佣金等优势，最大限度保障当事人合法权益，实现拍卖环节零投诉，网拍成交率67%，成交金16.49亿元，平均溢价率16.57%，单笔最高溢价率79%。省法院在泸州召开现场会，推广泸州经验。

加大执行强制力。集中开展涉民生案件、金融案件、党政特殊主体案件等专项行动，形成强大声势。打破执行管辖，划分省内省外八大片区，执行局长带队蹲点执行，分片包干，集中攻坚。加强失信惩戒，与市委宣传部、市发改委等20多家单位联合签署备忘录，纳入失信被执行人名单4051人，公开曝光“老赖”2056人，限制出境1012人，限制高消费1766人，让失信者“一处失信、处处受限”，促使被执行人主动履行债务1375.99万元。集中打击拒不执行判决、裁定等行为，全市法院共拘留116人、罚款25人，移送犯罪线索59人，判处刑罚2人。

三、积极推进改革创新，不断提升司法公信

在省法院和市委的安排部署下，全市法院积极稳妥推进司法改革，努力实现以改革促审判，以公正促公信。

落实立案登记制改革。认真落实三大诉讼法，充分保障当事人诉权，实现“有案必立、有诉必理”，对符合立案条件的起诉，一律当场立案；对起诉材料不符合形式要件的，实行一次性书面补正告知；七个区县法院全部实行“全域立案”，积极探索网上立案，方便当事人提起诉讼。同时，全市法院还通过假日法庭、巡回法庭、移动收案点开展“便民立案”活动。自改革以来，98%的案件实现了当场受理当场立案，100%的案件实现了法定期限内立案。

推进司法责任制改革。扎实推进人员分类管理，采取“考试加考核”的方式，顺利完成首批员额法官遴选任务，全市296名员额法官向宪法宣誓，作出公正司法的庄严承诺；严格落实审判责任，市法院出台了办案人员权力清单、案件质量评查、案件质量责任追究、绩效考核等制度规定，确保实现“由审理者裁判，让裁判者负责”。扎实

推进司法人员职业保障制度改革，不断激发队伍活力。

探索专业化审判体系。市法院建成未成年人案件、知识产权案件、环境资源案件三个综合性审判庭，实行“三审合一”，提高裁判质量。各区县法院结合实际设立医事、家事、少数民族等专业化法庭，开展类型化审判。纳溪区法院家事法庭设立反家暴中心、临时庇护所，审结了全省首例民政局申请撤销监护权案件，入选2016年全国法院未成年人权益保护典型案例。

落实其他改革任务。在市委政法委的组织协调下，扎实推进刑事庭审实质化改革，认真落实“四个在法庭”，充分发挥庭审在采信证据、认定事实、形成心证等方面的核心作用，严防发生冤错案件。开展多媒体示证、远程视频提讯等项目建设，进一步完善庭前会议、非法证据排除、庭审证据调查、证人出庭等程序，市法院连续开展“示范庭审观摩活动”，取得良好社会效果。积极推进刑事涉案财物集中管理，全市法院按照“1+7”模式加快建设“涉案财物管理处置场所”和流程系统，努力实现管理的规范化、智能化。

四、坚持严格规范管理，促进司法高效利民

全市法院扎实开展司法规范化建设，通过抓规范提质效，促进司法更加公开透明、便民利民。

加强审判管理。建立案件质效专项督导、类型化案件对口指导制度，坚持案件、庭审、裁判文书“三评查”，每月通报，定期分析，提增质效。依托信息化系统严控办案节点，加强预警提示，杜绝超审限办案。对一年以上未结案件，院长约谈，限期结案。五年来，全市法院一审平均服判息诉率95.34%，案件质效始终位居全省前三。

深化为民服务。扎实开展“争创人民满意人民法庭”活动，制定人民法庭规范标准32条，严格打表，全市52个人民法庭有47个达到规范化水平。深入推进“三型”人民法庭建设，将人民法庭打造成为诉讼服务分中心，各人民法庭均设置调解室、查阅室、信访接待室、当事人休息室，按规定配齐“三审一书一警”。市法院在全国第三次人民法庭工作会议上作经验交流。推广“车载法庭”“院坝法庭”，全市法院巡回审判率达到69%；打造百姓书屋、法治广场，开展微博直播53次，便利群众接受法治宣传。五年来，共依法为当事人减免诉讼费6059万元，为困难当事人发放救助金1076万元。

强化司法公开。建成案件流程公开、裁判文书公开、执行信息公开三大平台，全市法院上网各类裁判文书51076份；发送审判流程、执行信息4万余条，裁判过程和结果更加透明，司法公正更有保证。深入开展法治宣传教育，召开新闻发布会26次，开通官方网站、微博、微信和中国法治APP泸州频道，发布典型案例96件。深入开展“法律八进”，以庭审视频直播、微博直播及拍摄法治微电影等多种方式宣传法治规则，江阳区法院制作的《普法“萤火虫”照亮校园》被评为全国法院新闻宣传优秀作品。

五、持之以恒狠抓队伍建设，不断提升司法能力

全市法院积极适应司法改革的新要求，着力提升干警政治素养、专业水平和办案能力。

深化思想政治建设。扎实开展群众路线、“三严三实”、“两学一做”等教育活动，专题召开思想政治建设工作会议，三次系统调查分析干警思想状况，提高队伍管理的针对性。制定法院文化建设五年规划，成立法官协会、青年工作委员会，打造“文化四室”，定期举办道德讲堂、演讲比赛、党建知识竞赛、读书心得交流会，每半年开展优秀文书、典型案例评选，编撰院志、画册和党员文集，营造积极向上的文化氛围，促使干警树立正确的价值观，养成良好的职业道德。

加强党风廉政建设。强化党风廉政建设和预防腐败惩防体系建设，认真落实“两个责任”和“一岗双责”。坚持“三个在前”，坚持层层签订责任书，以“三传导”全面落实主体责任，实施“五个一”廉政制度，坚持每年对区县法院院长和纪检组组长进行“双约谈”，对领导班子进行“集体约谈”，开展“静默监督”、审务督察、专项督察，实

行司法巡查全覆盖、廉政约谈全覆盖、述职述廉全覆盖；在全省法院系统率先建立“三早三卡”预警机制，推行“全员化、全程化、全景化”科技防控措施，该做法被省委政法委评为全省政法系统队伍建设创新成果奖。

强化司法能力建设。加强对年轻干警的培养，实施“青蓝工程”，确立遴选为主、招录为辅、研究生以上学历的进人标准，全市法院共有81名优秀青年干警成长为副科级以上领导干部或基层法院中层干部，35岁以下青年干警参与办理了全市约43%的案件。强化体系化培训，与中国政法大学等五所院校开展合作，鼓励在职攻读研究生，市法院研究生以上学历占比35%。建立外出培训人员回院授课机制，全市累计开展以“法官讲坛”为主的“菜单式”培训41期，参训干警4562人（次）。

六、依法自觉接受监督，切实深入改进工作

全市法院不断增强接受监督意识，始终将接受监督作为推动工作的动力和重要保障。

加强工作报告。坚持重大工作报告制度，市法院先后向市人大汇报、向市政协通报了规范化建设、人民法庭建设、司法公开、执行工作、行政审判、社会治安案件审理等工作，主动接受监督。高度重视代表委员建议、提案的办理，完善交办、督办、反馈机制，做到联络工作常态化、规范化。

深化沟通联络。五年来，市法院共开展代表委员走进法院活动12次，完善了“一对一”走访联络机制，走访代表、委员500余人（次），收集意见建议127条；开通短信联络平台，编发手机报20期。全市法院邀请代表委员参与案件审理、调解、执行735件，旁听庭审1500余人（次）。

拓宽监督渠道。依法认真审理检察机关提出的抗诉案件，共同维护法律权威；发挥审判监督程序作用，坚持自我发现和纠正问题。五年来共邀请625名社会各界人士担任廉洁监督员、人民陪审员、特邀调解员，不断扩大社会监督渠道。

各位代表，五年来，在全省法院争创“两个一流”综合考核中，市法院立集体二等功一次、集体三等功两次，获嘉奖两次，先后被评为全国维护妇女儿童权益先进集体、全国法院执行工作先进集体、全国法院涉民生案件执行工作先进集体、全国法院党建工作先进集体、全国文明示范单位、全省法院系统先进集体。江阳区法院被团中央评为全国“青少年维权岗”，纳溪区法院被评为全国法院先进集体，泸县法院被评为全国优秀法院、全国法院文化建设示范单位，古蔺法院团支部被团中央评为全国五四红旗团支部。

五年来，党委正确领导、人大有力监督、政府大力支持、政协民主监督、各民主党派、工商联、新闻媒体等社会各界关心帮助，使法院工作始终保持正确方向，有力保障了审判执行工作顺利开展。我们深切感受到，坚持党的领导、赢得各方支持，才能凝聚发展的强大动力。在此，我代表全市法院表示衷心的感谢！

五年来，全市法院大力加强审判管理、实施量刑规范、推动司法改革、深化司法公开、加强队伍管理，始终忠于宪法法律，牢牢守住了社会公平正义的最后一道防线。我们深切感受到，只有保持昂扬向上、奋勇向前的精神状态，才能积极为党的事业担当作为。

五年来，全市法院刑事审判、少审工作、执行工作、援藏工作、法庭建设、廉政建设、文化建设、网络拍卖等走在全省前列，有效满足了人民群众日益增长的多元司法需求。我们深切感受到，只有主动作为、锐意改革，才能在新常态和复杂形势下，沉着应对，推动各项工作取得更好成绩。

在总结经验、肯定成绩的同时，我们也清醒地认识到问题和困难：一是少数案件质量不高，司法公信力还有待进一步提升；二是省委、省法院、市委部署的许多司法改革任务目前还未全面铺开或完成，任务仍很艰巨；三是小额速裁、轻刑快审等繁简分流措施、多元化纠纷解决机制还没有充分运用，基层法院“案多人少”的矛盾依然突出；四是少数干警司法理念、司法能力、工作作风还未跟上改革步伐。对此，我们一定高度重视，在今后的工作中认真解决。

今后五年的主要目标任务

今后五年工作的总体思路是：深入贯彻党的十八大、十八届三中、四中、五中、六中全会精神和习近平总书记系列重要讲话精神，紧紧围绕“努力让人民群众在每一个司法案件中都感受到公平正义”的目标，围绕“决胜全面小康、建成区域中心”战略部署，紧跟“三个走在前列、三个显著提升”重大任务，按照“三抓三主动”要求，充分履行审判职能，坚持稳中求进，创新突破，不断开创全市法院工作新局面。

今后五年工作的主要目标是：在省法院的科学指导下，在市委的坚强领导下，全面落实司法改革重点任务，不断提升依法履职能力，进一步加强公正司法，努力建设公正为民、智慧阳光的全国一流法院。

围绕前述目标，今后五年的主要任务是：

——服务大局有新举措。紧紧围绕全市“十三五”规划，根据市第八次党代会工作部署，结合全市实际情况，采取有力措施，提升服务大局的自觉性、针对性和有效性。

——审判质效有新标准。做到案件100%在法定审限内结案，服判息诉率保持在95%以上。确保到2018年全市实现“基本解决执行难”的总体目标。

——司法改革有新进展。全面落实司法责任制改革、以审判为中心的诉讼制度改革、涉案财物统一管理等改革，力争一批改革工作在全省率先落实到位，率先产生实效。

——司法便民有新要求。全面加强便民服务措施，一般辅助性事务做到当场受理当场解决，实现“一站式、综合性、低成本”，力争做到关键环节零投诉，提供更加优质、高效的司法服务。

——队伍建设有新作为。深化队伍正规化、职业化、专业化建设，培养一批全国、全省优秀法官，打造一批优秀审判团队；狠抓思想建设，深化廉政建设，打造文化特色，确保队伍忠诚、干净、担当。

——基层基础有新面貌。建成新审判法庭，加强信息化运用，完善配套设施，实现诉讼服务中心建设提档升级，打造一批有特色亮点的派出法庭，努力建成“智慧法院”。

2017年重点工作

各位代表，2017年是实施“十三五”规划承上启下的关键之年，也是司法改革重点推进之年。全市法院将重点抓好以下工作：

一是围绕中心工作，加大司法保障服务力度。围绕市第八次党代会工作部署，重点依法保障、引导、支持有利于“六个突破”的经济活动和经济行为。加强涉及现代医药、新材料、新能源、工程机械、传统酒业等案件的审判工作，保障创新，保护品牌；积极参与党政重大决策的法律风险评估，加强涉产业园区、交通枢纽、“双两百”、脱贫攻坚等重点工作的案件办理力度；主动为自由贸易试验区泸州片区建设建言献策，适时设立自贸区法庭，提供法律支持，加强对口保障；加强婚姻家庭、劳动关系等传统案件的调解力度，探索和建立环境资源审判新机制，服务和谐、美丽泸州建设；深入推进反腐工作，严格依法审理职务犯罪案件，倾力建设廉洁泸州。

二是打通关键环节，深入推进“基本解决执行难”。进一步完善网络查控机制，推进企业登记、金融证券、理财产品等信息的联网查询，尽快实现网上冻结、扣划功能，做到“覆盖广、功能全、反馈快、查得到、控得住”；进一步探索执行机制改革，推行执行团队化模式，着力加强执行工作规范化建设，打造“制度铁笼”，加强监督管理，深入解决执行人员主观惰性问题；持续开展曝光行动，严厉打击拒执违法犯罪行为，增强执行威慑。

三是坚持问题导向，推动落实当前重点改革。重点完善司法责任制改革，进一步理顺关系、明确权责，探索内设机构改革，组建审判团队，遵循司法规律，加强审判管理，完善业务指导，提升职业保障，建立科学的法官业绩评价机制、员额法官遴选机制和退出机制，充分发挥新型办案机制的综合效能；进一步加强与其他司法机关的沟通协作，全面落实庭审实质化改革，协调推进涉案财物管理改革、轻刑快审改革，切实发挥庭审在诉讼过程中的决定性作用；进一步推动完善诉非衔接机制以及涉诉信访改革，凝聚合力，促进矛盾纠纷源头治理，加大打击违法上访力度，依法规范信访秩序、化解信访顽疾。

四是着眼司法需求，加快信息化建设转型升级。进一步完善办案系统、办公系统功能，提升办案办公效率；升级网上司法服务系统，细化网上服务标准，拓宽网上服务范围，切实减轻群众诉累；深化三大公开平台建设，压缩裁判文书上网周期，重点细化审判流程、执行信息公开，做到更方便检索，更利于监督；巩固“三型”人民法庭建设成果，拓宽诉讼服务中心功能，集中处理非庭审事务，提升便利程度；加强网站、微博、微信、微电影运用，丰富法治宣传形式，凝聚社会共识，弘扬法治精神。

五是聚焦司法能力，不断强化干警队伍培养。深入推进队伍思想政治建设，引导干警正确认识改革，增强责任感、使命感，确保人员分类管理后，始终保持健康心态、良好作风；继续坚持“两个责任”和“一岗双责”，促进队伍廉洁司法；加强以审判为核心要素的法院文化建设，完善干警关爱机制，进一步激发队伍活力；坚持定期举办法官论坛、讨论交流、高校集训，定期进行审务督察、案件评查，促进法官能力提升。

各位代表，在新的一年里，我们将在过去五年的基础上，坚定信心，锐意进取，努力开创全市法院工作新局面，为泸州“决胜全面小康，建成区域中心”做出新的更大贡献！

用语解释

其他案件：包括再审案件、行政非诉执行案件、司法制裁案件、第三人撤销之诉案件、国家赔偿与司法救助案件等案件种类。

行政典型案例：市中院审理的梁玉全诉市食药监局食品监管行政处罚案入选2015年四川法院十大典型案例，欧良海诉泰安镇政府土地行政强制案、陈勇诉市交通警察支队道路交通管理行政处罚案均入选四川省2015年行政审判十大典型案例（省法院2016年5月发布）。

一性两化：即“依法突出执行工作的强制性，全力推进执行工作信息化，大力加强执行工作规范化”，是最高法院提出的执行工作的基本思路。

全域立案：为方便当事人诉讼，基层人民法院和派出人民法庭对属于该法院管辖的案件，不论当事人选择是向基层人民法院立案庭，还是向任何人民法庭提起诉讼，只要符合诉讼法规定起诉条件的，一律立案受理，立案后再将材料转交相关具体承办业务庭。

三审合一：即将涉及未成年人、知识产权、环境资源的刑事、民事、行政案件集中分别由未成年人案件综合审判庭，知识产权案件综合审判庭、环境资源综合审判庭统一审理，确保专业化。

四个在法庭：即证据质证在法庭、案件事实查明在法庭、诉辩意见发表在法庭、裁判理由形成在法庭，强调庭审的实质化作用。

“1+7”模式：即在市法院设立涉案财物管理中心，在七个区县法院设立涉案财物处置点，实现上下互联，部门互通，方便对涉案财物的走向和处置的监督管理。

三型人民法庭：即服务型、阳光型、效能型人民法庭，是省法院2015年提出的法庭建设理念，旨在推进法庭建设规范化，提升服务人民群众的水平。

文化四室：即图书室、文体活动室、荣誉室和院史室。

三传导：即定位责任，传导压力；源头治理，传导规矩；文化引领，传导理念。

“五个一”廉政制度：是市法院探索建立的一套落实“两个责任”的制度体系，具体包括“建立一份廉政档案、开展一次廉政约谈全覆盖、实行一套党风廉政建设职责记实簿、实行一个廉政监察员履职报告制度、开展一次述责述廉”。

静默监督：静默监督是对双方当事人反映强烈、上级法院督办交办以及可能出现司法不廉、不公的案件，实行事前报备、事中参与和事后跟踪，纪检监察部门在不参与案件表决和决策、不干扰案件审理和执行的前提下适时介入，及时向承办法官和当事人了解情况、沟通意见、提出建议，既保证法官依法公正履职，又推动党风廉政建设。

三早三卡预警机制：即对可能出现或发现的违纪违规苗头性、倾向性问题，分别以“黄橙红”三色卡实施提前预警。

青蓝工程：寓意“青出于蓝而胜于蓝”，是市法院为促进青年法官快速、健康成长而采取的培养计划。主要有师徒“一对一”传帮带、下派青年干警到基层法庭锻炼等措施。

“两个一流”：是2012年省法院党组提出的全省法院工作目标，即“打造一流的队伍，争创一流的业绩”。

泸州市人民检察院工作报告

——在泸州市第八届人民代表大会第一次会议上

（2017年1月6日）

泸州市人民检察院检察长　罗　乐

各位代表：

我代表泸州市人民检察院向大会报告工作，请予审查，并请市政协委员和列席人员提出意见。

五年工作回顾

过去的五年，特别是党的十八大以来，全市检察机关在市委、省检察院的领导下，在人大、政府、政协的监督、支持、帮助下，紧紧围绕泸州经济社会发展大局，深入实践检察工作主题，锐意改革创新，忠实履行职责，狠抓基层基础，各项检察工作始终走在全省前列。

五年来，始终以服务泸州经济社会发展为工作核心，积极主动作为。不断增强大局意识、服务意识，围绕市委“决胜全面小康，建成区域中心”目标，立足职能，积极营造良好环境。

明确思路，聚焦中心。市检察院先后出台《服务全市深入实施“两化”互动、统筹城乡发展战略的意见》《依法保障和促进非公有制经济健康发展的意见》《“十三五”期间服务国民经济和社会发展二十条措施》等4个规范性文件，更加明确检察机关服务城市建设、项目推进、非公有制经济发展和精准扶贫等中心工作的方法和路径，更加凸显检察工作护航经济社会发展的出发点和着力点，做到检察工作与市委中心工作始终保持一致。

突出重点，服务民生。坚持打击危害食品药品安全犯罪，依法起诉24件68人，保护群众舌尖上的安全。持续开展依法惩治侵犯泸州老窖、郎酒等名优酒知识产权犯罪专项工作，依法起诉81件137人，全力保障泸州酒业发展。依法起诉滥伐盗伐林木、非法采矿等破坏资源环境犯罪213件370人，保护泸州山更青、天更蓝。加强对经济转型升级中新情况、新问题的研判，严厉打击非法吸收公众存款、集资诈骗等涉众侵财型犯罪，协助政府稳妥处置相关善后工作，确保社会面平稳。结合全市产业发展布局，设立2个派驻园区检察室，与50余个企业结对联系，提供法律服务。推进廉洁扶贫，2016年启动为期5年的集中整治和加强预防扶贫领域职务犯罪专项工作，与扶贫移民局、审计局、财政局共同制定实施方案，全面加强扶贫项目资金监督管理，查办扶贫领域职务犯罪18件44人。市检察院在全省率先成立乌蒙山区涉农惠民扶贫领域职务犯罪预防宣讲团，到古蔺、叙永、合江等区县开展巡回宣讲，受到干部群众广泛好评，该做法在全省作了经验交流。

主动作为，争取支持。按照市委“三抓三主动”要求，主动向上使力，积极争取上级检察机关加强领导，先后有最高检常务副检察长胡泽君，最高检党组成员、政治部主任王少峰分别联系指导江阳区检察院、纳溪区检察院，并多次到泸州指导工作。积极配合市委、市政府做好省检察院邓川检察长联系泸州的相关工作，邓川检察长先后14次到泸州调研指导，亲自协调引进项目、资金支持泸州经济发展和精准扶贫工作。充分发挥办案优势，查办省检察院指定的在全省有影响的大要案43件49人，为国家挽回直接经济损失6082.89万元。

五年来，始终以建设平安、廉洁、法治泸州为工作重点，维护公平正义。充分发挥法律监督职能作用，严惩犯罪，维护公正，实现了办案政治、社会和法律效果的有机统一。

依法开展综合整治，全力打造平安泸州。针对泸州社会治安状况，加强与法院、公安机关的配合协作，持续发力开展打黑除恶、禁毒、社会治安整治等专项工作，积极参与“清网”行动，依法惩治故意杀人、故意伤害、“两抢一盗”、涉毒等刑事犯罪，共批捕5447件7430人，起诉9395件12997人，其中2016年批捕1210件1551人，起诉2512件3306人。市检察院侦监处、江阳区检察院、合江县检察院被市委、市政府表彰为打黑除恶专项整治工作先进集体。在严惩犯罪的同时，依法落实宽严相济刑事政策，对犯罪情节轻微、无社会危险性、依法不需要判处刑罚或者免除刑罚的，实行刑事和解100件，决定不批捕2486人，不起诉537人。依法救助刑事被害人303人，中央电视台《平安中国——法治守护平安》节目专题报道了泸州市检察机关开展刑事被害人救助工作的做法。创新涉检信访工作模式，搭建网络举报平台，畅通群众诉求渠道，受理举报控告申诉2529件，全部依法审查处理。2016年，叙永等区县检察院打造规范标准、功能完善的检察服务大厅，完善处置信访和突发事件工作机制，引入律师等第三方参与化解和代理涉法涉诉信访案件50件，努力把矛盾化解在基层，做法被省委政法委推广。市检察院被最高检评为全国文明接待示范窗口，龙马潭等5个区县检察院被评为全国文明接待室。

坚持惩防结合方针，倾力建设廉洁泸州。深刻领会中央、省委、市委对腐败问题的基本判断和旗帜鲜明反腐败的要求，先后开展查办危害民生民利、食品安全、安全生产、工程建设、涉农惠民扶贫等领域的职务犯罪专项工作，着力查办发生在国家机关、发生在基层、危害群众切身利益的职务犯罪，推动反腐败斗争深入开展。共立案查办贪污贿赂犯罪432件541人，渎职侵权犯罪153件161人，其中县处级以上职务犯罪39人（含厅级4人）；2016年立案查办贪污贿赂犯罪68件107人，渎职侵权犯罪33件34人。省农业厅原副厅长姜文康、成都中医药大学原校长范昕建、古蔺县原县委常委、政法委书记欧鹏等一批腐败大要案被依法查处，取得了良好的法律和社会效果。扎实开展预防职务犯罪工作，检察干警进机关、进企业、进乡村、进学校、进社区宣传法律法规、接受法律咨询313次，以案讲法已蔚然成风。紧盯重点工程项目开展同步预防，提供行贿犯罪档案查询，帮助相关单位审查否决不符合项目建设资质要求的投标人61个。着力打造预防职务犯罪警示教育基地，1个基层检察院被评为全国检察机关“百优”预防职务犯罪警示教育基地。2016年，在市县乡换届选举的重要节点，采取检务直通车、检务微博、检务微信等方式，向广大群众宣讲组织法、选举法等法律法规，并及时介入查处1起破坏选举案，营造风清气正的换届氛围。

不断强化诉讼监督，着力营造法治泸州。紧紧抓住社会反映强烈的执法不严、司法不公突出问题，扎实推进各项诉讼监督工作。加强侦查监督，针对侦查机关应当立案而不立案、不应当立案而立案的问题，监督侦查机关立案277件、撤案41件。对78名另案处理的犯罪嫌疑人依法进行监督。建立行政执法与刑事司法衔接共享平台，健全工作机制，监督行政执法机关移送涉嫌犯罪线索232条，有效防止以罚代刑。对刑讯逼供、违法限制人身自由等违法侦查行为提出纠正意见244件（次）。加强刑事审判监督，对认为确有错误的刑事判决，依法支持抗诉58件，法院依法采纳41件。加强民事行政诉讼监督，健全民事行政诉讼过程、结果、执行“三位一体”的监督体系，依法提出抗诉、检察建议159件，法院依法采纳104件。开展虚假诉讼专项监督活动，监督法院纠正当事人之间的虚假诉讼，促使当事人依法诚信诉讼。加强刑罚执行监督，开展特赦罪犯监督、职务犯罪减刑假释保外就医专项清理等工作，监督纠正刑罚执行、收押出所和监管活动中的违法情形189件（次）。2016年，开展集中清理判处实刑罪犯未执行刑罚专项活动，监督法院、公安机关依法执行。在履行诉讼监督职责的同时，切实开展规范自身司法行为专项整治工作，梳理出6大类87个问题，完善工作机制27项，推进问题逐项整改，省检察院在泸州召开现场会推广了该做法。

五年来，始终以泸州持续争先创优为工作目标，激发创新活力。主动适应新时期检察工作需要，正确把握最高检加强检察工作机制创新的要求，不断更新观念、创新机制，推进全市检察工作科学发展。

创新管理监督方式，促进内部管理高效规范。在全省率先启动案件管理机制改革，两级院同步完成案件管理机构建设、制度建设、场所建设，率先研发、全面运行案件管理信息系统，做到案件从受理到办结全程网上运行，实现了对每起案件、每个环节的实时监督、全程控制、规范管理，被省检察院荣记二等功。2016年制定刑事诉讼涉案财物接收、保管、处理暂行规定，建设科学、统一、规范的涉案财物保管室，实现实时监控、全程留痕、案结账清。探索开展廉政风险防控“三早三卡三送”工作①，随时警醒干警遵纪守法、廉洁从检。

创新办案工作机制，增强泸州检察工作实效。建立职务犯罪案件“三同步、三把关”公诉工作②机制，有效提高职务犯罪办案质量和工作效率，该做法被最高检推广。在全省率先制定“三书对比”审查③、专家辅助人出庭支持公诉、保障律师执业权利等工作机制，在实践中运行效果良好，得到省检察院推广。探索建立“二元化”未成年人检察工作办案模式④，建立未成年人成长护航团⑤、观护基地⑥、司法社工事务所⑦，全力促进涉罪未成年人改过自新，被惩治、帮教的涉罪未成年人重新犯罪率仅0.44%，低于全国平均水平。2016年，古蔺等区县检察院成功办理2件监督撤销监护人资格案，在未成年人民事权益保护方面开全省先河，入选最高人民法院未成年人保护典型案例、被中央电视台制作成纪录片《被“撤销”的亲情》。纳溪区、泸县检察院被表彰为全国青少年维权岗，“纳爱”团队被评为全国未成年人检察工作五大优秀品牌之一。

探索科学办案方式，提升检察工作科技含量。在全省率先建成电子证据实验室和情报数据分析室，为查办职务犯罪提供电子证据支持，全省首例采取电子数据远程勘验⑧支持侦查的职务犯罪案件公诉成功。将侦查指挥中心智能化系统与西南医科大学附属医院的远程诊疗平台对接，适时监控犯罪嫌疑人身体状况，保证办案安全。建设涉密信息内网分级保护系统，向社会购买服务，聘请专业公司派驻技术人员负责运维，该做法被省检察院推广。

五年来，始终以提升法律监督能力为工作追求，强化素质建设。按照队伍建设“五个过硬”⑨要求，加强学习教育、管理监督，不断夯实检察工作根基。

强化学习教育，提高综合素质。通过开展政法干警核心价值观、党的群众路线、“两学一做”等学习教育活动，建立完善检务督察、诫勉谈话、述职述廉等制度，不断提升班子队伍思想政治素质，全市两级检察院党组均被同级党委表彰为创建“四好”领导班子先进集体。实施“人才强检、素质兴检”战略，多角度全方位提升干警的理论素养和职业技能，41名干警攻读在职研究生学位，53名干警取得心理咨询师资格，31名干警参加全国、全省检察业务技能竞赛获奖，2016年泸州与成都一道成为代表四川省参加全国公诉人业务竞赛的2个市级单位。加强检察文化建设，锤炼“公正、为民、担当、廉洁”的泸州检察职业道德，3个院被省检察院表彰为检察文化建设示范院。通过援藏援彝、上挂下派、选派驻村第一书记等方式，先后对75名干部进行了多岗锻炼和培养。全市首批203名员额制检察官已于去年12月8日宣誓履职。

强化阳光检务，促进公开透明。严格遵守人民监督司法的原则，主动接受外部监督，向人大、政协专题汇报检察工作56次，认真办理人大代表、政协委员的建议意见108条，制定联络代表责任制，发送手机短信通报检察工作，改版网站联络平台，建立代表联络微信群，做到联络全覆盖。邀请人大代表、政协委员、人民监督员、特约检察员参加检察开放日、执法专项检查、专题座谈会等活动693人（次），其中2016年向人大、政协汇报工作13次，邀请参加活动161人（次）。人民监督员监督了24件拟撤案、拟不起诉职务犯罪案件。加强阳光检务建设，按规定公开案件程序性信息、重大案件信息和法律文书14867份（条）。

开展“创模”活动，夯实基层基础。始终把基层院“八化”建设[10]作为基础性工作常抓不懈，市检察院主动汇报、积极争取，通过开展创建全国模范检察院工作推进基层检察院建设。2016年，市委、纳溪区委分别成立创建全国模范检察院工作领导小组，全力支持纳溪区检察院开展创建工作。依托全市23个派驻基层检察室，积极参与社会治理，建成全省首个流动检察室[11]，下移工作重心，零距离接触群众开展法律服务。

五年来，全市检察工作健康平稳发展，共获得市级以上表彰奖励270项，其中省级以上104项，市检察院在全省检察机关综合目标考评中始终保持先进行列，市检察院公诉处被最高检表彰为优秀公诉团队，纳溪区、江阳区检察院荣获全国先进检察院称号，龙马潭区检察院被表彰为全国检察机关检务保障先进集体，检察信息、检察宣传、控告申诉、未成年人检察等工作受到最高检表彰。这些成绩的取得，是党委坚强领导、人大加强监督、政府大力支持、政协民主监督以及社会各界和人民群众关心、理解、帮助的结果。在此，我代表泸州市人民检察院和全市检察干警表示衷心的感谢！

五年的检察工作历程，让我们深切感受到：只有坚持党的领导、自觉接受人大政协和社会各界监督，检察工作才有正确的政治方向；只有始终忠实法律，检察工作才有坚强的生命力；只有坚持融入大局，检察工作才有持续的发展动力；只有致力服务民生，检察工作才有厚实的群众根基；只有坚持改革创新，检察工作才有生机和活力；只有坚持强化自身建设，检察工作才能检风纯正、检令畅通。

在总结经验的同时，我们也清醒地认识到工作中还存在一些问题和不足：一是部分检察干警的执法理念还不适应执法形势的变化，大局意识、服务意识还有待进一步增强。二是个别干警党性修养不深、能力素质不强，办案质量和效率有待提高。三是区县检察院之间工作发展不平衡，有的业务工作还有短板，在一定程度上影响了全市检察工作科学发展。四是对司法改革的认识还需进一步深化，对困难的估计不足，对矛盾的化解思考不够。这些问题和不足，将在今后的工作中认真加以解决。

今后五年工作展望

今后五年，是泸州“决胜全面小康、建成区域中心”的关键时期，也是深化司法改革和检察改革的重要时期。面对新形势新任务，全市检察机关和全体干警将干在实处，走在前列，更加奋发有为。

今后五年工作的总体思路是：以中国特色社会主义理论体系为指导，在市委、省检察院的领导下，在人大、政府、政协和社会各界的支持、监督下，认真贯彻落实党的十八大，十八届三中、四中、五中、六中全会，省委、市委和检察工作系列会议精神，紧紧围绕市委工作中心，牢牢把握“三个强化”总体要求[12]，以服务大局为己任，以司法办案为依托，以深化改革为动力，忠实履职，忠诚担当，开创检察工作新局面，做出服务发展新贡献。

今后五年的主要工作目标是：力争实现“三提升三创建”，即法律监督能力明显提升、检察队伍素质明显提升、服务大局成效明显提升，确保泸州检察工作始终保持在全省市州前列；巩固现有成绩，新创建成一个全国模范检察院、一个全国先进检察院、一批文化建设示范单位和科技强检示范院。

今后五年特别是2017年，将着重抓好以下几个方面工作：

一、坚持围绕中心服务大局，始终保持发展定力。深入学习以习近平同志为核心的党中央提出的一系列治国理政新理念新思想新战略，认真领会市第八次党代会描绘的宏伟蓝图，深刻理解五大发展理念内涵，始终把检察工作置于泸州经济社会发展大局中，进一步增强政治意识、大局意识、核心意识、看齐意识和服务意识，进一步增强工作积极性、主动性、创造性，进一步增强保障全面建成小康社会、推动社会主义民主法治建设的政治定力和信心决心。按照市委“三个走在前列、三个显著提升”的工作要求和部署，及时调整思路，完善措施，聚焦中心，主动把检察工作深入到产业发展、项目投资、城镇建设、改革开放、县域经济、精准脱贫中，全力推进“六个突破”取得新成效。协助党委政府进一步用法治思维和法治方式规范管理、强化监督，大力发展社会事业，依法保障民生福祉和民主权利。

二、坚持发挥职能打击犯罪，始终保护发展环境。坚持不懈地开展打黑除恶、社会治安专项整治等工作，严厉打击危害国家安全、公共安全犯罪，依法规范信访秩序，营造良好社会环境。持续发力打击破坏生态环境资源、危害食品药品安全、侵犯知识产权、危害民营经济发展、涉众型经济犯罪等，维护市场秩序。坚持有腐必反、有贪必肃，严厉打击发生在国家机关和涉及民生民利、重大工程建设等领域的职务犯罪，深入查办和预防精准脱贫中侵害群众利益的职务犯罪，不断强化不敢腐、不能腐、不愿腐的效应。切实贯彻宽严相济刑事司法政策，加强对人权的司法保护，正确区分和严格把握推进改革中普通失误和违法犯罪的界限，依法保护干部干事创业的热情。认真落实检察环节综合治理的各项措施，推动社会管理现代化。

三、坚持强化监督维护公正，不断提升司法公信力。认真执行刑事诉讼法和民事诉讼法，强化公正、程序、证据、效率意识，全面加强对侦查、审判、刑罚执行、民事执行等活动的法律监督，维护司法的统一性、公正性和权威性。充分发挥行政执法与刑事司法衔接平台作用，促进依法行政，防止以罚代刑、以言代刑。积极推进法治泸州建设，充分发挥派驻园区、基层检察室和流动检察室、联络点的作用，结合办案加强法治宣传教育，引导公民依法维护合法权益、自觉履行法定义务。更加深入扎实地开展好法律“八进”活动[13]，加强社区矫正工作，关爱、教育、挽救更多失足未成年人。进一步加强与人大代表、政协委员的联络，更加主动地接受社会各界监督，深化检务公开，推行阳光检务，促进司法民主公开。

四、坚持深化改革从严治检，着力打造高素质队伍。深化“两学一做”学习教育，加强领导班子和队伍建设。切实落实中央、省委、市委全面从严治党要求，认真贯彻党内政治生活准则、党内监督条例和党组工作条例。认真学习《检察官职业道德基本准则》，提升检察人员职业素养。深刻领会深化国家监察体制改革的重大意义，深入推进司法体制和检察体制改革，建立权力清单制度，健全办案流程、质量评查、业绩考评、错案责任终身追究制度，按计划推进检察人员职业保障、省以下地方检察院人财物统一管理等改革。分类推进检察官、检察辅助人员、司法行政人员思想政治、纪律作风和履职能力建设。深入实施科技强检战略，全面推进基层检察院“八化”建设。

各位代表：全市检察机关将认真落实市八届人大一次会议精神，在市委和省检察院的领导下，更加自觉接受人大和社会各界监督，求真务实，开拓创新，全力履行检察职能，为泸州“决胜全面小康，建成区域中心”做出新的贡献！

有关用语解释

1. 廉政风险防控“三早三卡三送”工作：系市检察院对干警执法办案、纪律作风等方面出现的苗头性、倾向性问题，或者情节轻微的违纪问题，采取发放黄色提醒卡、橙色警示卡、红色纠错卡的方式进行早发现、早提醒、早纠正，并通过苗头报送、问题转送、结果移送的方式进行落实，促进干警执法规范，确保案件质量的工作机制。

2. 职务犯罪案件“三同步、三把关”公诉工作：是指市检察院对职务犯罪案件审查起诉工作强化指导，在提起公诉前、支持公诉中、判决宣告后同步进行审查，共同把关，确保案件质量的工作。

3. “三书对比”审查：是指公诉案件审核审批过程中，坚持对照审查起诉意见书、起诉书、判决书的内容，确保案件质量。

4. “二元化”未成年人检察工作办案模式：是指在未成年人检察工作中，以检察执法为核心的未成年人司法体系为一元，以专业化为核心的社会支持体系为一元，“二元”之间同步发展、相互促进、相互补充的工作模式。

5. 未成年人成长护航团：是指市检察院在全市统一聘任具有法学、教育学、心理学等专业知识的社会志愿者分别担任法制领航员、心理导航员、爱心护航员（合适成年人）、成长调查员和矫治观护员，履行未成年人刑事案件特别程序的落实、犯罪预防、心理干预等社会职能，这一支未成年人检察工作社会支持队伍被命名为“泸州市未成年人成长护航团”。

6. 观护基地：是指由检察机关在学校、企业等单位内部设立帮教平台，共同对犯罪情节较轻的涉罪未成年人开展日常监督、考察、帮教和矫治等工作，以达到促使未成年人改善行为、预防再犯、保障诉讼等目的。

7. 司法社工事务所：由司法社工组成，接受检察机关等司法部门委托，专门围绕涉及未成年人案件办理、未成年人刑事诉讼特别程序开展社会性工作，包括对涉罪未成年人开展社会调查、帮教、充当合适成年人等的机构。

8. 电子数据远程勘验：是指按照规定程序，通过网络对远程计算机信息系统实施勘验，发现、提取、固定与犯罪相关的电子数据，记录计算机信息系统状态，判断案件性质，分析犯罪过程，为侦查破案提供线索，为案件诉讼提供证据的活动。

9. 队伍建设“五个过硬”：是指习近平总书记在中央政法工作会议上对政法队伍建设提出的政治过硬、业务过硬、责任过硬、纪律过硬、作风过硬要求。

10. “八化”建设：指最高检对基层检察院提出的“执法规范化、标准化，队伍专业化、职业化，管理科学化、信息化，保障现代化、实用化”等八个方面的建设要求。

11. 流动检察室：是指通过在特种专业技术用车上配备普法宣传、视频接访、同步录音录像、车载办公等功能为一体，将检察触角延伸到场镇、村（社区）等最基层，实现流动服务的检察工作装备。

12. “三个强化”总体要求：是指最高检提出的强化法律监督、强化自身监督、强化队伍建设的检察工作总体要求。

13. 法律“八进”活动：是指依法治市工作中开展的进机关、进学校、进乡村、进社区、进寺庙、进企业、进单位、进军营活动。

关于泸州市2016年国民经济和社会发展计划执行情况及2017年计划草案的报告

——在泸州市第八届人民代表大会第一次会议上

（2017年1月6日）

泸州市发展和改革委员会主任　李　锋

各位代表：

受市人民政府委托，现将2016年泸州市国民经济和社会发展计划执行情况及2017年计划草案提请市第八届人民代表大会第一次会议审查，并请市政协委员和列席人员提出意见。

一、2016年国民经济和社会发展计划执行情况

2016年以来，面对复杂严峻的宏观经济形势，在市委的坚强领导下，在市人大、市政协的监督支持下，全市上下主动引领新常态，主动作为稳增长，扎实推进“六个突破”，着力“三抓三主动”，强化投资拉动、产业支撑，内需动力不断增强，新的动能不断成长，向好因素不断集聚，主要指标增速位居全省前列，经济社会保持平稳较快发展，巩固提升了“两个率先”的奋进态势，实现了“十三五”良好开局。预计（下同）全市实现地区生产总值1478亿元，同比增长（下同）9.2%，超计划3亿元、0.2个百分点，市七届人大六次会议批准的2016年经济社会发展计划执行情况较好。

（一）坚持高位谋划、抢抓机遇，汇聚了跨越追赶强大动力

主动将泸州发展融入国家区域总体发展战略，形成自上而下强大动力。《长江经济带发展规划纲要》将泸州港确定为重点港口，9处提及泸州。《成渝城市群发展规划》将泸州确定为成渝城市群南部区域中心城市，25处提及泸州，规划到2020年中心城区人口200万人、面积200平方千米，建成川内第二大城市、成渝第三大城市。创建为国家信用体系建设示范城市、国家循环经济示范城市，泸州高新区列为长江经济带转型升级示范开发区。对接国家“11+6+3+1”重点投向，累计争取国、省资金30亿元，争取6批专项建设基金69亿元，发行企业债券73.8亿元。国家战略布局和各类试验、试点、示范政策转化为推动我市项目建设、产业发展的政策机遇，支撑全市在新常态下保持高速度增长、实现高质量发展，成为驱动泸州“决胜全面小康、建成区域中心”的强大动力。

（二）坚持狠抓关键、大胆创新，提升了内需拉动引擎作用

突出项目稳投资、投资稳增长的关键作用，落实省委“项目年”工作部署，484个重点项目完成年度投资1308亿元，占年度投资计划111%，带动全社会固定资产投资完成1730亿元，增长18.2%，超计划33亿元、2.2个百分点。创新项目推进机制，在全省率先成立项目推进中心，策划包装PPP项目80个、总投资1000亿元。川南城际铁路自贡至泸州段、隆黄铁路叙永至镇雄段全面开工，渝昆铁路完成可研报告评审。宜叙高速、叙古高速震东至古蔺段全线通车，实现全域高速覆盖；叙威高速开工建设，G8515泸渝高速、泸永高速前

期工作有序推进。泸州机场迁建工程、长江航道泸渝段整治顺利实施，加快建成全国重要区域性综合交通枢纽。消费潜力不断释放，社会消费品零售总额完成636亿元，增长13.7%，超计划12亿元、2.2个百分点。对接国家六大消费工程，成功创建全国首批文化消费试点城市，文化旅游、健康养老、通信信息等新兴消费不断扩大。永辉超市入驻泸州，摩尔商场重建、步步高综合体等项目快速推进，传统消费增势稳定。

（三）坚持聚焦主题、转换动能，推动了主导产业提质增效

坚持工业为大、工业为重、工业为先，规模以上工业增加值增长11.2%，超计划0.2个百分点。突出绿色化、智能化、高端化、服务化方向，白酒、机械、化工、能源产业加快转型，实现增加值增长10.6%。立足“产业创新发展年”工作主题，加快发展大数据、智能电网、新能源新材料、高端装备制造、现代医药等新兴产业。西南智能电网产业园加快建设，泸州大数据产业园入驻企业15家，引进合肥国轩新能源汽车动力电池项目，医药产业增加值增长16.4%。“三大园区”实现主营业务收入1140亿元，增长20.2%。启动了空港产业园区和军民融合产业园区建设，加快发展通用航空、临空制造、新材料等高端产业。现代服务业实现优化提升，完成增加值416亿元，增长10%。和润集团粮食物流及深加工项目、海吉星农产品国际商贸物流园等加快建设。电子商务交易额195.6亿元，增长45%。泸州港完成集装箱吞吐量48万标箱，泸州机场旅客吞吐量98.5万人（次）。建成泸州金融商业中心，引进成都银行、天津银行，议中管业、金鼎印务等在“新三板”挂牌上市。组建泸州文旅公司，实现旅游总收入330亿元，增长30.4%，超计划22亿元、8.7个百分点。促进西南医科大学学科能力提升，四川城建职业学院、四川健康卫生护理职业技术学院筹建顺利。着力创新驱动发展。国家高新技术企业总数达到46家，实现高新技术产值200亿元，增长28%。现代农业稳中有进，实现增加值174亿元，增长3.5%，超计划1亿元、0.2个百分点。粮食生产基本稳定，总产量达204.5万吨。“八大特色农业产业”规模提升，成功举办“中国（泸州）首届农产品博览会”“四川省首届蔬菜品赏会”。

（四）坚持中心带动、试点引领，优化了城乡一体空间布局

中心城区扩容提质。扎实推进“两江新城”建设，统筹泸县融入主城区一体化建设，推进纳溪区与江阳区无缝对接、错位发展，中心城区建成区面积135平方千米、人口136.2万人。城市承载能力不断提升，5个城市停车场、忠山隧道等项目竣工，沱江二桥加宽改造、长江六桥及连接线、长江二桥等项目开工。城市品质不断提升，实施茜草、蓝田、小市等旧城改造，加快创建全国文明城市。县城集聚作用增强，合江、叙永、古蔺加快建设县级中心城市，着力打造市域副中心。构建功能互补、梯次发展的新型城镇体系，建成国家级重点镇13个、幸福美丽新村250个，城镇化率达到47.5%。国家新型城镇化试点成效显著。探索建立多元化可持续的投融资机制，广泛吸引社会资金参与新型城镇化建设。在全国率先探索公共户口落户政策，完成财政供养人员户籍迁移，转移农业人口12万人。

（五）坚持两个统筹、纵深推进，拓展了改革开放崭新局面

深化重点领域改革。农村产权制度改革确权颁证基本完成，泸县全国农村宅基地制度改革试点有序实施。泸州老窖集团公司与股份公司错位发展，城市公交国有控股改革全面完成。继续做好商事制度改革，全年新增市场主体3.3万户，增长13.7%。加快供给侧结构性改革。去产能方面，全年淘汰落后产能煤炭240万吨、水泥20万吨、造纸1万吨、制砖3亿匹。去库存方面，引导房地产市场平稳健康发展，销售商品房470万平方米，增长16.5%。去杠杆方面，企业应急转贷基金规模扩大到30亿元，争取地方政府置换和新增债券145亿元。降成本方面，全面推开营改增试点，落实降税减费政策，为企业减负20亿元。全面扩大

对外开放。赴“一带一路”沿线国家开展产能合作和经贸交流。依托长江经济带建设，深化与沿江、沿线、沿海地区合作。融入成渝城市群发展，打造川渝合作示范区。川南经济区一体化建设持续加力，赤水河区域合作有力推进。积极招大引强，与中建集团、中车青岛四方集团等签订战略合作协议，全年到位市外国内资金1068亿元，增长15%，超计划64亿元、7个百分点。

（六）坚持以人为本、民生优先，增进了人民群众获得感

脱贫攻坚扎实推进。在全国发行首支20亿元易地扶贫搬迁项目收益债，开工建设住房7983套，搬迁贫困人口30023人。在全省率先实行医疗扶贫“4个100%”，低保线和脱贫线两线合一。深入推进“七大扶贫攻坚行动”，开工建设古蔺、叙永赤水河农村扶贫公路、鸡鸣三省大桥、15座渡改桥，完成农村电网改造9505千米。全年完成脱贫解困66688人、75个贫困村退出。社会民生不断改善。全面推进健康城市创建，西南医科大学附院门急诊楼建成投用、市人民医院新院主体工程完工，基层医疗卫生机构规范化达标率达50%以上。医教园区已入驻西南医科大学、泸职院等5所学校，开工义务教育学校教学用房8.4万平方米、中小学教师周转宿舍997套。在全省率先统一城乡居民基本养老、基本医疗保险制度。城镇新增就业4.2万人，超计划0.6万人，城镇登记失业率3.5%，完成控制在4.5%以内目标。生态文明加快建设。强化重点流域水污染防治，开工鸭儿凼污水处理厂提标扩容等项目，市内主要河流出川断面水质达到III级以上标准。加强生态环境保护和修复，实施天然林保护、退耕还林、矿山地质环境恢复治理等工程。开展区域大气污染联防联治，可吸入颗粒物平均浓度下降7.1%。耕地保有量、万元GDP综合能耗、主要污染物削减完成或超额完成计划任务。

与此同时，在计划执行过程中我们也面临宏观经济形势趋紧、投资高位运行压力加大、工业企稳回升基础不牢等困难和问题。由于经济持续下行，企业效益减弱，城镇居民工资性收入、经营性净收入和财产性收入增幅放缓，城镇居民人均可支配收入欠计划80元、0.3个百分点，其他指标都较好完成了计划任务。

二、2017年经济形势和主要预期目标

2017年是巩固发展“十三五”良好势头的关键一年，是贯彻市第八次党代会精神开局之年，正确认识和把握宏观经济形势，是科学制定2017年经济社会发展预期目标，做好各项经济工作的基础。从外部环境来看，国内外发展环境依然错综复杂。从国际看，世界经济仍处于深度调整期，国际货币基金组织、世界银行、世贸组织相继调低2017年世界经济和贸易增长预期。从国内看，供给和需求结构性矛盾突出，有效需求增长动力不足，实体经济发展困难较大。从全省看，经济下行压力依然较大，结构调整阵痛仍在持续，潜在风险有所显现。但全国、全省经济发展长期向好的基本面没有变，持续增长的良好支撑基础和条件没有变，整体经济有望保持持续健康发展。

从泸州自身看，虽然面临经济下行压力加大、产业结构不优、社会民生建设任务艰巨、区域竞争不断加剧等困难和挑战，但我市发展仍然具备不少积极因素和有利条件。一是市第八次党代会旗帜鲜明提出了“决胜全面小康、建成区域中心”的奋斗目标，进一步汇聚全市上下干在实处、走在前列的热情和力量，为做好发展工作提供坚强有力保障。二是“一带一路”、长江经济带、成渝城市群战略深入实施，有利于在更大范围内整合要素、资源。三是国家继续实施积极财政政策和稳健货币政策，有利于促进经济持续健康发展。四是“项目投资攻坚年”工作主题将进一步增强大抓项目、抓大项目工作主动性，有利于推进重大项目顺利实施。五是“双两百”区域中心城市建设，全国新型城镇化试点引领，将进一步推动区域、城乡协同发展。六是重点改革纵深推进，试验、试点、示范政策效应不断显现，有利于更大力度地争取国、省资金和项目支持，夯实经济发展微观基础。七是新常态、新理念持续强化，供给侧结构性改革深入实施，“四新”经济迅速发展，有利于推动产业转型，培育增长新

动能。总体来看，2017年我市经济社会发展仍处于应有作为、可有作为、大有作为的战略机遇期。

立足“决胜全面小康、建成区域中心”总体目标，按照“积极可行、稳中求进”原则，建议2017年地区生产总值预期目标增长9%。主要考虑：一是与“十三五”规划目标和市第八次党代会五年发展目标相衔接，二是符合全面建成小康社会的需要，三是符合新常态下经济潜在增长率和运行特征，为产业转型、经济提质增效预留回旋余地和调控空间。与地区生产总值目标相衔接，基于产业支撑角度，三次产业分别增长3%、10%、9.5%，规模以上工业增加值增长11%；基于需求支撑角度，全社会固定资产投资增长16%，社会消费品零售总额增长12%；基于收入支撑角度，地方一般公共预算收入增长9%，城镇居民人均可支配收入增长9%，农村居民人均可支配收入增长10%。

三、2017年经济社会发展重点任务

2017年我们要坚持稳中求进工作总基调，牢固树立和贯彻落实新发展理念，适应把握引领经济发展新常态，坚持以提高发展质量和效益为中心，坚持以供给侧结构性改革为主线，坚定发展第一要务不动摇，坚定“着力六个突破、力争两个率先”不动摇，强化投资拉动、产业支撑，发挥项目投资牵引作用，推动增长动能转换，加快“决胜全面小康、建成区域中心”进程。

（一）着力供给侧结构性改革，大力振兴实体经济

围绕提高供给质量，扩大有效供给，支持白酒、化工、机械、能源等产业拓展链条、开发适应市场需要产品，实施质量提升行动，加强品牌建设，增强产品竞争力，提高供给结构对需求结构的适应性。围绕现代医药、智能电网、高端装备制造、新能源新材料、电子信息等产业招引关联型企业、配套型企业、服务型企业，推动新兴制造业智能化、集约化、高端化发展，增加高质量产品和服务供给，力争新兴产业主营业务收入增长15%以上。有序稳妥去产能，推进企业兼并重组和技术改造，对改革置换的要素优先支持有市场、有效益的企业；加大空港产业园区、军民融合产业园区平台建设，促进“三大园区”提档升级，提高资源配置效率。降低企业杠杆率，支持企业市场化、法治化债转股，加大股权融资力度，扩大市场直接融资，力争融资规模超过170亿元。帮扶企业降本减负，落实降税减费政策，着力降低制度性交易成本、要素成本、经营性成本，营造实体经济发展良好环境。

（二）着力扩大有效需求，保持经济平稳运行

持续扩大投资规模。落实“项目投资攻坚年”工作部署，对接国家重大项目投资工程包，强化项目生成包装。增加财政性建设资金统筹力度，加大基础设施、农林水利、生态民生、易地扶贫搬迁、棚户区改造、城市地下综合管廊、轨道交通等领域投入力度，优化投资结构，提升投资效益。坚持“大抓项目、抓大项目”理念，充分发挥项目推进中心协调、指导、督促作用，实施市级重点项目609个，完成投资1547.7亿元、增长18.3%。

拓宽项目融资渠道。做好国家专项建设基金、国省预算内资金、企业债券发行工作，发挥好各类投资基金对投资的撬动作用。继续以市场化方式引导带动银行贷款、保险资金和其他社会资金，支持收益率适中，带动效益显著的重点经营性项目建设。落实国家调动民间资本活力的政策措施，引导民间资金对接国家开放民用机场、油气勘探开发、国防科技工业等领域，扩大民间资金投入力度。建立完善PPP中介服务咨询机构库，力争市本级实施PPP项目18个、完成投资200亿元。

提质扩容市场消费。推进幸福产业服务消费。加快国家养老服务业综合改革试点城市建设，激发健康产业消费需求。以全国首批文化消费试点城市建设为契机，引导城乡居民扩大文化消费。通过提升服务品质、增加服务供给，释放旅游、体育、教育培训等新兴领域消费需求。大力促进实物消费扩大升级。借助新能源汽车应用示范市建设，鼓励扩大新能源汽车消费。引导消费者优先购买使用能效领跑者产品，扩大绿色建材消费的市场份额，加大绿色消费。

（三）着力发展服务经济，提升区域辐射能力

依托泸州港建设临港经济圈，加快和润集团粮食物流及深加工、海吉星农产品国际商贸物流园等项目建设，打造川滇黔航运物流中心。着力构建以城市综合体为核心、大型商超为支撑的城市商圈，加快万达广场购物中心、西南商贸城（三期）等建设。大力发展电子商务等新业态，力争电子商务交易额增长30%以上。提升西南医科大学学科能力，推动市内高职院校升级本科院校，加快筹建飞行学院、空乘学院、厨师学校等职业学校。支持现有三甲医院建设分院或专科医院，助推县人民医院创建三甲医院。加强文化产业集聚区建设，积极发展全域旅游，打造旅游综合体，推动黄荆、方山、天仙硐、画稿溪等景区提档升级，培育自驾车房车、邮轮游艇等旅游市场，力争旅游总收入突破400亿元、增长21%。继续提升“三大展会活动”品牌影响力，全力增强“一枢纽四中心”辐射带动能力，加快现代服务业发展提速、总量提高、比重提升。

（四）着力新型城镇化，优化融合城乡发展空间

加快中心城区建设。围绕“双两百”建设目标，加快泸县撤县设区，统筹推进“三大组团”沿江集聚、拥江发展，实施新城新区整体城镇化、地下综合管廊、轨道交通等工程，力争中心城区新增建成区面积18平方千米。实施老工业基地调整改造搬迁，推进老旧城区低端功能替换升级。增强城市承载能力。加快畅通过江通道和城市环线路网，开工建设沱江五桥及连接线工程、二环路高新区段和北段，建成沱江六桥、沱江二桥加宽改造等工程。投用主城区第二批停车场（一期），完善供排水、能源保障等配套设施。

加快培育县域副中心。着力县城基础设施建设，实施合江城市品质提升工程、叙永市政基础设施、古蔺民生广场等项目。加强教育、医疗等公共服务建设，推动合江、叙永、古蔺建设中等城市。强化国家新型城镇化试点引领，加快农业人口转移，力争县城新增建成区面积5平方千米。

促进城乡统筹发展。统筹城镇建设规划、产业布局和服务配套，以国家现代农业示范区为引领，增加绿色优质农产品供给，大力发展“八大农业特色产业”，推进农村一二三产业融合发展。实施百镇建设行动，优化基础设施和公共服务配套，促进城镇人口、要素、资源集聚，打造一批产业集聚、功能集成、要素集约的重点集镇群。因地制宜建设一批幸福美丽新村。力争城镇化率提高到49%。

（五）着力激发市场活力，加快培育增长新动能

实施创新驱动发展。对接全省系统推进全面改革创新，制定改革任务“九张清单”，实施新兴和高端产业智能化制造工程。开展高新技术企业倍增计划，力争实现高新技术产值230亿元，增长15%。加强产学研协同创新，成立泸州军民融合技术转移中心。培育创新工场、创客空间、孵化园区，新增孵化器面积20万平方米。

双向发力扩大开放。拓展国际合作，扩大与“一带一路”沿线国家双边贸易和交流。强化国内合作，加快泸州港口岸功能延伸，加强与长江中下游、长三角重点城市产业、港口、通关合作。深化区域合作，依托成渝城市群建设，完善城际交通、强化产业配套；加快川南经济区一体化建设，推进赤水河流域综合开发。坚持以企业、园区、县区“三为主”开展招商，到位市外国内资金增长15%。

（六）着力实现共享发展，有效保障和改善民生

扎实推进脱贫攻坚。精准实施“四个一批”脱贫攻坚计划，深化“七大扶贫攻坚行动”，全面完成易地扶贫搬迁任务，力争年度脱贫82989人、149个贫困村退出、合江县脱贫“摘帽”。织密扎牢民生保障网。确保民生投入占一般公共预算支出的比重在70%以上，全面完成农村电网改造升级，实现三区和泸县村通公交，合江、叙永、古蔺村通客运。提高公共服务供给能力。加快发展普惠性学前教育和职业教育，新建公办中小学15所。重点加快西南医疗康健中心（二期）、市中医院新院等项目建设，加快建成一批高标准中心镇卫生院、中心村卫生室，完善农村教育、医疗、文化设施。实施积极的就业创业政策，确保全年城镇新增就业

3.6万人，城镇登记失业率控制在4%以内。加强生态文明建设。实施农村面源污染治理，小流域综合治理和长江出川断面污染治理。加强天然林资源保护，扎实开展新一轮退耕还林和石漠化综合治理。全面完成省下达的节能减排和主要污染物削减等任务。

附件：

1. 泸州市2017年国民经济和社会发展计划主要指标（草案）一览表

2. 名词解释

附件1

泸州市2017年国民经济和社会发展计划主要指标（草案）一览表

序号	指标	单位	2016年		2017年	
			预计完成数	比2015年±%	计划数	比2016年±%
一	GDP	亿元	1478	9.2	1611	9
	第一产业	亿元	174	3.5	179	3
	第二产业	亿元	888	10	977	10
	#规模以上工业增加值	亿元	—	11.2	—	11
	第三产业	亿元	416	10	455	9.5
二	人均GDP	元	34568	9	37679	9
三	地方一般公共预算收入	亿元	136.5	9	149	9
四	全社会固定资产投资	亿元	1730	18.2	2006	16
五	社会消费品零售总额	亿元	636	13.7	712	12
六	居民消费价格指数	%	102	2	按省上下达任务数安排	
七	农村居民人均可支配收入	元	12529	10.3	13781	10
八	城镇居民人均可支配收入	元	28975	8.7	31583	9
九	城镇登记失业率	%	3.5	—	4	控制在4%以内
	城镇新增就业人数	万人	4.2	—	3.6	—
十	人口自然增长率	‰	3.97	—	7	控制在7‰以内
十一	城镇化率	%	47.5	提高1.4个百分点	49	提高1.5个百分点
十二	旅游总收入	亿元	330	30.4	400	21.2
十三	进出口总额	万美元	35000	11.7	按省上下达任务数增加1个百分点	
十四	实际利用外资	万美元	8000	13.6	6060	—
十五	招商引资实际到位资金（市外国内）	亿元	1068	15	1228	15
十六	耕地保有量	万公顷	38.43	—	38.96	—
十七	主要污染物总量控制	化学需氧量	吨	−1612	−2.26	按省上下达任务数安排
		氨氮	吨	−170	−2.22	
		二氧化硫	吨	−2690	−7.5	
		氮氧化物	吨	−1802	−7.3	
十八	万元GDP综合能耗下降	吨标煤/万元	0.762	−3.5		

说明：

1. 第三次全国普查后，国家和省统计局将衔接各地区工业增加值总量，省、市、县均暂不公布规模以上工业增加值总量。

2.2017 年计划的绝对数待 2016 年数据公布后予以调整。

3.2016 年地方一般公共预算收入绝对数以 2015 年同口径基数测算。

附件 2

名词解释

1. 六个突破：即市第八次党代会提出的产业发展突破、项目投资突破、城镇建设突破、改革开放突破、县城经济突破、精准脱贫突破。

2. 三抓三主动：即攻坚克难抓发展，聚精会神抓党建，扎扎实实抓法治；主动向上使力，主动向外借力，主动向下发力。

3. 11+6+3+1：11 即 11 个重大工程包：信息电网油气等重大网络、健康养老服务、生态环保、清洁能源、粮食水利、交通、油气及矿产资源保障、新兴产业、增强制造业核心竞争力、现代物流、城市轨道交通。6 即六大消费行动：信息、住房、绿色、旅游、教育文化体育、养老消费。3 即“一带一路”、长江经济带、京津冀协同发展三大战略。1 即国际产能合作。

4. PPP：即政府和社会资本合作模式，是指政府采取竞争性方式择优选择具有投资、运营管理能力的社会资本，双方按照平等协商原则订立合同，明确责权关系，由社会资本提供公共服务，政府依据公共服务绩效评价体系向社会资本支付相应对价，保证社会资本获得合理收益。

5. 新三板：即由科技部、证监会、证券业协会、深交所、北京市中关村管委会五方共同为扶持国家级高科技园区的科技含量较高、自主创新能力较强的中小股份制企业而设立的融资服务平台。

6. 八大特色农业产业：即《泸州现代农业发展规划（2014—2025）》中提出的精品果业、绿色蔬菜业、特色经作业、高效林竹业、现代养殖业、粮食产业、加工物流业、休闲农业。

7. 三大园区：即泸州国家高新技术产业开发区、四川（泸州）长江经济开发区、中国白酒金三角酒业园区。

8. 医疗扶贫“4 个 100%”：即全民预防保健覆盖率 100%、基本医疗保险参保率 100%、商业附加险覆盖率 100%、特殊医疗救助覆盖率 100%。

9. 可吸入颗粒物：指空气动力学当量直径≤ 10 微米的颗粒物，又称为 PM10。

10. “四新”经济：即新技术、新产业、新业态、新商业模式。

11. “三大展会”活动：即中国国际酒业博览会、中国（泸州）西南商品博览会、中国（泸州）农产品交易博览会。

12. 三大组团：即沱江新城组团、长江生态湿地新城组团和泸川新城组团。

13. 四个一批：即扶持生产和就业发展一批、移民搬迁安置一批、医疗救助扶持一批、低保政策兜底一批。

关于泸州市2016年财政预算执行情况和2017年财政预算草案的报告

——在泸州市第八届人民代表大会第一次会议上

（2017年1月6日）

泸州市财政局局长　刘　杰

各位代表：

我受市人民政府的委托，向大会书面报告2016年财政预算执行情况和2017年财政预算草案，请予审查，并请市政协委员和列席人员提出意见。

一、2016年财政预算执行情况

（一）全市财政预算执行情况

1. 一般公共预算执行情况。市七届人大六次会议审查通过的全市地方一般公共预算收入预算1364547万元，预计2016年，全市地方一般公共预算收入完成1365000万元，为预算的100%，较上年同口径增长9%。其中：税收收入完成672000万元，为预算的96.2%，同口径增长5.8%；非税收入完成693000万元，为预算的104%，同口径增长12.3%。按财政部规定口径计算的全市一般公共预算经常性收入增长4.3%。

市七届人大六次会议审查通过的全市地方一般公共预算支出预算2511602万元，加上省财政增加返还性收入、一般性转移支付、专项转移支付698183万元，以及地方政府债券转贷收入、调入预算稳定调节基金、动用上年结转结余、地方政府债券还本支出、上解上级支出品迭后调增74215万元，共计调增支出预算772398万元，全市一般公共预算支出预算相应变动为3284000万元。全市一般公共预算支出预计完成3260000万元，为调整预算的99.3%，同口径增长7.2%。

全市地方一般公共预算收入1365000万元，加上返还性收入、一般性转移支付、专项转移支付等各项转移性收入1748044万元，以及地方政府债券转贷收入、上年结转结余收入、调入预算稳定调节基金、调入资金等896158万元，全年总收入4009202万元。总收入减去当年支出、上解省支出、债券还本支出、安排预算稳定调节基金等3985202万元，年终滚存结余24000万元。其中：按政策规定应结转下年继续安排使用的项目支出24000万元，实现了收支平衡。

2. 政府性基金预算执行情况。市七届人大六次会议审查通过的全市政府性基金收入预算433330万元，相应安排政府性基金支出预算433330万元。2016年11月，经市七届人大常委会四十六次会议审查批准，政府性基金收入预算调整为593330万元。预计2016年，政府性基金收入完成801305万元，为调整预算的135.1%，下降30.2%（主要是国有土地使用权出让收入减少）。当年政府性基金收入加上上级补助收入、上年结转结余收入、地方政府债券转贷收入等831120万元，政府性基金收入总计1632425万元。政府性基金支出完成1093146万元，为调整预算的98.9%，下降11.2%（主要是国有土地使用权出让收入对应安排支出减少）。按规定调入一般公共预算安排支出83205万元；地方政府债券还本支出443800万元。收支总额相抵后结转下年支出 12274 万元。

3. 国有资本经营预算执行情况。市七届人大六次会议审查通过的全市国有资本经营收入预算 24795 万元，相应安排国有资本经营支出预算 24795 万元。预计 2016 年，国有资本经营预算收入完成 13171 万元，下降 53.1%（主要是个别区县国有企业生产经营困难，上缴国有资本经营收入减少），加上上年结转收入 1723 万元后，可安排支出 14894 万元，当年国有资本经营预算支出 2808 万元，按规定调入一般公共预算安排支出 12086 万元，实现了收支平衡。

4. 社会保险基金预算执行情况。市七届人大六次会议审查通过的全市社会保险基金收入预算 507105 万元。2016 年 11 月，经市七届人大常委会四十六次会议审查批准，全市社会保险基金收入预算调整为 543869 万元。预计 2016 年，全市社会保险基金预算收入 543869 万元，当年社会保险基金支出 444368 万元，当年结余 99501 万元，加上上年结余 440158 万元，社会保险基金累计滚存结余 539659 万元。

（二）市级财政预算执行情况

1. 一般公共预算执行情况。市七届人大六次会议审查通过的市级地方一般公共预算收入预算 477460 万元。经市政府同意，泸州高新区建立独立的财政体制，从 2016 年 1 月起运行，收支预算并入江阳区。剔除高新区收入预算 6388 万元后，市级地方一般公共预算收入预算为 471072 万元，预计 2016 年，市级地方一般公共预算收入完成 472000 万元，为预算的 100.2%，同口径增长 9.1%。税收收入完成 192000 万元，为预算的 115.9%，增长 23%。其中：增值税 48927 万元，为预算的 201.6%，增长 125.2%；营业税完成 24766 万元，为预算的 57%，下降 37.2%（按国家政策，从 2016 年 5 月 1 日起，全面推开营改增试点，原缴纳营业税改为缴纳增值税，导致增值税和营业税变动较大）；企业所得税完成 29401 万元，为预算的 137.5%，增长 37%；个人所得税完成 6458 万元，为预算的 123.2%，增长 29.4%。非税收入完成 280000 万元，为预算的 91.7%，同口径下降 0.7%。按财政部规定口径计算的市级一般公共预算经常性收入增长 4.2%。

市七届人大六次会议审查通过的市级一般公共预算支出预算 605274 万元，剔除高新区支出预算 9613 万元后，一般公共预算支出预算为 595661 万元，加上省增加一般性转移支付、专项转移支付 45906 万元，以及地方政府债券收入、调入预算稳定调节基金、动用上年结转结余、调入资金、地方政府债券还本支出、转贷地方政府债券支出、上解上级支出等品迭后增加 28189 万元，共计调增支出预算 74095 万元，市级一般公共预算支出预算相应变动为 669756 万元。市级一般公共预算支出预计完成 660000 万元，为调整预算的 98.5%，同口径增长 4.7%。

市级地方一般公共预算收入 472000 万元，加上返还性收入、一般性转移支付、专项转移支付等各项转移性收入 627018 万元，以及地方政府债券转贷收入、上年结转结余等 430003 万元，全年总收入 1529021 万元。总收入减去当年支出、补助三区和高新区支出、上解省支出、地方政府债券还本支出、地方政府债券转贷支出等 1519265 万元，年终滚存结余 9756 万元。其中：按政策规定应结转下年继续安排使用的项目支出 9756 万元，实现了收支平衡。

2. 政府性基金预算执行情况。市七届人大六次会议审查通过的市级政府性基金收入预算 231500 万元，相应安排政府性基金支出预算 231500 万元。2016 年 11 月，经市七届人大常委会四十六次会议审查批准，政府性基金收入预算调整为 391500 万元。预计 2016 年，市级政府性基金收入完成 395268 万元，为调整预算的 101%，下降 52.2%（主要是国有土地使用权出让收入减少）。当年政府性基金收入加上上级补助收入、上年结转结余、地方政府债券转贷收入等 608933 万元，政府性基金收入总计 1004201 万元。政府性基金支出完成 390848 万元，为调整预算的 97%，下降 55.9%（主要是国有土地使用权出让收入对应安排支出减少）。补助三区和高新区支出164956万元，按规定调入一般公共预算安排支出30923万元；地方政府债券还本支出317040万元，专项债券转贷支出88160万元。收支总额相抵后结转下年支出12274万元。

3. 国有资本经营预算执行情况。市七届人大六次会议审查通过的市级国有资本经营收入预算10040万元，剔除高新区收入预算244万元后，市级国有资本经营收入预算为9796万元。预计2016年，泸州老窖集团有限责任公司、泸州市兴泸投资集团有限责任公司等国有企业上缴国有资本经营预算收入9796万元，完成预算的100%。加上上年结转收入1723万元，可安排支出11519万元，当年支出2346万元，按规定调入一般公共预算安排支出9173万元，实现收支平衡。

4. 社会保险基金预算执行情况。市七届人大六次会议审查通过的市级社会保险基金收入预算431124万元。2016年11月，经市七届人大常委会四十六次会议审查批准，社会保险基金收入预算调整为469200万元。预计2016年，社会保险基金预算收入完成469200万元，其中：失业保险基金收入35375万元，城镇职工基本医疗保险基金收入145098万元，工伤保险基金收入10921万元，生育保险基金收入4361万元，城乡居民基本医疗保险基金收入273445万元。2016年社会保险基金支出380512万元，其中：失业保险基金支出30952万元，城镇职工基本医疗保险基金支出135918万元，工伤保险基金支出9955万元，生育保险基金支出6264万元，城乡居民基本医疗保险基金支出197423万元。当年社会保险基金结余88688万元，加上上年结余353693万元，社会保险基金累计滚存结余442381万元。

上述全市和市级财政预算执行数据均为预计数据，在完成对市级和各区县决算审查汇总，并与省财政办理结算后将会有所变化，届时再向市人大常委会报告。

（三）其他需报告的事项

1. 一般公共预算重点支出情况。2016年全市和市级农业、教育、科技、文化等重点支出增幅均高于财政经常性收入增幅。其中：农林水事务支出全市和市级分别完成458947万元和24607万元，同口径增长12.1%和11.2%；教育支出分别完成675465万元和60387万元，同口径增长11.1%和10.2%；科学技术支出分别完成32993万元和16842万元，同口径增长10.9%和10.4%；文化体育与传媒支出分别完成41535万元和16475万元，同口径增长10.3%和10.5%。

2. 超收收入安排使用情况。预计2016年，全市、市级地方一般公共预算收入分别实现超收453万元、928万元，全部安排用于脱贫攻坚支出。

3. 部门预算执行情况。2016年市级各单位继续全部编制部门预算并提交市人民代表大会审查。在市人民代表大会结束后市财政局及时批复了部门预算。当年市级部门预算总体执行情况良好，预算执行进度达到96.6%。

4. 地方政府债务情况。按照《中华人民共和国预算法》、《国务院关于加强地方政府性债务管理的意见》（国发〔2014〕43号）和《四川省政府性债务管理办法》（川府发〔2015〕3号）有关规定，地方政府债务实行限额管理，新增限额和总限额由市县政府报同级人大常委会批准。2016年省政府核定我市地方政府债务限额为334.7亿元，并报经市七届人大常委会四十六次会议审查批准，其中：市本级155.3亿元，区县179.4亿元。截至2016年年底，我市地方政府债务余额为318.4亿元，其中：市本级150.6亿元，区县167.8亿元，均在限额以内。

5. 对区县财政转移支付情况。2016年中央、省、市财政对区县安排转移支付1616224万元，增长9.1%。其中：一般性转移支付943090万元，增长10.9%；专项转移支付673134万元，增长6.6%，主要用于脱贫攻坚、教育、医疗卫生、社会保障和就业、兑现各项涉农补贴政策等领域。

6. 结转结余和预算稳定调节基金情况。2016年市级财政按政策规定结转下年继续安排使用的项目支出9756万元，主要是省下达的用于交通建设、节能环保、商业服务业等方面的专项转移支付，因时间和项目进度等原因需结转下年实施。截至2015年年底，市级财政累计提取预算稳定调节基金1亿元。2016年，经市政府同意，安排教育扶贫救助、卫生扶贫救助和贫困村产业扶持三项基金，市对区县补助资金4000万元；安排发展壮大农村集体经济市对区县补助资金1263万元；市级机关事业单位基本养老保险基金缺口财政补助上解省资金5076万元。鉴于上述事项系执行中新增支出，未纳入2016年年初预算，且数额较大，经报市政府同意动用了市级预算稳定调节基金1亿元，并报市七届人大常委会四十六次会议审查批准。

7. 落实预决算审查意见情况。市人民代表大会、市人大常委会、市人大财经委审查财政预算、预算执行及调整、决算报告时，就进一步改进预算编制、规范预算管理、深化财政改革、加强财政监督等提出了很好的意见和建议。市政府高度重视，责成相关部门认真分析原因，切实加以整改落实。各相关部门也认真落实审查意见，积极采取措施，细化完善办法，切实整改落实。

8. 代表和委员关注问题的办理情况。加强与代表、委员的沟通联系，虚心听取批评建议，自觉接受监督指导。认真办理人大代表建议和政协委员提案，办结率达到100%。推进财政信息公开，将财政预决算报告、部门预决算、“三公”经费预决算在政府政务网站、报纸等媒体上公布，并通过网络、电视、报纸等公开财政信息620余条。

二、过去五年及2016年财政工作情况

（一）过去五年财政工作情况

一是财政实力显著增强。过去五年，全市一般公共预算收入实现较快增长，年均增幅15.8%。2013年收入规模突破100亿元，2016年规模是2011年的2.1倍，收入规模从全省第5位上升到第2位。2016年全市争取到位上级转移支付、债券转贷资金突破300亿元，是2011年的3倍，年均增长23.6%。

二是保障能力有效提升。全市一般公共预算支出不断迈上新台阶，2012年、2015年相继突破200亿元、300亿元，年均增幅14%。教育、医疗卫生、就业、社会保障等各项民生事业得到有力保障，民生支出占一般公共预算支出比重达70.3%。创新筹资方式，组建12家市级投融资公司，资产规模达1057亿元；设立3支投资发展基金，基金规模达230亿元，有力保障了我市建设发展资金需求。

三是财政改革深入推进。调整完善市区财政体制，实行税收属地征管，进一步理顺市区事权与支出责任，建立规范的市对区县转移支付制度，做到了“财力下沉、照顾基层”。有序推进预算制度改革，完整编制一般公共预算、政府性基金预算、国有资本经营预算、社会保险基金预算“四本预算”。继续深化部门预算、国库集中收付、政府收支分类等改革。全面推开营改增试点，落实减税降费政策，降低企业、居民负担。

四是财政管理更加科学。认真贯彻落实《预算法》等法律法规，规范理财行为、加强财政管理。加强政府债务管理，建立债务预算管理体系，优化债务结构，防范财政风险。强化政府采购管理，扩大政府采购规模。加强政府与社会资本合作（PPP），财政资金引导放大作用更加突出。积极推进预决算信息公开，财政透明度不断提高。

（二）2016年财政工作情况

2016年，全市各级财政部门认真贯彻“产业创新发展年”工作主题，突出五方面工作，为我市“决胜全面小康、建成区域中心”提供了有力的财力保障。

一是突出增收节支，年初预算顺利完成。面对宏观经济下行，全面推开营改增试点、简政放权等减税降费政策带来的多重减收影响，各级财政部门认真贯彻中央、省、市稳增长工作部署，在工业经济、企业融资、投资促进、房地产建筑业等方面着力，充分发挥财政稳增长作用，通过量化分解、细化考核、狠抓督促、密切协作等措施，顺利完成年初市人代会审查通过的收支预算。预计2016年全市地方一般公共预算收入完成136.5亿元，同口径增长9%；一般公共预算支出

达到 326 亿元，增长 7.2%。

二是突出争资争项，向上争取再创佳绩。认真贯彻“三抓三主动”要求，潜心研究国家政策，更加积极、更加主动向上争取，在国家转移支付增量资金有限、分配更加公开透明的情况下，向上争取资金成效明显。2016 全市共争取到位上级转移支付、债券转贷资金突破 300 亿元，增长 37.2%，其中：争取到地方政府置换债券和新增债券 145 亿元，总量居全省第 2 位，较上年规模翻番。争取到位均衡性转移支付资金 25.4 亿元，增长 16%，超过全省平均增幅。争取到煤炭行业化解过剩产能奖补资金 2.4 亿元。争取到资源枯竭城市转移支付增量资金 8000 万元。争取到省级科技服务业专项资金 3100 万元，总量居全省第 1 位。争取到江阳区被列为省级高效节水灌溉规模化试点地区（全省仅 2 个区县），获得上级补助资金 1500 万元。

三是突出有保有压，重点支出保障有力。持续优化支出结构，压缩一般性支出，将有限的财力用于产业发展、重点项目建设、脱贫攻坚和民生改善。创新支持发展方式，筹建 40 亿元产业发展基金，支持产业转型发展；将企业应急转贷资金规模扩大到 30 亿元，进一步帮助企业解决融资难、融资贵问题。设立城市基础设施建设基金 50 亿元，筹建兴泸城市发展投资基金 37.5 亿元，支持重点项目建设。积极推进 PPP 工作，全市已有 41 个项目纳入财政部 PPP 综合信息平台项目库，总投资 513 亿元，其中二环路（纳溪段）、沱江新城整体城镇化市政道路及综合管廊建设两个项目被评为全国 PPP 示范项目。截至 2016 年累计完成 PPP 采购项目 16 个，以政府投资 6 亿元撬动社会投资 283 亿元。持续加大民生领域投入力度，实施好十项民生工程，办好 20 件民生大事，全市公共财政用于民生支出比重在 70% 以上。围绕“两不愁三保障”和“四个好”目标，强化精准脱贫投入保障机制，2016 年全市财政投入脱贫攻坚 62 亿元。与浦发银行合作设立 150 亿元的扶贫产业投资基金，获批全国首支易地扶贫搬迁项目收益债券额度 20 亿元。

四是突出提质增效，基础工作提档升级。落实营改增试点、资源税改革等税制改革和税收征管体制改革。稳妥推进公务用车、养老保险等改革工作。改进预算管理制度，实行中期财政规划管理，建立跨年度预算平衡机制。进一步理顺市区事权与支出责任，将国土基金收支下划区级财政管理，建立污水和垃圾处理服务费市区分担机制。围绕“基础管理工作提档升级年”财政工作主题，出台《进一步加强财政基础管理工作的意见》，制定了内部控制基本制度、议事规则及 8 个专项风险控制办法，进一步夯实财政管理工作基础。

五是突出风险管控，财政运行平稳健康。严格执行《中华人民共和国预算法》《四川省政府性债务管理办法》等法律法规，加强政府债务管理，防范财政风险。积极争取置换债券，优化债务结构，延长债务期限，降低债务成本，今年争取到位置换债券资金 112.7 亿元，每年减少利息支出 6 亿元以上。加强乡镇债务管理，制定了《关于规范乡镇债务管理的实施意见》，通过“置换一批”“偿还一批”“转化一批”“上划一批”“核销一批”等方式化解乡镇债务 8.3 亿元，有效缓解基层压力。

上述成绩的取得，是市委统揽全局、正确领导的结果，是市人大、市政协及代表委员们监督指导、大力支持的结果，是各级各部门密切配合、扎实工作的结果，是全市人民团结奋斗、共同努力的结果。同时，我们也清醒地看到，财政运行管理中还存在一些困难和问题。一是在宏观经济不稳定不确定因素增多、复苏动力不足的大背景下，我市财政收入质量有所下降，收入增长的稳定性和可持续性面临考验；二是机关事业单位养老保险改革、公务用车改革、城市公立医院取消药品加成等各类政策性刚性增支，以及推进脱贫攻坚、新型城镇化、交通、城建等重大项目建设，财政收支平衡压力加大；三是债务风险总体可控，但局部风险不容忽视，偿还债务本息将给当前及今后带来较大的支出压力；四是财政支持发展方式有待改进，资金使用绩效需进一步提高。对上述问题，我们将认真分析研判政策，广泛征求代表、委员意见，采取有力措施，切实加以解决。

三、2017年财政预算草案

按照省委、省政府和市委、市政府工作部署，2017年坚持“稳中求进、进中求好、好中求快”的工作基调，按照“积极稳妥、跳起摸高”，以及与经济社会发展主要指标相适应的原则，全市和市级地方一般公共预算收入增幅安排为同口径增长9%，政府性基金预算、国有资本经营预算、社会保险基金预算收入按预测数安排。支出预算贯彻市委“财政支出要保运转、保民生、支持重点项目建设”的要求，严格按照零基预算方式编制。

（一）全市财政预算草案

1. 一般公共预算。2017年全市收入预算基数为1365000万元，全市地方一般公共预算收入预算安排为1487850万元，增长9%。按财政部规定口径计算的全市一般公共预算经常性收入增长4.2%。

全市地方一般公共预算收入预算1487850万元，加上地方政府债券转贷收入、上级返还性收入、一般性转移支付、上年结转结余等968600万元，减去上解省支出33130万元，全市当年可用财力总额2423340万元。按照收支平衡的原则，全市一般公共预算支出安排为2423340万元，加上省财政提前通知2017年专项转移支付补助235341万元，2017年年初安排市级一般公共预算支出预算总额2658661万元，同口径增长6.5%。

2. 政府性基金预算。2017年全市政府性基金收入预算591225万元，按照收支平衡的原则，安排政府性基金支出预算591225万元。

3. 国有资本经营预算。2017年全市国有资本经营收入预算安排15694万元，国有资本经营支出预算安排8426万元，按规定调入一般公共预算安排支出7268万元。

4. 社会保险基金预算。2017年全市社会保险基金收入预算557179万元，社会保险基金支出预算494279万元，当年收支结余62900万元。

（二）市级财政预算草案

1. 一般公共预算。2017年市级地方一般公共预算收入基数472000万元，市级地方一般公共预算收入预算安排为514480万元，增长9%。按财政部规定口径计算的市级一般公共预算经常性收入增长4.1%。

市级地方一般公共预算收入514480万元，加上地方政府债券转贷收入、上级返还性收入、一般性转移支付、上年结转结余等372447万元，减去对三区和高新区的返还性支出、一般性转移支付、上解省支出262791万元，市级可用财力总额624136万元。按照收支平衡的原则，市级一般公共预算支出安排为624136万元，加上省财政提前通知2017年专项转移支付补助57689万元，减去对三区和高新区专项转移支付补助44265万元，2017年年初安排市级一般公共预算支出预算总额637560万元，同口径增长5.5%。

2017年市级一般公共预算支出的主要安排情况如下：

一般公共服务支出45846万元，同口径增长2.5%；国防支出1527万元，同口径增长3.8%；公共安全支出44209万元，同口径增长4.2%；教育支出56959万元，同口径增长8.2%；科学技术支出15911万元，同口径增长9.4%；文化体育与传媒支出14430万元，同口径增长8%；社会保障和就业支出42515万元，同口径增长8.6%；医疗卫生与计划生育支出75825万元，同口径增长8.1%；节能环保支出26752万元，同口径增长7.2%；城乡社区支出110377万元，同口径增长0.6%；农林水支出27208万元，同口径增长8.4%；交通运输支出47602万元，同口径增长1%；资源勘探信息等支出23451万元，同口径增长1.2%；商业服务业等支出6114万元，同口径增长3.4%；金融支出345万元，同口径增长3.6%；援助其他地区支出7437万元，同口径增长14.2%；国土海洋气象等支出14157万元，同口径增长2.3%；住房保障支出26895万元，同口径增长5.9%；粮油物资储备支出14148万元，同口径增长0.5%；预备费18660万元，同口径增长7.9%；债务付息支出14168万元，增长53.3%（省政府转贷政府债券增加，利息支出相应增加）；其他支出3024万元，同口径增长1.2%。以上预算安排中，农林水、教育、科技、文化等重点支出增幅均高于市级一般公共预算经常性收入增幅。

2. 政府性基金预算。2017年市级政府性基金收入预算322700万元，包括国土基金收入300000万元，城市基础设施配套费收入16500万元，污水处理费收入5000万元等。按照收支平衡的原则，安排政府性基金支出预算322700万元，包括国土基金收入安排支出300000万元，城市基础设施配套费收入安排支出16500万元，污水处理费收入安排支出5000万元等。

3. 国有资本经营预算。2017年市级国有资本经营预算收入预算安排10100万元。国有资本经营预算支出预算安排6000万元，按规定调入一般公共预算安排支出4100万元。

4. 社会保险基金预算。2017年市级社会保险基金收入预算479964万元，其中：失业保险基金收入23107万元，城镇职工基本医疗保险基金收入155270万元，工伤保险基金收入9508万元，生育保险基金收入5655万元，城乡居民基本医疗保险基金收入286424万元。安排社会保险基金支出预算428128万元，其中：失业保险基金支出28703万元，城镇职工基本医疗保险基金支出149897万元，工伤保险基金支出11700万元，生育保险基金支出9297万元，城乡居民基本医疗保险基金支出228531万元。当年收支结余51836万元。

（三）市级部门预算

2017年市级部门财政拨款支出预算380427万元，增加85926万元，增长29.2%。其中：基本支出146159万元，增加17465万元，增长11.5%，主要是增加机关事业单位调资、养老保险改革等政策性支出。项目支出234268万元，增加68461万元，增长41.3%，增长的主要原因是将医疗收入纳入预算管理相应安排支出，以及新增人防综合训练基地建设、应急救灾指挥中心建设等一次性项目支出。

（四）对区县转移支付

2017年年初，中央、省、市财政对区县安排转移支付1052250万元，其中：返还性收入42217万元，一般性转移支付788116万元，专项转移支付221917万元。

四、今后五年及2017年财政工作

（一）今后五年财政工作任务

今后五年，全市财政工作将紧紧围绕“五位一体”总体布局和“四个全面”战略布局，牢固树立“五大发展理念”，认真落实市第八次党代会精神，着力“三抓三主动”，全力支持“六个突破”，推动财政工作再上新台阶。根据市第八次党代会确定的今后五年的预期目标，力争到2020年，地方一般公共预算收入达到200亿元，到2021年达到220亿元。

（二）2017年财政工作打算

2017年，是新一届市委、市政府的开局之年，也是实施“十三五”规划承前启后的关键一年。面对经济发展的新形势、新常态，各级财政部门将围绕全市经济社会发展中心任务，按照“调子不降、干劲不减、步伐稳健、有保有压”原则，继续落实“三抓三主动”要求，在六个方面再下功夫，确保圆满完成全年目标任务，为我市实现“决胜全面小康、建成区域中心”提供坚实的财力保障。

1. 在组织收入、提高质量上再下功夫，确保全年目标任务圆满完成。认真落实中央、省、市稳增长的各项财税政策，抓好重点税源建设，主要依靠税收增收，提高收入质量。坚持依法征收、应收尽收，创新组织收入的方式和方法，挖掘增收潜力，做到抓大不放小。充分利用中国（四川）自贸区川南临港片区建设、精准脱贫、存量债务置换等重大政策机遇，对准中央、省项目规划和资金投向，加强政策研究，主动汇报沟通，全力向上争取更多的资金和政策支持。继续调整优化支出结构，牢固树立过“紧日子”的思想，严格控制“三公”经费等一般性支出，集中更多财力用于保民生、促发展。区别轻重缓急、突出保障重点、做到有保有压、统筹使用，保障好各项人员和基本运转、社会民生和市委、市政府重大决策部署支出需求。

2. 在拓展渠道、创新投入上再下功夫，确保建设发展资金筹集到位。围绕“项目投资攻坚年”工作主题，充分发挥财政资金“四两拨千斤”的作用，加快已设立的投资发展基金投资进程，继续做好拟设立的投资发展基金组建工作，促进加快产业转型升级、构建现代产业体系，支持交通、城建等重点项目建设。落实财政金融互动政策，进一步推动政府与社会资本合作（PPP），鼓励社会资本通过特许经营权、合理定价、财政补贴等方式，参与城市基础设施和公共服务领域等公益性事业的投资运营，激发经济发展活力。推进投融资公司转型发展，加强与金融、保险、信托等机构的对接，实行市场化运作，更多地通过资本市场争取期限长、利率低资金，为后续发展做好资金储备。落实供给侧结构性改革政策，深入推进“三去一降一补”，降低企业税费负担。进一步加大扶持力度，促进民营经济发展壮大。

3. 在保障和改善民生上再下功夫，确保人民生活质量和水平进一步提高。加大教育投入，支持加快建成区域教育培训中心，切实解决学前教育入园难、入园贵问题；支持推进义务教育均衡发展、高中教育优质发展、职业教育和高等教育提升发展。加大医疗卫生投入，提升基层医疗卫生服务水平，深化医药卫生体制改革，支持加快建成区域医疗健康中心。加大文化事业投入，丰富群众精神文化生活，支持加快建成独具特色魅力的文化强市。持续加大民生投入，尽力办好民生实事，确保公共财政用于民生支出的比重保持在70%以上。着力健全就业创业、基本住房、养老保险、医疗保险、社会救助等保障制度。坚持生态优先、绿色发展，加大生态环保投入，支持开展大气、水、土壤污染防治。

4. 在精准脱贫上再下功夫，确保脱贫攻坚目标如期完成。围绕“两不愁三保障”和“四个好”目标，健全完善脱贫攻坚财政保障体系，通过新增预算安排、统筹专项资金、争取上级财政转移支付、发行项目收益债、国家专项建设债等措施，全力支持推进“四个一批”脱贫计划、“七大扶贫攻坚行动”。完善资产收益扶贫机制，推动资源变资产、资金变股金、农民变股东。创新社会扶贫机制，吸纳更多的社会资金投入扶贫。加强扶贫资金监管，严格扶贫资金使用，严格财务核算，严格公开公示，确保扶贫资金规范、高效使用。

5. 在加强管理、提升能力上再下功夫，确保管理改革走在前列。深化财税体制改革，在中央、省明确事权与支出责任基础上，合理划分市和区县的事权与支出责任，形成财力与事权相匹配的财政体制。认真落实税制改革和税收征管体制改革。建立健全跨年度预算平衡机制，细化编制中期财政规划，逐步强化中期财政规划对年度预算的约束性。优化转移支付结构，整合规范专项转移支付，进一步增加一般性转移支付规模和比例，研究建立转移支付与农业转移人口市民化挂钩机制。

6. 在依法理财、提高服务上再下功夫，确保优质服务到点到位。严格落实《中华人民共和国预算法》《中华人民共和国会计法》《中华人民共和国政府采购法》等财税法律法规。健全规范理财行为的制度规定，依法行使行政决策权和财政管理权，自觉接受人大、政协和社会各界监督。进一步严格地方政府债务限额管理，切实防范债务风险。在继续争取省转贷置换债券资金基础上，加强与金融、保险等机构对接，优化债务结构，延长债务期限，降低债务成本。重点开展“三公”经费和扶贫、涉农惠农等专项资金检查，确保财政资金安全高效使用。推进财政信息公开常态化、规范化，主动接受社会监督。

各位代表，做好2017年财政工作任务艰巨、责任重大。我们将在市委的坚强领导下，在市人大、市政协的监督支持下，坚定信心，迎难而上，开拓进取、扎实工作，圆满完成各项财政工作任务，为推动泸州实现“决胜全面小康、建成区域中心”提供更加坚实可靠的财力保障。

泸州市领导干部名录

（截止日期 2016 年 12 月 31 日）

市级领导

中共泸州市委

蒋辅义　市委书记

刘　强　市委副书记，市政府市长、党组书记

曹建国　市委副书记（2016.11 止）

谭红杰　（土家族）市委副书记（2016.11 起），市委常委、组织部部长（2016.11 止）

田亚东　市委常委（2016.11 止）、市纪委书记（2016.11 止）

曹俊杰　市委常委、市政府副市长、党组副书记、市行政学院院长（兼），泸州高新技术开发区党工委书记（兼）(2016.02 起、2016.11 止），市国资委党委书记（2016.11 起）

鞠　丽　（女）市委常委、宣传部部长，中国白酒金三角酒业园区党工委书记（兼、2016.11 起）

陈　文　市委常委（2016.11 止）、市国资委党委书记（2016.11 止）、中国白酒金三角酒业园区党委书记（兼、2016.11 止）

王宗明　市委常委（2016.11 止）、泸州军分区司令员

李晓宇　市委常委（2016.11 止）、农工委主任（2016.07 止）

曾　彤　市委常委（2016.05 止、挂职）、秘书长（2016.07 止）

刘　云　市委常委、市总工会主席、市直机关工委书记

王建翔　市委常委（2016.01 起）、市政府副市长（2016.01 起、挂职时间 2 年）

许先春　市委常委（2016.03 起）、市政府副市长（2016.05 起、挂职时间 2 年）

龚玉泉　市委常委（2016.10 起）、市政府副市长（2016.11 起、挂职时间 2 年）

杨　晓　市委常委（2016.11 起）、市纪委书记（2016.11 起）

徐　斌　市委常委（2016.11 起）、市委组织部部长（2016.11 起）、市委党校校长（2016.11 起），市委统战部部长（2016.12 起）

封　安　市委常委（2016.11 起）、市政府副市长，市委政法委书记（2016.11 起）

张文军　市委常委（2016.11 起）、市政府副市长

泸州市人大常委会

陈　雁　党组书记（2016.11 止）、主任

曹建国　党组书记（2016.11 起）

张　明　党组副书记、副主任

李作孝　副主任、九三学社泸州市委主委

伍福钊　副主任

税光跃　副主任

邵晓强　副主任
王　波　副主任

泸州市人民政府

刘　强　市委副书记，市政府党组书记、市长
曹俊杰　市委常委，市政府党组副书记、副市长
曹　勇　副市长（2016.05 止）
陈　轲　副市长（2016.03 止）
王建翔　市委常委、副市长（2016.01 起、挂职时间 2 年）
许先春　市委常委（2016.03 起）、副市长（2016.03 起、挂职时间 2 年）
龚玉泉　市委常委、副市长（2016.11 起、挂职时间 2 年）
马宗慧　（女，回族）副市长、致公党泸州市委主委
封　安　市委常委（2016.11 起）、副市长，市委政法委书记（2016.11 起）
张文军　市委常委（2016.11 起）、市政府副市长
丁　湘　副市长
陈　日　副市长（2016.11 起）
何绍明　副市长，市公安局党委书记、局长，市委政法委副书记（2016.11 起）

政协泸州市委员会

喻　双　党组书记（2016.11 止）、主席
田亚东　党组书记（2016.11 起）
巫俊明　党组副书记、副主席
张方正　副主席、民革泸州市委主委
周亚琼　（女）副主席、民盟泸州市委主委
何延政　副主席、农工民主党泸州市委主委、西南医科大学校长
汪建国　副主席
沈才洪　副主席、泸州老窖股份有限公司副总经理、民建泸州市委主委
陈剑波　副主席
梁中元　副主席

泸州市中级人民法院

刘学锋　党组书记、院长（2016.11 止）
吴洪汛　党组书记、代理院长（2016.11 起）

泸州市人民检察院

罗　乐　党组书记、检察长

区县领导

中共江阳区委

付小平　书记
杨长缨　副书记
王开源　（女）副书记（保留正县级、挂职、2016.09 止）
沈昭平　副书记（2016.09 起）
孙海燕　（女）副书记（挂职、2016.04 止）
王　强　副书记（挂职、2016.04 起）
刘淑兰　（女）副书记（挂职、2016.11 月起）
张司伦　常委（2016.08 止）
张生勇　常委
牟正权　常委（挂职、2016.08 起）
张　程　常委
周　炳　常委
张　燕　（女）常委
杨　雷　常委
何红枢　常委（2016.08 止）
刘　兴　常委（挂职、2016.03 止）
廖　俊　常委（2016.08 起）
王朝德　常委（2016.08 起）

江阳区人大常委会

张　敏　（女）主任
刘旭晴　（女）副主任（2016.02 起、2016.08 止）
周晓勤　（女）副主任
赵碧科　（女）副主任
张清明　副主任
彭昭平　副主任（2016.12 起）
聂华伟　（女）副主任（2016.12 起）

江阳区人民政府

杨长缨　区委副书记、区长
何红枢　区委常委、常务副区长（2016.08 止）
廖　俊　区委常委、常务副区长（2016.09 起）
杨　雷　区委常委、副区长（2016.09 止）
吕　先　副区长
赖旭刚　副区长
罗　勇　副区长
罗了威　副区长（2016.02 起、2016.08 止）
李红梅　（女）副区长（2016.12 起）
吴晓东　副区长（2016.10 起）
陈　波　副区长（2016.09 起）

江阳区政协

张旭光　主席
刘秋耘　（女）副主席
符晓琦　（女）副主席（2016.12 止）
冉国才　副主席（2016.12 止）
侯晓萍　（女）副主席
徐志兰　（女）副主席（2016.12 起）
陈　兵　副主席（2016.12 起）

江阳区“法检”两长

王郁逊　区法院院长
张　聪　区检察院检察长

中共龙马潭区委

郑　蓉　（女）书记（2016.09 止）
刘光明　书记（2016.09 起）
曾　平　副书记（2016.09 止）
靳地胜　副书记（2016.09 起）
任晓波　副书记（保留正县级、2016.08 起）
钟华贵　常委（挂职）
邓永铸　常委（2016.05 止）
熊　燕　（女）常委（2016.05 起）
涂曲平　（女）常委（2016.05 止）
许仁兵　常委（2016.05 起）
李祖强　常委（2016.08 止）
王举松　常委
程晓龙　常委　（2016.08 起）
文耀全　常委
吴文涛　常委（2016.01 止）
陈　讯　常委（2016.02 起）
黄志有　常委
尹德良　常委（2016.06 止）
张志方　常委（2016.06 起）
张宁迁　常委（挂职时间 1 年）
李　聪　常委（挂职时间 1 年）

龙马潭区人大常委会

吴文涛　主任
朱永平　副主任
戴志林　副主任
吴国勇　副主任
廖竞瑜　（女）副主任

龙马潭区人民政府

靳地胜　区委副书记、区长
文耀全　区委常委、副区长
张宁迁　市财政局副局长，龙马潭区委常委、副区长（挂职时间 1 年）
李　聪　区委常委、副区长（挂职时间 1 年）
胡兴成　副区长（保留正县级）
何学军　副区长、民革泸州市委副主委
唐栋良　副区长
林光勇　副区长、区公安分局局长、市公安局刑侦支队支队长

彭　莉　（女）副区长

龙马潭区政协

叶长青　主席
兰永智　副主席
彭利蓉　（女）副主席
杜朝林　副主席
游　健　（女）副主席

龙马潭区“法检”两长

彭胜昔　区法院院长
王忠杰　区检察院检察长

中共纳溪区委

熊启权　书记（2016.07 止）
徐　利　（女）书记（2016.07 起）
谭荣兵　（土家族）副书记
李仁军　副书记（2016.09 起）
赵元柱　常委（2016.04 止）
张明顺　常委（2016.08 止）
熊　杰　常委
熊　燕　（女）常委（2016.05 止）
姚　波　常委（2016.06 起）
周　涛　常委（2016.08 起）
邹　冰　常委
阮小梅　（女）常委（2016.05 止）
潘　浩　常委（2016.05 起）
张耀峰　常委
王　刚　常委（2016.03 起）
李　庆　常委（2016.09 起）
程少华　常委（挂职、2016.12 起）
严　静　（女）常委（2016.12 止）

纳溪区人大常委会

詹忠平　主任
翁庆平　副主任
李德能　副主任
张　纳　（女）副主任（2016.12 起）
余云江　副主任
丁友明　副主任

纳溪区人民政府

徐　利　（女）区长（2016.08 止）
谭荣兵　（土家族）代理区长（2016.08 起）、区长（2016.12 起）
李仁军　常务副区长（2016.09 止）
熊　杰　常务副区长（2016.09 起）
张明顺　副区长（2016.08 止）
陈小平　副区长
卢赐恩　副区长（2016.06 止）
游　彦　副区长
张　巍　副区长（2016.09 起）
马德凤　（女）副区长（2016.10 起）
李　明　副区长（2016.09 起）

纳溪区政协

朱太成　主席
谢兴宏　副主席
张　纳　副主席
兰光华　副主席
王跃泽　副主席
叶　勇　副主席（2016.12 起）

纳溪区“法检”两长

何　猛　区法院院长
胡运汉　区检察院检察长（2016.09 止）
朱亚梅　代理区检察院检察长（2016.09 起）、区检察院检察长（2016.12 起）

中共泸县县委

郭　庆　书记（2016.07 止）
薛学深　书记（2016.07 止）
张　兵　副书记（2016.07 止）
肖　刚　副书记（2016.08 起）
张学彬　副书记（保留正县级，2016.08 起）
颜习林　常委（2016.08 止）

喻　斌　常委
张文杰　常委
金林松　常委
李高和　常委
张国华　常委
李　亮　常委（2016.01 止）
李盛春　常委（2016.02 起）
杨双全　常委（2016.08 起）
陈　佳　（女）常委（2016.08 起）

泸县人大常委会

颜习林　主任
蔡　辉　副主任
杨开春　（女）副主任
杨怀清　副主任
余　冰　副主任

泸县人民政府

肖　刚　县委副书记、县长
张文杰　县委常委、副县长
余　静　（女）副县长
杜作文　副县长
宋　军　副县长
张福荣　副县长
叶仕良　副县长

泸县政协

李　镇　主席
廖兴无　副主席
尹朝勇　副主席
杜开卷　副主席
陈志超　副主席

泸县“法检”两长

谢　杰　县法院院长
张胜春　县检察院检察长

中共合江县委

张季頫　书记
胥兴贵　副书记
江　滨　副书记（2016.07 止）
王一米　（女）副书记（2016.08 起）
潘丽娜　（女）副书记（挂职 2 年、2016.04 起）
刘　欣　常委
金忠全　常委
周昌海　常委（2016.08 起）
郑　勇　常委
陈益良　常委
蔡宗炜　常委
陈　文　常委（2016.08 起）
郑盛文　常委（2016.08 起）
吴代彬　常委（挂职时间 1 年）
廖　俊　常委（2016.08 止）
刘中权　常委（2016.08 止）
张家伟　常委（2016.12 止）
陈　诚　常委（2016.03 止）

合江县人大常委会

李　林　主任
王炬麟　（女）副主任
李洪伦　副主任
李泓清　副主任
冯泽江　副主任（2016.12 起）

合江县人民政府

胥兴贵　县长
廖　俊　县委常委　副县长（2016.09 止）
周昌海　县委常委　副县长（2016.11 起）
王一米　（女）副县长（2016.09 止）
李小蓉　（女）副县长（2016.11 起）
陈　诚　副县长（2016.04 止）
游　健　副县长（2016.09 止）
宋远平　副县长（2016.09 起）
廖廷君　副县长（2016.03 止）
陈　文　副县长（2016.09 止）

吕　刚　副县长
郑盛文　副县长（2016.03 起、2016.09 止）
冯　红　副县长（2016.10 起）
王　波　副县长（2016.10 起）

合江县政协

王亚容　（女）主　席
时　文　（女）副主席（2016.12 止）
代育惠　（女）副主席
张　霞　（女）副主席
邓　洪　（女）副主席
李剑波　副主席（2016.12 起）

合江县“法检”两长

苏　青　县法院院长
徐显忠　县检察院检察长

中共叙永县委

陈景强　书记
唐　杰　副书记
曹　阳　副书记
王　龙　副书记（挂职时间 2 年、2016.04 起）
任刚美　常委（挂职时间 1 年）
王亦白　常委（挂职时间 1 年、2016.09 起）
陈腾飞　常委（2016.01 止）
陈学军　常委
黄安华　常委
周之平　常委（2016.05 起）
张　伟　常委
王　坤　常委（2016.08 起）
唐　榕　（女）常委
申　波　常委（2016.05 起）
王晓谦　常委（2016.05 止）
叶继东　常委（2016.08 起）

叙永县人大常委会

张秋平　主任、党组书记
李官培　副主任
韩　燕　副主任
申远红　副主任（2016.12 月止）
高崇明　副主任（2016.12 起）
李小英　（女）副主任

叙永县人民政府

唐　杰　县委副书记、县长
申　波　副县长（2016.05 起）
王亦白　副县长（挂职时间 1 年）
谢　华　（女）副县长
古　涛　副县长
袁维荣　副县长
石　磊　副县长
胡　维　（女）副县长（挂职时间 2 年）
苏　丹　副县长

叙永县政协

钟世平　主席（2016.12 止）
马　刚　（苗族）主席（2016.12 起）
邓　娟　（女）副主席
高崇明　副主席（2016.12 止）
何　水　副主席
陈一龙　副主席
余显中　（蒙古族）副主席（2016.12 起）

叙永县“法检”两长

范　平　县法院院长
戴　勇　县检察院检察长

中共古蔺县委

李万忠　书记
陈廷俊　副书记
唐　一　副书记（2016.09 止）
金　雪　（女）副书记（挂职时间 2 年、2016.06 起）
曾永刚　常委（2016.08 止）、副书记（2016.08 起）
宋　庆　常委
章　磊　常委
杨　帆　常委（挂职）

刘松梅　（女）常委
贾如彬　常委
郑传辉　常委
刘泽军　常委（2016.03 起）
罗宗肆　常委（2016.07 起）
曾　焱　常委（2016.08 起）
冯利琼　（女）常委（挂职、2016.06 止）
李笑寒　常委（挂职、2016.11 起）

古蔺县人大常委会

孙克刚　主任
胡邦永　副主任
胡　雁　（女）副主任
宋　杰　副主任
朱博宇　副主任

古蔺县人民政府

陈廷俊　县委副书记、县长
宋　庆　县委常委、副县长
林　燕　（女）副县长
罗庆华　副县长
赵秋颖　副县长
杨玉峰　（苗族）副县长
王　明　副县长
李笑寒　县委常委、副县长（挂职时间 2 年）

古蔺县政协

孙应举　主席
邓学玲　（女）副主席
杨运晖　副主席
曹洪忠　副主席

古蔺县“法检”两长

吴　江　县法院院长
郭　庆　（女）县检察院检察长

泸州高新技术产业开发区管理委员会

曹　勇　副市长、党工委书记（兼、2016.02 止）
曹俊杰　市委常委、副市长、党工委书记（兼）（2016.02 起、2016.11 止）
付小平　副市长、党工委书记（兼、2016.11 起）、江阳区委书记
孙海燕　（女）党工委副书记、管委会主任（2016.04 止），江阳区委副书记（挂职）
王　强　党工委副书记、管委会主任（2016.04 起），江阳区委副书记（挂职）
杜　磊　党工委副书记（2016.12 止）
张元平　党工委副书记（2016.12 起）
林　茂　党工委委员、常务副主任
卢启刚　党工委委员、副主任（2016.08 止）
底　伟　副主任
李高和　副主任
刘中贵　党工委委员、组织部部长（2016.12 止）
罗了威　副主任（2016.08 起）
王　涛　党工委副书记（挂职）
张德春　党工委委员、纪工委书记（保留正县级待遇）
董　路　副主任（挂职）
吴　平　副主任（挂职）

中国白酒金三角酒业园区管理委员会

曹俊杰　市委常委、副市长、党工委书记（兼）（2016.02 止）
陈　文　市委常委、市国资委党委书记，党工委书记（兼）（2016.02 起、2016.11 止）
鞠　丽　（女）市委常委、市委宣传部部长，党工委书记（兼）（2016.11 起）
付小平　副市长（2016.11 起）、江阳区委书记、党工委副书记（兼）
刘淑兰　（女）党工委副书记、管委会主任
张　良　党工委副书记
徐　利　（女）党工委副书记
殷国兵　党工委副书记
张明顺　党工委副书记
邹学明　党工委副书记
郭智勇　党工委副书记
沈昭平　副主任（2016.05 起）

杨明辉　副主任（2016.07 起）
王志勇　副主任（2016.04 起）
代继波　副主任（2016.05 起）

泸州市两江新城建设管理委员会

丁　湘　副市长、党工委书记（2016.08 起）
郭　庆　党工委副书记、管委会（2016.08 起）
付小平　党工委副书记（2016.11 起）
刘光明　党工委副书记（2016.11 起）
徐　利　（女）党工委副书记（2016.11 起）
薛学深　党工委副书记（兼、2016.11 起）
兰　均　党工委委员、副主任（2016.08 起）
张元平　党工委委员、副主任（2016.08 起）
黄　勇　党工委委员、副主任（2016.08 起）
张登祥　党工委委员、副主任（2016.08 起）
胡汉兵　党工委委员、副主任（2016.08 起）
叶祥九　党工委委员、副主任（2016.08 起）
谢兴宏　党工委委员、副主任（2016.08 起）
吕　先　党工委委员、副主任（2016.11 起）
唐栋良　党工委委员、副主任（2016.11 起）
李　庆　党工委委员、副主任（2016.11 起）
杜作文　党工委委员、副主任（2016.11 起）

四川泸州（长江）经济开发区管理委员会

郑　蓉　（女）龙马潭区委书记、党工委书记（2016.08 止）
刘光明　龙马潭区委书记、党工委书记（2016.08 起）
钟华贵　龙马潭区委常委（挂职），党工委副书记、管委会主任
郑　智　纪工委书记（保留正县级待遇）
胡怀明　副主任（2016.01 止）
熊开荣　副主任（2016.03 止）
陈　亮　副主任（2016.06 止）
喻　兵　副主任（2016.06 起）
梁亚琼　（女）副主任（2016.03 起）
何　睦　副主任（2016.08 起）

叙永资源综合利用经济园区管理委员会

罗　力　党工委书记

市级部门领导

中共泸州市纪律检查委员会（泸州市监察局）

田亚东　市委常委（2016.11 止）、市纪委书记（2016.11 止）
杨　晓　市委常委（2016.11 起）、市纪委书记（2016.11 起）
徐　海　市纪委副书记，市监察局局长、市预防腐败局局长
吴　伟　市纪委副书记（2016.04 起）
任中榕　（女）市纪委副书记
张明贵　市纪委常委（2016.07 止）
邹　毅　市纪委常委、监察局副局长（2016.05 止）
徐其虎　市纪委常委、监察局副局长
邓修贵　市纪委常委（2016.11 起）
代鸿宾　市纪委常委（2016.11 起），市公安局党委委员、纪委书记
余映梅　（女）市纪委常委（2016.11 起）
姚　波　市纪委常委、秘书长（2016.04 止）
李建彬　市纪委常委、秘书长（2016.04 起）
唐　敏　（女）市监察局副局长、市预防腐败局副局长、农工民主党泸州市委副主委
林　平　市纪委监察局机关党委书记

中共泸州市委办公室

曾　彤　市委常委、市委秘书长（2016.05 止）

郭　庆　市委秘书长（2016.07 起）
张立新　市委副秘书长、市委办公室主任
龚百川　市委副秘书长（正县级、2016.09 止）
张兴友　市委副秘书长（正县级、2016.12 起）
李小平　市委副秘书长、目督办主任（2016.12 止）、市扶贫移民局局长（2016.12 起）
张司伦　市委副秘书长（正县级、2016.12 起）
王　毅　市委办副主任（2016.03 止）、市委副秘书长（2016.03 起、2016.12 止）、市委政研室主任（2016.08 止）
伍　洪　市委办副主任
周　岚　（女）副县级纪检员（2016.12 止）
易泽莲　（女）副县级纪检员（2016.12 起）
申　波　市委常委办主任（2016.05 止）
雷安平　目督办专职副主任（2016.02 止）
张　伟　目督办专职副主任（2016.12 止）
杨建容　（女、傈僳族）机关党委书记（2016.07 止）
先元富　市委值班室主任（2016.09 止）、市委办公室机关党委书记（2016.09 起）
张　毅　市委常委办主任（2016.07 起）
曾一平　目督办专职副主任
王宏刚　目督办专职副主任（2016.02 起）

中共泸州市委组织部

谭红杰　（土家族）市委常委、组织部部长（2016.11 止）
徐　斌　市委常委、组织部部长（2016.11 起）
宋　勇　正县级副部长
周　毅　副部长、市人力资源和社会保障局局长
方　莉　（女）副部长、市人才办主任（2016.04 止）
涂曲平　（女）副部长（2016.05 起）、市人才办主任（2016.09 起、2016.12 止）
曾　妍　（女）副部长、市人才办主任（2016.12 起）
吴兴华　副部长、市委党建办主任（2016.02 起）
雷长文　副部长（2016.04 止）、市委编委办（市编办）主任（2016.04 止）
孙海燕　（女）副部长（2016.04 起）、市委编委办（市编办）主任（2016.04 起）
黄月桂　副部长（2016.12 止）、市委老干部局局长（2016.12 止）
冉雷波　副部长（2016.12 起）、市委老干部局局长（2016.12 起）
孙小刚　副县级纪检员
陈棋楠　部务委员
袁　瑞　机关党委书记
肖　春　部务委员
向小勇　部务委员（2016.03 止）
郑　勇　部务委员（2016.08 起）

中共泸州市委宣传部

鞠　丽　（女）市委常委、市委宣传部部长
李　宏　正县级副部长（2016.08 止）
唐　一　正县级副部长（2016.08 起）
魏仁泉　副部长、市委外宣办（市政府新闻办）主任
朱　涛　副部长、市精神文明办主任（2016.02 起）
李　凌　机关党委书记
唐小玉　（女）副县级纪检员

中共泸州市委统一战线工作部

陈剑波　市政协副主席、市委统战部部长（2016.12 止）
徐　斌　市委常委、市委组织部部长（2016.11 起）市委统战部部长（2016.12 起）
史乃广　正县级副部长（2016.05 止）
韩俊平　正县级副部长（2016.12 起）
王　华　副部长、市工商联党组书记
熊华跃　（苗族）副部长（兼、2016.05 起）、市民宗局党组书记（2016.12 起）
陈通军　副部长（保留正县级待遇）
阮小梅　（女）副部长
项晓芸　（女、苗族）副县级纪检员

中共泸州市委政法委员会

封　安　市委常委（2016.11 起）、副市长，市委政法委书记（2016.11 起）

郑　理　正县级副书记
雷安平　副书记、市委维稳办主任、市委政法委纪律检查工作委员会书记（2016.02 起）
邹　毅　副书记、市综治办主任（2016.04 起）
黄　承　政治部主任（明确为正县级）
李华超　市政法纪律检查工作委员会副书记
罗　洁　（女）市矛盾纠纷大调解中心副县级专职副主任
周　权　市委政法委机关党委书记

中共泸州市委台湾工作办公室、泸州市人民政府台湾事务办公室

韩俊平　主任（2016.12 止）
谢先海　主任（2016.12 起）
许有权　副主任
王维秀　（女）副县级纪检员

中共泸州市直属机关工作委员会

刘　云　市委常委、市总工会主席、市直机关工委书记
陈笑冰　（女）常务副书记（2016.12 止）
张　兵　常务副书记（2016.12 起）
吴　杰　副书记
张　勇　副书记、纪工委书记
谢进平　专职委员
徐瑞兰　（女）专职委员

中共泸州市委群众工作局、泸州市人民政府信访局

张明顺　市政府副秘书长（2016.08 起）、市委群众工作局（市政府信访局）局长（2016.12 起）
王　浩　（侗族）副局长、群众工作中心主任
熊克伟　副局长
曹大愚　副局长
林海霞　（女）副县级纪检员
李江银　信访督查专员

中共泸州市委机构编制委员会办公室（泸州市机构编制委员会办公室）

孙海燕　（女）市委组织部副部长、市委编委办（市编办）主任（2016.04 起）
李春艳　（女）副主任
肖　扬　副县级纪检员
刘　云　市事业单位登记管理局局长
高慧岗　副主任（2016.07 止）

中共泸州市委巡察工作领导小组办公室、中共泸州市委巡察组

张　兵　市委巡察办主任（2016.07 起、2016.12 止）
姜　来　委巡察办副主任（2016.07 起、2016.12 止）、市委巡察办主任（2017.12 起）
张明贵　市委第一巡察组组长（2016.07 起）
余成泉　市委第一巡察组副组长（2016.07 起）
尹　波　（女）市委第一巡察组副组长（2016.07 起）
江　滨　市委第二巡察组组长（2016.07 起）
吴应军　市委第二巡察组副组长（2016.07 起）
冯学银　市委第二巡察组副组长（2016.07 起）
高慧岗　第三巡察组组长（2016.07 起、2016.12 止）
孙小刚　市委第三巡察组组长（2016.12 起）
陈远昌　市委第三巡察组副组长（2016.07 起）
满国鸿　市委第三巡察组副组长（2016.07 起）
李华桂　市委第四巡察组组长（2016.07 起、2016.11 止）
邓永铸　市委第四巡察组组长（2016.12 起）
江　霞　（女）市委第四巡察组副组长（2016.07 起）
刘孝文　市委第四巡察组副组长（2016.07 起）

泸州市人大常委会内设机构、专门委员会

陈永全　秘书长（2016.12 止）
陈景强　叙永县委书记，市人大常委会办公室主任（2016.12 起）
刘　涛　副秘书长（正县级、2016.03 止）
罗章海　副秘书长（正县级）
肖　俊　副秘书长（正县级、2016.12 止），法制工作委员会主任（2016.12 起）

刘增国 （女）副秘书长（副县级、2016.12止）
邓永铸 副秘书长（2016.05起、2016.12止）
刘旭晴 （女）副秘书长（2016.07起）、民革泸州市委主委
谢建峰 内务司法委员会主任委员（2016.02起）
卓 彬 内务司法委员会副主任委员、法制工作委员会副主任（2016.11止）
王 霞 （女）财政经济委员会主任委员、预算工作委员会主任（兼）
陈富强 财政经济委员会副主任委员
张元平 教育科学文化卫生委员会主任委员
胡永学 教育科学文化卫生委员会副主任委员
郝晓宏 农业与农村委员会主任委员
陈 虹 （女）农业与农村委员会副主任委员，市人大常委会机关党委书记
纪本旺 城乡建设环境资源保护委员会主任委员（2017.01止）
桂 艳 （女）城乡建设环境资源保护委员会副主任委员（2017.02止）
孙卫洪 （女）外事侨务宗教委员会主任委员
夏 雪 （女）外事侨务宗教委员会副主任委员
雷正云 市人大法制委员会主任委员（2016.02起）
赵 权 法制委员会副主任委员（2016.02起）、法制工作委员会主任（2016.12止）
罗 芹 （女）常委会办公室副主任（2016.05起）
李娅琴 （女）常委会办公室副主任（2016.07起）
杨 英 （女）常委会办公室副主任（2016.12起）
邓 翘 （女）常委会办公室信访办主任（2016.07止）
马 霞 （女）人代工委主任
刁元富 人代工委副主任
刘志华 常委会研究室副主任（2016.03止）、主任（2016.03起）
王朝德 副县级纪检员（2016.04止），研究室副主任（2016.05起、2016.08止）
赵 红 研究室副主任（2016.12起）
张文芬 （女）机关党委书记（2016.12止）
赵润琼 （女）副县级纪检员（2016.06起）

泸州市人民政府办公室

姚福康 市政府党组成员，市政府秘书长，市政府办公室党组书记（2016.11止）
何 杰 市政府党组成员，市政府秘书长人选，市政府办公室党组书记（2016.12起）
刘光明 市政府副秘书长，市政府办党组成员、主任（2016.09止）
刘志勇 市政府副秘书长，市政府办党组成员、主任（2016.09起）
刘 洪 市政府副秘书长、市政府办党组成员（正县级，2016.12起）
王春芳 市政府副秘书长（正县级）、市政府办党组成员（2016.12止）
康 江 市政府副秘书长（正县级）、市政府办党组成员（2016.12止）
胡晓玲 （女）市政府副秘书长（正县级）、市政府办党组成员
杜安坚 市政府副秘书长、市政府办党组成员（正县级，2016.12起）
黄 辉 市政府副秘书长、市政府办党组成员、市委群众工作局（市政府信访局）局长（2016.12止）
汪永灵 市政府副秘书长（正县级）、市政府办党组成员（2016.07止）
黄意奎 市政府副秘书长、市政府办党组成员（保留正县级）
刘燕萍 （女）市政府副秘书长（挂职、2016.01止）
漆会强 市政府副秘书长（挂职、2016.04起）
佘克明 市政府副秘书长（2016.08起）、市政府办党组成员、市政府办副主任（2016.08止）
兰 均 市政府副秘书长、市政府办党组成员（2016.12止）
张明顺 市政府副秘书长（2016.08起）、市政府办党组成员、市委群众工作局（市政府信访局）局长（2016.12起）
高 宇 市政府副秘书长（挂职、2016.11起）
魏 春 市政府办副主任、党组成员
李 力 （女）市政府办副主任、党组成员

周德富　市政府办副主任、党组成员
淡黎明　市政府办纪检组组长、党组成员
刘中贵　市政府办副主任、党组成员（2016.12 起）
邱亚琳　（女）市政府办机关党委书记、党组成员（2016.04 起）
李贤湘　（女）市政府办机关党委书记、党组成员（2016.03 止）

泸州市扶贫和移民工作局

李小平　市委副秘书长、市扶贫移民局局长（2016.12 起）
何　为　副局长
何世强　副局长

泸州市人民防空办公室

付　希　党组书记、主任
黄懋馗　副主任、泸州军分区司令部军动办主任
唐　华　副主任
曾长国　纪检组组长

泸州市发展和改革委员会（泸州市粮食局）

李　锋　党组书记、主任，市粮食局局长（兼）
张毅贤　党组成员、副主任，市能源办主任（兼）
贾合朝　党组成员、副主任（2016.10 止）
雷文彩　副主任、农工民主党泸州市委副主委
卢家灿　党组成员、纪检组组长
代雪芹　（女）党组成员、副主任（2016.06 止）
赵　一　党组成员、副主任（2016.07 起）
李　霖　党组成员、机关党委书记
曹天林　市铁建办副主任

泸州市经济和信息化委员会

李　霄　党组书记、主任
刘淑兰　（女）党组副书记（2016.02 止）
曾发海　副主任
袁晓彬　党组成员、纪检组组长
罗火明　党组成员、副主任（2016.03 止）
梅　勇　党组成员、副主任
杨康宁　（女）党组成员、副主任
陈建琼　（女）党组成员、机关党委书记
林朝晖　党组成员、无线电办主任
郭红卫　党组成员（2016.07 止）、总经济师（2016.08 止）
张　红　总经济师（2016.09 起）

泸州市教育局

张正平　党委书记、局长，市招办主任（兼、2016.12 止）
黄　辉　党委书记（2016.12 起）
刘晓锋　党委委员、副局长（保留正县级）
杜旭林　副局长（保留正县级）、民盟泸州市委副主委（兼）
陶瑞宇　副局长（挂职 2016.03 止）
许建国　党委委员、副局长
赖红艳　（女）党委委员、副局长
龙建国　（女）党委委员、纪委书记
谢　铭　党委委员、机关党委书记
肖　林　党委委员、市政府总督学（保留正县级）

泸州市科学技术和知识产权局

邹　维　党组书记、局长
何　峰　党组成员、副局长
李　奇　党组成员、副局长
刘　勇　党组成员、纪检组组长
陈卫东　党组成员、机关党委书记

泸州市民族宗教事务局（中共泸州市委民族工作委员会）

熊华跃　（苗族）党组书记、副局长
罗素平　（女，苗族）局长
马东升　（回族）党组成员、副局长
李　明　党组成员、纪检组组长

泸州市公安局

封　安　副市长，市公安局党委书记、局长、督察长（2016.11 止）

何绍明　副市长，市公安局党委书记、局长（2016.11 起）
计小民　党委副书记、副局长
雷　宏　党委委员、副局长
卢天润　党委委员、副局长
聂海波　党委委员、副局长
高武林　党委委员、副局长（挂职时间 2 年）
代鸿宾　市纪委常委，市公安局党委委员、纪委书记
柳　飚　党委委员、政治部主任
杜　江　党委委员、机关党委书记（保留正县级待遇）
林光友　党委委员（保留正县级待遇）
舒建平　党委委员、交警支队队长
汪永华　党委委员、国保支队队长
易　强　党委委员、国保支队队长
赖旭刚　党委委员（2016.01 起）、江阳分局局长

泸州市民政局

刘　洪　党组书记、局长（2016.12 止）
黄月桂　党组书记（2016.12 起）
徐光强　党组成员、副局长（保留正县级待遇）（2016.08 止）
刘　瑶　（女）党组成员、副局长（2016.12 止）
刘　卫　党组成员、副局长（2016.08 起）
卓　彬　党组成员、副局长（2016.12 起）
郑荣华　党组成员、副局长（保留正县级待遇）
陈　萍　（女）党组成员、纪检组组长
曾晓军　党组成员、机关党委书记

泸州市司法局

辜继杰　党委书记、局长，市强制隔离戒毒所第一政委
苏世毅　（回族）副局长
王亚强　党委委员、副局长
董　剑　党委委员、纪委书记
陈柯剑　党委委员、副局长
郑永祥　党委委员、政治部主任
刘喜讯　（女）党委委员、机关党委书记
黄智华　党委委员、市强戒所所长

泸州市财政局

刘　杰　党组书记、局长
黄　露　（女，苗族）党组副书记（2016.02 止）、副局长（2016.07 止）
章　华　党组成员、副局长
吴晓晖　（女）党组成员、纪检组组长
杨晓慧　（女）党组成员、副局长
陈　诚　副局长，合江县委常委、副县长（挂职、2016.04 止）
王雪莉　（女）总会计师（2016.07 止），党组成员、副局长（2016.07 起）
葛洪亮　党组成员、副局长
张宁迁　党组成员、副局长，龙马潭区委常委、副区长（挂职）
张蓉波　（女）党组成员、机关党委书记
郭　瑀　（女）党组成员、市农发办专职主任
黄　洁　（女）市市级财政国库支付中心主任

泸州市人力资源和社会保障局（泸州市公务员局）

周　毅　市委组织部副部长，市人力资源和社会保障局党组书记、局长，市公务员局局长（兼），市行政学院副院长（兼）
林光智　党组成员、副局长（保留正县级待遇）
郑远秀　（女）副局长
黄大立　党组成员、副局长
邓传富　党组成员、副局长
郭　楠　党组成员、纪检组组长（保留正县级待遇）
胡　宁　党组成员、机关党委书记（2016.02 止）
邹家燕　（女）党组成员（2016.07 起）、机关党委书记（2016.02 起）
张　余　党组成员、市军转办主任
刘玉海　党组成员、泸州经营管理人才中心主任（2016.07 止）

泸州市国土资源局

丁跃萍　（女）党委书记、局长
徐华琼　（女）党委委员、纪委书记
江勇强　党委委员、副局长

陈纪军　党委委员、副局长
陈世伟　党委委员、副局长
胡汉兵　党委委员、副局长
江　勇　党委委员、机关党委书记
税雪飞　党委委员、总工程师
张　莉　（女）市土地收购储备和开发中心主任
李　叙　（女）市不动产登记中心主任（2016.05 起）
周仕林　市国土资源执法监察支队队长（2016.04 起）
刘大莲　市土地统征和整理中心主任（2016.08 起）

泸州市住房和城乡建设局

黄　勇　党组书记（2016.12 止）、局长
杜　磊　党组书记（2016.12 起）
黄修华　副局长、民盟泸州市委副主委
李云春　党组成员、副局长（2016.12 止）
王晓谦　党组成员、副局长（2016.05 起）
詹　勇　党组成员、副局长（2016.01 起）
徐　兵　党组成员、副局长（2016. 止）
黄　莉　（女）党组成员、纪检组组长（2016.12 止）
卢　山　党组成员、机关党委书记

泸州市城乡规划管理局

陈　军　党组书记、局长
刘　彬　党组成员、副局长
叶祥九　党组成员、副局长
费　野　党组成员、纪检组组长（2016.03 止）
何　平　党组成员、纪检组组长（2016.03 起）
许　川　党组成员、机关党委书记
周学红　（女）党组成员、总规划师（保留正县级）

泸州市城市管理行政执法局

李云春　党组书记、局长
杨玲兰　（女）党组成员、纪检组组长
何广才　党组成员、副局长
林　健　党组成员、副局长
何自慧　（女）党组成员、机关党委书记

泸州市交通运输局

梁中元　市政协副主席、市交通运输局党组书记（2016.12 止）、局长
黄玉林　党组书记（2016.12 起）
虞卫国　党组成员、副局长（兼），市邮政管理局局长
李子辉　党组成员、副局长
曾志刚　党组成员、副局长
沈昭平　党组成员、副局长（2016.05 止）
游　进　党组成员、副局长（2016.04 起、2016.12 止）
许　亮　党组成员、纪检组组长
曾兴宇　党组成员、副局长（2016.05 起）
肖云贵　党组成员、机关党委书记
王顺蓉　（女）党组成员、总工程师
陈曲平　党组成员、市交通战备办公室主任（兼安全总监）

泸州市水务局

周洪华　党组书记、局长
郭杰贤　（女）党组成员、副局长
童登辉　党组成员、副局长（保留正县级待遇）
欧月文　党组成员、纪检组组长
谢　芳　（女）党组成员、机关党委书记
张　权　党组成员、总工程师

泸州市农业局

张兴友　党组书记（2016.12 止）、局长
余泽华　党组书记（2016.12 起）
傅浩然　党组成员、副局长
赵付平　党组成员、副局长
余茂杰　党组成员、副局长（2016.12 止）
陈　超　党组成员、副局长
牟光彬　党组成员、副局长
杨国超　党组成员、纪检组组长
刘　康　党组成员、总农艺师
常　敏　（女）党组成员、机关党委书记

泸州市林业局

余泽华　党组书记（2016.12止）、局长，市森林公安局局长（兼）
余茂杰　党组书记（2016.12起）
叶志国　党组成员、副局长
李秋霖　党组成员、副局长（保留正县级待遇）
贾建国　党组成员、纪检组组长
罗庆文　党组成员、机关党委书记

泸州市商务局（泸州市酒类产业发展局）

何　杰　党组书记（2016.12止）、局长
游　进　党组书记（2016.12起）
陈　刚　党组成员、副局长（2016.04止）
林小勇　党组成员、副局长
邹学明　党组成员、副局长
崔　斌　（女）党组成员、副局长（2016.07止）
刘春涛　（女）党组成员，机关党委书记（2016.05止）、副局长（2016.05起）
曾　萍　（女）党组成员，纪检组组长（2016.08止）、副局长（2016.08起）
刘　刚　党组成员，纪检组组长（保留正县级待遇）、（2016.10起）
毕永进　中国国际贸易促进委员会泸州支会专职副会长（2016.05止）、市商务局机关党委书记（2016.05起）、党组成员（2016.06起）
张　伟　中国国际贸易促进委员会泸州支会专职副会长（2016.05起）、党组成员（2016.06起）

泸州市文化体育新闻出版广电局

任晓波　党组书记、局长（2016.08止）
秦　臻　（女）党组书记（2016.08起）、局长（2016.09起）
王　毅　党组书记（2016.12起）
李　林　党组成员、副局长
钟明权　党组成员、副局长
游　泳　党组成员、副局长（保留正县级待遇）
向　立　党组成员、副局长
兰自力　（女）党组成员、副局长（2016.08止）
王正荣　党组成员、纪检组组长
王丽莎　（女）党组成员、机关党委书记

泸州市卫生和计划生育委员会

任　英　（女）党组书记（2016.12止）、主任，市爱国卫生运动委员会办公室主任（兼）
涂曲平　（女）党组书记（2016.12起）
李道西　党组成员、副主任（2016.03止）
张永志　副主任（2016.05止）、致公党泸州市委副主委
唐　雯　（女）党组成员，机关党委书记（2016.07止）、副主任（2016.07起）
周正国　党组成员、副主任
王建伟　党组成员、副主任
韦光焰　党组成员、副主任（2016.08起）
李小蓉　（女）党组成员、纪检组组长（2016.08止）
黄生群　（女）党组成员、纪检组组长（2016.08起）
罗　荣　党组成员（2016.08起）、机关党委书记（2016.06起）

泸州市审计局

靳地胜　党组书记、局长（2016.09止）
龚百川　党组书记、局长（2016.09起）
殷廷彪　党组成员、副局长（2016.10止）
叶　青　党组成员、副局长（2016.03止）
温水源　党组成员、副局长（2016.12止）
宋革会　（女）副局长
李发扬　党组成员、纪检组组长
古　刚　党组成员、机关党委书记
毛能均　党组成员、总审计师
周习兵　市审计局经济责任审计分局局长

泸州市环境保护局

刘志勇　党组书记、局长（2016.09止）
王开源　（女）党组书记、局长（2016.09起）
郭　华　党组成员、副局长（保留正县级待遇）
罗　波　党组成员、副局长
刘　礼　党组成员、纪检组组长

何　刚　党组成员、副局长
赵晓琼　（女）党组成员、机关党委书记
黄图强　党组成员、总工程师

泸州市统计局

包　蓉　（女）党组书记、局长
徐　勇　（女）党组成员、纪检组组长
梅秀莲　（女）党组成员、副局长
任　强　党组成员、副局长
况　涛　党组成员、副局长（2016.08 起）
黄正平　党组成员机、关党委书记
陈　颖　（女）党组成员（2016.10 起）、总统计师

泸州市外事侨务旅游局

蒲　俐　（女）局长
兰　均　党组书记（2016.12 起）
向章明　党组成员、纪检组组长
谢先海　党组书记（2016.12 止）、副局长（2016.12 止）
甘元生　党组成员、副局长

泸州市安全生产监督管理局（市煤炭管理局）

李思能　党组书记（2016.11 止）、局长，市政府安全生产委员会办公室主任（兼）(2016.12 止)，市煤炭管理局局长（兼）(2016.12 止)
李华桂　党组书记（2016.11 起）
张继林　党组成员、副局长，市煤炭管理局副局长（兼）
邹江勇　党组成员、副局长（保留正县级待遇）
周　宇　党组成员、副局长
陈　明　党组成员、纪检组组长（2016.02 止）
胡　宁　党组成员、纪检组组长（2016.02 起）
官伟平　党组成员、总工程师
牟远华　市煤炭管理局副局长

泸州市国有资产监督管理委员会

陈　文　市委常委、市国资委党委书记（2016.11 止）
曹俊杰　市委常委、副市长、市国资委党委书记（2016.11 起）
喻志强　党委副书记、主任
冉永大　党委委员、副主任（2016.08 止）
徐光华　党委委员、副主任（2016.08 止）
刘中全　党委委员、副主任（2016.09 起）
康中洋　党委委员、纪委书记
何厚久　党委委员、副主任
周春伟　党委委员、机关党委书记

泸州市金融办公室

黄玉林　党组书记（2016.12 止）、主任
温水源　党组书记（2016.12 起）
吴雪松　党组成员、副主任
周红剑　党组成员、副主任
郭春云　党组成员、纪检组组长

泸州市食品药品监督管理局（泸州市食品安全委员会办公室）

王　强　市食品药品监督管理局党组书记、局长，市食品安全委员会办公室主任（兼）(2016.04 止)
曾　平　党组书记（2016.08 起）、局长（216.09 起），市食品安全委员会办公室主任（兼）(2016.09 起)
蒋东旭　党组成员、副局长
杨明辉　党组成员、副局长
王显波　党组成员、副局长
徐云刚　党组成员、副局长
邓　玲　（女）党组成员、纪检组组长
岑　伟　党组成员、机关党委书记
贾　牧　食品安全总监
任　江　药品安全总监

泸州市工商行政管理局

沈怀荣　党组书记、局长
李孝义　党组成员、副局长
郑　敏　党组成员、副局长
黄　勇　党组成员、副局长
徐　俭　党组成员、副局长

杨姚东　党组成员、纪检组组长（保留正县级待遇）
王　红　（女）党组成员、机关党委书记（2016.06 止）
王　勇　党组成员（2016.08 起）、机关党委书记（2016.07 起）

泸州市质量技术监督局

张学彬　党组书记（2016.08 止）、局长（2016.08 止）
梁　闯　党组书记（2016.08 起）、局长（2016.09 起）
王天俊　党组成员、副局长
朱国松　党组成员、副局长
曾　伟　党组成员、副局长
秦道良　党组成员、纪检组组长
徐　林　党组成员、机关党委书记
赵治力　党组成员、总工程师

政协泸州市委员会内设机构、专门委员会

刘鹏飞　市政协党组成员、秘书长、办公室主任
刘　鹏　副秘书长（保留正县级、2016.07 止）
陈昆德　副秘书长（正县级、2016.12 止）
秦惠光　（女）副秘书长（正县级）
汪永灵　副秘书长（正县级、2016.09 起）
高长万　副秘书长（保留正县级）
熊建辉　副秘书长
刘　利　（女）研究室主任（2016.08 止）、地方政协和委员联络委员会主任（2016.09 起）
张　波　办公室副主任（2016.12 起）
欧正聪　研究室主任（2016.08 起）、市政协办公室副主任
许　艳　（女）副县级纪检员
周之平　机关党委书记（2016.06 止）
陈　刚　提案委副主任（2016.09 止）、机关党委书记（2016.08 起）
姚照平　（女）财经委主任
吴必元　财经委副主任
罗远清　农业委主任
陈治琼　（女）农业委副主任（保留正县级）
王国萍　（女）人口资源环境委主任（2016.12 止）
张国红　（女）人口资源环境委副主任
李一萍　（女）教科文卫体委主任
孙阳光　教科文卫体委副主任
林青松　教科文卫体委副主任（2016.09 起）
史乃广　学习文史委主任（2016.06 起）
吴　晓　学习文史委副主任（保留正县级、2016.06 止）
兰自力　（女）学习文史副主任（2016.09 起）
王云旭　社会法制委副主任
宋智伟　（女）宗教港澳台侨外事委员会主任
陈　瑶　（女）宗教港澳台侨外事委员会副主任（2016.09 止）
代雪芹　（女）宗教港澳台侨外事委员会副主任人选（2016.09 起）
晏天佑　提案委主任
何光兵　提案委副主任（2016.09 起）

泸州市中级人民法院

刘学锋　市中级人民法院党组书记（2016.11 止）院长（2017.01 止）
吴洪汛　党组书记、代理院长（2016.11 起）
郑　治　党组成员、副院长（正县级）(2016.02 止)
蒲卫东　党组成员、副院长（正县级）
陈　春　党组成员、副院长（保留正县级）
徐　斌　（女）副院长、党组成员
张明勇　（满族）党组成员、副院长（2016.07 起）
刘　卫　党组成员、政治部主任（2016.08 止）
聂　卫　党组成员、政治部主任（2016.09 起）
王　宏　党组成员、执行局局长
张　倩　（女）党组成员、纪检组组长
简兴超　审判委员会专职委员
靳泰雨　（女）机关党委书记

泸州市人民检察院

罗　乐　市检察院检察长、党组书记
喻继东　党组成员、副检察长（正县级）(2016.01 止)
陶　琦　党组成员、副检察长（正县级）
胡运汉　党组成员、副检察长（2016.09 起）
赵　红　党组成员、副检察长

罗　莲　（女）副检察长
张　合　党组成员、纪检组组长
宋利梅　（女）党组成员、政治部主任（2016.09 起）
洪明贵　机关党委书记、党组成员
易从中　检察委员会委员（2016.09 起）
任　芳　（女）检察委员会专职委员
曾镒筠　（女）检察委员会委员（2016.09 止）
王　勇　党组成员、反贪局局长

泸州市总工会

刘　云　市委常委、市总工会主席、市直机关工委书记
陈道元　党组书记（2017.01）、副主席，市惠民帮扶中心主任（兼）（2017.02）
张正平　党组书记（2017.01）、副主席（2017.02），市惠民帮扶中心主任（兼）（2016.12 起）
余元玲　（女）党组成员、副主席（2016.07 止）
邵　怡　（女）党组成员、副主席（2016.07 起）
李　平　党组成员、副主席
马水利　党组成员、纪检组组长（保留正县级待遇）
赵蜀兰　（女）党组成员、机关党委书记
汪国莉　（女）党组成员、经费审查委员会主任
胡利泉　市惠民帮扶中心副主任

共青团泸州市委

秦　臻　（女）党组书记、团市委书记（2016.08 止）
卢启刚　党组书记、团市委书记（2016.08 起）
毛莉平　（女）党组成员、副书记
刘洋麟　党组成员、副书记
蒋凌燕　（女）党组成员、纪检组组长

泸州市妇女联合会

曾　妍　（女）党组书记（2016.11 止）、主席
刘　瑶　（女）党组书记（2016.11 起）
邵　怡　（女）党组成员、副主席（2016.07 止）
余元玲　（女）党组成员、副主席（2016.07 起）
刘　斌　（女）党组成员、妇联副主席
郭家莲　（女）党组成员、纪检组组长

泸州市科学技术协会

王志刚　党组书记、主席
何方俊　党组成员、副主席
张连俊　（女）党组成员、副主席
蒋　毅　党组成员、纪检组组长

泸州市文学艺术界联合会

虞　潜　主席
王　萍　（女）副主席

泸州市社会科学界联合会

黄　华　（女）主席
胡德明　专职副主席

泸州市工商业联合会

王　华　市委统战部副部长、市工商联党组书记、副主席
甘立祥　副主席
廖泳清　党组成员、副主席
王从亮　（苗族）党组成员、秘书长（2016.05 止）
邓应兵　党组成员、纪检组组长
邹　夏　（女）秘书长（2016.05 起）

泸州市残疾人联合会

邹　勇　党组书记、理事长
马骊骈　（女）党组成员、副理事长
李　莉　（女）党组成员、纪检组组长

中共泸州市委政策研究室

王　毅　主任（2016.08 止）
张司伦　主任（2016.08 起、2016.12 止）
周　岚　（女）主任（2016.12 起）
宋国楷　副主任
樊朝华　副县级纪检员
曾　焱　副主任（2016.08 止）
黄智勇　副主任（2016.08 起）

中共泸州市委保密委员会办公室（泸州市国家保密局）

张　伟　主任（局长）
黄智超　副主任（局长）
彭林洁　（女）副县级纪检员

中共泸州市委农村工作委员会

李晓宇　市委常委（2016.11止）、农工委主任（2016.07止）
熊启权　主任（2016.07起）
何　平　正县级副主任
向文才　副县级纪检员
李华桂　副主任（2016.07止）
李支勇　副主任（2016.08起）

泸州市机关事务管理局（市接待办）

韦光永　（女）市机关事务管理局（市接待办）局长（主任）
吴文湘　（副主任）（2016.08起）
徐春桃　副局长（副主任）（2016.04起）
吴　极　副局长（副主任）（2016.04止）
李建彬　副局长（副主任）（2016.04止）

中共泸州市委老干部局

黄月桂　市委组织部副部长、市委老干部局局长（2016.12止）
冉雷波　市委组织部副部长、市委老干部局局长（2016.12起）
肖天云　副局长
徐　伟　副县级纪检员
李凤英　（女）机关党委书记
唐云鹏　市关工委办公室主任

中共泸州市委党校

袁小宏　党委书记、副校长，市社会主义学院院长，市委讲师团团长，省干函院泸州分院院长，市行政学院副院长
赵红伟　党委委员、副校长
廖元刚　党委委员、副校长，市社会主义学院副院长，市委讲师团副团长，省干函院泸州分院副院长，市行政学院副院长
赵宇光　党委委员、副校长，市社会主义学院副院长，市委讲师团副团长，省干函院泸州分院副院长、市行政学院副院长
郑　刚　党委委员、机关党委书记

泸州日报社

彭祖平　（女）党组书记、泸社长、总编辑
刘界平　党组成员、副社长
何晓瑜　（女）党组成员、副总编辑
胡　波　党组成员、副社长
陈　红　副社长（2016.02起）
张　涌　副总编辑
刘亚梅　（女）党组成员、纪检组组长

中共泸州市委机要局

罗永前　局长（正县级）
杨泽玉　副局长（副县级）
刘利炳　总工程师（副县级）
牟祚银　专职密码督查员（副县级）

中共泸州市委党史研究室（泸州市地方志编纂委员会办公室）

邱　俊　主任
官　燕　（女）副主任
何晓波　副主任（2016.04止）
李　军　（女）党研室副主任（2016.10起）、市志办副主任（2016.05起）

泸州市投资促进局

徐　兵　党组副书记、副局长（2016.05起、2016.12止），党组书记、局长（2016.12起）
彭　兵　副局长
袁红灵　（女）副局长（挂职）
朱发云　党组成员、纪检组组长
殷国兵　党组成员、副局长

雷文强　党组成员、副局长
何　跃　党组成员、泸州博览事务局局长（2016.11 止）

泸州市档案局（泸州市档案馆）

粟　辉　党组书记、局长、档案馆馆长
曾泽兰　（女）党组成员、副局长、档案馆副馆长
丁　涛　党组成员、副局长、档案馆副馆长
张利萍　（女）党组成员、纪检组组长

泸州市供销合作社联合社

陈晓荣　党组书记、主任
杨庆伟　党组成员、副主任（保留正县级待遇）
陈显贵　党组成员、副主任（2016.12 止）
胡学莲　（女）党组成员、副主任
熊春艳　（女）党组成员、纪检组组长
胡　林　党组成员、机关党委书记

泸州市人民政府政务服务中心

罗永平　党组书记、主任
周永革　市政府政务服务中心副主任、党组成员
林　云　市政府政务服务中心副主任、党组成员
黄世芳　（女）党组成员、纪检组组长
邓祖明　市公共资源交易中心主任

泸州市网络舆情中心

吴代彬　主任

泸州市归国华侨联合会

罗　华　专职副主席

泸州市委防邪办公室

杨定钦　主任
赖建平　副主任

中共泸州市委党建办

吴兴华　主任

泸州市人才办

曾　妍　市委组织部副部长、市人才办主任
周丛伟　市人才办副主任

泸州市互联网信息办公室

蒲雪莲　副主任

中共泸州市委维护稳定领导小组办公室

雷安平　市委政法委副书记、市委维稳办主任
梅永红　专职副主任

泸州市社会治安综合治理委员会办公室

邹　毅　主任
柳　波　专职副主任

泸州市精神文明建设委员会办公室

朱　涛　市委宣传部副部长、市精神文明办主任
段剑飞　市精神文明办公室副主任

中共泸州市委对外宣传办公室（市政府新闻办）

魏仁泉　主任
谭　斌　副主任

中共泸州市直机关纪工委

张　勇　书记

泸州市能源办公室

张毅贤　市发展和改革委员会党组成员、副主任，市能源办公室主任（兼）

泸州市重大建设项目稽察特派员办公室

赵林春　市重大建设项目稽察特派员办公室主任（2016.07 起）
赵　一　市重大建设项目稽察特派员办公室主任（2016.07 止）

泸州市无线电办公室
（四川省无线电办公室泸州管理处）

林朝晖　市无线电办公室主任（兼省无线电办公室泸州管理处处长）

泸州市人民政府驻成都办事处

高朝平　主任
曾维惠　（女）副主任
刘奕婕　（女）副主任（挂职）
黄青成　副主任（挂职）

泸州市人民政府驻北京联络处

方剑生　主任
刘　勇　副主任
张　波　（女）副主任（挂职）
杜　江　副主任（挂职）
唐　林　副主任（挂职）

泸州市公路局

陶泊滔　局长、党委书记
郑群辉　（女）党委副书记、纪委书记
郭　彤　副局长、党委委员
陈　权　副局长、党委委员
李　智　副局长、党委委员
孙　荧　（女）党委委员、总工程师

泸州市老年大学

张登祥　常务副校长（2016.05止）
赵元柱　常务副校长（2016.05起、2016.08止）
刘　著　（女）常务副校长（2016.09起）
罗明辉　副校长

泸州市电子政务办公室

舒　红　主任

泸州市人民政府应急管理办公室

陈光明　主任

泸州市人民政府研究室

周　涛　主任（2016.09止）
罗太明　主任（2017.12起）

泸州市人民政府物流和口岸办公室

冉国才　主任

泸州市政府信息公开办公室

刘晓红　（女）主任

泸州市人事考试中心

赵连全　主任

泸州市财政监督检查局

熊　波　局长

泸州市市级财政国库支付中心

黄　洁　主任

泸州市财政投资评审咨询中心

肖　立　主任

泸州市社会保险事业管理局

李蜀博　局长

泸州市职工医疗保险管理中心

何　勇　主任

泸州市劳动人事争议仲裁院

任建宇　院长

泸州市就业服务管理局

高文庆　局长

泸州市双拥办公室

恽　萍　（女）主任

泸州市老龄委员会办公室
袁　红　（女）主任

泸州市大中专招生委员会办公室
黄　辉　市教育局党委书记、局长，市招办主任（兼）（2016.12 起）
赵　志　（女）专职副主任

泸州市教育科学研究所
巫道祥　所长

泸州市建筑工程管理局
何昌华　局长

泸州市住房保障和房地产管理局
唐浩然　局长

泸州市住房公积金管理中心
张伟东　主任

泸州市风景园林管理局
徐　靖　局长

泸州市城乡规划编制研究中心（泸州市规划设计院）
王　刚　市城乡规划编制研究中心（市规划设计院）主任（院长）

泸州市航务管理局
刘　冰　局长

泸州市水产渔政局
谭德卫　局长（副县级）

泸州市政府防汛抗旱指挥部办公室
蒋　煦　主任

泸州市资源枯竭城市转型领导小组办公室
张　蕾　（女）专职副主任

泸州市劳动人事争议仲裁委员会办公室
王　平　主任

泸州市文化市场综合执法支队
徐红建　支队长

泸州市精神病医院
周　田　院长（副县级）

泸州市卫生执法监督支队
聂开友　支队长（副县级）

市食品药品监督稽查支队
朱　清　支队支队长

泸州市环境监察执法支队
胡龙江　支队长

泸州市环境保护监测站
杜　涛　站长（高配副县级）

泸州市道路运输管理局
刘体文　局长

泸州市路政管理支队
肖　科　支队长

泸州市安全生产监察执法支队
邓　波　支队长（副县级）

泸州市森林公安局
余茂杰　市林业局党组书记，市森林公安局局长（兼）
潘国云　市森林公安局常务副局长

泸州市公安局交通警察支队

舒建平　支队长

罗永超　政委

泸州市公安局巡逻防控支队

赵帮虎　支队长（保留正县级待遇）

林光华　政委

泸州市公安局特警支队

张远志　支队长

谢爱民　政委（保留正县级待遇）

泸州市公安局刑事侦查支队

毛汉东　支队长人选

袁建宏　政委

泸州市公安局国保支队

汪永华　市公安局党委委员、国保支队支队长

周　健　政委

泸州市公安局禁毒缉毒支队

牛　勇　政委

泸州市公安局 110 指挥中心

易　强　主任

泸州市看守所

魏　勇　政委（保留正县级待遇）

泸州市公安学校

黄　平　校长

泸州市强制隔离戒毒所

辜继杰　市司法局局长、党委书记，市强制隔离戒毒所第一政委

黄智华　市司法局党委委员、市强制隔离戒毒所所长

陈飞棋　市强制隔离戒毒所政委（保留正县级待遇）

泸州职业技术学院

贺元成　院长、党委副书记

彭　涛　副院长

张　爽　（女）党委副书记

徐　波　副院长、党委委员

张直明　副院长、党委委员

泸州广播电视大学

尹德良　校长、党委书记

谭　沁　副校长

刘潮江　副校长

涂红霞　（女）副校长

泸州市职业技术学校

陈熙华　校长、党委书记

陈　飞　校党委副书记

王晓健　副校长

李安琼　（女）副校长

熊明亮　副校长

泸州高中

李渝江　校长、党委书记

刘中楷　副校长

何明英　（女）副校长

陶俊梅　（女）副校长

陈云超　副校长

罗德强　纪委书记

泸州市第二中学校

张如栩　校长、党委书记

罗永怀　党委副书记

王建波　副校长

林子杰　副校长

林　涛　纪委书记

泸州外国语学校

邓克刚　校长、党委书记

泸州市人民医院
姚　健　院长
姚国媛　（女）党委书记
郑捍东　副院长
卢　苇　副院长
何　进　副院长
李定军　纪委书记

泸州市中医医院
郑海三　院长、党委书记
吴智惠　（女）副院长
巫骏川　副院长
向能强　副院长
王万芳　（女）党委副书记
何启红　纪委书记

泸州市疾病预防控制中心
李道西　党委书记、主任
王　勇　副主任
魏德清　副主任
徐成刚　党委副书记、纪委书记
陈　航　副主任

泸州市计划生育指导所
李朝贡　所长

泸州市广播电视台
韩本能　台长
赵晓东　副台长
靳　青　（女）副台长
储超峰　副台长
匡立中　副台长
刘永霞　（女）总编辑
曹　罗　专职副书记、纪委书记

泸州市广播电视发射台
刘　利　台长

泸州市文物管理局
冯　健　局长（副县级）

泸州市博物馆
张　燕　（女）馆长（副县级）

泸州市文化馆
万帮荣　馆长（副县级）

泸州市图书馆
吴原原　（女）馆长（副县级）

驻泸州单位领导

泸州市国家税务局
苟茂林　党组书记　局长
王世杰　党组成员、副局长
袁　波　党组成员、副局长
王　云　党组成员、纪检组组长
周建伟　党组成员、副局长、
屈正江　党组成员、副局长
艾应奎　党组成员、总经济师
王　惠　（女）机关党委书记

泸州市地方税务局
丁宏伟　党组书记、局长
涂多林　党组成员、副局长
张　杰　党组成员、副局长

朱　杰　党组成员、副局长
赖　健　党组成员、总经济师
简　锐　党组成员、总会计师
鄢书琴　（女）党组成员、纪检组组长
张　臻　党组成员、机关党委书记

成都海关驻泸州办事处

李维华　主任（2016.01.01—08.15）
付现民　主任（2016.08.15起）
唐　进　副主任（2016.08止）
邓　鹏　副主任（2016.08起）

泸州出入境检验检疫局

李　跃　党组书记、局长
张　彪　党组成员、副局长
杜　珏　（女）党组成员、副局长

国家统计局泸州调查队

罗　拥　队长
张　智　副队长
但光辉　副队长
李中清　纪检组组长

泸州市气象局

叶大友　党组副书记、副局长（主持工作）
周家德　党组成员、副局长
冉祯军　党组成员、纪检组组长
武友初　党组成员、副局长

泸州市烟草专卖局（公司）

徐忠良　党组成员、局长、经理
邓明智　党组书记
王　敬　党组成员、副经理
王　宏　党组成员、副局长
张映才　党组成员、副经理
蒋　胜　党组成员、副经理
唐　甘　党组成员、纪检组组长
江　磊　副经理（2016.03起，挂职两年）

泸州市民航管理局

漆会强　党委副书记、局长
陈　旻　党委书记、副局长（2016.10止）
陆　军　泸州蓝田机场党委副书记（主持工作，2016.10起）
罗玲勇　党委委员、副局长
魏传洲　党委委员、副局长
李　健　党委委员、副局长
先益兵　蓝田机场党委委员、副总经理（2016.06起）

泸州市邮政管理局

虞卫国　党组书记、局长
王艳飞　（女）党组成员、副局长、纪检组组长

中国人民银行泸州市中心支行

鲁剑雄　党委书记、行长
何　权　党委委员、副行长
吴承红　党委委员、纪委书记
高福春　党委委员
郭　瑛　（女）党委委员、副行长
刘伟宏　党委委员、副行长

中国银行业监督管理委员会泸州监管分局

王付彪　党委书记、局长（2016.08止）
陈明正　党委书记、局长（2016.12起），党委副书记（主持工作）、副局长（主持工作）（2016.08起、2016.12止）
曾安全　党委委员、纪委书记
胡全大　党委委员、副局长
赵　寅　党委委员、副局长

西南医科大学

廖　斌　党委书记
何延政　校长
刘广益　党委副书记、纪委书记
刘　毅　（女）党委副书记
邬丽莎　（女）副校长
彭　钢　副校长

樊均明　副校长（2016.10止）
李正新　党委常委

四川警察学院

张光华　省公安厅党委委员、四川警察学院党委书记
伊良忠　党委副书记、院长
吴健强　党委副书记
陈　真　党委常委、副院长
唐雪莲　（女）党委常委、政治部主任
周长明　党委常委、副院长

四川化工职业技术学院

芦　忠　党委书记
杨宗伟　党委副书记、院长
蒲开伦　副院长
苏建智　副院长
王志斌　副院长
陈淑娟　（女）纪委书记
文申柳　副院长

长江泸州航道局

吴关胜　局长兼党委副书记（2016.05止）
李　义　党委书记兼副局长（2016.05止）
段原昌　党委副书记兼副局长（主持工作、2016.05起）
丁正启　党委委员、副局长（2016.12止）
彭玉明　党委委员、纪委书记
殷厚臣　党委委员、副局长
谭　昆　党委委员、副局长（2016.12止）
杨品福　党委委员、副局长（2016.12起）
赖珍宝　党委委员、副局长

长江航运公安局泸州分局

刘开林　党委书记、局长
罗　中　党委副书记、政委、纪委书记
谭英湖　党委委员、副局长
王　瑜　党委委员、副局长（2016.08止）
刘　军　党委委员、副局长（2016.08起）
方建平　党委委员、政治处主任

泸州市首届“酒城工匠”名单

（共10人，排名不分先后）

杨尹渝	中国航天集团川南机械厂特级钳工技师
毕六福	油纸伞制作技艺国家级传承人
罗　敏	泸州市建设工程公司钢筋工
陈裕荣	川南木雕非物质文化传承人
游　余	泸州北方化学工业有限公司高级焊接技师
桑治均	王氏大酒店高级技师
敖宗萍	泸州长江机械有限公司机电工程师
黄　勇	泸州老窖股份有限公司酿酒师
苏昌义	蜀南气矿工艺研究所仪表电工
黄　政	泸天化股份有限公司技师

2016 年一年四季泸州好人

姓　名	身　份	获奖称号
吴运华	江阳区北城街道濂溪路社区居民小组长	助人为乐好人
杨胜熙　林能春　李　勇　艾　进　唐　俊　陈胜兵（群体）	泸县玄滩镇玄丰村居民	见义勇为好人
许朝木	叙永县移动公司总经理	诚实守信好人
涂北川	泸州市公共交通有限公司驾驶员	敬业奉献好人
巫志玉	纳溪区安富街道友谊路社区居民	孝老爱亲好人
张淑英	龙马潭区洪达社区居民	助人为乐好人
姜　中　徐　超（群体）	古蔺县双沙镇白沙村 4 组村民	见义勇为好人
徐　超	古蔺县双沙镇庆丰村 11 组村民	见义勇为好人
周　平	纳溪区打古镇会龙村第一书记、纳溪区财政局信息中心副主任	敬业奉献好人
张世勇	长江泸州航道局纳溪航道管理处职工	孝老爱亲好人
胡绍贵	泸县喻寺镇齐心村村民	助人为乐好人
袁　易	古蔺县保安公司大队长	见义勇为好人
刘浬兵	老卤匠“肖鸭子”卤制品作坊负责人	诚实守信好人
钟惠宣	合江县福宝镇人民政府综合文化站站长	敬业奉献好人
陈天和	纳溪区天仙镇牟观村 7 社村民	孝老爱亲好人
程继中	泸县云龙镇葛藤湾村 5 社村民	助人为乐好人
戚联华　戚联贵	叙永县龙凤镇新松村 1 社村民	见义勇为好人
郑小红	古蔺县万家乐超市商贸有限公司总经理	诚实守信好人
游小明	古蔺县丹桂镇普安村村委会主任	敬业奉献好人
杨中务	纳溪区安富街道丙灵路社区居民	孝老爱亲好人

2016年泸州市五一劳动奖状单位

泸州市江阳区人民政府华阳街道办事处
四川天寿药业有限公司
泸州市纳溪区环境卫生管理所
四川阿斯特医疗器械有限公司
泸州羽丰酒业有限责任公司
叙永县教师进修学校
国网四川古蔺县供电有限责任公司
泸州老窖酿酒有限责任公司
泸州市化学矿山救护中心
泸州市兴泸污水处理有限公司

2016年泸州市五一劳动奖章获得者

邝德全　泸州市江阳区司法局法律援助中心主任
陈华飞　泸州泓江电解设备有限公司技术部长
张奉明　四川银鸽竹浆纸业有限公司工人
杜开顺　泸县天兴镇人民政府工作员
刘厚彬　合江县白米镇碾子塝村党支部书记
黄　永　国网叙永供电公司龙凤供电所所长
彭　毅　四川省古蔺郎酒厂有限公司兼香酒体科副科长兼新产品研发主管
苏晓军　泸州老窖酿酒有限责任公司国窖工段国窖班酿酒工
廖粒琦　泸州市公安局交警支队一大队辅警长
王　强　泸州市环境卫生所工人

2016 年泸州市国民经济和社会发展统计公报

泸州市统计局

2016 年，泸州市深入贯彻落实党中央、国务院及省委、省政府各项决策部署，牢牢把握“稳中求进、进中求好、好中求快”的工作基调，突出“产业创新发展年”工作主题，统筹稳增长、调结构、惠民生、防风险，着力推进供给侧结构性改革，着力“三抓三主动”，全面深化改革开放，全力推进扶贫攻坚，扎实推进“六个突破”、“两个率先”，全市经济社会实现平稳健康发展，民生持续改善，社会和谐文明。

一、综合

行政区域。全市下设 3 区 4 县，15 个乡、108 个镇、21 个街道办事处。在 15 个乡中，少数民族乡 8 个，其中苗族乡 6 个、彝族乡 2 个。2016 年 11 月，市政府批准张坝景区办事处更名为张坝街道办事处。2016 年 12 月省政府批准古蔺县东新、鱼化、椒园、马蹄等 4 个乡撤乡设镇。全市土地面积 1.22 万平方千米。

基层群众自治组织。全市有 281 个社区（居民委员会）、1343 个行政村（村民委员会）。

表附 -1：2016 年泸州市户籍人口及构成表

单位：人、%

指　标	年末数	比重
全市户籍总人口	5082655	100.0
其中：男性	2627359	51.7
女性	2455296	48.3
其中：0 ~ 17 岁	1085114	21.4
18 ~ 34 岁	1079183	21.2
35 ~ 59 岁	1943536	38.2
60 岁及以上	974822	19.2

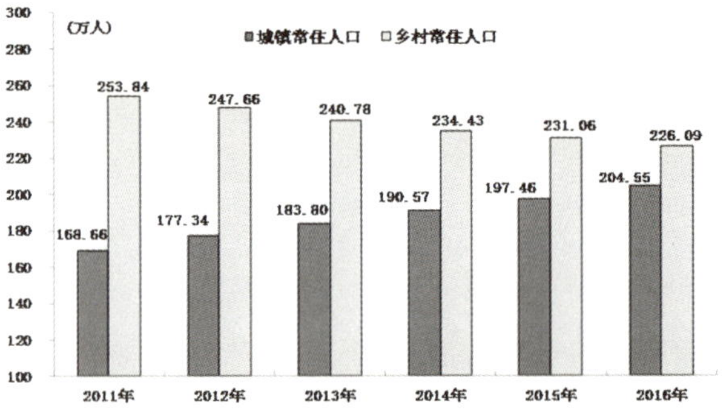

图附 -1：2011—2016 年泸州市常住人口图

行政区人口。年末全市公安户籍登记总户数 153.78 万户，户籍总人口 508.27 万人，其中城镇人口 192.48 万人，乡村人口 315.79 万人。年末全市常住人口 430.64 万人，其中城镇常住人口 204.55 万人，乡村常住人口 226.09 万人。城镇化率 47.5%，比上年提高 1.42 个百分点。

经济实体。持续推进商事制度改革，进一步放宽市场准入，激发市场活力和创造力。全年新登记各类企业 8631 户、农民专业合作社 595 户，新登记个体工商户 25453 户。年末全市工商注册登记实有各类企业 36676 户。其中，内资非私营企业 6770 户（其中企业法人 3768 户）；内资私营企业

29776户（含分支机构4379户）；港澳台及外商投资企业130户（含分支机构87户）。年末全市工商注册登记实有个体工商户176545户，其中城镇个体工商户112642户。农民专业合作社3670户，其中分支机构54户。

经济总量。经四川省统计局审定，全年实现地区生产总值（GDP）1481.91亿元，按可比价格计算，比上年增长9.5%。其中，第一产业增加值178.07亿元，增长3.9%；第二产业增加值875.77亿元，增长10.4%；第三产业增加值428.08亿元，增长10.0%。三次产业对经济增长的贡献率分别为5.1%、65.4%和29.5%。人均地区生产总值34497元，增长8.8%。三次产业结构由上年12.4∶59.6∶28.0调整为12.0∶59.1∶28.9。

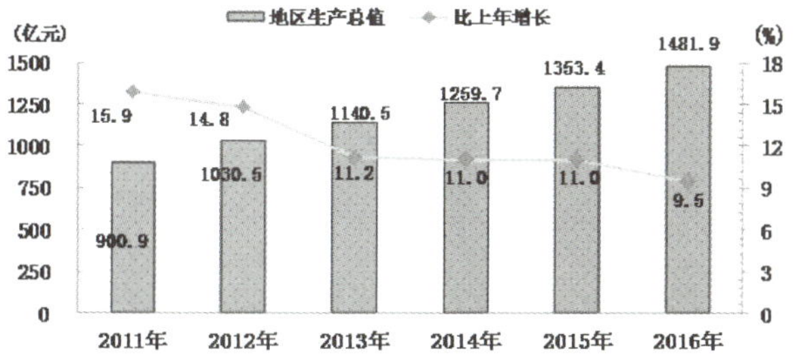

图附-2：2011—2016年泸州市地区生产总值及增速图

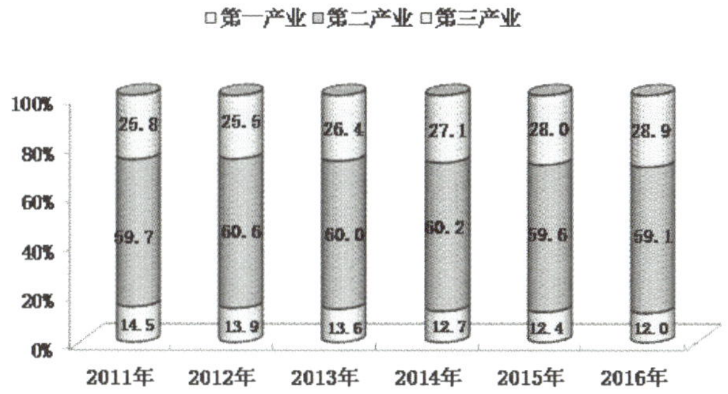

图附-3：2011—2016年泸州市三次产业增加值占GDP比重图

民营经济。全年民营经济增加值882.49亿元，比上年增长9.5%，民营经济增加值占GDP比重59.6%，对GDP增长的贡献率为59.6%。其中，第一产业增加值51.58亿元，增长1.9%；第二产业增加值579.42亿元，增长10.1%；第三产业增加值251.49亿元，增长9.6%。民营经济中，个体私营经济增加值867.20亿元，增长9.5%；港澳台及外商经济增加值15.30亿元，增长8.0%。

物价水平。全年居民消费价格总水平（CPI）比上年上涨2.1%，其中食品烟酒类价格上涨3.4%，衣着类价格上涨2.1%，居住类价格上涨3.0%。商品零售价格比上年上涨0.4%。农业生产资料价格比上年上涨5.9%。工业生产者出厂价格（PPI）比上年下降0.8%，其中生产资料价格下降0.5%，生活资料价格下降1.1%。工业生产者购进价格（IPI）比上年下降2.5%。

就业形势。全年城镇新增就业44213人。失业人员实现再就业12016人。就业困难人员实现就业5526人。年末城镇登记失业人员15279人，城镇登记失业率3.51%。

节能降耗。全年单位GDP能耗比上年下降3.94%，单位工业增加值能耗比上年下降8.59%，两项指标分别超额完成省上下达节能降耗目标任务。

表附-2：2016年居民消费价格指数表

单位：%

类 别	以2015年价格为100	类 别	以2015年价格为100
居民消费价格总指数	102.1	蛋类	103.0
非食品价格指数	101.6	烟酒	101.7
服务价格指数	102.8	二、衣着	102.1
消费品价格指数	101.7	三、居住	103.0
一、食品烟酒	103.4	四、生活用品及服务	100.8
食品	104.2	五、交通和通信	98.5
#粮食	101.6	交通	99.0
食用油	100.7	通信	97.8
菜	109.3	六、教育文化和娱乐	102.5
畜肉类	110.6	教育	100.0
#猪肉	116.0	文化娱乐	104.6
禽肉类	98.5	七、医疗保健	101.0
水产品	97.0	八、其他用品和服务	100.8

二、农业

全市农林牧渔及服务业总产值298.62亿元，比上年增长3.7%。其中，农业产值154.89亿元，增长4.1%；林业产值12.0亿元，增长7.1%；畜牧业产值116.28亿元，增长2.5%；渔业产值10.89亿元，增长4.8%；农林牧渔服务业产值4.56亿元，增长9.3%。全市农林牧渔及服务业增加值180.86亿元，增长4.0%。

农作物种植结构。全年粮食播种面积36.99万公顷，比上年下降0.2%。油料播种面积2.55万公顷，比上年增长1.9%。蔬菜及食用菌播种面积6.69万公顷，比上年增长1.4%。中草药材播种面积0.35万公顷，比上年增长5.5%。烟叶播种面积1.0万公顷，增长4.3%。

农作物产量。全年粮食总产量205.58万吨，比上年增长1.4%。油料产量4.93万吨，比上年增长3.3%，其中油菜籽4.27万吨，增长3.7%。烟叶产量1.27万吨，比上年增长5.2%。蔬菜及食用菌产量244.17万吨，比上年增长8.4%。茶叶产量12081吨，比上年增长15.2%。水果产量20.58万吨，比上年增长8.7%。药材产量2.43万吨，比上年增长12.7%。甘蔗7.30万吨，比上年减少0.9%。

畜牧与水产品。全年生猪出栏351.06万头，比上年减少4.1%；牛出栏8.05万头，增长3.2%；羊出栏49.64万只，增长3.4%；家禽出栏3662.70万只，增长2.7%；兔出栏1008.13万只，增长2.4%。肉类总产量33.58万吨，比上年减少1.9%。其中，猪肉产量25.14万吨，减少3.4%；牛肉产量9496吨，增长3.3%；羊肉产量7717吨，增长3.4%。禽蛋产量4.32万吨，增长1.2%。水产品产量7.86万吨，增长5.3%。蚕茧产量2052吨，减少8.1%。年末生猪存栏254.01万头，比年初减少2.7%。

林业生产。全年共完成营造林面积25977公顷。其中，人工造林面积12710公顷，当年新封山育林1267公顷，低效林改造面积5386公顷，森林抚育面积6347公顷，人工更新面积267公顷。人工造林中天然林资源保护工程133公顷，退耕造林工程480公顷。“四旁”（零星）植树770.44万株。年末实有封山育林面积10147公顷。木材产量（商品材）12.07万立方米，大径竹产量811万根。

水利工程。新建成水利工程2281处，年末全市已建成水利工程达34.83万处。其中，水库483座、水电站292座、农村集中式供水工程2623处、塘坝23852座、机电井30.25万眼。全年水利工程实际供水量67147万立方米。

新增有效灌溉面积0.76万公顷，累计有效灌溉面积14.94万公顷。新增节水灌溉面积0.35万公顷，累计节水灌溉面积10.61万公顷。年末规模以上灌区达120处，渠道总长度2554千米。新建达标堤防14.66千米，达标堤防累计达到97.73千米，堤防总长度为139.48千米。

水土流失治理。新增综合治理水土流失面积2.16万公顷，其中小流域综合治理面积0.9万公顷。累计治理水土流失面积24.79万公顷。封禁治理保有面积6.63万公顷。

农业机械化。年末农业机械总动力210万千瓦，主要农作物耕种收综合机械化水平达到46.7%，比上年提高3.8个百分点。

三、工业和建筑业

工业生产。全年全部工业增加值809.29亿元，比上年增长10.3%，对经济增长的贡献率为59.6%。年末规模以上工业企业629户，全年规模以上工业增加值增长11.7%。在规模工业中，从经济类型看，国有控股企业增加值增长9.8%，集体企业增加值下降2.8%，股份制企业增加值增长11.9%，外商及港澳台商投资企业增加值增长2.6%；私营企业增加值增长13.1%。从重点产业看，医药制造业增加值增长17.3%；四大传统支柱产业增加值增长11.2%，其中酒类制造业增加值增长12.7%，能源行业增加值下降4.4%，化工行业增加值增长6.0%，机械行业增加值增长13.7%。从企业规模看，大中型企业增加值增长10.9%。

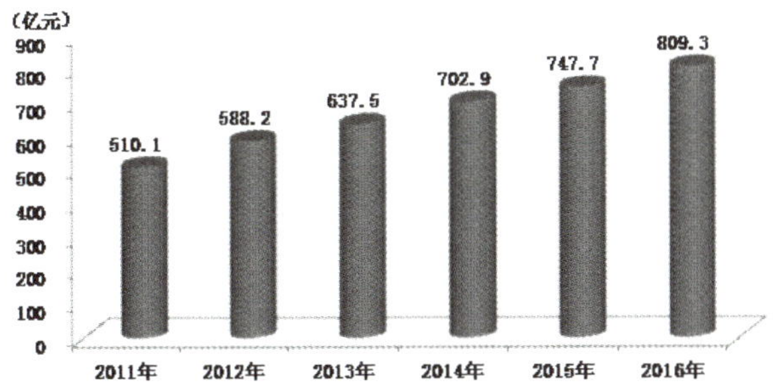

图附 -4：2011—2016 年泸州市全部工业增加值图

表附 -3：2016 年规模以上工业主要工业产品产量表

产品名称	计量单位	产量	比上年 ±%
白酒（折 65° 商品量）	万千升	242.25	8.9
啤酒	千升	26493	-38.1
机制纸及纸板（外购原纸加工除外）	万吨	30.43	242.8
纸制品	万吨	70.09	21.8
烧碱（折 100%）	万吨	11.91	6.7
精甲醇	万吨	0.19	-11.2
农用氮肥（折纯氮）	万吨	63.70	0.6
中成药	吨	486	20.0
兽用药品	吨	7465	18.0
水泥	万吨	480.93	7.6
平板玻璃	万重量箱	1055.08	83.7
日用玻璃制品	万吨	52.54	28.3
玻璃包装容器	万吨	122.76	8.7
起重机	吨	5466	-19.8
液压元件	万件	107.67	0.5
矿山专用设备	吨	2543	-7.2
炼油、化工生产专用设备	吨	42715	30.1
包装专用设备	台	1976	3.5
高压开关设备（11 万伏以上）	台	17913	-10.8
石油钻井设备	台（套）	1511	23.8
建筑工程用机械	台	121	27.4

工业经济效益。全年规模以上工业实现盈利的企业 586 户，占全部规模以上企业总数的 93.2%。规模以上工业企业实现主营业务收入 1590.55 亿元，比上年增长 12.1%，实现利润总额 98.96 亿元，增长 8.6%。规模以上工业企业资产负债率 52.07%，下降 1.98 个百分点；总资产贡献率 19.78%，上升 0.94 个百分点；资本保值增值率 109.58%，上升 8.22 个百分点；成本费用利润率下降 0.26 个百分点。

表附 -4：2016 年规模以上工业主营业务收入、利润及增速表

指标	主营业务收入		利润总额	
	总量（亿元）	比上年增减%	总量（亿元）	比上年增减%
规模以上工业合计	1590.55	12.1	98.96	8.6
重点行业：酒类	793.35	10.7	70.04	14.3
能源	53.87	-7.4	2.21	-40.2
机械	131.48	12.1	7.03	10.3
化工	140.22	7.2	-3.47	-
医药	34.43	24.7	2.51	1.4

建筑业。年末具有资质等级的总承包和专业承包建筑企业 196 户，有工作量企业 195 户，从事建筑业活动人员 31.27 万人。全年建筑业总产值 759.75 亿元，比上年增长 31.6%。其中，国有控股企业 9 户（有工作量企业 8 户），全年建筑总产值 91.70 亿元，增长 24.3%。

四、固定资产投资

投资规模。全年全社会固定资产投资 1730.38 亿元，比上年增长 18.2%，其中计划投资 500 万元及以上的建设项目和房地产投资 1705.38 亿元，增长 18.5%。

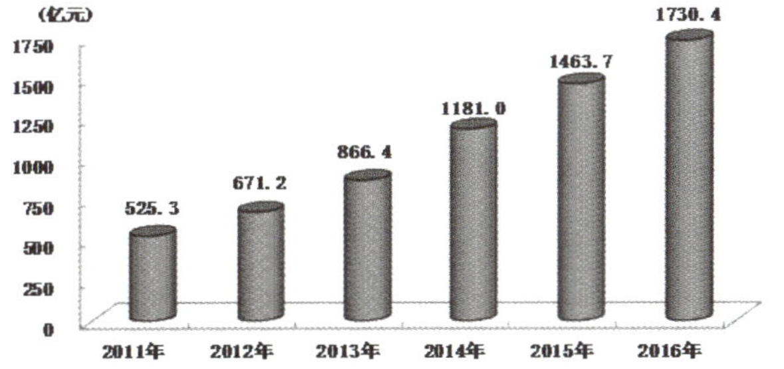

图附 -5：2011—2016 年泸州市全社会固定资产投资图

投资结构。全社会投资额中，第一产业完成投资80.27亿元，比上年增长32.2%；第二产业完成投资570.72亿元，增长4.6%，其中工业投资563.85亿元，增长5.7%；第三产业完成投资1079.39亿元，增长25.9%。基础设施投资514.77亿元，增长39.7%，占全社会固定资产投资的比重为29.7%。全年民间投资（含农户投资）1051.31亿元，比上年增长7.2%，占全社会固定资产投资的比重为60.8%。

房地产开发。全年房地产开发完成投资239.20亿元，增长21.5%，其中住宅投资158.40亿元，增长12.2%。房屋施工面积1820.18万平方米，增长14.3%，其中住宅1271.07万平方米，增长10.7%。房屋竣工面积565.09万平方米，增长111.8%，其中住宅竣工面积406.71万平方米，增长90.4%。全年新开工房屋施工面积570.4万平方米，比上年增长7.2%，其中住宅386.39万平方米，增长0.3%。

商品房销售。全年商品房销售面积539.98万平方米，增长33.9%；销售额249.62亿元，增长38.4%。其中，住宅销售面积459.44万平方米，增长26.9%；住宅销售额200.63亿元，增长30.0%。商品房待售面积241.59万平方米，增长59.6%，其中住宅待售面积134.55万平方米，增长33.2%。

五、国内贸易及旅游

消费市场。全年社会消费品零售总额637.15亿元，比上年增长13.8%。按经营地统计，城镇消费品零售额453.54亿元，增长13.9%；乡村消费品零售额183.62亿元，增长13.8%。按消费形态统计，商品零售额543.60亿元，增长14.1%；餐饮收入93.55亿元，增长12.4%。

限额以上批发、零售、住宿和餐饮企业（单位）实现消费品零售额363.90亿元，增长20.0%。其中限额以上企业商品零售350.22亿元，增长20.0%。在限额以上企业商品零售额中，粮油、食品、饮料、烟酒类零售额比上年增长21.1%，服装、鞋帽、针纺织品类增长33.3%，化妆品类增长34.9%，金银珠宝类增长40.7%，日用品类增长27.2%，家用电器和音像器材类增长20.3%，中西药品类增长20.5%，文化办公用品类增长36.4%，家具类增长17.1%，通信器材类增长25.4%，建筑及装潢材料类增长13.6%，汽车类增长23.5%，石油及制品类增长10.8%。

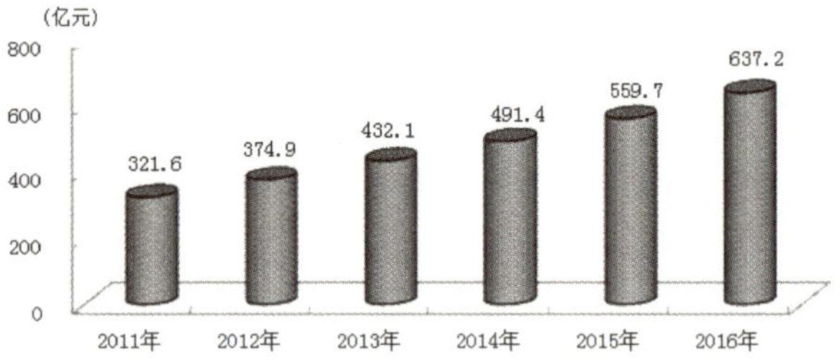

图附-6：2011—2016年泸州市社会消费品零售总额图

旅游发展。新增旅行社1家，旅行社分社3家，旅行社服务网点25个。年末拥有旅行社27家，旅行社分社23家，旅行社服务网点79家，其中有出境资质的旅行社3家。拥有星级旅游饭店21家，其中五星级1家，四星级6家，三星级5家。拥有国家A级旅游景区28个，其中国家AAAA级旅游景区9个，国家AAA级旅游景区9个，国家AA级旅游景区10个。新创建3个国家AAAA级旅游景区、1个省级旅游度假区、10个省级乡村旅游示范品牌，天仙硐旅游区、凤凰湖旅游区、云溪温泉林海旅游区3个项目纳入2016年全国优选旅游项目库。全市旅游商品企业共75家，市级优秀旅游商品49种。全年共接待国内游客3916.76万人（次），增长20.2%，实现旅游总收入331.3亿元，增长30.9%。

六、对外经济

进出口贸易。全年外贸进出口总额31329万美元，与上年基本持平。其中，进口3455万美元，增长18.3%；出口27874万美元，下降1.9%。按人民币计算，全年外贸进出口总额209070万元，比上年增长6.9%。其中，进口23023万元，增长27.0%；出口186047万元，增长4.9%。

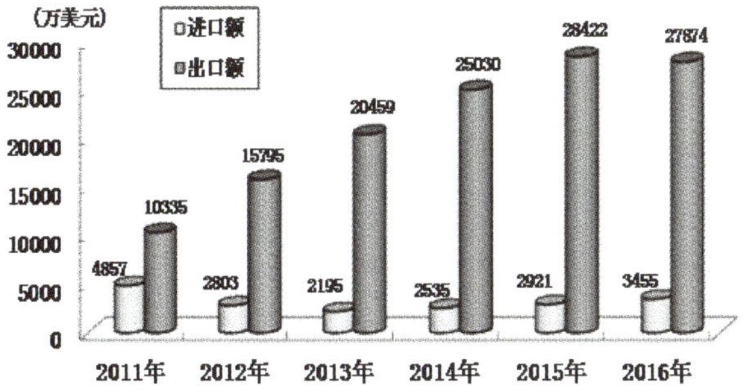

图附 -7：2011—2016 年泸州市外贸进口额和出口额图

引进外资和对外合作。全年新履约市外来泸投资项目 748 个（不含港澳台及国外），投资总额 1234.49 亿元。其中，5 亿元以上重大项目 42 个，投资总额 459.6 亿元；工业项目 393 个，投资总额 412.75 亿元；省外国内项目 226 个，投资总额 463.02 亿元。全市实际到位市外资金（包括续建项目资金）1085.41 亿元，比上年增长 16.8%，其中省外资金 421.26 亿元，增长 10.4%。分产业看，第一产业项目到位资金 81.25 亿元，增长 64.1%；第二产业项目到位资金 666.78 亿元，增长 17.4%，其中工业项目到位资金 513.45 亿元，增长 1.9%；第三产业项目到位资金 337.38 亿元，增长 8.2%。

新批外商投资企业 5 户。全年外商实际直接投资额 8201 万美元，增长 16.5%。

七、交通运输和邮电

公路里程。建成叙古高速、宜叙高速、港城大道、产城大道、城北公交枢纽站等项目，实现全域高速县县通。年末境内公路总里程 13731 千米，其中等级公路里程 10215 千米；公路绿化里程 7363 千米。在等级公路中，高等级公路 1625 千米（含高速公路）；高速公路通车总里程 455 千米。

机动车保有量。年末全市民用机动车保有量达到 60.35 万辆，比年初增加 3.52 万辆。其中，汽车 29.59 万辆（包括三轮汽车和低速货车 1797 辆），增加 5.46 万辆；摩托车 30.61 万辆，减少 1.96 万辆。汽车中，私人汽车 25.78 万辆，比年初增加 5.52 万辆，其中私人小型和微型客车 23.77 万辆，增加 5.15 万辆。新能源汽车保有量 1148 辆。

表附 -5：2016 年年末民用机动车保有量表

单位：辆

指　　标	合计	在总计中：个人	在总计中：营运车
机动车总计	603470	563324	26219
其中：汽车	295894	257822	24725
其中：载客	256431	237994	7810
其中：小型和微型	251740	237725	4069
载货	37666	18982	16749
其他	1797	846	166
摩托车	306127	305477	62

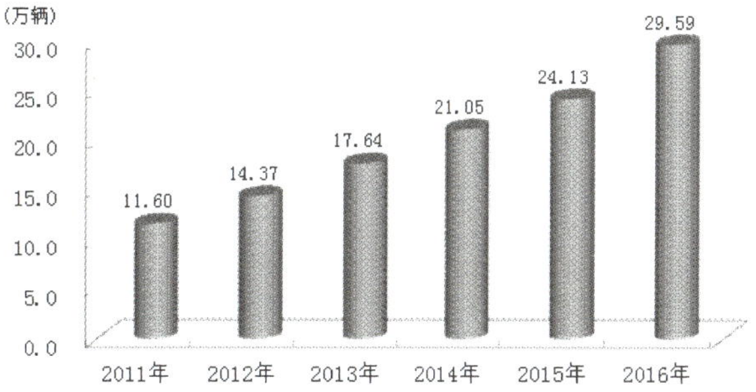

图附 -8：2011—2016 年泸州市民用汽车保有量图

公路运输。年末全市公路运输客运车辆 2881 辆（不含市内公交和出租车）、等级客运站 42 个，客运线路 1030 条。其中，农村客运车辆 1581 辆，农村客运班线 558 条，行政村客运班车通达率 92%。全年完成旅客运输 7573.48 万人（次），旅客运输周转量 51.09 亿人千米。年末公路货物营运车辆 20223 辆，全年完成货物运输 7025.23 万吨，货物运输周转量 127.58 亿吨千米，比上年增长 7.4%。

港口建设。全市内河港口完成货物吞吐量 3458.57 万吨，增长 6.5%，其中集装箱吞吐量 50.1 万标箱，增长 19.2%。铁水联运完成 2.62 万标箱，增长 4.3%。

水路运输。内河航道通航里程 926.54 千米。

年末全市拥有民用运输轮驳船339艘，全年完成货物运输1973.71万吨，运输周转量162.70亿吨千米，增长26.2%；完成旅客运输38.44万人(次)，旅客运输周转量297万人千米。

铁路运输。境内铁路运营里程160千米。铁路货物运输264.42万吨，比上年下降19.9%；货物运输周转量22283.92万吨千米，下降23.8%。

航空运输。泸州机场新开通武汉、郑州航线，通航航线达18条。国内航线飞行9992班次，比上年增长11.9%。全年完成旅客吞吐量98.51万人(次)，增长16.6%；完成货物吞吐量3293吨，增长14.8%。

城市公共交通。加快推进农村客运线路公交化改造，推行智能公交，推广新能源电动公交。省内率先平稳完成混合制公交国有控股改革、出租汽车改革，开通全国交通一卡通。年末全市公共交通客车（含县城和城乡公交线路）1375辆，公交营运线路173条，全年客运量24548.5万人（次）。其中，主城区城市公交车1121辆，公交营运线路101条，全年客运量21137.06万人（次）。年末城市客运出租车2011辆，其中市辖区1574辆。全市新能源公交车162辆，新能源出租车250辆。

改善群众出行条件，消除渡口安全隐患，加快推进渡口改桥专项攻坚行动。全市渡改桥已建成7座，已开工建设33座。

邮政和电信。全市邮政局（所）251个，快递企业37家、营业网点488个。全年邮政业务收入6.21亿元，比上年增长30.8%，其中快递业务收入1.85亿元，增长19.8%。全市电信业务收入26.71亿元，增长7.2%。年末固定电话用户58.18万户，增长10.8%。年末移动电话用户381.55万户，增长11.2%。固定互联网用户88.25万户（未包括广电网络），比上年增长34.5%，其中家庭宽带用户72.35万户，比上年增长33.3%。移动互联网用户279.68万户，增长9.1%。

八、财政、金融、证券和保险

财政收支。全市地方公共财政一般预算收入138.66亿元，增长10.4%，其中税收收入68.62亿元，增长13.3%。公共财政支出336.86亿元，增长11.7%。财政支出继续向关系国计民生的重点领域和行业倾斜。教育支出67.57亿元，增长11.2%；农林水支出50.70亿元，增长5.8%；医疗卫生与计划生育支出48.66亿元，增长38.1%；社会保障和就业支出43.48亿元，增长13.0%；节能环保支出12.17亿元，增长56.6%。

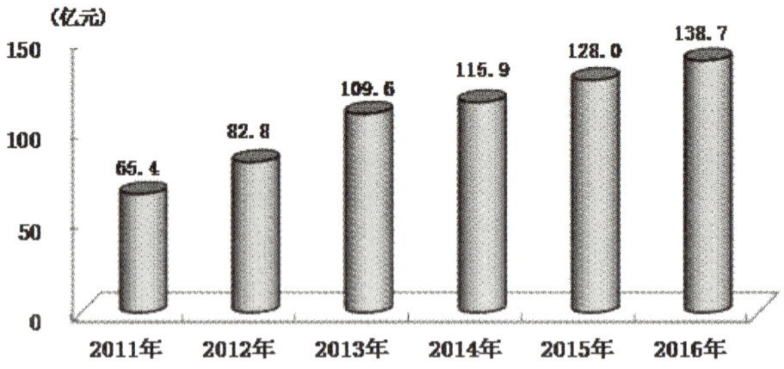

图附-9：2011—2016年泸州市地方财政一般公共预算收入图

金融存贷款。天津银行泸州分行5月开业。年末金融机构本外币各项存款余额2182.71亿元，比年初增加347.98亿元，其中住户存款1316.36亿元，比年初增加174.53亿元。年末金融机构本外币各项贷款余额1281.90亿元，比年初增加188.94亿元。其中，住户贷款527.64亿元，比年初增加70.29亿元；非金融企业及机关团体贷款754.26亿元，比年初增加118.65亿元。

证券。年末在泸证券公司有7家，所属营业部10个。股票有效账户数34.10万户，比年初增长16.0%；持有股票市值417.94亿元，比年初增长30.2%；全年证券交易额为2407.89亿元，比上年下降46.8%。证券公司营业收入2.00亿元，比上年下降61.8%；利润1.10亿元，比上年下降70.0%。

保险。年末在泸保险业务机构39家（含代理公司）。按业务性质分，财产险业务机构17家，寿险业务机构22家。全年保费总收入53.17亿元，增长27.5%。其中，财产险机构保费收入18.59亿元，增长9.6%；人寿险机构保费收入34.58亿元，增长39.8%。全年处理各项赔款和给付金额24.38亿元，增长22.3%。其中，财产险机构已决赔付金额 9.54 亿元，增长 11.2%；人寿险机构赔付金额 14.84 亿元，增长 30.7%。

融资性担保机构。年末全市取得经营许可证的融资性担保机构 22 家（含分支机构 5 家），较年初增加 1 家。注册资本 18.0 亿元。全年累计担保贷款金额为 54.87 亿元，比上年减少 7.5%；担保贷款余额 61.79 亿元，比年初减少 2.6%。

小额贷款公司。年末小额贷款公司 25 家（含 1 家分支机构），注册资本 57.45 亿元。全年累计发放贷款 41 亿元，比上年减少 46%。年末贷款余额为 78 亿元，比年初减少 13%。

九、教育和科学技术

学前教育。年末全市幼儿园 714 所，在园幼儿 14.66 万人，专任教师 5050 人。其中，市辖区幼儿园 253 所，在园幼儿 47150 人，专任教师 2135 人。全市公办幼儿园 132 所，在园幼儿 7.16 万人，专任教师 1387 人。其中，市辖区 33 所，在园幼儿 16789 人，专任教师 360 人。减免民族待遇县 4.75 万名在园幼儿保教费，减免 1.22 万名非民族地区贫困家庭在园幼儿保教费。

义务教育。全市共有小学 216 所，小学教学点 728 个，专任教师 1.93 万人，招生 5.50 万人，在校小学生 40.48 万人，毕业生 6.61 万人。初级中学 193 所，专任教师 1.04 万人，招生 6.73 万人，在校学生 18.28 万人，毕业生 5.43 万人。特殊教育（盲聋哑学校）学校 7 所，专任教师 139 人，招生 213 人，在校生 828 人，毕业生 101 人。包括普通学校随班就读的 2461 名特殊教育学生在内，全市特殊教育在校生 3289 人。义务教育阶段 58.84 万名学生全部免除学杂费、教科书费和作业本费，补助 5.28 万名家庭经济困难的寄宿制住校学生生活费，补助金额 4611 万元。

普通高中和中职教育。全市普通高中 26 所，专任教师 4946 人，招生 2.65 万人，在校学生 7.91 万人，毕业生 2.68 万人。中等职业教育学校 22 所，招生 2.98 万人，在校学生 7.14 万人，毕业生 2.77 万人，专任教师 2154 人。免除全日制中职学生学费，金额 6608 万元；资助全日制一、二年级中职在校生中 1.33 万名学生生活费，资助金额 2147 万元。将“9+3”免费职业教育扩展到集中连片贫困地区 1963 人。免除普通高中 2.62 万名家庭经济困难学生学费，免除金额 1151 万元；资助 2.65 万名家庭经济困难的普通高中学生生活费，资助金额 4366 万元。

高等教育招生考试。全市 2.61 万人参加普通高考，本科上线人数 1.24 万人、上线率 47.5%。全市 0.72 万人参加成人高考，录取人数 0.62 万人。

高等教育。泸州医学院更名西南医科大学。医教园区初具规模，泸州职业技术学院、泸州市职业技术学校、泸州电大入驻医教园区。全国首批、四川省首个教育综合实践基地—泸州市教育实践基地建成投用，四川城建职业学院落户泸州，“四川中德培训学院”“德国 HWK 四川考试中心”在泸州职业技术学院正式挂牌成立。全市共有普通高校 5 所，专任教师 2278 人，在校学生 72160 人。其中，普通本（专）科招生 14676 人，在校学生 46745 人，毕业生 11763 人；研究生招生 563 人，在校学生 1608 人，毕业生 406 人；普通高校成人本（专）科学生 22199 人。全市成人高等学校 1 所，在校生 3247 人，专任教师 53 人。

2016 年度自考报名总人数 10663 人。其中，社会型自考（社会型专业即大自考）2016 年度报名累计人数 1345 人，毕业人数 38 人。

学龄儿童入学率 99.95%，小学毕业生升学率 100%，初中毕业生升学率 91.5%，高中毕业生升学率 86.35%，青壮年识字率 99.94%。

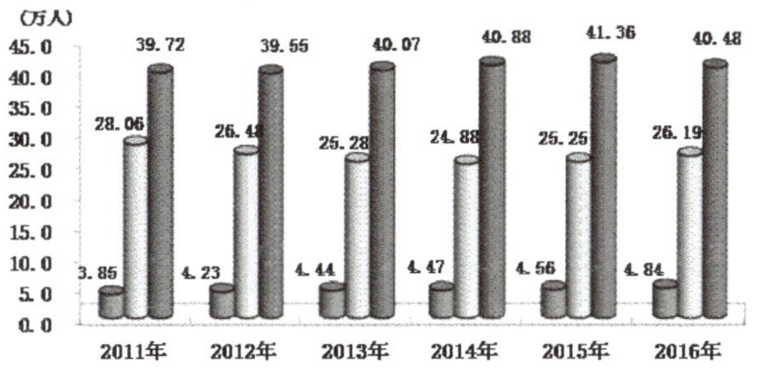

图附 -10：2011—2016 年泸州市各类学校在校生图

高新技术产业基地。泸州化工新材料高新技术产业化基地成功申报国家高新技术产业化基地。泸州国家高新技术产业开发区成功获批科技服务业区域试点单位，（泸州老窖）国家固态酿造工程技术研究中心成功获批科技服务业行业试点单位；泸州高新区先进工程机械及关键零部件特色产业基地成为全省唯一一家国家火炬特色产业基地。依托泸州老窖组建了四川省白酒酿造产业技术研究院。

科技孵化载体。泸州市高新区创新创业服务中心科技企业孵化器通过科技部认定为国家级科技企业孵化器。全市拥有国家级科技企业孵化器1家，国家级众创空间4家，省级科技企业孵化器7家，省级众创空间8家，省级大学科技园1家，市级众创空间23家，

科技成果与专利。全市创新科技成果36项，其中省级科技成果10项，市级科技成果20项，区县科技成果6项。获四川省科技进步奖9项。全年专利技术申请受理2820件，专利申请授权1096件，其中发明专利950件。

技术市场交易。川南（泸州）科技成果与专利技术实体交易市场暨泸州市科技创新服务平台已完成建设并上线运行。全年技术合同登记131份，合同成交额31288万元，其中技术交易额22186万元。

高新技术企业。拥有国家级高新技术企业49户，市级科技型企业465户，省级创新型企业64户。

商标权。本年新认定省著名商标5件，市知名商标16件，地理标志证明商标1件。年末拥有中国驰名商标25件、省著名商标73件、市知名商标181件，地理标志证明商标4件。

十、文化、卫生和体育

文化机构和设施。全市有文化馆8个、文化站142个，其中乡镇综合文化站128个、公共图书馆9个、美术馆2个、博物馆和纪念馆11个，全部实行免费开放。全市图书馆总藏量148.40万册（件），其中图书藏量100.27万册，总流通人（次）94.67万人（次）。图书馆中市级图书馆2个（含少儿图书馆1个），总藏量72.00万册（件），图书藏量53.26万册，总流通人（次）42.59万人（次）。公共图书馆电子图书27.19万册。图书馆少儿阅览室座席数515位，少儿文献11.66万册。剧场、影剧院10个。

文化产业创新发展。成功创建全国首批文化消费试点城市。举办泸州市首届文化创意展会、中国香港·泸州文化产业高峰论坛。着力打造文化产业"一园四区"（泸州市文化创意产业孵化园、张坝艺术区、川南影视传媒创作区、川南文化创意园区、泸州市工业遗址展示区）。泸州市文化创意产业孵化园创建为省级文化产业示范基地。《泸州晚报》更名为《川江都市报》。全市实现电影票房收入6307万元。

文化惠民。免费放映农村和社区公益电影1.62万场（次）。开展成渝及川滇黔渝城市群协同演出活动25次。打造"醉美泸州·泸县农民演艺大舞台"周末剧场、本土版话剧《蒋兆和》、川剧《报恩记》等本土艺术精品，引进芭蕾舞剧《红色娘子军》、芭蕾舞剧《白毛女》、舞剧《兰花花》、话剧《白鹿原》等多部经典剧目到泸州演出。

文化遗产保护。全市文物保护管理机构8个。县以上文物保护单位249处，国家级文物保护单位16处，省级文物保护单位51处，市级文物保护单位119处。有国家级非物质文化遗产保护项目6项，省级非物质文化遗产保护项目46项，市级非物质文化遗产保护项目150项。

报纸、期刊出版。出版期刊5种，总印数45.78万册；出版报纸3种，总印数2367.51万份。

广播电视设施。年末有线广播电视传输干线网络总长5926千米。有线电视实际用户31.08万户，其中数字电视用户27.59万户。广播电视互联网实际用户10.68万户，比年初增加2.87万户。

全民健身和体育活动。全市健身实施和场地数量1543个。积极推动各级各类公共体育设施免费或低收费开放，全年免费开放体育场馆体育锻

炼92.7万人（次）。成功举办泸州市第七届运动会、国际拳王争霸赛、国际绿色马拉松比赛、全国网球邀请赛等赛事。资助业余训练贫困学生运动员70人；向省以上运动队输送优秀运动员43人。参加省级以上体育比赛，获奖牌100枚，破省级以上记录3次。全年体育彩票销售额突破亿元大关，达1.12亿元。

卫生资源。年末全市共有卫生机构（包括村卫生室）4559个，其中医院121个、专业公共卫生机构30个、基层卫生机构4405个、其他卫生机构3个。医院中，三甲医院4个。专业公共卫生机构中，疾病预防控制中心8个、专科疾病防治所1个、卫生监督机构8个、妇幼保健院8个、急救中心1个、采供血机构1个、健康教育机构2个、计划生育技术服务机构1个。基层卫生机构中，卫生院130个，社区卫生服务中心（站）48个，门诊部51个，诊所、卫生所、医务室694个，村卫生室3482个。全市卫生技术人员22803人，比上年增加385人。其中，执业医师和执业助理医师8646人；注册护士10112人，比上年增加888人。年末医疗卫生机构实有床位26612张，比上年增加2064张。

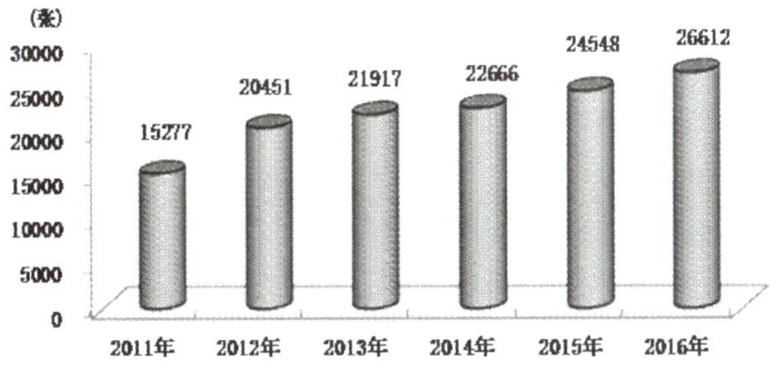

图附-11：2011—2016年泸州市卫生机构实有床位数图

医疗服务和疾病预防控制。全年医疗卫生机构总诊疗人（次）数1962.27万人（次），其中门急诊1861.49万人（次）。预约诊疗77.38万人（次），预约率3.94%。入院治疗92.13万人（次），出院92.11万人（次）。健康检查137.50万人（次）。产妇住院分娩率99.92%，高危孕产妇住院分娩率100%，孕产妇死亡率17.18/10万人。婴儿死亡率3.68‰。按照审核日期统计，全年甲、乙类法定报告传染病发病人数8024例，报告死亡146人；甲、乙类报告传染病发病率187.25/10万人，死亡率3.41/10万人。农村卫生厕所普及率82.89%。

计划生育。计划生育人口统计年度（报告期为2015年10月1日至2016年9月30日）出生人口47880人，死亡27660人，出生率9.41‰，死亡率5.44‰，人口自然增长率3.97‰，同比下降1.11个千分点；符合政策生育46053人，符合政策生育率96.18%，同比上升18.04个百分点。全面二孩政策实施后，2016年1-12月共生育二孩22001人，比2015年增加5177人。

十一、城市建设、环境、安全生产和司法

中心城区扩容提质。扎实推进“两江新城”建设，统筹泸县融入主城区一体化建设，推进纳溪区与江阳区无缝对接、错位发展。城市建成区新增面积15.53平方千米，新增城市人口15.24万人，年末城市建成区面积达到135.6平方千米，建成区人口135.62万人。城市基础设施和功能不断完善，着力城市品质打造和生态园林城市、全国文明城市创建。5个城市停车场、忠山隧道等项目竣工，玉带河湿地公园一期、城市亮化、酒谷大道、空港路、机场路等景观提升工程完成。沱江二桥加宽改造、长江六桥及连接线、长江二桥建设、城市道路“白+黑”升级改造等项目加快进行。城东、城南污水处理厂及配套截污干管竣工验收，中心城区内涝点整治、玉带河黑臭水体整治全面完成。沱江新城综合管廊开工建设，南郊二水厂竣工试运行，茜草二水厂（一期）工程加快推进。市辖区新增城市道路81.04千米，新增城市道路照明灯1583盏，新增城市排水管道172.29千米。城市建成区排水管道密度达8.89千米/平方千米，城市生活垃圾无害化处理率为100%，城市污水处理厂日处理能力21.8万立方米。中心城区完成危旧房棚户区改造4754户。

全市新增桥梁3座，桥梁总数达90座。其中，

市辖区新增桥梁2座，桥梁总数43座。

年末全市各类城市公园46个，城市公园面积1800.55公顷。其中，市辖区各类城市公园36个，城市公园面积1286公顷。城市建成区绿地面积4925公顷，建成区绿地率为36.32%，人均公园绿地面积10.54平方米。

以新型城镇化建设为主线，扎实推进全国建制镇示范试点、四川省“百镇建设行动”试点镇建设和纳溪区大渡口镇、合江县九支镇等7个市级新型城镇化试点镇建设。纳溪区大渡口镇被评为首批中国特色镇、第四批全国美丽宜居小镇，龙马潭区双加镇大冲头村等4个村庄被评为全国美丽宜居村庄。成功申报全国第四批传统村落13个村。

保障性安居工程。城镇保障性住房和棚户区改造基本建成12283套，竣工5957套。新开工危旧房棚户区改造8263户，其中货币化安置3426户。定向供应农民工公共租赁住房169套；发放租赁补贴5165户，其中新增发放租赁补贴807户。实施农村危房改造13696户，竣工13182户；实施农村安居工程20787户，竣工19952户。

环境。全年城区环境空气质量达二级以上优良质量天数233天，空气质量达标率63.7%。城区可吸入颗粒物（PM10）平均浓度为86.8微克/立方米，与2015年相比，可吸入颗粒物（PM10）平均浓度下降了2.6%。降水酸雨频率40%，降水的pH值范围为3.69～7.28，总均值为5.10；地表水达标率75%。长江干流泸州段、赤水河泸州段和永宁河水质保持优良；饮用水源水质达标率100%。城市区域环境噪声等效声级总平均值为54.0分贝；道路交通噪声等效声级为68.5分贝。全市自然保护区8个，面积101252公顷。其中，国家级自然保护区2个，面积40497公顷；省级自然保护区1个，面积25591公顷。

土地资源。全市耕地410497公顷，园地24329公顷，林地535306公顷，草地41864公顷。

气候。全年平均气温为18.4℃，最高气温40.7℃，最低气温-1.7℃。年平均相对湿度83%。全年日照时数1235.8小时。全年降水量1429.4毫米。

安全生产。全年共发生各类生产安全事故188起，死亡182人。未发生重大以上生产安全事故。烟花爆竹、水上交通、渔业船舶、航空运输等行业未发生生产安全死亡事故。

道路交通事故和火灾。全年共发生道路交通事故98起，死亡50人，受伤90人。发生火灾979起，死亡4人，受伤1人。

司法。人民法院一审案件收案29133件，结案27563件。其中，刑事案件收案2789件，结案2684件；民商事收案25847件，结案24414件；行政案件497件，结案465件。检察机关直接侦查职务犯罪案件中，贪污贿赂案件受案101件，立案69件、人数103人；渎职案件受案43件，立案35件、人数36人。公安机关查处治安案件14727起，刑事案件破案5468起。

十二、人民生活和社会保障

城乡居民收入和支出。全年全体居民人均可支配收入19853元，比上年增长9.0%；全体居民人均消费支出14115元，比上年增长7.0%。

农村居民全年人均可支配收入12450元，增收1091元，增长9.6%。其中，人均工资性收入5645元，增长6.1%；人均家庭经营净收入4211元，增长10.7%；人均财产净收入250元，增长20.6%；人均转移净收入2344元，增长15.5%。农村居民人均生活消费支出9919元，增长5.8%。其中，人均食品烟酒消费支出4295元，增长5.1%；人均衣着消费支出612元，增长1.1%；人均生活用品及服务支出639元，增长4.7%；人均教育文化娱乐消费支出607元，增长5.6%；人均医疗保健消费支出672元，增长9.7%；人均居住消费支出1878元，增长9.5%；人均交通和通信消费支出999元，增长3.5%。农村居民食品消费支出占消费总支出的比重（农村居民恩格尔系数）43.30%。

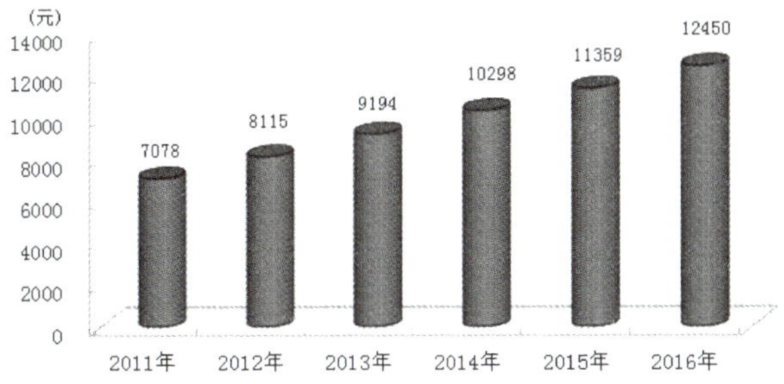

图附-12：2011—2016年泸州市卫农村居民人均可支配收入图

城镇居民全年人均可支配收入28959元，增长8.6%。其中，人均工资性收入17979元，增长8.0%；人均家庭经营净收入4117元，增长10.1%；人均财产净收入1704元，增长10.3%；人均转移净收入5158元，增长9.3%。人均生活消费支出19276元，增长7.7%。其中，人均食品烟酒消费支出7425元，增长4.7%；人均衣着消费支出1862元，增长3.4%；人均生活用品及服务支出1406元，增长9.0%；人均教育文化娱乐支出1405元，增长12.1%；人均医疗保健支出1121元，增长11.3%；人均居住支出3350元，增长8.8%；人均交通和通信支出2099元，增长16.0%。城镇居民食品消费支出占消费总支出的比重（城镇居民恩格尔系数）为38.52%。

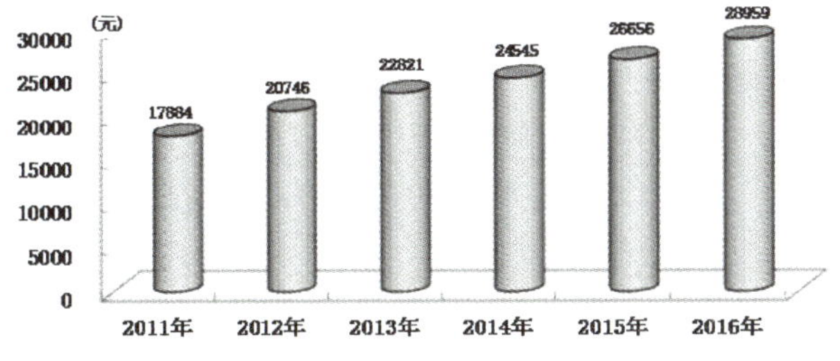

图附-13：2011—2016年泸州市城镇居民人均可支配收入图

养老保障。年末全市基本养老保险参保人数为253.21万人，比上年末增加20.46万人。

年末城镇职工基本养老保险参保92.72万人，比上年末增加14.3万人。其中，在职职工参保58.16万人，增加9.97万人；离退休人员参保34.56万人，增加4.33万人。从参保职工类别看，机关事业单位职工参加养老保险人数11.4万人，比上年末增加10.54万人，其中离退休参保人员3.5万人。企业职工参加养老保险人数50.26万人，比上年末增加2.61万人，其中个体经济组织及灵活就业人员33.07万人，增加1.3万人。企业离退休人员参保31.06万人，比上年增加1.15万人；全年人均领取水平达到21434元，比上年增加1342元，增长6.7%；年末企业退休人员社区管理覆盖面99.2%。农民工参保8.75万人，增加6106人。

全年城镇职工基本养老保险基金总收入1071017万元，其中征缴收入659027万元。养老保险费当期征缴率98.27%，比上年降低1.09个百分点。全年基金总支出1195178万元，比上年增加532334万元，其中发放养老金1026358万元，增加423070万元。年末基本养老保险基金累计结存371261万元。

年末参加城乡居民养老保险人数为160.49万人，比上年末增加6.16万人，其中享受待遇人数68.72万人，增加2.67万人。全年城乡居民养老保险基金总收入75848万元，比上年减少3823万元，其中个人缴费收入12095万元，减少240万元；中央财政补助收入54625万元，减少2981万元；地方各级财政补助收入7134万元，增加425万元。基金总支出63703万元，比上年减少6970万元，其中支付养老金61964万元，减少3815万元。年末基金累计结存98610万元。

医疗保障。年末全市基本医疗保险参保人数470.46万人，参保率持续稳定在98%以上。其中，城镇职工参保43.54万人，城乡居民参保426.92万人。

全年城镇职工基本医疗保险基金总收入153315万元，比上年增加14288万元。全年基金总支出134055万元，比上年增加14096万元。年末全市城镇职工基本医疗保险统筹基金累计结余108165万元。

全年城乡居民基本医疗保险基金总收入264941万元，比上年增加43006万元。全年基金总支出194594万元，比上年增加33581万元。年末全市城乡居民基本医疗保险统筹基金累计结余120036万元。

失业保险。年末全市城镇职工参加失业保险23.05万人，比上年末增加2.67万人，其中女性10.23万人，增加1.36万人。全市有6507名被征地农转非人员纳入失业保险参保范围；为10558名城镇失业人员提供了失业保障，月人均领取失业保险金水平达到966元。其中，有4381名农民合同制工人与城镇失业人员享受同等的失业保险待遇。

全市城镇失业保险基金总收入16536万元，其中征缴失业保险费14661万元。全年基金总支出13560万元，比上年减少1587万元，其中支付失业保险金6272万元、支付931户企业享受稳岗补贴4003万元。年末城镇失业基金累计结余57244万元。

工伤保险。年末全市参加工伤保险人数25.67万人，比上年末增加3.61万人，其中农民工参保5.69万人。全年有2852人享受工伤保险待遇。

全年工伤保险基金总收入12787万元，比上年增加3272万元。其中，征缴收入12149万元，增加3628万元，当期征缴率99.59%。全年基金总支出9929万元，比上年增加1132万元。年末基金累计结存11013万元。

生育保险。年末全市参加生育保险人数25.01万人，比上年末增加8万人，其中女性11.63万人，增加3.97万人；农民工参加生育保险3.77万人，增加1636人；私营企业职工参加生育保险4.4万人。全年有8505人（次）享受生育保险待遇，比上年增加1373人（次）。

全年生育保险基金总收入4592万元，比上年增加751万元。其中，征缴收入4531万元，增加820万元，当期征缴率98.8%。全年基金总支出6244万元，比上年增加1565万元。年末基金累计结存4572万元。

保障性安居工程。城镇保障性住房和棚户区改造基本建成12283套，竣工5957套。新开工危旧房棚户区改造8263户，其中货币化安置3426户。定向供应农民工公共租赁住房169套；发放租赁补贴5165户，其中新增发放租赁补贴807户。实施农村危房改造13696户，竣工13182户；实施农村安居工程20787户，竣工19952户。

社会福利设施和救助。年末共有各类提供住宿的社会服务机构171个，床位23027张，收养、救助人数16009人。其中，养老服务机构157个（包括军休所5个），床位30335张（包括军休所4张，社区日间照料和留宿床位9114张），收养人数18167人；儿童和未成年人福利机构3个，床位480张，收养人数74人。建立城镇各种社区服务设施1086个，其中社区指导中心7个、社区服务中心21个、社区服务站484个、社区养老机构及设施47个、社区互助养老服务设施327个、其他社区服务机构及设施200个。

年末全市有2.83万人享受城镇居民最低生活保障，有13.60万人享受农村居民最低生活保障，有2.67万人享受农村特困人员救助供养。全年资助城乡困难群众20.64万人参加基本医疗保险，实施医疗救助12.16万人（次），抚恤、补助各类优抚对象4.26万人。

全年销售福利彩票4.03亿元，直接接受社会捐赠1706.9万元。自然灾害生活救助支出4627.8万元。

注释：

[1] 本公报数据均为初步统计数，正式数据以《泸州统计年鉴—2017》为准。部分数据因四舍五入的原因，分项相加与合计略有误差。

[2] 本公报中未特别指定基期的增减幅度计算都是以2015年同口径数据为基期，个别指标的基期数据有修订，增减幅度以此公报为准。

[3] 三抓三主动：即攻坚克难抓发展，聚精会神抓党建，扎扎实实抓法治；主动向上使力，主动向外借力，主动向下发力。

[4] 六个突破：即市第八次党代会提出的产业发展突破、项目投资突破、城镇建设突破、改革开放突破、县域经济突破、精准脱贫突破。

[5] 国内生产总值、各产业增加值绝对数按当年价计

算，增长速度按可比价格计算。三次产业分类及结构依据新的国民经济行业分类和《三次产业划分规定》。即第一产业是指农、林、牧、渔业（不含农、林、牧、渔服务业）；第二产业是指工业（不含开采辅助活动，金属制品、机械和设备修理业）和建筑业；第三产业即服务业，是指除第一产业、第二产业以外的其他行业。

[6] 已建成水利工程较年初减少是因龙马潭区实施全域供水一体化工程，大部分农户均饮用自来水，原农户自家的机电井不再使用，减少规模以下机电井 27810 眼，全市净减水利工程 25529 处。

[7] 居住类价格包括租赁房房租、住房保养维修及管理、水电燃料等价格。

[8] 规模以上工业企业是指年主营业务收入 2000 万元及以上法人工业企业。限额以上批发零售贸易企业（单位）是指年主营业务收入 2000 万元及以上的批发企业（单位）和年主营业务收入 500 万元及以上零售企业（单位）。限额以上住宿和餐饮业是指年主营业务收入 200 万元及以上的住宿和餐饮业企业（单位）。固定资产投资项目统计范围为计划总投资 500 万元及以上项目，不含农户投资。全社会固定资产投资 = 固定资产投资项目投资 + 农户投资 + 房地产开发投资

[9] 中等职业教育包括普通中专、成人中专、职业高中和技工学校。

[10] 公园绿地含城市公园、广场、街头游园、居住区集中绿地。

[11] 城镇职工基本医疗保险人数包括参保职工和参保退休人员。城镇居民基本医疗保险的参保对象是不属于城镇职工基本医疗保险覆盖范围的城镇非从业人员。

数据来源：

本公报中，物价指数和城乡居民收支数据来源于国家统计局泸州调查队；户籍人口、机动车保有量、交通事故、火灾数据来源于市公安局；城市建设、城市建成区面积与人口、保障性住房等数据来源于市住房城乡建设局；财政收支数据来自市财政局；金融机构存贷款数据来自人民银行泸州中心支行；水产品产量、农业机械化数据来自市农业局；木材、竹材产量、造林面积数据来自市林业局；水利工程、灌溉面积、水土流失治理来自市水务局；城市公共交通、公路运输、水运、港口货物吞吐量数据来自市交通运输局；民航数据来自市民航局；电话用户、宽带用户、移动互联网等数据来自中国移动泸州分公司、中国电信泸州分公司、中国联通泸州分公司；货物进出口数据来自成都海关泸州办事处、市商务局；引进市外国内项目资金数据来自市投资促进局；外商投资数据来自市商务局；邮政业务数据来自市邮政管理局；旅游数据来自市外侨旅游局；证券数据来自市金融办；保险业数据来自市保险行业协会；教育数据来自市教育局；科技和技术合同、专利数据来自市科技知识产权局；文化馆（站）、博物馆、公共图书馆、广播电视、报纸、期刊、图书、体育数据来自市文体广局；卫生和计划生育数据来自市卫生计生委；土地资源数据来自市国土资源局；自然保护区、环境监测数据来自市环境保护局；气候数据来自市气象局；安全生产数据来自市安全监管局；司法数据来自市中级人民法院、市检察院、市公安局；城镇新增就业、登记失业率、社会保障、技工学校数据来自市人力资源社会保障局；城乡低保、农村特困人员救助供养、社会服务来自市民政局；其他数据均来自市统计局。

泸州市经济和社会发展统计表

全市地区生产总值构成及增速统计表

（2016 年）

单位：万元

指　　标	2016 年	比上年 ± %
地区生产总值	14819105	9.5
农、林、牧、渔业	1808617	4.0
工业	8092871	10.3
建筑业	668201	12.5
交通运输、仓储和邮政业	555033	3.9
信息传输、软件和信息技术服务业	194225	25.0
批发和零售业	668295	5.9
住宿和餐饮业	306649	7.1
金融业	458203	13.5
房地产业	352769	10.5
租赁和商务服务业	137073	16.3
科学研究和技术服务业	51572	8.8
水利、环境和公共设施管理业	16809	13.8
居民服务、修理和其他服务业	263969	16.3
教育	413764	9.2
卫生和社会工作	251011	13.8
文化、体育和娱乐业	43441	15.6
公共管理、社会保障和社会组织	536603	10.3
第一产业	1780677	3.9
第二产业	8757673	10.4
第三产业	4280755	10.0
人均地区生产总值	34497	8.8

说明：生产总值按当年价计算，增速按可比价计算

全市地区生产总值及三次产业结构统计表

（2016 年）

指　　标	总　量		构成（%）	
	2016 年	2015 年	2016 年	2015 年
地区生产总值（万元）	14819105	13534133	100.0	100.0
第一产业	1780677	1678418	12.0	12.4
第二产业	8757673	8067361	59.1	59.6
第三产业	4280755	3788354	28.9	28.0
人均国内生产总值（元）	34497	31714	—	—

说明：生产总值按当年价格计算

分县（区）地区生产总值及三次产业结构统计表

（2016 年）

单位：万元、%

地区	地区生产总值				地区生产总值构成			
		第一产业	第二产业	第三产业		第一产业	第二产业	第三产业
江阳区	4303197	208310	2742043	1352844	100.0	4.8	63.7	31.5
纳溪区	1353385	204020	806726	342639	100.0	15.1	59.6	25.3
龙马潭区	2084117	102205	1449149	532763	100.0	4.9	69.5	25.6
泸　县	2803245	477014	1641778	684453	100.0	17.0	58.6	24.4
合江县	1780610	357370	766084	657156	100.0	20.1	43.0	36.9
叙永县	1093350	215414	509207	368729	100.0	19.7	46.6	33.7
古蔺县	1401135	216344	816394	368397	100.0	15.4	58.3	26.3

说明：生产总值按当年价计算

分县（区）地区生产总值增速和人均地区生产总值统计表

（2016 年）

地区	地区生产总值比上年 ±%	第一产业比上年 ±%	第二产业比上年 ±%	第三产业比上年 ±%	人均地区生产总值（元）	比上年 ±%
江阳区	10.0	3.9	10.2	10.5	70648	9.1
纳溪区	9.2	3.8	10.2	10.0	29256	8.7
龙马潭区	10.0	3.8	10.4	10.4	56865	7.7
泸　县	9.5	4.1	11.2	9.3	32310	8.1
合江县	9.2	3.7	11.0	10.2	25146	8.5
叙永县	8.5	4.1	9.8	9.3	18844	8.3
古蔺县	9.3	4.0	10.3	10.3	19965	9.8

说明：人均地区生产总值按当年价计算，增速按可比价计算

全市及分县（区）非公有制经济增加值统计表

（2016 年）

单位：万元

地　区	非公有制经济增加值		第一产业		第二产业		第三产业	
	绝对值	比上年 ±%	绝对值	比上年 ±%	绝对值	比上年 ±%	绝对值	比上年 ±%
全　市	8824921	9.5	515768	1.9	5794195	10.1	2514958	9.6
江阳区	2374715	9.9	40898	0.7	1565124	9.8	768693	10.6
纳溪区	794488	9.3	52052	1.7	555418	10.3	187018	8.4
龙马潭区	1306013	10.0	40958	2.4	923143	10.3	341912	9.9
泸　县	1819312	9.5	146775	2.2	1286733	10.6	385804	8.6
合江县	1127186	9.3	108280	1.8	608303	10.5	410603	9.4
叙永县	646706	8.7	61580	2.0	384057	8.7	201069	10.6
古蔺县	762289	9.4	65226	2.2	485075	10.4	211988	9.3

说明：增加值按当年价计算，增速按可比价计算

全市及县（区）固定资产投资及构成统计表

（2016 年）

单位：万元

指　标	全　市	江阳区	纳溪区	龙马潭区	泸　县	合江县	叙永县	古蔺县
全社会固定资产投资	17303775	3861301	2032356	2466335	3000166	2563641	1365834	2014142
#固定资产投资（不含农户投资）	17053775	3841301	2012356	2446335	2950166	2513641	1320834	1969142
#设备工器具购置	2002784	211167	371449	227362	450975	345328	242530	153973
建筑、安装工程	14214507	3405257	1402981	2123130	2464897	2024097	1017985	1776160
500 万元及以上投资项目个数	2627	268	533	178	273	427	461	487
500 万元及以上项目投资完成额	14661808	2751426	1967670	2009177	2775138	2167795	1126953	1863649
#工业投资	5638511	1058220	943371	743308	1143659	1030967	414435	304551
#技改投资	4905981	921638	619092	733564	1088888	886176	396638	259985
房地产开发投资	2391967	1089875	44686	437158	175028	345846	193881	105493

泸州市社会消费品零售总额统计表

（2016 年）

单位：万元

指　　标	2016 年	2015 年
全市社会消费品零售总额	6371529	5596624
一、按经营地分		
（一）城镇	4535374	3982911
# 城区	2264135	1985087
（二）乡村	1836155	1613713
二、按消费形态分		
（一）餐饮收入	935504	832083
（二）商品零售	5436025	4764540.5
三、按区县分		
江阳区	1858806	1630582.5
纳溪区	726025	638859
龙马潭区	602432	528423
泸　县	1070075	939737
合江县	870355	765446
叙永县	620818	545698
古蔺县	623019	547878

说明：本表分县区数相加不等于全市数是由于对小数点进行了四舍五入

全市及县（区）城镇居民家庭收支情况统计表

（2016 年）

单位：元／人

指　标	泸州市	江阳区	纳溪区	龙马潭区	泸县	合江县	叙永县	古蔺县
人均可支配收入	28959	33323	29818	33294	28451	24205	22049	24034
1. 工资性收入	17979	20994	19868	20669	17323	14727	13228	13279
2. 经营净收入	4117	4266	2441	5294	5754	3287	2986	4276
3. 财产净收入	1704	1966	1720	2011	1328	1671	1199	1727
4. 转移净收入	5158	6098	5789	5320	4046	4520	4637	4753
人均消费支出	19276	21792	18913	21838	19007	16770	15236	17500
1. 食品烟酒	7425	7941	7207	8232	7159	6867	6678	7217
2. 衣着	1862	2037	1930	1752	1850	1753	1148	2327
3. 居住	3350	4373	3057	3557	2903	2912	2601	3084
4. 生活用品及服务	1406	1708	1707	1337	1395	1424	782	841
5. 交通和通信	2099	1982	2266	3007	2886	1304	1260	1265
6. 教育文化娱乐	1405	1844	1128	1901	1198	1209	1150	908
7. 医疗保健	1121	1135	845	1298	1123	960	1075	1545
8. 其他用品和服务	607	770	774	753	493	339	542	312

说明：本表内收支分项指标相加与对应指标合计产生误差是由于对小数点进行了四舍五入

全市及县（区）农村居民家庭收支情况统计表

（2016 年）

单位：元／人

指　标	泸州市	江阳区	纳溪区	龙马潭区	泸县	合江县	叙永县	古蔺县
人均可支配收入	12450	15266	13823	16212	13805	13157	9907	10516
1. 工资性收入	5645	7710	6084	7479	6407	5511	4327	4927
2. 经营净收入	4211	4546	4950	5213	4465	4780	3588	3452
3. 财产净收入	250	302	261	450	324	240	212	159
4. 转移净收入	2344	2709	2528	3071	2609	2625	1780	1978
人均消费支出	9919	10769	10345	11458	11277	10489	8304	8630
1. 食品烟酒	4295	4273	4297	5277	4487	4532	4185	3821
2. 衣着	612	884	685	832	704	620	381	546
3. 居住	1878	2006	1810	1792	2071	1916	1610	1845
4. 生活用品及服务	639	879	607	568	834	737	543	374
5. 交通和通信	999	1222	915	1026	1305	953	615	971
6. 教育文化娱乐	607	534	618	803	808	639	480	457
7. 医疗保健	672	750	799	980	837	893	399	408
8. 其他用品和服务	218	221	614	180	230	199	92	207

说明：本表内收支分项指标相加与对应指标合计产生误差是由于对小数点进行了四舍五入

全市及县（区）教育事业基本情况统计表

（2016 年）

单位：所、人

指　　标	学校数	毕业生数	招生数	在校学生数	教职工人数	专任教师
一、普通高等学校	5	11763	14676	46745	3131	2246
二、成人高等学校	1	922	894	3247	69	53
三、中等专业学校（不含技校）	19	27334	29420	70031	2441	2045
江阳区	5	6639	7549	19459	457	342
纳溪区	3	1538	2515	4780	225	174
龙马潭区	2	3529	2718	7980	300	253
泸县	3	4764	5061	10570	409	372
合江县	3	5749	5089	15624	685	562
叙永县	1	2337	2829	4715	133	115
古蔺县	2	2778	3659	6903	232	227
四、普通中学	219	81064	93776	261881	17579	15365
1. 高中	26	26806	26493	79074	6209	4946
江阳区	4	5651	5422	15985	1126	1033
纳溪区	2	2014	1777	5806	414	396
龙马潭区	4	1650	1756	4840	415	355
泸县	5	7425	7193	21893	1479	1361
合江县	3	3675	3823	11017	688	666
叙永县	5	2416	2991	8573	479	479
古蔺县	3	3975	3531	10960	656	656
2. 初中	193	54258	67283	182807	11370	10419
江阳区	26	8280	9035	25344	1756	1559
纳溪区	12	4187	5631	15056	1037	971
龙马潭区	13	3633	5173	13187	973	808
泸县	50	10942	14702	39450	2393	2113
合江县	23	7927	11159	29405	1584	1481
叙永县	31	8831	10243	28262	1557	1464
古蔺县	38	10458	11340	32103	2070	2023

续上表

指　　标	学校数	教学点	毕业生数	招生数	在校学生数	教职工人数	专任教师
五、小学（含小学教学点）	944	728	66097	54971	404755	20282	19266
江阳区	61	40	8754	6839	49824	2709	2537
纳溪区	81	66	5785	4386	34431	1732	1691
龙马潭区	22	10	4479	4270	28656	1719	1496
泸县	156	119	10040	9200	79895	3739	3550
合江县	140	66	11973	9535	78263	3696	3499
叙永县	220	191	10444	8404	61962	3142	3022
古蔺县	264	236	11622	12337	71724	3545	3471
六、特殊教育学校	7		583	821	3289	155	139

说明：1. 按学年度统计。2. 普通高校学生为普通本专科学生。3. 特殊教育学校学生含普通学校随班就读残疾学生

泸州港口基本情况统计表

（2016 年）

指　　标	单位	数量
一、码头情况		
生产用码头总长度	米	7268
生产用码头泊位数	个	111
设计最大靠泊能力	吨	3000
集装箱码头年吞吐能力	万标箱	100
集装箱码头本年完成吞吐量	标箱	501017
二、生产完成情况		
货物吞吐量	万吨	3458.57
# 出港	万吨	1346.34
三、主要货物吞吐量		
煤炭及制品	万吨	460.61
金属矿石	万吨	132.95
非金属矿石	万吨	134.01
水泥	万吨	111.36
化学肥料及农药	万吨	61.92
化工原料及制品	万吨	166.97
矿建材料	万吨	1865.26
粮食	万吨	14.51
石油、天然气及制品	万吨	86.10

说明：包括长江干线港区和内河其他港区

全市及县（区）按机构类型分组的法人单位数统计表

（2016 年）

单位：个

分　　类	全市	江阳区	纳溪区	龙马潭区	泸　县	合江县	叙永县	古蔺县
合计	27458	6359	3277	3378	4326	3853	2909	3356
按机构类型分组								
企业	19213	4906	2526	2760	3042	2482	1787	1710
事业单位	2278	475	199	209	369	359	264	403
机关	672	153	73	79	104	93	80	90
社会团体	893	291	101	81	119	131	104	66
民办非企业单位	1148	231	73	112	333	165	140	94
基金会	5	1	1	1	1		1	
居委会	264	60	25	41	47	40	29	22
村委会	1362	102	176	49	251	288	227	269
其他组织机构	1623	140	103	46	60	295	277	702

全市及县（区）卫生机构、床位、人员统计表

（2016 年）

指　　标	全市	江阳区	纳溪区	龙马潭区	泸县	合江县	叙永县	古蔺县
一、卫生机构个数（个）	4559	516	451	403	1248	820	506	615
医院	121	20	24	11	32	16	7	11
综合医院	90	8	22	4	29	13	5	9
中医医院	14	3	1	4	2	1	2	1
专科医院	17	9	1	3	1	2		1
基层医疗卫生机构	4405	488	424	384	1212	800	496	601
# 卫生院	130	10	12	9	19	29	25	26
社区卫生服务中心（站）	48	20	3	8	5		9	3
村卫生室	3482	274	360	208	1064	625	414	537
门诊部	51			2	16	31	2	0
诊所、卫生所、医务室	694	184	49	157	108	115	46	35
专业公共卫生机构	30	7	3	7	3	4	3	3
其他卫生机构	3	1		1	1			
二、实有床位数（张）	26612	9204	2613	1842	4124	4112	2317	2400
三、卫生技术人员（人）	22803	8374	1835	2212	3281	2909	2171	2021
执业（助理）医师	8646	3161	660	919	1376	1127	735	668
注册护士	10112	4060	855	874	1358	1254	887	824

重要文件目录

中共泸州市委 2016 年发文目录一览表

发文号	发文单位	文件标题
泸委发〔2016〕1 号	中共泸州市委、泸州市人民政府	关于 2016 年加快工业经济发展的实施意见
泸委发〔2016〕2 号	中共泸州市委、泸州市人民政府	关于推进农业农村经济创新发展的意见
泸委发〔2016〕3 号	中共泸州市委	关于新形势下进一步加强和改进人民政协工作的实施意见
泸委发〔2016〕6 号	中共泸州市委、泸州市人民政府	关于进一步做好城市工作的意见
泸委发〔2016〕7 号	中共泸州市委、泸州市人民政府	关于建设健康城市的意见
泸委发〔2016〕8 号	中共泸州市委、泸州市人民政府	关于 2016 年党风廉政建设和反腐败工作的意见
泸委发〔2016〕9 号	中共泸州市委	关于繁荣发展社会主义文艺的实施意见
泸委发〔2016〕11 号	中共泸州市委、泸州市人民政府	关于深化国资国企改革促进发展的实施意见
泸委发〔2016〕12 号	中共泸州市委	关于全面加强改革落实工作的实施意见
泸委发〔2016〕13 号	中共泸州市委、泸州市人民政府	关于加快城市发展的决定
泸委发〔2016〕14 号	中共泸州市委、泸州市人民政府	关于贯彻《中共四川省委关于推进绿色发展建设美丽四川的决定》的实施意见
泸委发〔2016〕15 号	中共泸州市委、泸州市人民政府	关于印发《泸州市推进供给侧结构性改革总体方案》的通知
泸委发〔2016〕18 号	中共泸州市委、泸州市人民政府	关于加快提升卫生健康服务水平的实施意见
泸委发〔2016〕19 号	中共泸州市委、泸州市人民政府	关于推进科技创新改革驱动转型发展的实施意见
泸委发〔2016〕21 号	中共泸州市委、泸州市人民政府	关于印发《泸州市生态文明体制改革方案》的通知
泸委发〔2016〕22 号	中共泸州市委、泸州市人民政府	关于印发《泸州市法治政府建设实施方案（2017—2020 年）》的通知
泸委发〔2016〕23 号	中共泸州市委、泸州市人民政府	关于贯彻实施全面两孩政策改革完善计划生育服务管理的意见
泸委发〔2016〕24 号	中共泸州市委、泸州市人民政府	关于深化供销合作社综合改革的实施意见
泸委发〔2016〕25 号	中共泸州市委、泸州市人民政府	关于印发《泸州市加快推进生态文明建设实施方案》的通知

泸州市人民政府 2016 年发文目录一览表

发文号	发文单位	文件标题
泸市府发〔2016〕1 号	泸州市人民政府	关于取消 35 项中央指定地方实施行政审批事项的决定
泸市府发〔2016〕2 号	泸州市人民政府	关于做好 2016 年烤烟工作的意见
泸市府发〔2016〕3 号	泸州市人民政府	关于奖励孙付文等 3 名 2015 年度泸州市见义勇为先进个人的决定
泸市府发〔2016〕7 号	泸州市人民政府	关于建立开放透明市场规则的意见
泸市府发〔2016〕8 号	泸州市人民政府	关于进一步促进融资性担保行业健康发展的意见
泸市府发〔2016〕9 号	泸州市人民政府	关于实行“先照后证”改革加强市场主体后续监管的意见
泸市府发〔2016〕11 号	泸州市人民政府	关于进一步加强效能政府建设的意见
泸市府发〔2016〕12 号	泸州市人民政府	关于深入推进廉洁政府建设的意见
泸市府发〔2016〕13 号	泸州市人民政府	关于印发《泸州市无偿献血表扬办法》的通知
泸市府发〔2016〕14 号	泸州市人民政府	关于印发泸州市重大行政决策程序规定的通知
泸市府发〔2016〕15 号	泸州市人民政府	关于取消 34 项中央指定地方实施行政审批事项的决定
泸市府发〔2016〕16 号	泸州市人民政府	关于调整城乡居民最低生活保障标准的通知
泸市府发〔2016〕20 号	泸州市人民政府	关于贯彻实施城乡义务教育经费保障机制的意见
泸市府发〔2016〕21 号	泸州市人民政府	关于印发 2015 年度科学技术奖励决定的通知
泸市府发〔2016〕23 号	泸州市人民政府	关于进一步加强新时期爱国卫生工作的实施意见
泸市府发〔2016〕24 号	泸州市人民政府	关于印发泸州市居住证管理办法（试行）的通知
泸市府发〔2016〕29 号	泸州市人民政府	关于进一步规范土地出让和交易管理的通知
泸市府发〔2016〕30 号	泸州市人民政府	关于印发泸州市城乡规划督察办法（试行）的通知
泸市府发〔2016〕32 号	泸州市人民政府	关于转发《四川省人民政府关于全面实施资源税改革的通知》的通知
泸市府发〔2016〕33 号	泸州市人民政府	关于印发泸州市科技服务业发展工作推进方案（2016—2020 年）的通知
泸市府发〔2016〕34 号	泸州市人民政府	关于加快推进社会信用体系建设实施意见
泸市府发〔2016〕37 号	泸州市人民政府	关于印发《加快发展体育产业促进体育消费的实施意见》的通知
泸市府发〔2016〕41 号	泸州市人民政府	关于中心城区危旧房和棚户区改造房屋征收有关问题的通知
泸市府发〔2016〕42 号	泸州市人民政府	关于印发《泸州市人民政府规范性文件制定办法》《泸州市行政规范性文件备案管理办法》的通知
泸市府发〔2016〕44 号	泸州市人民政府	关于印发泸州市公务员工伤保险试行办法的通知
泸市府发〔2016〕45 号	泸州市人民政府	关于印发泸州市机关事业单位工作人员生育保险试行办法的通知

续上表

泸市府发〔2016〕46号	泸州市人民政府	关于印发中国制造2025泸州行动方案的通知
泸市府发〔2016〕48号	泸州市人民政府	关于加强全市乡镇和农村污水处理设施建设的实施意见
泸市府发〔2016〕50号	泸州市人民政府	关于加快推进残疾人小康进程的通知
泸市府发〔2016〕52号	泸州市人民政府	关于印发泸州市电梯维保监督管理办法的通知
泸市府发〔2016〕53号	泸州市人民政府	关于深化改革推进出租汽车行业健康发展的实施意见
泸市府发〔2016〕54号	泸州市人民政府	关于创造良好市场环境进一步促进消费的意见
泸市府发〔2016〕57号	泸州市人民政府	关于印发市政府副市长龚玉泉等同志分工的通知
泸市府发〔2016〕58号	泸州市人民政府	关于印发市政府秘书长、副秘书长分工的通知
泸市府发〔2016〕59号	泸州市人民政府	关于印发泸州市全民健身实施计划（2016—2020）的通知
泸市府发〔2016〕62号	泸州市人民政府	关于贯彻实施《四川省重大行政决策责任追究暂行办法》的通知
泸市府发〔2016〕64号	泸州市人民政府	转发四川省人民政府转发国务院关于在市场体系建设中建立公平竞争审查制度意见通知的通知

索引

SUO YIN

D

E

F

G

H

J

K

L

M

N

S

T

W

X

Y

Z